인적자원개발

Employee Training and Development 6th

저자 | Raymond A. Noe

역자 | 윤동열 / 최우재 / 이성기 / 한승현 / 조세형 / 나동만 / 서가은

經文社

Mc Graw Hill Education

Mc Graw Hill Education

Employee Training & Development, 6th Edition

1 2 3 4 5 6 7 8 9 10 KMS 20 17

Original: Employee Training & Development, 6th Edition © 2012
By Raymond Noe
ISBN 978-0-07-802921-9

This authorized Korean translation edition is jointly published by McGraw-Hill Education Korea, Ltd. and Kyung Mun Sa. This edition is authorized for sale in the Republic of Korea.

This book is exclusively distributed by Kyung Mun Sa.

When ordering this title, please use ISBN 978-89-420-0845-2

Printed in Korea

저자 서문

전통적으로 훈련과 개발은 기업이 "가치"를 창출하고 경쟁력 있는 도전을 성공적으로 해결하는 데 도움이 될 수 있는 활동으로 간주되지는 않았다. 현재 그 관점은 변화하고 있다. 혁신적인 훈련과 개발을 하는 기업은 그렇지 않은 경쟁사보다 더 나은 재무성과를 보고하고 있다. 또한 훈련과 개발은 경쟁적 도전의 문제를 해결할 수 있다. 최근 경제적 상황은 훈련과 개발 예산 삭감으로 이어지고 있다. 그러나 많은 기업들은 훈련, 개발 및 지식관리를 통한 학습을 통해 직원이 신제품을 개선하거나 새로운 제품을 창출하고 혁신적이고 새롭고 혁신적인 아이디어를 창출하며 높은 품질의 고객 서비스를 제공할 수 있도록 기술을 강화하거나 향상시킬 수 있다는 사실을 인식하고 있다. 또한 모든 수준 및 직무에서 유능한 직원을 유인하고 동기를 부여하고 유지하려면 지속적인 개발활동과 경력관리가 필요하다. 훈련, 개발 및 지식관리를 통한 학습에 대한 강조는 더 이상 "하면 좋은 것"이 아닌, 기업이 경쟁우위를 확보하고 직원의 기대를 충족시키려면 "반드시 해야" 하는 것이다.

오늘날의 기업은 글로벌 시장에서 경쟁해야 하며 인력의 다양성은 계속 증가하고 있다. 결과적으로 기업은 미국과 해외에서 서로 다른 문화권의 사람들과 일하도록 직원을 교육해야 한다. 소셜 미디어 및 iPad와 같은 태블릿 컴퓨터와 같은 새로운 기술은 직원을 교육하는 데 드는 비용을 줄여줄 수 있다. 동시에, 이러한 교육방법에 학습을 위한 필수조건인 실습, 피드백, 자기관리 등이 포함되도록 해야 한다. 또한 블랜디드 학습방법을 통해 기업은 개인적, 자기주도적, 기술 기반 교육과 연수생 간의 능동적인 상호 작용을 가능하게 하는 방법 간의 최상의 균형을 모색하고 있다.

교육의 역할은 훈련 프로그램 설계를 넘어 확대되었다. 효과적인 교수 설계는 여전히 중요하지만 훈련 관리자, 인적자원 전문가 및 강사는 프로그램에서뿐만 아니라 비공식적으로 직원이 학습하도록 동기를 부여하는 시스템을 만들도록 요구받고 있다. 지식을 창조하고, 그 지식을 회사의 다른 직원들과 공유해야 한다. 훈련은 일회성 이벤트에 중점을 두지 않고 협업, 온라인 학습, 전통적 강의실 훈련 또는 이러한 방법의 조합들로 새로운 교육방식을 만들어낼 수 있게 되었다. 공식적인 훈련 과정의 경계를 벗어나 비공식적으로 학습이 진행된다는 인식이 높아졌다.

또한 직원과 고용주 간의 관계가 변화되었다. 급변하는 비즈니스 환경과 경쟁으로 인해 신속하게 수익이 줄어들고 기술 변화가 요구되기 때문에 회사는 직원들에게 직업 안정성을 제공하기를 꺼린다. 동시에 많은 직원들이 직업시장에서 자신의 기술에 대해 얻을 수 있는 가치를 극대화하면서도, 어떤 회사에도 오랜 기간 계약을 하지 않고 있다. 결과적으로 직원과 기업 모두 미래 기술개발 및 경력관리에 관심을 갖고 있다. 기업은 동기부여되고 생산적인 노동력을 원하며 최신 기술을 보유하고 변화하는 고객 및 시장 요구에 맞는 새로운 기술을 신속하게 습득할 수 있다. 다른 경력으로의 이동에도 불구하고 기업은 재능 있는 직원을 고용주가 선택할 수 있는 업무환경과 훈련 및 개발 기회를 제공하기를 원한다. 직원들은 현재의 직업에 유용할 뿐만 아니라 개인의 관심사 및 가치와 일치하는 기술을 개발하려고 한다. 시간이 갈수록 증가하는 작업 수요를 고려해볼 때, 직원은 업무와 비업무 분야 간의 균형을 유지하는 데도 관심이 있다.

본서는 직원훈련 및 개발은 조직의 훈련 및 개발의 전통적 역할뿐만 아니라 광범위한 역할을 반영한다. 1장 "직원 훈련 및 개발 소개"에서는 기업에서의 훈련 및 개발의 역할에 대해 다룬다. 2장 "전략적 훈련"에서는 훈련 관행과 훈련 기능의 조직이 비즈니스 목표를 어떻게 지원할 수 있는지에 대해 설명한다. 기업은 비용절감에 관심이 있으므로 교육에 할당된 자원의 양은 훈련과 개발활동이 회사가 비즈니스 목표를 달성하는 데 도움이 되는 정도에 따라 결정된다. 훈련 프로그램 설계와 관련된 주제는 3장부터 6장까지 다룬다.

3장 "요구 분석"에서는 교육이 적절한 시기를 식별하는 방법에 대해 설명한다. 4장 "학습과 훈련 전이"에서는 학습환경의 특성과 학습과정을 다룬다. 이 장은 또한 훈련 설계 및 작업환경에서 훈련이 그 일에 사용되도록 보장되어야 한다고 강조한다. 5장 "프로그램 설계"에서는 훈련 전, 도중, 강의나 프로그램 후에 학습을 촉진하고 전이하기 위해 할 수 있는 일에 대하여 실질적인 제안을 제공한다. 학습의 촉진과 훈련의 전이에 있어 지식관리의 역할에 대해서도 논의한다. 6장 "훈련 평가"에서는 교육 프로그램을 평가하는 방법에 대해 설명한다. 여기에서는 비용효율적인 교육을 식별하고 교육 및 학습에 대한 투자 수익을 평가하며 학습, 행동 또는 성과와 관련된 교육 결과에 도달했는지 결정하는 개념을 소개한다.

7장과 8장에서는 교육 방법을 다룬다. 7장 "전통적 훈련방법"에서는 강의와 같은 프레젠테이션 방법, 현장직무훈련, 행동 모델링 등 실제방법, 모험학습 등 그룹 방법에 대해서 설명한다. 8장 "테크놀로지 기반 교육훈련 방법"에서는 교육에 사용되는 새로운 기술을 소개한다. 이러한 기술 기반 훈련 방법에는 이러닝, 모바일 학습, 소셜 미디어, 시뮬레이션, 가상세계 및 블랜디드 학습이 있다. 7장과 8장 모두 비용, 편익, 학습 특성을 토대로 교육방법을 비교하고 있다.

9장 "직원 개발 및 경력 관리"에서는 개발방법(평가, 관계, 직업 경험 및 공식적인 강의)을 소개한다. 또한 직원들이 자기주도적이거나 변화무쌍한 경력에서 성공할 수 있도록 개발계획을 활용한다. 후계자 계획 및 신입직원 적응과 같은 주제가 논의된다. 10장 "사회적 책임: 법적 문제, 다양성 관리 그리고 경력 도전"은 경력 문제에 대한 개인적인 특성에 관계없이 모든 직원의 성장과 발전을 도우면서 기업이 인력의 기술 수준을 높이고 일자리를 제공하고 취업을 통해 지역사회를 개선할 수 있도록 교육이 수행하는 역할을 강조한다. 또한 훈련 및 개발에 영향을 미치는 법률 준수, 파트너십 훈련, 다양성 관리, 문화 간 준비 및 기업이 직원의 일과 삶의 균형 조정할 수 있는 방법에 대하여 논의한다. 마지막으로, 11장 "훈련과 개발의 미래"는 훈련과 개발이 10~20년 후에 어떻게 변화될 것인지에 대하여 알아본다.

본서는 졸업생 및 학부생에게 25년 넘게 교육 및 개발 과정을 가르쳤던 경험을 기반으로 저술하였다. 이 경험을 통해 교육, 심리학, 비즈니스 및 산업 관계를 포함한 다양한 분야에서 일하는 경영자, 컨설턴트, 강사 및 교수진이 훈련 및 개발의 연구 및 실행에 기여했다는 것을 깨달았다. 결과적으로, 본서는 실무적인 관점을 제공하면서 여러 분야에서 수행된 연구를 기반으로 하였다. 실무과정에 있는 학생들, 학문의 다양한 학부 및 석사 수준의 교육과정에게 모두 적합하다.

독특한 특징

본서는 몇 가지 독특한 특징을 가지고 있다. 첫째로, 그동안 저자의 교육경험을 통해 실제로 학생들이 연구와 이론을 현장에서 적용되는 것을 확인하지 못하면 포기하게 된다는 것을 알게 되었다. 본서는 각 장에서 다루는 내용과 관련된 실제 회사의 사례로 시작한다. 회사에서 실제 일어나는 생생한 경험이 전체 장에서 제공되며, 각 장은 학생들이 훈련 주제와 관련하여 그 장의 내용을 적용할 수 있는 실제 사례와 관련된 질문으로 마무리된다.

책의 두 번째 특징은 주제별 적용 범위이다. 2부 "훈련 설계"에 포함된 각 장들은 요구분석, 훈련방법, 훈련 전이와 학습, 프로그램 설계 및 평가 등 훈련 설계와 관련이 있다. 교수설계는 여전히 훈련의 핵심이다. 3부 "훈련 및 개발 방법"은 훈련의 보다 흥미로운 부분을 다룬다. 관리자 및 강사의 역할이 확대됨에 따라 그들은 직원들의 성장과 훈련, 경력 도전 과제의 해소, 잠재력이 높은 직원을 리더 직책에 배치할 수 있도록 돕는 데 점차적으로 참여하고 있다. 예를 들어, 관리자와 강사는 직원의 경력 요구, 경력 경로, 교차 문화 훈련, 다양성, 재취업 및 고용승계 계획의 세대 차이를 이해해야 한다. "사회적 책임과 미래"와 같은 훈련 설계 영역 밖에 있는 주제는 4부에서 다룬다.

본서는 훈련 및 개발에 대한 맥락에 대한 토론으로 시작된다. 1부에서는 훈련 전문성 추세에 영향을 주는 경제 및 일터에서의 요인을 다루는 장들을 포함한다. 이러한 추세 중 하나는 기업들이 공식적인 훈련, 지식관리 및 무형식 학습을 통한 학습을 강조한다. 또한 이 장들에서는 비즈니스 전략 및 조직 목표 달성을 위해 전략적으로 되기 위한 훈련, 개발 및 학습의 필요성을 논의한다. 성공적이고 효과적인 훈련, 훈련 목표, 방법, 평가 및 교육을 수행하는 사람까지 포함한 모든 측면이 비즈니스 전략과 관련이 있다. 점점 더 많은 기업들은 훈련 기능, 훈련 관행이 경영 목표 달성에 도움을 줄 것을 요구하고 있다. 그렇지 않으면 훈련은 아웃소싱되거나 자금 지원이 중단될 수 있다. 경영전공 학생들은 전략적 사고에 노출되는 반면, 훈련자가 되는 심리학 및 교육 전공 학생들은 전략적 관점과 그것이 훈련기능 조직과 수행되는 훈련의 유형과 어떻게 관련되어 있는지 이해해야 한다.

기술은 우리의 삶의 방식과 일하는 방식을 바꿀 뿐만 아니라 훈련 관행에도 영향을 미쳐 왔다. 본서의 한 장은 온라인 학습, 소셜 미디어, 모바일 학습, 태블릿 컴퓨터 및 가상현실과 같은 훈련의 전달과 학습을 위한 기술의 사용에 관하여 할애되었다.

본서는 훈련 분야의 최신 "핫 토픽"을 담고 있다. 이 책에서 논의된 새로운 주제 중 일부는 기업 대학, 아웃소싱 훈련, 인적자본 개발 및 측정, 학습관리 시스템, 역량, 지식관리, e-러닝, 스마트 폰을 활용한 모바일 학습, iPads 및 기타 태블릿 컴퓨터, 블로그, 위키 및 소셜 네트워크와 같은 미디어, 훈련을 위한 가상세계 등에 대하여 토론하고 있다. 각 장에는 최신 학술연구 결과 및 기업 사례가 포함되어 있다.

학습을 돕기 위해 설계된 기능

본서는 학습을 돕기 위해 몇 가지 기능을 제공한다.

1. 각 장에서는 그 장에서 학생들이 기대하는 학습내용을 강조하는 목표 목록을 제시한다.
2. 텍스트 예시 및 챕터 시작부분에는 서비스, 제조, 소매 및 비영리 조직을 포함한 모든 산업의 회사사례를 다루고 있다.
3. 각 장 마지막 부분에 있는 토의 문제는 학생들이 각 챕터에서 제시된 개념을 배우고 자료의 잠재적 적용을 이해하도록 돕는다.
4. 훈련과 개발에 사용된 중요한 용어와 개념은 각 장에서 강조된다. 이 중요한 용어는 학생들이 훈련 언어를 이해하도록 돕는 데 중요하다.

5. 적용 문제는 학생들이 각 장의 내용을 실습하는 데 유용하다. 대부분 장에는 학생들이 인터넷을 사용하도록 하는 과제가 포함되어 있다.
6. 각 장 마지막과 본서 네 부분 끝에 있는 사례를 통해 학생들은 배운 내용을 실제 회사가 직면한 훈련 및 개발 문제에 적용해 볼 수 있다.
7. 본서의 마지막 부분에 있는 주제어 색인은 핵심 주제를 찾는 데 도움이 된다.

6판의 새로운 내용

본서를 선택한 여러분 모두에게 개인적으로 감사드리고 싶다. 5판에 대한 평론가와 훈련 연구 및 실습의 의견을 토대로 몇 가지 사항을 개선하였다. 인적자원개발의 6판에서 몇 가지 중대한 변경 사항이 있다.

각 장에는 가장 최근 연구결과와 새로운 뛰어난 기업 사례들이 포함되도록 업데이트되었으며, 각 챁터에 새로운 예시가 추가되었다.

모든 챕터 개시에 사례가 새로운 것들로 변경되었다. 예를 들어, 8장의 개시 사례는 Farmers Insurance 기업이 어떻게 블랜디드 러닝 접근법(대면 강의, 온라인 학습, 소셜 네트워크 및 다세대, 지리적으로 분산된 인재에 대한 효과적인 학습을 제공하는 앱이 설치된 iPads 등을 활용)을 사용하였는지 강조한다.

본서는 무형식 학습, 비즈니스 임베디드 훈련방법, 지식관리, 학습관리 시스템, 무형자산 및 인적자본, 훈련 및 개발을 위한 다세대 인력의 영향, 소셜 미디어(블로그, 위키(wiki), 소셜 네트워크 포함)를 활용한 훈련, 프로그램 설계 및 교육기관, 정부기관, 노동조합 및 비영리단체와의 파트너십 훈련의 중요한 역할 등의 새롭고 확장된 주제를 포함한다.

각 장에는 기업에서 직면한 훈련, 개발 또는 학습 문제를 설명하는 새롭고 업데이트된 간단한 사례로 마무리된다. 사례 질문을 통해 학생들에게 해당 내용을 토대로 쟁점을 고려하고 의견을 제시하도록 요청한다.

학생들이 주제 간의 연결을 더 잘 이해할 수 있도록 이 책은 네 가지 부분으로 구성되어 있다. 1부는 훈련 및 개발을 위한 맥락에 중점을 두고 전략적 훈련에 관한 장들로 구성되어 있다. 2부는 훈련 프로그램 설계의 기본 사항과 관련된 내용을 포함하고 있다. 2부는 요구 분석, 학습이론 및 훈련전이, 프로그램 설계 및 훈련평가에 중점을 두고 있다. 3부는 훈련 및 개발 방법에 초점을 두고 전통적인 교육방법, e-러닝 및 소셜 미디어 및 모바일 학습과 같은 새로운 훈련기술의 사용에 대한 장을 포함한다. 4부에서는 직원 개발 및 경력 관리와 기업의 사회적 책임 증진에 도움이 되는 훈련과 학습의 역할에 대해 설명한다. 여기에는 훈련과 관련된 법률 및 규정뿐 아니라 다양성 관리와 일과 삶의 균형, 경력 휴식, 경력 경로 구별 및 이동, 은퇴 준비 및 실직 대비와 같은 직원들의 직업 문제 해결에 대한 도움을 포함한다. 결과적으로 이 부분은 훈련 및 개발의 미래를 보여준다.

5장은 학생들이 프로그램 디자인을 더 잘 이해하고 훈련 코스나 프로그램을 설계하는 데 필요한 기술을 가지고 강좌를 떠날 수 있도록 프로그램 설계에 대한 설명이 제시된다. 9장은 승계 계획 및 직원의 적응 등의 직원 개발 및 경력 관리를 다룬다. 10장은 몇 가지 새로운 내용을 담고 있으며 5판의 10, 11, 12장의 내용이 혼합되어 있다. 이 부분은 법률적 훈련 및 개발 관행을 통하여 사회적 책임을 지는 기업을 도와주는 훈련 및 학습의 역할을 강조하고, 지역 인재의 기술 향상, 고용 기회 제공을 위한 파트너십 연수와 직원 다양성 관리를 통한 직원 성장 및 경력 도전 등의 내용을 포함하고 있다.

6판에는 5판보다 2개 장이 적은 11개 장을 포함하여 한 학기에 다루기 쉬울 뿐만 아니라 강의자가 강좌에서 강조하고자 하는 주제에 더 많은 시간을 할애할 수 있다. 또한 새롭고 결합된 부분들은 학생들에게 훈련, 개발 및 경력 관리와 관련한 중요한 내용을 보여준다.

역자 서문

본서는 미국 McGraw-Hill 출판사에서 발간된 Noe 교수의 "*Employee Training and Development*(6E)"를 번역한 것이다. 이 책의 저자인 **Raymond A. Noe**(The Ohio State University)는 오하이오 주립대학교 경영학과 교수로서 전략적 인적자원관리 및 인적자원개발, 학습과 훈련, 종업원 개발, 조직행동 등 다양한 영역에서 저술 및 학술활동을 수행하고 있다. 또한 미국의 주요 기업과 연방정부 및 주정부의 컨설팅과 자문을 통해 기업현장의 사례를 직접 체험하고 있으며, 이러한 저자의 풍부한 경험이 이 책을 접하는 민간기업 및 공공기관의 근로자의 훈련과 개발에 관심 있는 학생들과 기업의 인사담당자들을 이해하기 쉽도록 돕는다.

본서는 이미 국내 학부, 대학원, 민간기업과 공공기관에서 인적자원개발에 대한 이론과 사례를 학습하기 위해서 활용되어 왔다. 그러나 원서에 익숙하지 않은 경우에는 그 내용에 대해서 충분히 이해하고 탐독하는 데 한계가 있을 것으로 판단되었다. 본서를 번역하면서 역자들은 제시된 이론과 기업 사례에 대해 보다 성실하게 번역하려고 노력하였다. 국내에서 인적자원개발(Human Resource Development) 분야는 전문서적과 역서들이 여전히 부족하고 이를 바라보는 관점의 제한이 있는 것을 확인하고 이를 해소시키고자 번역을 결심하게 되었다.

본서는 네 개의 파트로 구성되어 있다. 1부에서는 훈련 및 개발을 위한 내용에 초점을 맞추고 훈련에 대한 폭 넓은 관점을 제시하며 다음과 같은 질문에 답을 얻을 수 있다. 훈련이란 무엇인가? 왜 중요한가? 누가 훈련을 받는가? 얼마나 많은 비용을 훈련에 투자하는가? 훈련은 어떻게 설계되어야 하는가? 또한 1부에는 전략적 훈련과 개발 프로세스에 대해 설명하는 2부의 내용이 포함되어 있다. 2장에서는 회사의 비즈니스 전략이 훈련 관행 및 훈련 부서에 어떻게 영향을 미치는지 살펴볼 것이다.

2부는 3장부터 6장까지로 구성되어 있으며, 훈련 설계의 기본 사항에 대해 논의하고 ISD 모델의 다양한 측면, 즉 훈련 개발을 제시하기 위하여 사용되는 모델에 대해 다룬다. 3장에서는 훈련 요구를 결정하는 방법을 다룬다. 4장에서는 학습의 중요한 문제, 특히 학습의 중요성과 훈련 전이에 대해 논의한다. 이 장에서는 우리가 배우는 것, 배우는 방법 및 훈련 세션에서 학습에 도움이 되는 환경을 만드는 방법을 강조한다. 또한 훈련 전이에 대해 고려해야 할 사항, 즉 훈련에서 강조된 기술이 직업에 사용되도록 하는 방법에 대해서도 논의한다. 5장에서는 학습과 전이를 용이하게 하기 위해 훈련 프로그램을 어떻게 설계해야 하는지에 대해서 제시한다. 이 장에서는 룸 디자인의 중요성, 학습 목표, 강사 선정 및 준비, 학습을 위한 강의 계획, 관리자, 강사, 학습자 및 지식관리가 학습 전이를 용이하게 하는 방법에 대해 다룬다. 6장에서는 훈련 프로그램을 평가하는 방법을 설명한다.

3부는 훈련 및 개발 방법에 중점을 둔다. 7장에서는 강의, 행동 모델링 시뮬레이션 및 역할극과 같은 기존의 교육 방법에 대하여 살펴본다. 8장에서는 웹 기반 교육, 가상현실, 모바일 학습 및 사회적 협업과 같은 신기술의 응용 프로그램에서 개발된 이러닝과 그 방법에 대하여 알아본다. 9장은 직원 개발과 경력 관리의 중요한 문제를 다룬다. 직원 평가, 과제, 관계, 강의 및 공식적인 프로그램을 개발하는 데 사용되는 네 가지 접근법에 대해 설명한다.

4부는 사회적 책임에서의 훈련의 역할과 훈련 및 개발의 미래에 대하여 다룬다. 10장은 법적 문제와 다양성을 다루며, 주제로는 윤리 및 법적 문제, 다양성 관리, 다문화 교육, 경력 단절 및 유리천장 해소와 같은 특정 그룹과 관련된 문제가 있다. 11장에서는 신기술이 교육에 어떻게 영향을 미치는지, 그리고 앞으로 그 기술이 어떻게 변할지에 대해 논의한다.

원서가 담고 있는 방대한 양의 내용을 자세하게 번역하기 위해서 7명이 함께 공동작업을 수행하였다. 최초 번역에 앞서 역자들 간의 용어 번역을 통일하는 기초작업을 하였고, 1차 번역 이후에는 다른 사람이 번역한 내용을 다시 확인하는 작업을 통해서 내용에 대해서 재검토하였다. 또한 최종적으로 대표저자가 전체적인 용어 및 내용의 통일성을 검토하고 일관성을 유지하기 위해 노력하였다. 많은 시간과 노력을 투입하여 번역하였으나 번역체가 갖는 한계를 완전히 극복하지 못하였으리라 생각된다. 독자 여러분들의 지적을 달게 받고 부족한 부분에 대해서는 충실하게 수정해나갈 것을 약속드린다.

끝으로 이 책이 번역될 때까지 지원을 아끼지 않은 경문사 한헌주 대표님과 직원분들의 인내심과 노고에 깊은 감사의 말씀을 드린다.

2018년 2월

역자 일동

목차

1부 | 직원훈련 및 개발의 배경

1장 직원훈련 및 개발 소개

2장 전략적 훈련

2부 | 훈련 설계

3장 요구 분석

4장 학습과 훈련 전이

5장 프로그램 설계

6장 훈련 평가

3부 | 직원 훈련 및 개발의 다양한 방법

7장 전통적 훈련방법

8장 테크놀로지 기반 교육훈련 방법

9장 직원 개발과 경력 관리

4부 | 사회적 책임과 미래

10장 사회적 책임: 법적 문제, 다양성 관리 그리고 경력 도전

11장 훈련과 개발의 미래

1부

직원훈련 및 개발의 배경

1부에서는 직원훈련 및 개발과 관련된 배경에 초점을 맞추고 있다. 1장에서는 이와 관련된 개관을 다루며 직원훈련 및 개발의 중요성과 기업의 성과 연계성을 알아보도록 한다. 특히, 훈련 전반에 관한 내용과 직업, 그리고 효과적인 훈련 설계에 관하여 다룬다. 2장 "전략적 훈련"은 전략적인 훈련 개발 프로세스와 훈련에 영향을 미치는 조직요소 및 훈련관련 부서의 조직에 관한 다양한 모델을 살펴보도록 한다. 덧붙여 어떻게 회사 내에서 훈련의 중요성을 설파하고 강조하는지, 그리고 아웃소싱의 장·단점을 기술하였다.
1부는 PriceWaterhousCoopers가 조직의 경쟁력 확보와 성과를 위하여 어떻게 직원훈련을 학습장을 벗어나 조직 내 학습의 단계로 활용하였는지 실제 사례를 통하여 알아본다.

1장

직원훈련 및 개발 소개

Introduction to Employee Training and Development

학습 목표

1. 직원훈련과 학습에 영향을 미치는 요소 및 이를 위한 훈련의 역할에 관하여 기술할 수 있다.
2. 다이어그램 등을 활용하여 어떻게 훈련 및 개발, 무형식 학습, 지식경영이 기업 경영성과에 기여하는지 기술할 수 있다.
3. 직원 훈련 프로세스의 다양한 측면을 논의할 수 있다.
4. 미국 내 기업의 훈련 및 개발 프로그램의 다양한 종류와 투자액을 기술할 수 있다.
5. 훈련전문가의 핵심역할에 관하여 논의할 수 있다.
6. 훈련관련 연구 등의 학습을 위한 유용한 정보를 식별할 수 있다.

기업의 성공을 위한 핵심 역할인 훈련에 영향을 미치는 요인들

고객 서비스, 생산성, 산업안전, 종업원의 성장, 경제 불확실성, 숙련공의 기술전수 및 새로운 테크놀로지 등은 현대사회에서 산업전반 모든 기업들이 겪는 문제들이며, 이는 훈련과 직결되기도 한다. 아래 사례는 이러한 문제들이 어떻게 기업에 영향을 미치며 이러한 상황에서 기업은 직원교육훈련을 통해서 어떻게 이를 해결할 수 있는지 보여준다.

최근 기업들은 기존의 면대면 집체교육식의 학습을 벗어나 보다 다양한 테크놀로지를 활용하여 교육을 용이하게 그리고 장소와 관계없이 지식공유와 협동을 통해서 학습을 극대화하기 위해 노력하고 있다. 예를 들어, Jiffy Lube(미국 최대 엔진오일 회사)는 이러한 학습형태를 통하여 최상의 고객 서비스를 제공하고 있다. 차소유주들은 대개 매 3,000 ~ 5,000마일마다 엔진오일을 갈아야 한다고 알고 있을 것이다. Jiffy Lube는 훈련을 통해서 전미 2,000여 지점 이상의 직원들이 신속하고 정확하게 엔진오일을 교체하며 고객의 만족도를 최우선으로 여기도록 교육받고 있다. 모든 직원들은 일정 수의 교육훈련을 수료할 뿐만 아니라 자발적으로 다른 학습과정도 이수함으로써 본인의 경력을 위해 학습하고 있다. 학습내용은 고객 서비스, 관리, 기술적 절차, 서비스 절차 등을 포함하고 있고, 150시간 이상의 훈련이 고용 첫해에 실행된다. 예를 들어 고용 후, 한 달 이내에 기술직들은 안전 및 제품 지식에 관한 교육내용을 수료해야 한다. 이러한 교육의 대부분은 온라인으로 이뤄지고, 직원들은 시간 및 장소 제약없이 원하는 시간에 언제든지 학습을 진행할 수 있다. 과정 수료 후, 직원들은 온라인으로 진행되는 시험을 통해서 기술 및 지식의 숙련 정도를 점검 받게 되고, 수료를 인증 받는다. 나아가 직원들은 온라인 학습관리 시스템을 통하여 본인의 학습 진행 상황과 성과를 확인할 수 있다. 이러한 학습 시스템은 직원의 이직률을 낮추고 고객 만족도를 높이는 효과를 가져오고 있다. 또한, 교육훈련을 통해 직원의 고객에 대한 인식을 바꾸고, 엔진오일 교환이 숫자기반의 점검(일반적인 매 3,000마일 주기)이 아닌 해당 차량 제조사의 추천과 차량의 상태에 따라 다르다는 것을 교육하였다. 직원들은 고객이 원하는 서비스 및 고객에게 가장 적합한 서비스를 추천하고 이를 제공하는데 최선을 다하고 있다. 이러한 노력으로 전반적인 고객 만족도가 향상되었고 기업에 대한 고객의 신뢰도 또한 높아졌다.

미시간 소재의 Blue Cross and Blue Shield(미국최대의 의료보험업체)는 미국 전 지역의 직원들의 훈련과 학습을 위해 KnowIt과 MISource를 사용한다. KnowIt는 80여 개 이상의 사업에 관한 위키블로그, 웹코스, 팟캐스트, 토론게시판 및 이러닝 코스를 운영하는 시스템이고, M-Source는 고객 서비스의 일환으로 고객과의 의사소통을 목적으로 제작된 온라인 플랫폼이다. 50여 개 이상의 자회사를 보유한 Scotiabank 금융그룹은 최근 소셜네트워크, FaceForward, 블로그, 위키 등 온라인 플랫폼을 개발하였다.

Seattle CityLight사는 향후 5년 이내에 직원의 4분의 1이 은퇴를 한다. 이를 위해 회사는 기존의 숙련공의 기술과 지식을 전수하기 위한 훈련 과정을 포함할 뿐만 아니라, 새로운 테크놀로지 및 전기시스템의 역사 등을 교육하기 위한 포괄적인 학습과정을 개발하였다. 각 과정의 수료 후 치르는 시험과 실습은 학습자가 새로운 지식과 기술을 잘 전수받았는지 확인하기 위해 치러지고, 도제 제도를 통하여 보다 전문적인 직군에 대한 훈련을 실시하고 있다. 또한 직원들의 직무전환을 통해서 보다 통합적인 시각을 갖출 수 있도록 독려하고 있다.

US Airways는 비행승무원과 파일럿을 대상으로 광범위한 훈련을 제공한다. 신규 채용된 승무원들은 항공산업 전반에 대한 이해를 돕기 위해 5주에 걸쳐 이루어지는 시뮬레이터 교육을 받는다. 예를 들어, "Door Trainers" 훈련을 통해서 위급 상황 시 비행탈출을 위해 승무원들이 숙지해야 할 여러 절차들과 상황에 대해서 학습하게 된다. 여기에는 탈출 시 사용되는 도구와 장비에 대한 교육, 승객들이 안전하게 탈출하도록 돕는 여러 내용을 포함하고 있다. 미 연방법 또한 매 2년마다 필수적으로 승무원들이 안전교육을 받도록 의무화하고 있다. 파일럿 훈련은 여러 시나리오 기반의 시뮬레이터 교육을 통해 진행되며, 각기 다른 대기상태에 맞춰 대응할 수 있도록 훈련을 받는다. 2009년 뉴욕 허드슨 강에서 있었던 1549편 비상착륙 사례가 이러한 훈련의 대표적인 예라 할 수 있다. 반복적이고 지속적인 훈련 덕분에, 승객 155명 전원 구조되고 안전하게 탈출할 수 있었던 것이다. 모든 승무원들이 엔진고장에 따른 비상착륙 후 신속하고 정확하게 비상탈출 계획에 따라 행동하여 승객들을 대피시켰기에 구조될 수 있었다고 밝히고 있다.

출처: J, Salopek "Keepinglearning well-oiled" *T+D*(October 2011) 32-35.

서론

앞선 예시는 어떻게 직원훈련이 기업의 경쟁력에 공헌하는지를 보여주는 내용이다. 경쟁력이란 산업내 시장을 점유하고 영향력을 가지는 능력을 일컫는다. 다른 유형의 사업이라

할지라도 앞선 예시의 4개 기업은 시장내 경쟁적 우위를 위한 직원훈련 프로그램을 가지고 있는 것을 보았다. 즉, 훈련은 사업을 성장하도록 도울뿐만 아니라 성공하기 위해 갖추어야 할 지식과 기술을 제공함으로써 고객서비스를 향상할 수 있도록 도와준다.

근래 들어 기업은 새로운 테크놀로지, 지식의 빠른 성장, 사업의 세계화, 전자상거래 등의 큰 변화를 경험하고 있다. 또한 기업은 시장내 우수인력을 확보하고 이들을 개발시켜야만 한다. 이러한 내용의 훈련은 사치가 아니라 고객에게 최상의 제품과 서비스를 제공하기 위한 필수조건이다. 훈련을 통해서 기업은 새로운 테크놀로지를 받아들이고, 가상조직과 같은 새로운 조직구조 및 다양한 문화배경을 지닌 직원간의 협업을 증진시키도록 준비시킨다. 인적자원관리란 직원의 행동, 태도, 그리고 성과에 영향을 미치는 기업의 경영방식, 제도, 시스템을 말하며 이를 통해 경쟁적 우위를 갖추는 것을 목표로 한다.

본 장에서는 훈련과 개발에 대해서 정의하고 어떻게 이러한 훈련적 기능이 진화해 왔는지 살펴보도록 한다. 그리고 인적자원을 구성하는 것과 학습을 통해 직원들의 동기를 고양하고 기업의 성공적 사업을 위해 필요하다. 기업의 이해관계자란 주주, 지역공동체, 고객, 직원 등 기업의 사업성공을 위해 얽힌 모든 관계자를 통칭한다.

이 장의 두 번째 부분에서는 현재 기업에서 시행되고 있는 훈련의 기조에 대해서 살펴본다. 학습훈련자의 역할과 기업내 훈련기능이 어떻게 조직화 되었는지 파악하고 실제 현장에서 실행되고 있는 훈련, 수행업무, 성공적인 훈련을 위한 훈련자의 역량에 대해서 알아보자.

훈련 및 개발: 학습의 핵심구성

본서의 주된 목적은 오늘날 조직 내에서 훈련과 개발의 기업내 역할과 이해를 돕는데 있다. 나아가 실제 비즈니스 환경에의 훈련과 개발의 의미를 파악하는 데 있다. 〈그림 1.1〉은 이러한 역할을 도시한 내용이다. 궁극적으로 훈련과 개발의 목적은 기업내 학습이다.

학습이란 직원이 습득하는 지식, 기술, 역량, 태도 혹은 행동을 의미한다. 그러나 훈련개발의 초점은 단순히 직원의 학습 그 자체에 있는 것이 아니라 기업의 경쟁력 제고를 위해서 전략에 이바지하고 직원의 성과를 향상하는 데 있다. 여기에는 제품과 서비스의 품질향상, 생산성 향상, 새 제품의 개발 등을 수반한다. 기업의 입장에서는 직원이 학습한 내용이 무형자산이나 인적자본을 개발하는데 공헌하는 것이다. 인적자본(Human Capital)이란 지식(know what), 첨단기술(know how), 시스템적 사고와 창의성(know why), 최고의 제품과 서비스를 향한 동기(care why)이다. 그러므로 무형의 인적자본은, 유형의 자산(장비, 땅, 빌딩)이나 금전적 자산(현금, 유가증권)보다 기업의 경쟁력 개념에서 더욱 중요하다. 왜냐하면 이러한 무형의 자산은 다른 기업이 모방할 수 없는 기업 본연의 경쟁력이기 때문이다.

사내에서 발생하는 학습에는 〈그림 1.1〉에서 묘사한 내용 이외에도 여러 가지 유형들이 있다. 훈련이란 기업의 직무관련 역량, 지식, 기술, 행동 등을 촉진하고 향상하기 위해 만든 계획된 노력이라 할 수 있다. 또한 훈련의 목표는 직원들로 하여금 지식, 기술, 행동 등을 습득하도록 하는 데 있다. 본래 기업 훈련은 프로그램이나 기타 이벤트를 통해서 정형화된 학습 형태에 의존하였다. 개발은 훈련과 비슷하지만 보다 미래지향적이라는 특징을 가지고 있다. 그러므로 개발이란 훈련을 포함하여 형식적인 교육, 직무경험, 관계, 성격 진단, 기술 등을 배움으로써 미래의 직무와 직위를 준비하는 것을 돕는 학습을 말한다. 보다 자세한 내용은 9장에서 논의하도록 하자 형식적인 훈련(역주: 형식적 교육훈련이란 직장내 학습이 정형화된 프로그램 즉 조직에 의해서 설계되고 개발된 내용으로 이뤄지는 것을 말한다.)과 개발은 정형화된 프로그램, 코스 등이 기업에 의해서 개발되고 조직된 내용을 학습하는 것을 말한다. 일반적으로 조직내 구성원은 대면 방식의 교육이나 온라인 프로그램을 통해서

그림 1.1 훈련 개발의 사업적 역할

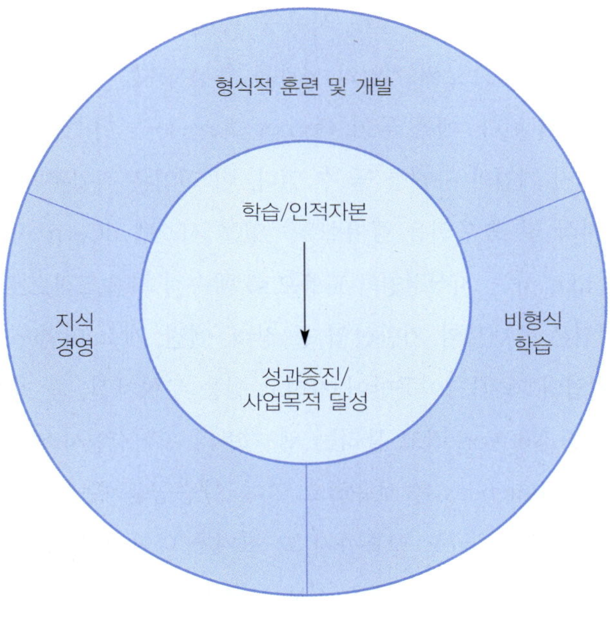

학습하고 있다. 미국의 많은 기업들이 매년 수조 원에 이르는 돈을 이러한 형식적 훈련에 투자하고 있다.

인적자본의 개발을 촉진하는데 있어서 비형식적 학습 또한 매우 중요하다. 비형식적 학습이란 학습자에 의해서 조장되고, 학습과 실행을 통해서 동기화 되어지는 학습형태를 말한다. 즉, 비형식 학습은 동료와의 소통, 이메일, 멘토링 등 매우 다양한 형태로 발생한다. 학습전략에의 소셜미디어(트위터, 페이스북 등)의 활용과 웹 2.0 테크놀로지(블로그, 위키 등)의 가능성은 직원들의 사회적 학습을 동료뿐 아니라 다른 많은 사람들과 지식을 공유하고 협업을 통한 학습을 가능하게 하였다. 이러한 비형식 학습은 조직내 학습의 약 75%를 차지하고 있다.

이러한 비형식 학습이 특별히 중요한 이유는 이를 통해서 암묵지의 효과적인 개발이 가능하는 데 있다. 형식지는 문서와 같이 쉽게 만들어질 수 있고, 다른 사람에게 전달이 비교적 쉬운 형태의 지식을 말한다. 대표적으로 문서화된 프로세스, 플로우차트, 공식 등이 있다. 이러한 형식지가 일반적으로 형식적 훈련의 주된 초점이 된다. 암묵지란 개인의 경험을 통한 것으로 타인이 쉽게 모방할 수 없는 본연의 지식을 말한다. 일반적인 형식적 훈련은 이러한 암묵지의 생산과 전달이 용이하지 않다. 그러므로 비형식 학습이 이러한 암묵지 개발의 중심이 된다. 왜냐하면 직원간 동료간, 혹은 전문가와의 상호관계를 통해서 암묵지가 전달될 수 있기 때문이다. 그러나 비형식 학습이 형식학습을 대체할 수 없음을 주지해야 한다. 비형식 학습은 형식적 훈련이 제공할 수 없는 암묵지의 습득을 도움으로써 훈련을 보충할 수 있게 한다.

지식경영이란 지식의 생산, 공유, 사용을 촉진시키기 위한 조직의 문화와 구조, 시스템 등을 설계하고 실행함으로써 기업의 성과를 향상시키는 과정을 의미한다. 지식경영은 비형식 학습에 도움이 된다. 예를 들어, Cerner Corp 사는 미주리 주 캔자스시티에 위치한 글로벌 테크놀로지 기업의 사례를 들 수 있다. 이 기업은 직원뿐만 아니라 고객도 사용자 경험, 전문적 지식 및 솔루션을 공유할 수 있는 시스템 uCern 지식경영시스템을 구축하고 있다. Caterpillar 사는 지식경영의 도움으로 계속적 학습조직으로 탈바꿈할 수 있었다. 30년 전, 이 기업은 플랜트와 기반산업 등 장비, 엔진, 캐스 터빈에 주력하던 기업이었다. 오늘날에 이 기업의 가치는 이곳만이 가지고 있는 무형자산, 즉 지식과 경험을 내포하고 있다. Knowledge Network라고 불리는 웹 기반의 지식경영시스템은 수천 개의 학습공동체(Community of Practices)를 보유하고 있다. 학습공동체는 전 세계적으로 작은 팀단위부터 수백 명에 이르는 대규모 그룹까지 그 크기가 다양하다. 이 CoP는 형식지뿐만 아니라 암묵지를 얻는데 유용하다. 이들은 정보를 재생산하고, 질의응답의 축적, 다른 기타 참고

자료의 첨부 등을 통해서 그 활용방안을 넓히고 있다. 이를 통해서 발전된 의사결정, 향상된 협업과 팀워크를 구축할 수 있었다.

학습의 가치를 인정하는 많은 기업들이 형식적 훈련과 비즈니스 전략과 사업목표의 연계를 강조하기 위해서 효과적인 훈련 설계 및 개발을 위해 다른 사업이나 기업의 좋은 사례를 벤치마킹하고 발전시키기 위해 노력한다.

PriceWaterhousCoopers 학습의 역할의 예를 들어보자. Learning and Education(L&E) 팀은 학습과 사업목표의 연계를 위해 팀을 재설계하였다. 이들은 훈련이 무엇을 위한 것이가를 재고하며 사업과 연계하려 애썼다. 이를 통해 훈련의 전달과 교수방법의 개선을 지속적 평가와 파일럿 프로젝트를 통해서 지속적으로 개선해 나갔다. 최고학습책임자는 기업의 리더십 팀의 일원으로 훈련의 방향과 방법, 내용 등을 다른 경영진들과 공유해 나갔다. 이들은 전통적 학습뿐만 아니라 가상 수업방식, 팀 학션, 액션 러닝 프로젝트, 코칭 및 멘토링 등 다양한 방법을 통해서 연간 150,000명 이상의 직원에게 6,000개 이상의 코스를 12,000개 세션을 통해서 제공하고 19,000개 이상의 웹 기반의 훈련 세션을 가지고 있다.

이들은 또한 학습경영시스템을 통해서 훈련의 접근 용이성을 높였다. 사용자 중심의 학습은 비디오 및 오디오 회의, 가상 수업, 웹 캐스팅 등을 통한 이러닝을 포함한다. 이를 위한 평가는 핵심인재의 이직률과 관련이 있다. 또한 학습자와 관리자가 학습과 관련하여 만족하였는가도 평가한다. 지속성장에 관한 프로그램은 그들 고객을 위한 솔루션 제공을 어떻게 할 것인가에 대한 파트너들의 이해를 높혔다. 기업은 시작에서의 평판과 새로운 비즈니스에 10배 이상의 투자대비 실익이 있다고 확신하고 있다. 또한 앞으로 어떻게 훈련이 직원들이 요구하는 내용을 반영하고 충족시킬지 배움으로써 훈련과 비즈니스의 관계를 더욱 공고히 할 것이다. 또한 이러한 학습을 통해서 직원의 역량과 지식을 향상시키는 데 가속시킬 것이다.

이 장은 전통적 훈련의 중요성을 간과하자는 것이 아니라 훈련의 진화, 즉 기술전수 중심의 학습에서 계속학습과 지식공유를 통한 학습을 강조한 것이다. 이는 2장에서 더욱 자세히 알아보도록 한다.

효과적인 훈련 설계

훈련 설계 프로세스는 훈련 프로그램을 개발하기 위한 조직적인 접근을 말한다. 〈그림 1. 2〉는 이 프로세스의 7가지 과정을 나타낸다. Step 1은 요구분석, 즉 훈련이 필요성을 파

그림 1.2 훈련 디자인 프로세스

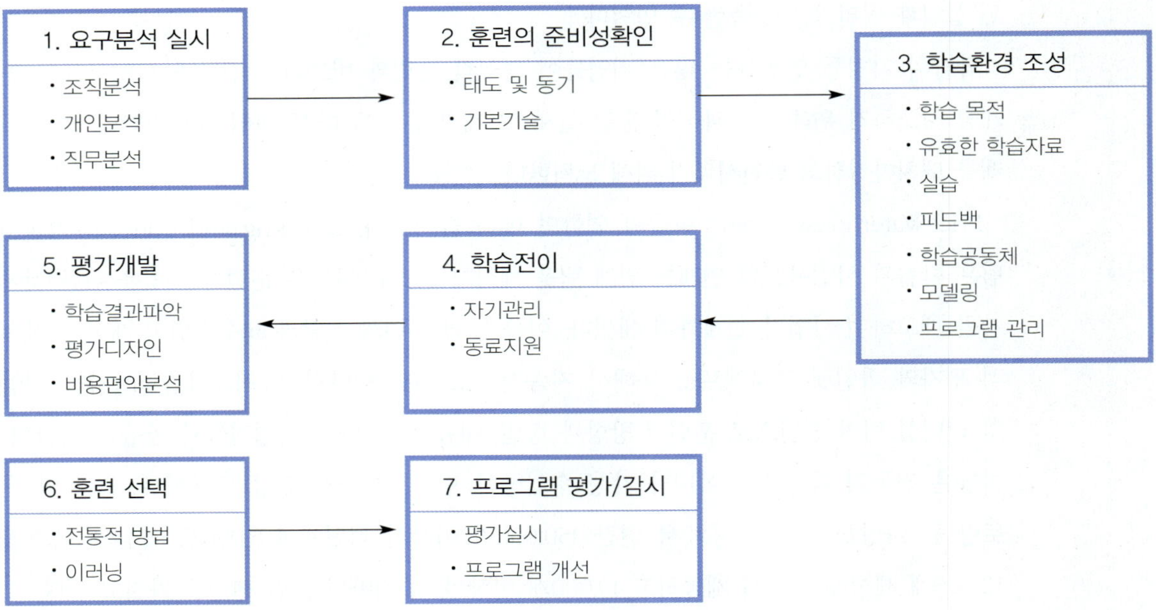

악하는 단계이다. Step 2는 훈련 내용을 습득하기 위해 필요한 기본적인 기술이나 동기를 가지고 있는지 확신하는 단계이다. Step 3은 학습이 발생을 위해 필요한 학습 환경을 조성하는 것이다. Step 4는 훈련을 통해서 본 직무에 적용가능한지 확신하는 단계이다. 여기서는 얼마나 기술증진을 잘 관리하는지 뿐만 아니라 이를 위해 조직으로부터 지원을 받는 것도 필요하다.

Step 5는 평가계획을 개발하는 것이다. 이는 우선 훈련의 어떠한 결과가 기대되는지, 이러한 결과에 영향을 미치는 평가설계, 그리고 궁극적으로 어떻게 훈련이 사업결과에 영향을 미치는지를 계획하는 것이다. Step 6에서는 학습 목표와 환경에 기초한 훈련 방법을 결정하는 것이다. 이는 전통적 방법의 면대면 관계가 중심이 될지 웹 기반 훈련 등과 같은 이러닝이 중심이 될지 결정하는 단계이다. Step 7은 프로그램을 평가하고 보다 효과적인 프로그램 개발을 위한 개선을 논의하는 단계이다.

훈련 설계 프로세스는 교수체제설계(Instructional System Design) 원리에 기반함을 보여준다. 교수체제설계란 간단히 말하여 훈련프로그램을 설계하고 개발하는 프로세스를 의미한다. 일반적으로 널리 통용되는 모델은 없지만, 훈련설계 프로세스에서는 분석(Analysis), 설계(Design), 개발(Development), 실행(Implementation), 평가(Evaluation)를 포함한 ADDIE 모델을 의미한다. 〈그림 1.1〉에서는 요구분석(Step 1), 훈련 준비도(Step 2)가 첫 번째 분석단계에 해당한다. 다음 세 단계, 예컨데 학습환경 조성(Step 3), 학습전이도(Step 4), 평가계획 개발(Step 5) 등은 설계 과정에, 그리고 Step 6 훈련방법 선택은 실행에 해당한다. 마지막으로 프로그램 평가 및 감시는 마지막 단계인 평가에 속한다. 특정 교수설계전략과 관계없이, 다음과 같은 일반적인 가정은 공통된 것이다.

- 훈련은 직원의 훈련 목표과 목적 달성을 위해 효과적으로 설계되어야 한다.
- 측정가능한 학습 목적은 반드시 훈련이 시작되기 이전에 파악되어져야 한다.
- 평가는 계획, 훈련방법 선택, 프로그램 감시, 훈련 설계 과정 제언에 중요한 역할을 한다.

펜실베니아주 Worcester에 소재한 American Infrastructure(AI)는 직원의 훈련프로그램을 위해 ADDIE 모델을 사용한다. ADDIE 모델을 기반으로 한 훈련 템플릿은 훈련 프로그램의 설계 및 개발에 이용된다. 이러한 템플릿의 사용은 훈련 프로그램의 개발이 사업전략과 궁극적 사업결과에 미치는 훈련의 영향을 파악하는데 도움이 되었다.

ISD 모델의 단점 극복

일부 훈련 전문가들은 ISD 모델에 몇 가지 보완해야 될 단점이 있다고 주장한다. 우선, 실제 조직에서 훈련 설계 프로세스는 〈그림 1.1〉에 도시된 흐름과 같은 잘 정렬된 단계별 접근은 보기 힘들다. 둘째, 훈련에 사용된 ISD 모델을 자체적으로 표준화하는 과정에서 일부 조직들은 훈련자들에게 각 단계별 구체적인 문서화를 요구한다. 이러한 과정은 훈련에 더욱 많은 시간과 돈을 쏟게 만들었다. 셋째, ISD 모델은 평가라는 마침점을 가지고 있다. 그러나, 좋은 교수설계는 각 단계의 반복적 순환과 훈련환경과 학습 전이 등 다른 프로세스를 추가적으로 요구한다. 넷째, 많은 기업들이 ISD 모델의 과정을 요구하기는 하지만 그 적용에 있어서 실제로는 많은 부분이 생략된다. 이러한 비판에도 불구하고, ISD 모델의 사용은 훈련과 개발의 가장 효과적인 접근을 보장해 왔다.

훈련 설계 프로세스는 체계적이어야 하는 동시에 사업요구에 능동적이어야 한다. 각각의 단계를 동시에 마칠 수도 있다. 명심해야 할 것은 비체계적인 훈련 설계가 훈련의 결과에 부정적인 영향을 미친다는 것이다. 예를 들어, 훈련요구를 결정하기 전에 훈련의 방법을 결정하는 등과 같은 비체계적인 설계는 훈련의 요구를 만족시키기 어려울 수 있다. 또한 이러한 설계는 돈과 시간의 낭비를 초래할 수도 있다. 직원들은 지식, 기술, 행동들을 갖출 수는 있겠지만, 이를 사용하는 데 있어서 동기가 부여되지 않았기 때문이다.

모바일 학습과 같은 새로운 테크놀로지의 등장은 기업에서의 훈련이 전통적인 방법에서 학습자의 독립적이고 장소에 구애받지 않는 새로운 형태의 학습을 가능케 하였다. 그러나 좋은 훈련 설계는 학습자의 요구와 가능한 자원의 분석, 그리고 학습에 필요한 학습도구와 자료를 제공하는데 있음을 명심해야 한다.

학습 관리자를 중심으로 한 웹 기반 훈련프로그램의 개발은 교수설계과정과 사업전략의 연계의 좋은 예이다. 학습 관리자는 학습자의 직무에서의 기술공백을 파악하고, 이들이 훈련설계에 반영토록 함으로써 훈련의 목적에 더욱 부합하는 결과를 만들 수 있다. 이러한 요구분석과정이 가장 적합한 훈련방법을 선택하는데 도움이 된다.

컴퓨터 기술의 발달로 지역적으로 떨어져 있는 관리자의 훈련과정 전반의 개입이 가능하게 되었기 때문에 자기주도형 프로그램을 통해 각 직무 스케쥴을 고려한 훈련과 웹 기반의 훈련 등과 같은 학습자에게 적합한 훈련방법을 제공할 수 있게 되었다. 웹을 통해서 진행되는 훈련은 설계자로 하여금 웹의 접근성과 해당 테크놀로지로의 능숙성을 전제한다. 그렇기 때문에 관리자의 훈련을 위한 준비도(readiness)와 관련이 깊다.

웹을 통한 긍정적인 학습환경 조성 또한 중요하다. 설계자는 프로그램 목적과 방향을 분명히 하고 이를 통해 사후 피드백을 제공해야 한다. 예를 들어 학습자는 효과적 미팅을 위한 단계별 아웃라인을 준비해야 하고, 설계자는 프로그램 개발에 있어서 학습자의 피드백을 반영한 훈련프로그램을 설계해야 한다. 설계자는 또한 프로그램을 통한 피드백 제공을 보장해야 하고, 테스트의 결과를 바탕으로 프로그램 진행을 해야 한다. 평가는 각 데이터 뱅크에 저장되고 기업은 이를 직원을 평가하는 도구로 사용할 수 있다.

일과 학습에 영향을 미치는 요소

〈표 1.1〉은 일과 학습에 영향을 미치는 다양한 요소들을 도시하고 있다. 사업의 세계화, 인구통계적 변화, 새로운 테크놀로지, 경제변화 등 우리 삶뿐만 아니라 학습 전반에도 큰 영향을 미쳤다. 이는 개인뿐만 아니라 지역사회, 사업체, 그리고 사회 단위까지도 확대된

표 1.1 일과 학습에 영향을 미치는 요소

• 경제순환	• 세계화	• 인적자본과 무형자산 가치의 강조
• 비즈니스 전략과의 연계	• 인구통계의 변화와 인력의 다양화	• 인재경영
• 고객 서비스와 품질경영	• 새로운 테크놀로지	• 고성과 시스템

다. 기업이 시장에서 살아남기 위해서는 반드시 이러한 외부적 영향에 대해서 인지하고 있어야 한다.

2007년 미국 경제를 강타한 금융위기는 2009년을 기준으로 미국 노동시장에 유래없는 실업률을 가져왔다. 비록 2009년 이후부터 최근까지 매년 GDP 평균 2.5% 성장을 기록하며 미국 경제의 완만한 회복세를 보여주었으나, 여전히 경제 전반에는 그 악영향의 그늘에서 벗어나지 못하고 있다. 경제회복의 기대 실축, 실망 노동자의 증가 등은 전체적인 경제지수가 1980년대 중반 이후 최악의 경기침체를 보여주고 있음을 나타내고 있다. 이러한 실업률과 저고용 상태는 미국 경제 전반에 악영향을 미친다. 예를 들어서, 약 590만 명 정도의 25세에서 34세 사이의 젊은 미국인이 현재 부모 부양 아래 생활하고 있다. 이는 단순히 부모가 자식을 위해 추가지출을 한다는 것 외에도 이들 노년층의 은퇴를 방해하는 요인이기도 하다. 이로 인해 미국의 침체국면은 그리스를 비롯한 유럽의 금융위기와도 맞물려 있고, 기업의 훈련예산과도 직접적인 관련이 있다. 그러나 그 같은 경제시기에 기업은 직원의 훈련과 개발의 중요성을 재고하고, 이를 통한 사업목적의 연계를 강화할 수 있는 계기가 되었다. 또한 아이패드 등 훈련 테크놀로지의 발전은 전체적인 훈련 비용의 감소와 학습자의 더 나은 훈련접근 환경을 가져왔다. 예를 들어, Philips는 훈련예산을 감축했지만, 여전히 Inspire라는 인재를 위한 리더십 훈련 프로그램을 제공하고 있다. Estee Lauder는 향후 2년간 약 2,000개의 일자리를 감축할 예정이었지만, 혁신과 경영성과를 강조하는 리더십 프로그램을 제공하고 있다. 경제불황에도 불구하고 이러한 리더십 훈련을 제공하며 인재를 유치하는 것은 중요한 문제이다.

세계화

모든 사업은 세계를 대상으로 시장을 다뤄야만 한다. 이러한 글로벌 비즈니스 확장은 최근 IT 테크놀로지를 통해서 더욱 용이해졌다. 인터넷은 즉시 가능한 데이터와 정보를 전 세계에 제공하며 인터넷, 이메일, 화상회의 등을 통해서 지역으로 제한된 사업 공간을 넓혀주었다.

세계화는 단순히 경제의 일부분에 국한된 내용이 아니다. 미국내에 국한된 시장의 다양한 인력, 제품의 판매, 해외업체와의 경쟁을 고려해 본다면, 세계화는 시장 성장에 큰 가능성을 열어주었을 뿐만 아니라 제품과 서비스의 경계를 전 세계로 확대한 것이다.

브라질, 러시아, 인도, 중국 등 소위 BRICs 국가 등의 경제는 전 세계 경제의 약 68%를 차지하고 있다. 세계화의 중요성은 최근 세계 경제의 성장과도 관련이 있다. 예를 들어, 오라클은 미국 내에서 지난 5년간 2배 이상의 해외인력을 고용하였고, 전체 인력의 63%는 미국 외에 위치하고 있다. 브라질, 중국, 인도의 시장은 제너럴 일렉트로닉스의 전체 사업 분야의 60%을 차지하고 있을 뿐 아니라 인력의 54%가 해외에서 주재하고 있다. KFC와 피자헛의 중국내 수익은 기업의 전체 수익의 40%를 차지하고 있다.

글로벌 기업은 특히 이러한 신흥 시장에서의 인재 유치와 양성에 힘쓰고 있다. 기업은 중국, 인도, 동유럽, 중동, 동남 아시아, 남미 등을 전전하지만 여전히 인재의 공급은 수요를 따라가지 못하고 있다. 또한 기업은 미국의 해외 사업을 책임지는 미국 관리자를 등용시키지만 각국의 문화와 생활양식의 이해없이는 성공을 보장할 수 없으며 이는 인재 유치에 심각한 영향을 미친다. 이러한 문제를 다루고 이를 위한 이해를 돕기 위해 관리자들은 이문화 훈련 프로그램에 참여하여 다양한 문화와 규범에 관한 이해를 높여야 한다.

2010년 중국에서 맥도널드는 약 165개 매장을 열었고, 2~3년 내에 약 1,000개 점포를 개점할 계획을 가지고 있었다. 각 지점의 영업을 위한 관리자 양성을 위해서는 현지인의 리더십, 운영 능력을 개발하는 훈련 프로그램이 필수적이었다. 그 결과 맥도널드는 상하이에 중국을 위한 햄버거 대학(Hamburger University)을 열었다.

세계화는 또한 각국에서 온 다양한 배경의 인력이 미국에서 일하는 것을 의미하기도 한다. 이러한 이민자는 미국 인력에서 수십만의 인구를 이루고 있다. 특히 미 서부에서 전체 인력유입의 70% 차지하는 이민자들은 과학자부터 저임금 노동자까지 다양하며 이 영향은 실로 막대하다. 미국 대학에서 매년 배출하는 신입 엔지니어의 수는 기업의 수요를 맞추지 못하고 있는데, 이를 위해 미국의 많은 기업이 한국, 중국, 일본, 인도 등의 국가에서 엔지니어들을 고용하여 이 수요를 채우고 있는 실정이다. 이들을 고용하기 위한 H-1B 비자는 고등교육을 필요로 하며 연간 85,000명의 인원이 관련 학부 학위로, 20,000명이 석사 이상의 학위로 미국 기업에 취직한다. 이러한 고학력 인력 외에도 저기술 노동직이나 임시직을 위한 H2-A, H2-B 등의 프로그램을 통해 매년 66,000명 고용되고, 이들은 미국 문화와 생활양식을 이해하기 위한 별도의 훈련 프로그램이 필요하다. 당연히 이를 고용한 기업 내에서는 이들과 의사소통하기 위한 별도의 노력을 필요로 한다.

세계화는 주재업무와 해외 공급자를 위한 비용편익 계산을 고려해 보아야 한다. 해외업무위탁(offshoring)은 미국내 직무를 해외로 옮기는 것을 의미한다. 이러한 과정의 장점은 저임금의 노동을 통해 순이익을 높일 수 있다. 반면에 이들은 업무미숙과 기술부족을 초래하기도 한다. 또한 직원의 안전, 위생, 업무환경등의 지역 기준이 미국기준을 따라오지 못하여 때때로 사업에 부정적인 영향을 미치기도 한다. Whirlpool은 새로운 가전 사업부를 위해 멕시코 공장의 확장이전 계획이 아닌 미국 오하이오주 클리브랜드와 테네시주에 새로이 공장을 건설하기로 결정하였다. 새로운 공장은 90년대 중반 이후 처음 짓는 대규모의 신입 공장이다. 비록 멕시코만큼 노동비용이 적지는 않지만, 숙련도와 미국내 사업 유통 비용의 감소 등의 장점을 활용할 수 있다. 애플은 새로운 혁신적인 제품을 시장에 소개하는 미국 최고의 IT 기업이다. 지난 몇 년간 애플은 중국의 하청업체 노동자 처우에 대해 많은 비판을 받아왔다. 이들은 이 비판을 겸허히 받아들이고 자체 감사를 통해 문제를 풀어나갔다. 특히 미성년 고용을 철저히 감시하였고, 훈련 프로그램과 적정 처우 및 보수를 약속하였다. 그리고 이러한 감사 결과를 받아들이지 않은 하청업체와는 사업관계를 끊었다.

무형자산과 인적자본

훈련 개발은 무형자산의 기여를 통한 기업의 경쟁력 제고에 직접적인 영향을 줄 수 있다. 기업의 가치는 크게 세 가지 자산을 포함하고 있다. 우선, 현금 유가증권과 같은 재무적 자산, 그리고 동산, 부동산과 같은 유형적 자산, 그리고 무형적 자산이 그것이다. 〈표 1.2〉는 무형자산의 예를 보여주고 있다. 지적 자본이란 기업내 존재하고 있는 정형화된 지식을 말한다. 사회적 자본이란 기업의 관계를 말한다. 고객자본이란 기업와 관련된 기업 외부의 관계인 예를 들어 하청업체, 고객, 정부기관 등과의 관계를 말한다. 무형자산은 나머지 두 자산의 가치와 동일하게 중요하다.

무형자산은 기업의 경쟁력과 직접적으로 관련이 있다. 최근 ASTD의 미국 500대 기업을 대상으로 한 연구결과에 의하면, 직원의 교육훈련에 투자를 많이 한 기업은 86% 이상의 주가대비 순익을 더욱 가져왔고, 이는 시장 평균보다 46% 이상 높았다. 이를 통해서 직원 교육과 훈련이 기업의 순익에 얼마나 직접적으로 영향을 미치는지 실질적인 결과를 보여주고 있다. 또한 교육개발은 고객을 더욱 잘 만족시키며 고객 및 사회 자본에도 간접적인 영향을 미친다.

표 1.2 자기관리 모듈 내용 예시

인적자본	고객 자본	사회적 자본	지적자본
• 암묵지 • 교육 • 노하우 • 역량	• 고객과의 유대 • 브랜드 • 고객 충성도 • 유통채널	• 기업문화 • 경영철학 • 경영방식 • 비형식 네트워크 시스템 • 코칭/ 멘토링	• 특허권 • 카피라이트 • 지적자산

출처: L. Weatherly, *Human Capital—The Elusive Asset*(Alexandria, VA: SHRM Research Quarterly, 2003); E. Holton and S. Naquin, "New Metrics for Employee Development," *Performance Improvement Quarterly* 17(2004): 56-80; M. Huselid, B. Becker, and R. Beatty, *The Workforce Scorecard*(Boston: Harvard University Press, 2005).

앞서 언급하였듯이, 무형자산은 기업의 경쟁력에도 영향을 미친다. 예를 들어서, SouthWest 항공사는 다른 항공사에서 따라할 수 없는 독특한 경쟁력을 갖추고 있다. 이 기업은 대량해고가 없으며, 최고 순익을 9/11 테러 사태 이후에도 유지하고 있다. 교육훈련을 통해서 승무원이 다양한 역할을 소화할 수 있도록 기술을 함양하였다. 또 여러 가지 혜택을 동반한 훈련을 통해서 승무원들의 직무만족도, 충성도, 성과 등이 향상되었다. American 항공이나 United 항공사 역시 재무적 유형적 자산 등의 비슷한 조직외형을 가지고 있지만 이곳이 제공하는 경쟁력을 복제할 수는 없었다.

인적, 사회적, 고객 자본을 중요시하는 Macy's 백화점도 좋은 예이다. 이들이 가지고 있는 절반 이상의 고객불만은 사실 영업직원들과의 관계에서 시작한다. 경기침체 기간 시장에서 살아남기 위해서 예산 삭감을 한 결과 Macy's의 점포수를 줄였고 고객관계보다 테크놀로지를 통한 효율성을 강조하였다. 그러나 지금 Macy's는 보다 고객중심의 훈련 프로그램을 개발하여 실행하고 있다. 새로운 프로그램은 세 시간의 훈련과 코칭 프로그램 등을 포함하고 있는데 MAGIC 영업이라 불리는 프로그램은 영업직원들이 고객에 보다 긴밀한 관계를 유지토록 하였다. 긍정적인 관계설정은 매출을 늘리고 Macy's 영업 평판을 더욱 높였으며, 이러한 구매경험은 트위터나 페이스북을 통해서 공유되고 있다.

7, 8, 9장은 이러한 훈련 개발 프로그램들에 대해서 자세히 알아볼 것이다. 무형자본과 인적자본은 중요한 세 가지 적용점을 가지고 있다.

1. 지식근로자의 강조
2. 직원몰입
3. 계속학습과 변화경영

| 지식근로자 |

기업이 무형자산을 늘릴 수 있는 한 가지 효과적인 방법은 지속적인 지식근로자의 채용과 개발을 통해 이들을 유지하는 것이다. 지식근로자란 직원이 알고 있는 지식이나 기술, 경험등을 통해 기업에 공헌하는 직원들을 일컫는다. 단순히 직무를 통해서가 아니라 지식을 공유하고 협력하여 솔루션을 개발한다. 지식근로자들은 남들이 가지고 있지 않는 특별한 지식과 정보를 공유하면서 공헌하다. 이들은 직업 선택에 관한 많은 기회가 있고 이들을 위한 수요가 넘치므로 수시로 그들의 선택에 의해 자신의 지식과 경험을 가지고 경쟁업체에게 갈 수도 있다.

|직원몰입|

조직원의 지식을 충분히 활용하기 위해서 기업과 관리자는 조직원의 몰입 향상과 유지에 집중해야 한다. 직원몰입이란 직원이 당해 직무에 몰입하고 헌신하고 있는 정도를 의미한다. 직무에 충분히 몰입된 직원은 경쟁력을 가져오고, 높은 생산성과 나은 고객 서비스 등 긍정적인 사업효과를 가져온다.

아마도 직원몰입을 이해하기 위한 최고의 방법은 어떻게 이를 측정하느냐의 문제일 것이다. 기업은 이를 위해 직원의 태도 또는 견해를 설문조사 할 수 있다. 기업마다 이를 위한 질문지가 다를 것이지만 연구에 의하면 일반적으로 기업에 대한 자긍심, 직무의 만족도, 기업의 미래 성장능력 등을 포함하고 있다. 경기침체를 겪은 많은 기업들이 최근 몇 년 동안 이 개념의 중요성에 소홀해 왔다. 결과적으로 전체 근로자의 1/3 이상이 현재 직장에 몰입하고 있지 않다고 말하고 있다. 그러나 어떤 기업은 직원들로부터 피드백을 체계적으로 접수해 반영해 몰입을 개선하기 위해 노력하고 있고, 이를 통해 변화를 꾀하고 이다. 이러한 기업들은 직무몰입을 재무성과만큼 중요하게 여기고 있다. 예를 들어 Pitney Bowes 사는 매년 전체 직원 중 80%에게 몰입설문을 수행하고 있다. 이를 통해서 그들의 감정과 기업의 문제점을 파악한다. 설문결과를 바탕으로 문제를 해결하고 변화를 경영하며 문제에 대한 의사소통을 할 수 있도록 관리자의 반영의무를 강조하고 있다. 기업은 그들의 경력개발을 좁고, 필요한 기술을 충족시킬 수 있도록 노력한다. 물론, 직원몰입은 인적자원관리의 모든 활동들과 연결되어 있다. 특히 훈련 개발은 직원들에게 개인의 성장 기회를 주고, 경쟁력 제고를 위한 지식, 기술 개발에 적극적으로 돕는다. Hilton Worldwide에서는 최고 성과자들은 관리자와 주변 동료의 추천에 의해서 선발된다. 이 기업의 경력개발 프로그램은 직원들에게 기술개발을 위한 훈련과 다른 부분간 역할에 대한 정보를 제공한다. Hilton Worldwide는 이러한 훈련 및 개발에 대한 노력이 인재 유치를 위한 밑거름이라 믿고 있다. 휴스톤 기반의 LifeGift 사는 장기기증과 관련된 비영리기관이다. 여기서 몰입의 의미는 기증자를 찾기 위한 끝없는 노력을 의미한다. 이 기업의 CEO Samuel Holtzman은 이를 최우선 사업과제로 여기고 이를 측정하기 위한 도구를 2008년부터 개발해 왔다. 몰입도가 떨어졌을때 경영진은 일선 관리자들에게 모든 직원들의 연간 평가와 별개로 분기별 일대일 면담을 통한 피드백 제공 및 사업 개선을 꾀한다. 이러한 노력의 일환으로 기업은 직원에게 필요한 훈련, 심정적 지원뿐만 아니라 다양한 자원을 지원한다.

|변화 및 계속 학습|

지식 노동자의 유치와 유지는 기업으로 하여금 변화에 적응할 수 있는 능력을 준다. 변화란 기업이 새로운 아이디어나 행동을 채택하는 것을 말한다. 테크놀로지의 발전, 법규 및 노동인구의 변화, 세계화 신규경쟁자 등 기업은 다양한 변화를 접하게 된다. 변화는 피할 수 없는 사업주기순환의 요소일 뿐이다. NASA는 변화에 적응하는 극적인 예를 보여주었다. 2011년 끝난 NASA Space Shuttle 프로그램은 지난 29년 동안 우주에 관한 다양한 사업을 관장해 왔다. 그러나 이 프로그램을 유지하기 위한 사업의 정당성에 지속적인 반대 의견이 수렴되어 미 연방정부 예산삭감이 결정되었고, 더 이상 International Space station 우주정거장을 이어나갈 수 없게 되었다. 우주정거장 사업의 폐쇄는 기타 여러 가지 우주 프로그램에 영향을 미쳤고, NASA뿐만 아니라 여러 관계 기업들에게도 큰 영향을 미쳤다. 관련된 여러 엔지니어들과 과학자들은 새로운 직장을 찾거나 화성 같은 다른 프로젝트로 옮겨가야만 했다. 이러한 변화를 다루기 위해 NASA는 다른 프로그램을 위한 기술을 파악하고 현재 직원들의 기술과 지식의 공유를 통해서 기술공백을 최소화하는데 주력했다. 13,000명이 넘는 관련 과학자들은 2011년을 끝으로 직장을 잃었다. 이들을 돕기 위해 NASA는 새로운 기술을 개발하는데 이들의 지식과 경험을 활용하기로 했다. Johnson and Kennedy 우주 센터의 웹사이트는 이들의 전직을 돕기 위한 공간을 마련하였다. NASA는 경력계획, 기술 훈련, 그리고 그들을 심리적 스트레스를 돕기 위한 카운셀링을 제공하였다. 이러한 효과적인 변화과정의 특성은 2장에서 다시 다루기로 한다.

환경의 변화는 조직내 모든 직원들이 반드시 학습 철학으로 인지해야 하는 내용이다. 학습조직이란 지속적인 학습의 문화적 특성을 기반으로 하여 끊임없이 지식을 공유하고 창출하는 과정을 일컫는다. 제품과 서비스 개선은 정규적인 훈련을 마친다고 끝나는 것이 아니다. 직원들은 자신의 지식을 향상시킬 수 있는 재무적, 시간적 자원 및 콘텐츠 자원(예: 학습경험 및 개발기회)을 필요로 한다. 관리자들은 이러한 요구를 파악하기 위해 적극적으로 대응해야 하고, 배운 내용을 현 직무에 활용할 수 있도록 도와야 한다. 또한 직원들은 지식을 공유하고 적극적으로 훈련전이가 일어날 수 있도록 노력해야 한다. 미국 전역 160개 체인점을 가지고 있는 Cheese Cake Fatory 사는 학습은 형식적 프로그램이 아니라 필요에 따라 배우는 직원주도형 학습이다. 기업은 계속학습을 장려하고, 지속적으로 고객만족과 나은 서비스 제공을 위해 노력한다. VideoCafe를 통해서 직원들은 짧은 비디오를 공유하며 고객대응 대책을 마련하였다. 5장에서 프로그램 설계를 통해서 구체적으로 이러한 훈련 프로그램을 어떻게 설계하며 학습조직과 지식경영을 하는지 자세히 알아보도록 하자. 성공적인 학습 조직을 위해서는 직원간의 협력이 무엇보다 중요하다. 관리자들은 각 직원에게 지식 공유의 권한을 할양하고, 문제를 파악하고 해결하며 의사결정을 함으로써 끊임없이 개선토록 주문해야 한다.

사회적 협력과 소셜 네트워킹은 직원들이 보다 원활하게 지식을 공유하고 학습 조직을 개발할 수 있도록 돕는다. Coldwell Banker는 부동산 전문가들에게 비디오 공유를 통해 최고의 테크놀러지를 전수하고 공유하도록 비디오 포털을 제공한다. 또한 CoP를 통해서 서로 경험을 공유하고 아이디어를 주고 받음으로써 개선을 꾀하였다. 또한 페이스 북을 통해서 영업직 직원들이 정보를 공유하고 배운 내용을 전파한다.

비즈니스 전략과의 연계

기업의 무형자산과 인전자본이 기업의 경쟁력과 직결된다는 것을 깨달은 관리자들은 훈련이 기업의 비즈니스 전략을 지원하는 중요한 수단임을 깨닫게 되었다. 즉, 이러한 계획은 제품의 질, 시장점유율, 수익성과 같은 목표에 연계되어야 했다. 관리자들은 훈련 전문가가 설계하고 개발하는 기업내 학습이 기업 전략 확보와 수립에 중요한 역할을 하고 이러한 전략적 훈련은 2장에서 보다 자세히 논의될 것이다.

인력의 다양성과 인구의 변화

인력의 다양성과 인구의 변화로 인해서 기업들은 새로운 도전에 직면하게 되었다. 인구는 노동인력에 단일단위로 가장 큰 영향을 미치는 요인이다. 민간분야의 노동력은 2008년 1,530만 명에서 2018년 1억6,620만 명까지 성장할 것으로 보고 있다. 이러한 인력의 변화로 인한 고령노동자의 증가는 노동시장의 변화를 나타내고 있다.

인종적 다양성

2018년까지 미국 노동인구는 이민자의 증가로 인한 인종의 다양성을 더해가고 있다. 특히 히스패닉 인구증가율(2.9%)과 아시아인(2.6%)의 유입은 기존 흑인과 다른 그룹의 성장세보다 빠르다. 2018년까지 예측하건대 79%의 백인, 12% 흑인, 그리고 9%가 아시아인이라 생각된다. 또한 여성의 노동유입은 모든 연령대에서 증가하고 있으며, 공정한 일터를 강조하고 있다. 이들은 반드시 훈련프로그램을 통해서 서비스 시장에서의 고객서비스 기술이나 기술적 지식을 갖추도록 도움을 받아야만 한다.

그림 1.3 2008년과 2018년 사이의 노동자 연령 비교

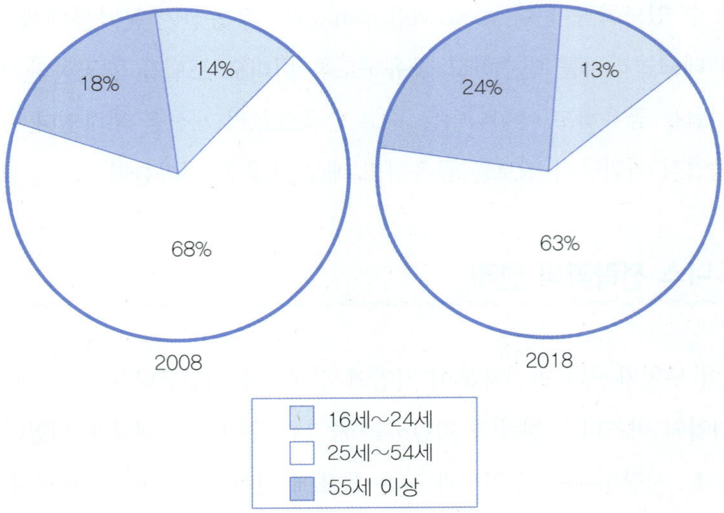

출처: M. Toossi, "Labor Force Projections to 2018: Older Workers Staying More Active," *Monthly Labor Review*(November 2009): 30-51.

| 고령노동자 |

〈그림 1.3〉은 2008과 2018년의 연령별 노동인구의 변화를 보여주고 있다. 베이비부머 세대 노동자는 2018년대에 급격히 늘어날 예정이다. 55세 이상의 그룹은 약 40만 명까지 성장할 것으로 보고 있으며 이러한 성장은 2008년 대비 43% 증가된 수치이다. 고령 노동자들은 점점 건강해지고 장수한다. 과거보다 일할 기회가 더 늘어나는 것이다. 게다가 높은 비용의 건강보험과 건강 혜택의 감소는 이러한 고령노동자의 시장유입을 가속화시키고 있다. 또한 연금계획 트렌드는 고령 노동자가 더욱 오래 일할 수 있도록 인센티브를 부여하고 있다.

인구의 고령화는 기업의 인력구조가 갈수록 고령화된다는 것을 의미하기도 한다. 이들은 일하길 원하고 그중 많은 수가 은퇴를 계획하고 있다. 이러한 역설의 뒷면에는 성과와 학습이 연령에 구애받지 않는다는 것을 의미한다. 이들은 더욱 새로운 테크놀로지를 배우는 데 적극적이다. 은퇴를 계획하는 노령노동자에게 정규직이나 비정규직 형태의 노동을 구분하는 것보다 노동의 기회를 제공한다는 점에서 기업은 이들을 위한 은퇴의 정의를 새롭게 하여 Second career 플랜, 영속직 등을 고려해야 한다.

| 세대차이 |

미국 노동국에 따르면, 2012년을 기준으로 총 5세대가 노동시장에 있고 이들은 각자 독특한 특징이 있다고 밝히고 있다(표 1.3). 예를 들어 밀레니엄 세대들, 소위 Y세대나 에코

표 1.3 노동인구의 세대

연도	세대	나이
1925–45	침묵세대	72–92
1946–64	베이비부머	53–71
1965–80	X세대	37–52
1981–95	밀리니엄 세대/ Y세대	22–36
1996–	Z세대/ 디지털 세대	< 22

부머라 불리는 세대는 가정과 학교에서 컴퓨터와 인터넷을 접하며 자란 세대이다. 그들은 자라면서 이전 세대가 이뤄가는 성과와는 다른 다양성, 코치, 참여를 해왔다. 이들은 긍정적이고, 일과 학습의 적극성, 테크놀로지 익숙성, 글로벌 사고, 가치의 다양성을 함양하고 있다. 또한 자존감이 높고, 자기애가 강하다.

X세대는 이혼율이 배로 증가하였으며 여성의 일참여율이 높고, 개인용 컴퓨터가 개발되는 세대 내에 자랐다. 이들은 비교적 삶의 회의감이 높으며, 비격식적이고, 실용적이고, 일과 삶의 균형을 중요시 여긴다. 또한 다소 냉소적이기도 하고 일에 대한 조바심이 강하다. 그들의 삶에서 많은 변화를 겪은 세대이다.

베이비부머 세대는, 베트남 종전과 평등의 개념을 설립한 세대이다. 사회적인 양심과 삶의 독립을 강조하다. 경쟁적이고 열심히 일하고 "페어" 공정성을 강조한다.

침묵세대는 대공황시대와 2차 세계대전을 겪었다. 그들은 절약의 가치를 역설하고, 충성심이 강하며 사회적 룰에 적응하고, 고용주에 대한 충성심이 강하고 책임감, 공공을 위한 희생을 강조한다.

비록 세대차이가 존재하긴 하지만, 같은 세대간 동성이나 같은 인종과 같은 동질성을 발견하기는 어렵다. 연구를 통해서 다른 세대간 차이점만큼 동질성도 갖고 있음을 밝히고 있다. 일 윤리에의 차이점은 베이비부머 세대 안에서도 존재한다. X세대나 밀레니엄 세대에서도 마찬가지다. 그러나 밀레니엄 세대는 일의 가치와 성 차이에서 다른 세대보다 동질성을 가지고 있다. 또한 시계열 연구의 부족은 대부분의 연구가 세대한 다른 시간대의 다른 특징을 보여주기 때문에 이를 볼 때 더욱 주의해야 할 필요가 있다. 또한 직원들을 대할 때 연령에 따라 처우가 다르거나 하는 행위는 불법의 소지가 있다.

그럼에도 불구하고 세대별로 서로 세대 간에 선입견이 있다. 예를 들어 밀레니엄 세대는 X세대 매니저가 사납고, 지치게 하고 불쾌하다고 여긴다. 반대로 X세대 매니저는 밀레니엄 세대를 주의력이 부족하고 요구만 많고 지나치게 자기 확신이 넘친다고 한다. 또 베이비부머는 지나치게 엄격하고 기업의 법칙을 따른다고 여긴다. 새로운 테크놀로지와 소셜미디어의 사용에 느리고 적응을 못하며 베이비부모 세대와 이전 세대는 밀레니엄 세대가 엄격한 일 윤리가 없고 일과 삶의 균형만 강조한다고 여긴다. 이러한 잠재적인 문제는 4장과 5장에서 더욱 자세히 다뤄보도록 하자.

경쟁력 제고를 위한 다양한 인력구성에 관한 연구에 따르면(SHRM) 미국기업 중 68%가 다양성의 긍정적인 효과성을 강조한다고 한다. 이러한 다양성의 중요한 결과는 공공 이미지의 개선과 재무적 결실, 불만을 줄이고 이러한 인재의 유치에 있다.

다른 사람에 관한 포용성에 관한 훈련을 통해서 성공적인 다양성을 다룰 수 있고, 관리자들을 새로운 유형의 기술을 다음과 같이 훈련해야 한다.

1. 다양한 구성원과 효과적인 의사소통하기
2. 다양한 구성원과의 훈련, 개발, 코칭하기
3. 선입견과 가치의 다양화를 위한 성과 피드백 제공
4. 세대간 차이점에 관한 훈련 인식
5. 다양성을 포용하며 혁신하기 위한 업무환경 조성

몇몇 기업의 훈련들을 고령 근로자들의 기술과 필요를 충족하기 위해 개발 프로그램을 제공하고 있고, 이는 다양한 근로자와 세대차를 다루기 위한 목적을 가지고 있다. 이러한 노력은 다양성을 다루려는 노력의 일환이다. 10장에서 자세히 보자.

CVS는 고령 근로자를 위한 스노우버즈(snowbirds) 프로그램을 통해 이들이 겨울에는 따뜻한 남쪽 주에서 여름에는 북쪽 주에서 일할 수 있도록 제공하고 있다. 약사, 관리자, 영업직원 등 1,000명이 넘는 근로자가 이 프로그램에 참여하고 있다.

Johnson & Johnson은 여성 리더십 프로그램 분석에 따르면, 여성인력의 수직적 인사이동이 크지 않고, 다양한 배경의 여성을 고용하는데 어려움이 있다고 지적하고 있다. Crossing the Finish Line이라는 프로그램을 통해서 고성과자를 양성하고 이들을 지원하기 위한 훈련을 제공한다. 이틀 반 동안 진행되는 프로그램에서 관리자와 경영진들과 열린 대화의 기회를 가질 수 있다. 이 프로그램은 기업에서 여성을 위한 개발 기회를 늘리고, 이들이 네트워크를 구축하여 보다 개발 업무에 몰입하도록 하였다. 또한 프로그램은 문화적 차이와 다른 문화에 대한 이해를 높이는 것을 포함하고 있다.

어니스트와 영의 설문 분석에 의하면 Y세대들은 베이비부머들보다 솔직한 응답을 하는 것으로 나타났다. 결과적으로 온라인 Feedback Zone에서는 근로자들은 언제든지 피드백을 주고받을 수 있다. 기업은 모든 근로자에게 멘토를 붙이고 효과적인 피드백을 제공토록 하였다. 세대차를 이해하기 위해서 다른 세대간 대화를 강조한다. 미국의 Aflac 보험회사는 Connecting Generations라는 프로그램을 통해서 모든 그룹이 효과적이고 세대차를 극복하기 위해 노력한다. 세대의 특징을 알아가고 이를 통해 가정의 효과와 업무 스타일, 여성인력의 수직적 인사이동이 크지 않고, 다양한 배경의 여성을 고용하는데 어려움이 있다고 지적하고 있다. 특징들을 공유하여 세대차이를 극복하고 있다.

인재경영

인재경영은 체계적인, 계획된 전략기반의 성과관리, 학습, 보상 등을 통해 조직에서 필요로 하는 고급 인재(high talented people)들을 확보하고 개발하고 유지함으로써 조직의 목적을 달성하고자 하는 인적자원관리 경영방식을 말한다. 미래 인력 수요를 파악해 인재풀을 만들고 사업전략의 성공을 위해 필요한 조직 및 인적자원 역량을 개발하고 준비하는 것을 핵심으로 한다. 조직은 경력개발, 학습, 성과관리 등을 통해 조직원의 몰입과 충성을 꾀한다. 그러므로 기업은 누구에게 어떠한 기술 수요가 있는지 파악하는 것이 중요하다. 예를 들어 WD-40 인재개발을 지원하기 위한 학습문화를 가지고 있다. 리더가 되고 싶은 이는 리더십 아카데미에 참석하여 필요한 기술을 2년 동안 연마할 수 있다. 또한 Leaders Coaching Leaders 프로그램을 통해 이 분야의 전문가와 짝을 이뤄 원하는 분야의 일을 배울 수 있다. The Food 4 Thought 훈련 프로그램들은 관리자가 시나리오에 기반하여 각 현장에서 일어날 수 있는 현안들에 대해서 논의할 수 있다. 관리자는 이러한 회의와 시나리오 평가 등을 통해서 끊임없이 배우고 최고사례를 공유한다.

미국내 고용은 2008년 1억5,090만 명에서 2019년 1억6,620만 명이 1,530만 개의 일자리를 통해 늘어갈 것이라 전망하고 있다. 특히 건강 보건분야와 전문 비즈니스 분야에서 더욱 각광받고 있다. 서비스직종은 3,360만 개의 일자리를 창출하고 전문분야는 3,630만 개의 일자리를 기대하고 있다. 반면에, 제조, 농업, 산림업 등의 산업은 감소하는 추세이다. 컴퓨터 칩, 건강보험 등의 특별한 기술을 요하는 분야는 확장하고 그러한 인력이 가능한 주거지역과 도시 사이에서 성장세를 넓혀가고 있다.

〈표 1.4〉는 10개의 가장 빠르게 성장하고 있는 직업을 도시하고 있다. 총 30개의 직업 중에서 17개는 전문 분야에 관련되어 있고, 10개는 서비스 업중, 그리고 3개는 경영분야이다. 또한 보건분야의 성장세가 두드러진다. 이는 미국 인구 전체가 나이가 들어가고 내진환자뿐 아니라 외진환자도 급격히 증가하기 때문이다. 또한 이러한 유형의 기본적인 의료산업의 기술직이나 보조직이 성장하고 있다. 이중 2/3가 최소 고등학교 이상의 학력을 요구하

표 1.4 빠른 성장세를 보여주고 있는 직업군

2008–2018 10년간 고용변화			
직 업	수(단위: 천)	비 율	요구 학위
생명의공학 전문가	12	72	학사
네트워크 데이터 분석가	156	53	학사
홈헬스 보조원	461	50	OJT/ 단기교육
전문 가사 도우미	376	46	OJT/ 단기교육
금융공학 전문가	11	41	학사
의료과학자	44	40	박사
내과 보조의	29	39	석사
피부관리 전문가	15	38	직업교육
생화학 과학자	9	37	박사
헬스 트레이너	6	37	학사

출처: T. Lacey and B. Wright, "Occupational Employment Projections to 2018," *Monthly Labor Review* (November 2009): 82-123.

고 절반은 학부 이상의 학력을 요구하고 있다. 이러한 결과는 갈수록 고학력 전문직의 고용성장률이 단순 노무직의 그것보다 높고 빠르다는 것을 의미한다.

베이비부머의 은퇴

향후 몇 년 동안 베이비부머 세대의 은퇴는 예상했던 것보다 경제성장에 더 심각한 영향을 줄 수 있다. 기업으로서는 이들이 가지고 있는 가치있는 지식을 보유하는 것이 중요하다. 많은 인재들이 곧 은퇴를 하게 되면, 그들의 지식은 기업 내에서 사라지게 될 것이기 때문이다. 아이오와에 위치한 Luondell Basell 화학 공업기업은 핵심 직원들에게 그들의 직무경험 동안 얻는 지식을 기록하도록 요구하고 있다. 직원들은 문서화되지 않아 수행하기 어려운 직무에 관하여 수시로 인터뷰를 하고 이를 통해 직무에 관한 보다 나은 이해를 추구하고 있다. 예를 들어서, 한 화학전문가가 화학반응과 관련된 특정 색에 관한 인터뷰를 진행하면 이 내용은 모두 기록되고 다른 이들이 이를 참고할 수 있도록 저장한다. Special People in Northeast(SPIN) 사는 장애인들에게 서비스를 제공하는 비영리기관이다. 이들은 howto 매뉴얼과 플로우차트를 사용하여 현재 있는 숙련직원들이 다음 직원들에게 절차와 방식을 설명하는 체계를 가지고 있다.

기술 요구

미국경제의 직업 구조가 변함에 따라 기술요구 또한 바뀌었다. 특정기술의 수요는 인지적 기술과 대인기술 등을 통해 고객을 상대하는 내용이고, 이러한 기술은 서비스 중심의 시장에서 매우 중요한 역할을 하며 기업의 최종제품과 서비스를 책임지는 일이기도 하다. 다양성과 특별주문은 창의적인 문제 풀이를 요구하고 있다. 지속적인 개선은 학습하는 능력을 요구하고 있다. 고객에게 새로움과 즐거움을 주기 위해서는 항상 창조적이어야 한다. 대부분의 기업에서 이러한 기술은 교육적 달성과 연관되어 있다. 많은 기업들이 선별의 목적으로 직원의 학력을 사용하고 있다.

미국 기업들이 겪고 있는 기술 부족에 관한 연구를 보면, 62%의 고용주들이 직원을 채우기 위해 필요한 검증된 직원을 찾기가 어렵다고 말하고 있다. 비슷하게 SHRM과 ATD에서 공동으로 연구한 내용에 따르면 오직 절반의 기업만이 기본적으로 읽고, 쓰고, 수학하는 문제에 대한 기술수요에 적절하게 준비되었다고 분석하고 있다. 이러한 기술격차의 가장 큰 이유는 현재 직장에서의 기술이 사업전략과 목표, 시장의 변화에 능동적으로 대응하고 있지 않기 때문이다. 이러한 기술 부족은 미국기업에만 있는 것이 아니다. 비슷한 문제가 인도나 러시아, 일본이나 선진 유럽국에도 나타난다.

기술 부족은 한 가지 사업 분야에만 국한된 것이 아니다. 이를 위해서 기업은 미래 직원을 준비하기 위한 훈련에 더욱 공을 들이고 있다. Arcelor-Mittal 사는 미국에 고등학교 학생들에게 2년 반의 훈련기간을 거쳐 시간당 17달러 이상의 임금을 보장하고 있다. 기업은 이들을 고령노동자의 대체인원으로 채울 계획이다.

IBM은 지역의 방과후 학교에 교육투자를 하고 있다. Transition to teaching 프로그램을 통해서 직원들은 휴가를 내고 3달 동안 유급휴가 형식으로 학생들을 가르칠 수 있다. 10년 이상의 경험을 가진 학사 학위 이상의 직원이 학생들을 가르치고 개인강습을 통해 자원봉사를 한다. 이러한 과정을 통해서 직원들의 경력을 활용하여 지역 내에서 더욱 나은 수학 및 과학 분야 교사들을 양성하는 데 도움을 준다

리더십 개발

많은 기업들이 그들이 직면한 가장 중요한 인재경영 현안은 관리재능이 있는 인재를 찾아 훈련하고 개발하는 일이다. 이는 인구의 고령화, 세계화, 직원몰입과 관련이 있다. 특히 최고경영진의 이직률은 최고를 찍고 있다. 또한 많은 기업들이 세계 경제를 이해하고 이를 다루기 위한 역량을 갖추고 있지 않다. 이를 위해서 국제팀을 별도로 만들어 세계경영을 위한 이해를 시작해야 하고, 다양한 직원들과의 의견교환이 필요하다.

예를 들어, Schwan Food 사는 냉동 피자와 파이 등을 만드는 식품기업이다. 이 기업은 리더십 역량이 있는 직원을 선발하여 경영수업과 코칭 세션을 제공한다. 이러한 직원들은

소위 성장 잠재력이 높은 직원으로 분류되고 기존 기술의 강화뿐 아니라 새로운 기술의 습득도 요구된다. KFC, Pizzahut Taco Bell 등의 체인점을 보유한 Yum! 기업은 중국에서 하루 두 개씩 신규점포를 열고 있는 KFC 점포의 지점장 교육을 위해서 특별한 훈련 프로그램을 개발하게 되었다. 레스토랑 사업의 지속적 성장을 지원하기 위해 기업은 음식 혁신, 마케팅, 일반 관리기술 등을 포함한 훈련 프로그램을 제공한다.

고객 서비스와 품질 강조

고객은 제품의 질과 서비스를 통해서 기업을 판단한다. 결과적으로 기업은 제품과 서비스뿐만 아니라 고객과의 관계 또한 중요시 여긴다. 고객 중심의 서비스는 고객의 요구를 파악하고, 미래의 요구를 예상하며 결함을 줄이고 불만을 줄이는 일을 말한다. 기업가 결함과 에러를 줄이는 노력은 고객을 끌어들이는 효과를 가져온다.

지식과 경쟁의 가능성의 증가로 인해서, 고객은 최고의 서비스를 요구한다. 이는 고객과의 관계가 얼마나 중요한 일인지 보여주는 예이다. 이러한 일선에서의 고객과의 교감은 기업의 명성과 재무적 성과를 가져온다. 직원들은 제품 지식과 서비스 스킬 그리고 고객을 다룰때 결정의 종류에 관한 명확한 판단이 있어야 한다. 전략적 훈련개발과 고객 서비스는 2장에서 논의하기로 하자.

오늘날 경제의 경쟁에서, 기업들은 제품과 서비스의 질을 높여야만 한다. 만약 기업이 이러한 높은 수준의 품질 수준을 유지하지 못하면 그들의 제품 파는 능력은 제한적인 것이다. 몇몇 국가는 이에 대한 품질 기준을 가지고 있다. Total Quality Management(TQM)은 기업 전반의 지속적인 품질경영을 강조하며 사람, 기계 조직의 절차 등의 개선을 위한 노력이다. 몇몇 핵심가치는 아래와 같다.

- 방법과 절차는 내외부의 고객의 요구를 맞춰 설계되어져야 한다
- 모든 직원은 품질에 관한 훈련을 받는다
- 품질은 제품과 서비스에 있고, 이를 위해서 결험과 에러의 최소화를 위해 노력한다
- 기업은 각 벤더와 공급자, 고객과의 협력을 통해 품질향상과 원가절감을 위해 노력한다.
- 관리자는 데이터를 기반으로 한 피드백을 통해서 진행사항을 측정한다.

품질에 관한 일반적 정의는 없다. 여러 정의 가운데 공통된 하나는 그 고객, 제품, 제조과정의 강조이다. 예를 들어 Edward Deming은 어떻게 제품과 서비스가 고객의 요구를

표 1.5 말콤브릿지 어워드 채점 체계

항목	점수
리더십 최고경영진의 비전, 가치, 사명감 법적, 윤리적 행동 강령 지속성장 가능성 직원들과의 커뮤니케이션	120
측정, 분석, 그리고 지식경영 데이터, 정보, 지식자산의 선택, 수집, 분석, 관리 및 증진	90
전략적 계획 기업의 전략적 방향, 액션플랜 도시, 변화경영 유도, 성과 측정	85
인력 중심 직원들의 성과증진을 위한 개발에 노력 정도 기업목표 달성을 위한 개인의 잠재력 및 능력 개발, 관리, 관심 정도	85
운영 중심 일 체계와 프로세스에 관한 설계, 관리, 증진 노력 지속성장을 위한 회사의 고객중심 가치 설정	85
성과 기업의 성과와 핵심분야에서의 증진 정도 (제품, 서비스, 생산관리, 운영 효과성, 재무적 지표 포함)	450
고객 중심 고객에 관한 이해도, 서비스 시스템, 우려, 만족도 개선을 위한 노력	85
합	1,000

출처: "2011-2012 Criteria for Performance Excellence" from the website for the National Institute of Standards and Technology, www.nist/gov/baldrige.

잘 맞추는지를 강조하였고, Phillip Crosby의 접근은 서비스나 제조과정이 엔지니어의 기준을 맞췄는지 초점을 두고 있다.

품질강조는 Malcolm Baldridge National Quality Award 와 ISO 9000:2000 품질기준이 기준이 된다. Baldridge award는 미국기업가 받을 수 있는 가장 권위있는 상이다. 매년 주어지고, 이를 위해서 기업은 반드시 상세한 지원서를 제출하며 기본적인 기업의 정보뿐만 아니라 품질향상을 위한 기업의 개선 노력을 상세하게 설명하는 프리젠테이션을 첨부해야 한다. 〈표 1.5〉는 자세한 심사기준을 포함하고 있다. 이는 특정 제품이나 서비스를 심사하는 것이 아니라 제조, 서비스, 스몰비지니스, 교육, 건강, 비영리 부분 등의 각 조직을 심사하는 것이다. 별도의 독립적인 기구의 약 400여 명의 심사자에 의해서 감사가 이뤄진다.

Baldridge 우승 기업들의 특징은 각 기업의 훈련과 개발이 특별하다는 것이다. 예를 들어, Sharp Healthcare 기업은 2007년 우승자이다. 이 비영리 기구는 14,000명의 직원과 2,600여 명의 전문 내과의, 7개의 병원, 그리고 세 개의 의료그룹과 자체적인 의료보험 플랜을 가지고 있다. 이 기업은 가장 높은 수준의 의료 서비스를 통해서 환자에게 기대 이상의 서비스를 제공한다. 직원의 만족도와 몰입도 측정을 통해서 성과 관리, 식스 시그마(Six Sigma)를 강조하고 이를 가지고 조직의 성과를 증진시키고 변화를 꾀한다. 기업의 직원 일인당 훈련 비용은 업계 최고를 자랑하고 있다. Sharp University는 현재 그리고 미래의 리더를 양성하기 위한 다양하고 심층적인 훈련프로그램을 제공하고 있다. 특히 본인의 교육을 목적으로 기업외 교육기관에서 지출하는 데 매년 1인당 1,000달러를 지원하고 있다.

ISO는 스위스 제네바에 기반을 둔 가장 큰 국제 표준화 기구이다. 이들은 교육, 음악, 선박 등 다양한 영역에서 국제 표준을 제공하며, 시장에서 경쟁하기 위해 갖춰야 할 요건으로 되었다. ISO 9000은 품질에 관련한 국제표준의 집합이다. 제품의 생산 및 유통과정 전반에 걸쳐 국제규격을 제정한 소비자 중심의 품질보증이다. 특히 ISO 9000:2000은 전 세계 100여 개국에서 채택된 품질 기준으로 기업들은 반드시 이러한 기준에 맞춰 사업을 해야 한다. 이 기준에 의하면 고객중심, 리더십, 프로세스 접근, 몰입, 경영에 관한 시스템적 접근, 지속적 개선, 사실근거 의사결정, 공급자와의 상호유익관계 등 여덟 가지 기본적인 원칙을 제시하고 있다. ISO 9001:2008 인증은 품질경영에 관한 가장 포괄적인 표준기준이다.

전 세계 176개국 수십만 조직이 참여하고 있는 ISO 9004는 조직의 지속적 성공을 위한 경영방식 및 개선 가이드라인이다.

이러한 표준이 왜 유용할까? 고객들은 제품을 판단할 때 그 제품의 목적에 맞는지를 우선 확인한다. 가장 효율적인 방법은 제품이 국제기준에 의해서 제조되었는지 확인하는 것이다. 즉, 공급자와 고객은 같은 입장에 놓여 있다. 비록 그들이 다른 나라이긴 하지만, 같은 기준으로 제품을 바라보기 때문에 표준화하면 비교하기 쉽다.

오늘날 많은 제품들이 안전기준과 관련하여 많은 테스트를 요구하고 있다. 심지어는 기술적으로 간단한 제품도 제품에 관한 테스트 데이터를 포함한 기술 설명서를 제공해야만 한다. 게다가 관련법규상 이를 위한 테스트가 독립적으로 행해지고 인체의 건강과 환경오염 등에 관하여 자유로운지 점검하고 있다. ISO 기준의 한 가지 예는 이 책의 뒷장에서 표기되어 있다. International tanddard book number(ISBN)를 통해서 책을 분류하고 정렬할 수 있다. 이는 ISO 기준에 의거해 만들어진 것이다.

이외에도 많은 기업들이 식스 시그마를 사용한다. 식스 시그마란 모든 품질수준을 정량적으로 평가하고, 문제해결 과정과 전문가 양성 등의 효율적인 품질문화를 조성하며, 품질혁신과 고객만족을 달성하기 위해 전사적으로 실행하는 내용을 말한다. 예를 들어서

General Electric(GE)는 불량률을 제품 백만개당 불량품 수가 3.5개 이하로 기업이 품질경영 전략을 수립하여 실행하고 있다. 이러한 과정에서 품질관련 교육과 훈련은 Champion, Master black belts, Black belts, 그리고 Greend belt 등 각 단계별로 품질관리 프로젝트에 집중하여 중요한 역할을 담당한다. 효율성과 제품서비스의 품질을 강조하는 경영은 연간 수십억 달러에 이르는 수익을 가져다주었다.

Lean thinking 훈련은 이러한 품질 개선에 큰 도움을 주었다. Cardinal Fastener 사는 3년에 걸친 Lean thinking 훈련을 통하여 윈드터빈 공정분야 매출을 900퍼센트 신장할 수 있었다. 오하이오 클리블랜드 기반 제조업체의 눈부신 성장은 지난 10년에 걸쳐 지속되었고, 설립자의 리더십 아래 모든 공정에서 lean thinking을 도입하여 회사의 불필요한 모든 것을 제거하는(blowing up the company) 노력을 하였다. 이 목표는 전체 공정에서 쓸데없는 부분을 과감히 제거하는 것이다. 결과적으로 제조공정은 6주에서 5일로 줄었고 생산성은 50% 향상되었다. 이러한 노력으로 인해서 아이오와 주정부의 계약뿐 아니라 전 세계적으로 재생 에너지에 관한 기회를 확장하고 있다. Lean Thinking의 핵심은 고객과 접촉하는 빈도를 높이고 생산과정에서의 낭비를 줄인다는 데 있다. 이를 위해서 새로운 기술을 학습하여 이를 빠르고 정확하게 생산에 적용시키는 훈련을 포함하고 있다. 또한 생산과정 중 잘못된 내용은 최대한 신속하게 검증하고 수정하여, 제품의 품질향상과 재고관리에 효과적인 결과를 만들 수 있다.

교육훈련에 관련한 품질기준으로 ISO 10015를 들 수 있다. 우선, 기업은 훈련을 통한 기업의 성과를 계산한 ROI를 결정해야 한다. 둘째, ISO 10015는 효과적인 학습 프로세스를 위한 훈련 설계를 요구하고 있다. 훈련 디자인을 분석, 계획, 실행, 평가 네 가지를 포함하고 있다. 우선 중국과 스위스의 기업들이 우선적으로 취득하고 있고 미국기업들도 잇달아 참여하는 추세이다.

새로운 테크놀로지

테크놀로지는 우리의 삶뿐만 아니라 업무를 계획, 수행 및 의사소통하는 방식들을 바꾸어놓았다. 많은 기업들은 고객들이 온라인으로 상품이나 서비스를 구입할 수 있도록 해주는 e-commerce를 사업 모델로 포함시키고 있다. 인터넷은 사용자들이 데이터와 정보를 교환할 수 있도록 해주는, 세계적으로 연결된 컴퓨터 네트워크이다. 미국의 인터넷 사용은 5년 전의 사용량과 비교했을 때, 두 배 이상 늘었다. 미국의 48%는 매일 한 시간 이상 인터넷을 사용한다고 응답하였다. 미국인의 60%는 매주 Google 사이트에 방문하고, 43%는

표 1.6 훈련과 개발을 위한 소셜 네트워킹의 사용의 잠재성

문제점	사용
은퇴로 인한 전문가 지식의 상실	지식 공유, 획득, 및 저장
직원 몰입도	직원들의 의견 수집
직원 전문성 확인 및 촉진	온라인 전문가 공동체 설립
학습 강화	온라인 토론 참여 장려
직원의 요구 코칭 및 멘토링	학술지 및 온라인 회의(Webinar)를 통한 모범 사례, 적용, 학습, 및 핵심 포인트의 공유

출처: P. Brotherson, "Social Networks Enhance Employee Learning," *T+D*(April 2011): 18-19; T. Bingham and M. Connor, *The New Social Learning*(Alexandria, VA: American Society for Training & Development, 2010); M. Derven, "Social Networking: A Frame for Development," *T+D*(July 2009): 58-63, M. Weinstein, "Are You Linked In?" *training*(September/October 2010): 30-33.

Facebook에 방문하다고 응답했다. Facebook, Twitter, LinkedIn, 그리고 다른 소셜 네트워킹 도구들이 아이폰, 블랙베리, 혹은 PC에서 제공하는 인터넷을 통해서 접근이 가능해지면서, 기업 관리자들은 직원들과 소통이 가능해졌고, 직원들은 그들의 친구, 가족, 그리고 동료들과 소통이 가능해졌다.

|훈련에 미치는 영향|

절감된 비용과 함께 더욱 정교해진 테크놀로지의 발전은 훈련의 전달 방법을 바꾸고 있으며, 훈련을 더욱 현실성게 만들어주고 있을 뿐만 아니라, 직원들에게 언제 어디서 업무를 할 것인가에 대한 선택권을 제공해주고 있다. 새로운 테크놀로지는 훈련이 언제 어디서든 일어날 수 있도록 해주었다.

전자 및 의사소통 소프트웨어의 기술적 발전은 개인 휴대 정보 단말기(personal digital assistants, PDAs), 아이패드(iPad), 아이팟(iPod)과 같은 모바일 테크놀로지를 탄생시켰고, 인터넷을 통해서 소셜 네트워킹 기반을 개발하였다. 소셜 네트워킹은 Facebook, Twitter, 그리고 LinkedIn, wiki, 그리고 블로그(Blogs)와 같이 일반적으로 공유된 관심사를 바탕으로 사람들 간의 상호작용을 촉진시키는 사이트를 말한다. 〈표 1.6〉에서는 어떻게 소셜 네트워크가 훈련 및 개발을 위해 사용되는지 제시하고 있다.

일반적으로 소셜 네트워킹은 의사소통, 분권화된 의사결정, 그리고 협력을 촉진시킨다. 소셜 네크워킹은 직접 만나서 상호작용할 시간이 부족한 바쁜 직원들이 지식과 아이디어를 동료들과 공유하는데 있어서 유용하다. 직원들 특히, 밀레니어 혹은 Y세대와 같이 젊은 직원들은 자신의 일생 생활에서 이미 Facebook과 같은 소셜 네트워킹 도구들을 사용해 왔다. 그리하여, 그들은 자신의 삶과 일에 있어서 이러한 소셜 네트워킹 도구들이 제공하

는 가치를 잘 이해하고 있다.

이러한 잠재적인 장점에도 불구하고, 많은 기업들은 이러한 네트워킹 도구들을 포용해야 할지에 대해서 여전히 고민하고 있다. 아마도 그들은 소셜 네트워킹이 직원들의 시간은 낭비시키거나 혹은 동료들을 괴롭히거나 불쾌하게 만드는 데 사용되지 않을까 우려하고 있기 때문이다. 하지만 업무시간에 직원들이 소셜 네트워크에 접속할 수 있는 권한을 제공해 준 일부 기업들은 인적자원 업무에 소셜 네트워킹을 사용하여 얻을 수 있는 혜택이 감수해야 하는 위험 요소보다 더 크다고 믿고 있다. 이러한 기업들은 직원들이 소셜 네트워킹을 생산적으로 사용할 것이라고 믿고 있으며, 사적인 용도로 사용하는 것에 관한 정책을 주도적으로 개발하고 있으며, 직원들에게 사생활 설정 및 소셜 네트워크 예의범절에 대한 훈련을 제공하고 있다. 그들은 직원들이 Twitter, Facebook, 혹은 LinkedIn에 접속할 가능성이 높음을 알고 있으나, 그들의 생산성이 떨어지지 않는 선 안에서는 이러한 사실들은 무시하는 것이다. 어떤 면에서는 소셜 네트워킹은 업무 도중에 공상에 잠기거나 휴게실에서 동료들과 어울리는 것을 대체하고 있다고 볼 수 있다.

로봇공학, 컴퓨터 지원 설계, 전파 식별, 그리고 나노 기술은 직장을 변화시켰다. 테크놀로지는 환경 조건들을 더 쉽게 모니터할 수 있게 해주었으며, 장비들을 더 쉽게 작동할 수 있도록 해주었다. 예를 들어, 굴착 기계(도로 공사 및 다른 건설 공사에서 흙을 부드럽게 하고 평평하게 만들 때 사용함)를 사용한다고 가정해보자. 오래된 기중기는 핸들과 발 페달 외에도 15개 레버를 사용하도록 요구된다. 그 결과, 굴착 기계를 사용하고 난 뒤에는 대부분 직원들의 등과 어깨에 통증이 수반된다. Caterpillar의 가장 최신형 굴착기계는 오직 2개의 조종간을 사용하여 통제할 수 있도록 다시 재설계함으로써 핸들을 돌리거나 패달을 밟을 때 필요한 육체적인 부담을 제거하였다. 육체적인 부담을 제거한 것 외에도, 핸들 없는 굴착기의 재설계는 칼날의 가시성을 높여주었고, 전등 스위치, 와이퍼, 그리고 주차 브레이크를 하나로 묶어서 한 장소에서 사용할 수 있도록 해주었다. 일본 상업 농장, Shinpuku Seika는 농장에서 심어둔 컴퓨터 측정기의 모니터에 의존하여, 농장의 온도, 땅, 그리고 습도에 대한 자료에 제공받고 있다. 이러한 컴퓨터 데이터 분석은 언제 작물을 심어야 하고, 각 들판에서 잘 자랄 가능성이 가장 높은 특정 농작물들을 찾아준다. 농부들은 카메라를 사용하여 각 들판에 있는 농작물들을 검사할 수 있다. 또한, 농장에서 일하는 직원들은 핸드폰을 사용하여 감염되었을 가능성이 있다고 판단되는 농작물의 사진을 찍어서 컴퓨터에 업로드하여 작물 전문가로부터 진단을 받을 수 있다. 직원들의 핸드폰에는 위성 위치 확인 시스템(GPS)가 정착되어 있어서 기업에서 직원들이 효율적으로 현장에서 업무를 수행하고 있는지 혹은 태만하게 업무를 진행하고 있는지 감독할 수 있도록 해준다.

테크놀로지는 여행 경비의 절감, 훈련에 대한 높은 접근성, 일관성 있는 훈련 전달, 타인과 학습을 공유하고 전문가에 대한 접근 능력, 그리고 피드백, 자기 조절 및 연습 등과 같은 긍정적인 특성을 가진 학습 공간을 창조할 수 있는 가능성 등과 같은 많은 혜택을 제공하고 있다. 강사 주도식 집체 훈련이 여전히 가장 인기 있는 훈련 전달법이기는 하지만, 기업들은 인트라넷 그리고 아이팟 등과 같은 학습 테크놀로지들을 통한 훈련의 비중을 높이려고 계획 중이라고 보도했다. 예를 들어, 9개의 나라에 1,100개의 지점을 가진, 전 세계에서 가장 큰 문서 솔루션 및 사업 서비스 제공자인 Kinko's에서 어떻게 훈련을 변화시켰는지 고려해보자. Kinko's 매장들은 지리적으로 퍼져 있기 때문에, Kinko's는 새로운 제품과 서비스가 출시될 때마다 지리적으로 널리 퍼져 있는 직원들을 교육시키기 위해서 제공되는 훈련 프로그램 비용으로 인해 고전하고 있었다. Kinko's는 인트라넷 강의, 업무 지원, 가상 교실 훈련, 그리고 멘토링을 포함한 블렌디드 학습법을 채택하였다. 이 접근법을 통해서, Kinko's는 높아진 직원들의 능력 그리고 줄어든 훈련 시간의 결과를 얻게 되었고, 이는 새로운 제품과 서비스들을 빠르게 시장에 선보일 수 있도록 해주었다. 금융 서비스 기업 Capital One은 직원들의 스케줄에 따라서 편리하게 아이팟을 통해서 학습할 수 있도록 해주는 오디오 학습 프로그램을 사용하는데, 이를 통해서 역량 중심 프로그램, 리더십 및 경영 프로그램, 그리고 다른 사내 훈련 과정들을 제공하고 있다. 뿐만 아니라, 이 접근법을 사용하여, 직원들이 필요할 때 언제든지 정보를 습득할 수 있도록 도와주고 있다.

테크놀로지는 인공지능, 속도 통합, 무선 의사소통, 그리고 가상 현실의 경계들을 밀어내고 있다. 현실감 있는 그래픽, 대화, 그리고 감각 신호들은 이제 아주 작고 저렴한 컴퓨터 칩에 저장할 수 있게 되었다. 허구적인 삶을 살 수 있도록 해주는 온라인 가상 세계 Second Life를 이에 대한 예로 들 수 있다. Second Life의 구성원들은 사업을 경영할 수 있고, 댄스 클럽에서 데이트를 즐길 수 있으며, 혹은 훈련 센터에 방문할 수 있다. 훈련받은 내용을 적용하는 과정에 가상 감각들(진동과 다른 감각 신호)을 융합시킬 수 있다. 예를 들어, 의료 훈련에서 기계들은 동맥에 바늘을 꽂는 느낌을 복제할 수 있을 뿐만 아니라, 우는 아기 혹은 고통을 느끼는 환자 등과 같이 소리 및 움직임들을 이용하여 여러 가지 모의 상황들을 만들어낼 수 있다.

업무 수행의 장소 및 시간에 대한 유연성

더욱 강력해진 컴퓨터 칩과 PDAs, 노트북, 그리고 아이폰들의 증가한 업무처리 능력 등과 같은 테크놀로지의 발전은 업무를 하기 위해서 특정 장소로 가야 하는 것과 전통적인 업무 스케줄에 맞춰 일을 해야 하는 것에서 직원들을 자유롭게 해주었다. 미국 직장인들의 10%는 가끔씩 집에서 일을 하고 있다고 보도되었다. 그리고 55%의 기업들은 재택근무를 제공하고 있기는 하지만, 그중 오직 10%만이 재택근무를 종일 근무의 형태로 제공하고 있다고 밝혔다. 재택근무는 직원들의 생산성을 높여주고, 가족 친화적인 근로 제도를 장려하고, 공기 오염 및 교통 체증의 감소를 도와줄 수 있는 잠재성을 가지고 있다.

하지만 동시에, 테크놀로지들은 직원들이 24시간 일주일 내내 업무에 매달리게 할 수 있다. 많은 기업들이 직원들의 자유 시간을 보호하고 그들의 업무 시간을 더욱 효과적으로 사용할 수 있도록 해주기 위해서, 더욱 유연성 있는 업무 스케줄을 제공해주고 있다. 미시건(Michigan) 주 Farmington Hill 도시에 위치한 Amerisure Mutual Insurance는 직원들의 이직률을 줄이고 몰입도를 높일 수 있도록 제작된 유연성 있는 업무 프로그램과 직무 환경을 제공하고 있다. 새로운 컴퓨터 시스템은 직원들이 집에서 개인 컴퓨터를 사용하여 사내 파일에 접근할 수 있는 권한을 제공해주어 이들이 재택근무를 보다 쉽게 할 수 있도록 만들어주었다. 직원들은 그들의 관리자들은 만나 기업 외의 공간에서 업무를 할 수 있는 실행 가능성에 대해서 논의하고, 그러할 경우, 어떻게 직무 평가를 받을 것인지에 대해서 결정하게 된다. Amerisure는 또한, 직원들이 봉사활동을 위해서 휴가를 낼 수 있도록 승인해주며, 편찮으신 조부모와 가족 구성원과 같이 가족의 건경관련 행사에 시간을 보낼 수 있도록 5일간의 유급 휴가를 제공해주고 있다. Amerisure의 이직률은 18%에서 10%로 떨어졌으며, 조사 결과, 그들의 몰입도 또한 높아졌다.

Delta Air Lines에서는 5,000명의 직원들 중에서 570명 이상의 인원이 집에서 풀타임으로 일하고 있다. 이들은 기업에 대한 헌신과 이해를 강화하기 위해서, 재택근무를 하기 전, 콜센터에서 6개월 동안 일을 한다. 재택근무를 하는 동안, 질문이 있을 경우, 그들은 팀 리더에게 연락할 수 있다. 또한, 매달 한 번씩 미팅에 참석한다. Delta는 2,500달러를 사용하여 각 예약 전담 직원들이 재택근무를 할 수 있도록 필요한 컴퓨터와 소프트웨어를 구입했다. 이러한 비용들은 사무실에서 근무하는 직원들보다 낮은 재택근무 직원들의 수당을 제공을 통해서 상쇄되었다. 재택근무를 하는 직원들의 수당은 낮지만, 그들은 이동에 사용되는 휘발유 비용을 절감할 수 있고, 직무와 사생활의 조화시킬 수 있다는 장점을 가지고 있다. Delta Air Lines은 사무실 공간의 임대료와 유지비를 줄일 수 있다는 것을 깨달았으며, 재택근무를 하는 직원들은 사무실에서 근무하는 직원들에 비하여 자진하여 야근을 함으로써 고객 서비스의 업무 요구가 높을 때, 고객들의 요구에 맞출 수 있도록 돕고 있다.

또한, 테크놀로지는 기업들이 대체근무직를 더 많이 사용할 수 있도록 해준다. 대체근무직(alternative work arrangements)은 독립적인 계약 근로자, 호출 근로자, 임시직 근로자 등의 비정규직 근로자를 의미한다. 미국 노동 통계국에 따르면, 대체근무직에 종사하고 있는 사람들은 전체 근로자들의 11%에 달한다고 한다. 1,300만 명의 독립적인 계약 근로자, 250만 명의 호출 근로자, 그리고 120만 명의 임시직 근로자, 그리고 대략 813,000명의 직원들의 기업의 계약근로자로 일하고 있다. 대체근무직을 사용함으로써 기업들은 경제적 상황과 상품 및 서비스 요구 정도에 따라서 직원 수를 조절할 수 있게 해준다. 또한, 기업에서 감축을 위해 직원들을 해고해야 할 경우, 정규직 직원들의 사기에 부정적인 영향을 최소화할 수 있도록 해준다. 대체근무직은 또한, 직원들에게 일과 삶의 균형을 위한 유연성을 제공해준다. 예를 들어, 캘리포니아(California)에 위치한 반도체 제조기업 Verigy는 작은 숫자의 정규직 직원을 고용하고, 핵심적이지 않은 업무들은 모두 아웃소싱한다. 상품에 대한 요구가 높아질 때에는 엔지니어들과 첨단 기술을 보유한 다른 직원들은 직원 파견기업을 통해서 고용하거나 혹은 독립적인 계약 근로자들을 고용한다. 또한, 대체근무직의 사용은 공동-업무 공간의 개발의 결과를 낳았다. 공동-업무 사이트는 디자이너, 예술가, 프리랜서, 컨설턴트, 그리고 다른 독립적인 계약 근로자들과 같은 다양한 근로자들이 매일 혹은 매달 일정한 비용을 내고, 업무 공간을 보장해주는 공간이다. 공동-업무 공간은 책상과 무선 인터넷, 그리고 복사기, 팩스, 그리고 컨퍼런스 룸 등을 제공해준다. 공동-업무 공간은 독립적인 계약 근로자들을 촉진시키고, 직원들이 집에서, 여행 중 일을 할 수 있도록 해주며, 소외감을 방지시켜 주며, 상호작용 및 협력할 수 있는 능력을 길러주며, 커피숍(혹은 직원들이 기업 외부에서 일할 수 있는 유사한 공공장소)보다 더 전문적인 업무공간을 제공해주며, 교통 체증과 오염을 줄여줄 수 있도록 도와준다. 대체근무직에서 발생할 수 있는 훈련 관련 핵심 쟁점 사안은 관리자와 직원들이 그들과 함께 잘 협력할 수 있도록 준비시켜 주어야 한다는 것이다. 그리하여 이러한 근무직 근로자들이 기존 고객 서비스 혹은 상품의 품질에 영향을 미치지 않도록 해야 한다. 증가하는 대체근무직의 사용은 결국 관리자들이 임시 직원 서비스 혹은 임대 기관과 같은 제3자를 통해서 고용된 직원들을 어떻게 해야 동기를 부여시킬 수 있는지 이해해야 한다는 것이다.

업무 시스템의 높은 성과 모델

새로운 테크놀로지는 요구되는 능력과 업무 역할의 변화를 초래하였으며, 대개 작업 구조 재설계의 야기시킨다(예: 작업 팀의 사용). 컴퓨터 통합된 제조업에서 로봇과 컴퓨터를 사용하여 생산 구조를 자동화시킨 것을 그 예로 들 수 있다. 컴퓨터는 여러 가지 다른 상품들의 재조를 단순히 컴퓨터를 재프로그램화시켜 가능하게 할 수 있다. 그 결과, 인부, 재료 처리자, 운영자 및 조립 기술자, 그리고 정비원들의 업무들이 하나의 일자리로 통합되었다. 컴퓨터 통합 재조업에서는 직원들이 장비들을 모니터하고 정교한 장비들에 문제가 발생했을 때 이를 해결하고, 다른 직원들과 정보를 공유하며, 재조업 전체 과정의 각 요소들 간의 관계를 이해하기를 요구하고 있다.

테크놀로지를 통해서, 직원들이 고객 서비스 및 품질을 높이기 위해서 필요한 정보들을 더 쉽게 접근할 수 있게 되었다. 즉, 직원들은 고객들을 만족시키는 데 있어서 더 많은 책임감을 가지게 된다는 것을 의미하며, 어떻게 그들의 직무를 수행할지에 대해서 스스로 결정해야 하는 경우가 더 많아졌다는 것을 의미한다. 직원들의 책임 및 통제를 높이기 위해서 사용되는 가장 널리 알려진 방법들 중 하나로 작업 팀(work team)을 들 수 있다. 작업 팀은 다양한 능력을 보유한 직원들이 함께 상호작용하면서 상품을 조립하거나 혹은 서비스를 제공하는 것을 의미한다. 작업 팀은 새로운 팀 구성원의 선발, 업무 스케줄 조정, 그리고 고객과 다른 사내 부서들 간의 업무 조정 등과 같이 일반적으로 관리자들이 관리하는 활동들을 맡게 된다. 팀의 유연성을 최대화시키기 위해서, 팀 구성원들간의 교차훈련을 제공한다. 교차훈련(cross training)은 직원이 다양한 직무에 관한 지식 및 기술을 습득하게 하여 그들이 팀에서 필요로 하는 그 어떤 역할도 수행할 수 있도록 해주는 훈련을 의미한다.

미시간(Michigan) 주 Dundee 도시에 위치한 Global Engineering Manufacturing Alliance(GEMA)의 높은 성과 근로 시스템을 고려해보자. 대부분의 엔진 공장들과 비교했을 때, GEMA의 공장은 더욱 자동화되어 있고 적은 숫자의 직원들을 보유하고 있다. 600에서 2,000명의 직원을 보유하고 있는 다른 기업들과 달리, 275명의 직원을 보유하고 있다. 본 공장의 목표는 전 세계에서 가장 생산적인 엔진 공장이 되는 것이다. 공장의 높은 유연성을 바탕으로, 이 공장의 시간제 직원들은 직무 및 시간을 순환하는 근무교대를 하고 있다. 이 공장의 문화는 문제 해결 정신과 누구든지 어떤 일을 언제 어디서든 할 수 있다는 철학을 강조하고 있다. 모든 직원들은 팀 구성원이 될 수도 있고, 팀 리더가 될 수도 있다. 근무교대를 통해서 공장은 직원들을 지속적으로 동기부여시키고 부상을 피하도록 하고 있다. 팀 리더들과 엔지니어들은 사무실에서 머무르지 않는다. 그들은 6명으로 이루어진 팀의 한 일원으로 작업 현장에서 근무하기를 요구받는다. 계약 근로자들도 마찬가지로 팀의 일원으로 간주되며, 조립라인 직원들과 엔지니어들과 함께 일하며, 같은 유니폼을 입는다. GEMA 공장은 직원들에게 그들의 생산성을 모니터할 수 있는 테크놀로지에 대한 접근권을 부여한다. 공장 천장에 달려 있는 큰 규모의 전자 스크린을 통해서, 수명이 다되어 더 이상 사용할 수 없는 기계 부품들이 있거나 문제가 발생하기 전에 교체해야 되는 기계 부품들이 발생할 경우, 이에 대한 경보를 제공한다. 개인용 컴퓨터뿐만 아니라 게시판에서 접속 가능한 성과 관리 시스템은 직원들의 생산성이 지체되거나 쇠약해지면 이에 대한 경보를 제공한다. 이것이 관리자들만이 접근할 수 있는 정보로 여겨지는 대부분의 엔진 공장들과 다른 점이라고 할 수 있다. GEMA 공장의 이러한 테크놀로지는 문제를 직접 해결할 수 있도록 전 조직원에게 권한을 제공한다 .

새로운 테크놀로지와 작업 팀과 같은 새로운 작업 디자인은 하기와 같은 특정 인적자원 관리 실무의 지원이 요구된다.

- 직원들은 새로운 직원 혹은 팀 구성원을 선택 혹은 선발한다.
- 직원들은 형식적 성과 피드백을 제공받으며 성과 향상 과정에 참여한다.
- 지속적인 훈련이 강조되고 이에 대한 보상을 받는다.
- 포상은 기업 성과와 연결되어 있다.
- 장비와 업무처리 과정들은 유연성 및 직원들 간의 상호작용의 극대화를 촉진한다.
- 업무 장비, 배치, 그리고 방법들의 변화를 계획할 때, 직원들이 함께 참여한다.
- 직원들은 그들의 업무들이 어떻게 완성품 혹은 서비스에 공헌하는지 이해하고 있다.

훈련은 어떠한 역할을 하는가? 새로운 테크놀로지에 의해서 개발된 시설들을 사용하여 업무를 하기 위해서, 직원들은 특정 직무관련 지식과 기본 기술들을 필요로 한다. 흔히 테크놀로지들은 상품의 다양화와 맞춤화를 위한 하나의 수단으로 사용되므로, 직원들은 반드시 고객들과 의사소통하고 그들의 요구에 경청할 수 있는 능력이 필요하다. 협상, 갈등관리, 그리고 문제해결 능력 등과 같은 대인관계 기술들이 체력, 조직화, 그리고 세부 작업 능력과 같이 과거 많은 제조업과 서비스 직업에서 요구되는 기술들보다 더 중요해졌다. 비록 테크놀로지의 발전이 직원들이 상품과 서비스를 향상시킬 수 있도록 해주었지만, 관리자들은 반드시 직원들이 이러한 변화를 만들어낼 수 있도록 권한을 위임해야 한다.

기업에서 상품이 제작되는 방법 혹은 서비스가 제공되는 방법의 변화 외에도, 테크놀로지는 기업들이 여러 다른 기업들과 협력 관계를 구축할 수 있도록 해주었다. 가상 팀(virtual team)은 시간, 지리적 공간, 문화, 그리고 조직의 경계에서 벗어나, 상호작용 및 프로젝트 완성을 대부분 테크놀로지(이메일, 인터넷, 그리고 화상 회의)에 의존하는 팀을 의미한다. 가상 팀은 한 기업 내에서 형성되며, 그들이 사용하는 시설들은 전국 혹은 세계적으로 널리 퍼져 있다. 또한, 기업은 가상 팀을 통해 공급 기업 혹은 경쟁사와 함께 협엽 관계를 구축할 수 있는데, 이를 통해 프로젝트를 완성하는데 필요한 인재들의 힘을 합치거나, 상품을 시장에 빠르게 선보일 수 있게 해준다. 성공적인 가상 팀을 위해서는 팀의 명확한 사명, 뛰어난 의사소통 능력, 마감날에 맞추어 업무를 마무리할 수 있다는 구성원들 간의 믿음, 그리고 서로 다른 문화에 대한 이해(만약 팀이 글로벌 구성원을 포함하고 있을 경우)를 요구한다.

미국의 Nissan Motor Co. 작업장에는 각기 다른 부서에서 선발된 8-16명으로 직원들로 형성된 16개의 팀들이 매주 한자리에 모여서 품질, 다양성, 혹은 공급망 관리 등에 관한 주제를 가지고 논의한다. 관리팀에 의해서 선발된 팀 구성원들은 새로운 아이디어를 더 잘 받아들인다고 인정받은 직원들이며, 이들은 높은 성과를 보이는 구성원들로 간주된다. 팀들은 기업을 더욱 창의적이고 혁신적으로 변화시키기 위해서 새로운 계획을 제안하여 조직에 도전한다. 예를 들어, 한 팀에서 어떻게 돈을 절약할 것인가에 대해서 논의한 결과, 재택근무 관련 제안서가 개발되었다. 41명의 직원들을 통해 진행된 한 파일럿 연구를 통해서, 집에서 업무를 보는 것은 운영 비용의 절감과 사기 진작뿐만 아니라, 생산성을 향상시킨다는 것을 발견하였다. 그 결과, 현재 테네시(Tennessee) 주 Franklin 도시에 위치한 Nissan의 북미 본사에서는 가상 사무실 계획이 현재 진행 중이다. Nissan의 컨셉을 찾아내고 시장 패턴을 분석하는 기업의 직원들은 현재 LA에 있는 그들의 집에서 근무 중이다.

소프트웨어 개발자들은 전 세계에 배치되어 있다. 프로젝트들이 24시간 내내 돌아갈 수 있도록 이들은 3개 혹은 4개의 기관들에서 6시간에서 8시간 간격으로 일하고 있다. 직원들은 다른 나라로 이동하거나 혹은 자신의 업무 외의 시간에 일할 필요 없이, 그들의 업무 시간과 사무실에서 일할 수 있는 높은 기술을 가진 엔지니어들을 통해서 계속적으로 프로젝트에 집중할 수 있게 된다. 그 결과, 생산성의 향상과 프로젝트 완료 시간의 축소를 가지고 왔다. 또한, 전 세계적으로 퍼져 있는 프로젝트들은 다른 문화, 배경, 그리고 시각들을 가진 직원들에 의해서 진행하게 함으로써, 전 세계에 있는 고객들의 요구를 맞출 수 있는 상품과 서비스를 제공하는데 도움을 주고 있다. 이를 위해서 그들이 직면한 난관은 서로 다른 공간 및 서로 다른 업무 시간에서 일을 하는 팀들이 어떻게 하면 최소한의 상호작용을 통해서 직무를 공유할 수 있도록 업무를 조직화하는 것이다.

직원들은 반드시 직원 선정, 추구하는 질(quality), 그리고 고객 서비스의 원칙들에 대해서 훈련받아야 한다. 그들은 그들의 성과와 기업의 성과 간의 관련성에 대해서 이해하기 위해서 재무 데이터를 이해해야 한다.

훈련 실무에 대한 단상

훈련은 기업들이 경쟁적 우위를 점할 수 있고 경쟁적인 도전을 성공적으로 해결할 수 있도록 도와주는 핵심적인 역할을 한다. 기업들이 그들의 사업 목표를 도달할 수 있도록 어떻게 훈련이 사용되는지, 훈련설계, 훈련방법, 그리고 본 책에서 언급할 다른 주제들에 대해 이해하기 앞서서, 미국에서 일어나고 있는 훈련의 수와 종류들에 대해서 먼저 알고 있어야 한다. 또한, 훈련전문가가 무엇을 하는지 이해해야 한다. 본 장 다음 섹션은 훈련 실무에 관한 자료(예: 기업들이 얼마나 많은 비용을 훈련에 사용하는가, 어떤 종류의 훈련이 일어나고 있는가, 그리고 누가 훈련을 받는가)뿐만 아니라, 훈련자가 되기 위해서 필요한 기술과 역량들에 대해서 논의하도록 한다.

훈련에 관한 사실과 수치

본 섹션에서 제공되는 훈련 실무에 관한 단상은 Training 잡지 그리고 ASTD에서 진행된 조사들 등과 같은 여러 출처를 통해 수집된 데이터들을 바탕으로 제공된다. 여러 가지 근거들을 바탕으로 보았을 때, 이 데이터들은 실무관련 사실이 아닌, 타당한 추정치로 봐야 할 것이다. 조사를 위해 사용된 표본은 모든 규모 및 모든 종류의 기업들을 대표하기에는 무리가 있다. 예를 들어, Training에서 실시한 조사는 잡지를 구독하고 있는 연구 기관만을 대상으로 하였고, 온라인 조사에 참여하도록 권유하는 이메일을 보낸 뒤에 이에 참여한 기업들만을 대상으로 표본을 구성하였다. 대기업의 31% 그리고 중소기업의 29%만이 본 조사에 참여하였다. ASTD에서 매년 진행하는 State of the Industry Report는 몇 백 개의 기업을 대상으로 진행하는데, 이들은 3개의 주요 기업체로 분류된다. 훈련관련 수상 경력이 있는 기업, ASTD BEST Award 수상기업, 그리고 포춘 글로벌 500 기업이다. 그리고 이들의 모든 대답을 통합하여 조사 결과를 제공한다.

지금 아마도 당신 스스로에게 다음과 같은 질문을 할 수도 있을 것이다. "얼마나 많은 시간과 돈을 기업이 훈련에 투자하는가?" 혹은 "단순히 훈련자가 훈련을 전달하는가?" 〈표 1.7〉에서는 미국 기업들이 지속적으로 일터학습에 많은 양의 돈을 투자하고 있는 단상을 확인할 수 있다. 이러한 투자관련 핵심 동향관련 개요를 하기와 같이 제시하였다.

- 직접적인 지출 비용(급여 대상자와 학습시간 비율)은 지난 몇 년 동안 안정세를 유지하고 있다.

표 1.7 훈련 실무에 관한 질문과 답변

투자와 지출의 분산

Q: 얼마나 많은 비용을 미국 기업들이 직원들의 학습과 개발에 투자하고 있는가?

A: 대략 1,715억 원 달러.

Q: 얼마나 않은 비용을 직원 일인당에게 투자하고 있는가?

A: 1,228달러.

Q: 급여 지불 총액 대비 얼마의 비율의 돈을 훈련과 개발에 투자하는가

A: 2.7%.

Q: 수익 대비 얼마의 비율을 훈련과 개발에 투자하는가?

A: 5.3%.

Q: 직원들이 얼마나 많은 시간을 형식적 훈련에 매년 사용하는가?

A: 32시간.

Q: 누가 가장 많은 훈련을 받는가?

A: 훈련 예산의 41%와 모든 직원들에게 제공하고 있으며, 25%는 선발된 직원들에게, 24%는 관리자들에게, 그리고 10%는 임원진들에게 제공된다.

효율성

Q: 지출 비용 중 얼마만큼을 학자금 지원으로 사용하고 있는가?

A: 12.9%.

Q: 각각의 직원들을 위해서 얼마나 많은 직원들이 훈련 직무를 맡고 있는가?

A: 13명의 훈련 직원들이 1,000명 직원들에게 훈련을 제공하고 있는 비율이다.

Q: 각 직원 한 명에게 한 시간의 학습시간을 제공하는데 지출되는 평균 비용은 얼마인가?

A: 72달러.

Q: 한 시간의 형식 훈련을 실시하는데 있어서 필요한 평균 비용은 얼마인가?

A: 1,415달러.

Q: 가능한 학습시간에 대한 학습시간의 비율은?

A: 52.9%

전달 방법

Q: 훈련이 어떻게 전달되는가?

A: 42%는 교실에서 강사를 통하서, 24%는 면대면 및 테크놀로지를 사용한 전달법을 융합한 블렌디드 학습을 통해서, 22%는 온라인을 통해서, 그리고 1%는 소셜 네트워크 혹은 모바일 도구를 통해서 전달된다.

Q: 직접적인 학습 지출 비용 중 외부 제공자들(아웃소싱)에게 할당되는 비율은 어떠한가?

A: 23%.

출처: M. Green and E. McGill, "The 2011 State of the Industry,"*T+D*"(November 2011): 45-50; E. McGill, *State of the Industry* 2011(Alexandria, VA: American Society for Training and Development, 2011);"2011 Training Industry Report," *training*(November/December 2011): 22-34.

- 관리자, 전문직, 그리고 분야별 특정 교육 등과 같은 전문화된 학습에 대한 요구는 증가하였다.
- 테크놀로지 기반의 학습 전달의 사용은 2001년 11%에서 2010년 29%로 증가하였다.
- 자기 주도적 온라인 학습은 테크놀로지를 기반으로 한 학습 유형들 중에서 가장 빈번하게 사용되어지는 방법이다.
- 2003년 이래로 줄어준 재사용율에서 보여주다시피, 테크놀로지 기반의 학습은 학습의 효율성을 높이는 데 도움을 준다('재사용율(reuse ratio)'은 매 시간당 학습 내용이 얼마

그림 1.4 기업에서 제공하는 여러가지 다른 종류의 훈련들

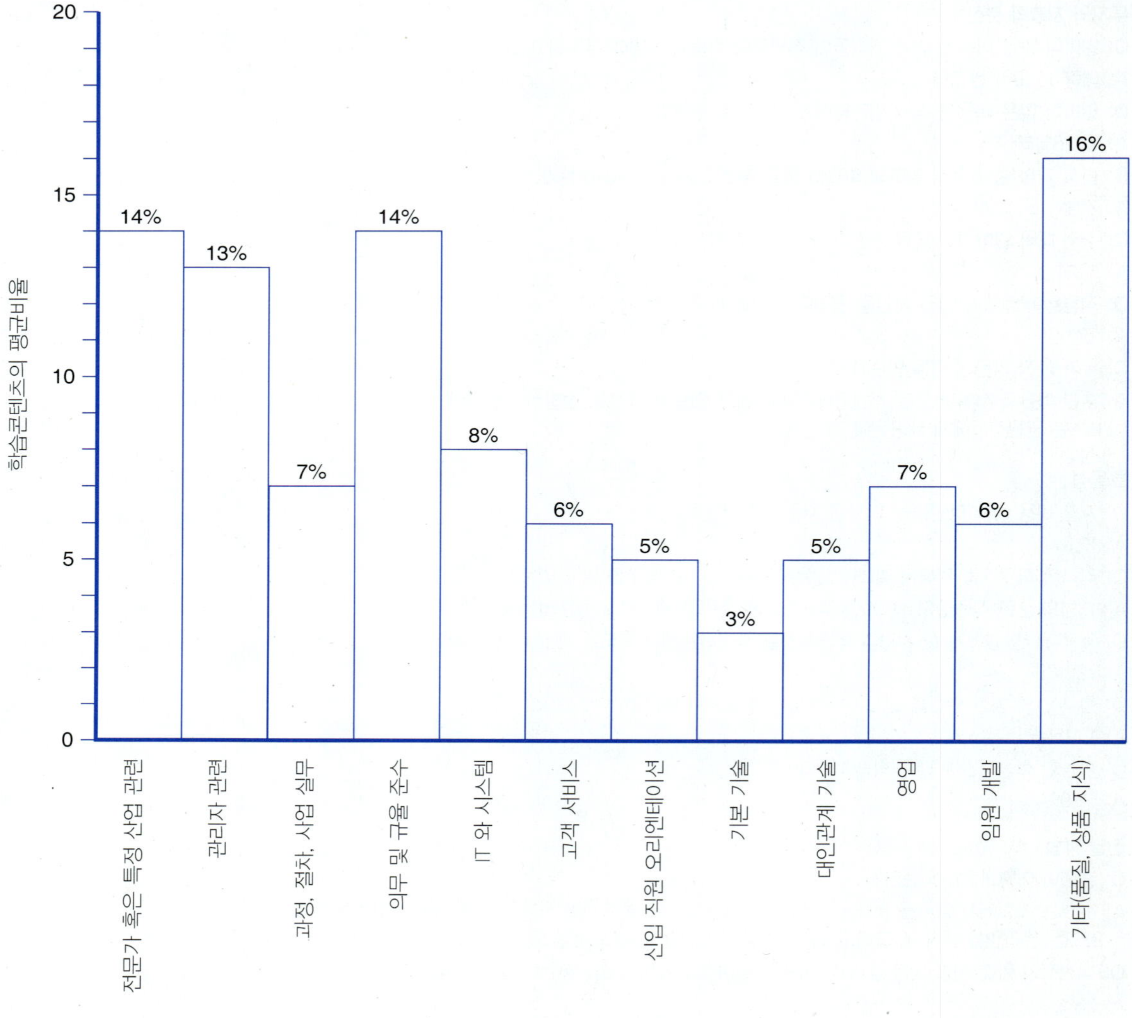

Note: ASTD 벤치마팅 프로그램의 일환으로 연계 데이터를 제출한 기업의 응답을 통합한 데이터
출처: M. Green and E. McGill, "The 2011 State of the Industry," *T+D* (November 2011): 45-50.

나 사용되어지는지 측정한다]. 재사용율은 2010년에 53시간으로 6퍼센트 떨어졌다. 이것은 매 시간에 이용가능한 학습 내용이 53명의 직원들에 의해 사용되어졌음을 의미한다. 감소의 의미는 각 내용에 접근하는데 걸리는 시간이 줄어든다는 것이다).

- 테크놀로지 기반의 학습은 대규모의 직원 대 한 명의 학습 훈련자 비율의 결과를 낳았다.
- 컨설턴트, 워크샵, 그리고 훈련 프로그램 등을 외부 제공자들에 의해서 제공되는 서비스의 비율은 2004년 29%에서 2010년 23%로 줄어들었다.

훈련에 사용된 1,710억 달러 중에서, 60%는 훈련 업무 담당 직원의 급여 및 강의 개발 등과 같은 내부 비용으로 사용되었으며, 40%는 컨설턴트, 워크샵, 혹은 훈련 프로그램 등과 같은 기업 밖에서 외부 제공자들에 의해서 제공되는 서비스에 사용되어진다. 직접 경비에 대한 수익 비율은 작년에 비교(2009년 10.9 %)했을 때, 5.3%로 줄어들었다. 이는 경제 불황으로 인한 소규모 기업들의 수익과 총체적인 학습 비용의 감소 때문일 것이다.

〈그림 1.4〉에서는 기업에서 제공하는 여러가지 훈련 유형들을 제시하고 있다. 전문가 혹은 산업관련 특정 내용, 관리자 그리고 의무 훈련, 규정 준수를 위한 훈련들이 학습 내용의 41%를 차지하고 있다. 학습 내용에서 가장 적은 비율을 차지하는 것이 기본 기술이다.

훈련에 투자하는 리더

본 장의 시작 부분에 소개된 짧은 사례를 통해서 기업의 경쟁적인 우위를 점하기 위해서 훈련을 어떻게 사용할 수 있는지 보여주었다. 미국의 기업들의 훈련에 대한 높은 투자는 팀, 직원 주식 소유권 제도, 수익에 따른 성과 보상 시스템, 개개인 개발 계획, 그리고 사업 경영 결정에 직원 투입 등과 같은 혁신적인 훈련 실무와 높은 성과를 보인 업무 실무의 사용과 관련이 있다. 이러한 지출(높은 성과를 보인 업무 실무의 적용과 함께)은 생산성의 향상, 고객 및 직원의 만족도 향상, 그리고 직원들을 기업 존속의 향상을 가지고 왔다. 예를 들어, Grant Thornton LLP, Wipro Technologies, Steelcase, 그리고 InterContinental Hotel Group은 훈련을 통해서 그들의 경쟁적 우위를 획득한 기업들로 유명한다. 그들은 훈련에 상당한 수준의 재정적 투자를 하고, 이를 생산성, 고객 서비스, 그리고 다른 중요한 사업 결과의 동력으로 사용하고 있다. 2장에서 기업의 사업적 목표를 달성하는데 있어서 훈련이 어떻게 도움을 주고 있는지 논의하기로 한다.

경쟁적인 우위를 점하는 데 있어 중요하다고 여겨지는 기업 훈련 실무가 기업들마다 어떻게 다른가? ASTD의 2011년 State of the Industry Report는 ASTD의 벤치마킹 프로그램의 일부로 ASTD BEST Award(학습과 성과의 명확한 관련성을 보인 기업에게 수여하는 상)를 받은 기업들과 함께 그들의 훈련 실무들을 비교해보았다. 벤치마킹 프로그램에 참여한 기업들은 ASTD에게 그들의 훈련 실무의 표준으로 정해진 정보(예: 훈련에 사용한 시간)을 제공해 주었다. 참여한 기업들은 총 412개였으며, 이들은 평균 직원 수는 28,167명이었다. BEST Award 수상자들은 훈련에 많은 비용을 투자한 기업들이었는데, 상을 받기 위해 지원했던 기업들의 순위를 정하기 위해서 ASTD는 4개의 기준을 사용하였다: 학습이 기업적 역할을 담당해야 하며(학습이 사업의 문제를 해결하는데 있어서 도움이 되는 정도,

표 1.8 BEST Award 수상 기업들의 특성

사업 전략을 지지하는 훈련 및 개발
임원진들로부터의 뚜렷한 지원
내부 절차의 향상, 테크놀로지의 사용, 그리고 아웃소싱을 통한 훈련 및 개발의 효율성
훈련과 개발을 사업적 요구에 맞추어 조절하고 필요에 따라 모든 직원들이 훈련 및 개발에 접근할 수 있도록 한 효과적인 실무
훈련과 개발에 대한 투자
다양한 학습 기회 제공
훈련 및 개발 활동에 대한 효율성 및 효과성의 측정
조직 개발과 절차 향상과 같은 훈련 접근법 외의 방법으로 성과 향상 꾀함

출처: A. Paradise, 2008 *State of the Industry Report*(Alexandria, VA: American Society for Training and Development, 2008).

최고 경영자들의 지원 정도, 그리고 사업 전략을 지원하는 정도), 학습을 중요하게 여기는 기업의 문화를 가지고 있어야 하며, 개개인 그리고 기업의 성과와 학습이 서로 연결되어 있어야 하며, 그리고 학습 계획을 위한 투자가 이루어져야 한다. 〈표 1.8〉에서 BEST Award에서 수상한 기업들의 다른 특성들을 제시하고 있다. 2장에서도 논의되겠지만, BEST Award 수상 기업들은 기업의 전략을 지원하고 훈련 및 개발을 측정 가능한 결과로 제공하는 전략적 훈련 및 개발에 집중하고 있었다.

서른두 개의 기업들이 BEST Award를 수상하였으며, 이들의 평균 직원 수는 24,875명으로 밝혀졌다. 〈표 1.9〉에서 BEST Award 수상 기업들과 벤치마킹 기업들을 비교하고 있다. 테이블에서 제시하다시피, BEST Award 수상 기업들은 인터넷으로 전달되는 훈련과 같은 학습 테크놀로지의 사용율이 더 높았으며, 벤치마킹 기업에 비하여 교실에서 진행하는 훈련의 시간이 적은 것으로 밝혀졌다. 또한, BEST Award 수상 기업들의 직원들이 학습에 투자하는 시간이 벤치마킹 기업에 비해 평균적으로 24시간 더 많은 것으로 밝혀졌다.

표 1.9 BEST Award 우승 기업들과 벤치마킹 기업들 간의 비교

	핵심과정문제	핵심사업문제
한 직원당 받은 훈련시간	32시간	56시간
급여 대비 훈련에 사용한 비용 비율	2.7%	3.3%
한 직원당 사용한 훈련비용	1,228달러	1,073달러
학습 테크놀로지를 사용하여 제공받은 평균 학습시간 비율 (총 학습시간 대비)	29%	32%
실제 훈련자 주도 훈련에 사용된 평균 학습시간 비율 (총 학습시간 대비)	70%	67%

출처: M. Green and E. McGill, "The 2011 State of the Industry," *T+D*(November 2011): 45-50.

어떠한 종류의 강의들이 훈련 비용으로 사용되어지는가? 학습 내용들은 벤치마킹 기업과 BEST Award 수상기업들과 크게 다르지 않았다. 벤키마킹 기업들의 top 3 학습 내용 분야는 관리자, 전문가, 혹은 특정 산업 관련 내용 분야; 의무 및 규율 준수 분야, 그리고 과정 및 절차, 그리고 사업 실무 분야로 나타났다. BEST Award 수상 기업의 경우 상위 3개 분야는 전문가, 혹은 특정 산업 관련 내용, 사업과정 및 절차, 그리고 사업 실무 분야, 그리고 관리자 훈련으로 나타났다.

훈련 전문가들의 역할, 역량, 그리고 위치

일반적으로 훈련 전문가들은 교수 설계자, 기술 훈련자, 혹은 요구 분석자와 같은 많은 직무를 가지고 있다. 각 직무들은 특정 역할 혹은 기능을 한다. 예를 들어, 요구 분석자의 역할 중 하나는 특정 직무 혹은 직종에서 필요로 하는 훈련 요구를 이해하기 위해서 인터뷰, 관찰, 그리고 설문조사를 실시하고 이를 통해서 수집한 자료들을 요약해야 한다. 각 직무를 성공적으로 수행하기 위해서는 구체적 지식, 기술, 혹은 행동(역량이라도고 불린다)이 요구된다. 예를 들어, 요구 분석자들은 어떠한 종류의 자료를 수집하고 요약하여 훈련 요구를 결정하기 위해서 필요로 하는 통계와 연구 방법들에 대한 기본적인 지식을 갖추고 있어야 한다.

ASTD에 의해서 실시된 연구가 가장 포괄적인 훈련 전문가에 대한 연구이다. 〈그림 1.5〉에서 ASTD 역량 모델을 제시하고 있다. 이 모델은 훈련 및 개발 분야에서 성공하기 위해서 어떠한 것이 필요한지 설명해주고 있다. 모델의 가장 윗 부분은 훈련 및 개발 전문가가 가지는 역할을 제시하고 있다. 학습 전략자는 기업의 사업 전략을 돕기 위해서 일터 학습을 어떻게 잘 활용할 것인지 결정해야 한다. 사업 동반자는 사업 및 산업 관련 지식들을 사용하여 성과를 향상시키는 훈련을 만들어야 한다. 프로젝트 관리자는 기업을 지원하기 위해서 학습과 성과 솔류션들을 계획하고, 획득하여, 이들이 효과적으로 전달되는지 모니터한다. 전문적인 스페셜리스트는 학습과 성과 솔루션을 설계하고, 개발하며, 전달하고, 평가한다.

이러한 역할들은 조직 변화 주도자, 경력 상담자, 교수 설계자, 그리고 교수자 등과 같은 직업에 포함된다. 훈련 부서 관리자들은 사업 동반자와 학습 전략가의 역할에 많은 시간을 투자하게 된다. 훈련 부서 관리자들은 아마도 프로젝트 관리자 역할에 관여는 하겠지만 그들의 다른 업무 책임들을 고려했을 때, 스페셜리스트로서의 역할에는 덜 개입될 것이다. 또한, 비록 인전 자원 혹은 인사 관리자들의 주요 책무가 기업의 인적자원의 기능(예:

그림 1.5 2011 ASTD 역량 모델

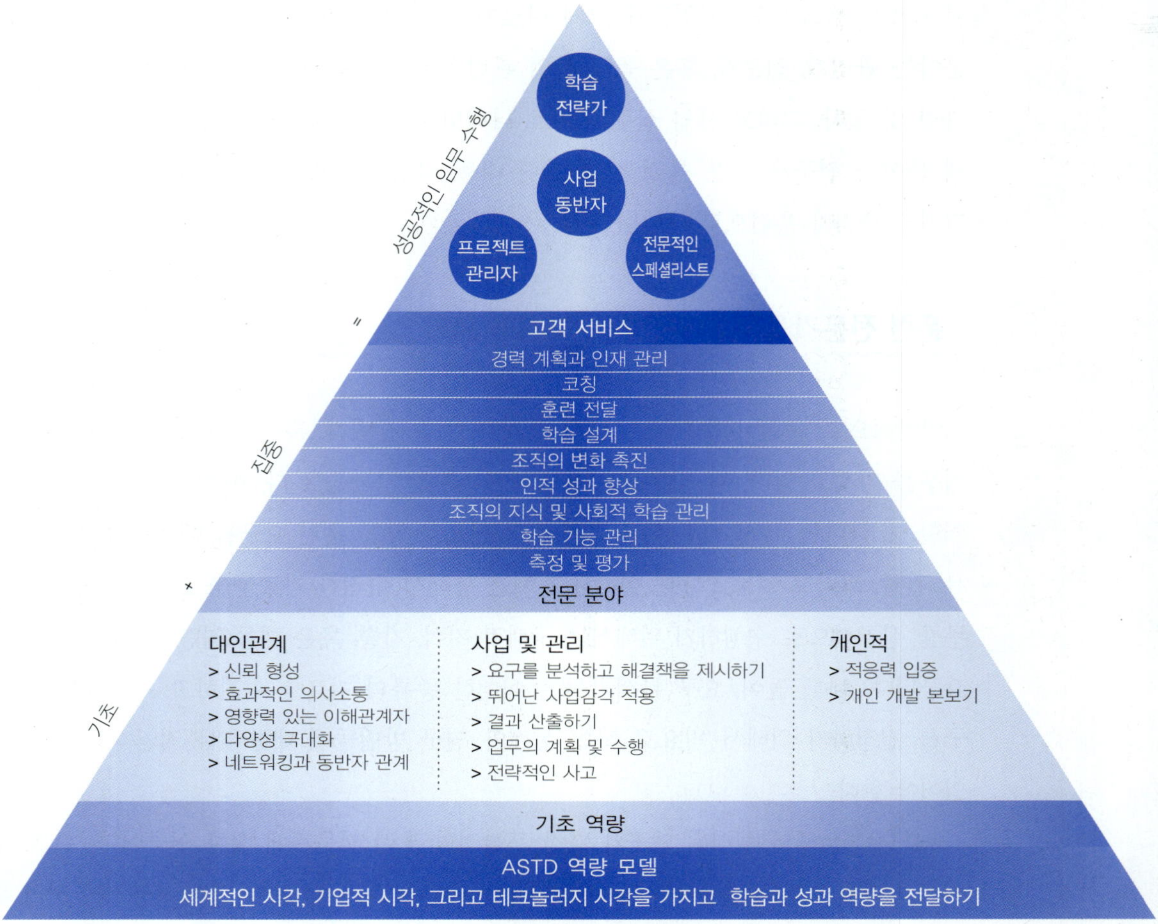

출처: American Society of Training and Development로부터 허가를 받음. M. Allen and J. Naughton, "Social Learning: A Call to Action for Learning Professionals," *T+D*(August 2011): 50-55. Copyright Clearance Center, Inc.로부터 허가를 전달 받음.

직원 모집 및 선발, 보상 등)이 잘 돌아가고 있는지 감독하는 것이라 할지라도, 많은 인적자원 혹은 인사 관리자들도 훈련자 역할을 수행하도록 요구받는다.

이 모델의 두 번째 열은 성공을 위해 필요한 구체적인 기술적 그리고 전문적 기술과 지식(예: 학습 설계, 훈련 전달 등)과 관련된 전문 분야이다. 비록 학습 전문가들이 대부분의 시간을 학습 설계, 훈련 전달 학습 기능 관리에 보내지만, 다른 부분에서도 그들의 시간을 보낸다. 이 모델은 네트워킹 도구들을 사용하여 다른 사람들과 함께, 그리고 다른 사람들으로부터 배우는 사회적 학습을 중요한 전문 분야 중 하나로 제시하고 있다.

기초적인 역량들을 이 역량 모델의 기반으로 하고 있다. 대인관계 역량, 사업 및 관리 역량, 그리고 개인 역량이 기초적인 역량들을 구성되어 있다. 기초적인 역량들은 훈련자의 전문 분야 혹은 역할과 무관하게 중요하지만, 각각의 역할 혹은 전문분야에 따라서 사용되는 정도는 다르다.

한 전문 분야(예: 교수설계자)에 초점을 맞추던 전통적으로 훈련 부서의 직무들은 변화하고 있다. 훈련 및 개발이 기업에 공헌하기 위해서 다양한 전문 분야 지식 및 기술을 갖추고 있기를 요구되고 있다. 프로젝트 관리는 새로운 훈련 테크놀로지에 대한 지식(예: 웹으로 전달되는 학습, CD-ROM, 그리고 지식관리 시스템)을 요구하고 있으며, 관리자, 엔지니어, 과학자, 그리고 훈련자들보다 더 높은 수준의 테크놀로지 관련 경험 및 지식을 갖춘

표 1.10 ASTD 웹사이트에 게시된 직무의 사례

커리큘럼 개발자/교수 설계자
역할 개요 소프트 기술, 테크놀로지, 그리고 실제 응용에 주안점을 둔 사업 과정 훈련 등과 같은 다양한 내용분야에서 일을 할 것이다. 팀의 일원으로서, 당신은 프로젝트 설계부터 평가과정에 모두 참여하게 될 것이며, 내용전문가와 리더십 팀과 협력하면서 일을 하게 될 것이다.
책무 • 새로운 강의 내용 개발하기 • 현존하는 강의 내용 업데이트하기 • 강의 검토 및 피드백 세션 촉진하기 • 지속적인 활동/업무 향상 장려하기 • 내용 전문가와 임원진들과의 정기적인 상호작용을 통해서 사업 요구를 기반으로 한 효과적이고 집중할 수 있는 교실 및 온라인 훈련 내용들을 빠르고 반복적으로 생산해내기 • 강의, 시범, 실습, 역할극, 샘플 요청 확인, 직무 지원, 지식 확인, 독학 재료 등과 같은 전달가능한 훈련들 개발하고 유지하기 • Health 보조자들이 어떻게 고객의 요청을 처리해야 하는지 학습할 수 있도록 대표적인 역할극/실무관련 시나리오 개발하기 • 성인 학습 이론들 바탕으로 하여 신입 사원을 지원하기 위한 훈련 및 계속 훈련 활동을 위한 내용을 개발하고, 다양한 학습 방법을 통해서 1시간짜리부터 몇 개월간 지속할 수 있는 훈련 내용을 제작하기 • 동시에 다양한 강의/제품들 작업하기 • 교육용 프로그램을 위한 창의적인 아이디어를 제시하기 • 강의 설계를 촉진하고 제품에 다양한 의견 및 피드백을 포함시키기 위해서 강의 이해당사자들과 함께 피드백 세션 설립하여 검토하기 • 일반적인 강의내용 향상 외에도 정기적으로 현존하는 강의 내용을 사업 절차 혹은 시스템 변화를 바탕으로 업데이트 하기. • 다른 피드백과 함께 평가 결과를 바탕으로 주도적으로 강의 향상 기회를 찾아내기
요구되는 자격 및 경험 • 제 시간에 다양한 전달 방법을 사용하여 높은 수준의 제품을 생산할 수 있다고 증명된 능력 • 빠르게 변화하는 환경에서 일할 수 있다고 증명된 능력 • Microsoft Office Suite에 관한 깊은 지식 • CRM, 콜센터, 의료 보험 관련 경력, 그리고 소프트 기술 훈련이 강하게 요구됨
요구되는 성향 • 효과적인 의사소통 능력–다양한 배경과 성격을 가진 전 조직원들과 일할 수 있는 능력 • 멀티테스킹할 수 있는 능력, 재빠른 판단 능력, 그리고 창의적인 문제해결 능력 • 조직적이고, 신뢰할 수 있고, 꼼꼼한 사람 • 자신의 업무량을 관리하여 중요한 업무들을 잘 마칠 수 있는 능력 • 높은 의사소통 능력

출처: 2011년 12월 6일 ASTD 웹사이트(www.astd.org)에 게시되었던 구인공고.

사람들을 관리할 수 있는 능력 또한 요구하고 있다.

훈련 전문가들의 직무에서 요구되는 다양한 책임 및 전문 지식들이 어떤 것인지에 알려주기 위해서, ASTD 웹사이트에서 게시되었던 커리큘럼 개발자/교수 설계자의 직무에 대한 예를 〈표 1.10〉를 통해 제시하였다.

〈표 1.11〉은 훈련 전문가들의 급여 중간값을 보여주고 있다. 훈련자 역할들에서 요구되는 역량들을 개발하지 않고서는 그 누구도 높은 급여를 받는 직책(훈련 관리자, 임원 수준의 관리자)을 맡을 수 없다는 것을 명심하기 바란다.

누가 훈련을 제공하는가?

대부분의 기업에서는 훈련 및 개발 활동들은 훈련자, 관리자, 내부 컨설턴트, 그리고 전문가 직원에 의해서 제공된다. 하지만, 훈련 실무 단상에서 보여주었다시피, 훈련 및 개발 활동들은 아웃소싱 되기도 한다. 아웃소싱(outsourcing)은 훈련 및 개발관련 활동을 기업 외부에서 위탁하거나 습득하는 행위를 의미한다. 기업 외부 훈련 제공자들로는 전문대학 및 대학교, 기술 및 직업 기관, 상품 제공자, 컨설턴트 및 컨설팅 기업, 조합, 무역 및 전문 기업들, 그리고 정부조직들이 있다. 아웃소싱은 2장에서 자세히 논의될 것이다.

누가 훈련을 전담하고 있는가?

인적자원, 인적자원개발, 혹은 조직개발의 전문가들이 훈련 및 개발의 책임을 맡을 수 있다. 기업들은 훈련과 개발을 제공하는 인적자원, 인적자원개발, 인재관리·인재개발, 혹은

표 1.11 훈련 전문가들의 평균 급여

직책	급여
임원 수준의 훈련/인적자원개발 관리자	124,811 달러
임원 수준 관리자	127,202 달러
훈련 개발 관리자(1-5명의 부하직원을 두고 있음)	86,301 달러
훈련 개발 관리자(5명 이상의 부하직원을 두고 있음)	98,614 달러
한 명만 존재하는 훈련 부서	71,512 달러
교실 강사/훈련자	65,654 달러
교수 설계자	74,691 달러
CBT/웹/멀티미디어 프로그래머 설계자/관리자	81,009 달러
관리/커리어/조직 개발 스페셜리스트	81,675 달러
인적자원 관리자/스페셜리스트	73,492 달러

출처: "Training's 2011 Growth Spurt," *training*(November/December 2011): 36-41.

조직개발이라는 이름을 가진 부서 혹은 기능을 가지고 있을 것이다.

작은 규모의 기업인 경우, 훈련은 설립자와 전 직원의 책임이다. 기업이 100명의 직원을 가진 규모로 성장했을 때, 일반적으로 누군가가 그 직원의 전담 업무 혹은 일부 업무로 기업의 인적자원 업무를 맡게 된다. 이 시점에서 훈련이 인적자원 업무를 맡고 있는 직원의 책임 중 하나가 된다. 중간 규모의 기업에서는, 훈련이 인적자원 전문가들의 책임이 되거나, 인적자원개발, 인재관리, 인재개발, 인재 학습 혹은 조직개발 등으로 알려진 별개의 기능으로 설정되기도 한다.

인적자원개발(human resource development)은 개개인, 그룹, 그리고 조직의 효율성을 높이기 위한 훈련과 개발, 조직개발, 그리고 경력개발의 통합적인 사용을 의미한다. 인적자원개발 전문가들은 직무 혹은 과업 분석, 교수시스템 설계, 현장직무훈련, 그리고 개인 성과 향상에 개입할 것이다. 조직개발 전문가들은 훈련뿐만 아니라 팀 빌딩, 갈등 회피, 직원개발, 그리고 경영 변화에 집중할 것이다. 인재관리 전문가들은 사내 핵심 인재를 찾아내고 이들이 승진 혹은 새로운 직책을 위해 준비하기 위해서 필요한 훈련 및 개발을 받고 있는지 확인하는 업무를 할 것이다. 학습 전문가들은 공식 훈련 및 개발 활동들에 집중할 뿐만 아니라 비형식적 학습 및 지식 공유가 소셜 네트워킹 도구들을 사용하여 발생하고 있는지 확인하는 것에 집중할 것이다. 이러한 설명들을 통해서 알 수 있듯이, 훈련 및 개발 활동들은 인적자원관리, 인적자원개발, 그리고 조직개발 전문가들 혹은 부서들에서 책임지게 된다. 어떤 개개인, 부서, 기능에서 이를 책임지고 있느냐에 관계없이, 훈련 및 개발이 성공하기 위해서는 직원, 관리자, 훈련전문가, 그리고 최고 경영자들이 모두 이에 대한 소유권을 가지고 있어야 한다. 훈련이 누군가의 직무의 형식적 책임이기는 하나, 성공적인 훈련을 위해서는 전 조직원이 중요한 역할을 한다는 것을 이 책을 통해서 계속적으로 제시될 것이다. 또한, 어떠한 부서 혹은 기능에서 훈련 및 개발에 책임을 지고 있는가에 상관없이, 사업 전략과 반드시 연계되어야 하며, 사업적 요구를 반드시 지지해야 한다. 훈련 및 개발에 책임을 지고 있는 전문가들은 경영 변화를 위한 조직 개발 스페셜리스트와 같은 자신만의 전문 분야를 가지고 있겠지만, 그들은 또한 훈련과 개발에 대한 책임을 가져야 한다. 〈그림 1.5〉와 같이, 성공적으로 일터 학습 및 성과를 수행하기 위해서 전문가들은 반드시 사업에 대해서 이해해야 하며, 전문 분야들과 역량들을 마스터해야 한다.

기업에서 사업의 성공을 위해서 훈련의 역할이 중요성이 증가하면서 기업에서는 훈련 혹은 학습 기능/부서를 설립하고 있다(어떻게 훈련의 기능들이 조직화될 수 있는지는 2장에서 논의하기로 한다). 훈련 기능/부서에는 교수설계자, 강의자, 기술 훈련, 그리고 교수 테크놀로지 전문가들을 포함할 것이다.

보도된 인적자원관리와 훈련 기능 간의 관계는 기업들마다 다양하다. 어떤 기업들은 다른 부서들과 전략적인 협력 관계를 구축하고 기업 전체에 일관성 있는 훈련을 제공하기 위해서 훈련은 인적자원 기능의 한 부분으로 포함시키기도 한다. 예를 들어, 노인요양시설을 제공하는 테네시(Tennessee) 주를 기반으로 한 Life Care Centers of America는 훈련은 훈련 커리큘럼 제작과 학습 평가 등과 같은 능력들은 인적자원 전문 분야 중 하나라고 믿는 기업의 신념 때문에 훈련을 인적자원 부서에 포함시켰다. 중앙에 집권화된 인적자원 부서는 자원의 최대한의 활용을 가능하게 하였고, 공동 관리자 문화를 소통하는 것을 돕고 있다.

훈련 기능을 분산화시켜, 각 사업 부서들에서 필요로 하는 다양한 훈련 요구들에 맞출 수 있기 때문에 일부 기업에서는 인적자원 기능과 훈련을 분리시키고 있다. A. G. Edwards 훈련 및 개발 부서는 학습 센터를 가지고 있으며, 금융 컨설턴트와 직원들을 위한 훈련 프로그램을 개발한다. 훈련 부서의 대표자들은 정기적으로 기업 본사에 있는 기업 경영 위원회를 만나서 회의를 할 뿐만 아니라, 지역 사무실과 지점 관리자들을 만나서 사업 목표를 달성하는데 훈련이 어떻게 지원할 수 있는지 이해할 수 있도록 하고 있다. 지점 관리자들을 개입시켜 기술의 차이를 찾아내고 그들의 제안을 바탕으로 제작한 새로운 지점 관리자 자격증 프로그램을 성공적이었다. 지점 관리자들은 이 프로그램에 소유권을 가지고 프로그램 제안서 개발을 돕고, 지원금과 프로그램 허가를 받기 위해서 기업 관리자들에게 이 제안서를 발표하였다. 훈련 기능에 사용할지에 대한 조직의 허가와 상관없이, 이는 기업의 훈련 요구를 충족시키는데 도움을 주었음에는 틀림없다.

훈련에서 일하기 위한 준비

어떤 면에서는 모든 사람들이 자신의 삶에 있어서 훈련가이다. 당신의 동료, 가족, 배우자, 친구, 혹은 당신의 상사에게 어떤 기술을 가르쳐 주었던 때를 생각해보라. 비록 어떤 사람들은 실수를 통해서 훈련시키는 방법을 배우겠지만, 훈련 및 개발 관련 혹은 다른 훈련 관련 전공을 선택하여 강의를 듣는 것이 가장 최상의 방법이다. 예를 들어, 훈련 및 개발 관련 수업들은 대개 대학 내의 교육대학, 경영대학, 그리고 심리학과에서 제공된다. 경영 대학들 아마도 훈련 및 개발, 인재관리, 그리고 조직개발 관련 수업들을 제공하는 인적자원관리 관련 학사 및 석사 프로그램을 제공할 것이다. 교육대학에서는 아마도 인적자원 개발과 학습에 관한 학사 및 석사 프로그램을 제공하고 있을 것이다. 이러한 프로그램에서 제공되는 수업들은 교수설계, 커리큘럼 개발, 성인학습, 평가, 그리고 현장직무훈련 등으로 구성되어 있다. 심리학과에서도 훈련 및 개발관련 수업들을 제공한다. 만약 당신이 큰 규모의 대학에 들어갈 수 있는 기회를 부여받는다면, 당신은 아마도 경영대학, 교육대학, 그리고 심리학과이서 제공하는 훈련 및 개발 관련 수업들을 모두 들을 수 있을 것이다.

성공적인 훈련 전문가가 되기 위해서는 훈련관련 연구 및 실무에 대한 최신 동향을 파악하고 있어야 한다. 훈련 및 개발에 관심이 있는 사람들에게 적합한 주요 전문가 조직들로는 ASTD, the Academy Human Resource Development(AHRD), the SHRM, the Society for Industrial and Organizational Psychology(SIOP), the Academy of Management(AOM), 그리고 the International Society for Performance Improvement (ISPI)을 들 수 있다. 훈련 실무관련 논문들은 다음과 같은 학술지에서 구할 수 있다: Training, T+D, Training and Development, Chief Learning Officer, Workforce Management, HR Magazine, Academy of Management Executive, 그리고 Academy of Management Learning and Education. 훈련 및 개발 연구들은 다음과 같은 학술지에서 찾을 수 있다: Human Resource Development Quarterly, Human Resource Development Review, Performance Improvement, Personnel Psychology, Journal of Applied Psychology, Academy of Management Journal, 그리고 Human Resource Management.

토의 문제

1. 일터와 학습에 영향을 미치는 요소들에 대해서 설명하라. 훈련이 어떻게 기업들이 /이렇나 요소들을 /처리하는데 도움을 줄 수 있는가?

2. 공식 훈련 및 개발, 비형식 학습, 그리고 지식 관리들 간의 관계에 대해서 논의하라. 이들이 학습과 어떤 관계가 있으며, 학습 조직을 창조하는데 있어서 연관성이 있는가?

3. 훈련 설계 모델에 어떠한 단계들이 있는가? 어떠한 단계가 가장 중요하다고 생각하는가? 왜 그렇게 생각하는가?

4. 무엇이 무형자산인가? 어떻게 이들을 훈련 및 개발에 연결시킬 수 있는가?

5. 경제적으로 힘든 시기에 훈련을 어떻게 사용해야 기업에 혜택을 줄 수 있는가?

6. 훈련 전문가들은 지속적으로 ISD 모형에 결함이 있는지 논의하고 있다. 일부는 ISD는 훈련 프로그램을 제작하기 위한 단계법 아닌 프로젝트 관리 접근법으로 보아야 한다고 주장하고 있다. 다른 이들은 ISD가 너무 일직선적이고 융통성 없는 절차(훈련이 비싼 주요 원인이자 개발에 너무 많은 시간이 소요하게 만듦)라고 제안하고 있다. ISD는 투입물에 집중하고 경영자들은 결과물에 집중하게 된다. 기업들은 설계 테크놀로지를 사용하지 않고. 결과를 보기를 원한다. 당신이 보았을 때에는 ISD가 유용한 절차인가? 그에 대한 이유는 무엇인가? 훈련은 설계하기 위해서 이 방법이 더(혹은 덜) 효과적인 상황들이 있는가?

7. 어떠한 훈련 전문가들의 역할이 가장 학습하기 어려운가? 어떤 역할이 가장 쉬운가?

8. 테크놀로지가 어떻게 훈련 전문가들의 역할의 중요성에 영향을 미쳤는가? 테크놀로지가 이러한 역할들의 중요성을 감소시킬 것인가? 추가적인 역할을 만들어낼 것인가?

9. 당신이 들었던 훈련 수업들을 설명해보라. 어떻게 당신에게 도움이 되었는가? 수업들을 향상시키기 위한 추천사항을 제공해보자.

10. 어떻게 훈련이 BEST Award를 수상한 기업들과 그렇지 않은 기업들을 비교했을 때, 훈련이 어떻게 다른가?

11. 노동인구들의 일반적인 차이점이 주는 영향은 무엇인가? 일반적인 차이점을 극복하고 이 차이점이 기업에 긍정적으로 작용하기 위해서 기업들이 어떠한 전략들을 훈련 및 개발적 시각에서 고려해야 하는가?

12. 어떻게 새로운 테크놀로지가 훈련과 개발을 향상시켰는가? iPhone과 PDA를 훈련에 사용할 때 나타나는 한계점이 무엇이가?

13. 어떻게 훈련이 신입 직원의 유치, 직원 존속, 그리고 동기와 관련이 있는가?

14. 인재 관리와 직원 몰입간의 관계는 무엇인가? 경제적으로 어려운 시기에 직원들이 지속적인 높은 몰입도를 유지하기 위해서 훈련 및 개발 실무가 어떠한 역할을 맡을 수 있는가?

15. Twitter와 Facebook과 같이 사회적 협렵 도구들이 사용을 통해서 훈련, 비형식 학습, 그리고 지식 관리에 어떠한 혜택을 주는가? 사회적 협력 도구들을 찾아내고 사용시, 가질 수 있는 잠재적인 혜택에 대해서 논의해보자.

적용 문제

1. American Society for Training and Development(ASTD) 홈페이지에 www.astd.org 웹페이지 주소를 통해서 접속하라. “Featured Jobs” 아래에 있는 직업들을 검토해보자. 관심이 가는 직업 한 개를 선정하고, 선정의 이유를 설명하라. 본 장에서 제시된 ASTD 역량 모델을 바탕으로, 해당 직업에서 필요로 하는 역할, 전문 분야, 그리고 역량들에 대해서 논의하라.

2. National Institute of Standard and Technology(NIST) 웹사이트인 www.quality.nist.gov 에 접속하라. NIST의 Malcolm Baldrige Quality Award를 검토하라. “2011-2012 Criteria for Performance Excellence”를 클릭해보자. 수상 기준들을 다운 받아 검토하라. 기업의 교육훈련 및 개발 초점을 결정하기 위해서 어떠한 질문들을 사용하였는가?

3. NewBarista는 바리스타 기술 훈련 프로그램을 제작했다. www.newbarista.com에 방문해 보자. “About Us”를 클릭하여 NewBarista에 대해서 배워보자. 그 다음, “Features”를 클릭하여 프로그램에 대한 개요를 시청하라. 이 프로그램의 훈련 전달과 강의를 위해 어떠한 테크놀로지들이 사용되었는가? 이러한 기술들이 어떻게 바리스타들이 좋은 커피 한 잔을 만드는 데 필요한 기술들을 배울 수 있도록 공헌하고 있는가?

4. 관리자 혹은 훈련 관리자들과 전화 혹은 면대면 인터뷰를 시도해보자. 해당 인터뷰 참여자에게 그 혹은 그녀의 기업에서 훈련이 어떠한 역할을 하는지 설명해 달라고 요청하라. 그리고 만약 존재한다면, 지난 5년간 훈련에서 어떠한 변화들이 있었는지 물어보아라. 그리고 어떻게 그들이 훈련이 앞으로 변화할 거라 믿고 있는지 질문하라.

5. 2012년 1월 Training에서 훈련에서 뛰어난 Top 125개의 기업을 선정했다. Top 10순위에 선정된 기업들은 아래와 같다.

   1. Verizon
   2. Farmers Insurance
   3. Miami Children's Hospital
   4. Mohawk Industries, Inc
   5. McDonalds USA, LLC
   6. The Economical Insurance Group
   7. ABF Freight Systems, Inc.
   8. BB&T Company
   9. Coldwell Banker Real Estate
   10. McCarthy Building Companies

   한 개의 기업을 선정하여 연구해보자. 해당 기업 웹사이트에 방문하고, 웹 검색 엔진을 사용하거나 혹은 Trainig, T+D, Workforce, 혹은 HR Magazine에서 해당 기업에 대해서 언급한 출판물이 있는지 찾아보자. 당신의 연구를 바탕으로 a) 왜 해당 기업가 Top 10 순위에 들어간 것인지 당신이 생각하는 이유를 서술하고 b) 훈련과 기업의 경쟁력, 사업 목표, 그리고 목적들의 관계에 대해서 설명한 3페이지가 넘지 않는 보고서를 준비하라. 당신의 강사/교수가 전자적으로 제출해야 할지 혹은 직접 출력하여 제출해야 하는지 설명해 줄 것이다(힌트: 기업가 순위로 올라갈 수 있게 된 이유에는 기업에서 훈련에 투자한 돈의 규모, 직원들이 훈련에 연관된 정도, 그리고 사용한 훈련의 유형이 포함되어 있다).

사례

Zappos: 경쟁적 도전에 직면

Zappos는 라스베가스(Las Vegas)를 기반으로 한 온라인 소매업체이다. 해당 기업의 초기 목적은 다양한 종류의 신발 브랜드, 스타일, 색상, 사이즈의 신발을 제공하여 신발을 구입할 수 있는 최고의 웹사이트가 되는 것이었다. zappos.com 브랜드는 신발, 핸드백, 안경류, 시계, 그리고 악세서리까지 온라인 구매가 가능한 기업으로까지 성장했다. 미국 전체 소매업체 판매량 중에서 30%가 온라인 판매가 차지하게 될 미래에 Zappos의 비전은 최고의 서비스와 최고의 셀렉션을 선보이는 기업가가 되는 것이다. 그 결과, Zappos는 고객들을 끌어들이고 다른 상품까지 판매할 수 있도록 확장하여 온라인 서비스의 리더가 될 수 있을 것이라고 믿고 있다. Zappos는 고객이 온라인 구머 상품을 받는 속도가 그들이 미래에 해당 사이트에서 다시 온라인 쇼핑을 할지 결정하는데 중요한 영향을 미친다고 믿고 있다. 그래서, Zappos는 상품들이 최대한 빠르게 고객에게 전달될 수 있도록 하고 있다.

2009년 Zappos는 고객 서비스에 강한 열정을 가지고 있는 Amazon.com, Inc.에 의해서 인수되어 계열사가 되었다. 2010년 Zappos는 엄청난 속도의 성장을 경험했고, 그 결과 기업의 구조를 개편해야 할 필요성이 증가하게 되었다. Zappos는 Zappos 계열사는 Zappos.com, Inc.(경영 기업)를 포함한 10개의 다른 기업으로 개편되었다. 이 기업들은 소매업, 선물 카드, 판매, 그리고 주문 조달의 업무에 집중하였다. Zappos는 그들의 일터 문화와 실무들로 Fortune 잡지에서 2011년 Best Company to Work For에 6위로 선정되는 등 많은 상을 받았다. Zappos의 CEO Tony Heish는 아래 10개의 핵심 가치들을 바탕으로 기업의 문화, 브랜드, 그리고 기업 전략을 만들었다.

1. 서비스를 통해 WOW('우와')를 전달하기
2. 변화를 포용하고 주도하기
3. 즐거움과 조금의 특이함을 창조하기
4. 모험적이고 창의적이며 열린 마음 가지기

5. 성장과 학습을 추구하기
6. 의사소통과 함께 열린 그리고 솔직한 관계를 구축하기
7. 긍정적인 팀과 가족 정신을 설립하기
8. 더 적은 노력으로 많은 것을 해내기
9. 열정적이고 단호하기
10. 겸손

서비스를 통해서 WOW('우와')를 전달하기의 의미는 콜센터 직원들이 뛰어난 고객 서비스를 제공해야 한다는 것을 의미한다. 배송비와 반송비가 무료이기 때문에, 콜센터 직원들은 전화한 고객들에게 한 개 이상의 사이즈 혹은 색상을 주문하기를 장려하고 있다. 그들은 또한, 고객들의 요구를 충족시켜 주기 위해서 그들의 상상력을 사용하기를 권장 받고 있다.

Zappos의 고용 실무들은 그들의 문화를 지속시켜 주는데 도움을 준다. 예를 들어, HR팀에서는 창조적이고 강한 정체성을 가진 직원들의 찾아내기 위해서 "당신이 얼마나 특이하다고 생각하나요?" 그리고 "당신의 주제곡은 무엇인가요?"와 같은 특이한 인터뷰 질문들을 사용한다. Zappos는 무료 아침식사, 점심식사, 그리고 간식뿐만 아니라 풀 타임 인생 코치(직원들은 빨간 벨벳의 왕좌에 앉아서 불평을 해야 한다)와 같은 특이한 경험을 제공한다. 관리자들은 직원들과 기업 밖에서 더 많은 시간을 보내기를 장려 받으며, 직원들 중 누구나 다른 직원들이 좋은 성과를 냈을 경우, 그들에게 50달러의 보너스를 제공해줄 수 있다. Zappos의 대부분의 직원들은 시간제 직원들이다. 신입 사원들은 2주간 전화로 진행되는 것을 포함하여 4주의 훈련을 마쳐야 한다. 새로이 고용된 직원들이 훈련 도중에 그만둬야 할 경우, 2,000달러를 제공받는다(기업에서 일하는 것을 행복해하지 않을 직원들을 퇴사시키기 위한 남다른 정책이다).

10개의 핵심 가치들의 중요성을 강화하기 위해서, Zappos 성과관리 시스템은 관리자들에게 겸손하게 행동하기 혹은 자신의 성향을 표현하기 등과 같이 얼마나 직

원의 행동이 핵심 가치를 보여주고 있는지 평가하도록 요청하게 된다. 직무 성과를 평가하기 위해서, 관리자들은 직원들에게 얼마나 많은 시간을 고객들과 통화하는 데 보냈는가 등과 같은 정기적인 현황 보고서를 제공해야 한다. 현황 보고서와 핵심 가치 평가는 정보 혹은 훈련 요구를 찾아내는데 사용된다. 또한, Zappos는 다른 사람들에게 무엇이 기업의 문화를 고무시키는지 이해할 수 있도록 도와주어야 한다고 믿고 있다. 기업은 고객 서비스에 대한 열정을 창조하기, 상품, 그리고 지역 사회에 대한 책들을 수집하여 제공하는 Zappos.com 도서관을 개발하였다. 이러한 책들은 Zappos 사무실 로비 앞에서 찾을 수 있고, 직원들에 의해서 많이 읽혀지고 있으며 이에 대한 활발한 논의가 일어나고 있다.

Zappos 웹사이트 www.zappos.com에 방문해서 "About" 아래 가장 하단의 페이지를 가서 "about"을 클릭해보라. 비디오, 자료모음, 그리고 고객 서비스, 가족 이야기, 문화, 그리고 가치들에 대한 정보들을 검토해보라.

Zappos가 직견한 어떠한 도전이 이들이 최고의 온라인 소매업체가 되는 것을 무산시킬 것인가? 훈련과 개발이 어떻게 Zappos가 직면한 도전들은 극복할 수 있도록 도와줄 수 있는가? Zappos의 직원들이 높은 수준의 몰입도를 가지고 있다고 생각하는가? 왜 그렇게 생각하는가? Zappos의 10개의 핵심 가치들 중 어떤 것이 훈련과 개발에 가장 중요한 영향을 미친다고 생각하는가? 가장 적은 영향을 미치는 것은 무엇인가? 왜 그렇게 생각하는가?

출처: Zappos website, www.zappos.com; J. O'Brien, "Zappos Knows How to Kick It," *Fortune* (February 2, 2009): 55-66; M. Moskowitz, R. Levering, and C. Tkaczyk, "100 Best Companies to Work For," *Fortune* (February 7, 2011): 91-101; R. Pyrillis, "The reviews are in," *Workforce Management* (May 2011): 20-25.

2장

전략적 훈련

Strategic Training

학습 목표

1. 비즈니스 전략이 기업 내에서 어떻게 훈련의 유형과 양에 영향을 주는지 논의할 수 있다.
2. 전략적 훈련과 개발 프로세스를 설명할 수 있다.
3. 기업의 인력채용과 인적자원계획 전략이 어떻게 훈련에 영향을 주는지 논할 수 있다.
4. 집중화, 내적 성장, 외적 성장, 투자 중단 비즈니스 전략에 의해 야기되는 훈련에 대한 요구들을 설명할 수 있다.
5. 훈련 기능 중앙집중화의 장점과 단점에 대해 논할 수 있다.
6. 학습 혹은 훈련 브랜드를 창출하는 방법과 그것이 왜 중요한지에 관해 논할 수 있다.
7. 훈련기능 조직화를 위한 비즈니스 내재모델의 강점에 대해 논할 수 있다.
8. 기업 대학교- 그 이점에 대해 설명할 수 있다.

수프는 우리의 가슴을 데워주지만 학습은 수익을 키워준다

'캠벨 수프 사(社)'는 평생 학습을 수용한 좋은 사례로서 학습이 비즈니스 전략을 지지한다는 철학을 지닌 기업이다. 캠벨은 전 세계적으로 거대한 스프제조 기업일 뿐만 아니라, 건강음료 분야와 구운 스낵(Pepperidge Farms)분야에서도 성장중인 기업이다. 캠벨의 사명은 사람들이 어디에서나 매일 영양가 풍부한 식품을 접할 수 있도록 하여 세계에서 가장 특별한 식품회사를 건설하는 것이다.

2000년, 1년 동안 캠벨은 기업가치의 50퍼센트 정도를 잃었다. 캠벨은 전설적인 미국의 기업이었으나 직원들의 신뢰도 낮았고, 생산품의 혁신은 떨어졌으며 시장 성장은 침체되어 있었다. 그 결과로 더크 코넌트(Doug Conant)가 새로운 CEO로 고용되었다. 코넌트는 기업의 변화를 돕고 기업을 활성화하기 위하여 "캠벨의 성공적인 모델"을 개발하였다. 이 모델은 근로현장에서 승리하는 것에 집중하는데, 이는 곧 시장에서의 승리로 이어지고, 나아가 지역사회에서의 승리와 주주가치의 창출, 더 나은 세상을 만드는 결과로 이끌 수 있는 것이다. 코넌트는 운영 원칙을 수립하였는데, 그 중 하나는 "캠벨의 약속"으로 직원들이 기업의 가치와 목표를 중요하게 생각하기 전에, 기업이 먼저 직원들의 가치를 중요하게 여겨야 한다는 것을 그 내용으로 한다. 코넌트는 캠벨이 성공할 수 있다고 믿었고, 또한 학습을 가치 있게 여기는 문화가 정착되어야 한다고 생각하였다.

코넌트의 '학습 프로그램'은 리더십 향상 모델을 창출하여 훈련과 개발을 재정비하는 것을 포함하였다. 리더십 모델은 신뢰를 고무하고 방향을 제시하며, 조직적인 정비와 활력을 이끌고 탁월한 결실을 산출해낸다. 뛰어난 식품 회사를 구성하기 위해서는 뛰어난 리더가 요구되는 법이므로, 리더를 개발하는 것은 전략적 중요성을 지닌 것으로 간주되고 있다. 따라서 높은 성과를 내는 매니저를 포함하여, 숙련된 매니저와 신입매니저 모두를 관리할 수 있는 리더십 기술을 개발하기 위하여 'CEO 교육기관'이 만들어졌다. 캠벨 대학은 기업의 모든 직원의 훈련 및 개발을 위해 설립되었다. 캠벨은 개인에서부터 고위간부에 이르기까지 전 직원이 개인적으로나 전문적으로 학습하고 성장하도록 독려하였다. 캠벨 대학은 훈련 등의 활동에 필요한 강의실과 휴게실뿐만 아니라, 전 세계적으로 위치한 많은 회사에서 가상의 훈련을 할 수 있는 기회를 제공한다. 강의는 기업의 다양성과 포용을 전제조건으로 하며, 회계, 마케팅, 기타 업무 영역뿐만 아니라, 사업적 편익을 창출하는 방법에 대한 내용까지 포함한다. 프로그램과 기획은 멘토링, 360개의 피드백 도구, 수업료 보조금, 제조업 감독관, 매니저, 고위 간부들을 위한 리더십 강화 프로그램을 포함한다. 캠벨의 모든 직원들은 훈련 목표를 지닌다. 이것은 회사의 사명, 즉 앞에서 밝힌 바와 같이 전 세계 사람들이 장소나 시간에 구애받지 않고 영양가 높은 식품을 즐길 수 있는 최고의 회사가 된다는 바와 상통한다. 캠벨은 훈련과 개발의 기회가 직원들에게 더 많이 제공될수록, 그들이 업무와 회사에 더 적극적으로 관여한다고 생각한다. 직원들의 참여는 더 나은 역할 수행과 시장에서의 더 나은 실적으로 이어진다.

하지만 코넌트는 이러한 훈련과 개발프로그램이 단순히 학습에 그친다고 생각하지 않는다. 즉, 발전 계획까지 포함해야 하는 것이다. 그 결과 직원들은 그들의 매니저들과 함께 발전 계획을 수립하고 이 계획에 그들이 완수해야 할 한두 개의 이슈들을 포함시켰다. 코넌트는 개인적으로 캠벨의 보다 고위에 있는 매니저들을 위한 발전계획을 세우는 데 시간을 투자했다. CEO 수준의 개입은 모든 직원들에게 발전계획이 중요하다는 메시지를 전달하는 셈이었다. 코넌트는 2011년 7월 캠벨에서 퇴직하였다. 그러나 그가 강조한 직원들의 학습에 대한 중요성은 8년 내내 판매량 성장과 직원들의 높은 참여율을 가져왔으며, 이 수준은 유지되고 있다. 코넌트는 캠벨로 하여금 자신의 사명을 성취하는 긍정적인 길을 밟기 시작하도록 한 것이다.

출처: T. Bingham and P. Galagan, "M'm M'm Good," *T+D*, March 2011, 3-43; N. Reardon, "Making Leadership Personal," *T+D*, March 2011, 44-48; www.campbellsoupcompany.com, website for Campbell Soup Company; A. Brown, "How Campbell's Soup went from stale to innovative," *Inc.*, September 14, 2011, accessed from www.inc.com, September 30, 2011.

서론

본 장을 여는 짧은 사례가 보여주듯, 캠벨 수프 사(社)의 훈련 프로그램과 발전계획은 비즈니스 전략에 뒷받침이 된다. 학습이 모든 직원의 책임 중 하나라는 것을 인식하는 것은, 곧 훈련 전문가를 비롯하여 매니저들과 평직원들 모두가 다른 직원들이 새로운 기술과 관점을 얻도록 도움을 주는 것에 적극적으로 개입한다는 것을 의미한다. 이것은 비즈니스에 있어 학습의 가치와 그 중요성을 강화하는데 도움이 되었다. 캠벨은 시장에서 우위를 점하기 위해서 훈련과 발전 계획을 통한 학습이 중요하다는 것을 깨닫게 되었다.

전략적 훈련의 중요성을 왜 강조하는가? 기업은 이익을 창출하기 위하여 비즈니스를 수행한다. 모든 비즈니스상 기능들은 그것이 비즈니스 성공에 기여하는 방식을 증명해야 한다는 압력하에 있기 때문에, 이를 보여주지 못한다면 이 기능들은 지출 절감이나 심지어 아웃소싱에 직면하게 된다. 기업이 성공하기 위해서, 훈련 활동은 회사가 비즈니스 전략을 성취할 수 있도록 도와야 한다. 비즈니스 전략은 회사의 목표, 정책, 시행(action)을 통합하는 계획이라고 볼 수 있다. 이 전략은 회사가 물적자본(기술, 장비 등), 금융자본(자산, 현금

보유액)과 인적자본(직원)을 어떻게 쓰는지에 영향을 준다. 비즈니스 전략은 구체적인 목표를 달성하기 위해 회사의 활동(생산, 금융, 마케팅, 인적자원관리)을 직접적으로 조력하는 것이다. 목표는 회사가 중장기적으로 성취하고자 하는 것이고, 많은 회사의 목표는 재정적인 목표, 예를 들어 주주의 수익을 최대화할 수 있는 목표를 포함한다. 하지만 회사는 직원의 높은 만족도, 산업 내에서의 위치, 지역 공헌 등과 같은 다른 목표도 지닌다.

훈련과 비즈니스 전략, 목표 사이에는 직·간접적 연관성이 존재한다. 직접적인 연관성은 직원들이 그들의 기술을 발전시켜 그들의 업무에 직접적인 효율성을 높이는 것에 있는 것으로 볼 수 있다. 간접적인 연관성은 직원들에게 긍정적인 업무환경을 구축해줌으로써 그들의 능률을 높여주고, 유능한 직원을 채용함으로써 비즈니스 전략을 뒷받침하는 것이다.

IBM은 2002년에 재조명된 기업이다. IBM의 비즈니스 전략은 첨단기술 산업 주도 기업에서 정보와 지식 주도 기업으로 변화하면서 고객의 욕구와 기대를 충족하는 방향으로 전환을 꾀했다. 이러한 비즈니스 전략은 거대한 조직 문화의 변화를 요구했으며, 직원들이 전략을 수용하고 실행해야만 했다. 고객에 대한 충성도는 IBM 비즈니스 전략의 중요한 기반이 된다. 고객의 욕구를 충족하기 위해 직원들은 반드시 전환에 적응해야 하고 지속적으로 변화해야 한다. 그 결과 비록 경력상 중대한 시점에서 매니저들과 경영진, 세일즈 담당자들에게 새로운 기술과 제품라인을 가르치는 정규 훈련과정이 여전히 활용되고 있으나, 직원들이 하나의 훈련 과정을 수강하기 위하여 다른 장소로 가야 하는 방식보다는, 업무를 통하여, 그 자리에서, 고객들의 요구들에 근거한 학습을 하는 방식으로 IBM 훈련은 변화해오고 있다. IBM이 (고객의) '요구기반 학습'이라고 명명한 본 학습에는 각기 다른 역할과 업무를 수행하는 직원들이 완료한 업무를 구체적으로 이해할 수 있도록 돕는 프로그램을 설계하는 학습팀을 포함한다. IBM은 기업 내 500개 이상의 구체적인 업무 및 직원들의 역할이 있으며 각 업무는 그 분야의 전문성을 요구한다. 학습팀은 업무 자체에서 학습이 가능한 기회를 만들었으며, 이것은 '업무내재 학습(work-embedded learning)'의 개념으로 알려져 있다. 직원들은 컴퓨터나 회사 내 인트라넷에 접속하여 전문가와 연결되고 온라인 커뮤니티에 참여하며 온라인 학습 모듈을 완료한다. 이러한 학습에 참여하는 시간은 32퍼센트 정도 증가했으며 업무 내재 학습은 점차 늘어나고 있다. 기업은 학습 시스템에 700백만 달러 이상의 투자를 하는데 그만큼 비즈니스 전략을 성취하는데 이 학습 시스템이 중요하다는 것을 알고 있기 때문이다.

비즈니스 전략은 훈련에 쏟는 자원들(비용, 교습자의 시간, 프로그램 개발)의 유형과 그 양에 영향을 받게 된다. 또한 전략은 기업에서 필요로 하는 기술들의 유형, 수준, 조합에 영향을 미친다. 전략은 특히 다음의 것에 강한 영향을 미치는 결정요소이다.

1. 현재 혹은 미래의 직무 기술에 전념한 훈련의 양
2. 훈련이 직원의 특정한 필요들에 맞춤화된 혹은 팀, 유닛(unit), 부서(division)의 필요들에 근거하여 개발된 정도
3. 훈련이 특정한 직원 집단(관리직으로서의 재능을 가진 것으로 확인된 사람들 같은 경우)에 제한될 것인지 혹은 모든 직원들에게 개방될 것인지 여부
4. 훈련이 계획되고 체계적으로 운영되는 것인지, 문제가 발생했을 때만 제공되는 것인지, 혹은 경쟁자가 하는 바에 대한 반응으로서 자연스럽게 개발되는 것인지의 여부
5. 선발과 보상(selection & compensation)과 같은 다른 인적자원관리와 비교하여 훈련의 중요성이 강조된 경우

본 장은 훈련이 어떻게 진화하는지에 관하여 논하면서 시작한다. 전통적으로 훈련은 하나의 이벤트(행사) 또는 구체적이고 분명한 지식과 기술을 개발하기 위해 고안된 프로그램으로 여겨져 왔다. 그러나 매니저, 트레이너와 인적자원관리 전문가들은 훈련 프로그램에서 교습자료로 활용될 수 있는 경험에 기초한 지식을 축적하려는 비즈니스 목표의 잠정적 중요성을 깨닫기 시작했고, 그들은 지식을 창출하고 공유하는 방법을 설계하는 것까지 훈련의 역할을 확장하였다. 본문에서는 전략적 훈련과 개발 과정을 논의하며, 여기에는 비즈니스 전략에 대한 파악과 전략적 훈련과 발전 계획에 대한 선택이 포함된다. 또한 훈련과 개발 활동을 제공하고 훈련의 가치를 설명하는 지표를 논의하고 선정하고 있다. 다음 장에서는 비즈니스 전략과 관련된 훈련에 영향을 주는 조직적인 요소들에 대해 설명한다. 그 요소들은 직원과 매니저의 역할, 훈련을 지원하는 경영 체계, 업무 구성의 통합, 인원 배치, 인적자원의 기획 전략, 노조조직률의 정도, 훈련에 개입하는 매니저, 트레이너, 직원 등을 포함하고 있다. 본문에서는 전략적인 유형과 훈련에서 나타나는 유형의 영향력을 설명한다. 또한 전략적인 학습, 훈련과 개발은 기업에 의해 수용되고, 매니저와 직원들에게 활용되며 비즈니스 전략이 변화모델에서 마케팅 측면에 이르기까지 논의되는 것이 중요하다는 것을 강조한다. 본문은 훈련 기능을 조직화하는 몇 가지의 다양한 방법을 제시하고, 기업들이 훈련 활동을 비즈니스 목표에 맞춰가면서 비즈니스 내제 모델과 기업 대학 모델이 인기를 얻고 있음을 강조한다.

훈련의 진화: 이벤트에서 학습으로

켐벨 수프 사(社)처럼 보다 많은 기업들이 비즈니스상의 과업들에 대처하고 경쟁 우위를 부

여하는데 있어 학습의 중요성을 인식하게 되면서, 기업에서의 훈련의 역할이 변화하고 있다.

1장 "직원 훈련과 개발 소개"에서의 논의를 상기해보면, 학습은 다양한 방법으로 기업에서 제공되고 있다. 학습은 훈련, 개발, 비공식적인 학습과 지식 경영을 통해 이루어진다. 기업에 의해 조직화되고 창출되는 공식 훈련 및 개발 프로그램은 직원들의 학습을 보장하는 하나의 방법이다. 조금 더 전략적으로 접근해보자면, 훈련은 직원의 참석이 요구되는 일련의 프로그램이나 이벤트를 포함한다. 훈련 프로그램에 참여한 후, 직원들은 그들이 훈련에서 배운 바를 직무에 활용하거나 그들 매니저가 승인을 한다면 받을 수 있게 되는 지원을 활용하는데에 책임감을 갖게 된다. 또한 훈련은 직원들이 훈련내용과 그들의 업무능력, 개발목표, 비즈니스 목표 사이의 관계를 이해할 수 있도록 돕는다. 이러한 훈련유형은 보통 업무 성과를 향상시키고 비즈니스적 필요들에 부응하는데 실패한다. 프로그램 혹은 이벤트로서 훈련은 미래에도 지속되어야 하는데, 그것은 직원들이 항상 특정한 지식과 기술을 배워야 할 필요가 있기 때문이다. 이러한 접근방식은 비즈니스 환경이 예상 가능하며 회사에 의해 통제된다고 가정하고, 나아가 회사가 직원들이 미래에 필요로 할 지식과 기술들을 관리하고 예상할 수 있다고 가정하는 것이다. 의사소통, 갈등해결과 같은 특정한 기술에 있어서 이러한 가정은 옳다. 그러나 이러한 훈련 이벤트 혹은 프로그램은 업무능력 향상과 최고 경영층의 지원을 받을 수 있는 비즈니스적 필요와 더욱 밀착될 필요가 있다. 1장에 소개된 훈련 설계 모델과 3장과 8장에서 제시될 다른 모델은 훈련 프로그램이 어떻게 설계되어 직원의 업무능력을 향상시키고 비즈니스적 필요를 충족하는지에 관한 이해를 도울 것이다.

전략적 목표로서의 학습

학습 조직

학습의 전략적 중요성을 인식한 많은 회사들이 학습 조직이 되기 위하여 노력해오고 있다. 학습 조직이란 학습하고 적응하고 변화하는데 있어 강화된 능력을 가진 회사를 의미한다. 훈련 과정은 회사의 목표들에 따라 신중하게 검토되고 조정된다. 학습 조직에서 훈련은 인적자원을 창출해내기 위해 고안된 시스템의 일부로 여겨진다. 킹 아서 밀가루(King Arthur Flour Company)는 직원들이 직무를 수행하는데 있어 동기를 부여하고 제품에 대한 고객들의 이해도를 보다 높이기 위하여 160명의 직원들에게 베이킹을 배우도록 장려하

표 2.1 학습 조직의 핵심적 특징들

학습을 돕는 환경
• 직원들이 일에 대한 자신의 생각을 표현하고, 질문을 하고, 관리자와 의견을 달리하고, 실수를 인정하는데에 있어 안전함을 느낀다. • 다른 기능적·문화적 관점들이 인정된다. • 직원들이 새로운 프로세스를 시도하고 새로운 제품과 서비스를 개발하는 것과 같이 위험을 감수하고, 혁신하고, 시험되지 않고 알려지지 않은 것들을 탐색하도록 장려된다. • 회사의 프로세스에 대한 진지한 비판이 장려된다.
학습 과정과 실천
• 지식을 만들어내고, 보급하고, 공유하고, 적용하는 것이 실행된다. • 지식을 창조, 포착, 공유하기 위한 시스템이 개발되어 있다.
관리자들이 학습을 강화함
• 관리자들이 적극적으로 직원들에게 질문을 하고 그들의 의견을 듣는 것으로, 대화와 토론을 장려한다. • 관리자들이 대안적 관점을 검토하는 것을 꺼려하지 않는다. • 문제 인식, 학습 과정과 실천, 사후 수행 평가에 시간을 할애한다. • 학습이 보상되며, 장려되고, 지원된다.

출처: F. Gino and G. Pisano, "Why Leaders Don't Learn From Success," *Harvard Business Review*(April 2011), pp.68-74. D. Garvin, A. Edmondson, and F. Giono, "Is Yours a Learning Organization?" *Harvard Business Review*(March 2008), 109-116에서 재인용; M. Gephart, V. Marsick, M. Van Buren, M Spiro, "Learning Organizations Come Alive," *Training and Development 50*(1996), pp.34-45.

고 있다. 직원들에게는 매년 약 15개 정도의 "머리를 위한 양식(Brain Food)"이란 이름하에 수업이 제공된다. 이 수업들에서 동료직원들이 통곡물빵을 굽는 방법에서부터 회사의 재무표를 읽고 개인 자산을 관리하는 법에 이르기까지의 다양한 주제들을 가르쳐 준다. 모든 직원들이 수업에 참석하도록 장려되나 강제사항은 아니며, 근무시간에 진행된다. 아울러 직원들은 전문가와 홈 베이커를 위하여 회사가 마련한 수업들에도 참여할 수 있다.

학습 조직의 핵심적 특징들이 〈표 2.1〉에 나타나 있다. 여기서 학습 조직은 (우리가 전통적으로 학습에 대해서 생각하는 것처럼) 학습이 개인 직원 차원에서 이루어지는 것일 뿐만 아니라, 집단과 조직적 차원에서도 이루어지는 것임을 강조한다는 점에 주목해야 한다. 즉, 학습 조직은 지식경영(knowledge management)을 강조하는 것이다.

학습 조직의 중요한 측면 중 하나는 직원들이 실수와 성공으로부터 배울 수 있도록 하는 능력이다. 다시 말해, 학습의 내용은 '왜 이와 같은 것이 발생했는지', '왜 특정 선택들이 어떠한 결론을 도출하는지'에 대한 이해를 포함한다는 것이다. 성공과 실패 모두 직원이 가정과 모델, 이론을 수정할 수 있도록 도와주는 연구의 방아쇠가 된다. 예를 들어, 애플 사(社)의 뉴턴 태블릿(Newton tablet)은 1990년에 처음 선보였을 때 참담할 정도로 실패했었다. 그러나 이 실패는 애플로 하여금 무엇이 성공적인 제품들을 만들어내는지에 대한 자신들의 이론을 재검토하도록 만들었다. 결과적으로, 애플은 스마트폰 시장이 존재하고 있기 때문에 터치폰이 소비자들에게 보다 쉽게 받아들여질 것이라는 점을 깨달았다. 이후에 그들이 아이폰(iPhone)을 통해 축적한 지식의 활용은 보다 성공적인 태블릿, 즉 아이패드(iPad)를 개발해내는 데에 도움이 되었다. 다수의 성공적이며 극찬을 받은 애니메이션 영화들을 만들어온 픽사(Pixar)는 각각의 영화들을 만들어내는 데 사용된 프로세스들을 계속해서 재검토한다. 이를테면, 픽사는 직원들에게 그들이 할 것과 다시는 하지 않을 5가지 순위를 묻는다. 이것은 성공적인 성과 저변에 깔린 기제들을 보다 잘 이해하는데에 중요하며, 이를 통해 그들은 이 기제들을 다른 동료들과 공유할 수 있다. 성공과 실패로부터 배우는 것은 공학과 과학 연구에서 이루어지는 것처럼 제품과 서비스를 실험할 수 있는 기회를 직원들에게 제공하는 것을 필요로 한다. 성공적인 시도가 이루어지는 데 필수적인 몇 가지 조건으로는, 진정한 의미에서 불확실성이 받아들여지며, 실패의 대가가 적거나 제한적이고, 실패에 따른 위험성이 이해되거나 가능하다면 존재하지 않고, 그럼에도 실패는 중요한 정보를 가져다준다는 인식이 존재하며, 성공은 명확히 규정되고, 기회는 중요한 것으로 여겨진다는 것이 있다.

최근 10년에 걸쳐 월트 디즈니 사(社)(Walt Disney Company)에서 훈련은 유연한 학습 방법, 맞춤화된 학습 경험, 내부 훈련 대상들과의 협동 개발과 같은 것들을 포함하는 방향으로 진화해왔다. 디즈니는 강사 주도적인 훈련접근법에서부터 온라인 강의(게임 시뮬레이션, 이러닝(E-learning))와 결합된 면대면 강의(강의실에서든 현장직무에서든) 방식을 활용해왔다. 이것은 참여자가 고객이든 직원(비용이 들어가는 구성원)이든 상관없이, 참여자에게 적합한 기술과 수단을 매칭하는 것을 언제나 강조해오던 디즈니의 경영 전략과도 잘 맞아떨어진다.

명확한 지식이란 이미 널리 알려져 있으며 이를 가르치기 위해 고안된 프로그램들도 쉽게 개발되고 모방될 수 있기 때문에, 일회성 훈련 수행이나 하나의 훈련 프로그램으로는 회사에 경쟁적 이점을 가져다주기는 어렵다. 하지만 경험을 통해 개발되며 직원들 간의 상호작용을 통해 공유되는 암묵지(tacit knowledge)는 모방이 불가능하며 회사에 경쟁적 이점을 가져다줄 수 있다. WALL-E(멸망 후 쓰레기의 세계에서 일어나는 로봇의 러브스토리)와 라따뚜이(주방장이 되길 갈망하는 한 프랑스 쥐의 이야기)와 같은 픽사의 성공적인 컴퓨터 애니메이션 영화의 개발은 서로 다른 건물에서 일하며, 서로 다른 우선사항들을 가지고, 서로 다른 기술적 언어로 이야기하는 유능한 감독들과 작가들, 프로듀서들, 테크놀로지 아티스트들로 꾸려진 팀의 협업을 필요로 했다. 픽사는 세 가지 경영 원리를 따른다. (1) 모든 직원들은 그들의 직책이나 부서와 상관없이 다른 직원들과의 소통에서 자유로워야만 한다. (2) 아이디어를 제시하는 것에 있어 모두가 안전해야만 한다. (3) 회사는 학계에서 이루어지는 혁신에 대해 지속적으로 주의를 기울이고 있어야 한다. 픽사 대학(Pixar

University)은 직원들에게 그들의 전문 영역 내에서의 훈련과 교차 훈련을 위한 여러 사내 수업과정들을 제공한다. 이와 더불어 서로 다른 분야에 있는 직원들이 만나서 함께 배울 수 있는 기회를 제공하는 선택 수업들 또한 제공하고 있다. 시나리오 집필, 드로잉, 조각 수업은 사업에 직접 관련을 맺고 있는 반면에, 필라테스와 요가 수업은 그렇지 않다. 이 수업들에는 초급자로부터 전문가에 이르기까지의 모든 전문성 수준을 망라한 직원들이 참여하며, 이것은 모든 직원들이 학습하고 있으며 함께 학습하는 것은 즐거운 일이라는 생각을 강화해준다.

인적자본 개발을 위한 학습의 시사점

학습에 대한 강조에는 여러 시사점이 존재한다. 첫째로, 효율적이기 위해서 학습은 직원의 성과 향상을 돕는 것과 회사가 사업적 목표를 성취하는 것과 관련이 있어야만 한다는 인식이 존재한다. 이와 같은 관련성은 직원들로 하여금 학습에 대한 동기가 부여되도록 하며, 학습을 위해 한정된 자원들(시간과 돈)을 직접적으로 비즈니스에서의 성공에 도움이 되는 영역들에 집중하도록 만들어준다. 둘째, 회사가 운영되는 비즈니스 환경에서의 예측 불가능성이 일반적인 상황으로서 지속될 것이다. 다가올 문제들이 사전에 예견될 수가 없기 때문에 학습은 필수불가결한 것으로서 이루어져야 할 필요가 있다. 회사들은 교실을 넘어서야 할 필요가 있으며, 그 대신에 직무 경험과 온라인 학습, 모바일 학습을 활용하여 그들이 비즈니스상 직면하는 문제들에 집중하는 한편으로 직원들이 지식과 기술을 획득할 수 있도록 도와야 한다. 셋째로, 암묵지는 훈련 프로그램에서 획득하기 어려우므로, 회사들은 멘토링과 소셜 네트워크, 직무 경험 등을 통해 이루어지는 비공식적 학습을 지원할 필요가 있다. 넷째로, 학습은 물리적, 기술적 자원을 통해서뿐만 아니라 심리적으로도 지원되어야만 한다. 회사의 업무 환경은 학습을 뒷받침하도록 해야 하며, 관리자들과 동료들은 학습을 장려하고 직원들이 직무로부터 학습할 수 있는 기회를 얻기 위한 길을 모색하는 것을 도울 필요가 있다. 아울러, 관리자들은 직원들이 회사의 다른 직책에서 성공할 수 있도록, 혹은 그들의 현재 직무를 확대하는 것에 대응할 수 있도록 준비시켜 줄 적절한 개발 활동들을 탐색하는 것을 도울 수 있도록 직원들의 관심사와 경력상의 목표(career goal)를 알아야 한다. 이상의 것은 5장 "프로그램 디자인"에서 훈련과 학습을 뒷받침해주는 업무 환경을 만드는 법에 대해 보다 자세히 논하겠다.

지식을 창조하고 공유하는 것은 회사의 인적자본 개발과 관련이 있다. 1장에서 논한 것처럼, 인적자본은 인지적 차원의 지식(무엇인지 아는 것)과, 숙련기술(어떻게 하는지 아는 것), 시스템에 대한 이해와 창조성(왜 그런지 아는 것), 스스로 동기를 부여하는 창조성(왜 그런지 관심을 갖는 것)을 포함한다. 전통적으로, 훈련은 인지와 숙련기술에 초점을 맞추어왔다. 그러나 비즈니스에서의 가장 큰 가치는 어쩌면 직원들로 하여금 제조 혹은 서비스 프로세스와 더불어 부서(department)와 분과(division) 사이의 상호관계에 대해서 이해하게끔 하는 것(시스템에 대한 이해), 그리고 그들로 하여금 높은 수준의 제품과 서비스를 수행하도록 동기부여하는 것(왜 그런지 관심을 갖는 것)을 통해 창출되는 것일 수 있다. 지식을 창조하고 공유하기 위해서는, 회사는 직원들이 협력과 지식 공유를 하도록 장려하기 위한 물리적 공간과 기술(이메일, 웹사이트, 소셜 네트워크)을 제공해야 한다. 포드 사(社)(Ford Motor Company)는 기능별로 조직된 실무 커뮤니티들을 두고 있다. 이를테면, 전 세계의 모든 포드 조립공장의 모든 도장공들은 동일한 커뮤니티에 속해 있다. 각 공장에서는 도장공 중 한 사람이 중심점으로서 역할을 한다. 만약 한 지역 도장공이 도색작업에 포함된 60개 단계 중 하나를 향상시키는 더 나은 방법을 발견한다면, 중심점이 되는 사람이 향상법과 그 이점들을 자세히 보여주는 템플릿을 완성한다. 이 템플릿은 그 후 포드 본사에 있는 내용전문가에게 컴퓨터로 제출되고, 이 전문가는 이 방식을 검토하고 다른 조립공장에 공유할 가치가 있는지를 판단한다. 만약 가치가 있는 것으로 판단된다면, 이 작업방식은 승인되며 다른 조립 공장에 온라인상으로 전해진다. 포드는 회사의 예상가치 차원에서 130억 달러의 기금을 마련하였고, 실무진은 8억 달러 이상의 실제 가치를 달성해냈다.

엑센츄어 러닝(Accenture Learning)에 의해 조사된 바에 따르면, 회사들이 훈련과 개발의 가치를 인식하고 그것들을 광의의 학습 전략의 일부로서 간주하기 시작하면서 일곱 개의 핵심 역량이 요구되고 있다고 한다. 역량들은 다음과 같다.

1. 학습 목표를 비즈니스 목표에 맞춤
2. 학습 기능이 미치는 전반적인 비즈니스상의 영향을 측정
3. 고객, 판매업체, 공급업체를 포함한 회사 외부로 학습이 이행
4. 최고 핵심 직무들을 위한 역량 개발에 초점을 맞춤
5. 지식관리, 성과 지원, 인재 관리와 같은 다른 인적자원 기능들과 학습의 통합
6. 교실훈련뿐만 아니라 이러닝을 포함한 교육 전달방식
7. 리더십 개발 과정의 고안과 교육

이와 같은 역량들은 전략적 훈련과 개발 프로세스의 일부로, 다음에서 본격적으로 논하겠다.

전략적 훈련과 개발 프로세스

지금까지 어떻게 회사에서 훈련이 진화해왔으며, 어떻게 비즈니스 전략이라는 개념이 도입되어왔고, 어떻게 훈련이 비즈니스 전략을 뒷받침할 수 있는지에 대해서 살펴보았다. 그렇다면 이제부터 전략적 훈련과 개발의 프로세스에 대해서 알아보도록 하겠다. 〈그림 2.1〉은 전략적 계획과 훈련 활동, 지표에 관한 예시들과 함께 전략적 훈련과 개발 프로세스의 한 모델을 보여준다.

이 모델은 프로세스가 비즈니스 전략을 규정하는 것으로부터 시작된다는 것을 보여준다. 다음으로 이 전략을 뒷받침하는 전략적 훈련과 개발 계획이 채택된다. 이 전략적 훈련과 개발 계획을 구체적인 훈련과 개발 활동으로 전환하는 것이 그 다음 단계이다. 마지막 단계는 기준이나 지표를 규정하는 것이 포함된다. 이 지표들은 훈련이 비즈니스 전략에 관련된 목표에 기여하는데 도움이 되는지 여부를 결정하는데 사용된다. 다음 절에서 프로세스의 각 단계별로 상세하게 설명하겠다.

비즈니스 전략 형성과 규정

새로운 비즈니스 전략을 개발하거나 이미 존재하고 있는 무언가를 바꾸는 것의 일환으

그림 2.1 전략적 훈련과 개발 프로세스

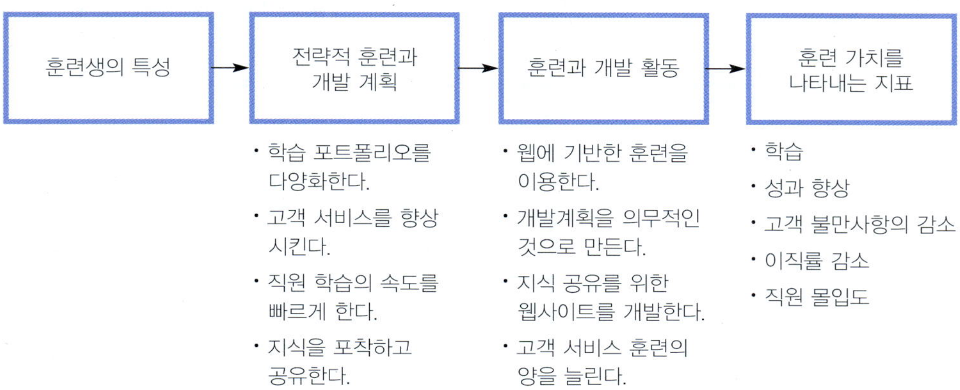

로 다섯 개의 주요 구성요소들이 있는데, 〈그림 2.2〉는 이 구성요소들을 보여준다. 첫 번째 구성요소는 회사의 미션으로, 회사의 존재 이유에 대한 진술이다. 회사의 미션에는 다양하지만 전형적으로 상대하는 고객들에 대한 정보와 왜 이 회사가 존재하며, 이 회사는 무엇을 하고, 고객들에 의해 받아들여지는 가치는 무엇이며, 어떤 기술이 사용되는지와 같은 정보들이 포함된다. 미션에 대한 진술은 종종 회사의 비전이나 가치들에 대한 진술과 동반한다. 비전은 회사가 성취하고자 하는 미래상이며, 가치는 그 회사를 상징하는 것이다. 두 번째 구성요소는 회사의 목표인데, 이것은 그 회사가 중장기적으로 성취하길 원하는 것을 의미한다. 아울러 목표는 미션이 어떻게 수행될 것인지를 반영한다. 훈련은 〈표 2-2〉에서 확인할 수 있듯이, 다수의 서로 다른 비즈니스 목표들에 기여할 수 있다. 영리회사와 비영리회사 모두 보통은 이해관계자들을 만족시키기 위한 것과 관련된 목표들을 가지고 있다. '이해관계자들(stakeholders)'이란 용어는 (만약 이 회사가 공개적으로 거래되며 영리를 추구하는 것이라면) 주주, 커뮤니티, 고객, 직원을 비롯하여 그 회사가 성공을 이루는 것에 이해를 가지고 있는 모든 집단들을 가리킨다.

세 번째와 네 번째 구성요소인 외적·내적 분석은 소위 SWOT 분석이라는 형식과 결합된다. SWOT 분석은 강점과 약점에 대한 내적 분석과 현재 존재하고 있거나 예상되는 회

그림 2.2 비즈니스 전략의 형성

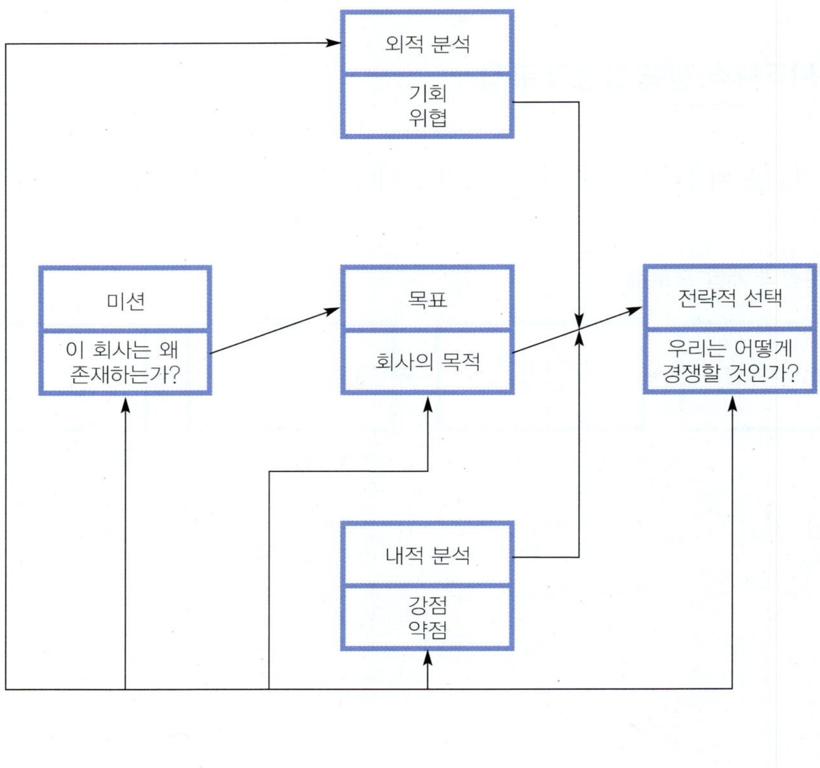

표 2.2 훈련에 의해 영향을 받을 수 있는 비즈니스 목표들

- 생산성
- 폐기물과 재작업의 감소
- 고객 만족도 상승
- 직원의 부주의로 인한 운영상의 리스크와 사고의 감소
- 직원 만족도 상승과 이직률 감소
- 가치를 창출하는 시간과 재화의 증가(ex. 프로젝트 비용을 청구할 수 있는 시간의 증가)
- 보다 나은 관리상의 결정
- 인적자원 개발의 증가
- 경쟁우위와 성장을 위해 요구되는 승계 계획

출처: R. Rivera, "How to Demonstrate Value: Key Measures Every Learning Professional Should Know," in *WLP Scorecard: Why Learning Matters*(pp.17-24). Alexandria: VA: ASTD Press.

사에 대한 위협이나 기회들에 대한 외적 분석으로 구성된다. 외적 분석은 위협과 기회를 확인하기 위한 경영 환경 검토를 포함한다. 1장에서 확인하였던 사업상 해결과제들이 회사에 대한 기회 (혹은 위협)의 전형이 될 수 있다. 예컨대, 기회에는 사업 대상이 아닌 고객들과 글로벌시장, 회사에 도움이 될 수 있는 기술, 재능이 있는 직원이 가진 활용되지 않거나 충분히 활용되지 않은 잠재력 같은 것들이 포함된다. 위협에는 경제 변동, 재능과 리더십 부족, 새로운 경쟁자, 회사에 불리한 영향을 미칠 법제상의 변화와 같은 것들이 포함될 수 있을 것이다. 내적 분석은 회사의 강점과 약점을 확인하기 위한 시도이다. 이것은 재정적, 물리적, 인적자본 차원에서 활용가능한 규모와 질을 검토하는데 초점이 맞춰져 있다. 마지막 구성요소는 전략적 선택이다. SWOT 분석을 거친 후, 회사(보통 전략적 계획을 담당하는 관리자들)는 어떻게 경쟁하고, 여러 대안적 비즈니스 전략들을 만들어내고, 전략적 선택을 할 것인지를 고려하기 위해 필요한 모든 정보들을 보유하게 된다. 어떻게 경쟁할 것인지에 관하여 한 회사가 내려야 하는 결정들을 〈표 2.3〉에서 확인할 수 있다. 가능한 대안 전략들이 회사의 목표를 성취하기 위한 능력에 근거하여 서로 비교된다. 전략적 선택은 회

표 2.3 회사의 목표에 도달하기 위해 어떻게 경쟁할 것인가에 대하여 회사가 내려야만 하는 결정사항들

1. 어디에서 경쟁할 것인가?
   어느 시장(산업, 제품 등)에서 경쟁할 것인가?
2. 어떻게 경쟁할 것인가?
   어떠한 성과로 혹은 어떠한 차별적 특징들로 경쟁할 것인가? 가격? 품질? 신뢰성? 배송? 혁신성?
3. 무엇으로 경쟁할 것인가?
   어떠한 자원이 경쟁자를 이길 수 있도록 만들어줄 것인가? 경쟁하기 위한 그 자원들을 어떻게 획득하고 개발하고 효율적으로 사용할 것인가?

출처: "Strategy—Decisions About Competition," in R. Noe, J. Hollenbeck, B. Gerhart, and P. Wright, *Human Resource management: Gaining a Competitive Advantage*, 8th ed.(Burr Ridge, IL: Irwin/McGraw-Hill, 2011), p.77.

사의 목표를 성취하는데 최고의 선택지라고 여겨지는 전략에 해당한다.

저렴하며 정가제를 채택하는 중고차 매장을 미국 전역에 두고 있으며, DPR건설(DRP Construction)을 보유한 카맥스(CarMax)에서 SWOT 분석이 수행한 역할을 살펴보자. 직원들이 성공을 거두는 데 필요한 기술들을 이해하는 것은 카맥스에서 장기적 전략에서 중요한 부분을 차지한다. 카맥스는 보전이라는 근본적인 회사의 비즈니스 원리와 함께 회사의 성과 역시도 뒷받침하는데 필요한 직원의 기술들이 무엇인지를 고려한다. 카맥스는 행동을 이끌며 직원의 성과에 영향을 미치는 역량들의 중요성을 강조한다. 카맥스 훈련 프로그램들은 내적평가와 외적평가 모두에 토대를 두고 있다. 내적평가는 관리직들로부터 필요 역량과 그 갭에 대한 조언을 듣는 것뿐만 아니라, 직원들에게 그들이 성과를 향상시키기 위해 필요로 하는 것에 대해 묻는 것을 포함한다. 외적분석은 인재관리, 인적자원, 보다 광범위한 사회에서의 트랜드와 새로운 실행방식들을 모니터링하는 것을 포함한다. 이를테면, 소셜 네트워크 기술 활용방식이 등장하자 카맥스는 이 기술을 자신의 훈련 프로그램 가운데로 받아들였다.

DPR건설의 종합적인 미션은 "우리의 사업 목표를 뒷받침할 수 있도록 우리의 직원들의 잠재력을 강화시킬 수 있는 학습 기회들을 만들어내고 제공한다"는 것이다. 다음 해를 위한 실무회의는 가을에 개최되는데, DPR의 글로벌 학습 그룹은 이 회의에서 모임을 갖는다. 이 그룹은 서로 다른 근무처와 직무에서 훈련 계획에 주력하고 있는 개인들을 비롯해서 회사의 지도자들까지 포함하고 있다. 이 글로벌 학습 그룹은 최상의 시행방식과 필요한 평가 데이터, 비즈니스 전략과 같은 것들에 대해서 논의한다. 이때의 회의록은 DPR 전체 운영을 책임지고 있는 경영위원회에 제출된다. 확인된 훈련상의 필요들을 충족시키기 위한 새로운 훈련 계획의 고안과 시행방법에 대하여 내용 전문가들의 도움을 받게 된다. 새로운 훈련 계획을 검토할 때, 직원의 피드백 역시 고려된다. 예를 들면, DPR은 이러닝과 같은 새로운 기술이 어떻게 자신의 훈련 프로그램에서 활용될 수 있을지에 대해 관심을 가졌고, 수업과정 리스트가 포함된 직원대상 설문을 만들고 수행하여, 교실에서 혹은 이러닝을 통해서 이루어졌으면 하는 것들을 고르도록 하였다.

비록 이러한 결정들이 모두 다 중요하긴 하지만, 회사들은 자주 "무엇으로 경쟁할 것인가?"에 대한 문제를 간과하여 목표 달성에 실패를 겪기도 한다. 이 결정은 어떻게 인적, 물리적, 재정적 자원이 사용될 것인지를 파악하는 것을 포함한다. 경쟁우위를 취하기 위하여 인적자본을 활용하는 것은 곧 회사의 인적자원에 관한 실무, 예를 들면 훈련과 개발을 비즈니스 전략과 연결시키는 것을 필요로 한다.

전략을 뒷받침하는 전략적 훈련과 개발 계획을 확정하라

전략적 훈련과 개발 계획은 회사가 자신의 비즈니스 전략을 성취하기 위하여 도움을 받아야 할 학습과 관련된 활동이다. 전략적 훈련과 개발 계획은 회사의 산업, 목표, 자원, 역량 등에 따라서 다양하다. 계획들은 비즈니스 환경, 회사의 목표와 자원에 대한 이해, 가능한 훈련과 개발 선택지와 관련한 통찰에 근거하고 있다. 이것들은 특정한 훈련과 개발 활동들을 이끌기 위한 로드맵을 회사에 제공해준다. 또한 훈련 기능이 어떻게 회사가 목표에 도달할 수 있도록 도움을 주는지를 보여준다(그리고 그렇게 함으로써 어떻게 훈련 기능이 가치를 더할 수 있을지를 보여주는 것이다).

전략과 전략의 실행 간의 불일치가 발생하는 경향이 있다. 이것을 피하기 위해서는 학습 전문가들이 전략적 훈련 계획과 훈련 활동들이 비즈니스 전략과 맞닿아 있는 것임을 보장하며, 훈련 활동을 수행하는데 필요한 재정적 자원들과 뒷받침을 확보하기 위하여 관리자들에게 접촉할 필요가 있다.

회사의 비즈니스 전략에 기여하기 위해서는 훈련 기능이 이를 잘 이해하고 뒷받침하며, 자신의 고객들에게 가치를 제공하는 것이 중요하다. 비즈니스 계획은 회사의 우선사항들(방침이나 계획)을 드러내며, 훈련과 개발에 관련한 것들을 비롯하여 그 계획이 성공할 가능성을 높이기 위하여 누가 포함될 것인지에 대한 서술 및 맥락과 그것이 어떻게 계획에 영향을 미칠 것인지, 어떻게 계획이 수행될 것인지(운영), 어떤 결정들이 내려질 것인지 등을 포함하기 때문에 훈련 계획과 비즈니스 계획을 연결시키는 것은 중요하다. 훈련과 개발 계획이 비즈니스 전략을 뒷받침한다는 것을 확실히 하기 위하여, 소프트웨어 회사인 CA는 훈련 계획을 세우고 각 회계 연도의 예산 계획이 세워지는 기간 동안 비관리직, 관리직, 경영진을 위한 개별적 비즈니스 계획에 따른 우선사항들을 수립한다. 훈련 계획은 각 집단에게서 요구되는 기술과 대인관계 능력과 더불어 어떻게 이 기술들이 개발될 것인지를 포함한다. 훈련계획이 비즈니스의 요구에 부응하는데 도움이 될 수 있도록 보장하기 위하여 매 분기별로 업데이트가 이루어지며, 비즈니스 리더들과 훈련 스태프들이 모두 참석하여 훈련의 필요성을 검토하고 미래의 비즈니스 계획을 논하는 월례회의가 열린다. 훈련 담당자는 비즈니스 전략을 뒷받침하는데 가장 중요한 3가지에서 5가지 정도의 계획들을 확정하는데 주력한다.

〈표 2.4〉는 전략적 훈련과 개발 계획과 더불어 이것들이 훈련 실행에 있어 가지는 함의들을 보여준다. '학습 포트폴리오의 다양화'는 회사가 단지 전통적인 훈련 프로그램에 머무르는 것이 아니라 학습 기회들을 보다 많이 제공할 필요가 있을지도 모른다는 점을 의미

한다. 이러한 학습 기획들에는 직무에서 동료들 간의 상호 작용을 통해 발생하는 비공식 학습이 포함된다. 나아가 새로운 직무 경험, 직원의 필요에 맞춤화되어 멘토나 코치, 피드백 등을 활용하는 개별화된 학습 기회들, 기술의 활용(웹에 기반한 훈련을 포함)과 같은 것들이 포함된다. 이러한 훈련은 자기 진도에 맞추어 학습할 수 있으며, 공적인 교실 환경 밖에서도 활용가능하다(이러한 학습 기회들에 대해서는 7장, 8장, 9장에서 논의한다).

에너지와 석유화학, 폴리에스테르 제품에 관련한 비즈니스를 수행하고 있는 인도계 회사인 릴라이언스 산업(Reliance Industries Ltd.)은 다양한 방식의 학습 계획들을 채택하고 있다. 예를 들면, 공장 직원들이 비상사태나 고장에 대처하는 훈련을 받는 기회를 늘리기 위하여, 릴라이언스는 185개 이상의 시설에 모의훈련 장치를 투자하였다. 전문가의 지식을 포착하고 회사 전체의 모든 다른 직원이 이를 활용할 수 있도록 하기 위하여, 새로운 기술

표 2.4 전략적 훈련·개발 계획 및 이것이 가지는 함의

전략적 훈련과 개발 계획들	함의
학습 포트폴리오의 다양화	• 훈련을 위하여 인터넷과 같은 기술을 사용한다. • 비공식 학습을 용이하게 한다. • 보다 개인화된 학습 기회를 제공한다.
훈련대상자의 확대	• 고객, 공급자, 직원들을 훈련한다. • 비관리직 직원에게 보다 많은 학습 기회를 제공한다.
직원 학습 속도의 가속화	• 니즈를 재빠르게 파악하고 고품질의 학습 솔루션을 제공한다. • 훈련 프로그램 개발에 드는 시간을 감소시킨다. • 필요할 때마다 학습 자원에 접근하는 것을 용이하게 한다.
고객 서비스 향상	• 직원들이 반드시 제품과 서비스에 대한 지식을 보유하고 있도록 한다. • 직원들이 고객들과 상호작용하는데 필요한 능력들을 반드시 갖추도록 한다. • 직원들이 자신의 역할과 결정권을 확실히 이해하도록 한다.
직원에게 개발 기회 제공 및 소통	• 직원들이 개발의 기회들을 가질 수 있도록 보장한다. • 직원들이 경력상 기회들과 개인적 성장 기회들에 대해 이해하도록 한다. • 훈련과 개발이 성장 기회일 뿐만 아니라 현재 직무에서 직원들이 필요로 하는 것들을 다룬다는 점을 보장한다.
지식의 포착과 공유	• 지식을 많이 보유한 직원들로부터 통찰력과 정보를 포착한다. • 정보를 논리적으로 체계화하고 저장한다. • 정보를 활용할 수 있게끔 하는 수단들을 제공한다(예: 리소스 가이드, 웹사이트).
회사의 지향점에 맞추어 훈련과 개발을 조화시킴	• 필요한 지식이나 기술, 능력, 역량 등을 확정한다. • 현재의 훈련과 개발 프로그램이 회사의 전략적 필요를 뒷받침할 수 있도록 만든다.
업무 환경이 학습을 뒷받침하며 훈련으로 이행되도록 보장	• 시간, 자원, 장비의 부족과 같은 학습을 제약하는 것들을 제거한다. • 팀워크, 협동, 창조, 지식 공유를 장려하기 위한 물리적 공간을 마련한다. • 직원들이 학습의 중요성을 이해하고 있도록 한다. • 관리자와 동료들이 훈련과 개발, 학습에 협력적인 분위기를 조성한다.

출처: S. Tannenbaum, "A Strategic View of Organizational Training and Learning," in *Creating, implementing, and Managing Effective Training and Development*, ed. K. Kraiger(San Francisco: Jossey-Bass, 2002), pp.10-52.

에 기반한 솔루션이 활용되었다. 전문가들은 비디오 강의를 사용하여 자신의 지식과 경험을 공유할 수 있으며, 다른 직원들은 회사 인트라넷을 통해 언제든지 이를 이용할 수 있다. 엔지니어들에 대한 자신의 수요를 충족시키기 위하여, 릴라이언스는 회사의 특정한 직무를 지원하기 위한 커리큘럼을 개발하도록 교육 기관들과 협약을 맺어오고 있다.

'훈련대상자의 확대'는 직원들이 일반적으로 고객과 접촉하는 주된 지점이기 때문에, 관리직들보다 더 많은 훈련을 받지 않아도, 적어도 그만큼의 훈련을 받을 필요가 있다는 인식을 가리킨다. 유니버시티 헬스 시스템(University Health System)은 하나의 입원 병동과 텍사스 주, 베어 카운티(Bexar County) 전역에 위치한 17개의 치료 시설을 보유하고 있다. 유니버시티 헬스 시스템은 1,500명의 원외 직원들에게 학습과 기술 개발을 위한 기회를 제공하기 위한 노력을 기울였다. 학습 부서는 방문식 강습을 통하여 커리큘럼을 개발하고 훈련을 시행하도록 기회를 확대하였다. 교육 박람회가 계속해서 교육 제공자들을 현장으로 데려오기 때문에, 직원들은 그들이 이용할 수 있는 기회들을 한 번에 모두 볼 수 있다. 웹사이트는 직원들에게 단과대학, 종합대학, 재정 지원, 장학금 등에 접근할 수 있는 길을 제공한다. 직장에서의 학교 프로그램(The School at Work program)은 초심자 수준의 직무에 있는 직원들로 하여금 새로운 직책으로 이동하는데 그들이 필요로 하는 기술들과 지식을 얻을 수 있도록 도움을 준다. 이 프로그램은 자격과 학위 프로그램의 이수조건을 충족시키는 데 필요한 수학, 읽기, 소통 기술 등의 주제들을 다룬다. 직원들은 DVD와 온라인 훈련을 활용하여 틈이 날 때 프로그램을 이용할 수 있다. 또한 학습 부서는 높은 성과를 내는 관리직 전문가들이 그들의 경력에서 더 나아갈 수 있도록 지식과 기술을 제공하기 위해 고안된 관리직 전문가들을 위한 아카데미(Administrative Professionals Academy)를 만들었다.

아울러, 납품업체와 소매업체, 소비자들에게 더 나은 고객 서비스를 제공하기 위해서 회사는 그들이 제공하는 제품과 서비스를 어떻게 이용하는지에 대한 정보를 배포해야 할 필요가 있다. 회사들은 납품업체가 제공하는 부품들이 자신과 소비자들의 품질 기준을 충족시킬 수 있도록 하기 위해 납품업체를 훈련시키고 있다. 회사들은 성공하기 위해서 기술과 소비자의 요구들, 국제 시장에서의 변화들에 대처할 수 있어야만 한다. 훈련의 필요성은 빠르게 파악되어야 하며 효과적인 훈련이 제공되어야 한다. 다시 말해, 회사들은 '직원들의 학습속도를 가속화할' 필요가 있는 것이다. 또한, 회사들은 직원들에게 정보와 어드바이스, 지침에의 즉각적인 접근성을 부여하는 전자 업무수행 지원 시스템(electronic performance support systems: EPSS)에 의지하고 있는 중이다(EPSS에 대해서는 5장에서 보다 자세히 다루겠다). EFSS는 필요할 때면 언제든지 개인 컴퓨터나 태블릿, 핸드폰으로 접속할 수 있다. 오늘날의 고객들은 데이터베이스와 웹사이트에 접속할 수 있고 고품질의 고객 서비스에 대한 더 큰 관심을 가지고 있기 때문에, 그들은 이전보다 박식하며 준비되어 있고 더 높은 수준의 서비스를 기대하고 있다. 직원들은 '고객 서비스 향상'을 위하여 준비되어 있어야만 한다. 직원들은 제품이나 서비스에 대하여 박식해야 하며, 고객 서비스 기술을 갖춰야 하고, 그들이 내릴 수 있는 결정의 종류들에 대해서도 이해하고 있어야 한다(예: 직원들이 환불 불가 정책에 예외를 둘 수 있는 권한을 갖는가?). '개발 기회들의 제공'과 이것들에 대해 직원들과 소통하는 것은 직원들이 성장하고 새로운 기술을 배울 수 있는 기회들을 가지고 있다는 점을 믿게끔 하는데 있어 중요하다. 이러한 기회들은 유능한 인재들을 끌어들이고 계속해서 유지하는데 있어 중요하다. '지식의 포착과 공유'는 직원들이 회사를 떠날 때 고객이나 제품, 프로세스 등에 대한 중요한 지식을 잃지 않도록 보장해준다. 또한, 다른 직원들이 가진 지식에 직원들이 접근할 수 있도록 하는 것은, 더 빠르게 고객 응대를 할 수 있도록 하며 제품과 서비스 질을 향상시킬 수 있게 한다. 예를 들어, 서비스 직원이 이미 있는 것을 다시 만드느라 쓸데없이 시간을 허비하기보다는, 데이터베이스를 활용하여 문제점들을 검색하고 다른 서비스 직원들이 개발해놓은 해결책들을 확인할 수 있도록 하는 것이다.

AT&T는 세 가지 방식으로 소셜 네트워크를 활용하고 있다. "You Matter"는 직원들이 돈 관리와 건강과 같은 다양한 주제에 대하여 아이디어와 블로그를 공유할 수 있게 해준다. 블로그와 위키를 위한 사내 플랫폼인 "tSpace"를 활용하여 직원들은 그들의 개인 프로필을 만들고 특정한 주제를 중심으로 조직된 실무 커뮤니티들에 가입할 수 있다. 이를 통해 직원들은 아이디어를 공유하고 질문을 하면서 학습할 수 있는 기회를 얻게 된다. "With Talent Optimization(TOP)"는 관리자들이 개방된 직책에 적합한 인재를 매치시키는 데 필요한 기술들을 가진 직원들을 회사 전체에 걸쳐서 찾을 수 있도록 해준다.

'회사의 전략 방침과 훈련 및 개발을 일치시키기'는 비즈니스상의 요구에 훈련이 기여할 수 있도록 보장한다는 점에서 중요하다. 회사들은 어떠한 직원의 역량(예: 지식, 기술)이 필요한지와 훈련 프로그램과 서비스가 이 역량들을 향상시키는데 도움이 되는지를 확인할 필요가 있다. 마지막으로, '지원적 업무 환경 supportive work environment'은 직원들로 하여금 훈련과 학습 활동들에 참여하고, 직무에서 그들이 배운 바를 활용하게 하며, 그들의 지식을 다른 이들과 공유하도록 동기를 부여한다는 점에서 필수적이다. 가시적 지원은 직원들이 만나서 아이디어를 논하도록 고무시키는 업무 구역뿐만 아니라, 훈련과 학습을 취해 필요한 시간과 비용을 포함한다. 훈련과 학습을 위한 관리자들과 동료들로부터의 심리적 지지 또한 중요하다. 훈련을 위한 가시적이고 심리적인 지지의 유형들에 대해서는 5

표 2.5 전략적 훈련과 개발 계획을 개발하기 위한 확인사항들

1. 회사의 비전과 미션은 무엇인가? 비즈니스 전략의 전략적 동인이 무엇인지 확인하라.
2. 비즈니스 전략과 비즈니스 환경의 도전과제로부터 어떠한 역량들을 회사가 필요로 하는가?
3. 어떠한 유형의 훈련과 개발이 성공에 필요한 재능들을 끌어당기고 유지하고 개발하는데 최적인가?
4. 어떠한 개인 역량들(competencies)이 회사의 성공과 비즈니스 전략을 위해 중요한 역할을 수행하는가?
5. 회사는 훈련과 개발을 경영진과 관리자들, 직원이나 고객들에 의해 이해되는 비즈니스 전략과 연결시켜 주는 계획을 가지고 있는가?
6. 고위 관리 팀이 공적으로 훈련과 개발을 지지하고 옹호하는가?
7. 회사가 개인별로뿐만 아니라 팀에게도 훈련과 개발의 기회를 제공하는가?

출처: R. Hughes and K. Beatty, "Five Steps to Leading Strategically," *T+D* (December 2005), pp.46-48.

장에서 다루겠다.

어떻게 회사는 훈련과 개발 계획들이 자신의 비즈니스 전략과 연결된다고 확신할 수 있을까? 〈표 2.5〉는 회사가 자신의 전략적 훈련과 개발 계획을 확정하고 개발하기 위하여 답해야 할 질문들을 보여준다. 이 질문들에 답하는데 도움이 되기 위하여, 트레이너들은 회사의 연간 보고서, 전략적 계획들, 수익 발표, 분석가의 보고서를 읽을 필요가 있다. 비즈니스 전략과 훈련에 관한 그 함의를 이해하도록 하기 위해서는, 관리자들에게 훈련과 개발 스태프 회의에 참석하도록 초대하고 회사의 비즈니스 전략에 관한 정보를 제공하는 것이 유용할 것이다. 아울러, 다양한 부서들을 갖춘 회사들에서는, 어떻게 효율성이 측정되며, 어떻게 성과를 모니터링하고 보고하는지, 이를테면 공급망 관리, 신제품 개발, 경쟁력, 서비스 보증서 발행 등과 같이 회사가 어떠한 문제에 직면해 있는지를 포함한 각각의 비즈니스에 대한 이해가 중요하다.

전략적 훈련과 개발 계획과 연결된 훈련과 개발 활동들을 제공하라

회사가 자신의 비즈니스 전략과 관련된 전략적 훈련과 개발 계획을 선택한 후에는, 이러한 계획들을 성취할 수 있게끔 해주는 특정한 훈련과 개발 활동들을 확정하게 된다. 이러한 활동들은 새로운 기술을 사용하는 것과 관련된 계획들을 개발하는 것, 특정 직원 집단의 훈련 프로그램에 대한 접근성을 증가시키는 것, 개발 시간을 감소시키는 것, 새롭거나 확장된 강좌물들을 개발하는 것을 포함한다. 예를 들면, 미네소타 주(州) 미니애폴리스에 위치한 아메리칸 익스프레스 파이낸셜 어드바이저(American Express Financial Advisors)의 전략적 훈련과 개발 계획 중 하나는 직원들이 세계적 수준의 서비스를 제공할 수 있도록 준비시키는 것이다. 회사의 고객 서비스 담당자들을 훈련하는 것은 그 직무상 필요요

건의 폭넓음으로 인해 특히 중요하다. 고객 서비스 담당자들은 금융 상품들의 내용에 대해 논할 수 있어야 할 뿐만 아니라, 수화기 너머로 고객과 금융 전문가들 모두와 이 상품들의 거래를 다루어야 하기 때문이다. 또한, 증권산업에서 일하는 담당자들에게는 상당한 수준으로 규제가 부과되며, 일부는 증권 매도를 하기 위한 자격증을 보유하는 것이 요구되기도 한다. 아메리칸 익스프레스 사의 훈련에 대한 강조는 회사의 필요에만 관련된 것이 아니라, 고객을 잃은 뒤에 그 자리를 다른 사람으로 채우는 것보다는 고객을 잘 모시고 그들을 잘 유지하는 것이 비용이 덜 든다는 기본적 비즈니스 원리와도 관련이 있다. 양질의 고객서비스를 제공하고, 고객의 충성도를 유지하는 것은 고객서비스 담당자들이 전화상의 업무와 주문 받기, 도움 제공, 고객과의 관계 유지하기 등을 얼마나 훌륭하게 해내는가에 달려 있는 것이다.

신입사원들이 아메리칸 익스프레스 사의 고객 서비스 부서에 출근을 하면, 그들은 성공적으로 고객층을 형성하고 이를 굳히는 데 도움이 주기 위해 고안된 8주간의 훈련 프로그램을 시작한다. 우선, 그들은 아메리칸 익스프레스 사의 투자 제품에 대해서 배우고, 회사의 재정자문가와 고객들과 더불어 그들이 어떤 일을 하게 될지를 실습하는 것에 시간을 할애한다. 직원들이 초기 훈련을 완수하고 실제 고객들과 전화상으로 업무를 시작한 후에도, 그들은 계속해서 매년 최소 2주간의 훈련을 받게 된다. 계속 진행되는 훈련에는 새로운 금융 상품과 보안 규정상의 변화와 같은 주제에 관한 오프라인과 온라인의 혼합된 형태의 훈련이 포함된다. 온라인 훈련 모듈은 신형 소프트웨어 제품의 사용법이나 담당자가 특정한 단편 정보를 검색하기 위하여 살펴보아야만 하는 스크린의 수를 줄이는 법과 같은 컴퓨터 기술을 가르치는데 사용된다. 아메리칸 익스프레스 사의 훈련은 훈련생의 적극적인 참여가 요구된다. 고객 서비스 관련 훈련생에게는 자료를 검토하고, 질문을 하고, 그들이 사용하게 될 컴퓨터 시스템을 실습하기 위한 시간이 주어진다.

훈련 성공도를 보여줄 수 있는 지표를 확정하고 수집하라

회사는 어떻게 훈련과 개발 활동이 실제로 비즈니스 전략과 목표에 기여하는지 여부를 확정하는가? 이 결정에는 훈련이나 학습 계획들의 전반적인 가치를 측정하기 위해 선택된 비즈니스 차원에서의 결과물인 지표들을 확정하고 수집하는 것을 포함한다. 지표들의 예로는 직원 유지, 직원 몰입도, 고객 서비스, 생산성, 품질과 같은 기준들이 포함된다. 훈련 프로그램 결과와 비즈니스 지표 사이의 차이를 인식하는 것은 중요하다. 전형적으로, 훈련 프로그램 평가는 훈련생의 프로그램에 대한 만족도 측정이나 훈련생의 지식, 기술, 능력 면에서의 향상을 측정하는 것, 혹은 생산성과 같은 비즈니스 결과에 훈련프로그램이 영향을 미쳤는지 여부를 확인하는 것 등이 포함된다. 훈련과정이나 프로그램의 효과성을 결정하기 위해 사용되는 훈련 평가는 6장 "훈련 평가"에서 보다 상세하게 논의하겠다. 훈련평가 결과(outcome)와 비교하면, 지표는 다른 결과(outcome)들보다는 성과(results)에 초점을 맞춘다. 지표는 전략적 차원의 비즈니스 관련 기준이다. 다시 말해, 그것은 하나의 과정이나 프로그램과 연관되는 것이 아니라, 여러 프로그램이나 학습 계획들에 대해 기대된 가치를 나타내기 위해 선택되는 것이다. 이를테면, 한 패스트푸드 회사는 훈련의 전반적인 전략적 가치를 확인하길 원했다. 이는 한 지점 내의 프로그램 한두 개에 대한 것이 아니라 패스트푸드 지점들 전반에 대해 훈련에 소요되는 시간과 비용에 초점을 맞추고 있는 것이다. 그리하여 이 회사는 훈련이 고객 서비스와 직원 유지, 수익을 향상시켰다는 것을 확인하였다.

비즈니스 관련 결과들은 비즈니스 전략과 목표에 직접적으로 연결되어 있어야 한다. 예를 들면, 비즈니스 관련 결과들은 고객 서비스, 직원 만족도나 몰입도, 직원의 이직률, 제품 결함 횟수, 제품 개발에 드는 시간, 특허권의 수, 혹은 관리직을 채우는 데 소모된 시간과 같은 것들을 평가할 수 있어야 한다. 일부 회사들은 비즈니스의 모든 측면을 평가하기 위한 프로세스로서 균형성과기록표를 활용한다. 균형성과기록표란 관리자들에게 내외부의 고객, 직원, 주주의 시점에서 전반적인 회사의 성과나 부서, 기능상의 성과를 둘러볼 수 있게 해주는 기회를 제공하는 성과측정 도구를 의미한다. 균형성과기록표는 고객 관점, 내부 관점, 혁신과 학습 관점, 재정적 관점의 네 가지 서로 다른 관점을 고려한다. 이러한 각 관점들을 측정하는데 사용되는 지표들에 대한 강조는 회사의 비즈니스 전략과 목표에 근거한다. 네 가지 관점과 지표들의 예시는 다음과 같은 것들을 측정하기 위해 사용된다.

- 고객(시간, 품질, 성능, 서비스, 비용)
- 내부(고객 만족도에 영향을 미치는 프로세스들)
- 혁신과 학습(경영 효율성, 직원 만족도, 지속적인 혁신)
- 재정(수익성, 성장, 주주가치)

균형성과기록표에 대한 훈련 기여도를 측정하기 위하여 사용되기도 하는 지표들은 직원 훈련 정도(직원 훈련 정도는 직원 전체 수로 나누어진다), 훈련비용(총 훈련비용은 훈련된 직원 수에 의해 나눠진다), 시간당 훈련비용(총 훈련비용을 전체 훈련시간으로 나눈다)을 포함한다. 예를 들면, 기술 회사인 EMC 코퍼레이션(EMC Corporation)은 학습을 추적하고 측정하기 위하여 균형성과를 기록하고 이 자료를 활용한다. 사업 제휴(business alignment), 직원의 준비도, 신제품 출시 속도, 글로벌화, 효율성을 측정하는 지표로 매 분기별로 회사 성과를 추적하는 것이다. 또한 이 회사는 현재와 미래의 비즈니스 요구와 직접적으로 연결되어 있는 성과 지표들을 활용해오고 있다. 직원들에게는 그들의 직무 분석을 기반으로 개인별 개발 계획이 부여된다. 잉거솔랜드사(社)(Ingersoll Rand)는 자신의 비즈니스 유닛에게 새로운 지출로부터 강력한 비즈니스 효용을 창출도록 요구한다. 이 모델을 따르면서, 잉거솔랜드 대학(Ingersoll Rand University: IRU)은 기대 효과, 일회성 비용 대 지속적인 비용, 학습 제품의 유효기간, 직원의 프로그램 참여율과 같은 지표들을 활용하여 학습이 차이를 만들며 비즈니스 전략에 기여한다는 점을 보여준다. 잉거솔랜드 대학은 매년 성취도, 과제, 전략적 지침, 운영상의 효율성에 관한 내용을 전하는 연간 보고서를 회사에 제공한다. 예를 들어, 잉거솔랜드 대학은 비즈니스상 우선사항인 린 식스 시그마(Lean Six Sigma)(품질 독창성)와 관련된 프로세스 향상 워크숍을 제공해왔다. 잉거솔랜드 대학은 자신의 워크숍이 소매업체로의 배송비를 76퍼센트 절감시키는 것으로 회사로 하여금 수십만 달러를 절약하게끔 해왔다는 점을 증명해왔다. 지표를 확정하고 수집하는 과정은 훈련 평가, 즉 1장 〈그림 1.1〉에서의 마지막 단계와 관련된다. 6장에서는 훈련 프로그램의 지표를 평가하는데 사용되는 다양한 종류의 성과(outcome)들에 관하여 보다 상세히 논하겠다. 물론, 훈련이 회사의 "최종 결산 결과(bottom line)"(예: 서비스나 세일즈, 제품 퀄리티 향상)과 직접적으로 관련된다는 것을 보여주는 것이 훈련의 가치를 가장 확실하게 보여주는 증거다.

전략적 훈련과 개발 프로세스의 예시들

두 개의 매우 상이한 회사인 바릴라 그룹(Barilla Group)과 마이크스 카워시(Make's Carwash)사(社)에서의 전략적 훈련과 개발 프로세스를 살펴보자. 바릴라 그룹은 전 세계적 파스타와 유럽 대륙에서의 파스타 소스, 이탈리아에서 베이커리 제품, 스칸디나비아에서 귀리빵 제품군에서 선두적인 위치에 있다. 바릴라의 미션과 비전, 가치는 〈표 2.6〉에 나와 있다. 바릴라의 성과 중심적 문화는 경쟁력(competitiveness), 몰입(engagement), 리더십(leadership)을 강조한다. 바릴라는 에임즈(Ames), 아이오와(Iowa), 에이번(Avon), 뉴욕(New York)에 있는 파스타 제조 공장에서 근무하는 420명을 포함하여, 전 세계적으로 15,000명의 직원을 보유하고 있다.

바릴과의 북아메리카 경영에서, 이 두 개의 공장에서의 성장은 확장의 면에서와 학습에 대한 강조 면에서 선도적이다. 비즈니스에 대한 훈련과 개발의 중요성이 그 조직적 목표에 의해서 강조되는데, 여기에는 “인재(talent), 성과(performance), 문화(culture)를 통해 경쟁적 우위를 강화”하는 것뿐만 아니라, 세일즈와 재정적 목표를 성취하는 것 또한 포함되어 있다. 이 부서(division)의 학습 조직은 연간 전략적 계획수립 활동을 디자인하고, 개발하며 촉진시킨다. 기업의 전략적 목표는 회사의 인적자원전략 계획에 영향을 미치며, 이것은 차례차례 학습 우선사항들에 영향을 미친다. 이 프로세스는 전략적 계획수립 활동에서의 목표를 함께 결정하는 학습 감독과 인재개발, 경영진들 사이에서의 일대일 인터뷰를 포함한다. 최근의 전략적 계획수립 기간의 아젠다는 비즈니스 팀을 위한 핵심적 비즈니스 지표를 확정하고, 비즈니스 팀의 전반적인 성과를 논하며, 비즈니스 전략의 성취를 돕기 위하여 인력과 프로세스, 기술의 할당을 통해 어떻게 비즈니스를 성장시킬 것인지에 대한 초점이 포함되어 있다.

이 회사의 북미 경영에는 여러 개의 훈련과 개발 계획과 활동들이 있다. 첫째, 직원의 학습과 개발 속도를 가속화하기 위하여, 개인별 개발 계획들이 직원의 강점과 열정에 매치되도록 되어 있으며, 관리자들의 조언이 그것들이 연관되는지를 확정하는데 활용된다. 중역들 차원에서, 리더십 팀의 각 일원들은 개발 계획에 조언을 제공한다. 학습 조직은 변화에 대응하는 관리에 결정적인 역할을 수행한다. 학습 조직은 회사의 새로운 자원 계획수립 시스템의 성공적인 실행을 책임지고 있었다. 소규모 변화 대응 관리팀의 일원들은 직원들과 직접적으로 소통하는 것을 담당했으며, 직원들로 하여금 그들 스스로 개혁 프로세스(conversion process)를 이해하도록 하였다. 그들은 개혁에 의해 영향을 받게 되는 직원들

표 2.6 바릴라의 비전과 미션, 가치들

비전
“우리는 사람들의 일상에 번영과 먹는 즐거움을 가져다줌으로써 그들이 보다 나은 삶을 누릴 수 있도록 돕는다.”
미션
• 1877년에 창립한 바릴라는 음식이 즐거움과 유쾌함을 주는 경험이며, 다양한 맛, 나눔과 보살핌의 형태라는 신념을 가져온 이탈리아의 가족 회사이다. • 바릴라는 최고의 가치로 즐거움을 주며 안전한 제품을 제공한다. • 바릴라는 최상품의 재료들과 특유의 오감을 자극하도록 만들어진 심플한 레시피를 조합한 이탈리아의 영양 모델에 신념을 가지고 있다. • 소속감과 용기, 지적 호기심은 우리의 행동에 영감을 주며 우리 사람들을 특징짓는다. • 바릴라는 사람들의 웰빙과 지역 공동체의 발전과 항상 연결되어 있다.
가치들
열정, 신뢰, 지적 호기심, 진실성, 용기

출처: Barilla Group 웹사이트, www.barillaus.com

로부터 조언을 구하고 개혁에 관한 세부사항들을 설명하기 위한 주기적인 회의를 개최하였다. 시각적인 타임라인은 직원들로 하여금 새로운 시스템으로의 이행뿐만 아니라 프로세스 갱신과 목표 성취상황을 월 단위로 일별할 수 있도록 하였다. 타임라인은 리더와 관리직에서부터 직원 선에 이르기까지 변화 프로세스와 팀 성과를 포함한 일상 업무와 비즈니스 전략 사이의 연결점을 강조해주었다. 학습 기회를 다양화하는 것을 돕고 필요한 훈련이 비즈니스를 뒷받침할 수 있도록 이 학습그룹은 요구 분석을 수행하기 위해 회사의 이탈리아 본부에서 온 동료들과 협력하였다. 요구 분석은 성과상의 요구와 조직적 목표와 부서 목표(department goals), 기술상의 갭에 근거하여 어떤 기술들이 부서에 의해 개발되어야 하는지를 확인하는데에 도움이 되었다. 또한, 요구 분석 데이터들은 바릴라대학에서의 학습 방법과 우선사항들을 결정하는데에 활용되었다.

인디아나 주(州)의 인디아나폴리스에 근거를 두고 있는 마이크스 카워시 사(社)는 인디아나 주(州)와 오하이오 주(州)에 37개의 지점과 650명의 직원들을 둔 개인에 의해 운영되는 세차 체인이다. 1948년에 창립하였고, 최초의 마이크스는 초기에 사용된 장비의 형태를 따서 "마이크스 미닛 맨 카워시(Mike's Minit Man Carwash)"라고 불렸다. 〈그림 2.3〉은 마이크스 카워시가 자신의 비즈니스 전략을 훈련과 개발에 연결시키는 방식을 보여준다.

마이크스의 비즈니스 전략은 일관적이고, 빠른 서비스와 고객 재방문, 매년 새로운 지역을 중심으로 4개에서 5개 정도의 비즈니스 규모를 확장하는 것을 목표로 한다. 마이크스 카워시는 자동화되어 있으며, 마이크스 사(社) 직원들에 의해 개발된 장비와 시스템, 기술이 특징적이다. 마이크스 사(社)의 성공은 담 가(家)(Dahm family)의 경영 능력과 지식을 통해 이루어졌다고 하지만, 실제 회사는 직원들과 그들에 대한 고용 및 훈련·실습으로 성공을 이룰 수 있었다고 판단한다. 마이스크 사(社)의 초대 창업자인 조(Joe)와 에드 담(Ed

그림 2.3 마이크스 카워시가 훈련과 개발을 비즈니스 전략에 연결시키는 법

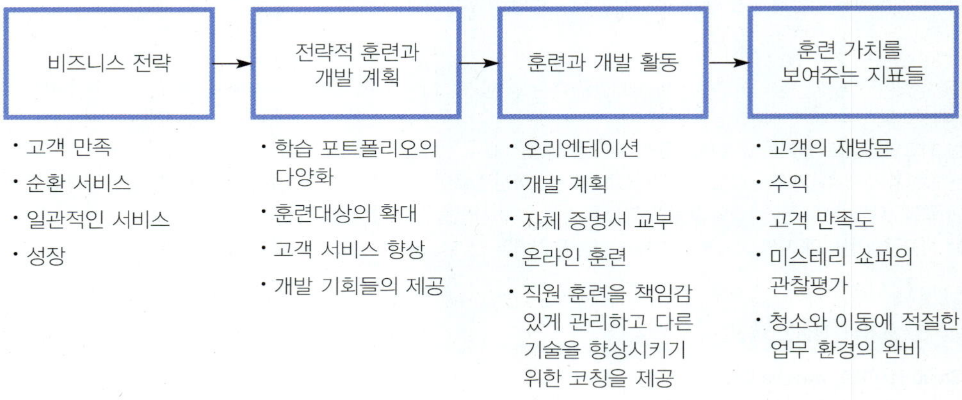

Dahm)은 직원들에게 이 회사는 전적으로 사람들의 일상에 관한 사업을 하는 것이고, 그 시작은 단순히 세차를 하는 것에서 비롯되었다고 말한 것으로 알려져 있다. 이 회사의 미션은 보스(즉, 고객들)에게 좋은 가격에 친근하고 빠른 서비스를 제공하는 것이다.

마이크스 사(社)는 고객이 다시 찾아오게끔 만드는 순환서비스를 강조하며 고객만족을 매우 중요하게 여긴다. 마이크스 사(社)가 직면하고 있는 가장 큰 과제는 고객에게 지속적으로 즐거움과 만족을 제공하는 것으로 혁신과 새로운 아이디어를 통하여 고객 경험을 향상시키고자 노력해오고 있다. 마이크스 사(社)의 일관적인 고객경험을 제공하는 유일한 방법은 훌륭한 직원들을 구하는 것뿐만 아니라, 그들을 훈련하고 개발하는 것을 통해서라는 신념이다. 이 회사의 웹사이트는 고용에 관해서는 "악명 높을 정도로 까다롭다"고 설명하고 있다. 마이크스 사(社)에서는 50:1로 채용이 이루어지며, 직원들이 업무에 몰입할 수 있도록 하기 위해 훈련과 개발을 활용한다. 직원 개인은 각자의 개발 계획을 가지고 있으며 매년 두 차례 성과 평가를 수령한다. 신입직원 훈련에는 최선의 업무수행 방식에 익숙해지게 하는 훈련과 그들이 세차장에서 만나게 될 다양한 상황에 처한 고객들을 도와주는 법이 포함되어 있다. 직원들은 첫 고객을 상대하기 전에, 이틀간의 오리엔테이션을 받으며 어떻게 고객을 대하며, 어떻게 서비스 오류와 실수를 만회하고, 어떻게 까다로운 손님들에 대처할 것인지와 같은 고객 서비스에 초점이 맞춰진 워크숍에 참여하게 된다. 또한 마이크스 사(社)는 회사에서 직원들의 승진을 돕기 위한 훈련을 제공한다. 시간제 직원부터 감독관, 교대조 관리인, 대리에 이르기까지, 그들의 업무상 진로가 적절하게 규정되어 있다. 회사 내 진로 변경 및 승진은 훌륭한 성과와 함께 12주 이상의 훈련과 최소 80점의 성적을 요구하는 3개의 시험을 포함한 내부 자격과정을 이수하는 것을 통해 가능하다. 직원의 몰입도와 만족도는 반년마다 이루어지는 조사를 통해서뿐만 아니라, 마이크스 사(社)를 떠나는 직원들로부터 회수된 정보를 통해서 측정된다. 직원들은 훈련과 개발 활동들을 선택하고 고안하는데 있어 중요한 역할을 수행한다. 지점 관리자로부터 추천된 구성원들로 이루어진 15명에서 20명으로 이루어진 팀이 기존의 훈련 프로그램을 새롭게 개발하고 수정하는 것을 돕기 위한 내용전문가로서 1년간 팀으로 활동한다. 아울러 팀 구성원들은 이 새로운 프로그램의 첫 훈련생이 되며, 수정되어야 할 것과 프로그램의 효율성에 대한 피드백을 제공한다.

신입사원을 위한 정규 훈련 프로그램과 발전을 위한 자격 프로그램에 더불어, 마이크스 사(社)는 새로이 등장하는 비즈니스적 요구에 발맞추기 위한 프로그램들을 개발해왔다. 최근의 경기 후퇴는 마이크스 사(社)를 찾는 고객의 수뿐만 아니라 수익에서의 감소로까지 이어졌다. 결과적으로, 마이크스 사(社)는 하단부 청소와 타이어 관리, 클린코트 입히기 등과 같은 가치부가적인 서비스들에 관하여 직원들이 고객들로 하여금 인식하도록 만들어 고객이 사용하는 비용을 증가시킬 필요가 있다고 판단하게 하였다. 이를 위하여, 마이크스 사(社)는 새로운 온라인 훈련 모듈을 개발하였고, 관리직들에게 매월 직원 회의에서 직원들에게 그들의 훈련을 완수하고 그들의 판매 기술을 활용하여 일을 하도록 격려하라고 가르쳤다.

마이크스 사(社)는 관리자들이 직원의 학습을 돕는 데 있어서 수행하는 역할의 중요성을 인식하였다. 마이크스 사(社)에서는 관리자들이 적극적으로 직원의 훈련을 뒷받침하고 훈련이 이루어지는 것을 도와야 한다. 그들은 직원들이 발전하고 성공하기 위한 훈련과 개발에 대해 책임을 지닌다. 이 프로그램에서, 관리자들은 직원들의 서비스 추천 기술상의 약점을 확인하고, 그것들을 강화하기 위한 주간 코칭 활동을 활용하는 법을 배웠다. 또한 관리자들은 직원들이 고객들에게 서비스 추천을 하는 것을 관찰하고 기록하며, 그들에게 피드백을 제공할 것이 장려된다. 이러한 프로그램의 결과는 긍정적이었다. 전반적인 수익과 고객당 수익, 고객 만족도, "미스테리 쇼퍼" 점수가 모두 상승한 것이다.

훈련에 영향을 미치는 조직적 특성들

훈련의 양과 종류뿐만 아니라 회사에서의 훈련 기능의 조직은 직원과 관리자의 역할들과 훈련을 지원하는 최고 관리직, 회사의 비즈니스 부문들의 통합 정도, 국제적 위상, 비즈니스 상황, 직원채용 전략과 인적자원 계획을 포함한 기타 인적자원관리 관행들, 회사의 노조가입 범위와 관리자, 직원, 인적자원 관리 담당자(human resource staff)의 훈련과 개발 참여 정도 등에 의하여 영향을 받는다.

직원과 관리자의 역할

직원과 관리자가 한 회사에서 갖는 역할은 훈련과 개발, 학습 활동의 초점에 영향을 미친다. 전통적으로, 직원들의 역할은 관리자의 지시에 따라 그들의 직무를 수행하는 것이었다. 직원들은 제품이나 서비스의 품질을 향상시키는 일과 무관했었다. 하지만 지적 자본의 창출에 대한 강조와 팀을 활용한 고능률 업무 시스템(high-performance work systems)으로의 이행과 함께, 오늘날의 직원들은 한때 관리직에만 한정되었던 많은 역할들(예: 고용, 작업일정 조정, 고객·소매업자·공급자와의 상호작용 등)을 수행하고 있다. 만약 회사들이 상품을 제조하고 서비스를 제공하기 위하여 팀을 활용하고 있다면, 팀 구성원들은 대인관계상의 문제를 해결하고 팀 기술(예: 분쟁을 해결하고 피드백을 하는 방식)에 관한 훈련이 필요하다. 만약 직원들이 제품과 서비스 품질에 책임을 지닌다면, 그들은 판단을 내리기 위하여 데이터를 활용하는 법을 훈련받아야만 하며 이것은 통계적 프로세스 관리 기술에 관한 훈련에 포함되어 있다. 1장에서 논의했듯이, 팀 구성원들은 그들이 수행하는 특정한 직무를 위한 것뿐만 아니라, 팀에 속한 모든 포지션에 요구되는 기술들을 훈련(교차훈련)받아야 할 수도 있다. 교차훈련을 장려하기 위하여 회사들은 기술에 근거한 급여 시스템을 채택할 수도 있는데, 이것은 직원들이 그들의 현재 직무를 위하여 어떤 기술들을 사용하고 있는지보다는 그들이 능숙한 기술 개수에 근거하여 직원들의 임금을 산정하는 방식이다. 능력에 기반한 급여 시스템은 10장 "사회적 책임: 법적 문제, 다양성 관리 그리고 경력 도전"에서 논의하겠다.

연구는 오늘날의 관리자들 다음의 것들을 수행할 것이 기대되고 있음을 시사한다.

- '개인과 팀 성과를 관리하라.' 직원들로 하여금 성과에 변화를 일으키도록 동기를 부여하고, 성과에 대한 피드백을 제공하며, 훈련활동을 모니터링하라. 개인과 팀 목표를 명확화하고 회사의 목표와 일치시켜라.
- '직원들을 개발하고 지속적인 학습을 격려하라.' 업무 과제에 대해 설명하고 기술 전문가를 제공하라. 학습을 장려하는 환경을 만들어라.
- '자원에 관하여 계획을 세우고 할당하라.' 전략적 계획들을 업무 과제의 형태로 옮기고 프로젝트를 위한 목표 날짜를 설정하라.
- '활동들과 상호의존적인 팀들을 조직화하라.' 다른 단위들이 업무 그룹에 의해 요구되는 제품이나 자원들을 제공하도록 설득하고, 다른 단위들의 목표와 계획을 이해하도록 하라. 팀은 내부와 외부 고객의 필요가 만나는 장소가 되도록 하라.
- '집단의 성과를 관리하라.' 책임 영역을 규정하고, 다른 관리자들과 그들의 그룹의 업무 단위에서의 변화가 가져오는 효과들에 대해 논의하기 위하여 만나고, 변화가 이루어지기 쉽게 하며, 비즈니스 전략을 시행하라.
- '의사결정 과정을 용이하게 하라.' 팀과 개별적 의사결정을 용이하게 하라. 분쟁 조정, 통계적 프로세스 관리와 같은 효과적인 의사결정 프로세스를 활용하도록 장려하라.
- '신뢰를 만들어내고 유지하라.' 각 팀의 구성원들이 자신의 업무량과 고객에 대해 책임을 가지도록 하라. 모든 팀 구성원들을 존중하라. 팀 아이디어를 경청하고 정직하게 응답하라.

- '자신의 업무 단위를 대변하라.' 다른 관리자들과의 관계를 발전시키고, 다른 부문들에 대한 업무 집단의 요구들을 소통하며, 다른 집단에게 업무 집단의 상태에 관한 정보를 제공하라.

회사에서의 지위와 상관없이(예: 선임 관리자), 모든 관리자들은 다른 직원들과 관리자들, 소매업체들에 대한 대변인으로서, 즉 이들 업무 단위의 대변자로서 활약해주길 기대된다. 물론, 이러한 역할의 일부에 관리자들이 쏟아붓는 시간의 양은 그들의 지위에 의해 영향을 받는다. 계통 관리자(line manager)들은 중간급 관리자나 경영진보다 보다 많은 시간을 개인별 성과를 관리하고 직원들을 개발하는데 사용한다. 중간급 관리자와 경영진들의 가장 중요한 역할은 계획을 세우고 자원을 할당하며, 상호의존적인 집단들을 조직하고, 집단의 성과를 관리하는 것(특히 변화를 관리하는 것)에 있다. 아울러 경영진들은 시장 트렌드 분석, 고객들과의 관계 발전, 세일즈와 마케팅 활동들에 대한 감독 등을 통해 비즈니스 환경을 모니터링하는데에 시간을 할애한다.

팀의 환경을 성공적으로 관리하기 위해서 관리자들은 협상, 세심함, 분쟁 조정, 의사소통 기술 등을 포함한 "대인 기술들"을 훈련받을 필요가 있다. 대인기술의 부족은 관리자들의 경력 상의 진전에서 실패로 이어지는 것으로 나타났다.

최고 경영층의 지원

회사의 최고 관리자인 CEO는 회사에서의 훈련과 학습의 중요성을 결정하는데에 핵심적인 역할을 수행한다. CEO는 다음의 것들에 책임이 있다.

- 학습을 위한 명확한 지향점 설정(비전)
- 전략적 학습을 위한 격려, 자원 지원, 헌신(스폰서)
- 목표와 목적을 검토하고 어떻게 훈련 효과성을 측정할 것인지에 대한 통찰을 제공하는 것을 포함하여 학습을 주관하는데 있어 적극적인 역할을 취함(관리자)
- 회사를 위한 새로운 학습 프로그램을 개발(내용전문가)
- 프로그램을 가르치거나 온라인 리소스를 제공(교육담당자)
- 회사 전체를 위한 학습의 롤 모델로서 역할하며 지속적인 학습에 대한 의지를 보여주는 것(학습자)
- 연설, 연간 보고서, 인터뷰, 다른 공적 관계 도구들에서 학습을 옹호하는 것으로 이에

대한 회사의 헌신을 고취하는 것(마케팅 담당자)

이를테면, 사무 가구 산업 분야의 한 회사인 스틸케이스(Steelcase)의 CEO 제임스 해켓(James Hackett)은 학습이 스킬케이스 사(社) 전략의 핵심이라고 공적으로 선언한 바 있다. 해켓은 스킬케이스 사(社)에서 핵심은 공간에 대해서 공부하고 회사들이 공간을 보다 효율적이고 효과적으로 활용하도록 돕는 것에 있다고 말하였다. 잉거솔랜드 사(社)에서는 최고 관리자들이 훈련과 개발이 회사에서 수행하는 역할에 대해 이해하고 뒷받침하도록 하기 위하여 "참여 사다리(ladder of engagement)" 모델을 만들었다. 최고 관리자들은 학습 프로그램 개발에 조언을 제공하거나, 훈련자나 공동훈련자로서 활동하거나, 경영진 대변자로서 강좌들을 방문하거나 잉거솔랜드 사(社) 기업 대학의 자문회의 구성원으로서 활동하는 것을 포함한 많은 다양한 방식으로 훈련과 개발에 참여한다.

사업 부문들의 통합

사업 부문들이나 비즈니스들이 통합되어 있는 정도는 실시되는 훈련의 종류에 영향을 미친다. 고도로 통합되어 있는 비즈니스에서는 직원들이 회사에서 제공하는 서비스, 제품들에 대한 이해가 필요하다. 이 경우 훈련은 다른 비즈니스들에서의 직무들 사이를 직원들이 순환하도록 하여, 그들이 비즈니스 전체를 이해할 수 있도록 하는 것을 포함하는 경우가 많다.

국제적 위상

1장에서 언급했듯이, 글로벌 제품과 서비스 시장의 발전은 미국의 회사들에게 중대한 과제가 되었다. 국제적 경영을 하고 있는 회사에서 훈련은 직원들로 하여금 일시적 혹은 장기적인 해외 배치에 대비하기 위해 활용된다. 또한, 직원들이 미국 바깥에 지리적으로 분산되어 있어, 회사들은 훈련을 미국 본부 시설에서 편성하고 수행할지 혹은 해외 시설 가까운 곳에 위치한 위성 시설에 맡길지를 결정해야 한다.

세계화가 반도체 제조업체들을 위한 장비와 시스템 제조사인 KLA-텐코(KLA-Tencor)의 훈련 관행에 어떻게 영향을 미쳐왔는지 살펴보자. KLA-텐코는 인텔을 비롯하여 세계에 지부를 두고 있는 자신의 고객들에게 더 나은 서비스를 제공하기 위하여 마찬가지로 중국, 대만, 싱가포르, 인도에 공장을 보유하고 있다. KLA-텐코에서는 직원들이 이 회사가 국제적 경영에서 사용하는 기계 장비들을 설치하고 서비스하는 법을 훈련받는다. 아울러 직원들은 생산성을 극대화하기 위하여 기계를 조정하는 법을 익혀 고객들에게 그것들을 보다 효과적으로 사용하는 방법에 대해서 교육할 수 있어야 한다. 기술 훈련은 훈련생들이 기계들로 직접 실습하는 경험이 필요하므로 지역적으로 제공된다. KLA-텐코는 지역 언어로 가르칠 수 있는 자질을 갖춘 지역 강사들을 찾는다. 이 지역 강사들은 기술 훈련 교수법과 기계 사용법에 대해서 훈련을 받는다. 자신의 수업을 진행하기에 앞서, 지역 강사들은 그들이 훈련을 교수하기에 충분하며 능숙하다는 것을 증명하기 위해 다른 훈련가와 함께 한 수업을 공동으로 가르친다. 데이터 저장 기술 회사인 네트워크 어플리언스(Network Appliances)는 미국에 본사를 두고 있는 한편, 중동과 아시아, 아프리카에 지부들을 가지고 있다. 네트앱 대학(NetApp University)은 계정 관리자, 시스템 엔지니어, 기술 지원 직원들과 고객들, 유지정비업체(maintenance suppliers)에 훈련을 제공하고 있다. 해외 지부에 있는 네트앱 훈련 센터들은 영어로 이루어지는 훈련을 제공한다. 고객 훈련과 같은 일부 과정들은 23개의 서로 다른 언어로도 들을 수 있다.

반도체와 마이크로 프로세서 제조업체인 인텔(Intel)에서는 회사의 글로벌 전략적 차원에서 발생하는 요구들에 대비하는 것을 요구 분석(needs assessment)로부터 시작한다. 직원들은 중국에 있든 애리조나 주(州)에 있든 상관없이 동일한 내용으로 훈련을 받는다. 인텔의 프로그램들은 지역 강사들(전업훈련가가 아닌 내용전문가)에 의해서 이루어지는데, 이들은 훈련 내용을 각 지역 학습자들의 요구에 부응하게끔 맞춘다. 인텔은 훈련 내용이 너무 포괄적이거나 미국 중심적이지 않도록 하기 위하여 지역 강사들을 활용하고 있다. 전형적으로 훈련의 80-90퍼센트 정도는 회사 전체를 아울러 일관적이지만, 강사들은 지리적 위치나 비즈니스 부문과 관련이 있거나 혹은 이 모두와 관련한 사례들을 활용하는 유연성을 갖추고 있다.

사업 환경

실업률이 낮거나 비즈니스들이 고도의 성장을 하고 있어서 새로운 직원들을 필요로 할 때, 혹은 둘 다일 경우 회사들은 새로운 직원들을 끌어들이고, 필요한 기술을 갖춘 직원들을 찾아내고, 현재의 직원들을 유지하는데 종종 어려움을 겪는다. 회사들은 직무에 적합한 자질을 갖추지 못한 직원들을 채용하는 상황에 처하게 될 수도 있다. 아울러 이러한 비즈니스 환경 속에서 회사들은 유능한 직원들을 유지해야 할 필요가 있다. (정보 기술과 제약 분야를 포함한)지식 기반 경제에서 제품개발은 직원들의 특화된 기술에 달려 있다. 핵심 지원을 잃는 것은 프로젝트의 지연을 야기하거나 회사가 새로운 프로젝트를 맡지 못하게 할 수 있다. 훈련은 직원들이 생산성을 높일 수 있도록 준비시키는 것뿐만 아니라, 그들에게 동기를 부여하고 현재의 직원들을 유지하는데 결정적인 역할을 수행한다. 무엇이 직원 유지에 영향을 미치는지에 대한 연구들은 직원들이 좋은 동료들과 일하는 것, 도전의식을 북돋우는 직무를 배치받는 것, 경력개발과 성장을 위한 기회가 주어지는 것을 회사에 남아 있게 하는 최고의 이유들로 꼽고 있음을 시사한다. 하이테크 산업에서 소매업에 이르기까지 모든 산업들을 아울러서, 회사들은 새로운 직원들을 끌어당기고 현재의 직원들을 유지하기 위하여 점차적으로 훈련에 의존하는 추세이다. 예를 들어, 제약회사인 일라이 릴리(Eli Lilly)와 마이크로소프트(Microsoft)와 같은 회사들은 재무성과 면에서 성공적이다. 이들 회사들은 일하기 좋은 직장 리스트에서 전형적으로 볼 수 있다. (예를 들면, 이 회사들은 포춘 지(誌)(fortune magazine)의 연간 “일하기 좋은 최고의 회사들” 리스트에 자주 등장한다.) 이 회사들은 직원들을 끌어모으고 유지하는데 있어서 꽤 성공적이다. 또한, 직원들에게 매우 경쟁력 있는 임금과 혜택을 제공할 뿐만 아니라 훈련과 개발에도 전념하고 있다. 메이시스(Macy's)와 노스트롬(nordstroms)과 같은 소매업체들은 충분히 숙련된 직원들이 없다면 판매를 이뤄낼 수 없다. 이를테면, Macy's는 경영진부터 직원유지 전략을 수행하고 있다. 경영진들은 그들에게 보고되는 직원들의 유지에 책임을 진다. 관리자들은 회의를 운영하고 (자신들의 처우에 대한 직원들의 관점에 영향을 미치며, 궁극적으로 그들이 메이시에 남아 있을지 여부에 영향을 미치는) 성과 평가를 수행하기 위하여 훈련을 받는다. 또한 Macy's는 직원들을 위한 훈련 프로그램과 과정들을 제공해오고 있다.

불안정하거나 불황 상태인 비즈니스 환경에 처한 회사들—그 중 하나는 비즈니스상의 합병이나 인수, 투자 회수와 같은 것들로 특징지어질 수 있다—에게서는 훈련이 중단되거나, 관리자들의 재량에 맡겨지거나, 보다 단기적으로 진행될 수 있다. 새로운 배치를 위하여 직원을 준비시키는 것보다는 오로지 기술적 측면의 부족함을 교정하기 위하여 훈련 과정을 제공하는 경우와 같은 것이 이에 해당한다. 이러한 프로그램들은 회사가 취하고 있는 구조와 상관없이 기술과 요구되는 특성들(예: 어떻게 변화에 대처할 것인가)의 개발만을 강조한다. 훈련이 계획된 활동으로서 이루어지지 않을 수도 있다. 합병 혹은 인수되거나 투자회수 과정인 회사에 남아 있는 직원들은 보통 그들의 직무가 새로운 기술을 요구하는 다른 책무까지 떠안게 되는 상황에 처하곤 한다. 반면, 성장세인 회사, 즉 제품과 서비스에 대한 수요가 증가하고 있는 회사에 있는 직원들에게는, 판매와 마케팅, 생산 가동의 확대로 인해서나 새로운 비즈니스 부문의 착수로 인하여 다른 직책으로의 이동이나 승진이라는 새로운 기회들이 많이 있을 수도 있다. 보통 새로운 직책이 더 높은 임금과 더 많은 도전적인 업무들을 가져다주므로 대개의 직원들은 개발 활동에 활발히 참여한다.

회사가 회생하고 자신의 비즈니스 방향을 재설정하고자 노력하는 시기에 수입은 대개 미미하다. 결과적으로, 승진과 임금 인상과 같은 훈련참여 장려책이 감소하게 될 것이다. 많은 경우 회사들은 비용 절감의 일환으로서 노동자 수를 축소한다. 이러한 환경에서의 훈련 활동들은 퇴직자나 이직자들로 인해 공석이 된 직책들을 직원들이 채울 수 있도록 준비시키는 것에 초점이 모아진다. 또한 훈련은 직원들의 기술 노후화를 막는데 도움이 된다. 직원들의 기술 노후화를 막기 위해 도움을 주는 전략은 10장에서 다룬다.

다른 인적자원관리 실행방식들

인적자원관리(HRM) 실행방식들은 직원채용(얼마나 많은 직원들이 필요한지, 어떻게 모집하고 뽑을 것인지를 결정하는)과 성과관리, 훈련, 보상과 혜택과 관련 투자(시간, 노력, 비용)에 관한 관리 활동들로 구성된다. 비즈니스 전략에 기여하는 최신의 HRM 실행방식들을 채택하고 있는 회사들은 그렇지 않은 곳들보다 더 높은 성과를 보여주고 있다. 이러한 HRM 실행방식들은 인적자본(사람들이 내포하는 지식, 기술, 능력)의 유인, 동기부여, 유지에 기여를 하며, 이것은 회사가 경쟁우위를 손에 넣는데 도움이 될 수 있다. 훈련은 선택과 성과관리, 보상과 더불어서 인적자본의 유인, 동기부여, 유지에 영향을 미친다. 훈련은 생산성에 기여를 하며 궁극적으로는 회사 성과에 기여하는 회사에 특화된 기술들을 개발하는 것을 돕는다. 또한, 훈련은 직원들이 그 회사의 새로운 직무로 이동할 때 필요한 기술들을 제공하는데 도움이 되며, 그리하여 직원들의 만족도와 참여도를 증가시켜 준다. 훈련과 훈련에 투입되는 자원 유형은 직원채용 전략과 직무와 직원의 특색에서 오는 전략적 가치, 인적자원 계획에 의하여 영향을 받는다.

직원채용 전략

직원채용 전략은 어디서 직원을 구할 것인지, 어떻게 그들을 뽑을 것이지, 원하는 직원의 기술과 상태(임시직, 풀타임직 등)를 아우르는 회사의 결정을 가리킨다. 노동 시장이나 직원채용 전략, 직무나 직책의 전략적 가치와 유니크함에 대한 회사들의 평가가 서로 다르기 때문에 회사들에 따라서 훈련과 개발, 학습 기회들이 다양할 수 있음을 인식하는 것이 매우 중요하다. 예를 들어, 어떤 회사가 직원채용에 내린 결정 중 하나는 공석을 채우기 위하여 내부 노동 시장(회사 내부) 혹은 외부 노동 시장(회사 밖)에 얼마나 의존할지에 대한 것이다. 승진과 배치를 결정(배치 흐름)하는데 사용되는 기준과 비어 있는 직책들을 채우기 위하여 인적자원들을 얻기를 선호하는 지점(공급 흐름)이라는 회사의 직원채용 전략의 두 가지 측면이 훈련에 영향을 미친다.

회사는 개인의 성과나 그룹 혹은 사업단위의 성과에 근거한 승진과 직무배치 결정 범위의 측면에 따라 달라진다. 또한 직원 채용시 현재의 직원들(내부 노동시장)이나 경쟁사 출신의 직원 혹은 대학졸업자처럼 노동시장에 막 진입한 사람들을 필요로 하는 정도에 따라 전략에 변화를 준다. 〈그림 2.4〉는 직원채용 전략의 두 차원을 나타낸다. 배치 이동과 공급 이동 사이의 상호작용은 요새형(fortresses), 야구팀형(baseball teams), 클럽형(clubs), 아카데미형(academies)의 네 가지의 유형을 보여준다. 각 회사 타입은 훈련 활동에 서로 다른 강조점을 둔다. 예를 들면, 의학분야에 대해 연구하는 일부 회사는 혁신과 창조성을 강조한다. 이러한 유형의 회사들을 야구팀형이라고 명명한다. 혁신과 창조성과 관련한 기술

그림 2.4 훈련에 대한 직원채용 전략의 영향

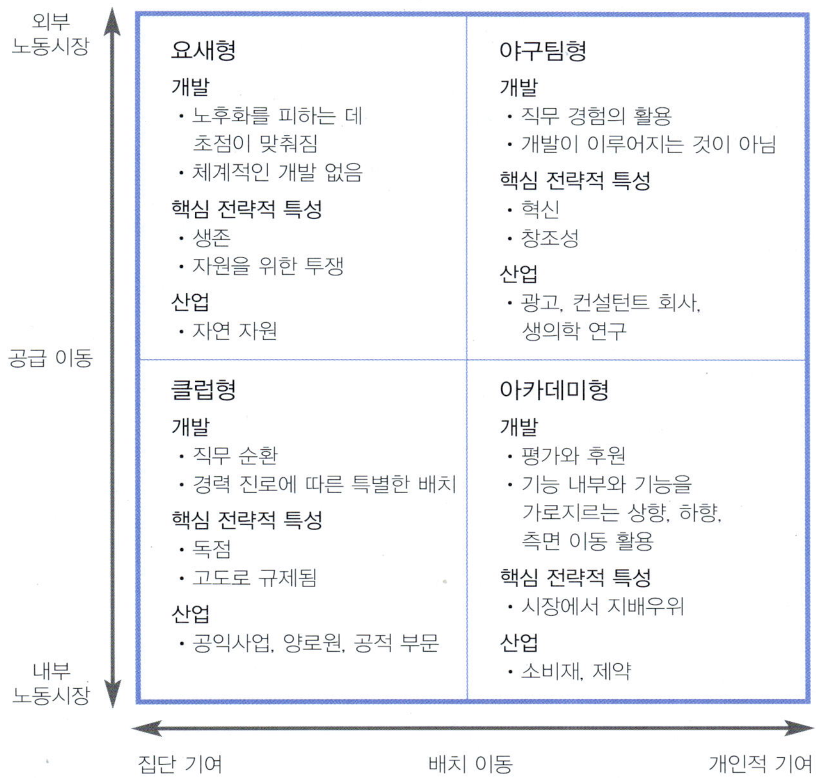

출처: J. A. Sonnenfeld and M. A. Peiperl, "Staffing policy as a strategic response: A typology of career systems," *Academy of Management Review* 13(1988), pp.588-600.

들은 훈련하기가 어려운 편이므로, 이들은 경쟁사의 직원들을 유혹하거나 특화된 기술들을 갖춘 졸업생들을 고용하는 것을 통해 직원채용의 필요에 대응하는 경향이 있기 때문이다. 아카데미형은 그 분야 산업이나 시장에서 우세한, 프록터 앤 갬블 사(社)(Proctor & Gamble; P&G)와 같은 회사들이 보이는 경향이며, 이들은 새로운 직책과 관리자 역할을 채우기 위하여 주로 그들의 기존 직원들(즉, 내부 노동 시장)을 훈련시키고 개발하는데 의존한다. 클럽형은 에너지나 건강관리와 같은 고도로 규제되는 산업에 있는 회사들인 경향이 있으며, 마찬가지로 자신의 내부 노동 시장으로부터의 인재 개발에 의존하는 편이지만, 승진을 결정하기 위하여 팀 혹은 부서의 성과에 의존하거나 중요한 개발 활동이나 과제를 얻기 위한 기회들에 의존한다. 요새형은 상당한 변화를 겪고 있고 생존을 위해 투쟁하고 있는 산업들에 속한 회사들이 포함된다. 요새형에서 재정 및 다른 자원들이 개발에 사용될 수 없기 때문에, 회사들은 필요할 때마다 바깥, 즉 외부 노동 시장으로부터 인재를 고용하는 경향이 있다. 〈그림 2.4〉는 특정한 직원채용 전략을 지원하는 개발 활동들을 규정하는데 쓰일 수 있다. 예를 들어, 만약 한 회사가 개별 직원에게 보상을 주고 그 내부에서 승진을 시키길 원한다면(〈그림 2.4〉의 오른쪽 밑면), 직원채용 전략을 뒷받침하기 위해서는 그 내부에서 옆쪽, 위쪽, 아래쪽의 움직임과 대각선 기능을 활용할 필요가 있다.

직무와 직원의 독특함의 전략적 가치

회사가 훈련과 개발 자원들을 어떻게 투자하는지에 영향을 미치는 또 다른 전략적 고려사항은 직원들의 서로 다른 유형들에 근거한다. 일부 회사들이 보이고 있는 한 가지 차이는 관리자들과 개인 기여자들을 위한 훈련과 개발 활동들에서 나타난다. 관리자들은 개인 기여자들에게는 주어지지 않는 직무 경험과 국제적인 업무 할당과 같은 개발의 기회들이 주어지기도 한다. 그것은 이들이 회사에서의 리더십 직책을 위해 준비되어 있고, 이를 기준으로 평가받기 때문이다. 독특함은 어떤 직원이 희귀하고 전문화되어 있으며, 노동시장에서 쉽게 얻을 수 없는 정도를 가리킨다. 전략적 가치는 회사의 효과성과 효율성을 향상시켜 줄 직원의 잠재력을 가리킨다. 이것은 네 가지 직원 유형을 만들어낸다. 지식 기반 노동자(높은 가치와 독특함), 직무 기반 직원들(높은 가치와 낮은 독특함), 계약 직원들(낮은 가치와 낮은 독특함), 제휴/파트너십(높은 독특함과 낮은 가치).

과학자들(지식 기반 노동자들), 연구실 기술자들(직무 기반 노동자들), 비서직과 행정직 직원(계약 직원들), 법률 고문들(제휴/파트너십)을 포함한 많은 서로 다른 직원 집단을 포함하고 있는 한 제약 회사를 떠올려보자. 지식 기반 직원들은 가치 있고 독특한 기술들을 보유하고 있기 때문에, 회사는 그들을 훈련하고 개발하는 것, 특히 회사가 특별히 필요로 하는 기술들을 개발하는 것에 큰 비중을 두고 투자할 것으로 예상된다. 직무기반 직원들은 지식 기반 직원들보다 훈련을 덜 받을 가능성이 높은데, 그것은 비록 그들이 회사를 위하여 가치를 창출하더라도 독특한 존재는 아니기 때문이다. 만약 그들이 훈련을 받는다면, 그것은 그들이 그들의 직무들을 수행하는데 필요한 기술에 초점이 맞춰지는 경향이 있을 것이다. 직원들의 개발 기회들은 그들이 걸출한 성과자임이 확인되지 않는 한 제한될 것이다. 계약 노동자들을 위한 훈련은 그들이 회사의 정책과 법규를 준수하도록 하거나 산업에 근거한 면허와 자격상의 필요요건들에 한정될 가능성이 높다. 제휴/파트너십 직원들은 회사의 풀타임 직원이 아니지만 가치있는 서비스들을 제공하므로, 이들을 위한 훈련은 그들의 지식을 공유하도록 격려하고, 직무 기반과 지식 기반 직원들과의 신뢰와 관계를 발전시키기 위해 고안된 팀별 훈련과 경험 훈련(experiential exercises)에 초점이 맞춰지는 경향이 있다.

인적자원 계획

인적자원 계획은 회사가 변화하는 비즈니스 환경에 대응하도록 돕기 위하여 인적자원 부문에서 요구되는 변화들을 확인하고 분석하고 예견하고 계획하는 것을 포함한다. 인적자원 계획은 이직이나 인사이동, 은퇴, 승진 등의 이유로 인한 회사 내에서의 인적자원의 움직임을 예상할 수 있도록 해준다. 인적자원 계획들은 어떤 종류의 능력을 가진 직원들이 회사의 어느 부분에서 필요로 되고 있는지를 확인하는데 도움을 줄 수 있다. 훈련은 인적자원 계획에 의해 예견되는 그들의 현재 직무나 승진, 횡적이동과 인사이동, 하향이동이나 좌천과 같은 것에 있어 직원들의 책무성이 증가하게끔 준비시키는데 사용될 수도 있다.

노동조합 형성 정도

노동조합의 훈련에 대한 관심은 직원들이 새로운 직업을 준비할 수 있도록 돕기 위하여 고안된 노조—경영진 합동 프로그램의 형태를 취하게 했다. 회사가 노동조합의 개입 없이 재훈련과 생산성 향상 노력을 시작한다면, 이 노력은 실패하기 십상이다. 노동조합이 이 프로그램을 생산성 향상으로 증가된 몫을 공유하지 않고 단지 직원들을 더 열심히 일하게 만들기 위한 또 하나의 시도로 간주할 수도 있기 때문이다. 노조—경영진 합동 프로그램(10장에서 상세히 다룸)은 모든 집단들(노동조합, 경영진, 직원들)이 개발의 목표를 이해하도록 해주며, 회사에게 있어서는 수익을 창출하고 직원에게 있어서는 그들의 고용을 유지하고 증가된 수익이 돌아가는 것과 같은 모두를 위하여 필요한 변화들을 이루어내는 데 전념하도록 만들어준다.

훈련과 개발에 대한 스태프의 개입

회사의 훈련 프로그램이 얼마나 자주, 그리고 얼마나 잘 활용되는지는 이 프로세스에 관리자와 직원, 전문화된 개발 스태프들이 관여하는 정도에 따라 영향을 받는다. 만약 관리자들이 훈련 프로세스(예: 훈련 요구사항들 확정, 훈련자로서 역할)에 관여하지 않는다면, 훈련은 비즈니스적 요구들과 무관해질 수 있다. 관리자들은 또한 훈련의 효과성을 보장(예: 훈련생들에게 직무에 대한 피드백을 주는 것)하는데에 전념하지 않을 수도 있다. 그 결과 관리자들이 훈련을 비즈니스적 목표들을 성취하는데 도움을 주는 수단이라기보다는 훈련 부서에 의해 그들에게 강요된 필요 악으로서 느끼게 될 수도 있다는 점에서 회사가 목표들에 도달하도록 돕는다는 훈련의 잠재적 효과가 제한될 수 있다.

만약 계통 관리자(line managers)가 개발활동이 공석인 직책들을 채우는 데 걸리는 시간을 줄이는 것을 인식한다면, 그들은 보다 기꺼이 개발 활동에 관여하게 될 것이다. 또한 그들은 참여에 대한 보상이 주어진다면 훈련 프로그램에 보다 열심히 관여하게 될 것이다. 메릴랜드 주(Maryland) 볼티모어(Baltimore)에 위치한 콘스텔레이션 에너지 사(社)(Constellation Energy)는 직원 학습을 개인과 조직적 성과에 연결시킨다. 매해 회사는 여름부터 12월까지 이어지는 비즈니스 계획수립 프로세스에 몰두하며, 여기에는 조직의 목표와 목적 및 비즈니스 목표와 목적을 구체화하는 포괄적인 5개년 계획을 모니터링 및 검토하고 수정하는 것이 포함된다. 학습을 포함한 인적자원 계획은 직원 개발 전략들을 비즈니스 전략과 일치하도록 만든다. 직원들과 그들의 관리자들 사이에서 합동으로 설정된 개인별 개발 계획과 목표들은 회사의 비즈니스 목표와 목적 및 인적자원 상의 요구들에 기반하여 확립된다. 관리자들은 직원들을 개발할 책임이 있다. 인적자원관리에 그들이 평가받는 역량 중 하나는 직원의 참여도(engagement)와 인재 관리(talent management), 다양성을 포함하는 것이다. 각 관리자가 받는 보너스는 부분적으로 그 사람이 역량에 대해 받은 평가를 반영하여 책정된다.

오늘날 회사들은 직원들이 훈련 프로세스를 시작하길 기대한다. 지속적인 학습 철학을 훌륭하게 수용하고 있는 회사들은 더 많은 개발 계획을 필요로 한다. 회사들은 훈련과 개발 활동들(수업료 지원, 수업과정과 세미나, 워크숍을 제공하는 것과 같은)을 지원할 뿐만 아니라 직원들에게 그들 자신의 개발을 계획하도록 책임을 부과할 것이다. 훈련과 개발 계획은 필요성을 확인하고, 기대되는 결과를 선택하는 것(예: 행동상의 변화, 발전된 지식), 취해져야 할 행동들을 확인하는 것, 어떻게 목표한 성과로의 진전도가 측정될 것인지를 결정하는 것, 향상을 위한 시간표를 만드는 것을 포함한다. 강점과 약점, 훈련의 필요를 확인하기 위해서는, 직원들은 그들이 무엇을 원하고 그들이 무엇을 할 수 있고, 다른 이들이 그들에 대해 어떻게 인식하고, 다른 이들이 그들에게 무엇을 기대하는지를 분석할 필요가 있다. 필요는 현재의 역량과 흥미 및 그 직원이 미래에 하기 원하는 업무나 직책의 유형 간격으로부터 비롯된 것일 수도 있다. 필요 평가 과정은 3장, 요구 분석에서 보다 자세히 논의하겠다.

서로 다른 전략들에서 훈련에 대한 요구

〈표 2.7〉은 집중, 내적 성장, 외적 성장, 투자회수로 이루어진 네 개의 비즈니스 전략들을 제시하며, 훈련 실행에 있어서 각각의 것들의 결과들을 강조하고 있다. 각 전략은 비즈니스의 목표에 따라 서로 다르다. 집중전략(concentration strategy)은 시장 지분의 증가나 비용 감소 혹은 제품과 서비스를 위한 시장 틈새를 만들어내고 유지하는 것에 초점을 맞춘다. 사우스웨스트 에어라인(Southwest Airlines)은 수년 간 집중 전략을 취해왔다(비록 최근에 에어팀(Airteam)에게 매각되었지만 말이다).

회사는 단거리, 저가, 높은 빈도의 항공 수송을 제공하는 것에 초점을 맞추고 있다. 오로지 한 종류의 비행기(보잉 737)만을 활용하며, 예약석이 없고 식사를 제공하지 않는다. 이 집중 전략은 사우스웨스트 항공이 낮은 비용과 높은 수익을 유지하게끔 해주었다. 내적 성장 전략은 새로운 시장과 제품의 개발, 혁신, 합작 사업에 초점을 맞춘다. 예를 들어, 콘티넨탈(Continental)과 유나이티드 에어라인(United Airlines)의 합병은 세계에서 가장 큰 항공사를 만들어냈다. 외적 성장 전략은 소매업체와 공급업체의 획득이나 회사가 새로운 시장으로 확장할 수 있게 해주는 사업체를 매입하는 것을 강조한다. 예를 들어, 조명 제품과 제트 엔진 제조사인 제너럴 일렉트릭(General Electric)은 텔레비전과 통신 회사인 네셔널 브로드캐스팅 코퍼레이션(National Broadcasting Corporation: NBC)을 인수했다. 투자회수 전략은 비즈니스의 해산과 매각에 강조점을 둔다. 예를 들어, 시티그룹(Citi group)은 재정난을 겪고 있던 음원 회사인 EMI를 인수하여 유니버설(Universal)과 소니(Sony)에 되팔았다.

예비조사는 비즈니스 전략과 훈련의 양과 종류 사이에 연관성이 있다는 것을 암시한다.

표 2.7 비즈니스 전략의 훈련에 대한 영향

학습 결과의 유형	능력 묘사	예시	능력 묘사	예시
집중	• 시장지분의 증가 • 운영비용 감소 • 틈새시장의 창조나 유지	• 제품 품질의 향상 • 생산성의 향상 혹은 기술적 프로세스의 혁신 • 맞춤형 제품이나 서비스	• 기술 보급(Skill currency) • 기존 노동력의 개발	• 팀 빌딩 • 교차 훈련 • 전문화된 프로그램 • 상호간 기술 훈련 • 근무 중 훈련
내적 성장	• 시장 개발 • 제품 개발 • 혁신 • 합작 사업 • 합병 • 세계화	• 기존 제품의 판매/유통경로 추가 • 국제 시장 확대 • 기존 제품의 수정 • 신제품이나 다른 제품의 창조 • 공동소유를 통한 확장 • 관리자들을 물색하고 개발	• 새로운 직무와 과제의 창출 • 혁신 • 인재 관리	• 제품 가치에 관한 고품질의 소통 • 문화 훈련 • 창조적 사고와 분석을 높이 평가하는 조직 문화를 개발 • 직무에서 기술적 능숙함 • 피드백과 의사소통에 관한 관리자 훈련 • 분쟁 조정 기술
외적 성장 (인수)	• 수평적 통합 • 수직적 통합 • 집중적 다각화	• 제품 시장 내 동종업계 회사 인수(새로운 시장 접근) • 제품을 공급하거나 구매할 수 있는 비즈니스 인수 • 인수하는 회사와 공통점이 없는 회사들을 인수	• 합병 • 정리해고 • 구조조정	• 인수한 회사의 직원들의 역량들을 측정 • 훈련 시스템의 합병 • 통합 회사의 방식과 절차 • 팀 빌딩 • 공유된 문화의 발전
투자 회수	• 경비 절감 • 부실 기업 회생 작업(Turnaround) • 자회사 매각 • 해산	• 비용 절감 • 자산 축소 • 수익 창출 • 목표 재설정 • 모든 자산 매각	• 효율성	• 동기부여, 목표 설정, 시간 관리, 스트레스 관리, 교차 훈련 • 리더십 훈련 • 상호간 소통 • 재취업 지원 • 구직 기술 훈련

〈표 2.7〉은 훈련 주제들이 전략에 따라 상당히 달라질 수 있음을 보여준다. 사업 철수를 하고 있는 회사는 직원들에게 구직 기술을 훈련시키고, 직무상 책임이 확대되도록 남아 있는 직원들에게 교차 훈련을 시키는 것에 초점을 맞춰야 한다. 틈새시장에 초점을 맞춘(집중 전략) 회사들은 기술 보급과 그들의 기존 노동력을 개발하는 것을 강조할 필요가 있다. 합병이나 인수를 통해 형성된 신생 회사들은 직원들이 회사가 새로운 전략적 목표에 도달하게끔 돕는 데 필요한 능력들을 갖추도록 할 필요가 있다. 아울러 직원들은 합병과 인수가 성공적이기 위하여 새로운 합병된 조직과 그 문화에 대해서 배워야 한다. 조직은 전화, 이메일, 회사 인트라넷이 어떻게 작동하는지를 설명하는 식의 시스템에 대한 훈련을 제공해야만 한다. 관리자들은 새로운 합병을 성공적이게 만들기 위한 방안(예: 변화에 대한 저항에 대처하는 법)에 대해서 교육되어야 한다. 인수 기간 동안 시에나(Ciena)에서 학습의 역할을 살펴보자. 시에나는 광전송과 광스위칭, 이더넷 기술에 전문화되어 있어, 전 세계의 고객들을 대상으로 장비와 소프트웨어, 서비스를 전달하기에 용이하도록 하고 있다. 더 큰

회사들과 경정하기 위하여, 시에나는 보다 민첩하고 보다 혁신적이며 보다 빨라야 한다. 시에나는 고객과의 단단한 관계를 발전시키고 그들과 협력하는 것을 통해 신뢰를 쌓는 것을 강조한다. 신뢰는 고객들이 시에나로부터 구매한 장비와 서비스가 그들의 비즈니스에 부가적인 가치를 가져다준다고 느끼게끔 한다는 점에서 필수적이다. 시에나가 노텔스 메트로 이더넷 네트워크스(Nortel's Metro Ethernet Networks) 비즈니스를 인수했을 때, 회사 규모는 두 배가 되었고 새로운 글로벌 시장에 접근하게 되었다. 노텔의 직원들을 성공적으로 시에나에 통합시키기 위하여, 시에나는 직원들이 이해할 필요가 있는 제품과 시스템, 프로세스 요건들에 관한 훈련을 제공하였다. 이는 비즈니스 전략이 회사 전반에 걸쳐서 일관적으로 관철되었다는 점에서 중요한 것이었다. 또한, 시에나는 양 회사의 문화가 가진 강점과 약점을 인식하고 새로운 문화를 만들어내는 작업을 수행하도록 하기 위한 단계를 밟았다. 예를 들면, 시에나의 차세대 리더 프로그램(Emerging Leaders Program)은 양 회사로부터 고도의 잠재력을 가진 관리자들을 통합하고 새롭게 통합된 회사를 이끌어나갈 새로운 가치들의 목록을 만드는 작업을 하도록 하는데 활용되었다.

내적 성장과 전략을 가진 회사들은 인재, 특히 관리자들을 찾아내고 개발시키는 과제에 직면해 있다. 노스페이스(North Face), 노티카(Nautica), 리(Lee), 랭글러(Wrangler)를 보유하고 있는 세계적인 의류 비즈니스 VF 코퍼레이션(VF Corporation)의 CEO, 에릭 와이즈먼(Eric Wiseman)은 비즈니스 성장의 동력이 되어줄 단단한 자금력과 매력적인 브랜드들, 인재가 필요하다는 점을 인식하였다. 그리고 그 초점이 1,500명의 사람들로 이루어진 최고 관리자 집단을 개발하는 것에 맞춰졌다. 이 회사는 매년 2회씩 고위 인재들에 대한 평가 검토를 수행하였다. 이 검토는 회사의 경영 위원회, 인적자원을 담당하는 부대표(vice president), 비즈니스 리더들, 각 비즈니스 부문의 인적자원 담당 대표와의 모임이 포함된다. 최고 관리자들은 각기 개인별로 검토를 받으며, 그들의 강점과 약점에 대한 것을 비롯하여, 그들이 어떻게 발전할 수 있을지, 그들의 경력상의 진척에 관한 가능성들을 논의한다. 이것은 국제적 확장과 타 비즈니스들에 대한 공격적인 인수라는 회사의 두 개의 핵심 성장 동력원을 충족하기 위해 필요한 필수 관리직 인재를 갖추고 준비된 상태이게끔 해주는 데 있어 매우 중요하다. 또한, 인적자원을 담당하는 부대표는 팽창을 위한 시간 프레임을 개발하고 국제적 직책을 위한 관리자들을 준비시키는 데 있어서 핵심적인 역할을 수행한다. 나아가, 인적자원을 담당하는 부대표는 인수 대상으로 삼은 회사들의 활용가능한 인재들을 파악하는데에 도움을 줄 뿐만 아니라, 그 브랜드를 지탱하는 데 필요한 인수한 회사의 유능한 직원들을 유지하기 위한 단계들을 밟는 데에도 중요한 역할을 수행한다. 또한 인적자원을 담당하는 부대표는 비즈니스 전망상의 변화와 비즈니스 부문 수준에서의 인적

자원에 관한 부대표발 성장 프로젝트를 위한 정보를 수집하는 것, 그리고 그 정보를 CEO와 소통하는 책무를 맡는다.

자동차 회사들의 암담한 재무구조에도 불구하고, 도요타 모터 코퍼레이션(Toyota Motor Corporation)은 노동시간과 노동인원 삭감을 하는 대신, 공장의 직원들을 유지하고 그들에게 직무 기술을 향상시키기 위해 고안된 훈련 프로그램에 참여하고 자동차를 조립하는 보다 효율적이고 효과적인 방법들을 모색할 것을 장려하는 것으로 알려져 있다. 노동조합과의 계약에 근거하여, GM, 포드(Ford), 크라이슬러 사(社)(Chrysler)의 직원들은 조립 라인이 가동 중지되었을 때 일하지 않는 것에 대해서도 급여를 받는다. 만약 한 공장이 일시적으로 가동 중지된다면, 직원들은 자신의 임금의 대부분을 받지만 일하러 나오지 않아도 되는 것이다. 도요타는 프린스턴(Princeton)과 뉴 저지(New Jersey) 공장에서, 직원들의 품질관리와 생산성 기술을 향상시키기 위하여 쉬는 시간을 두었고, 노조에 가입하지 않은 전일제 직원들 중 어느 누구도 결코 해고하지 않겠다는 자신의 약속을 계속 지켜나가고 있다. 훈련은 지속적인 향상(kaizen이라고도 알려져 있음)의 결과를 가져왔다. 하나의 예는 테플론 고리(Teflon ring)인데, 이것은 자동차 문의 가장자리에 전기 스위치가 설치될 때 페인트 손상을 예방하는데 도움을 주도록 한 조립 라인 직원에 의해서 고안되었다.

한 투자회수 전략(disinvestment strategy)은 에드워드 라이프 사이언스 코퍼레이션(Edward Life Sciences Corporation)이 다른 회사로부터 분리되는 결과를 야기했다. 새로운 회사의 관리팀은 판매 성장, 신제품 개발, 고객 충성도, 직원의 헌신과 만족도에 대한 목표들에 관련한 새로운 전략적 계획을 개발하였다. 이 회사가 전략적 목표들을 달성하는데 도움을 줄 수 있도록 리더들을 준비시켜야 했음을 깨달았다. 한 리더십 인재에 대한 리뷰는 리더십 개발이 필요했음을 보여주었고, 그리하여 리더십 프로그램이 이에 부합하기 위하여 만들어졌다. 이 프로그램은 서로 다른 기능을 가진, 그리고 다른 회사 지부들 출신인 20명의 참여자들을 포함하였다. 일주일 간 진행되는 프로그램의 일부는 관리자들 팀들이 그들 자신의 비즈니스를 운영하고 마케팅, 제조, 재정에 관한 책임을 맡는 시뮬레이션에 할애되었다. 이 세션에는 회사의 경영진들이 강의하는 수업이 포함되기도 했는데, 여기서 그들은 회사의 비즈니스 전략과 같은 중요한 주제들에 관하여 다루었다.

훈련 부서 조직에 관한 모델들

비즈니스 내재 모델(business-embeded model)과 기업대학 모델(corporate university model) (혹은 이 둘이 포함되어 있는 혼합 모델)은 회사들이 훈련을 자신의 비즈니스 목표들을 성취하는 데 도움이 되기 위해 이행해가고 있는 모델이다. 또한 이 모델들은 회사들이 인적자본을 가치 있게 여기기 시작할 때, 그리고 훈련을 지식을 창조해내고 공유하기 위해 고안된 학습 시스템의 일부로서 간주하기 시작할 때 채택되고 있다. 이러한 구조들에 대한 검토는 훈련 부서를 조직하는 것이 어떻게 훈련 부서(그리고 이 부서에 고용된 훈련자들이) 비즈니스 전략에 기여하는지(혹은 기여하는데 실패하는지)에 있어 중요한 결과를 낳는다는 것을 이해하는데에 도움이 될 것이다.

회사가 어떻게 훈련 부서(혹은 학습 기능)를 조직할지를 선택할 때 고려해야만 하는 중요한 결정사항들 중 하나는 훈련과 학습의 중점 범위이다. 전형적으로, 훈련과 학습을 완전하게 집중형으로 할 것인지 분산형으로 할 것인지 선택하지 않는다. 그보다는 비즈니스상 필요들에 가장 적합한 훈련 부서를 조직하기 위한 모델을 선택하는 편이라고 할 수 있다. 보잉(Boeing)과 싱귤러 와이어리스(Cingular Wireless), 할리-데이빗슨(Harley-Davidson)을 포함한 많은 회사들이 그들의 훈련 부서를 집중화하였다. 집중화된 훈련(Centralized training)은 훈련과 개발 프로그램, 자원, 전문가들이 주로 한 장소에 거점을 두고 있고 훈련투자, 프로그램, 교수방식 등에 대한 결정들이 그 부서로부터 내려진다는 것을 의미한다. 보잉 사(社)에서의 훈련은 회사의 지점들이 다양한 지역에 존재하기 때문에 분산되어 있었다. 이러한 보잉 사(社)를 비롯한 다른 회사는 한 기관에 대한 훈련을 소유하는 소유권 문제 면에서와 훈련시스템 내에서 훈련과정과 프로그램의 변형이나 중복을 제거하는 것을 포함하여 집중화된 훈련이 갖는 여러 이점들을 인식하고 있다. 제약과 소비자 및 동물 건강 관리 제품에서 세계적인 선두주자인 와이어스(Wyeth)는 회사 전체에서 판매 기술이 활용되도록 하기 위하여 집중화된 훈련 기술을 사용하였다. 140개국 이상에 퍼져 있는 와이어스 비즈니스는 이제 기존에 사용되던 네 개의 다른 판매 모델들 대신에 하나의 일관적인 판매 모델을 사용하고 있다.

또한, 집중화된 훈련의 기능은 비즈니스 전략에 더 강하게 일치되도록 동력을 부여하며, 훈련의 품질과 전달방식의 수준을 측정하고 보고하는 일련의 일반적 지표나 성과기록표의 개발에 도움이 될 뿐만 아니라 프로세스를 능률화하는데 도움을 주고, 훈련에 참여하는 훈련생의 수로 인해서 소매업자나 컨설턴트로부터 훈련을 구매할 때 회사에게 비용상의 유리함을 가져다준다. 마지막으로, 집중화된 훈련 기능은 회사로 하여금 변화의 시기 동안에 훈련을 통해서 리더들을 개발하고 인재들을 관리하기 위한 프로그램들을 보다 쉽게 통합할 수 있도록 도와준다. 싱귤러와 할리-데이빗슨 모두에서, 집중화된 훈련 기능은 훈련 프로그램의 전달을 위한 공통의 기술을 선택할 수 있게끔 만들었다. 이러한 정책은 이를테면 비디오와 같은 어떤 훈련 프로그램의 특성이 어디서는 통하고 어디서는 통하지 않는다는 이유로 기능 집단들 사이에서 서로 다른 기술들이 채택될 가능성을 줄여주는 데 도움이 된다. 집중화된 접근이 성공을 거두기 위한 핵심은 최고 관리자들이 그들이 훈련 기능을 통제하고 있음을 믿어야 한다는 것과 훈련 기능이 비즈니스 전략과 일치되어야 한다는 것이다. 다시 말해, 비즈니스 목표들이 소통되고 이해되어야 하며, 훈련과 개발이 그 전략을 이끌어가는데 도움을 줄 수 있어야 한다는 것이다. 이와 동시에, 집중화된 훈련 기능들은 그것들이 위하는 특별한 기능과 부문상의 독특한 필요들과 밀접하게 맞닿아 있어야 한다. ETS에서 직원 교육은 전략적 노동력 관리를 담당하는 학습과 개발(L&D) 부문의 책임하에 있다. 50명의 L&D 직원들은 학습과 지식관리를 포함하는 "인적 프로세스(people process)"를 중심으로 조직되어 있다. 이들은 훈련 및 개발, 학습 전략들이 ETS의 비즈니스 전략과 연관되도록 하기 위하여 최고 학습 담당자(chief learning officer)과 함께 일한다.

기업 대학 모델(기업 훈련 대학)

집중화된 훈련의 이점들을 취하기 위하여, 많은 회사들이 〈그림 2.5〉에서 나타나는 것과 같이 기업 대학 모델을 활용하고 있다. 기업 대학 모델은 고객 집단이 직원들과 관리자들에 한정되는 것이 아니라, 전문대, 4년제 대학, 고등학교, 초등학교를 포함한 회사 외부의 이해당사자들 또한 포함한다는 점에서 다른 모델들과 차이를 갖는다. 기업 대학은 훈련 부서들을 괴롭혀왔던 많은 역사적인 문제들을 극복하는 것을 도움으로써 회사의 학습에 노력에 대한 상당한 이점들을 제공할 수 있다(〈그림 2.5〉의 왼쪽 편을 보라). 기업 대학은 학습에 대한 명확한 미션과 비전을 제공하고 이것을 비즈니스적 필요와 일치시킴으로써 학습을 보다 전략적이도록 만드는 데 도움을 줄 수 있다. 이것은 또한 강력한 비즈니스 문화와 가치를 가진 회사들로 하여금 그들이 학습 커리큘럼에 강조점을 두고 있다는 점을 부각시키는데 도움을 준다. 아울러, 기업 대학은 비용을 통제하고 학습의 혜택을 극대화할 수 있다. 이것은 일관적인 훈련 활동들을 제공하며, 최고의 학습 실행방식들을 회사 전체에 전파하고, 학습을 지원하기 위한 기술을 효과적으로 활용하며, 직원과 비즈니스상의 결과

그림 2.5 기업 대학 모델

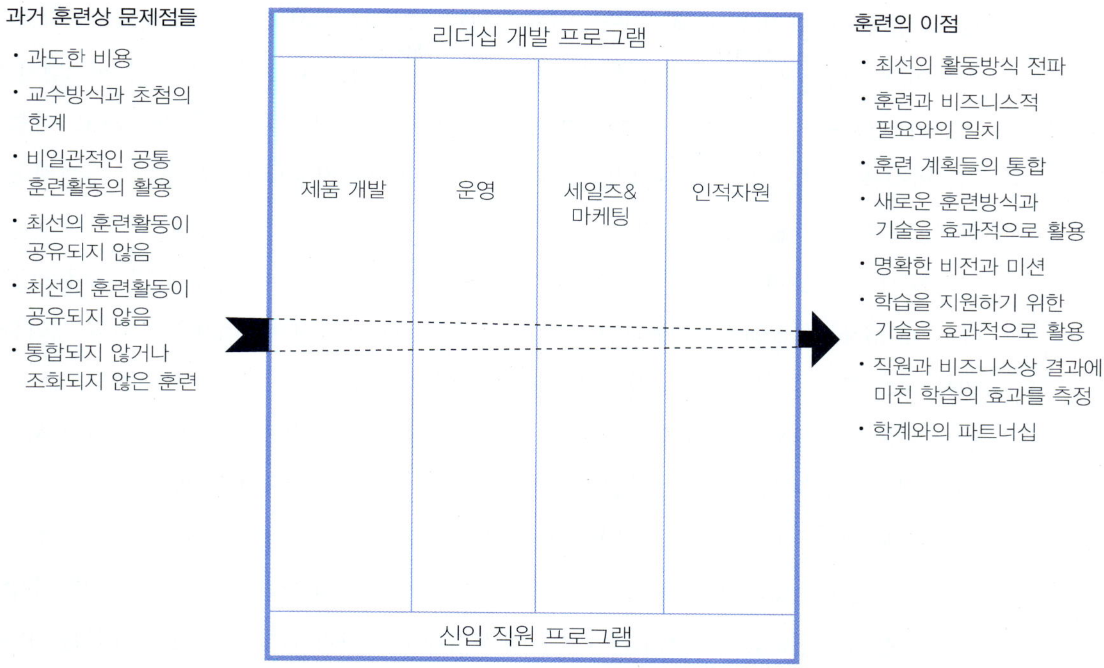

에 미치는 학습의 영향을 측정하고, 맞춤화된 훈련과 학위 프로그램을 개발하기 위하여 학계와 다른 회사 이해관계자들(커뮤니티)과 협력관계를 구축하는 것을 통해 이루어진다. 서로 다른 여러 회사들에서 그들의 기업 대학들을 통해 실현시킨 이점들을 살펴보자.

딜로이트 LLP(Deloitte LLP)는 텍사스 주(州)의 웨스트레이크(Westlake)에 기업 대학을 설립하는데 3억 달러를 투자하고 있다. 이 기업 대학은 최신 학습 기술과 800개의 수면실, 심지어는 무도회장까지 갖출 예정이다. 이와 같은 투자는 학습자가 개인 컴퓨터나 아이폰, 아이패드에 접속하기만 하면 되는 모바일 학습과 가상현실, 이러닝과 같은 교육상의 해결책으로부터 비롯되는 비용 절감과 효율성과는 배치되는 것이다. 딜로이트 사(社)는 자신의 기업 대학을 위한 물리적 캠퍼스에 투자하기 전에 광범위한 연구를 수행하였었다. 그 결과는 파트너들이 이를 지지하는 태도를 취하고 있으며, Y세대(Gen-Y) 직원들은 서로 만나고 면대면 학습을 할 수 있는 물리적인 장소를 원한다는 점을 시사하였다. 또한, CEO는 학습이 재능있는 직원들을 채용하는 것을 도우며 딜로이트 LLP 사(社)가 비즈니스 세계의 빠른 변화 정도에 대처할 수 있도록 도와준다는 점에서 경쟁 우위를 제공할 수 있는 중요한 투자라고 믿고 있다.

이 기업 대학은 직원들을 위한 딜로이트 사(社)의 개인적, 전문적 개발 문화를 뒷받침할 것이다. 딜로이트 대학은 이 회사가 매년 제공하는 총 3백만 훈련 시간 중 1백만 시간을 담당할 것이다. 훈련은 기술적, 전문적, 산업, 리더십 기술 부문을 포함할 예정이다. 소규모로 된 강사—학생 비율(학생 5명당 1명의 강사)을 요구하는 사례 토론과 시뮬레이션을 포함하여, 쌍방향 교육 기술들이 활용될 예정이다. 딜로이트의 소셜 네트워킹 시스템인 디스트리트(D Street)는 대학 수업에 참석하기 전후로 그들이 배운 바를 논의하고, 가능한 적용방식을 탐색하고 회사 전체에 걸쳐 전문가를 찾아내기 위하여 직원들이 상호작용을 하게끔 하는데에 활용될 것이다.

기업 대학은 또한 새로운 기술의 효과적인 활용을 도울 수 있다. 도요타 모터 세일즈(Toyota Motor Sales)의 한 분과인 도요타 대학(University of Toyota)은 직원과 대리점을 위한 교실 훈련과 이러닝에 관한 외부 소매업체의 개발을 감독한다. 그간 훈련생들은 과정 탐색과 품질 면에서 상당한 정도의 변동성 때문에 불만이 있었다. 회사의 학습 관리 시스템에 수업과정들을 업로드하고 학습자에게 수업과정을 배포하는 담당 집단 또한 서로 다른 소프트웨어를 통합하고 유저들에게 대학에서 제공하는 수업과정들이 왜 서로 다른 대역폭을 요구하는지에 대해서 설명하는데 어려움을 겪었기 때문에 불만을 가진 상태였다. 수업과정들이 품질과 편리함에서 최소한의 기준에 부합하도록 하기 위하여, 도요타 대학은 하나의 개발 기준과 표준(benchmark), 구매 사양, 모범 실행에 관한 하나의 세트를 개발해왔다. 정보는 이 대학의 웹사이트인 이-소스(e-Source)에 저장되어 있다. 소매업체들이 토요타 대학의 어느 이러닝 프로젝트를 입찰하기 위해서는 이-소스를 방문해야 한다. 사양에 부합되지 않는 수업과정들은 소매업체 부담으로 수정된다. 웹사이트에 어떠한 콘텐츠가 추가되거나 변경되면 이를 알리기 위하여 이메일 뉴스가 학습과정 구매자와 개발자들에게 보내진다.

대규모나 소규모 회사들 모두 신입 직원들을 훈련시키고 기존 직원들의 기술과 지식을 유지하고 갱신하기 위하여 각자의 대학들을 운영하기 시작해왔다. 캐터필러 대학(Caterpillar University)은 리더십, 마케팅과 배급, 기술, 비즈니스와 비즈니스 프로세스, 식스 시그마(Six Sigma), 제품 지원의 여섯 개의 단과대학으로 구성되어 있다. 이 단과대학들의 학장들은 대학 총장에게 보고를 올린다. 캐터필러 사(社)의 CEO와 부사장들, 두 명의 그룹 대표자들은 대학에 정책 지침을 내리고 예산을 승인하고 우선사항들을 확인한다. 하나의 우선사항은 다른 이들과 협력하고자 하며 글로벌한 사고방식을 가지고 비즈니스의 재정적 측면을 이해하고 있는 리더들의 개발을 통해 새로운 비즈니스의 확장이라는 목표를 지원하는 것이다. 마케팅과 배급 단과대학은 세일즈 전문가와 세일즈 마케팅 관리자들을 위한 포괄적인 커리큘럼을 제공하는데 초점을 맞춘다. 여기에는 제품에 대한 지식과 세일즈기술, 관리기술이 포함된다. 모든 학습 목표들은 비즈니스 목표와 묶여 있다. 제품 지원 단과대학은 판매담당 직원들이 인증 표준(certification standard)에 부응하도록 훈련시키는 데에 초점을 맞추고 있다. 캐터필러대학의 담당 구성원들은 사업 부문들이 그들의 학습상의 필요들에 대응하도록 도움을 준다. 각 부문의 대표 학습 관리자는 회사와 그 부문의 인적자원 관리자 모두와 보고 관계를 형성하고 있다.

맥도날드(McDonald's)의 기업 대학인 햄버거 대학(Hamburger University)은 창립자인 레이 크록(Ray Kroc)이 성공을 위한 네 개의 열쇠라고 믿었던 품질, 서비스, 청결함, 가치라는 핵심 가치들을 계속해서 가르치는 역할을 맡고 있다. 햄버거 대학은 가장 오래되고 가장 효과적인 기업 대학 중 하나이다. 1961년에 설립된 이래로 매년 미국에 근거를 두고 있는 햄버거 대학을 약 5,000명 정도의 직원이 다니고 있으며 90,000명 이상의 관리자와 자영업자들이 이곳을 졸업하였다. 햄버거 대학은 맥도날드에 있어 운영 교육과 리더십 개발을 하는 글로벌 센터이다. 또한 이곳은 직원들에게 대학 학위를 딸 수 있는 기회를 준다. 맥도날드는 오크브룩(Oakbrook)과 일리노이(Illinois)에 대학을, 해외에 여섯 개에 대학을, 22개의 지역 훈련 센터를 소유하고 있다. 학습을 장려하기 위하여 햄버거 대학에서 제공되는 편의시설들과 프로그램들은 리뷰를 받고 수정된다. 결과적으로 햄버거 대학은 강의 형태의 교수 과정으로부터 더 적은 크기의 그룹 세션과 25명에서 35명의 학생들로 이루어진 수업에서 보다 상호적인 학습이 이루어지는 쪽으로 이행하고 있으며, 여기서 토론과 활동을 위하여 작은 그룹으로 나눠지는 쪽으로 더 나아간다. 맥도날드는 자신의 학습 형태를 대부분의 학생들(Y세대라고 간주될 수 있는)이 학습하는 방식에 맞추는 쪽으로 변화했다. 서비스 일선에 있는 노동자들의 전형적인 교육 수준은 이에 맞추어 보다 쉽게 수업활동을 이해할 수 있도록 훈련 개발이 이루어지는 식으로 커리큘럼 디자인에 영향을 미쳐왔다. 이러닝은 레스토랑 운영이나 관리 훈련의 기초를 수업하기 위하여 사용되며, 교실 교육과 시뮬레이션은 학습자로 하여금 직무에 기초적인 것들을 적용하는 것을 돕는데 활용된다. 최근에는 새로운 시청각 장비가 도입되었고, 사이버카페가 추가되었으며, 큰 강당 교실 공간이 협동과 상호작용을 용이하게 하는 보다 작은 공간들로 개조되었다. 가상 교실 또한 강사들이 전 세계 맥도날드 직원들과 연결될 수 있도록 구축되었다. 학습자들은 수업 동안 학습자의 모국어로 교육을 제공하는 번역가들을 그들에게 연결시켜 주는 해드폰을 제공받는다. 맥도날드는 모바일 장치나 소셜 네트워킹을 활용한 학습을 가능케 하는 교실로 접속하는 방식을 추가할 계획이다.

교실 강의와 더불어, 햄버거 대학은 주방과 드라이브-스루 창문 시뮬레이션을 포함하고 있다. 카운터 뒤에서의 운영에 대하여 이미 익숙한 대학 학습자들이 있음에도 불구하고, 모두가 이 시뮬레이션에 참가하여 실제 맥도날드 매장에서 그들이 하는 것과 똑같이 실제 음식을 만들고 주문에 응한다. 학습자들에게는 충족시켜야 할 성과 목표가 있으며, 그들은 동료 학습자와 훈련생들로부터 피드백을 받는다. 관리자들은 그들의 지식과 행동에 대한 테스트 점수를 보여주는 온라인 과정 완수 보고서에 접속하는 것을 통해 직원 개발을 지원하고 추적할 수 있다. 모든 맥도날드 매장 관리와 중간관리자 과정들은 대학 학점으로 인정받을 수 있게 되어 있다. 이 과정들의 학점들은 2년제 대학의 준석사학위를 받는데 필요한 학점들과 4년제 대학이나 종합대학의 경영학 학사 학위를 받기 위하여 필요한 많은 양의 학점에서 반절까지 채우는 데 이용될 수 있다. 부서 관리자들을 위한 커리큘럼은 이제 그들에게 이미 아는 내용을 시험할 수 있으며, 훈련 시간은 1년 반에서 2년이었던 것이 4~6개월 정도로 줄어들었다.

기업 대학들이 효과적인가? 기업 대학 엑스체인지(Corporate University Xchange)가 170개 서로 다른 회사들의 기업 대학들을 조사하였다. 기업 대학들의 상위 5개의 조직 목표들은 고객 서비스와 유지를 향상시키는 것, 생산성 향상, 비용 절감, 유능한 직원들을 유지하는 것과 수익을 증가시키는 것이었다. 이 조사는 비즈니스상의 영향력을 측정하는 것이 최고 우선순위임을 발견하였다. 회사들 중 70퍼센트가 제품과 서비스 품질, 고객 서비스를 통해 비즈니스 영향력을 측정하며, 50퍼센트 이상에서 운영 비용의 감소와 수익 증가가 측정되었다.

예를 들어, 리츠–칼튼 호텔 사(社)(Ritz-Carlton Hotels company)는 전 세계적으로 58개의 고급 호텔을 경영하고 있다. 리츠-칼튼 호텔과 리조트들은 고객에게 만족감을 가져다주는 호화로움으로 명성이 높다. 아름다운 환경과 하나의 전설이며 수상 경력이 있는 서비스가 모든 고객들에게 제공된다. 리츠–칼튼 리더십 센터는 이 회사의 제품과 서비스의 성장과 확장을 지원하기 위하여 고안되었다. 이 리더십 센터는 시간급 직원들을 위한 모든 훈련과 개발을 담당하는 우수 업무수행 학과(School of performance Excellence)를 포함하며, 리더들을 훈련시키는 우수 리더십과 비즈니스 학과(School of Leadership and Business Excellence), 수준 높은 고객 서비스가 이루어지도록 돕는 우수 서비스 학과(School of Service Excellence)가 포함된다. 우수 서비스 학과의 프로그램들은 다른 회사들에게 제공되며, 이것은 리츠–칼튼에 매년 백만 달러 이상의 수익을 가져다준다. 이 수익들은 직원들을 위한 훈련과 개발 비용을 벌충하는데 도움이 된다. 예를 들어, 시설관리 담당자를 위한 새로운 맞춤화된 훈련 자격 시스템은 CD-ROM과 웹에 기반한 훈련을 활용한다. 이 훈련은 그날과 그 주, 그 해의 결점들을 집중확인하는 룸 검사에서의 결과로 이어진다. 이와 같이 시기에 따른 훈련은 리츠-칼튼의 고객만족도 점수를 증가시키는데 도움이 되어왔다. 한 호텔은 청결함 면에서 6개월 사이에 만족도 점수를 82퍼센트에서 92퍼센트까지 끌어올렸다.

스틸케이스 사(社)의 비즈니스는 업무 공간을 혁신과 생산성, 효율성, 창조성이 형성되기 쉽도록 보다 효과적이게 만드는 것이다. 스틸케이스 사(社)의 효과적인 업무공간 디자인의 역량을 강조하고 학습과 창조성, 협력을 용이하게 하도록 하기 위하여, 스틸케이스 대학 학습 센터(Steelcase University Learning Center)가 개발되었다. 이 대학은 “생각하라(Think)”라고 불리우는 새로운 커리큘럼을 만들어냈다. 많은 기관들에서 해마다 이 대학과 소셜 네트워크 역량, 학습 도구들을 벤치마킹하기 위하여 방문하고 있다. 또한, 스틸케이스 대학 학습 센터는 정리해고를 감소시키고 일관성을 용이하게 하며 지식 공유를 보장하는 회사의 모든 훈련과 개발 노력들을 집중화시키고 있다. 이 학습 센터는 70퍼센트의 공식, 30퍼센트의 비공식 학습 공간을 포함하며, 어떻게 학습과 사회적 네트워킹이 발생하는지에 관한 연구 결과를 실천으로 옮기고 있다. 이 학습 센터는 직원들이 사적으로 만남을 가질 뿐만 아니라 그룹으로 상호작용을 하고 협력과 협업이 용이하게 이루어지도록 하는 유연성 있는 비공적 공간을 제공한다. 9개의 교실과 10개의 탈출 구역들은 유연성 있는 가구들과 최신의 기술들을 포함하고 있다. 각 교실과 구역은 사용자의 특정한 필요에 맞추어 바뀔 수 있다. 이 학습 센터는 또한 기능들을 아우르는 팀을 위한 모임 장소이기도 하다. 이 학습 센터에서 열리는 활동들에는 토론식 회의(town hall meeting)와 점심식사 겸 학습 세션(lunch-and-learn session), 가상 교습 세션(virtual teaching session)이 포함된다. 또한 이 학습 센터는 직원 리더십 개발을 위한 장소로서도 알려져 있다. 이 회사의 글로벌 리더십 팀은 이 센터를 직접 만나거나 가상으로 열리는 회의를 위한 장소로 활용할 수 있다. 스틸케이스 대학에 대한 투자는 “생각하라” 커리큘럼과 다른 과정들이 낸 결과물을 통해서 성과를 올려왔다. 디자이너들은 노드(Node)라는 새로운 교실 체인을 만들어냈고, 이는 교실 배치에 유동성을 부여해주었다. 세일즈 대표들은 그들의 첫 해 세일즈 목표를 30퍼센트 초과달성하였다.

기업 대학 창설

무(無)에서 기업 대학을 만들어내는 것은 여러 단계를 포함한다. 첫째로 선임 관리자들과 비즈니스 관리자들이 대학을 위한 비전 개발의 책임을 지는 이사회를 구성한다. (이 그룹은 “이 대학의 정책과 시스템, 절차들은 무엇인가”와 “훈련 과정들이 개발되어야 할 핵심적 기능 분야들은 무엇인가?”와 같은 질문들에 답한다.) 둘째로 이 비전에 살이 붙으면서 이 비전에 대한 성명이 비즈니스 전략과 연결된다. 예를 들어, 잉거솔랜드 사(社)는 새로운 제품 혁신으로부터 그 수익의 38퍼센트를 얻어낸다는 비즈니스 목표를 세웠다. 결과적으로, 잉거솔랜드 대학이 제공하는 프로그램과 과정들의 대부분이 어떻게 고객과 혁신, 전략적 마케팅에 가까이 다가설 수 있는지를 다룬다. 이 프로그램들은 실제 비즈니스 사안들을 다루는 팀들을 위하여 고안되었다. 내용전문가들과 관리자들이 이 프로그램을 가르쳤고, 핵심 제품 발매 날짜에 기반하여 일정이 결정되었다. 셋째로, 회사는 어떻게 기업대학을 위한 자금을 마련할 것인지를 결정한다. 기업대학은 비즈니스 부문들에 비용을 부과하는 것이나 회사 예산에 직접적으로 할당된 자금들로부터, 혹은 둘 모두로부터 자금을 마련할 수 있다. 넷째로, 회사는 모든 훈련이 집중화되는 정도를 결정한다. 많은 대학들이 학습 철학, 핵심 커리큘럼 디자인, 등록, 행정, 평가, 마케팅, 원거리 학습에 관한 정책과 절차들을 중앙집중적으로 처리하고 있다. 지역 현장에서 진행되는 수업과 전문화된 비즈니스 부문 커리큘럼은 비즈니스 부문들에 의해서 개발된다. 다섯째로, 직원, 관리자, 공급자, 외부 고객들을 포함한 대학의 "소비자들"의 요구들을 확인하는 것이 중요하다. 여섯째로, 제품과 서비스들이 개발된다. 몬트리올 은행(Bank of Montreal)은 고객 관계 관리자와 내용전문가, 학습 관리자를 포함한 서비스 팀을 활용하고 있다. 고객 관계 관리자는 그들의 요구들을 확인하기 위하여 비즈니스 부문들과 함께 일한다. 내용전문가들은 그 필요들에 부응하기 위하여 필요한 기술들을 확인한다. 학습 관리자들은 교실 훈련과 웹이나 CD-롬과 같은 것에 기반한 훈련을 포함하여 최적의 학습 혼합 구성물을 추천한다. 일곱째로, 이 회사는 공급자와 컨설턴트, 단과대학과 교육에 전문화된 회사들을 아울러서 학습 파트너들을 고른다. 여덟째로, 이 회사는 더 많은 직원들에 대해 더 빈번하게, 강사 주도의 훈련보다 더 비용 효율적으로 훈련이 이루어지도록 하기 위하여 기술 활용에 관한 전략을 개발한다. 아홉째로, 기업 대학의 결과로서 이루어지는 학습은 성과 향상과 연결된다. 이것은 어떻게 성과가 측정될 것인가(테스트, 세일즈 데이터 등)를 확정하는 것을 포함한다. 예를 들어, 스프린트 사(社)(Sprint)의 기업 대학인 엑셀런스 대학(University of Excellence)는 내부 비즈니스 부문에 속해 있는 자신의 고객을 위한 평가 도구인 표준 훈련 등가물(Standard Traning Equivalent(STE)) 유닛을 개발했다. 이 STE 유닛은 중심 위치에서 한 직원 집단에게 강의를 실행하기 위해서 필요했던 전통적인 강사 주도의 수업 시간의 한 시간과 맞먹는 것이다. 회사 인트라넷을 통한 한 시간 과정으로 구성된 한 개의 STE 유닛이 교실에서 동일 시간이 소모된 것보다 훨씬 더 가치가 있다. STE 프로그램은 엑셀런스 대학이 대학의 자금을 마련한 스프린트 사(社)의 비즈니스 부문들에게 자신의 가치를 보여주는 데에 도움을 준다. 마지막으로, 기업 대학의 가치는 잠재적 고객들과 소통된다. 제공되는 프로그램 유형과 어떻게 학습이 이루어지는지, 어떻게 직원들이 등록하는지에 대한 질문들이 다루어진다.

비즈니스 내재 모델

많은 회사들이 훈련 기능의 조직을 통하여 훈련 비용을 보다 잘 통제하고 훈련이 비즈니스 전략과 일치되게끔 조정할 뿐만 아니라, 이와 동시에 고객의 요구들에 재빠르게 응답하고 높은 품질의 서비스를 제공하고 있다. 비즈니스 내재(BE) 모델은 전략적 방향, 제품 디자인, 구조적 다재다능함, 제품 제공방식, 결과에 대한 책임이라는 다섯 가지 역량들로 특징지어진다. 전략적 방향은 부서에 명확히 명시된 목표와 지향을 포함할 뿐만 아니라, 고객의 요구들과 지속적으로 발전하는 프로그램에 부응하기 위해 맞춤화된 훈련을 포함한 고객 초점도 포함된다. 비즈니스 내재 훈련 기능은 훈련생을 고객으로 볼 뿐만 아니라, 관리자들을 훈련에 직원들을 보내는 결정을 내리는 고객으로, 그리고 최고위 관리자들을 훈련을 위해 비용을 할당하는 고객으로서 본다. 〈표 2.8〉은 전통적인 훈련 부서를 비즈니스 내재 모델로 조직한 훈련 기능의 특징들을 보여준다. 비즈니스 내재 기능은 고객에 초점이 맞춰져 있다. 이것은 학습과 훈련 효과성에 대한 평가에 보다 책임성을 두며, 고객의 필요에 근거하여 맞춤화된 훈련 솔루션을 제공하고, 고객의 필요에 근거하여 언제, 어떻게 훈련

표 2.8 비즈니스 내재 모델에 의해 조직된 훈련 기능의 특징들

전략적 방향	
• 명확하게 설명된 미션의 광범위한 전파 • 고객의 요구들에 따른 맞춤화된 솔루션 제공 • 역량들에 따라 제공하는 내용들을 조직화	• 고객 기반이 분할되어 있다는 점을 인식 • 제품 수명주기에 대한 이해 • 내부 고객들을 위한 경쟁
제품 디자인	
• 벤치마킹이나 다른 혁신적 디자인을 활용 • 공급자들을 전략적으로 참여시킴	• 빠르게 제품을 개발하기 위한 전략들을 시행
구조적 다재다능함	
• 제품과 교실 강사, 관리자, 내부 고문으로 역할할 수 있는 전문가들을 고용 • 많은 분야들로부터 자원 활용 • 그 부서가 제공하는 것과 내용의 방향을 결정하기 위하여 라인 관리자를 참여시킴	
제품 제공방식	
• 학습 선택지에 관한 메뉴를 제공	• 업무 공간에서의 훈련 제공
결과에 대한 책임	
• 개별 직원들이 그들의 개인적 성장에 책임감을 가져야 한다고 믿음 • 학습이 이루어지도록 보장하기 위해 직무에 대한 후속조치를 제공 • 관리가 학습을 지원하는데 있어 핵심적 역할을 수행하는 것으로 간주 • 훈련의 전략적 효과와 그것의 최종적 결과물에 대한 평가 • 훈련이 성과를 향상시킬 것이라는 보장	

출처: S. S. McIntosh, “Envisioning Virtual Training Organization,” *Training and Development*(May 1995), p.47.

을 수행할 것인지를 결정한다. EMC의 비즈니스 전략이 훈련에 의해 지원되도록 보장하기 위하여, 이 회사는 학습 자문위원회와 개발 틀을 활용하였다. 세일즈, 기술, 엔지니어링 부문을 포함한 모든 비즈니스 부문들이 그 부문의 학습 자문위원으로서 역할하는 교육과 개발 성과 고문들을 둔다. 이 고문들은 EMC의 중앙 훈련 기관에 보고를 올리며, 그렇게 해서 훈련방식이나 훈련 설계가 논의되고 그 비즈니스 부문의 요구들이 반영된다. EMC는 일관적인 훈련 디자인 틀을 활용하며, 이는 모든 사업 부문들의 관리자들과 직원들이 어떻게 훈련이 기술 개발과 승진을 이끄는지를 이해하기 쉽도록 만들어준다.

비즈니스 내재 기능의 가장 명확한 특징은 그 구조이다. 비즈니스 내재 훈련 기능에서 훈련 과정에 참여하는 모든 사람들은 소통하고 자원을 공유한다. 훈련내용을 개발하고 교육을 수행하고 훈련생들을 지원하는 것을 담당하는 훈련담당자들은 그러한 학습이 이루어질 수 있도록 협업한다. 이를테면, 보통은 프로젝트 관리자와 내용전문가와 접촉할 일이 없는 강사들이 개발자들에 의해서 이들과 연결될 수 있는 것이다. 비즈니스 내재 훈련 기능에서 훈련담당자들의 수는 훈련제품과 서비스에 대한 수요에 따라서 서로 다르다. 훈련담당자들은 전문화된 역량(예: 교육 디자인)을 가지고 있을 뿐만 아니라, 내부 고문으로 활약하고 광범위한 서비스(예: 요구분석, 내용향상, 프로그램 맞춤화, 결과측정)를 제공할 수도 있다.

| 오늘날의 실행방식: 집중화된 훈련과 비즈니스 내재 모델의 혼합 |

많은 회사들이 비즈니스 전략에 기여하는 훈련의 중요한 역할을 인식하고 있기 때문에, 많은 경우에 기업 대학을 포함한 집중화된 훈련을 비즈니스 내재 모델과 혼합하는 것을 통해 조직된 훈련 기능이 특히, 일부 비즈니스 분야를 분리·경영하는 회사를 중심으로 하나의 트렌드로 부상하고 있다. 이러한 접근은 회사가 집중화된 훈련을 통해 이득을 얻게끔 할 뿐만 아니라, 이와 동시에 훈련이 특정한 비즈니스 필요들에 부응하여 프로그램, 내용, 훈련전달 방식을 제공할 수 있도록 보장해준다.

전문적인 서비스 회사인 카터 앤 버지스(Carter & Burgess) 사(社)에서는 모든 학습 프로그램이 비즈니스 전략에 맞추어져 있다. 회사가 연방과 계약을 맺고 있기 때문에, 직원들은 매년 그들의 자격을 유지하기 위하여 사내 규정 훈련과 전문 교육 과정을 이수해야 한다. 다른 학습 프로그램들은 연간 분석에 대한 요구들과 퇴직자 인터뷰, 표적집단과 이해관계자들로부터 얻은 정보에 근거하여 정해진다. 훈련과 개발 팀은 사무실에서 그들의 비즈니스 요구들에 따라 그들에게 필요한 훈련을 결정하도록 한다. 사무실 관리자들은 훈련 프로그램들을 검토하고 그들이 투자하길 원하는 것들을 선택한다. 훈련과 개발 팀은 훈련의 실행을 모니터링하고 사무실과 함께 전략과 훈련방식에 대하여 상의한다. 그들은 사무실의 요구들에 근거하여 맞춤화하면서, 이와 동시에 전략과 훈련방식을 집중화하여 비용이 감소하는데 도움을 준다. 하나의 외부 훈련 실행 소매업체에 한 회사 전체의 훈련을 맡기는 것으로 첫 해에 34퍼센트 이상의 절약효과를 내었다.

제너럴 밀즈(General Mills)에서 혁신은 회사의 핵심 가치이다. 따라서 학습과 개발이 비즈니스 전략과 자신의 내부 고객들에 일치되도록 조정된다. 회사의 기능적 팀들 각각이 단기와 장기 전략들을 개발해낸다. 이를테면, 마케팅 기능은 학습과 개발 활동들이 비즈니스 전략을 뒷받침하고 브랜드를 만드는 데 도움을 주도록 연간 계획수립 프로세스(성공계획)을 주재한다. 이것은 하급 마케터들에게 브랜드의 마케팅 지식을 전달하는 브랜드 챔피언즈(Brand Champions)와 같은 특별한 학습 프로그램으로 옮겨진다. 또한 회사의 지도자들은 비즈니스적 성공과 직원의 성장과 개발 간의 관계를 인식하고 뒷받침한다. 고위 지도자들은 학습 활동을 지원하며, 그것들이 비즈니스와 일치되도록 조정되게끔 하고 프로그램들을 가르친다. 연간 직원 대상 조사들은 직원들에게 학습과 개발에 대해서 묻는 항목들(이를테면 “나는 개인적 성장과 개발을 위한 기회가 내게 주어진다고 생각한다”와 같은)이 포함된다. 이러한 항목들에 대한 응답은 새로운 학습 활동들을 고안하고 비즈니스의 역량과 건전상태를 가늠하는 데에서도 평가되고 고려된다.

변화 모델 관점으로부터의 학습, 훈련, 개발

1장에서 논의하였던 바대로, 변화에는 회사에 의한 새로운 행동이나 아이디어의 채택이 포함된다. 새로운 기술의 등장, 직원의 기술상의 강점을 보다 잘 받아들이고 다양한 노동력을 활용할 필요 혹은 글로벌 시장에 진입하고자 하는 욕구를 포함하여 회사들이 변화하도록 강요받는 이유에는 많은 것들이 있다. 훈련과 개발 프로그램 및 학습 계획들이 비즈니스 전략에 기여하도록 하기 위해서는, 그것들이 고객들(관리자, 경영자, 직원을 포함하여)에 의해서 성공적으로 실행되고 받아들여지고 활용되어야만 한다.

변화가 일어나기 위해서는 네 가지 조건이 필수적이다. (1) 직원들이 반드시 변화의 이유에 대해서 이해하고 그 이유들에 동의해야 한다. (2) 직원들이 반드시 변화가 시행되는 데 필요한 기술들을 가지고 있어야 한다. (3) 직원들이 반드시 변화를 지원하는 강력한 직책에 있는 관리자들과 다른 직원들을 알 수 있어야 한다. (4) 보상과 성과관리 시스템과 같은 조직적 구조가 반드시 변화를 뒷받침해야 한다. 관리자나 직원에게 있어서 변화는 쉽지 않다. 직원들이 어떤 실행방식이나 프로그램이 더 나을 수 있다는 점을 이해할 때조차, 그

그림 2.6 변화 모델

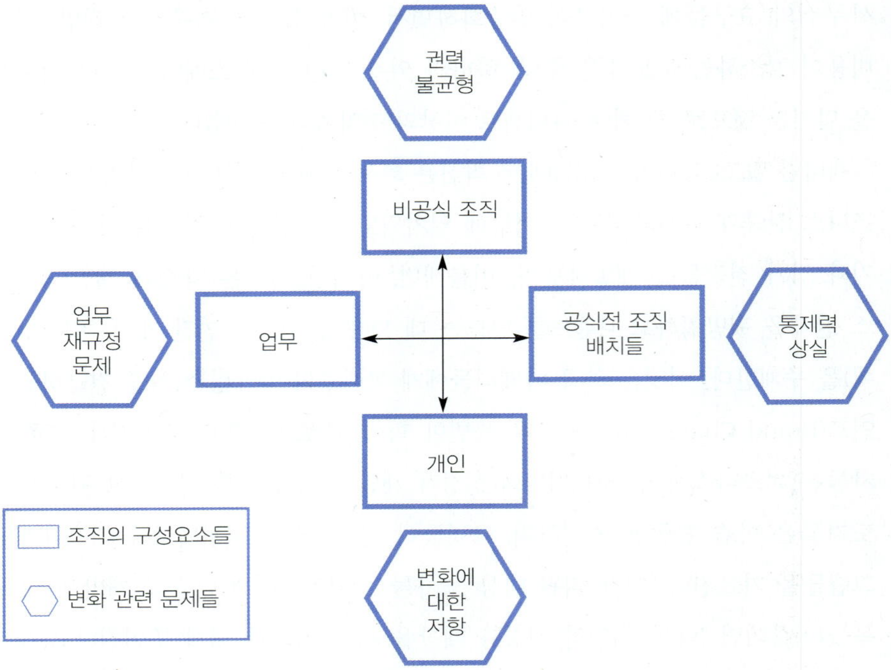

출처: David A. Nadler and Michael L. Tushman, "A Congruence Model for Diagnosing Organizational Behavior." In *Organizational Psychology: A Book of Readings, ed. D. Rabin and J. McIntyre*(Englewood Cliffs, NJ: Prentice Hall, 1979), as reprinted in David A. Nadler, "Concepts for the Management of Organizatioanl Change," in *Readings in the Management of Innovation, 2d ed., ed. M. L. Tushman and N. Moore*(Cambridge, MA: Ballinger Publishing Co., 1988), p.722.

들은 그 방식의 미흡함에 적응하는 방법을 배웠기 때문이다. 그러므로 새로운 훈련과 개발 실행방식에 대한 저항이 일어나기 쉽다. 새로운 훈련이나 개발 실행방식을 실행하기에 앞서, 훈련담당자는 어떻게 하면 그것들이 수용될 가능성을 향상시킬 수 있을지를 고려해야만 한다.

〈그림 2.6〉은 한 변화 모델을 제시한다. 이 변화 과정은 업무와 직원, 공식적인 조직 배치(구조, 프로세스, 시스템)과 비공식 조직(커뮤니케이션 패턴, 가치, 규범)이라는 네 가지 조직의 구성요소들 사이의 상호작용에 근거한 것이다. 그림이 보여주듯이, 변화에 의해 영향을 받는 조직의 구성요소들에 따라서 서로 다른 종류의 변화 관련 문제들이 발생한다. 예를 들어, 훈련을 위하여 새로운 기술을 회사에 도입하는 것(인터넷을 활용한 멀티미디어 훈련과 같은)은 조직 권력 구조상의 변화를 야기할 수 있다. 새로운 기술의 도입과 함께, 관리자들은 그들이 전통적인 훈련 방식에서 가졌던 것보다 더 적은 훈련 프로그램 통제권을 갖게 될지도 모른다. 그 결과 새로운 시스템에 의하여 야기된 권력 불균형에 따른 긴장이 발생한다. 만약 이 문제가 제대로 대처되지 않는다면, 관리자들은 새로운 기술을 받아

들이고 훈련방식의 이행이 이행되도록 지원하지 않을 수도 있다.

새로운 훈련 방식이 실행되기 전에 다뤄져야 하는 네 개의 변화 관련 문제들은 변화에 대한 저항, 통제력 상실, 권력 불균형, 업무 재정의다. 변화에 대한 저항은 변화에 대한 관리자와 직원의 거리를 나타낸다. 관리자와 직원은 변화에 대해 불안감을 느끼거나 그들이 이에 대처하지 못할 것이라고 느끼거나, 기존 훈련 방식이 가치있다고 여기거나 새로운 실행방식이 지닌 가치를 이해하지 못할 수도 있다. 통제력은 데이터나 정보, 돈과 같은 가치 있는 자원들을 얻고 분배하는 관리자와 직원의 능력에서의 변화와 관련된다. 변화들은 관리자와 직원의 자원에 대한 통제력 감소를 야기할 수 있다. 변화는 또한 관리자와 직원들이 이전에 관여하지 않았던(예: 참여할 훈련 프로그램 선택) 프로세스들에 대한 통제력을 부여할 수도 있다. 권력은 다른 이들에게 영향을 미치는 능력을 가리킨다. 관리자들은 직원들이 데이터베이스 및 다른 정보에 대한 접근권을 얻고, 그리하여 제품과 서비스를 전달하는데 보다 자율성을 갖게 됨에 따라, 직원들에게 영향을 미칠 수 있는 능력을 상실하게 될 수도 있다. 직원들은 자발적인 훈련이라는 형태로 학습에 대한 책임성을 갖게 될 수도 있다. 업무 재규정과 같은 웹에 기반한 훈련 방식은 관리자와 직원의 역할과 직무 책임성에 변화를 만들어낸다. 직원들은 훈련에 참여할 뿐만 아니라, 그 품질을 어떻게 향상시킬 수 있을지를 생각하도록 요구받을 수도 있다. 관리자들은 조력자이자 코치가 되도록 요구받을 수 있다.

고위 관리자들은 변화를 실행하려는 노력에서 세 가지 중요한 실수를 자주 범하며, 이것은 원하는 결과를 만들어내는데 있어 실패라는 결과를 야기할 수 있다. 이것에는 직원들이 변화가 개인에게 주는 영향과 원하는 결과를 성취하기 위해서 어떻게 관리되어야 할지를 이해할 만큼 회사에 대해 충분히 알고 있다고 믿고, 변화 계획들의 속도를 늦추는 것을 포함한다. 또한 실패를 야기할 수도 있는 장애들에 대한 충분한 심사숙고를 무시하거나 그럴 기회를 부여하지 않으면서, 변화들에 동참하라고 직원들에게 말하거나 발표하는 의사소통 방식을 포함한다. 훈련 부서는 그들이 직면하고 있는 문제와 해결과제, 필요들에 대하여 비즈니스 리더들 및 직원들로부터 이야기를 들을 기회가 있고 그들과 소통하기 때문에 (특히 그들이 회사에서 전략적 역할을 수행한다면) 고위 회사 지도자들이 변화를 시행하는데 있어 도움을 줄 수 있는 최적의 입지에 있는 경우가 많다. 예를 들어, 이코노미컬 인슈어런스 그룹(The Economical Insurance Group(TEIG))은 자신의 학습 및 개발 부문을 리더십, 조직 문화, 학습 문화, 학습 변환(Learning Transformation)의 네 개의 영역으로 구성된 학습 및 교육과 조직 개발 부문으로 재구성하였다. 조직 개발은 미래의 필요에 대항한 현 조직 상태를 평가하는 것을 통해 조직적 변화를 형성하고 이루어내는데 도움을 주며, 액션 플랜과 개

표 2.9 변화 프로세스의 단계

단계
1. 변화에 대한 요청을 명확히 하라. 언급된 변화의 이유가 중요한 사안인가? 변화가 어떻게 회사의 비즈니스 전략에 적합한가? 왜 당신은 변화를 만들어내는가? 얼마나 많은 사람들이 이것에 영향을 맞고 그것은 어떻게 그들에게 영향을 미치는가? 변화의 결과는 무엇인가?
2. 비전을 명확하게 만들라. 변화의 이유와 무엇이 성취될 것인지, 어떻게 변화가 성취될 것인지를 규정하라.
3. 해결책을 고안하라. 무엇이 성과 측정 및 피드백, 지원 도구들, 학습 계획, 공식 훈련과 직무 프로세스에 있어 최고의 조합인가? 다른 접근방법이 가지는 잠재적인 위험과 이득을 검토하라.
4. 소통하고 동참을 요청하라. 내부 마케팅 계획의 개발과 변화가 미칠 영향을 고려하기 위하여 커뮤니케이션, 재정, 경영 그룹을 포함한 다른 관련 그룹들과 접촉하라. 직원들은 무엇이 일어나는지 알 필요가 있다. 브리핑, 뉴스레터, 토론게시판, 웹사이트, 정보를 위한 회의를 활용하라. 고위 관리자들이 자리에 나와야 하며 변화를 위한 대화에 참여해야 한다.
5. 가능한 빨리 행동을 선택하고 발표하라. 변화에 의해 영향을 받는 직원들은 가능한 빨리 이에 대한 이야기를 들어야 한다. 직원들은 왜 그리고 어떻게 그 최종 행동방안이 선택되었는지를, 어떻게 프로세스가 진행되고 다음 날과 다음 달들에 어떤 일이 일어날 것인지에 대해서 알 필요가 있다. 직원들에게 간단한 프리뷰를 제공하여 그들이 변화가 다가오고 있음을 알 수 있도록 하라.
6. 단기적 성공을 일구고 성취해내라. 성공은 관리상의 주의와 이를 바로 실행하고자 하는 욕망을 필요로 한다. 관리자와 변화를 이끄는 리더들은 새로운 행동의 모범이 되어야 하며, 그 과정을 위한 열정적인 지원자가 되어야 한다. 리더들은 직원들을 참여시켜야 하고, 그들에게 필요한 훈련과 자원을 제공해야 한다. 만약 예비 시험이나 베타 프로그램이 활용되었다면, 직원들은 그 프로세스에 대한 정보를 부여받아야 하며 그들의 의견이 요청되어야 한다. 학습은 실수들에서도 이루어져야 한다.
7. 후속 조치를 하고, 재평가하고, 수정하라. 유연해지고, 변화가 필요하다면 변화를 만들라. 실책이나 안건들에 대한 정보를 공유하고 그것들을 고치는 데 영향을 미치는 직원들과 함께 일하라.

출처: C. McAllaster, "Leading Change by Effectively Utilizing Leverage Points Within an *Organization," Organizational Dynamics* 33(2004), p.318; L. Freifeld, "Changes with Penguins," *Training*(June 2008), pp.24-28; N. Miller, "Brave New World," *T+D*(June 2010), pp.54-58.

발을 통하여 둘 사이의 갭을 줄여주는데 도움을 준다. 학습과 조직 개발의 목표는 탁월한 문화를 장려하고 TEIG의 미션과 비전, 목표를 성취하는데 도움이 될 학습 기회들과 데이터 평가, 개발 도구, 변화 중재(change intervention)를 활용하는 것이다.

〈표 2.9〉는 훈련 전문가들이 고위 관리자들이 변화 계획을 효과적으로 관리하는 것을 돕기 위해 밟아야 할 일곱 가지의 핵심 단계들을 보여준다.

마케팅 훈련과 브랜드 창조

비즈니스 목표를 성취하는데 있어 훈련과 학습의 중요성에 대한 인식이 증가하고 있음에도 불구하고, 많은 관리자들과 직원들은 훈련의 가치를 인식하지 못하고 있기도 하다. 인터넷 마케팅은 직원과 관리자들이 훈련과 학습에 대하여 고무되도록 만드는 것을 포함한다. 인터넷 마케팅은 비즈니스 부문에서 내부 고문으로 활동하는 훈련담당자들에게 있어 특히 중요하다. 내부 고문이 살아남기 위해서는 그들은 자신의 서비스에 대한 요금을 만들어야 한다. 전체는 아니더라도 그들 중 일부는 그들의 서비스에 대해 지불된 요금으로부터 오는 비용들을 관리하고 있다. 이는 마케팅 또한 변화에 대한 저항을 극복하는데 도움을 주면서, 특히 훈련의 가치에 대한 오해를 극복하는데 도움을 주어 새로운 훈련 프로그램들의 성공적인 도입에 중요한 요소이다. 성공적인 내부 마케팅 전략들로는 다음과 같은 것들이 있다.

- 목표 대상을 훈련이나 학습 활동 개발에 참여시켜라.
- 어떻게 훈련과 개발 프로그램이 특정한 비즈니스 요구들을 해결하는데 활용될 수 있는지를 보여줘라.
- 어떻게 훈련이 특정한 비즈니스 요구들을 해결하는데 있어 회사에서 활용되어 왔는지를 보여주는 예시를 소개하라.
- 적극적으로 훈련을 지원하는 "챔피언"(최고경영자)을 확인해주어라.
- 고객과 관리자, 직원으로부터 받은 피드백을 경청하고 행동으로 옮겨라.
- 이메일, 회사 웹사이트, 직원의 휴식 장소를 이용하여 광고하라.
- 훈련 고안자나 팀과 비즈니스 부문, 즉 소비자 사이를 중재할 책임 담당자로서 훈련 기능 중에서 누군가를 임명하라.
- 경영에서 자산수익률이나 현금 유동성, 혹은 순이익이나 손실과 같은 어떠한 재정적 수치들을 최고위 경영진이 고려하고 있고 있는지를 결정하고, 훈련과 개발이 어떻게 이 수치들을 향상시키는데 도움을 주는지를 보여줘라.
- 직원과 관리자가 이해할 수 있는 말로 이야기하라. 전문용어를 사용하지 말라.

훈련 브랜드를 개발하고 소통하는 것 또한 중요하다. 브랜드는 고객들의 기대를 유도하는데 이용되는 훈련 기능의 외관과 느낌을 포함한다. 브랜드는 고객들을 유치하고 유지하는데 활용된다. 훈련 브랜드를 형성하기 위해서는 〈표 2.10〉에서 제시하는 제안들을 따르라. 훈련 기능 또한 자신의 전략을 개발하고 이것을 자신의 고객들에게 소통하기 위하여 필요하다. 이 전략은 어떠한 제품과 서비스를 제공할 계획인지, 훈련에 대한 요청이 어떻게 대응되고 누구에 의해서 이루어질 것인지, 회사의 다른 부서들과 비즈니스 부문들과의 파트너십을 어떻게 보여줄 것인지, 고객들에게 제공하고자 하는 서비스의 수준은 어떤지를

표 2.10 훈련 브랜드를 형성하는 법

- 훈련을 구매하거나 요청하는 관리자와 훈련에 참여하는 직원을 포함한 훈련의 현재 "고객들"에게 이 브랜드에 대한 그들의 인식은 어떠한가를 질문하라. 예를 들어, 그들이 이 훈련 브랜드에 대해서 어떻게 느끼는지를 어떤 감정을 통해 묘사하는가? 그들의 느낌이 어떤 단어로 요약되는가? 당신과 함께 비즈니스를 하는 것에 대해서 그들이 내린 결론은 무엇인가? 이러한 질문에 대한 대답은 훈련 브랜드에 대한 강점과 긍정적으로 인식되는지, 혹은 의도대로 인식되는지에 관한 정보를 제공해준다.
- 현재와 미래의 고객들에게 어떻게 인식되기를 원하는지 규정하라.
- 고객들의 훈련 기능에 대한 인식에 영향을 미치는 요인들을 확인하라.
- 의도한 바대로 고객에게 있어 이 브랜드가 뒷받침이 되어주며 소통하는지 여부를 결정하는 각 요인들을 검토하라.
- 각 요인이 브랜드를 지지할 수 있도록 변화를 일으켜라.
- 이 프로세스의 각 단계에 대한 피드백을 고객들로부터 얻어라. (브랜드 규정, 요인 확인, 변화 제안 등)
- 고객들과 상호작용할 때, 브랜드를 뒷받침하고 확고하게 해주는 경험을 만들어내라.

출처: A. Hand, "How to enhance your training brand," *T+D*(February 2011), pp.76-77.

포함해야 한다. 훈련이나 개발, 혹은 다른 학습 계획들 이전과 도중, 이후의 서비스들이 고려될 필요가 있다. 훈련 기능 전략은 비즈니스 전략과 일치하도록 조정되고 그것에 기여해야만 한다.

예를 들어, 이콘 오피스 솔루션(IKON Office Solutions)에서는 학습과 개발 그룹이 매해 무엇을 가르치며, 어떻게 회사의 비즈니스 전략과 일치시키기 위한 노력을 하며, 비즈니스 리더들이 그들의 미래 목표를 성취하는 것을 지원하기 위하여 어떤 그룹 계획을 실행할 것인지를 보여주는 전략 보고서를 매해 출판하고 있다. 매년 말에는 이 보고서가 학습과 개발 그룹의 성공도를 측정하는데 활용되며, 이 정보는 훈련에 대한 지속적인 투자를 위한 사례로 만들기 위하여 최고 관리직과 공유된다.

버지니아 주(州)(Virginia)의 매클레인(McLean)에 소재한 컨설팅 회사인 부즈 앨런 해밀턴 사(社)(Booz Allen Hamilton)에서 훈련 부서는 브랜드 이미지 부여 전략(로고와 슬로건을 포함하여 어떻게 이 부서가 인식될 것인가)과 전반적인 마케팅 목표들, 직원과 관리자를 비롯한 모든 내부 고객들과의 소통을 위한 기술, 모든 새로운 학습 프로그램 착수 계획들을 포함하는 마케팅 계획을 매년 개발한다. 이들 중 하나는 회사의 우수 성과 센터(Center for Performance Excellence)에 대한 인식을 증진시키고 직원들의 채용과 유지를 위한 도구를 만드는 것이다. 마케팅 활동은 훈련 프로그램이 직무와 경력에서 노동자들에게 도움을 줄 것이라는 메시지를 전달한다. '훈련 매거진training magazine'에 100대 훈련 회사 리스트에 등장한 것과 같은 부즈 앨런 사(社)의 성취들은 회사가 훈련과 개발에 대해 진지한 입장을 취하고 있음을 미래의 피고용자들에게 보여주는 소통의 구실을 한다.

훈련 기능은 다른 회사에 훈련 과정이나 훈련 좌석을 판매하는 것으로 수익을 내는 센터가 되어가고 있다. 회사들은 여러 이유로 훈련 서비스를 판매한다. 어떤 비즈니스들은 다른 회사들이 그들의 전문가를 요청할 정도로 경영의 특정한 부분에 있어서 뛰어나다. 다른 회사들은 자신의 고객들이나 딜러를 훈련시키는 것을 겨냥하고 있다. 일부 사례에서, 훈련 부서는 훈련 프로그램이나 이러닝 강좌에서 사용되지 않는 자리를 판매한다. 예를 들어, 월트 디즈니 사(社)(Walt Disney Compnay)는 플로리다(Florida)에 있는 디즈니 훈련기관(Disney Institute)에서 고객 서비스와 조직의 창조성에 관한 강좌를 판매하고 있다. 이 기관은 타 회사 소속의 직원들에게 리더십 개발, 서비스, 고객 충성도, 팀 구축에 대한 내용을 포함하여 어떻게 디즈니가 자신의 비즈니스상의 강점을 개발하였는지를 이해할 수 있는 기회를 제공한다. 델 컴퓨터 사(社)(Dell Computer)의 한 분과인 델 교육 서비스(Dell Educational Servies)는 제품 사용자를 위한 기초 훈련과정을 판매하며, 소프트웨어 엔지니어, 개발자, 시스템 관리자, 대리점 영업담당자를 위한 전문적 훈련도 판매하고 있다. 강좌들은 전통적인 교실 수업, CD, 자가 진도에 맞출 수 있는 가상 교실에서의 온라인 강좌 형태로 제공된다. 오하이오 저축 은행(Ohio Savings Bank)은 역동성 혹은 시간 관리 과정에 잔여 좌석이 있을 때, 훈련기능 담당부서가 다른 회사들에 이 과정을 파는 것으로 비용을 충당한다. 예를 들어, 오하이오 주(州)에 근거를 두고 있는 도료 회사인 셔윈 윌리암스(Sherwin-Williams), 클리블랜드(Cleveland)는 은행 직원들과 함께하는 팀 빌링 프로그램에 자신의 정보 기술 직원들을 파견한다. 랜드스테드(Randstad) 사(社)는 랜드스테드의 노동자들을 고객 서비스 콜센터에 고용하는 자신의 고객들에게 온라인 훈련과정을 판매한다. 비록 랜드스테드가 훈련을 판매하는 것을 통해 수익을 만들어내기는 하지만, 이것의 가장 큰 이점은 자신의 고객들과의 관계 구축에서 실현된다. 1년 사이에, 랜드스테드는 이 회사를 선택한 (혹은 이 회사와 함께하는) 고객들에게 훈련을 제공하는 것을 통해 회사 비즈니스에서 4천 5백만 달러의 영향을 받았음을 보여주었다.

훈련 아웃소싱

아웃소싱은 어떤 훈련이나 개발 활동들에 대하여 완전히 책임과 통제력을 위임받거나, 행정, 디자인, 훈련전달, 개발을 포함하는 한 회사의 훈련의 전부 혹은 대부분을 맡는 외부 회사(외부 서비스 회사)를 활용하는 것을 가리킨다. 비즈니스 프로세스 아웃소싱은 인적자원관리나 생산 훈련과 같은 비즈니스 프로세스의 아웃소싱을 가리킨다. 조사 결과들은 전체 회사들 중 반절 이상이 점차적으로 교육을 아웃소싱하고 있음을 시사한다. 약 47퍼센트 정도가 갖춤화된 훈련 내용과 과정을 개발하는 책무의 일부 혹은 전부를 아웃소싱하고 있다. 훈련 전문가들은 10년 이내에 전체 훈련자의 반절이 아웃소싱 제공자로서 일하게 될 것이라고 예견한다. 왜 회사들은 훈련을 아웃소싱할까? 그 이유 중 일부는, 비용 절감과 회사가 비즈니스 전략에 집중할 수 있게 해주는 시간 절약, 연방 혹은 주, 지역 차원의 규칙으로서(예: 안전 훈련) 훈련상에서 따르도록 지시된 준수사항과 정확도 측면을 향상시키는 것, 학습 수요들에 부응하기에는 회사 내 역량이 부족함, 최상의 훈련 실행방식에 접근하고 싶은 욕구와 같은 것들이다. 일부 회사들은 모든 훈련 활동을 아웃소싱하는 포괄적인 접근법을 선택한다. 예를 들어, 엑센츄어 학습 비즈니스 프로세스 아웃소싱(Accenture Learning Business Process Outsourcing)이라는 아웃소싱 제공자를 살펴보자. 엑센츄어 학습은 커뮤티케이션 시스템, 어플리케이션, 서비스 분야에서 세계적인 선두주자인 어바이어(Avaya) 사(社)를 위한 어바이어 대학(Avaya University)을 운영한다. 엑센츄어는 호주의 선두적인 전기 통신과 정보 서비스 회사인 텔스트라(Telstra) 사(社)가 개인의 진도에 맞출 수 있는 이러닝뿐만 아니라 지정학적으로 다양한 곳에 있는 자신의 노동력들에게 학습 기회들을 제공하기 위한 가상의 강사 주도형 학습과 팟케스팅을 개발하는데 도움을 제공하였다. 비록 일부 회사들이 아웃소싱을 시작하고 있고 이 트렌드가 점차 성장하는 것으로 보이지만, 대부분의 회사들은 훈련과 개발 기능 전체가 아닌 소규모의 프로젝트만을 아웃소싱한다. 회사들이 그들의 훈련을 아웃소싱하지 않는 두 개의 이유 중 하나는 아웃소싱 제공자가 회사의 필요에 부응할 수 없기 때문이며 다른 하나는 훈련과 개발의 모든 양상에 대해, 특히 훈련 전달방식과 학습 내용에 대하여 회사가 통제력을 유지하길 원하기 때문이다. 〈표 2.11〉은 회사가 아웃소싱을 할지 안 할지를 결정하는데 있어 고려해야만 하는 사항들 중 일부를 보여준다. 훈련을 아웃소싱하는 결정은 복잡하다. 회사에 어떠한 가치도 더해주지 않는 훈련 기능은 아웃소싱의 후보가 될 가능성이 높다(〈표 2.11〉의 질문 1—4, 9를 보라). 많은 회사들이 비즈니스에 가치를 더해주는 훈련 기능을 보유하고 있으나 여전히 모든 훈련상의 필요들을 충족하지 못했을 수도 있다. 가령, 매우 숙련된 훈련 기술을 가졌으며 훈련에 가치를 두고 이를 비즈니스 전략에 있어 중요한 것으로서 바라보는 회사는 아마도 자신의 훈련 기능 전체를 아웃소싱할 필요가 없을 것이다. 하지만 그 회사도 담당자의 역량을 벗어나는 특별한 훈련에 대한 필요나 빠르게 변화하는 내용에 대한 특정 훈련을 위하여 아웃소싱 제공자를 찾을 수도 있다. 텍사스 인스트루먼트(Texas Instruments: TI)의 사례를 살펴보자. TI는 전문가 개발과 기술 훈련을 위한 자신의 모든 자유 등록제 강좌들을 수행하기 위한 훈련 아웃소싱 제공자와 계약을 맺었다. 주로 TI에 의하여 이루어진 이 강좌들은 지식이 빠르게 변화하는 분야의 것이었다. 따라서 이 과정들은 아웃소싱에 가장 적합한 후보로 간주되었고, TI는 그것들을 아웃소싱함으

표 2.11 아웃소싱을 고려할 때 검토해야 할 사항들

1. 당신의 내부 훈련 기능의 역량은 어떠한가? 담당자는 당신이 필요로 하는 훈련 기술을 성장시킬 수 있을 만큼 충분한 지식을 갖추고 있는가, 혹은 외부로부터 훈련 기술을 차용할 필요가 있는가?
2. 당신의 내부 훈련 기능이 추가적인 훈련 책무들을 맡을 수 있는가?
3. 훈련이 당신 회사의 전략상 핵심인가? 그것은 독점적인 것인가?
4. 당신의 회사가 자신의 훈련 조직을 가치있게 생각하는가?
5. 훈련 내용이 빠르게 변화하는 것인가?
6. 아웃소싱을 맡긴 훈련가들이 전문가로 보이는가, 아니면 이 점에 있어 냉소적으로 보게 되는가?
7. 당신의 기존 훈련 프로그램들의 강점과 약점을 이해하고 있는가?
8. 훈련 기능 전체를 아웃소싱하기를 원하는가?
9. 경영진은 당신의 회사에 대한 훈련의 효과를 최소화하려고 하고 있는가? 당신의 회사는 기술과 재능 형성에 대한 책임을 받아들이는가?
10. 내부와 외부 훈련의 혼합이 최상의 해결책인가?

출처: G. Johnson, "To Outsource or Not to Outsource… That is the Question," *Training*(August 2004), pp.24-29; K. Tyler, "Carve Out Training?" *HR Magazine*(February 2004), pp.52-57.

로써 비용 절감을 달성하길 바랐다. 그리고 TI는 계속해서 자신의 맞춤화된 전문적 부문에 대한 훈련 개발 및 제공을 담당하였다. 아웃소싱 협정에서, TI는 필요에 따라 구매하고 있는 훈련의 양을 증가시키고 줄이게끔 할 수 있도록 계약에 사용되는 언어를 신중하게 골랐다. 반도체 비즈니스의 순환하는 환경 속에서, 비즈니스에 상당한 가치를 부여해주는 맞춤화된 프로그램을 계속 유지하면서, 훈련의 양을 늘리고 줄이는 능력은 TI가 자신의 훈련 프로그램 중 일부를 아웃소싱하기로 결정했던 중요한 이유 중 하나였다. 연구는 회사의 훈련과 개발의 아웃소싱에 대한 만족도는 회사와 공급자 간의 신뢰(예: 회사와 아웃소싱 제공자 양측의 관리자들이 서로에게 충실하며 서로의 관심사에 주의하는 것)와 계약의 특별함(예: 계약이 명확하게 책무성의 틀을 제시하고 있는지 여부)에 달려 있다는 점을 시사한다.

요 약

훈련이 회사로 하여금 경쟁 우위를 획득하는데 도움이 되기 위해서는, 반드시 회사가 비즈니스 목표와 목적들에 도달하는 것을 뒷받침해야 한다. 본 장은 업무 역할과 조직적 요인들, 훈련의 역할에서의 변화들이 어떻게 훈련의 양과 형태뿐만 아니라 훈련 기능들과 조직에도 영향을 미치는지를 강조하였다. 전략적 훈련과 개발 프로세스가 논의되었다. 이 장은 어떻게 서로 다른 전략들(집중, 내적 성장, 외적 성장, 투자 회수와 같은)이 비즈니스의 목표에 영향을 미치고 서로 다른 훈련의 필요들을 만들어내는지를 설명하였다. 또한, 훈련 기능의 서로 다른 모델들에 대한 논의를 담고 있다. 훈련이 비즈니스 전략과 목표의 성취에 상당한 기여를 하기 때문에 비즈니스 내재 모델과 기업 대학 모델이 점점 더 우세해질 것이다. 학습과 훈련, 개발은 변화를 수반하기 때문에, 본 장에서는 관리자와 직원들이 수용해야 하는 조건들과 새로운 프로그램에서 기인하는 이점들에 대하여 논하였다. 이 장은 훈련 기능의 마케팅과 아웃소싱에 대한 정보로 맺는다.

토의 문제

1. 제품 시장에서 지배적인 회사의 훈련 활동이 연구와 개발을 강조하는 회사의 것과 어떻게 다를 것이라 기대되는가?
2. 훈련에 영향을 미치는 가장 중요한 조직적 특성이 무엇이라고 생각하는가? 이유는?
3. 왜 비즈니스 내재 모델이 훈련 기능을 조직하는 최상의 방법으로 간주되는가?
4. 셰링—플라우 건강관리 제품 주식회사(Schering-Plough HealthCare Products Inc.)는 몇 년 전에 기존에 눌러 짜내는 플라스틱 병에 담긴 로션 형태로만 나오던 코퍼톤(Coppertone) 자외선 차단제를 포켓사이즈 스틱과 스프레이로 개발하는 것을 통해 자신의 제품 라인을 확장하기로 결정하였다. 이 회사는 이 제품을 위한 시장 개발에 전략적 강조점을 두었다. 이 회사는 시장 조사 연구들을 통하여 자신의 코퍼톤 소비자들이 해변에서 원래 짜서 쓰는 방식의 용기에 담긴 제품을 이미 사용하고 있다는 것을 알았다. 과도한 피부 노출의 위험에 대한 인식의 증가로 인하여, 이전에는 해변에 있을 때만 자외선차단제를 사용하던 소비자들이 일상용 자외선차단제 제품을 찾고 있었다. 회사

관리자들은 제품이 소비자들의 주머니와 지갑, 운동용 가방에 편리하게 들어갈 수 있도록 재포장한다면 그들의 시장이 상당한 정도로 확장될 수 있으리라고 추론하였다. 비즈니스 전략을 확정하였다. 이 전략의 결과로서 어떠한 훈련이 필요한가? 이러한 결정이 제조의 측면과 세일즈 역량의 면에서 어떠한 훈련 상의 시사점을 가지는가?

5. 모든 회사들이 경제적 상황과 무관하게 지원해야만 한다고 생각하는 전략적 훈련과 개발 계획은 무엇인가? 왜 그러한가?
6. 전략적 훈련과 개발 계획들이 소규모 비즈니스에서 더 중요한가? 이유를 설명하라.
7. 훈련 기능이 어떻게 비즈니스 전략을 뒷받침할 수 있는가?
8. 직무와 그들의 유니크함이 가지는 전략적 가치가 어떻게 훈련과 학습 자원이 투자되는 것에 영향을 미치는가?
9. 인적자본이란 무엇인가? 어떻게 인적자본이 기술과 지식 획득으로부터 지식 창조와 공유로의 훈련의 역할 변화에 영향을 미치고 있는가?
10. 어떻게 SWOT 분석이 비즈니스 전략과 목표와 훈련 활동들이 일치하도록 조정하는데에 활용될 수 있는가?
11. 제품을 제조하거나 서비스를 제공하는데에 팀을 활용하는 것이 증가하는 것에 어떠한 훈련 상의 함의가 있는가?
12. 당신이라면 기업대학을 어떻게 디자인하겠는가? 당신이 취할 각 단계를 설명하라.
13. 집중화된 훈련 기능의 장단점은 무엇인가?
14. 회사가 자신의 훈련 기능 전체를 아웃소싱할 것인지 여부를 결정할 때 고려해야 하는 사항들은 무엇인가? 만약 그 회사가 한 훈련 프로그램을 아웃소싱하기를 원한다면 고려해야 할 사항들이 달라지는가? 이유를 설명하라.
15. 훈련 "브랜드"란 무엇인가? 왜 이것이 중요한가? 이것이 어떻게 훈련 마케팅이나 조직의 학습 기능과 관련을 맺는가?
16. "변화"가 훈련과 학습과 어떠한 연관이 있는가? 새로운 훈련 프로그램이 직원들에게 수용되기 위하여 다뤄져야 할 변화 관련 네 가지 문제점은 무엇인가?

적용 문제

1. 맥도날드 웹사이트인 www.mcdonalds.com을 방문하라. "우리 회사"를 검토하라. 다음으로, "이력"을 클릭하고, "훈련과 교육"과 "햄버거 대학"을 클릭하라. "단과대학 학점 연계"에 관한 비디오를 시청하라. 다음의 질문들에 답하라.

   a. 햄버거 대학은 회사의 비즈니스를 지원하는가? 왜 그런지 이유를 설명하라.

   b. 햄버거 대학에서 이용가능한 학습 자원들과 그것들이 어떻게 비즈니스 전략에 기여하는지를 확인하라.

2. 인터넷을 활용하거나 도서관을 방문하여 한 회사의 연간 보고서를 찾아라. 그 연간 보고서를 활용하여 다음의 것을 수행하라.

   a. 그 회사의 미션과 가치, 목표들을 확인하라.

   b. 그 보고서가 제공하고 있는 회사의 훈련 실행방식과 그것들이 어떻게 목표와 전략과 연관되어 있는지에 관한 정보를 찾아라. 수업에서 당신이 조사한 바를 짧게 발표할 수 있도록 준비하라.

3. 세계 최고의 해충과 흰개미 관리를 제공하는데 전념하고 있는 회사인 올킨(Orkin)의 웹사이트 www.orkin.com을 방문하라. 페이지 하단에 있는 "올킨의 이력"을 클릭하라. "회사 소개", "문화", "기회", "공동체 참여"를 클릭하여 이 회사를 조사하라. 올킨 대학을 클릭하라. 이 대학이 회사 문화와 비즈니스 전략을 뒷받침하는가? 올킨이 직원들에게 제공하는 훈련의 종류는 무엇인가? 훈련이 전략적인가? 왜 그러한가? 올킨이 회사의 경쟁 우위에 기여하도록 어떻게 훈련을 활용하는가?

4. 기업대학의 전문가이자 기업 교육과 연구, 컨설팅 회사인 엑스체인지 기업대학(Corporate University Xchange)의 웹사이트 www.corpu.com을 방문하라. 기업대학에 관한 어떠한 정보를 이 사이트에서 접할 수 있는가? 그것은 왜 유용한가?

5. 자동차 산업을 위한 훈련에 전문화되어 있는 아웃소싱 회사인 아다야나 자동차(Adayana Automotive)의 웹사이트 www.adayanaauto.com을 방문하라. 아다야나 자동차가 제공하는 서비스는 무엇인가? 당신이 자동차 산업에서 인적 자원 전문가로 일한다면, 아다야나 자동차에 훈련을 아웃소싱하는 장단점은 무엇이겠는가?

사례

비즈니스 성과에 맛을 더하기 위한 훈련과 개발 활용

아마도 당신은 맥코믹 앤 컴퍼니(McCormick & Company)를 에피타이저와 메인 디쉬, 디저트의 맛을 강화하기 위한 조미료와 향신료 회사로 알고 있을 것이다(방금 구운 초콜릿칩 쿠키의 굉장한 향기를 느껴보지 못한 사람이 있겠는가?). 당신은 훈련과 개발이 맥코믹 사(社)에서 전략적 역할을 한다는 것 또한 알 필요가 있다. 학습은 이 회사의 전략에 의하여 이끌어진다. 이 회사의 주요 전략들은 세일즈의 확대, 혁신 조성, 비용 기반의 관리, 승계 계획을 포함한다.

훈련과 개발이 전략적이도록 하기 위하여, 학습과 개발 감독은 비즈니스상의 필요를 위해 역할하는 성과 자문팀으로서 훈련 부서의 직책을 맡아오고 있다. 아울러, 맥코믹 사(社)는 회사를 보다 민첩하게 만들고 변화에 적응할 수 있도록 만들며 베이비붐 세대의 은퇴로 인한 전문가의 손실에 대응할 수 있도록 만든다는 목표를 가지고, 조직의 모든 수준들에 대한 학습을 강조하고 있다. 교사로는 그들의 수준과 상관없이 감독의 책임을 가진 훈련가와 모든 직원들이 포함된다.

맥코믹 사(社)의 이사회는 한 비즈니스 사례가 추가적인 재정 자원을 만들어낸다면 추가적인 훈련과 개발 계획을 위한 자금을 제공하기도 한다.

만약 당신이 인적자원개발팀의 부서장이라면, 어떠한 종류의 훈련과 개발 계획들을 만들어낼 것인가? 당신의 계획들의 효과성을 확인하기 위해 측정해야 할 것으로 어떠한 지표들을 수집할 것인가? 훈련이나 학습 전문가가 아닌 직원들이 가르치도록 하는 것이 훈련과 학습이 보다 전략적이게 되는 데에 기여하는가? 당신의 답을 설명하라.

출처: T. Bingham and P. Galagan, "Growing Talent and Sales at McCormick," *T+D* (July 2007), pp.30-34; R. Frattali, "The Company That Teaches Together Performs Together," *T+D* (July 2007), pp.36-39. 또한 맥코믹 사(社) 웹사이트 www.mccormick.com을 방문하라.

실습/ 사례 1
프라이스워터하우스코퍼스(PricewaterhouseCoopers)의 파트너 훈련 및 개발을 위한 율리시스 프로그램

2011년 '트레이닝 매거진(Training Magazine)'의 명예의 전당 상위 10위 안에 이제 막 진입한 프라이스워터하우스코퍼스(PricewaterhouseCoopers)(PwC)는 공식 교육과 비공식 학습, 기술에 기반한 프로그램을 포함한 혼합된 학습 경험으로 그 커리큘럼을 이행해왔다. 회계와 컨설팅 분야의 거물인 PwC는 타히르 아유브(Tahir Ayub)를 그가 이전에 해온 것과 전혀 다른 컨설팅업의 파트너로 선임하였다. 그의 업무는 나미비아 오지의 마을지도자들이 공동체에 증가하고 있는 에이즈 위기에 고군분투하는 것을 돕는 것이었다. 언어 장벽과 문화적 차이, 전기 이용이 거의 어려운 상황에 직면한 39세의 아유브와 두 명의 동료들은 저차원적인 접근기술, 즉 면대면 대화를 위하여 그들의 마이크로소프트 파워포인트 프레젠테이션들을 폐기하였다. 촌장은 이 질병과 싸우는 프로그램을 위해서는 공동체의 지지를 모을 필요가 있음을 배웠고, 아유브 역시 기술이 언제나 답인 것은 아니라는 중요한 교훈을 배웠다. "당신의 신념과 편견들을 제쳐두고 사물들을 보는 새로운 방식을 알아내는 편이 낫다."고 그는 말했다.

아유브는 아마도 그가 나미비아에서 그랬던 것처럼 PwC에서 이렇게 극단적인 문화적 단절과 마주한 적이 결코 없었을 것이다. 하지만 파트너의 다음 세대를 위하여, 장벽을 극복하고 전 세계의 고객들과의 관계를 형성하는 것은 그들의 직무에서 매우 중요한 부분일 것이다. 이것이 바로 PwC가 서비스 프로젝트를 위해 최고의 인재를 8주간 개발도상국으로 파견하는 율리시스 프로그램을 통해 그들이 발전시키길 희망하는 기술이다. 상당히 소소한 투자로(인당 15,000달러에 임금을 더한) 율리시스는 회사의 미래 지도자라고 여겨지는 인재를 시험하고 그들의 세계관을 확장시킨다.

그 결과를 수치화하기는 어렵지만, PwC는 이 프로그램이 효과가 있다고 확신하고 있다. 24명의 졸업자 모두가 여전히 회사에서 일을 하고 있다. 그들 중 반절이 승진하였으며, 대부분은 새로운 책임을 맡고 있다. 또한 중요한 것은, 24명 모두가 PwC에 보다 강하게 전념하게 되었다는 것이다. 이것은 한편으로는 회사가 그들로 하여금 헌신하게 만들었기 때문이며, 다른 한편으론 회사의 가치에 대한 그들의 새로운 비전 때문이다. 글로벌 관리업무 파트너 빌럼 브뢰커(Willem Bröcker)는 "우리는 이 훈련으로부터 더 나은 파트너를 얻는다."라고 말한다.

율리시스 프로그램은 PwC의 전문적인 서비스 회사들이 직면한 가장 큰 해결과제 중 하나에 대한 답이다. 그것은 곧 아주 다루기 힘든 문제들에 대하여 인습에 얽매이지 않은 답을 찾아낼 수 있는 전도유망한 지도자들을 찾아내고 훈련시키는 것이다. 전통과 필요성에 의하여, 신생 PwC 지도자들이 그 안에서 육성되고 있다. 하지만 수천 명의 파트너를 두고 있는 상황에서, 필수적인 비즈니스 요령과 관계형성 기술을 갖춘 자들을 찾아내는 일이란 쉽지 않다. 그 프로그램이 파트너들로 하여금 PwC에 대한 새로운 관점을 가져다주었듯이, 이것 역시 PwC에게 그들에 대한 새로운 관점을, 특히 압박 아래서 버티는 그들의 능력에 대해 새로운 관점을 부여한다.

어려서부터 이메일과 블랙베리(Blackberry)의 영향을 받아왔으며 한창 경력을 쌓고 있는 파트너들에게 있어서 이것은 그리 쉬운 일이 아니다. 그들은 무선 전화와 쾌적한 사무실, 테이크아웃 중국음식에 익숙해져 왔기에 개발도상국 세계에서의 고된 경험은 상당한 쇼크로 다가왔을 것이다. PwC의 보스턴 지부의 한 합병 인수 전문가는 벨리즈(Belize)에서의 근무 이전에는 개발도상국에 가본 적이 한 번도 없었는데, 거기서 그는 먼지 쌓인 바닥이 깔린 집들과 아픈 아이들, 끝없는 빈곤함에 직면하였다.

15년 이상, 회사는 지도자들을 개발하기 위하여 사회-책임성 계획들을 활용해왔다. 하지만 PwC는 이 개념을 새로운 수준으로 받아들였다. 참가자들은 개발도상국가에서 8주 동안 보내면서 벨리즈의 에코 투어리즘(eco tourism) 집단에서부터 잠비아의 소규모 유기농 농부들과 나미비아의 에이즈 집단에 이르기까지 그들의 사업적 기술을 지역 구호 집단들에 빌려주었다. 율리시스는 또한 지역 고객들뿐만 아니라 다른 세계 지역 출신의 PwC 동료들과 문화를 뛰어넘어 협력을 구축하는 과제를 부여한다. 가령, 아유브는 멕시코와 네덜란드 출신의 파트너들과 짝을 이루었다.

나아가 PwC는 가난한 국가에 속한 인턴들을 받아 그들의 리더십 기술을 향상시키고 그들의 고향 공동체를 위하여 더 잘 일할 수 있도록 그들에게 동기를 부여해준다. 벨리즈에서 교육부와 함께 일한 한 인턴은 학생들에게 예산을 세우는 법과 대학 장학금에 지원하고 대학의 학점에 대한 관념을 이해하도록 도왔다.

회계를 넘어

이 PwC 프로그램은 참가자들에게 전 세계에서 비즈니스를 수행하는 회사에게 있어서 중차대한 넓은 국제적 시각을 제공한다. 율리시스는 참가자들로 하여금 회계나 컨설팅의 엄격한 제한을 뛰어넘는 해결과제에 준비될 수 있도록 도움을 주며, 기업 문화에서 근본적인 공동체에 대한 참여와 같은 가치들을 서서히 주입시킨다.

율리시스는 또한 파트너들이 그들이 기대고 있는 평소의 자원 없이 그들이 성취할 수 있는 것을 배우는 기회이다. 이 프로그램은 그들의 전문 영역을 상당히 벗어난 프로젝트를 그들에게 강제로 부과한다. 예를 들어, 합병 인수 전문가가 벨리즈에서 에코 투어리즘 그룹을 위한 비즈니스 플랜을 개발했다.

PwC 파트너들은 그들이 이미 사람과 고객들을 관리하는 업무에 그들의 경험을 적용했다고 말한다. 한 말레이시아 출신 파트너는 벨리즈 여행 이후 자신의 관리 스타일에 변화가 생겼음을 그녀의 팀이 알아차렸다고 말한다. 그녀는 다른 의견에 보다 귀를 기울이게 되었고 보다 유연해졌다. 아유브는 20명의 파트너들을 관리한다. 그는 낮은 기술적 접근방식이 신뢰를 형성하므로 이메일보다는 면대면 대화를 더 선호한다고 말한다. "나미비아에서 이것이 차이를 만들었다."라고 그는 말한다.

만약 이와 같은 통찰들이 회사 전체에 걸쳐 파문을 일으킨다면, 율리시스는 소수의 파트너들이 자아를 발견하는 여행 그 이상의 것이 될 것이다. 이것은 성장하는 글로벌 비즈니스의 도전과제들에 맞설 수 있는 리더들을 양성하는데 도움이 될 것이다. 그리고 바로 그것이 율리시스의 핵심이라고 PwP는 말한다.

질문

1. 어떤 경쟁적 과제들이 PwC로 하여금 율리시스 프로그램을 개발하도록 동기부여했는가?
2. 율리시스 프로그램이 PwC의 비즈니스 전략과 목표에 기여한다고 생각하는가? 그 이유를 설명하라.
3. 율리시스 프로그램이 성공적이었다고 어떻게 결론짓겠는가? 당신은 어떠한 지표와 성과를 수집하겠는가? 왜 그러한가?
4. 율리시스 프로그램을 공식 과정(예: MBA 프로그램)과 같은 전통적인 지도자 훈련 방식이나 그들에게 보다 많은 담당 직무들을 부여하는 것과 비교했을 때, 율리시스의 장단점은 무엇인가?

출처: J. Hempel and S. Porges, "It Takes a Village—and a Consultant: PricewaterhouseCoopers Tests Partners by Sending Them to Work in Poor Nations," *Business Week*(September 6, 2004), 2009년 2월 23일 www.businessweek.com에서 검색하였음; www.pwc.com, PwC가 '트레이닝 매거진'의 명예의 전당 10위 안에 진입하였음은 2011년 12월 21일에 PwC 웹사이트에 접속하여 가져옴; www.pwc.com, "벨리즈 프로젝트의 참가자가 그들의 이야기를 전한다."

2부

훈련 설계

2부에서는 효과적인 훈련을 체계적으로 설계하는 방법에 초점을 맞춘다. 3장 "요구 분석"에서는 훈련이 필요한지 여부를 결정하는 데 사용되는 프로세스에 대해 논의하며 조직, 인력 및 관련 업무를 분석하는 것이 포함된다.

4장 "학습과 훈련 전이"에서는 학습과 훈련 전이에 대한 이론과 훈련생들이 훈련을 통해 원하는 결과물을 학습하고 그것을 실제 업무에 활용할 수 있도록 돕는 환경 조성에 대하여 알아본다.

5장 "프로그램 설계"에서는 훈련 프로그램 설계 및 훈련과정과 프로그램을 개선할 때 중요하게 다뤄지는 이슈를 살펴본다. 즉 컨설턴트나 교육업체, 훈련장소를 어떻게 선택하고 준비해야 하는지, 매니저와 동료의 지원을 포함한 업무 환경을 조성할 때 학습과 훈련 전이를 극대화하려면 어떻게 하는지에 대하여 알아본다. 또한 훈련 전이에서의 지식경영에 대해서도 논의한다.

6장 "훈련 평가"에서는 평가 방법과 평가 유형에 대한 개요를 제공한다.

2부는 훈련 목적으로 사용된 현장 비디오 게임을 사례로 들며 마무리한다.

3장

요구 분석

Needs Assessment

학습 목표

1. 요구 분석에서 조직 분석, 개인 분석, 과업 분석이 가지는 역할에 대해 논의할 수 있다.
2. 요구 분석에서 사용되는 다양한 방법들을 알고, 각각에 대한 장단점을 확인할 수 있다.
3. 요구 분석에 있어서 고위 관계자, 중간 관리자와 훈련자가 가지는 고민에 대해 논의할 수 있다.
4. 개인의 특성 및 투입요소(Input), 산출요소(Output), 결과, 그리고 피드백이 실적과 학습에 주는 영향에 대해 설명 할 수 있다.
5. 직원들이 훈련에 적절하게 반응할 수 있도록 해주는 확실한 조건들을 형성할 수 있다.
6. 과업 분석을 실행하는데 포함되는 단계들에 대해 논의할 수 있다.
7. 과업 분석 결과에 대한 분석을 토대로 어떤 사람들에게 훈련이 필요한지 알 수 있다.
8. 역량 모델과 역량 모델의 발달 과정에 대해 설명할 수 있다.

B&W Pantex와 NetApp의 요구 분석

요구 분석은 기존의 훈련(training) 계획을 수정하거나 새로운 계획을 세우는 데에 핵심적인 첫 단계이다. B&W Pantex와 NetApp에서 요구 분석이 어떻게 이용되었는지 생각해 보자.

텍사스(Texas) 주 애머릴로 시에 위치한 B&W Pantex 공장은 비축된 국가 핵무기의 안전, 보안, 그리고 신뢰를 지켜야 하는 책임을 짊어지고 있다. 이 시설은 미국 에너지국/국가 핵 안보실의 관할 하에 B&W Pantex에서 관리·운영되고 있다. 핵무기 산업은 엄격히 통제되어 있으며, 회사의 훈련(training) 대부분이 의무 안전교육이나 준수에 집중되어 있다. 하지만 B&W Pantex에서는 기술 훈련이나 경영자 교육도 제공하고 있고, 모든 직원은 개개인의 개발 계획을 가지고 있다. B&W Pantex의 개발 및 훈련은 질이 높고 사업 성과를 가진다. 이 회사는 The Association for Talent Development(ATD)에서 2010년 최우수상을 수상했다. 기술 훈련 부서의 목표는 꼭 필요하고, 정확하며, 시간 효율적이며, 또한 태도—혹은—능력 변화적인 고품질의 교육을 제공하자는 것이다. 최근 이 회사의 기술 훈련은 그 효율과 효과를 높이기 위해 검토되었다. 그 결과 직원들이 기술 훈련을 위해, 본업에서 많은 시간을 할애해야 하고, 교육과정 중 20%만이 훈련 시간의 8%를 차지한다는 것을 알아냈다. 따라서, 기술 훈련 부서에서는 훈련이 꼭 필요한지, 훈련 목표가 적절한지, 내용 중에 불필요한 것이 있는지, 혹시 과정의 대상 집단이 바뀌었는지에 대한 전반적인 재검토를 실시했다. 이 분석을 통해 기술 훈련 부서에서 700개가 넘는 과정이 삭제되거나 통합되었고, 많은 과정들의 완수 시간이 반 이상 감소되었다. 강의실에서 진행되던 과정들도 컴퓨터 기반으로 바뀌거나 직원들과 관리자 사이의 비공식적 모임으로 대체되었다. 그 결과로, 훈련 효율이 49% 정도 증가했고, 이제 직원들은 한 달에 5.5시간 정도 훈련에 참여한다.

NetApp은 고객이 사업 돌파구를 찾고 뛰어난 비용 절감 효과를 얻을 수 있는 정보 저장과 데이터 관리 해결책을 제시한다. NetApp은 정보 저장 및 데이터 관리 제공 업체 중 가장 빠르게 성장하고 있는 회사 중 하나로서, 전 세계에 8,000명 이상의 사원과 130개의 사무실을 가지고 있다. NetApp은 포춘(Fortune)지에서 2012년에 선정한 '최고의 100개 회사'에서 6번째로 좋은 일자리라는 평가를 받았다. 2006년부터는 계속해서 최고 15개 회사 안에 들었다. NetApp은 몇몇 개의 훈련(training) 개발 과정으로 저명한데, 그 중 하나를 예로 들자면 TOAST(training on all special things)라는 NetApp 경영진과 NetApp 대학이 함께하는 신입직원 오리엔테이션(orientation) 과정이다.

회사 성장의 결과로 NetApp은 최고 수준의 서비스를 제공하기 위해, 새로 고용된 엔지니어들의 능력을 개발해야 했지만 기존의 훈련과정은 이에 적합하지 않았다. NetApp에서는 새로운 지원 엔지니어들이 회사의 서비스를 능숙하게 수행하도록 하기 위하여 과정, 체계, 운영, 그리고 소프트 스킬(soft skill) 등 서비스의 모든 범위에서 발생하는 까다로운 문제를 해결하는 훈련과정을 필요로 했다. 요구 분석을 위해 NetApp에서는 성과가 가장 좋은 직원들을 대상으로 표적집단(focus group)을 형성해서 엔지니어들이 일을 하는 데에 있어서 어떤 종류의 지원이 필요한지를 조사하게 했다. 표적집단(focus group)으로부터 1,400개 이상의 과업들을 산출하고 난이도, 빈도, 그리고 중요도에 따라 분류했다. 지원 엔지니어들이 고용 후, 1년의 기간 동안 꼭 수행해야 되는 것으로 총 500개의 과업이 선정되었고, 이를 다루기 위한 새로운 채용훈련 과정이 개발되었다. 여기에는 개개인의 진도에 맞추어 진행되는 이러닝(e-learning), 강의실에서 진행되는 실전 업무 수행, 컴퓨터에 저장된 회사의 지원 시스템이나 인터넷 상의 고객들에 의한 사례들을 통한 훈련 등이 포함된다.

출처: J. Salopek, "Keeping Knowledge Safe and Sound," *T+D* (October 2010): 64-66; www.pantex.com. The website for B&W Pantex. S. Varman and B. Collins, "Ramp to Success at Network Appliances," *T+D* (July 2007); www.netapp.com

서론

1장 "직원 훈련 및 개발에 대한 서론"에서 논의되었듯이, 효율적인 훈련(training)은 설계 과정을 포함한다. 이러한 설계 과정은 바로 요구 분석에서 시작된다. 이 후의 과정으로는 직원들이 교육에 참여할 수 있는 동기와 기본 능력을 갖추고 있는지 확인하는 것과 긍정적인 교육 환경 조성, 교육에서 배운 것들을 실제 업무에 적용하고 있는지 확인하는 것, 훈련 방법의 선택, 훈련의 결과가 기대했던 것에 부응하였는지 확인하는 것 등이 포함된다. NetApp의 사례에서 보았듯이 훈련방법을 정하기 전에는 필요한 훈련의 종류와 직원들의 의지에 대한 조사가 중요하다. 요구 분석이란 훈련의 필요성을 판단할 수 있는 일련의 과정을 의미한다.

요구 분석은 보통 조직 분석(organizational analysis), 개인 분석(person analysis), 그리고 과업 분석(task analysis)를 포함한다. 조직 분석은 훈련이 이루어질 배경에 대한 검토로서, 회사의 사업 전략에 따른 훈련의 적합성, 회사가 갖추고 있는 자원, 그리고 관리자와 동료들의 지원 등을 분석하는 것을 말한다. 2장 "전략적 훈련"에서 논의되었던 사업 전략에 따라 훈련의 빈도와 종류를 정하는 일종의 조직 분석을 살펴보았다.

개인 분석은 훈련을 필요로 하는 사람들이 누구인지 확인하는 것이다. 개인 분석을 통해 (1) 성과부진의 원인이 지식이나 기술 또는 능력(훈련상 문제)의 부족, 혹은 동기 부여나 업무 설계상의 문제인지 확인하고, (2) 훈련이 필요한 사람이 누구인지 분석하고, (3) 직원들이 훈련에 임할 준비가 되었는지를 파악할 수 있다. 과업 분석을 통해서는 훈련에서 직원들의 업무수행에서 강조되어야 할 중요한 직무와 지식, 기술, 그리고 태도 등을 파악할 수 있다.

요구 분석은 왜 필요한 것인가?

요구 분석이 중요한 이유는 훈련(지식과 기술의 부족으로 생기는 기술적 격차를 좁히는 것을 목표로 하는 훈련)을 요구하는 관리자나 고객이 실제로는 다른 것, 예를 들어 직원의 동기와 관점·태도 등의 변화, 혹은 작업 흐름의 재설계 등을 요구하는 것일 수도 있기 때문이다. 만약 관리자가 성과관련 문제에 대한 교육을 요청한다면 훈련에 관한(혹은 상관없는) 문제에 대한 해결책을 바라는 것일 수 있다. 요구 분석을 통해 훈련이 과연 적절한 해결책이 될 수 있는지 결정하는 것이 당신의 역할이라 할 수 있다.

요구 분석은 교육설계 과정의 첫 단계인데, 이 과정이 제대로 이루어지지 않을 경우 아래와 같은 문제가 발생할 수 있다.

- 성과문제에 대한 해결책으로 훈련이 부적절하게 사용될 수 있다. (특히 해결책이 직원의 동기, 업무 설계, 성과 기대치, 혹은 의사소통의 문제에 집중되어야 하는 경우)
- 훈련 과정의 내용이나 목적, 그리고 방법이 잘못되었을 수 있다.
- 직원들이 훈련에 필요한 기본 능력과 전제 능력 및 교육에 대한 자신감이 없는 상태에서 무작정 훈련을 받게 될 수 있다.
- 교육 성취, 태도 변화 혹은 경제적 결과가 회사의 기대에 미치지 못할 수 있다.
- 회사의 사업 전략에 어긋나는 훈련과정으로 인해 비용이 허비될 수 있다.

〈그림 3.1〉 요구 분석에 필요한 세 가지 분석과 그 이유와 결과를 보여준다. 훈련을 필요로 하는 다양한 이유와 위협 요인이 존재한다. 위협 요인은 성과 문제, 새로운 기술, 내외적 훈련요구, 업무의 재설계, 신규 법, 고객 선호도의 변동, 신상품들, 혹은 직원의 기본기술의

그림 3.1 요구 분석의 원인과 결과

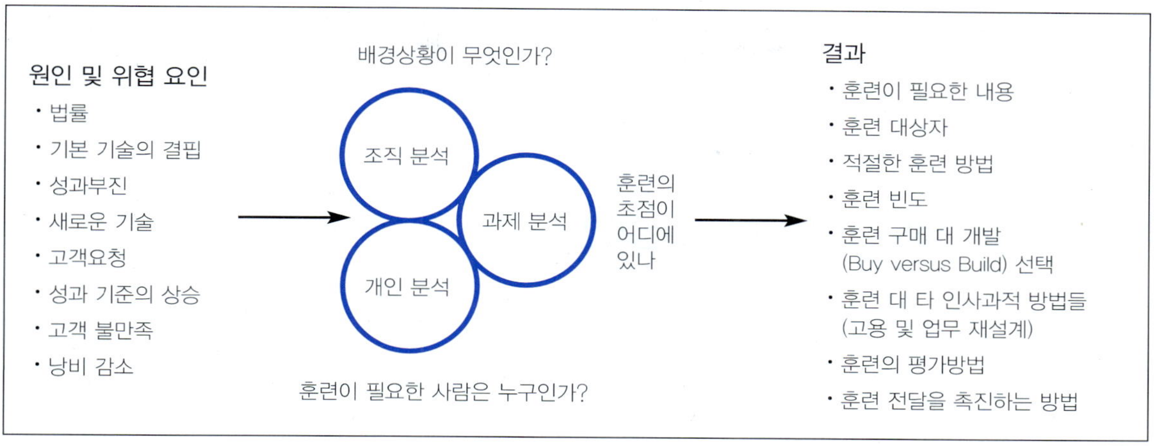

부족 등을 포함한다.

이러한 위협 요인들에 대한 해결책이 모두 훈련이 아니라는 것을 주목해야 한다. 예를 들어, 의료시설로 마취제 가스를 배달하는 트럭 운전수를 생각해보자. 기사가 실수로 마취제를 병원의 산소 공급관에 연결해서 병원의 산소 공급관을 오염시켰다. 이 운전수는 왜 이런 명백한 실수를 저질렀을까? 마취제 연결에 대한 기본 지식이 부족하여 발생하게 된 실수일 수 있고, 최근 관리자가 임금 인상에 대한 요청을 거부한 것에 대한 앙금 때문일 수 있고, 아니면 가스 연결 밸브에 표기가 잘못되어 그런 것일 수도 있다. 세 가지 이유 중 운전수의 기본 지식 부족에 의한 업무 과실만이 훈련으로 해결될 수 있다. 나머지 이유들에 대해서는 검토가 필요하고 운전수의 분노에서 비롯된 행동에 대한 결정(해고 결정)을 내리거나 운전수나 감독관이 모든 작업장에서 연결 밸브 및 관의 표기를 제대로 확인할 수 있는 작업 환경의 조성 등이 필요하다.

요구 분석을 통해 어떤 결과를 얻을 수 있는가? 요구 분석은 나머지 훈련설계 과정에 중요한 정보를 제공한다. 〈그림 3.1〉에서 보았듯이 요구 분석을 통해 훈련이 필요한 사람이 누구인지, 무엇을 배워야 하는지, 훈련되어야 할 직무, 지식, 능력, 태도, 혹은 다른 직업적 요구가 무엇인지 알 수 있다. 요구 분석은 또한 회사가 외부업체를 통해 훈련을 제공받거나 상담 받을 것인지 내부자원을 이용해서 개발할 것인지 결정하는데 도움이 된다. 직원들이 정확히 어떤 것을 배워야 하는지를 결정하는 것은 교육과정 설계의 다음 단계인 훈련성과 및 목표를 정하는데 핵심적이다. 4장 "학습과 훈련 전이"에서는 훈련성과와 학습 목표를 파악하고, 교육이 제대로 이루어지고 실제 업무에 적용이 될 수 있도록 하는 훈련 환경을 만드는 것에 대해 이야기한다. 요구 분석은 교육 목표와 훈련에 사용될 수 있는 자원을 파악하는 것을 통해서 회사가 적절한 훈련 및 개발 방법을 선택할 수 있게 도와준다(이 책의 Part 3에서 자세히 기술). 요구 분석은 나아가 훈련의 효율성을 평가하는데 필요한 교육 결과들에 대한 정보를 제공한다. 훈련 평가에 대한 것은 6장 "훈련 평가"에서 논의된다.

누가 요구 분석에 참여해야 하는가?

요구 분석의 목표는 훈련 자체의 필요성, 필요로 하는 사람, 훈련이 필요한 직무 등을 결정하는 것이다. 요구 분석 과정에 있어서 관리자, 교육자, 그리고 직원들 모두 함께 참여하는 것이 중요하다. 보통 요구 분석에는 교육자들만 관여되었다. 하지만 2장에서 제시되었듯이 회사의 전략적 목표의 달성을 위해 훈련이 많이 이용되기 시작하면서 상위 관리자와 중간 관리자까지 요구 분석 과정에 일원이 되었다.

〈표 3.1〉은 상위관리자, 중간관리자, 그리고 교육자들이 각 조직 분석, 개인 분석, 그리고 과업 분석에 있어서 답을 얻고 싶어하는 질문들을 보여준다. 상위 관리자들은 회장, 최고 경영자, 그리고 부회장을 포함한다. 상위 관리자들은 특정 직군에 초점을 맞추기 보다, 넓게 회사 전체를 바라볼 수 있는 관점으로 요구 분석 과정에 접근한다. 상위 관리자들은 요구 분석 과정을 통해 훈련이 회사의 기존 인사부서 업무에 있어 어떤 역할을 가질 수 있는지 파악하고자 한다(예를 들어 직원 채용이나 보수에 관한 문제). 즉, 상위 관리자들은 훈련이 회사의 사업 전략에 관련이 있는지, 있다면 어떤 훈련이 필요한지를 결정하는데 도움을 준다. 상위 관리자들은 어느 특정 부서나 직무에서 훈련이 필요한지 파악하고(개인 분석), 회사가 시장에서 경쟁할 수 있는 지식, 능력, 기술, 또는 능숙함 등을 갖추고 있는지 또한 확인하는데 관여한다.

중간 관리자들은 자신들이 관리하는 특정 부서의 경제적 목표치 도달에 훈련이 어떤 영향을 주는지 파악하는 것에 더 관심이 많다. 그 결과 중간 관리자들은 조직 분석에서 (1) 훈련에 예산의 얼마만큼을 할애할 수 있는지 (2) 어떤 부류의 직원들이 훈련을 받아야 하는지 (3) 제품이나 고객 서비스의 질을 향상시키기 위해 어떤 직군에게 훈련이 가장 필요한지를 파악하는데 초점이 맞추고 있다.

조지아(Georgia) 주의 아틀랜타(Atlanta), 캘리포니아(California) 주의 샌프란시스코(San Francisco), 그리고 워싱턴 D.C.에 거친 미국 전역에 사무실을 가진 건설업체인 DPR 건설에서는 매년 사업 목표와 훈련 요구 분석을 가진다. 이를 통해서 사업 목표 달성을 위한 적절한 훈련이 이루어지고 있는지를 조사할 수 있다. 각 사업 부서들은 사업 전략 실천

표 3.1 상위관리자, 중간관리자, 그리고 교육자들의 주요 관심

	상위 관리자	중간 관리자	훈련 전문가
조직 분석	사업적 목표를 달성하는데 훈련이 중요한가? 훈련이 어떻게 우리 사업전략을 지지할 수 있나? 회사의 인재기반에 위협이 되는 요소는 무엇인가?	훈련에 지출을 할 의향이 있나? 얼마만큼의 지출을 감수할 것인가? 훈련과 개발을 통해 사업적 목표를 이루는 데 어떤 도움을 받을 수 있나?	훈련 서비스를 살 만한 예산을 가지고 있는가? 관리자들이 훈련을 지원해줄 것인가?
개인 분석	훈련을 필요로 하는 특정 부서나 직무의 직원들이 있나? 사업목표에 도달하기 위해 직원들이 이루어야 하는 성과에는 어떤 것들이 있나?	누가 훈련을 받아야 하나? 관리자? 전문가? 핵심직원?	어떤 직원이 훈련이 필요한지 어떻게 알아낼 수 있나?
과업 분석	시장에서 경쟁할 수 있는 지식, 능력, 기술, 또는 능숙함 등을 가진 직원들이 있는가?	제품이나 고객 서비스의 질을 향상시키는데 어떤 직종에게 훈련이 가장 필요한가?	어떤 직무에 대한 직원교육이 이루어져야 하나? 필요한 지식, 기술, 능력 이나 다른 특성들에는 어떤 것이 있나?

에 있어 필요한 교육을 교육훈련 부서로부터 지원 받는다. 예를 들어서, 중요한 사업 전략의 하나로 지속성(우수유출량 감소를 위한 지붕정원 설계 등 환경친화적 건설방법)이 있다. 이를 위해 교육훈련 부서에서 "greenBook"이라고 하는 소프트웨어 어플리케이션(software application)을 개발하여 환경 친화적 제품이나 서비스에 대한 정보나 단계별 에너지 효율성을 위해 드는 비용 등을 계산해주는 데이터베이스를 제공한다.

2장에서 앞서 논의되었듯이, 훈련 전문가들(훈련담당 관리자나 훈련 설계자들)은 훈련이 회사의 계획과 방향이 일치하는지 알아야 한다. 하지만, 훈련 전문가들은 훈련 과정을 운영하고 발전시키는데 필요한 정보를 얻기 위한 요구 분석에 주로 관심이 있다. 이 정보는 훈련과정을 외부에서 구입해야 하는지, 자체적으로 개발시킬 필요가 있는지에 대한 것을 포함해서 훈련이 필요한 직무 파악, 또는 상위 관리자나 중간급 관리자들의 관심도나 지원에 대한 정보를 말한다.

상위 관리자의 역할은 주로 훈련이 회사의 계획에 부응하고 있는지 관찰하고 이에 필요한 경제적 자원을 제공하는 것이다. 보통 상위 관리자들은 어떤 직원들이 훈련을 필요로 하는지 파악하거나 훈련이 필요한 과업 분석, 그런 직무들을 수행하는데 필요한 지식, 기술, 능력이나 다른 특성들에는 어떤 것이 있는지 결정하는 것에는 관여하지 않는다. 이러한 역할은 내용전문가(Subject-matter expert)의 역할이다. 내용전문가란 직원, 학자, 관리자, 기술 전문가, 교육자나 심지어 고객이나 공급자들 중 (1) 훈련이 필요한 직무를 포함한 훈련 주제들 (2) 성공적인 직무수행에 필요한 지식, 기술, 능력이나 다른 특성들 (3) 필요한 도구들 (4) 직무수행에 앞서 충족되어야 하는 조건들에 대한 지식이 해박한 사람을 말한다. 내용전문가들은 훈련이 담당해야 하는 내용에 대해 충분한 지식을 가지고 있어야 하

며, 주어진 시간 안에 반드시 다루어야 하는 내용을 우선시 할 수 있는 현실성을 갖추어야 한다. 또한 사업에 관련한 정보를 가지고 있어야 하며 회사의 언어, 도구, 그리고 상품에 대한 이해도 필요하다. 요구 분석을 수행하는데 얼마나 다양한 직군의 직원들이 필요한 것인지에 대한 규율은 없다. 하지만 업무에 관해 가장 잘 알고 있는 직무 현업전문가(job incumbent: 현재 해당 업무에 종사하는 직원)들이 요구 분석 과정에서 제외되면 전체적인 과정에 방해물이 될 수 있기 때문에 이들의 참여가 중요하다.

예를 들어서, 1,700여 명의 의사, 간호사, 치료사, 행정업무직원이 일하는 전문 의료시설 팔론 클리닉(Fallon Clinic)은 지속적인 요구 분석을 통해 훈련이 어느 부분에서 가장 큰 가치를 가지는지 파악하고 있다. 교육·개발 부서에서는 회사 전체를 대상으로 직원 설문조사와 관리자와 직원 사이의 대면 회의 등을 이용한 요구 분석을 매년 시행하고 있다.

요구 분석에 사용되는 방법들

요구 분석 방법으로 업무를 수행 중인 직원들을 관찰하는 방법, 온라인 기술의 이용, 기술 지침서 이나 다른 문서들 읽기, 내용전문가와 면담, 내용전문가와 표적집단(focus group) 구성, 내용전문가를 통해 업무에 필요한 지식, 직무, 기술, 능력, 그리고 다른 특성들을 알아볼 수 있는 질문지 등을 사용하고 있다. 〈표 3.2〉에서는 각 방법의 장단점을 보여준다.

예를 들어, 텍사스(Texas) 인스트루먼트(Texas Instruments)사에서는 기술 전문가들이 신입 엔지니어들을 가르칠 방법이 필요했다. 모든 엔지니어들이 기술적 전문성을 가지고 있었지만, 교육에 필요한 능력은 상이했다. 몇몇은 가르친 경험이 전혀 없었지만, 다른 몇몇은 지역 대학교에서 강의를 하고 있었다. 신입 엔지니어가 강사의 역할을 하면 수강생과 강사 모두 힘들어했다. 이러한 엔지니어들의 훈련 요구를 분석하기 위해 교육 개발 전문가들은 〈표 3.2〉에 나온 6개의 방법 중 5개의 방법을 사용했다. 전문가들은 조직 및 과업 분석에 필요한 정보를 수집했다. 훈련과정의 목록과 기업의 사명을 통해 엔지니어 부서의 사명을 파악했고, 현재와 기존의 과정이 엔지니어 개발에 이용되었다. 적절한 과업을 선정하기 위해 역량 조사와 프로젝트 업무 목록을 사용했다. 신입 엔지니어와 경력 강사들의 강의 관찰을 통해서 강사의 발표 내용의 강점과 약점을 파악했다(개인 분석). 작성된 문서와 설문 조사를 통해 얻은 정보가 유효한지 알기 위해 강사와 그 외의 사람들을 똑같이 면담을 진행했다. 또 다른 예로 보잉(Boeing)사는 인공지능 영역으로부터 차용한 과정을 이용한

표 3.2 요구 분석기술의 장단점

기술	장점	단점
관찰	• 업무 환경에 관련된 데이터 생성 • 업무 방해 최소화	• 숙련된 관찰자가 필요 • 관찰되는 것이기 때문에 직원들의 행동이 변화할 가능성이 있음
설문지	• 비용 절감 • 다수의 인원에게서 정보수집가능 • 데이터 요약의 용이성	• 시간이 오래 걸림 • 낮은 회수율, 부적절한 답변의 가능성 • 구체적인 정보의 부족 • 적힌 질문에 한한 정보만 수집
면담	• 훈련 필요성의 구체적인 요소나 문제의 원인 및 해결책 규명에 유용 • 예상 밖의 문제조사 기회 • 질문변동이 유연함	• 시간이 오래 걸림 • 분석의 어려움 • 숙련된 면담자가 필요 • 내용전문가들에게 위협적일 수 있다 • 면담시간 설정의 어려움 • 내용전문가들이 질문자의 의도에 따른 정해진 답만 줄 가능성
표적집단 및 협력	• 개인이 조사하는 것이 불가능하거나 곤란한 복잡하거나 논란이 되는 주제에 대한 접근가능 • 질문 변동이 유연해서 예상치 못한 문제들에 대한 조사가 가능	• 구성하는 시간이 오래 걸림 • 그룹원들이 질문자의 의도에 따른 정해진 답만 줄 가능성
문서 (기술설명서, 기록)	• 절차관련 정보 제공 • 객관적 • 새로 만들어지거나 만들어지는 과정의 업무직무에 관한 정보 제공	• 기술적 용어의 이해에 대한 어려움 • 오래되어 쓸모 없는 자료일 가능성
온라인기술 (소프트웨어)	• 객관적 • 업무 방해 초소화 • 최소 인력 활용	• 직원들에게 위협적일 수 있음 • 교육목적이 아닌 질타의 목적으로 정보의 활용이 가능 • 컴퓨터나 전화로 고객들과의 소통이 요구되는 업무에 한해서만 적용가능
과거데이터 검토	• 성과와 업적에 관한 정보제공	• 부정확하고, 미흡하거나 성과를 모두 반영하지 못하는 정보일 수 있다

출처: S. V. Steadham, "Learning to Select a Needs Assessment Strategy," *Training and Development Journal* (January 1980): 56-61; R. J. Mirabile, "Everything You Wanted to Know About Competency Modeling," *Training and Development* (August 1997): 74; K. Gupta, A Practical Guide to Needs Assessment(San Francisco: Jossey-Bass, 1999); M. Casey and D. Doverspike, "Training Needs Analysis and Evaluation for New Technologies Through the Use of Problem-Based Inquiry," *Performance Improvement Quarterly* 18(1) (2005): 110-124.

다. 전문가들의 문제해결, 불확실한 일을 처리하는 과정, 그리고 위험 부담을 줄이는 사고방식을 알아낼 수 있도록 관찰하고 면담했다. 이로 인해 밝혀진 전문가들의 특성은 훈련 교육과정에 포함되었다.

새롭게 만들어진 업무에 대해서는 훈련전문가들이 믿고 정보를 얻을 수 있는 재임자가 없다. 대신 기술도표, 시뮬레이션(simulation), 그리고 도구 설계자들이 훈련요건이나 직무, 혹은 업무환경 등에 대한 정보를 제공할 수 있다. 역대 데이터 검토는 전자나 지면 상의 성과 데이터를 모으는 것을 포함한다. 이로부터 현재 성과 수준에 대한 정보를 얻어서 실제 성과와 기대치 사이의 격차 또한 알 수 있다. 예를 들어, 병원에서 방사선 진단에 있어 높은 오류율의 원인을 알기 위해 실시한 요구 분석은 과거의 잘못된 검사지시, 환자의 검사 부위 오류, 잘못된 진단 코드의 사용, 중복 지시 등의 정보를 모으는 방법으로 이루어졌다. 이렇게 모은 정보를 토대로 대면과 관찰 등을 통해 실수의 원인을 찾고 추후에 이런 실수들을 줄일 수 있는 중재 방법을 구했다.

새로운 기술을 도입한 회사들을 위한 또 다른 정보원으로는 보통 훈련, 문서, 소프트웨어, 그리고 체계의 부족이나 전반적인 문제들에 대한 문의를 받기 위해 만든 헬프 데스크(help desk)가 있다. 헬프 데스크 관리 소프트웨어로 문의나 전화 등을 발신자, 어플리케이션, 혹은 공급자별로 분류할 수 있다. 소프트웨어에 탑재된 보고 능력은 사용자가 겪은 문제점 등을 쉽게 문서화 할 수 있고, 전화의 주제를 파악할 수 있게 한다. 이러한 문의 전화를 분석하는 것은 훈련의 격차를 파악하는데 도움이 된다. 예컨대 공통적인 문의 전화들을 통해 문제가 적절하지 않은 교육 범위 때문인지 교육자가 사용하는 문서나 업무 보조 등이 부족해서인지 분석할 수 있다.

온라인은 직원 성과를 추적하고 감독하는데 유용하다. 여기로부터 얻은 정보를 토대로 직원의 훈련 요구를 조사할 수 있고 기술의 강점이나 약점에 대한 피드백을 제공할 수 있다. 콜센터를 예로 살펴보면, 직원의 성과를 실시간으로 확인할 수 있는 기술이 있다. 만약 한 직원이 해결되지 않은 문제에 관한 회신을 다섯 번 이상 받는 등 명시된 기준을 충족하지 못해서 온라인 시스템에 감지되면, 담당 업무 보조 혹은 훈련으로 보내진다. 〈표 3.2〉에 명시되었듯이 온라인은 몇 가지의 장점을 가진다. 태도에 대한 객관적인 보고를 해주고, 수집된 데이터가 빠르게 요약되어 보고되고, 관찰할 내용전문가나 직원 면담도 필요 없고 업무 방해도 또한 최소화 된다. 하지만 요구 분석에서의온라인 기술은 컴퓨터나 전화를 통해 고객을 상대하는 소수의 업무에 관해서 가장 적합하다. 그리고 온라인 기술이 효율적이기 위해서는 관리자들이 수집된 정보가 직원들을 처벌하기 위해서가 아닌 훈련만을 위해서인 것임을 보장해야 한다. 그렇지 않으면 직원들은 항상 위협을 받는 기분일 것이고 불만족도와 직원 교환율(turnover)이 높아질 것이다.

요구 분석의 방법 중 어느 하나만 특출난 것은 없기 때문에 여러 가지가 동시에 쓰이는 편이다. 설문지의 장점은 다수의 사람들에게 정보를 얻을 수 있고 요구 분석 과정에 많은 직원이 동참할 수 있다는 것이다. 하지만 설문지로는 훈련 요구에 대한 구체적인 정보를 얻기 힘들다. 면담이나 전화 통화는 시간이 너무 많이 드는 반면, 구체적인 정보를 얻을 수 있다. 표적집단이란 내용전문가 면담의 한 종류로서 직접 만나 구체적인 훈련 요구에 관하여 물어보는 것이다. 크라우드소싱(crowdsourcing) 또한 요구 분석에 이용될 수 있다. 여기서 크라우드소싱이란 다수의 직원들에게 원래 요구되지 않았지만 요구 분석에 필요한 정보 제공에 도움을 받는 것이다. Computer Services Corporation은 "관념화(ideation)"

라는 인터넷 기반 협력·크라우드소싱 도구를 이용해서 훈련 요구를 파악한다. 이 과정에서 검토 담당 팀은 가장 우수한 아이디어를 거르고 분류하고 응용한다. 이로써 교육부서는 요구 분석을 할 때 내용전문가와의 면담에만 의존하는 것이 아니라, 더 많은 직원들이 참여할 수 있게 한다. 직원과 관리자들이 말하는 것과 실제로 하는 것의 차이가 있을 수 있으므로, 면담과 관찰의 결과물을 확인하는 것은 중요하다. Brown Forman 사의 잭다니엘 테네시 위스키(Jack Daniel's Tennessee Whiskey)와 같은 음료와 주류 브랜드의 생산자이자 마케팅 담당자는 직원 발달과 성과관리 데이터, 주류 산업의 트렌드, 그리고 회사의 훈련 재정 지원을 담당하는 운영 그룹에서 지적한 문제들에 대한 감독 등 다양한 방법으로 요구를 분석한다. 야피크레디 교육원(YapiKredi Academy)는 터키 이스탄불의 야피크레디(YapiKredi) 은행의 교육 및 개발 지원을 위해 설립되었다. 은행의 최고 경영층과 외부인으로 이루어진 자문위원회는 전략적 방향과 아카데미의 전망을 제시해준다. 은행의 요구 분석 과정은 각 지점 방문, 설문조사, 표적집단, 그리고 사업 부서들과의 회의 등을 포함한다. 아카데미에서는 3,000명 이상의 지점 직원들을 만나 그들이 받은 훈련 만족도를 조사하고, 각 개발 계획 및 제공된 훈련 경험에 대해 설문 조사했다. 조사 결과는 교육 및 개발 요구도 충족을 위해 이용됐다.

전사적 품질 경영(Total Quality Management, TQM)이 점점 더 강조됨에 따라, 많은 기업들이 훈련의 종류, 정도, 그리고 빈도 등을 정하는데 도움을 받기 위해 다른 기업들의 훈련 정보를 이용한다 이런 방법을 벤치마킹(benchmarking)이라고 한다. 예를 들어 세브런(Chevron), 페덱스(Federal Express), GTE, 제록스(Xerox), 등 다수의 기업들이 미국훈련교육협회의 벤치마킹 포럼의 일원이다. 각 기업은 공통된 설문조사를 완성시킨다. 설문조사는 훈련에 드는 비용, 직원규모, 관리, 설계, 과정 개발, 및 실천 등을 포함한다. 이 정보는 요약되어 참여한 회사들 사이에서 공유된다.

요구 분석 과정

이 절에서는 요구 분석의 세 가지 요소를 검토한다. 조직 분석, 개인 분석, 그리고 과업 분석이다.

〈그림 3.2〉는 요구 분석 과정의 흐름을 보여준다. 실제로는 조직 분석, 개인 분석, 그리고 과업 분석은 순서대로 진행되지는 않는다. 조직 분석, 개인 분석, 과업 분석의 결과에 따라, 훈련에 얼마만큼의 돈과 시간이 투자될지 결정된다. 과업 분석, 하나의 분석 결과로만 훈

그림 3.2 요구 분석 과정의 흐름

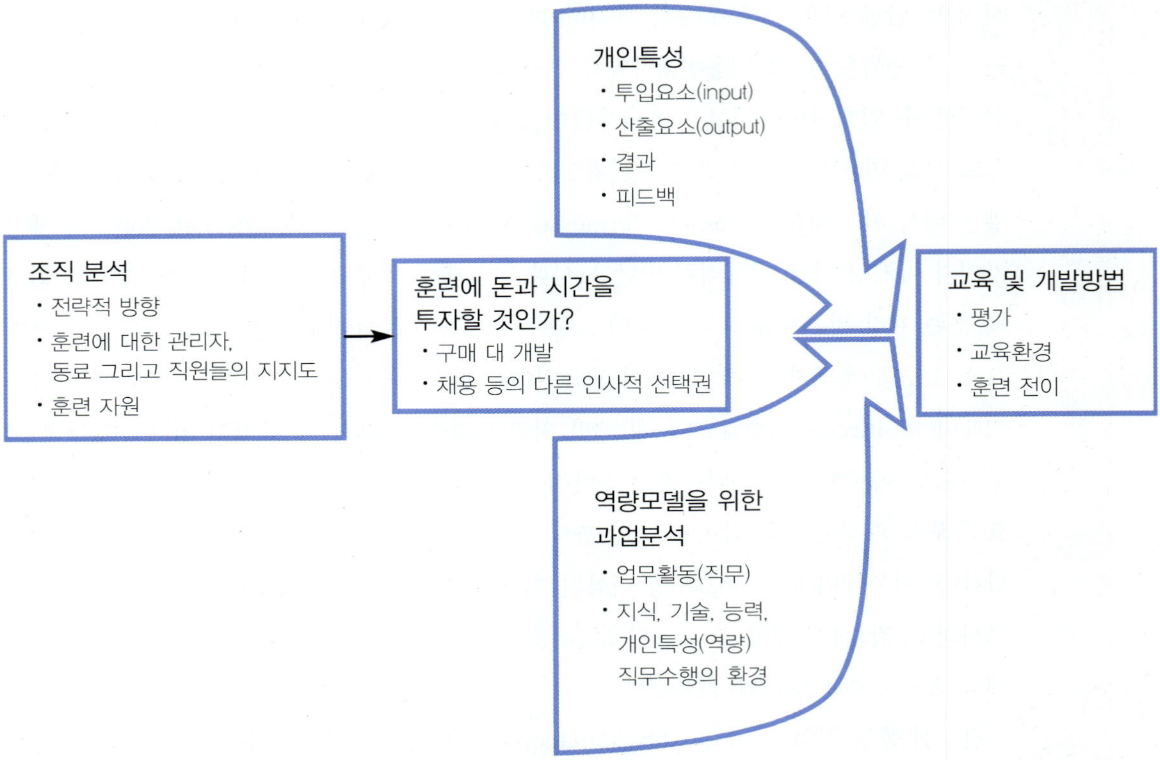

련에 대한 필요성을 시사할 수 있지만 기업은 훈련에 시간과 자원을 투자하기 전에 반드시 세 가지의 분석으로부터 정보를 얻는 것이 필요하다. 조직 분석이 기업의 전략적 목표에 훈련이 적합한지, 회사가 훈련에 필요한 예산, 시간, 그리고 전문성을 갖추었는지(훈련의 배경) 알아보는 것이기 때문에 보통 가장 먼저 시행된다. 개인 및 과업 분석은 보통 동시에 이루어지는데, 직무나 업무 환경에 대한 이해 없이는 개인의 성과 부진이 훈련의 필요성 때문인지 파악하기 힘들기 때문이다. 초기에 조직 분석부터 실시하는 것은 회사가 훈련에 금전적 자원을 소비하고 싶지 않은 것을 암시하는 것일 수 있다. 하지만, 개인 분석으로 다수의 직원들이 기업의 사업 목표에 필요한 기술이 부족한 것을 알았다면, 상위 관리자들은 훈련을 위해 재정을 재분배할 것이다.

조직 분석

조직 분석은 훈련이 기업의 전략적인 방향과 맞는지 관리자, 동료, 그리고 직원들이 훈련을 긍정적으로 생각하는지 그리고 어떤 자원이 있는지를 조사하는 것이다. 〈표 3.3〉은 교

표 3.3 조직분석에서의 질문들

- 훈련 내용이 어떻게 직원과 고객 간의 관계에 영향을 줄 것인가?
- 공급자, 고객, 혹은 동업자들은 훈련 과정에 대해 어떤 것을 알 필요가 있나?
- 이 과정이 회사의 전략적 요구에 어떻게 연관성을 가지나?
- 기업의 자원이 이 과정을 지원해야 하나?
- 과정의 성공을 위해서 관리자와 동료들로부터 필요한 것은 무엇인가?
- 업무 환경 중 훈련에 방해가 될 만한 것이 있나? (예를 들어 장비의 부족, 새로운 기술을 적용할 시간부족)
- 과정의 내용 개발에 도움을 주고 과정을 개발하는 중에 사업적 요구의 이해를 확실히 해주는 전문가가 있나?
- 직원들의 관점에서 훈련은 하나의 기회, 보상, 처벌, 혹은 시간의 낭비 중 어떤 것이 될 것인가?

출처: F. Nickols, "Why a Stakeholder Approach to Evaluating Training?" *Advances in Developing Human Resources*(February 2005): 121-134; S. Tannenbaum, "A Strategic View cf Organizational Training and Learning." In *Creating, Implementing, and Managing Effective Training and Development,* ed. K. Kraiger(San Francisco: Jossey-Bass, 2002): 10-52.

육자들이 조직 분석에서 답해야 하는 질문들을 담고 있다. 문서작성과 면담, 혹은 관리자들과 훈련 참여자들의 표적집단을 통해서 질문에 답할 수 있다.

기업의 전략적 방향

기업의 사업 전략이 어떻게 훈련에 영향을 주는지는 2장에서 논의되었다. 훈련의 전략적 역할은 훈련의 종류와 빈도, 그리고 그 역할이 회사 내에서 어떻게 구성되는지를 결정한다. 훈련이 회사의 사업 전략과 목표를 이루는 데 기여할 것이라 예상되는 기업에서는 전략 없이 훈련을 수행하는 기업에 비해 훈련에 더 많은 돈과 시간을 투자할 것이다. 예를 들어 훈련이 회사의 경쟁력에 도움이 될 것이라고 믿거나 고성과작업시스템을 가진 회사들의 경우 훈련 예산이 더 높고, 더 자주 시행된다. 사업 전략은 훈련의 종류 또한 결정하게 된다. 예를 들어, 2장에서 보았듯이 투자회수의 전략을 선택한 기업에서는 다른 전략을 가진 기업과는 다르게 재취업주선(outplacement)을 돕거나 구직기술 교육에 집중할 확률이 높다. 마지막으로 훈련이 더 큰 전략적 역할을 가질수록 훈련 구성을 사업 중심이나 기업대학 모델 중심으로 꾸릴 가능성이 높다. 두 개의 모델 모두 훈련이 사업적 문제를 해결하는데 쓰인다는 것을 강조한다.

훈련에 대한 관리자, 동료, 그리고 직원들의 지지도

몇몇 연구에 따르면 동료와 관리자들이 훈련을 지지하는 것과 직원이 훈련에 임하는 열정과 참여도 또한 매우 중요하다. 훈련에 참여하는 동료, 관리자, 그리고 직원들의 긍정적인 태도, 관리자와 동료들이 훈련 수강생에게 배운 지식, 기술, 혹은 태도 등을 활용하여 실제로 더 효율적인 업무를 할 수 있도록 정보를 제공하고자 하는 마음, 그리고 수강생들이 훈련에서 배운 내용을 적용할 수 있는 기회 등이 성공을 결정하는 핵심적인 요소이다. 동료들과 관리자들의 지지도가 낮으면 훈련에서 배운 내용을 업무에 실제로 활용할 확률은 적다.

| 훈련 자원 |

기업이 훈련에 할애할 시간, 예산, 그리고 전문성을 갖추었는지 아는 것이 중요하다. 과연 기업이 가진 자원(돈, 시간, 그리고 전문성)으로 자체적으로 훈련 과정을 개발할 수 있는지, 아니면 외부 업체나 고문 회사에 외주를 맡겨야 할지 알아야 한다. 이를 "구매 대 개발(buy vs build) 선택"이라고 한다. 예를 들어 어느 회사가 컴퓨터 기반의 제조 장비를 설치하기 위해 컴퓨터 언어를 구사하는 직원이 필요한데, 이를 해결할 세 가지의 전략이 있다. 첫 번째는, 직원들의 전문성과 예산이 허락한다면, 내부 컨설턴트(consultant)를 통해 관련된 직원을 모두 교육시키는 방법이 있다. 두 번째로 시험이나 업무 샘플을 통해 컴퓨터에 능숙한 직원을 색출해낼 수 있다. 시험에서 떨어지거나 기준에 도달하지 못한 직원들은 다른 업무를 부여하면 된다. 이 전략을 사용하는 것은 회사가 훈련 대신 직원 고용 및 재배치를 선택한 것을 말한다. 세 번째로는 시간이나 전문성이 부족하여 자문 회사로부터 훈련 과정을 사는 전략이 있다. 5장 "프로그램 설계"에서 고품질의 훈련 제공 회사와 자문 회사 등을 선택하는 법에 대해 논의할 것이다.

훈련 자원 파악을 할 수 있는 방법으로는 전 세계적으로 비슷한 일이나, 부서를 가진 회사들이 서로 경험을 공유하는 것이다. 예를 들어 제약회사 화이자(Pfizer)에서는 "가상 교육팀"이라는 것을 만들어서 미국 제조 지부들의 기술 훈련 중 "Best Practice"의 공유를 장려했다. 뉴욕, 뉴저지, 미주리, 네브라스카, 인디애나, 푸에르토리코, 그리고 벨기에의 훈련 관리자들이 팀에 속해 있다. 팀원들은 각 사분기마다 한 번씩 직접 만나고, 6주에 한 번씩 화상회의를 한다. 팀의 목표는 (1) 화이자의 훈련 전략에 집중된 관심을 주는 것, (2) 훈련 관리자들이 동료들에게 멘토가 되어주거나 훈련경험을 교환하는 것 (3) 모든 제조 지부에서 공통된 훈련기준을 확립하는 것이다. 가상교육팀은 신입 기술자 훈련의 기준을 세우고 기계 조작 및 약품 제조를 하는 직원들을 가르치고 평가를 하는데 필요한 10단계 방법을 만드는 등의 몇몇 가치 있는 업적을 이루었다. 기준을 세울 때, 제조 지부 중 하나에서 이미 하고 있던 훈련을 토대로 했다. 또 하나의 업적으로는 뉴욕과 푸에르토리코를 대표하는 팀원들은 두 공장의 작업 공간이 비슷하다는 것을 알아내어, 새로운 훈련 계획을 위해 만든 모듈을 서로 적용하기로 한 것이다.

개인 분석

개인 분석은 직원들 중 훈련이 필요한 사람이 누구인지 알려준다. 즉, 직원들의 현재 성과와 성과 기대치를 보고 훈련이 필요한 수준인지를 결정해주는 것이다. 훈련의 필요성은 <그림 3.1>에서 봤던 성과 문제, 업무의 변화, 혹은 새로운 기술의 도입 등의 위협 요인에 의해 생긴 것일 수 있다. 또한 개인 분석은 직원이 훈련을 받을 준비가 되었는지에 대한 정보도 준다. 훈련 준비성(readiness for training)이란 (1) 직원이 훈련 내용을 배우고 실제 업무에 적용할 때 필요한 개인적 특성(능력, 태도, 믿음, 그리고 의지)이 있는가, (2) 업무 환경이 학습을 도와주고 성과에 방해가 되지 않는가를 말한다. 개인 분석 과정은 개인 특성, 투입 요소, 산출 요소, 그리고 결과물과 피드백에 대한 검토를 포함한다.

훈련의 필요성을 자극하는 중요한 위협 요인 중 하나는 기준 미달 혹은 나쁜 성과이다. 성과 부진은 고객의 항의, 낮은 업적평가, 그리고 업무 중 사고나 위험한 행동 등의 사건들을 통해 시사된다. 또 직원들의 전반적인 기술 향상을 요하거나 직원들이 새로운 직무를 수행해야 하는 업무상의 변화는 훈련 필요성의 중요한 지표가 될 수 있다.

개인 분석 과정

<그림 3.3>은 성과와 교육에 영향을 주는 요인을 분석하는 과정이다. 개인 특성(Person characteristics)은 직원의 지식, 능력, 기술, 그리고 태도 등을 말한다. 투입(Input)은 직원들에게 무엇을, 어떻게, 그리고 언제 직무를 수행할지에 대해서 지시해주는 것과 연관된다. 또한 투입요소는 직원들이 직무수행을 위해 주어진 자원을 말하기도 한다. 이는 장비, 시간, 혹은 예산을 포함할 수 있다. 산출(output)은 직무수행의 성과와 기준을 말한다. 결과(consequences)는 직무를 잘 수행했을 때 받는 보상의 종류를 말한다. 피드백(feedback)은 직무 수행 중에 직원들이 받는 정보를 말한다.

개인 특성, 투입요소, 산출요소, 그리고 결과와 피드백을 측정하기 위해 면담이나 설문지를 이용한다. 예를 들어, 택배 배달업체에서는 숙련된 기사들이 신입 직원들에게 현장직무훈련(OJT)을 해주는 것을 중요하게 생각했다. 회사에는 110명의 숙련된 기사들이 재직 중이었는데 이들은 운전, 배달, 그리고 부기 등의 업무를 맡고 있었다. 숙련된 기사들은 새로운 직원들에게 훈련을 해주는 것을 흥미롭게 여기기 때문에 이익이라고 할 수 있고, 회사의 입장에서는 일터에서의 훈련이 상대적으로 적은 비용으로 효율적으로 이루어져 이득이었다. 숙련된 기사들은 보통 신입 직원들의 실수 등을 바로 알아채고 고쳐주었고, 배달 업

그림 3.3 요구 분석 과정의 흐름

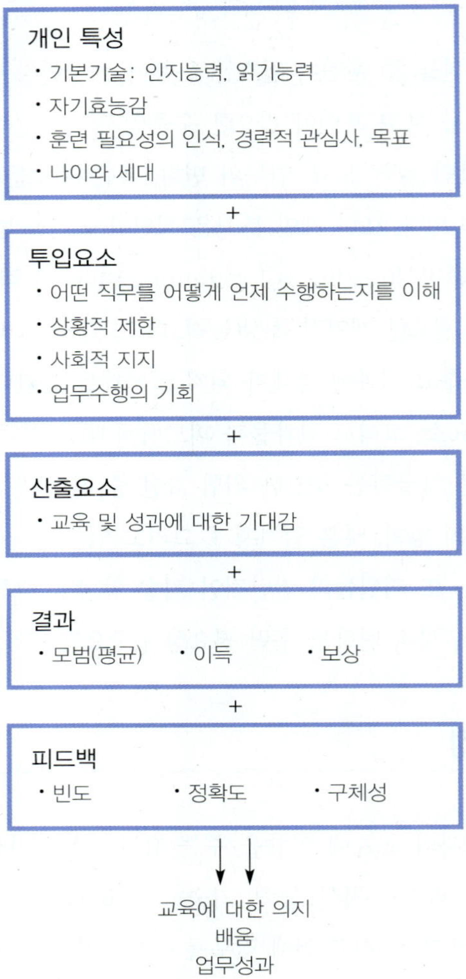

출처: G. Rummler, "In Search of the Holy Performance Grail," *Training and Development*(April 1996): 26-31; C. Reinhart, "How to Leap over Barriers to Performance," *Training and Development*(January 2000): 20-24; G. Rummler and K. Morrill, "The Results Chain," *T+D*(February 2005): 27-35.

무의 기술적 측면도 꽤 잘 이해하고 있었다. 많은 숙련된 기사들이 좋은 코치이자 교육자였지만, 회사는 이들이 체계적으로 가르치는 법을 배우길 원했다. 회사는 면담을 통해 훈련을 해주는 데 필요한 능력이 무엇인지 파악했다. 14명의 숙련된 기사들, 6명의 감독관들, 그리고 두 명의 지부 사장들과 면담이 이루어졌다.

숙련된 기사들과의 면담에서는 다음과 같은 질문들이 포함되었다.

- 어떤 상황에서 당신의 지도가 필요한가?

- 좋은 교수자가 되는 것을 방해하는 업무 요인은 무엇인가?
- 어떻게 다른 기사들을 격려하거나 동기부여할 수 있나? 보상이나 보수를 이용하나? 칭찬이나 개인적인 관심 표현 등의 다른 방법을 시도해본 적이 있나?
- 신입 직원들이 일을 하는데 공통적으로 많이 하는 실수는 무엇인가?
- 새로운 리더나 교수자로서 맞닥친 가장 큰 문제는 무엇이었나? 어떤 실수를 했나? 지나고는 어떤 교훈을 얻을 수 있었나?
- 성공적이었던 지도 경험과 성공적이지 못했던 지도 경험을 말해보라.

면담에서 반복해서 나오는 데이터는 기록되어 분류되었다. 예를 들어, 지도에 있어서 방해가 되는 요인으로는 세 가지 주제로 나뉘었다. 지도할 시간 부족, 물리적 개인 공간의 부족, 그리고 동료들을 지도하는 것에 대한 부담감으로 이 세 가지 주제들은 지도자 교육에 포함되었다.

개인 특성, 투입요소, 산출요소, 그리고 결과와 피드백은 학습 동기에 영향을 준다. 학습동기(motivation to learn)는 훈련 과정의 내용을 배우고자 하는 학습자의 욕구이다. 개인의 특성과 환경이 어떻게 학습 동기에 영향을 주는지 생각해보라. 본 서의 내용을 이해하고 받아들이는 데 아무 문제가 없을 수도 있다. 하지만 수업에 대한 당신의 태도로 인해 학습에 방해를 받을 수 있다. 다시 말하자면, 이 과목이 미래 경력을 쌓는데 중요하지 않다고 생각할 수 있고, 시간표에 적합하거나 졸업하는데 필수 이수 과목이라서 수강을 하고 있을 수 있다. 환경 또한 배움에 방해를 줄 수 있다. 예를 들면, 당신은 학습을 하고 싶지만 학습 환경이 이를 못하게 할 수 있다. 수업에서 필기한 내용이나 교과서를 읽을 준비를 할 때마다 룸메이트들이 파티를 열어 방해할 수 있다. 파티에 참여하진 않더라도 틀어놓은 음악 소리 때문에 공부에 집중할 수 없게 될 수 있다.

호텔 및 레스토랑 그룹인 메리어트인터네셔널(Marriot International)은 직원 개인의 특성이 회사의 복지노동 정책의 성공률에 막대한 영향을 끼친다는 것을 알아냈다. 복지노동 정책은 복지 수혜자를 훈련을 통해 회사의 호텔과 식당에 고용하는 것을 포함한다. 비슷한 프로그램에 대한 자세한 이야기는 10장 "사회적 책임: 법적 문제, 다양성 관리, 그리고 경력도전"에서 다룰 것이다. 많은 복지 수혜자들이 과정을 끝마치는데 어려움을 겪었는데, 육아문제, 마약 중독 문제, 혹은 가정 폭력 등이 원인이 됐다. 그 결과로 매리어트는 고용훈련을 받을 복지 수혜자를 엄격히 선별하게 됐다. 그 기준은 복지 수혜자들 중 안정된 육아 상황, 교통수단의 확보, 그리고 주거지의 마련 등이었다. 추가적으로 매리어트에서는 수혜자들이 훈련 중 마약 검사를 받을 것을 요구했다.

몇몇 연구 결과에 따르면 학습 동기는 얻은 지식, 태도의 변화, 혹은 훈련의 결과로 습득한 기술 등에 관계된다. 관리자들은 개인 특성, 투입요소, 산출요소, 그리고 결과와 피드백 등을 고려해서 성과 부진의 해결책으로 훈련이 가장 적합한지 판단하는 것 외에도, 이를 통해 누가 훈련을 받을 것인지 결정해야 한다는 것을 명심해야 한다. 이어지는 절에서는 각각의 요소들과 이들이 업무성과와 배움에 있어서 가지는 관계를 이야기한다.

개인 특성

개인 특성에는 기초 기술, 인지능력, 언어능력, 그리고 기타 업무를 수행하거나 훈련에서 잘 배우기 위해 필요한 능력을 말한다. 직원의 나이나 세대에 따라 어떤 방식을 선호하는지에 차이가 있기 때문에 개인 특성에 포함된다. 1장에서 언급되었듯이, 최근 직장에서의 능력 수준의 예상치와 설문조사 결과를 토대로 볼 때 기업들이 능력의 격차 문제를 겪고 있는 것으로 나타났다. 다른 말로는, 요즈음 기업에서는 공석을 채우고 업무에 투입될 수 있도록 성공적으로 훈련을 마치는 데 필요한 지식, 능력, 혹은 기술을 가진 직원을 찾기가 어렵다는 것이다.

기초 기술

기초 기술(basic skills)이란 직원들이 업무를 수행하거나 훈련 과정의 내용을 성공적으로 배우는 데 필요한 기술을 말한다. 여기에는 인지 능력과 읽기 및 쓰기 능력이 포함된다. 예를 들어 가정해보면, 교수가 당신에게 이 수업의 교과서 및 비디오, 유인물, 강의자료 등 다른 학습자료들을 이해할 수 있을 정도의 읽기 능력이 필요하다고 했다. 만약 당신이 필요한 읽기 능력 수준에 못 미친다면, 이 수업에서 훈련에 관한 것은 많이 배우지 못할 것이다. 1장에서 말했듯이, 앞으로의 미국의 직장 환경에서의 기술 수준을 예상해보면 관리자들이 기초 기술이 없는 직원들과 함께 일을 해야 할 확률이 높다. 직원들의 기초 기술을 판단하기 위해 글을 읽고 쓰는 능력의 검사를 이용할 수 있다. 〈표 3.4〉는 이런 검사를 위해 시행하는 활동들을 보여주고 있다.

고등학교 졸업장이나 학사 학위를 가지는 것이 반드시 그 직원의 기본 능력을 보장해주는 것은 아니라는 것을 알아야 한다. 훈련에 참가한 사람들이 이해에 핵심적인 읽기, 쓰기, 그리고 수학적 기술이 부족하다면 배울 수 없을 것이고, 훈련을 업무에 적용하지도 못할 것이며(전달이라고 알려진 과정으로 4장에서 다루어질 내용이다), 회사는 이러한 효과 없는 훈련에 돈을 허비한 것이 될 것이다. 훈련 전문가들은 훈련 프로그램을 설계하기 전에 학습자들의 강점과 약점을 평가하는 것이 필요하다. 이로 인해 밝혀진 기술적 약점들은 훈련 과정을 수강하기 전 꼭 갖추어야 하는 전제 조건으로 명시될 수 있다. 훈련 전문가들은 어떻게 기술적 격차를 알아차릴 수 있을까? 첫 번째로 훈련 전문가들은 직위에 맞춰진 훈련 내용과 사무 분장에 대한 전반적인 정보를 수집한다. 필요한 기술과 익숙해지기 위해 업무를 관찰하는 것도 이루어진다. 다음으로 훈련 전문가들은 내용전문가들—직원, 관리자, 엔지니어, 그리고 직업과 관련된 다수의 사람들과 만나본다. 내용전문가들의 도움을 받아서 훈련 전문가들은 주기적으로 수행하는 활동들의 목록을 만들고 목록의 내용을 중요도 순으로 정렬한다. 마지막으로 훈련 전문가들은 업무의 전반적 활동과 직무 수행에 필요한 기술과 그 수준을 파악한다. 예를 들어 간호사들은 환자의 상태, 반응, 그리고 안정상태 등을 관찰하며 지켜볼 수 있는 수준의 능력을 갖추어야 하고 환자의 세부정보를 파악하고 기억해야 한다. 이러한 활동들은 뛰어난 관찰 능력을 필요로 하고 훈련 전문가들은 능력 수준을 평가할 수 있는 시험을 찾거나 만들 수 있어야 한다. 능력 분석이 완료되면, 훈련 전문가들은 기본(혹은 훈련 전) 기술 평가를 해서 직원들을 훈련에 참여시키기 전에 고쳐져야 할 기술 격차가 있는지 알아보아야 한다.

| 인지능력 |

조사에 따르면 인지능력은 업무 성과와 훈련 성과에 영향을 준다. 인지능력(cognitive ability)에는 세 가지 차원이 있다. 언어이해능력, 수리능력, 그리고 추론능력이다. 언어이해능력이란 말이나 글로 표현된 언어를 이해할 수 있는 개인의 역량을 말한다. 수리능력은

표 3.4 언어능력 검사단계

1단계	성공적인 업무를 위해 필요한 기본기술을 가지고 있는지 직원들을 관찰한다. 업무에서의 자료사용, 수행한 직무들, 그리고 읽기, 쓰기, 계산 등의 활용을 중점적으로 본다.
2단계	업무에서 읽거나 쓴 자료들을 수집하고 필요한 수리계산 등을 파악하여 필요한 기초 기술 수준을 결정한다. 자료로는 계산서, 메모한 내용, 혹은 재고 조사표나 요청서 등의 문서 등이 포함된다.
3단계	업무에 필요한 기초 기 술이 무엇이라고 생각하는지 직원의 의견을 묻는다. 스스로도 필요한 기술이 무엇인지 생각해본다.
4단계	직원들이 업무를 하는 데에 필요한 기술을 가지고 있는지 판단한다. 위 단계에서 관찰과 질의응답으로 수집한 정보들과 업무에 사용된 자료의 분석을 통한 정보를 통합한다. 각각 업무의 높은 성과에 필요한 읽기, 쓰기, 그리고 수리계산 기술에 대해 기술한다.
5단계	직원들의 업무에 관해 구체적으로 물어볼 수 있는 질문을 개발하거나 구매해서 직원들을 평가한다
6단계	5단계에서의 결과와 4단계에서 판단된 필요 기술들과 비교해본다. 직원들의 읽기, 쓰기, 그리고 수리계산 능력이 업무에 필요한 수준에 못 미친다고 판단되면 기초 기술의 문제가 있는 것이다.

출처: U.S. Education, U.S. Department of Labor, *The Bottom Line: Basic Skills in the Workplace*(Washington, DC: 1988): 14-15.

주어진 수리적 문제들을 신속하고 정확하게 해결하는 능력을 말한다. 추리능력은 문제에 해결책을 제시하는 능력이다. 조사한 바에 따르면, 인지능력은 모든 직업에서 성공을 좌우한다. 업무의 성공에 있어 인지능력의 중요성은 직업이 복잡해질수록 강조된다.

예를 들어, 슈퍼마켓 계산원이 성공적으로 일을 하기 위해서는 인지능력의 세 가지 차원 모두가 적절히 필요하다. 그보다는 응급실 의사의 경우 더 높은 수준의 인지능력이 필요하다. 계산원의 경우, 화폐의 단위를 잘 알고 있어야 손님에게 잔돈을 정확히 맞춰서 줄 수 있다. 그리고 고객이 가격표가 붙어 있지 않은 상품을 구매하고자 할 때, 문제해결능력을 발휘해야 한다. 고객의 말을 이해하고 대화하는데 언어능력이 필요하다. 반면, 응급실 의사는 계산원보다는 더 높은 수준의 수리능력이 필요한데, 신생아가 발작을 일으키는 응급상황을 대처해야 할 때 신생아의 몸무게를 고려해서 성인 기준의 투약 용량을 다시 알맞게 계산해야 한다. 상황을 신속히 파악하여 어떤 조치(혈액 검사, x-ray, 호흡재활 등)가 필요한지를 결정할 수 있어야 한다. 이 경우, 환자의 보호자들에게 치료와 회복 과정에 대해 정확히 전달할 수 있어야 한다.

훈련 수강생의 인지능력은 과정을 얼마나 잘 이수할 수 있는지를 결정한다. 낮은 인지능력을 가진 수강생의 경우 과정을 끝내지 못할 확률이 높고, 과정 끝에 배운 것을 점검할 경우 성적이 좋지 못할 것이다.

성공적인 업무와 교육 수료에 필요한 인지능력이 부족한 직원들이 누구인지 파악하기 위해서 회사에서 지필 인지능력시험을 시행하기도 한다. 미연방항공국(Federal Aviation Administration)에서 성공적으로 교육을 마칠 수 있을 만한 항공교통 관제사를 가려낼 때 사용하는 방법을 살펴보자. 관제사는 신속한 분석적 사고능력과 높은 의사소통 능력이 요구되는 직업이다. 이러한 능력들은 항공교통 관제사 교육에서 강조되어 개발된다. 강의실의 이론 강의 외에도 관제사들은 공항 간의 항공기 교통을 관리하는 컴퓨터 기반 공항 관제탑 시뮬레이션 교육도 받는다. 과거 미연방항공국은 교육 대상자 선정에 실패하여 교육 비용이 천만 달러 정도 더 들어서 두 배 정도의 소실이 있었다. 교육에 사용되는 비용을 줄이고 더 많은 관제사들의 성공적인 교육 완수를 위해서 미연방항공국은 지원자들이 관제사 업무에 필요한 공간 지각능력, 단기 및 장기기억력, 그리고 압박적인 상황에서의 업무능력 등을 평가할 수 있는 8시간에 거친 인지능력시험을 시행한다. 업무에 필요한 인지능력을 갖추었는지 판단하는 것은 본 장의 뒷부분에서 이야기될 과업분석의 일부분이다.

| 읽기능력 |

가독성(readability)이란 글의 난이도를 말한다. 읽기능력이 부족할 경우, 훈련의 성공에 방해가 된다. 훈련에 쓰이는 교육 자료 글의 수준이 업무에 필요한 수준을 넘지 않는지 확인하는 것도 중요하다. 가독성의 평가는 주로 문장의 길이나 어휘의 난이도 등에 중점을 둔다.

학습자의 읽기 능력이 훈련 자료에 요구되는 난이도에 못 미친다면, 네 가지의 선택권이 있다. 첫 번째로, 훈련 전문가들은 학습 자료의 글 난이도를 낮추거나, 영상자료의 이용, 혹은 작업현장에서 직접 관찰하면서 배우는 등의 방식으로 대체할 수 있는지 고려해볼 수 있다. 두 번째로, 직원들의 읽기 능력 평가를 통해 훈련에 필요한 수준이 되지 못하는 직원들의 경우 좀 더 적합한 직책으로 재배치를 고려할 수 있다. 세 번째로, 똑같이 평가를 통해서 가려낸 직원들에게 보충교육을 제공할 수 있다. 마지막 네 번째로는 직원들의 읽기 능력에 맞추어서 업무 자체의 재설계가 이루어질 수 있는지 고려하는 것이다. 네 번째 선택의 경우가 가장 비싸고 비효율적인 방법일 것이다. 따라서 대체할 만한 훈련 방법을 강구하거나 관리자들이 훈련 외적인 방법을 선택해야 한다. 훈련 외적 방법이란, 선발부터 읽기, 계산, 쓰기, 그리고 다른 기본적인 기술을 갖춘 직원을 고용하는 것을 말한다.

기초 기술을 개발시키고 기술의 격차를 줄이고자 많은 회사들이 기술 평가나 훈련, 또는 둘 다 선택하여 적용하고 있다. 그들은 단독으로 격차를 파악하고 좁히기도 하고 주 정부기관과 함께 협력하기도 한다. 예를 들어, 제지업체인 조지아퍼시픽(Georgia-Pacific)사에서는 직원들이 필요한 기초 기술을 갖추고 있는 것을 확실히 하기 위해서 기술 평가와 함께 훈련 과정을 운영했다. 훈련 과정에 참가하기 위해서는 읽기 및 수리능력 시험을 통해 고등학교 1학년 수준 이상임을 증명해야 한다. 시험 결과는 철저히 보안을 지켰고, 직원들의 개인 정보에는 포함되지 않았다. 이러한 조치는 직원들의 시험 결과로 인한 실직에 대한 두려움을 없애고 훈련 프로그램 전반에 대한 믿음을 얻고자 이루어졌다. 조지아퍼시픽 공장 주변의 한 전문대학에서 기본 훈련 장소를 제공해주어서 직원들이 더 쉽게 근무 전후에 강의를 들을 수 있도록 했다. 평가와 훈련의 결과, 현재 근로자들의 기초 기술 수준은 회사에서 설정한 표준에 맞춰졌다. 또 신입 직원 채용 시 필수 요건을 정하여 기초 기술 표준에 부합하는 수준을 가질 수 있도록 했다. 신입 지원자들은 지역 전문대학의 특정 18개월 과정 교육을 완료하거나 그에 맞는 수준을 갖추어야 한다. 미시시피(Mississippi)주에 위치한 소규모 제조업체 Delta Wire에서는 직원들이 통계적 관리도표를 작성하고, 분석하고, 그리고 이해할 수 있도록 도와줄 수 있는 훈련 프로그램을 개발했다. 이 훈련은 상품결함을 7%에서 2% 수준으로 줄이는 데 기여했다. 다국적 냉동식품업체인 맥케인푸드사(McCain Foods Limited)는 모국어가 영어가 아닌 관리자급 후보 우수직원들을 상대로 리더십교육을 제공해야 했다. 하지만 요구 분석을 통해 리더십 발달 과정에 참가하고 이해하기에는 직원들의 능력에 격차가 있다는 것을 깨달았다. 또, 해당 직원들이 이메일, 보고서, 그리고 회의 등에서 영어로 소통하는 것에 어려움을 느꼈다. 맥케인푸드사에서는 36개국에 위치한 공장과 지사의 직원들을 위해 ESL(English as Second Language)라는 영어교육 프로그램을 제공했다. ESL 과정에 참여한 직원들은 거의 40시간의 훈련을 이수했다. 이후에는 직원들의 향상된 영어 실력 덕분에 이메일, 프레젠테이션(presentation), 그리고 회의 등에서 시간을 아낄 수 있었고, 생산력 향상은 50만 달러 이상의 가치를 가지는 것으로 계산됐다.

일리노이(Illinois) 주에서는 캐터필러 주식회사(Caterpillar Inc.)에게 2,200명의 직원들과 350명의 공급자들의 능력을 향상시킬 목적으로 50만 달러의 훈련 지원금을 수여했다. 훈련은 디자인, 조립, 청사진 판독, 주금 및 대장, 통계, 그리고 컴퓨터 능력 등에 초점을 두었다. 지원금은 경제 발전과 일자리 창출이 목적이었다. 인디아나(Indiana) 주는 근로자의 기술 수준을 향상시키기 위해 기업들과 협력하여 훈련 프로그램을 개발했다. 인디아나(Indiana) 주는 지식기반 경제에서 직원들 중 3분의 1이 표준에 못 미치는 읽고 쓰기 능력을 가지고 있는 것으로 예상했다. 컴퓨터사이언시스 사(Computer Sciences Corporation)는 사우스캐롤라이나(South Carolina) 주에 위치한 지사에서 유닉스(UNIX) 운영체제와 오라클(Oracle) 시스템 사용 능력을 가진 엔지니어 수의 부족에 대응하기 위해 지역 내 기술전문대학과 함께 정보기술분야의 견습프로그램을 후원했다. 이 프로그램은 업무현장교육과 업무관련 강의로 이루어졌다. 컴퓨터사이언시스 사에서는 이 훈련의 결과로 40명이 넘는 직원을 업무에 투입할 수 있었다. 그리고 이러한 공동노력 덕분에 사우스캐롤라이나 주의 실업률 12%를 차지하고 있던 정보기술분야의 격차를 줄일 수 있었다.

| 자기효능감 |

자기효능감(self-efficacy)이란 자신의 업무를 성공적으로 수행하고 훈련을 무사히 완료할 수 있다는 믿음을 말한다. 과거에 저조한 성과를 가졌던 직원들의 대다수는 업무 환경에서 두려움을 느낀다. 예를 들어서, 10장에서 다루어질 내용처럼, 복지 노동정책—복지 수혜자들이 취업을 할 수 있도록 도와주는 정책—의 일환으로 고용된 사람들의 경우 자기효능감이 떨어질 수 있다. 이전에 훈련이나 정식 교육을 받은 지 오래되고, 훈련 프로그램 자체에 대해 경험이 부족한 이들도 훈련 과정에서 두려움을 느낀다. 예로써, 컴퓨터 사용과 필요한 기술 습득에 자신이 없고 신기술에 겁을 먹고 있는 직원들에게 컴퓨터 기반 제조 장비를 사용하도록 교육하는 것은 그들에게 잠재적 두려움으로 다가올 수 있다. 조사한 바에 따르면, 자기효능감은 훈련 프로그램에서의 성과에 관련이 높다. 직원들의 자기효

능감이 증가될 수 있는 방법으로는,

1. 훈련이 직원들의 무능력한 부분을 색출하기 위한 것이 아니라 성과 향상을 위한 것임을 알려주는 방법
2. 실제 훈련이 이루어지기 전, 직원들에게 훈련의 목적이나 내용에 관한 충분한 정보를 제공하는 방법
3. 비슷한 업무를 하는 동료들이 훈련 성공에 대해 알려주는 방법
4. 직원들이 스스로 훈련에 대한 통제권을 가지고 있고 교육 이수에 있어서 마주하는 어려움을 해결할 수 있는 능력과 책임 또한 자신이 갖고 있다는 것을 알려주는 방법 등이 있다.

| 훈련 필요성에 대한 인식, 직업의 관심분야, 그리고 목표 |

훈련에서 배우고자 하는 의지가 생기려면, 직원들 스스로 업무상의 강점과 약점 등을 파악하고, 훈련으로부터 자신의 약점이 개선될 수 있다는 연결고리를 찾는 것이 필요하다. 관리자들은 직원들이 훈련을 권유 받은 이유를 설명하고, 직원들의 약점과 부족한 지식이 훈련을 통해 개선될 수 있다는 것을 연결 지어주어야 한다. 이는 직원들끼리 성과에 대한 피드백을 공유하고, 커리어 개발에 관해 상담하고, 직원들 스스로 강점과 약점, 경력 개발상 관심 분야 및 목표 등을 질문하는 자가평가를 통해 이루어질 수 있다. 예를 들어, 오하이오(Ohio) 주 위치 정보서비스업체 Reynolds and Reynolds에서는 설문조사를 통해, 영업사원들이 어떤 훈련을 받고 싶은지를 결정할 수 있도록 도와준다. 이 설문조사에서는 회사가 영업 효율을 높이고 생산력을 향상시키기 위해 어떤 추가적인 훈련을 제공하기를 원하는지와 직원들이 어떤 방식으로 훈련 받기를 원하는지를 물어본다. 이에 대한 응답으로 60%의 직원들은 고객들에게 투자수익률을 제시할 때 조금 더 신뢰도 있는 예상 값을 줄 수 있는 훈련이 필요하다고 했다. 시간 관리 훈련, 가상 환경에서의 업무, 문제 해결 능력, 그리고 경청하는 기술 등은 개인적 발달 면에서 발전이 필요하다고 느낀 항목들이었다. 직원들 대부분이 강의실에서의 훈련을 선호했는데, 웹케스트(webcast), 현장교육, 혹은 DVD 등의 방법을 언급했다. 사내의 교육 담당자는 부사장과 서비스 담당자 등 영업부서의 담당자들과 결과를 공유했다. 교육 부서에서 목표를 설정하는 데도 결과가 이용되었다.

가능하다면 직원들이 스스로 어떤 훈련에 참여할 것인지 선택할 수 있게 하고, 실제 훈련 직무의 구성을 알게 하는 것은 직원들의 동기부여를 극대화시킬 수 있다. 몇몇 연구 결과로도, 직원들이 스스로 훈련 과정을 선택하고 그 선택을 존중해주는 것이 동기부여를 최

대화할 수 있다는 것을 알 수 있다. 직원들에게 선택권을 주고도 수렴해주지 않는 것은 동기를 저하시켰다.

연령과 세대

생물학적으로 20대에서 70대까지 연령이 늘어날수록 특정 정신적 능력들이 저하된다는 증거가 있다. 단기기억력과 정보처리의 속도 등은 나이가 들수록 감퇴한다. 하지만 나이는 곧 경력이므로 기억력과 정신적 민첩함의 감소가 보상될 수 있다. 정신적 민첩성과 기억력 감퇴는 꾸준한 속도로 진행되지만 노년기에는 예전보다 정신적 자원이 대폭 감소하므로 기억력 감퇴가 더욱 빠르게 진행된다.

1장에서 세대 차이가 나는 직원들 사이의 차이점과 공통점이 논의되었다. 밀레니엄 세대(millenniums)와 Y세대(generation Y)라는 용어는 1980년대 이후에 태어난 사람들을 일컫는 말이다. 이들은 긍정적이고 업무과 배움에 대한 의지가 있으며 기술에 능하고, 다양성을 이해한다. X세대(Gen Xer)라는 용어는 1965년과 1980년대 사이에 태어난 사람들을 말한다. 이들은 피드백과 융통성이 필요하며 가까이서 감시당하는 것을 싫어한다. 그들의 일생 동안 부모들과, 가정, 그리고 도시의 변화를 겪으며 살았다. 베이비붐 세대의 사람들(Baby boomer)은 1946년과 1964년 사이에 태어난 사람들을 말한다. 이들은 경쟁적이고, 부지런하며 모든 직원들에 대한 차별 없는 대우를 원한다. 전통주의자(traditionalist)는 1925년과 1945년 사이에 태어난 사람들로 애국심이 강하고 의리를 중시하며 각종 기구들과 회사에 대해 많은 지식과 역사를 알고 있다. 각 세대의 사람들은 교육환경, 교육의 종류, 그리고 교육내용에 대해 특정하게 선호하는 것이 다를 수 있다. 예를 들어 전통주의자들은 안정되고 체계적인 훈련 환경을 원하고 교육자로 하여금 일정 수준 이상의 전문성을 요구한다. 하지만 X세대의 사람들은 스스로 실험하고 피드백을 받으며 주도할 수 있는 훈련 환경을 선호한다. 따라서, 개인 분석의 일환으로 수강생의 나이와 세대를 고려하는 것이 중요하다. 선호도와 이들이 훈련 설계에 관련해서 암시하는 것에 대한 내용은 5장에서 논의될 것이다.

| 투입(Input) |

직장 환경에 있어서 두 가지 특징적인 관점인 상황 제한과 사회적 지지가 성과와 학습에 대한 의지에 결정적인 요인이다. 상황 제한(situational constraints)이란 적절한 도구나 장비의 부족, 자료와 저장품의 부족, 재정적 지원이나 시간의 부족 등을 말한다. 사회적 지지

(social support)란 관리자나 동료들의 피드백과 격려를 말한다. 직원들이 업무를 수행하기에 충분한 지식과 기술, 태도, 그리고 행실이 갖추어져 있는데도 불구하고 제대로 된 도구 및 장비가 주어지지 못하면 성과는 낮을 것이다.

직원들이 훈련을 받기 위한 동기를 부여하는 업무환경이 될 수 있도록 관리자들이 확립시켜야 할 단계들은 다음과 같다.

1. 직원들이 새로운 기술이나 태도 등을 배우기 위해 필요한 자료, 시간, 업무관련 정보, 그리고 다른 지원들을 적절하게 제공한다.
2. 직원들에게 훈련에 대해 긍정적으로 이야기해준다.
3. 직원들이 실제 업무에 훈련 내용을 적용시킬 때는 반드시 칭찬해서 장려한다.
4. 작업을 같이하는 동료들 사이에서 훈련에서 배운 것을 적용시킨 경험들과 그로 인해 좋았던 결과에 대해 이야기하고 서로 피드백을 주고 받을 수 있도록 장려해서 모두가 훈련 내용을 업무에 적용해볼 수 있도록 도와준다.
5. 직원들에게 새로운 기술이나 태도를 적용해보고 적응할 수 있도록 기회와 시간을 준다.

| 산출(Output) |

직원들이 업무에 있어서 자신에게 걸린 기대치를 가늠하지 못해서 기준에 미달하는 부진한 성과를 얻는 경우가 있다. 예를 들어서, 기대되는 개인 맞춤형 서비스의 수준과 성과 속도가 얼마 정도인지 모를 수 있다. 성과 기준을 알지 못하여 지식, 기술, 그리고 태도에 부족함이 없음에도 부진한 성적을 낼 수 있는 것이다. 이러한 문제는 의사소통의 문제에서 비롯된 것인데, 훈련으로는 해결될 수 없는 부분이다.

성과를 내는 것에 대한 필요성을 이해하는 것은 학습에 있어서 중요하다. 훈련에 참가하는 직원들이 자신이 과정을 이수하면서 습득해야 하는 것이 무엇인지 알고 있어야 한다. 참가한 직원들이 적절한 수준 이상의 훈련 수행 성과를 얻으려면 성과의 기대치부터 알아야 한다. 구체적인 예를 들어 시험에 관해서는 기대된 성과란 특정 기준 점수를 말하는 것이다. 성과의 수준과 기준은 교육의 목적이 된다(4장에서 기술).

| 결과(Consequence) |

직원들이 느끼기에 업무 성과에 대한 보상이나 보수가 적다고 느끼게 되면 지식, 행동, 기술, 그리고 태도 등 필요한 모든 것을 갖추었더라도 기준에 못 미치는 업무 성과를 낼 것이다. 또한 업무 팀 내의 규범로 인해 직원들이 기준에 미치지 못하는 업무 성과를 낼 수도 있다. 규범(norm)이라는 것은 업무 구성원들 사이에서 채용된 행위의 평가 기준이다. 예를 들어 노스웨스트 항공사(Northwest Airlines)에서는 수하물 담당자들이 노사계약 협상기간 동안 항공기에서 수하물을 내리고 싣는 작업을 느리게 수행해서, 많은 여객 항공편의 이착륙을 지연시켰다. 수하물 담당자들은 더 신속히 수하물을 처리하는데 필요한 지식, 기술, 그리고 요건이 되어 있었지만 경영진에게 자신들의 노사협상조건을 받아들여야만 항공사의 효율적인 운영에 차질이 없을 것이라는 의견을 피력하고자 작업 속도를 늦춘 것이다.

결과는 역시 훈련 과정 수료에 있어서도 막대한 영향을 미친다. 직원들의 출석률과 과정 수료에 동기부여를 위해 음식, 의류, 혹은 영화 표로 교환되는 상품권을 주거나, 혹은 추후 과정들의 수강료로 사용될 수 있는 포인트 적립을 해주는 등 일종의 보상시스템이 도움이 된다. 하지만 직원들 스스로에게 훈련이 가지는 개인적 가치가 무엇인지 깨우쳐주는 것이 가장 강력한 동기부여 방법이다. 직원 개인의 기술이나 경력의 향상, 혹은 업무상의 어려움 해결 등의 가치들을 예로 들 수 있다. 이때 관리자가 현실적으로 가능한 잠재적 혜택만을 이야기하는 것이 중요한데, 높은 기대치가 무너지게 되면 배우는 데 동기가 저하될 수 있다.

피드백(Feedback)

직원들의 업무 성과가 기준치에 비해 어느 정도인지 피드백을 받지 못하는 것이 부진한 업무 수행의 원인이 될 수 있다. 직원들이 자신에게 주어진 업무를 알고 있지만, 그 성과가 기준치에 비할 때 어땠는지 이해하지 못해 생기는 문제점 역시 훈련이 적합한 해결책이 되지 못한다. 직원들에게는 효율적이거나 비효율적이었던 성과에 대한 자세하고 구체적인 피드백이 필요하다. 기준에 부합하는 성과를 기대한다면, 직원 피드백은 성과 평가로 일 년에 한 번이 아니라 수시로 자주 이루어져야 한다.

4장에서는 교육에서 피드백의 역할에 대해 자세히 기술한다. 직원들의 행동과 기술 등을 결정 짓는데 피드백이 핵심적인 역할을 가진다는 것을 명심해야 한다.

훈련이 최상의 해결책인지에 대한 판단

업무 성과에 대한 문제의 해결책으로 훈련이 필요한지를 판단하려면 관리자들이 직원의 특성, 투입, 산출, 결과, 그리고 피드백에 대해 분석하는 것이 필요하다.

이를 이루기 위해서 관리자들이 평가해야 할 항목들은 다음과 같다.

1. 발생한 업무 성과 문제가 심각한가? 이 문제로 인해 줄어들 생산성이나 고객들로 인해 회사에 뚜렷한 금전적 손실이 일어날 가능성이 있나?
2. 직원들이 효율적인 업무를 수행할 수 있는가? 직원들에게 과거에 훈련 경험이 없거나 받은 훈련의 효과적이지 않았을 수 있다(이 경우 문제는 개인의 특성에 있다).
3. 직원들은 올바른 지식이나 행동을 보여줄 수 있나? 훈련을 받았지만 그 내용(지식, 업무 스킬 등)을 드물게 혹은 아예 업무에 적용시키지 않았을 수 있다(이는 투입의 문제이다).
4. 성과 기대치가 명료하게 제시되었나(투입)? 업무를 하는데 고장난 도구나 장비와 같은 장애물이 있었나?
5. 좋은 성과에 대한 긍정적인 결과가 주어졌나? 좋은 성과에 대한 보상이 지급되었나? 예를 들어 직원들이 보수에 대해 불만이 있다면 동료에게 혹은 노동 조합 내에서 업무의 진행을 늦추라는 조언을 해줬을 수 있다(결과).
6. 업무에 대해 적절하고 정확하고 체계적이자 구체적인 피드백을 제 시간에 받을 수 있었나(피드백)?
7. 시행된 다른 해결책들—업무 재설계나 타 부서로의 직원이동 등—이 너무 비싸거나 비현실적이었나?

만약 직원들이 지식과 기술의 부족 외에 다른 조건들에 대해서 만족스럽게 여기는 경우에는 훈련이 필요하다. 하지만 직원의 지식과 기술은 갖추어져 있지만 투입, 산출, 결과, 그리고 피드백이 문제라면, 훈련이 적합한 해결책이 아니다. 예를 들어 성과 부진이 고장 난 장비에서 비롯한 것이라면, 훈련이 필요한 것이 아니라 장비 수리가 필요하다. 피드백의 부족이 원인이라면 직원들이 아닌 관리자들이 성과 피드백을 제공해주는 방법에 관해서 훈련을 받아야 한다.

핵심업무문제(사내에서 업무 성공을 좌우하는 핵심적인 문제나 기회), 핵심과정문제(성공적 사업 과정에 영향을 주는 핵심적인 문제나 기회), 그리고 핵심사업문제(회사 사업의 성공을 좌우하는 핵심적인 문제나 기회)등의 관계에 대해 생각해보는 것도 중요하다. 핵심업무문제, 핵심과정문제, 그리고 핵심사업문제 세 가지가 관련된 문제라면 사업 결과에 더 큰 효과를 가지고 경영진의 적극적인 지원을 기대할 수 있으므로 훈련이 해결책으로써 최우선적으로 고려되어야 한다. 〈표 3.5〉는 영업 사원의 입장에서 세 가지 문제들 사이의 관계를 보여준다. 이것은 불완전한 판매 주문서가 제출되고 있어서 영업사원들에게 훈련이 더 필요하다는 최고 관리자의 판단하에 분석이 이루어진 결과이다.

표 3.5 핵심업무문제, 핵심과정문제, 그리고 핵심사업문제 사이의 관계의 예

	핵심업무문제	핵심과정문제	핵심사업문제
기대 결과	완전한 판매주문서 100% 정확한 주문	주문 주기 시간: 3일	시장 점유율 60%
실제 결과	10% 불완전한 판매주문서 83%의 정확한 주문	주문 주기 시간: 30일	시장 점유율 48%

출처: G. A. Rummler and K. Morrill, "The Results Chain," *T+D*(February 2005): 27-35.

유아나 청소년 층을 위한 캐주얼하고 스포티한 최신 유행의 옷을 제작하는 전 세계적인 소매업체가 성과문제 해결에 훈련이 필요한지 결정하는 방법에 대해 생각해보자. 〈그림 3.4〉는 이 소매업체가 요구의 종류, 영향 받는 사람들, 그리고 알맞은 전략을 어떻게 판단하는지를 보여준다. 여기에서 볼 수 있듯이, 훈련 및 개발은 지식에 있어서 격차, 지식과 기술의 공유, 비형식적 학습, 그리고 관리자와 상사의 지지에 구체적으로 관련된 문제들을 해결하는 방법들 중 하나뿐임을 알 수 있다.

과업 분석

과업 분석을 통해서 직원들의 업무 수행과 그에 필요한 지식, 기술, 그리고 능력들에 관한 정보를 얻을 수 있다. 직무(Job)란 특정 직위에서 요구하는 업무를 말한다. 〈표 3.6〉에서는 전기수리공의 일을 예로 들었다.) 과업(Task)이란 한 직원이 특정 일에서 해야 하는 특정 업무 활동을 말한다. 〈표 3.6〉은 전기수리공이 해야 하는 과업들 몇 가지를 보여준다. 과업에는 전구, 콘센트, 그리고 스위치 교체 등을 포함된다. 이러한 과업들을 완수하기 위해 직원들은 구체적인 수준의 지식, 기술, 능력, 그리고 다른 고려사항들(KSAOs: Knowledge, Skills, Abilities, and Others)이 필요하다. 지식(knowledge)은 금의 화학적 성질 등의 사실이나 절차들을 포함한다. 기술(Skill)은 직무수행의 능숙함을 말한다(예를 들어, 다른 사람으로 하여금 특정 행동이 유도되게끔 설득하는 기술). 능력(ability)이란 직무수행에 필요한 육체적, 정신적인 능력을 포함한다(공간지각능력은 사물들이 물리적 공간 내에서 가지는 관계들에 대한 이해를 말한다). 다른 고려사항으로는 직무수행을 하는 조건들을 말한다. 직원들이 일하는 환경이나 사용하는 장비들(산소마스크 착용의 필요성, 고열 환경의 작업 등), 시간적 제약(마감기한), 안전수칙, 혹은 성과기준 등의 파악이 다른 고려사항들의 예가 될 수 있다.

과업 분석은 조직 분석을 통해 기업이 훈련에 돈과 시간을 투자하기로 결정한 후에 이루

그림 3.4 성과문제의 해결책을 찾는 방법

1. 무엇을?

요구의 종류를 정의한다:

문제 | 개선 | 문제

2. 누가?

영향이 미치는 대상의 수준을 판단한다:

기업 전체 | 실 | 부(팀) | 개인 | 직무

3. 어떻게?

적절한 전략을 세운다:

시스템의 문제인가?

성과 개선을 위한 알맞은 자원과 시스템이 존재하는가?

조직적인 개발에 문제가 있나?

성과 개선을 위한 알맞은 자원과 시스템이 존재하는가?

적임자의 채용이 이루어지고 있나?

처음부터 업무수행능력을 갖춘 직원을 고용할 수 있을 만한 채용과정이 이루어지고 있나?

배치에 문제가 있나?

부적합한 위치에 있는 직원이 있나?
관련 직원의 행동 양상에 대해 분석을 해보았나?
직원들은 업무 요구사항을 준수하는가?

지도가 필요한가?

비공식적인 정보 전달이나 훈련이 이루어지고 있나? 이러한 역할을 할 만한 관련 직원들을 위한 자원이 있나?

조직적인 개발에 문제가 있나?

직원들이 업무기능을 수행할 수 있나?
좁혀주어야 할 지식 격차가 존재하나?
관리자들과 감독관들은 업무 성과를 장려하는 환경을 조성하고 있나?

표 3.6 전기수리공의 과업과업분석 질문사항 예시 항목들

업종: 전기수리공				
		업무 성과 등급		
직무 순번	직무 내용	수행 빈도	중요도	난이도
199–264	전구 교체	0 1 2 3 4 5	0 1 2 3 4 5	0 1 2 3 4 5
199–265	콘센트 교체	0 1 2 3 4 5	0 1 2 3 4 5	0 1 2 3 4 5
199–266	조명기구 설치	0 1 2 3 4 5	0 1 2 3 4 5	0 1 2 3 4 5
199–267	조명스위치 교체	0 1 2 3 4 5	0 1 2 3 4 5	0 1 2 3 4 5
199–268	차단기 설치	0 1 2 3 4 5	0 1 2 3 4 5	0 1 2 3 4 5
		수행 빈도	중요도	난이도
		0 = 수행한 적 없음 5 = 자주	1 = 별로 안 중요함 5 = 매우 중요	1 = 쉬움 5 = 어려움

출처: E. F. Holton III and C. Bailey, "Top to Bottom Curriculum Redesign," *Training and Development* (March 1995): 40-44.

어질 수 있다. 그 이유는 과업분석이 방대한 양의 데이터를 수집하고 요약하는 데 기업의 시간과 관리자부터 평사원, 그리고 교육자들까지 포함하는 인력을 요구하는 더디고 단조로운 과정이기 때문이다.

과업 분석의 단계

과업 분석은 다음의 네 단계로 이루어진다.

1. 분석하고자 하는 직무 또는 직군을 선택한다.
2. 직무에 포함된 과업들에 대한 예비 목록을 작성한다. 방법으로는 (1) 우수직원이나 그들의 관리자를 관찰이나 면담을 할 수 있고, (2) 과업 분석 경험자에게 자문을 구한다.
3. 예비 목록을 입증한다. 이 단계는 내용전문가(재직자, 관리자 등)와의 회의나 직무에 관한 설문조사 등을 시행하는 것을 포함한다. 다음과 같은 질문들을 할 수 있다. 과업은 얼마나 자주 실행되나? 각 과업을 수행하는데 드는 시간은? 직무의 성공에 있어서 과업의 중요도는 얼마나 되나? 과업을 배우기에 난이도가 높은가? 신입 사원들 수준에서 할 수 있는 과업인가?
   〈표 3.7〉은 과업 분석 질문지의 예시이다. 여기서 수집된 정보는 훈련 과정에서 어떤 과업들이 집중적으로 다루어질 것인지 결정하는데 유용하다. 요구 분석을 하는 주체자나 주체위원은 모든 차원에서 등급의 수준을 정해서 어떤 과업을 훈련에 포함시킬 것인지 정해야 한다. 중요하거나, 자주 시행되는 직무, 중등도 이상의 난이도를 가진 과업들을 훈련에서 다루어야 한다. 관리자나 교수자의 입장에서 중요하지만, 잘 시행되지 않고 별로 어렵지 않은 과업들에 대해서 훈련이 필요할지를 결정하는 것은 어려울 수 있다. 관리자와 교육자들은 난이도나 시행빈도에 상관없이 중요한 과업들이 반드시 훈련 과정에 포함되어야 하는지를 결정해야 한다.
4. 과업들이 파악된 후에는, 각 과업을 성공적으로 수행하는데 필요한 지식, 기술, 그리고 능력들에는 무엇이 있는지 알아야 한다. 이는 면담과 설문조사를 통해서 알 수 있다. 본 장에서 논의됐던 능력이 훈련에 어떤 미치는 영향에 대해 다시 생각해보자. 기초 기술과 인지능력 요건에 대한 정보는 훈련(혹은 업무)에 대한 일정 수준의 지식, 기술, 그리고 능력이 전제조건이 되는지, 혹은 기본적인 기술 능력에 대한 추가 훈련이 필요한지 등을 정하는 데 핵심적이다. 지식, 기술, 혹은 능력을 배워서 익히는 것의 난이도는 훈련 과정에 있어서 중요하다. 이에 못지 않게 중요한 것은 직원이 필요한 지식, 기술, 혹은 능력을 이미 채용 전에 갖추고 있어야 하는 여부이다.

표 3.7 과업 기술서 질문지 예시

<table>
<tr><th colspan="3">이름</th><th colspan="3">날짜</th></tr>
<tr><th colspan="6">직책</th></tr>
<tr><td colspan="6">각 과업을 세 가지 기준하에 등급을 매기시오. (1) 효율적인 업무를 위한 과업의 중요도, (2) 과업을 수행하는 빈도, (3) 과업을 능숙하게 수행할 수 있게 되는데 요구되는 난이도. 등급을 매기는 데 다음의 기준을 적용하시오.</td></tr>
<tr><th colspan="3">중요도</th><th colspan="3">수행빈도</th></tr>
<tr><td colspan="3">4 = 효율적인 업무를 위해 핵심적이다
3 = 핵심적이지는 않지만 중요하다
2 = 어느 정도 중요하다
1 = 별로 중요하지 않다
0 = 수행되지 않는다</td><td colspan="3">4 = 하루 한 번은 시행
3 = 일주일에 한 번은 시행
2 = 수 개월에 한 번씩 시행
1 = 일 년에 한두 번 시행
0 = 수행되지 않는다</td></tr>
<tr><th colspan="6">난이도</th></tr>
<tr><td colspan="6">4 = 과업수행에는 충분한 경험과 철저한 교육이 필요하다. (최소 12–18개월 이상의 수련기간)
3 = 과업수행에는 적당한 경험과 최소한의 교육이 필요하다. (최소 6–12개월 이상의 수련기간)
2 = 과업수행에는 약간의 경험과 간단한 교육이 필요하다. (최소 1–6개월 이상의 수련기간)
1 = 과업수행에는 특정 경험이나 교육이 필요하지 않다.
0 = 과업이 수행되지 않는다</td></tr>
<tr><th colspan="3">직무</th><th>중요도</th><th>수행빈도</th><th>난이도</th></tr>
<tr><td colspan="3">1. 장비 및 도구와 안전장치의 점검
2. 직원성과 관찰
3. 직원스케줄 관리
4. 컴퓨터 통계 소프트웨어 사용
5. 통계적 방법 사용 중 과정상 변화 감독</td><td></td><td></td><td></td></tr>
</table>

|과업 분석의 예|

한 공공기업의 예로 과업 분석의 네 가지 단계를 볼 수 있다. 교육자들에게 6개월의 기간 동안 훈련 과정을 개발하라는 임무가 주어졌다. 훈련 과정의 목표와 강의 계획의 기반이 될 과업들의 선정과 KSAOs(지식, 기술, 능력, 그 외 다른 것들)을 파악하는 것이 주 임무였다.

임무의 첫 번째 단계에서는 전기유지 분야의 각 업무에 포함된 잠재적 과업들을 파악하는 것이었다. 업무절차, 장비목록, 그리고 내용전문가들에게 수집한 정보들을 토대로 과업을 생성했다. 내용전문가들에 관리자, 교수자, 그리고 수석 기술자들이 포함된다. 모아진 정보들을 모두 포함한 설문지를 전기유지 부서의 모든 기술자들에게 배포했다. 이 설문지에는 550개의 과업이 포함한다. 〈표 3.6〉에서는 전기수리공의 직무에 관한 질문 중 일부를 보여준다. 기술자들이 각 과업에 대해 중요도, 난이도, 그리고 빈도에 따라 등급을 매기도록 했다. 빈도의 등급을 매기는 데에는 영(0)도 포함됐다. 여기서의 등급 0은 기술자가 단 한 번도 해당 과업을 수행하지 않았음을 나타낸다. 빈도에 0을 매긴 기술자들은 중요도와 난이도의 등급을 매기지 않도록 했다.

표 3.8 과업 분석 시 주의사항

- 과업 분석은 직원들이 해야만 하는 일과 실제 이루어지는 일 모두를 파악해야 한다.
- 과업 분석은 직무 중 과업과 임무로 세분화시키는 것에서 시작된다.
- 과업에 대한 정보를 수집할 때 두 가지 이상의 방법을 사용해서 분석의 신뢰도를 높인다.
- 재직 중인 직원들, 관리자, 그리고 직무를 잘 아는 직원들을 포함한 내용전문가들에게서 정보를 얻어야 과업 분석의 활용도가 좋아진다. 과업에 대한 평가를 하고자 할 때, 기업의 목표와 목적달성을 위해 필요한 과업들을 중점적으로 해야 한다. 이러한 과업들은 가장 난이도가 높거나 시간이 많이 걸리는 과업들이 아닐 수도 있다.

출처: A. P. Carnevale, L. J. Gainer, and A. S. Meltzer, *Workplace Basics Training Manual* (San Francisco: Jossey-Bass, 1990).

설문지상의 등급 결과를 분석하기 위해 맞춤 소프트웨어가 이용되었다. 특정 과업에 대한 훈련이 필요한지를 결정하는데 최우선적으로 고려된 사항은 중요도 등급이었다. "매우 중요"하게 평가된 직무는 난이도와 수행 빈도에 상관없이 훈련에 포함되었다. 중간 정도의 중요도를 가졌지만 난이도가 높은 직무들도 훈련에 포함됐다. 중요하지 않고, 어렵지도 않으며 자주 시행되지도 않는 직무들은 훈련에서 제외됐다.

내용전문가들은 선정된 훈련 대상으로 선정된 과업들이 직무에 걸맞게 잘 서술되었는지 검토했다. 그 결과, 총 487개의 과업들이 선정됐다. 모든 과업들을 대상으로 각각 하나의 과업에 대해서 두 명의 내용전문가들이 필요한 KSAOs을 파악하게 했다. 작업 환경, 과업의 시작과 종료를 알리는 신호들, 성과 기준, 안전 수칙, 그리고 필요한 도구 및 장비 등에 대한 내용을 포함했다. 전체적인 데이터는 공장 기술자들과 교육 부서 담당자들이 같이 검토했다. 14,000개 이상의 KSAOs가 공통그룹으로 분류되고 식별 코드를 부여 받았다. 분류된 그룹은 다시 자격구분으로 묶였다. 즉, 직원이 해당 업무를 수행하려면, 한 묶음에 연관된 모든 과업들에 대해서 자격을 인증 받아야 한다. 이러한 묶음들은 훈련 강의계획과 과정 목표를 설정하는데 기반이 되었다. 교육자들은 각 묶음을 검토해서 묶음 내 과업을 수행하는데 필요한 전제조건이 있는지 파악했다.

역량 모델

현대의 글로벌하고 경쟁적인 기업 환경 내에서 직원들이 성공에 필수적인 능력을 갖추었는지 파악하는 것은 다수의 기업에게 큰 과제이다. 한 사업 부문에서 필요로 하는 능력들은 다른 부문에서의 것과 상이할 수 있고, 심지어는 같은 부문 내에 있더라도 역할에 따라 달라진다. 따라서 많은 기업들은 역량 모델을 토대로 높은 업무 성과를 위해 필요한 지식, 기술, 그리고 개인 특성(태도 및 성격)을 파악하고 있다. 역량 모델은 해당 지식, 기술, 그리고 개인특성에 훈련의 기여도를 측정하는데도 유용한 도구이다.

전통적으로는 요구 분석은 지식, 기술, 그리고 직무들을 분석하는 것에 그쳤다. 하지만 요즘엔 훈련을 위한 요구 분석의 초점이 역량에 맞춰져 있고, 관리직의 경우 특히 더 그러하다. 역량(competency)이란 업무수행에 필요한 기술, 지식, 능력, 그리고 개인 특성들의 모음이다.

역량 모델(competency model)은 각 직무에서 요구되는 역량들을 파악한 것이다. 역량 모델은 특정 직업, 조직, 직업군, 혹은 구체적 업무 전체에 대해 공통적인 역량들을 서술한다. 이러한 역량 모델은 성과 관리에 적용된다. 하지만 역량 모델은 특히 인사부 소관 업무인 신규채용, 선발, 훈련, 그리고 개발 등에 유용하게 이용된다는 점이 하나의 장점이다. 역량 모델은 공석을 채울 최적임자 선별에 도움이 되고, 또 직원들과 관리자로 하여금 특정 강점이나 개발분야를 겨냥할 수 있게 하여 개발 계획의 기반이 된다. 역량 모델에 포함되는 역량들은 기업의 사업 전략 및 목표에 따라 달라질 수 있다. 영업, 지도력, 대인관계, 기술 외에 다른 역량들을 포함한다. 역량 모델에는 보통 각 역량의 명칭, 역량 내의 능숙함을 나타내는 행동들의 서술, 그리고 숙련도를 시사하는 점들이 포함된다. 〈표 3.9〉는 시스템 엔지니어(systems engineer)의 역량 모델 중 기술적 역량묶음을 보여준다. 표의 좌측에는 기술묶음의 기술적 역량목록이 있다(여기에는 시스템 구조, 데이터 이동, 그리고 문서작성 등이 포함된다). 표의 우측에는 각 역량에서 시스템 엔지니어의 능숙함이 시사되는 행동에 대한 설명이 나열되어 있다.

표 3.9 역량 모델의 역량들

기술묶음	숙련도 등급
시스템구조 복잡한 소프트웨어 어플리케이션 설계 능력, 프로토콜 확립, 그리고 원형 본 제조능력	0–기본적인 업무수행불가 1–기본원리는 이해; 보조나 지시 하에 업무 수행 가능 2–정해진 순서의 일 안정적으로 수행; 감독이 거의 필요 없음 3–복잡하고 다양한 업무 수행; 다른 직원들 지도나 교육 가능 4–직무수행에 전문가로 꼽힘; 설명, 교육, 및 안내가능
데이터이동 데이터 전송 작업을 구상하고 효율적으로 수행하는데 필요한 소프트웨어 프로그램의 기반을 설립하는 능력	0–기본적인 업무수행불가 1–기본원리는 이해; 보조나 지시 하에 업무 수행 가능 2–정해진 순서의 일 안정적으로 수행; 감독이 거의 필요 없음 3–복잡하고 다양한 업무 수행; 다른 직원들 지도나 교육 가능 4–직무수행에 전문가로 꼽힘; 설명, 교육, 및 안내가능
문서작성 상세내역, 흐름도, 과정 관리, 그리고 재정에 대한 정보를 모두 포함하고 이해 가능하고 꼼꼼한 문서작성능력	0–기본적인 업무수행불가 1–기본원리는 이해; 보조나 지시 하에 업무 수행 가능 2–정해진 순서의 일 안정적으로 수행; 감독이 거의 필요 없음 3–복잡하고 다양한 업무 수행; 다른 직원들 지도나 교육 가능 4–직무수행에 전문가로 꼽힘; 설명, 교육, 및 안내가능

출처: R. J. Mirabile, "Everything You Wanted to Know About Competency Modeling," *Training and Development*(August 1997): 73-77.

역량 모델을 이해하는 한 방법으로는 역량들을 직무 분석과 비교하는 것이다. 이미 알고 있듯이, 직무 분석(job analysis)이란 직무에 대한 설명(과업, 임무 및 책임)과 구체적인 요구사항(지식, 기술 및 능력)을 확립하는 과정을 말한다. 이런 직무 분석과 역량 모델을 비교해보면, 직무 분석은 업무나 과업(어떤 성과가 있었는지)에 더 집중되어 있는 반면, 역량 모델은 직원에 초점을 맞춘다(어떻게 목표달성을 했는지, 혹은 업무수행이 어떻게 이루어졌는지를 묻는다). "어떻게"와 "무엇을" 사이의 차이에 집중하는 것으로부터 훈련 및 개발에 유용한 정보를 얻을 수 있다. 최근 한 연구에서 역량 모델 전문가들(자문위원, 인사부 담당자, 교수, 그리고 산업 심리학자)에게 과업 분석과 역량 모델의 비교를 의뢰했다. 그 결과, 그 둘 사이의 몇몇 차이를 발견할 수 있었다. 역량 모델에서는 역량들과 기업의 사업목표 사이의 연관성을 찾았다. 역량 모델은 특정 직종, 직무수준, 그리고 한 조직 전체에 대한 역량을 서술한다. 과업 분석에서는 특정 직무와 관련한 구체적 지식, 기술, 그리고 능력을 분석해서 채용 시에 필요한 구체적인 요구 사항들을 확립한다. 역량 모델에서 확립된 역량들은 좀 더 보편적이어서 채용, 훈련, 직원 개발, 그리고 성과관리 등 더 넓은 적용범위를 가진다.

역량 모델에 대해 살펴보는 또 한 방법으로는 성과 관리에 대해 고려하는 것이다. 불행히도 많은 성과 관리 시스템들은 성과를 평가하는데 쓰일 수 있는 결과가 무엇인지 의견이 일치되지 않았다. 관리자와 직원 간의 논의에서 말하는 성과 부족은 구체적이지 못하다. 역량 모델은 훌륭한 성과를 위해 필요한 개인 능력 분야를 파악하는 것을 통해 실제 업무의 내용과 방법을 구분 지을 수 있다. 성과에 대한 피드백은 명확하고 구체적인 행동을 예시로 들어 유도할 수 있다. 또한 좋은 성과를 위해 필요한 지식, 기술, 능력, 그리고 다른 특성들도 명료하게 제시된다.

역량은 어떻게 감별되며 역량 모델은 어떻게 만들어지나? 〈그림 3.5〉에서 역량 모델의 개발이 이루어지는 과정을 보여준다. 첫 번째로 사업 전략을 확인한다. 2장에서 사업 전략 중 훈련의 필요성을 시사하는 것들이 논의되었다. 사업 전략은 어떤 종류의 역량이 사업목표 달성과 사업 전략을 지지하는데 필요한지 파악할 수 있게 한다. 사업 전략의 변화는 새로운 역량을 필요로 하거나 기존의 역량의 수정을 요한다. 두 번째로는 분석이 필요한

그림 3.5 역량 모델 개발과정

직무나 직위를 파악한다. 세 번째로, 효율적 혹은 비효율적 직원들을 색출한다. 네 번째로 성과의 효율성을 좌우하는 역량을 파악한다. 역량을 파악하는 데는 여러 가지의 방법이 있다. 여기에는 한 명 혹은 여러 명의 "우수" 성과자를 분석하고, 내용전문가들과의 면담, 그리고 다른 회사의 우수 직원을 분석하여 벤치마킹(benchmark)데이터 조사가 포함된다. 다섯 번째로 만들어진 모형을 증명한다. 즉 모형에 포함된 역량들이 실제 성과와 관련이 있는지가 판단된다. 〈표 3.9〉에 제시된 시스템 엔지니어의 기술적 역량의 예에서 중요한 것은 (1) 세 가지 역량들이 좋은 업무성과와 관련이 있는지를 규명하는 것과, (2) 역량에서의 능숙함 수준이 적당한지를 규명하는 것이다.

〈그림 3.5〉의 개발과정을 따른다면 타당한 역량과 역량 모델을 장담할 수 있을 것이다. 하지만 교육자, 직원, 관리자, 그리고 다른 전문가들은 반드시 역량 등급을 정확하게 측정하는 방법에 대한 교육이 필요하다(특히 등급을 처음 매겨보는 사람일 경우). 평가자들은 각 역량 항목을 이해하고 있어야 하며, 서로 다른 역량들의 차이점을 구분하여 능숙도의 상·중·하를 가릴 수 있어야 한다.

역량 모델은 교육개발에 있어서 여러 가지 이유로 유용하다.

- 효율적인 직무 수행에 필요한 행동들을 식별할 수 있다. 개발 프로그램의 일환으로 직원들에게 피드백(360도 피드백 등)을 주도록 되어 있기 때문에, 개인 및 조직의 성공에 구체적으로 연관된 피드백을 받을 수 있다.
- 당장 업무에 필요한 기술이나 추후에 기업에서 필요한 기술이 무엇인지 결정하는 도구가 된다. 기업의 현재 훈련 과정들과 현재 요구되는 사항들 간의 관계를 평가할 수 있어서 기업의 교육개발활동이 사업목표에 맞춰질 수 있도록 한다. 제공되는 과정들이 미래에 기대되는 기술적 요구와 얼마나 잘 연관되는지 평가하는데 사용할 수 있다.
- 경력에 따라, 위치가 달라짐에 따라 어떤 기술들이 필요한지를 결정할 수 있다.
- 지속적인 코칭과 피드백의 기반이 되어, 직원들의 현재와 미래의 역할을 발전시키는데 기여할 수 있다. 직원들이 현재 가지고 있는 개인 역량과 업무에 필요한 역량들 사이에 비교를 할 수 있기 때문에, 앞으로 발전시킬 역량이 무엇이고 어떤 조치를 취해야 하는지를 파악할 수 있게 도와준다. 조치라 함은 교육과정, 실무경험, 그리고 다른 종류의 개발 활동들을 말한다(9장 직원개발과 경력관리에서 개발방법들에 대해 자세히 이야기한다).
- 관리직 후보자가 될 수 있는 직원을 선별하고 개발시킬 수 있는 "지침서(road-map)"가 될 수 있다(계승 계획).

- 적절한 직원을 위한 훈련과 학습활동을 개발하고 그에 대한 피드백 및 보상체계를 확립하는데 공통된 기준을 제시하는 역할을 한다.

예를 들어 아메리칸 익스프레스(American Express)에서는 관리자들이 팀원들이 스스로의 강점을 활용하고 약점을 보완할 수 있게끔 이끌어주기 위해서, 역량 모델을 이용한다. 기업 수준에서는 역량을 토대로 회사 전체의 능력, 강점, 그리고 기회 등을 포함하는 재능 수준을 평가할 수 있다. 이런 정보는 관리자들에게 제공되어 직원들의 현재 및 미래의 역량 발달에 반드시 필요한 것을 파악하고 행동 계획을 세울 수 있도록 한다.

〈표 3.10〉에서는 렌즈크래프터(LensCrafters), 선글라스헛(sunglasshut), pearle vision 등에서 판매되는 고급 스포츠 안경류 공급업체인 룩소티카(luxortica retail)사에서 현장 제휴사와 지부 점포 내 일자리를 위해 개발한 역량 모델을 보여준다. 이 역량 모델에서는 지도력, 관리 역량, 기능적 역량, 그리고 기본적인 역량들을 포함하고 있다. 이는 관리자들이 채용, 성과관리, 그리고 훈련에 사용할 수 있는 역량을 파악하고 정의하는 목적으로 개발되었다. 또 이 역량들은 관련 직원들이 다양한 업무에 적용할 수 있는 역량을 알고 좀 더 발달시키는데 도움이 된다. 성과관리를 위해 역량 모델을 효과적으로 이용하기 위해서는 역량 모델이 회사 모든 부서에 대한 최신 정보를 반영하고 있고, 사업 성과를 향상시킬 수 있고, 업무와 연관성이 높으며(유효성), 관련성(목적에 맞춤)이 있어야 하는 것은 물론이고 직원 성과에 대한 정확한 평가를 해줄 수 있어야 한다. 룩소티카 사에서는 사업 경영자들과의 만남을 시작으로 현재와 미래의 사업 전략에 대해 이해하여 역량 개발을 할 수 있었다. 사업 동인을 파악하였고, 설문조사, 표적집단, 그리고 관리자와 관련직원들과의 면담을 통해 중요한 역량들을 규명하고 각각에 관련된 행동 예시들을 알 수 있었다. 타당성을 유지하기 위해 역량들은 4-5년에 한 번씩, 주요 사업 전략이 수정되거나 업무 변경이 있을 때마다 검토되었다. 또한, 성과 관리 측면에서 각 역량 묶음들에게 부여된 중요성 또한 검

표 3.10 룩소티카(Luxottica Retail)사의 역량 모델

리더십 및 관리 역량	기능적인 역량	기본적인 역량
리더십	세계적 관점	비판적 사고
다른 사람들 지도 및 개발	사업수완	개방적 소통 장려
동기부여	사업의 핵심성과지표	관계 형성 및 대인관계 기술
팀워크 조성		개인개발 및 관리
전략적 사고		적응력과 융통성
		다양성 및 다문화성 사고
		의지 및 헌신

출처: C. Spicer, "Building a Competency Model," *HR Magazine*, April 2009, 34-36.

토되어 적절한지 확인되었다(예를 들어, 기능적 역량의 중요도는 몇인가?). 특정 업무와의 연관성에 따라 다양한 조합의 역량을 이용하여 관련 직원의 성과 평가가 이루어진다. 각 역량에 대해 직원들은 1에서 5 사이의 등급을 받게 되는데 5는 "기대 이상으로 우수함"을 뜻한다. 인사부, 교육개발부서, 그리고 운영 팀이 합동으로 각 역량에 대한 등급을 정의했다. 즉, 직원의 등급이 "기대에 부합함"일 때와 "기대 이하"일 때의 역량은 어느 정도인지, 그 의미는 무엇인지를 정의한다. 이런 과정은 관리자들이 관련 직원 평가에 유사한 기준틀을 사용하게 하기 위해 필요했다.

요구 분석의 범위

지금까지 본 장에서는 요구 분석에서의 조직 분석, 개인 분석 그리고 과업분석 등 다양한 측면에 대해 논의했다. 이러한 과정은 직원 면담, 관찰 및 설문조사 등을 포함하기도 한다. 지금쯤 당신은 "이 과정들이 좋은 건 알겠지만 매우 복잡하고 시간이 많이 드는 과정처럼 보인다"라는 생각을 할 수도 있을 것이다. 스스로 "만약 정밀한 요구 분석을 할 시간이 없으면 어떻게 하나, 과정 전체를 포기해야 하나?"라는 질문도 할 수 있다.

요구 분석은 종종 생략되기도 하는데 주로 다음과 같은 이유에서 비롯된다. 너무 비싸다, 너무 오래 걸린다, 너무 복잡하다, 그리고 관리자들도 이런 요구 분석 과정에 대해 비협조적일 수 있다. 이런 제한들 속에서도 요구 분석은 문제의 실체를 파악하고 훈련 등의 최적의 해결책을 찾는데 반드시 필요하다.

만약 관리자가 당장 훈련과정 실행을 강요하는 상황이더라도 요구 분석은 필요하다. 이런 경우에 신속하게 요구 분석을 할 수 있는 방법들이 몇 가지 있다. 신속 요구 분석(rapid needs assessment)는 과정의 질이나 결과에 지장 없이 신속하고 정확하게 이루어지는 요구 분석을 말한다. 신속 요구 분석의 핵심은 최소한의 자원(시간, 돈, 내용전문가들)의 활용으로 가장 신뢰 높은 결과를 얻을 수 있는 방법을 선택하는 것이다. 여기에는 몇 가지의 방법이 존재한다. 첫 번째로, 요구 분석의 범위는 가능성 있는 문제의 원인의 규모에 비례한다는 점을 이용할 수 있다. 만약 문제가 국한적이고 사업에 큰 지장을 주지 않을 정도의 원인 때문이라면, 요구 분석의 정보수집단계는 소수의 관리자와 재직자와의 면담에 그칠 수 있다. 반대로 문제가 사업에 큰 지장을 미치는 원인 때문이라면 정보수집이 더 많이 필요하다. 내용전문가와 재직자들의 면담을 반복하는 과정에서 업무에 관련한 새로운 정보가 없다고 느낀다면 면담은 멈추어도 된다. 두 번째로 다른 목적으로 수집된 정보를 이용하는 방법이 있다. 예를 들어, 오류 데이터, 영업 데이터, 고객불만, 그리고 퇴직자 면접 등은 성과관련이나 설문관련 문제의 원인을 파악하는데 중요한 단서를 제공할 수 있다. 다른 지역에 위치한 내용전문가들과의 면담 및 설문은 인터넷을 통해 신속하게 이루어질 수 있다. 마지막으로 기업이 마주하는 사업 문제, 기술개발 혹은 다른 문제들에 익숙해진 상태라면 훈련 요구를 예측할 수 있을 것이다. 예를 들어, 외국에 영업 지부를 세울 땐 다문화 훈련이 필요할 것이고, 제조공장에 새로운 기술을 도입할 계획에 있다면 당연히 기술관련 직원 훈련이 필요할 것이다. 사업에 대한 이해를 하는 것으로 준비된 사람이 될 수 있다.

요구 분석의 실제

오웬스코닝(Owens-Corning) 절연 기업에서는 생산력, 상품 품질, 그리고 안전실무 향상에 주목했다. 이는 회사 전반에 걸친 주주 가치 향상, 개인 품위 유지, 그리고 고객 서비스 만족이라는 전략과도 일치했다. 회사의 전략목표를 달성하기 위해서 공장 기반 인사부, 훈련, 조직개발, 그리고 프로젝트관리 전문가들로 구성된 훈련 활동 총괄부서가 만들어졌다. 이 부서의 최우선 순위의 목표는 관리감독자 훈련의 확립이었다. 당시에는 생산 감독관에 대한 훈련이 없었기 때문에 전문 부서는 그것을 개발하기 위해 노력했다. 공장의 인사관리자들과 교수자들과의 면담을 통해 포괄적인 훈련 프로그램 개발로는 효과가 없을 것이라는 조언을 얻었다. 따라서 전문부서는 설문지를 만들어 모든 공장의 직원들에게 배포했다. 이 설문지에는 감독관에게 필요한 자질에 대한 구체적인 질문이 담겼다—예를 들면, "감독관은 개인이나 팀의 의견을 귀 기울여 듣고 이해하기 위해 노력한다", 그리고 "모든 프로젝트 마감 기한, 활동, 그리고 특별 요청사항들을 잘 지킨다" 등이 있다. 설문조사에서 얻은 데이터에 의하면 감독관들에게 가장 부족한 자질로는 쌍방향 의사소통, 경청하는 태도, 성과 기대치 설정, 피드백 제공, 갈등 조정능력, 그리고 시간관리능력 등이 있었다. 이러한 필요사항을 달성하기 위해 각 공장의 감독을 위한 교육과정이 설계되었고, 각 기관의 특성과 문화 등이 고려되었다.

이와 같은 사례를 통해, 요구 분석 과정의 여러 가지 방면을 볼 수 있다. 첫 번째로, 훈련이 회사의 전략목표를 이루는 데 핵심적인 역할을 할 것이라 보여졌다. 그 결과로, 훈련과 요구 분석에 일정 시간과 자원이 배정되었다. 두 번째로, 감독관의 자질을 평가하기 위한 설문조사로 개인 분석이 이루어졌다. 얻은 정보를 토대로 여러 공장에 걸쳐 부족한 자질을 파악할 수 있었다. 세 번째로 부족하다고 판단된 자질들의 향상을 위해 필요한 훈련이 각 공장의 특성을 고려하는 방안으로 개발되었다. 예를 들어, 한 공장에서는 3일 기술 연수과정, 분기별 1일 리더십 기술회의(감독자의 업무 능력 향상과 재생 목적), 그리고 한 달에 한 번 시행하는 비공식적 리더십 토의를 포함하는 구성을 택했다.

요 약

성공적인 훈련을 위해서 가장 먼저 필요한 것은 요구 분석라는 과정을 통해 훈련의 필요성을 파악하는 것이다. 요구 분석은 세 단계를 가진다: 조직분석, 개인 분석, 그리고 과업분석. 요구 분석을 하는 데는 다양한 방법들—관찰, 면담, 그리고 설문이나 질의응답 등의—방법들이 포함된다. 각각의 방법은 장단점을 지닌다. 조직 분석은 (1) 기업의 사업전략과 자원에 훈련이 알맞은지, 그리고 (2) 관리자와 동료들이 훈련을 받는 직원에게 훈련 이수와 실제 업무에 내용을 적용하는데 필요한 지지를 해줄 것인지 파악하는 것을 포함한다.

개인 분석은 훈련이 과연 최적의 해결책인지 판단하기 위해서 훈련의 대상이 누구인지, 그리고 직원들이 훈련내용을 따라가는데 필요한 기술조건, 태도, 그리고 믿음을 가지고 있는지에 주목한다. 업무 성과 문제는 회사가 직원들을 위한 훈련개발을 고려하는데 가장 주요한 문제들 중 하나이므로 개인특성, 투입, 산출, 결과, 그리고 피드백이 어떻게 성과와 훈련에 연관되는지 파악하는 것이 중요하다. 관리자와 훈련 전문가들은 직원의 기본기술수준, 태도, 나이 및 세대, 그리고 업무환경에 대해 고려한 후 업무성과문제가 훈련으로 해결될 수 있는지 결론지어야 하고 어떻게 훈련이 설계되어야 하는지 판단해야 한다.

직원들이 업무 수행의 방법을 알지 못할 경우에는 훈련이 가장 효과적일 수 있다. 그러나 만약 직원이 자신의 업무에 관한 피드백을 받지 못하거나, 작업에 필요한 장비가 부족한 상황이거나, 성공적인 업적에 부합하는 보상을 얻지 못했거나, 혹은 성과 기대치 수준이 어느 정도인지 모르는 문제에 대해서는 훈련이 적절한 해결책이 아닐 수 있다.

훈련 과정에서의 직원들의 의지를 최대화시키려면 직원들에게 훈련을 제공하기 전에 관리자들과 훈련 전문가들이 이러한 사항들에 대한 이해를 하는 것이 필요하다. 예를 들어서 직원이 기본기술이나 읽기능력이 부족한 경우, 업무와 훈련 두 부문에서 모두 어려움을 겪을 수 있다.

과업 분석은 직원들의 지식, 기술, 그리고 능력에 알맞은 과업과 훈련을 파악하는 것이다. 역량 모델의 개발은 요구 분석의 새로운 접근 방법으로서 지식, 기술, 태도, 가치 및 개인 특성 등의 역량들에 중점을 둔다.

토의 문제

1. 업무성과와 훈련에 영향을 주는 요소 중 어떤 것이 가장 중요한가? 어떤 것이 가장 덜 중요한가?

2. 만약 당신이 새로운 공장에서 새로운 업무에 대한 요구 분석을 실행한다면, 당신이 사용할 방법에 대해 설명하시오.

3. 만약 당신이 인터넷 기반의 의류 회사의 고객 서비스 대표자들을 위한 훈련 요구들을 확인하기 위해 어떠한 인터넷 기술을 사용한다면, 기술에 대한 직원들의 두려움을 덜어주기 위해 어떤 단계를 거칠 것인가?

4. 요구 분석은 조직, 사람, 그리고 업무 분석을 포함한다. 당신은 이중 어떠한 분석이 가장 중요하다고 생각하는가? 어떤 것이 가장 덜 중요한가? 이유는?

5. 요구 분석 과정에서 상위단계 관리자들이 왜 반드시 포함되어야 하는가?

6. 만약 직원들이 훈련 프로그램에서 성공하기 위해 필요한 독해 수준을 어떻게 알아낼 것인지 설명하시오. 만약 인터넷 기반 훈련 프로그램을 사용하기 위해 필요한 직원의 컴퓨터 사용 기술을 확인하여야 한다면 어떻게 할 것인가?

7. 외부제조업체의 훈련 프로그램을 활용해야 할 때, 어떤 조건을 고려할 것인가? 내부에서 자체적으로 프로그램을 개발한다면, 어떤 조건을 고려할 것인가?

8. 당신이 인터넷 사용 방법에 대한 훈련을 제공하기 전에 컴퓨터 사용 경험이 적은 노인이 수업에 참여할 수 있도록 준비시켜야 한다고 가정하자. 당신은 그들이 훈련에 준비가 되었음을 어떻게 보장할 것인가? 당신은 훈련에 대한 그들의 준비성을 어떻게 확인할 것인가?

9. 예시를 보고 전기 기술자의 과업과 과업 등급을 검토하시오. 훈련 프로그램에서 당신은 어떠한 업무들이 강조되어야 한다고 믿는가? 이유는?

10. 업무성과 문제의 원인을 확인하기 위해 당신이 사용할 과정에 대해 설명하시오. 과정을 보여주는 그림을 그리시오.

업무	중요성	빈도수	학습 난이도
1. 부품 대체	1	2	1
2. 장비 수리	2	5	5
3. 장비 설명 해석	1	4	5
4. 작은 도구 사용	2	5	1

등급에 대한 설명: 빈도수 1=매우 가끔에서 5=매우 자주 / 중요성 1=매우 중요에서 5=매우 중요하지 않음 / 학습 난이도 1=쉬움 에서 5=매우 어려움

11. 왜 우리는 나이와 세대 차이를 요구 분석의 일부분으로 고려하는가? 이것이 중요한가? 이에 대하여 설명해 보시오. 당신이 요구 분석에 적절하지 않게 사용되었는지 확인하기 위해 사용할 증거의 종류에 대해 논의하시오.
12. 역량 모델 개발은 전통적인 요구 분석과 어떻게 비슷한가? 어떻게 다른가?
13. 신속 요구 분석은 무엇인가? 요구를 가치 있고 정확하게 분석하기 위해 신속 요구 분석을 어떻게 실행할 것인가?

적용 문제

1. 친구, 배우자, 또는 룸메이트(자신이 아닌 다른 사람)의 직업을 위한 역량 모델을 개발하시오. 당신의 모델을 개발하기 위해 본 장에서 논의되었던 과정을 사용하시오. 모델 개발 중 가장 어려웠던 점을 표시하시오. 모델이 어떻게 사용될 것인가?
2. 사회복지부서는 당신이 거주하는 주의 예산과 직원 수의 큰 부분을 차지한다. 자격 기술자의 직무는 공공 지원(예를 들어 식량 배급, 부양할 아이들이 있는 가족 지원)의 모든 고객 접촉, 정책 해석, 그리고 재무 결정에 대한 책임을 지는 것이다. 자격 기술자는 새로운 것이나 개정된 정책에 대한 많은 양의 메모와 공고들을 꼭 읽어두어야 한다. 그들은 이러한 서신들을 읽고 회신하는 것에 불만을 제기하였다. 그 자치주에서는 한 사람당 250달러가 드는 속독 프로그램을 직원들에게 지원해주기로 하였다. 그 자치주에는 200명의 자격 기술자들이 있다.

   속독 프로그램의 예비 평가에서 훈련생들은 좋아했다. 훈련이 실행된 지 두 달 후, 기술자들은 그들의 관리자에게 그들의 속독 프로그램을 그들의 업무에는 사용하지 않고 있고, 그들이 집에서 여가 시간에 독서할 때나 사용한다고 말해주었다. 그들의 관리자가 그들에게 왜 업무에는 사용하지 않냐고 물었을 때 대표적인 대답으로는, "저는 어차피 그런 메모들이나 정책 공고들을 읽지 않기 때문"이라는 것이었다.

   a. 속독 프로그램이 꼭 필요한지 확인하기 위해 사용된 요구 분석 과정을 분석하여라. 어떤 점이 장점인가? 어디에서 결함이 있는가?
   b. 당신은 어떻게 요구 분석을 실행할 것인가? 이성적으로 대답하시오.

3. 140쪽에서 보여준 숙련된 기사를 위한 면접 질문들을 고려해보아라. 여섯 명의 숙련된 기사 관리자들과 두 명의 지역 부회장들의 면접에 사용될 질문들을 적어보아라. 이러한 질문들은 숙련된 기사의 것에 비해 어떻게 다른가? 어떤 게 비슷한가?

4. 몇몇의 회사들은 경영 성공과 직원들의 만족을 이끄는 방법으로 그들의 가치와 인사 과정을 연결하는 것으로 유명하다. 이러한 회사들로는 사우스웨스트 에어라인(Southwest Airlines, www.iflyswa.com), 씨스코 시스템(Cysco System, www.cisco.com), 에스에이에스 기관(SAS Institute, www.sas.com), 멘스웨어하우스(Men's Wearhouse, www.menswearhouse.com),인텔(Intel, www.intel.com), 스틸케이스(Steelcase, www.steelcase.com), 홀푸드(Whole Foods, www.wholefoods.com), 그리고 텔루스(TELUS, http://abouttelus.com)이 있다. 조직 요구 분석을 실행하기 위해 이 회사들의 웹사이트 중 하나를 골라서 회사의 가치와 비전에 대해 읽어라. 훈련과 개인 개발의 중요성에 대한 성명서를 보시오. 회사 내에서 훈련은 왜 중요한가? 또는 왜 중요하지 않은가? 웹사이트에서 지지할 수 있는 증거를 찾으시오.

5. 구직자, 학생, 사업, 그리고 경력의 전문가들을 돕기 위해 미국의 노동부, 고용부, 그리고 행정부의 지원을 받는 커리어 원스탑의 웹사이트인 www.carreronestop.org/CompetencyModel로 가시오. 산업 역량 모델 중 하나를 선택하여 검토하시오. 당신이 선택한 산업 안에서 이러한 산업 역량 모델들이 어떻게 훈련과 개발에 유용할 수 있는가? 직원들에게는? 학생 또는 산업분야에 관심이 있는 구직자와 같은 개인들에게는?

사례

서밋 신용협동조합(Summit Credit Union)에서의 훈련 요구 판단

서밋 신용협동조합(Summit Credit Union)은 위스콘신 주 매디슨(Madison, Wisconsin)에 위치한 작은 회사로, 366명의 직원들이 근무하고 있다. 2008년도에 이루어진 합병으로 인해 회사의 규모가 두 배로 늘어나면서 새로운 기업문화를 설립할 필요성이 생겼다. 서밋사의 목표는 조합원들의 삶의 경제적인 측면의 발전에 도움을 주는 것이었다. 서밋사는 세계적 수준의 교육부서를 만들기 위해 투자했는데, 이 부서는 강사지도 훈련과정과 이러닝(e-learning) 과정을 설계하고 개발할 수 있는 7명의 전문가들로 구성되었다. 서밋사는 기존의 흔하게 널린 훈련을 뒤로하고, 직원들의 필요와 회사의 목표 및 계획에 맞게 설계된 교육과정 설계를 진행했다. 예를 들어, 교육부서는 효율성, 대출 성장, 그리고 판매 증진 등의 사업문제들을 다루는 데 핵심적인 역할을 할 것이라고 예상하였다. 모든 교육관련 직원들은 새로운 상품, 서비스, 시스템 등의 탄생 및 새로운 규정확립 등의 회사의 계획에 기여할 것으로 예측하였다. 최근 서밋사는 회사의 새로운 대출담당 직원들의 문제점을 발견했는데, 그것은 필요한 기술, 정보, 그리고 지식이 없이 업무를 수행하고 있다는 것이었다. 이에 대한 잠재적인 원인으로는 어떻게 대출업무에 관한 훈련 과정의 구성에서 찾아볼 수 있다. 신입 대출담당 직원들은 다양한 대출과 대출 시스템에 관한 과정을 참석하고 난 이후, 일을 시작하게 되고, 그리고 추후에 대출지침, 증권인수, 그리고 영업 기술에 대한 과정을 수료하게 된다.

신입 대출담당 직원들이 업무에 필수적인 지식과 기술 없이 일을 시작한다면 어떻게 요구 분석을 실시할 것인가? 또 훈련 과정의 구성(혹은 다른 이유) 등이 문제라면 요구 분석은 어떻게 이루어져야 하는가? 요구 분석에 관여하게 될 사람은 누구인가?

4장

학습과 훈련 전이

Learning and Transfer of Training

학습 목표

1. 학습자의 다섯 가지 결과 유형을 논의할 수 있다.
2. 학습이론이 교육 설계에 미치는 영향을 설명할 수 있다.
3. 성인학습이론에 기반한 연수 프로그램을 설계할 수 있다.
4. 학습자들이 설명에 따라 어떻게 정보를 습득, 진행, 저장 및 보완하는지 설명할 수 있다.
5. 훈련생들에게 필요한 각 타입의 내부요인(학습자 내에서)과 외부요인(학습 환경) 역량을 논의할 수 있다.
6. 교육 프로그램 설계에 개방적 능력과 폐쇄적 능력, 그리고 원격 교육의 영향을 논의할 수 있다.
7. 학습과 훈련 전이에서 꼭 필요한 교육과 작업환경의 특징에 대해 설명할 수 있다.

활기찬 훈련은 더 나은 학습과 훈련 전이를 의미한다

지루한 수업들, 의미 없는 온라인 학습내용, 직원들이 실습하고 그에 대한 피드백을 받는 기회가 없는 훈련—이 모든 학습 방법은 직원들의 의욕을 떨어뜨리고 그들이 배우거나 또는 배운 것을 사용해야 할 때 어려움을 준다. 그러나 많은 기업들은 직원들이 좀 더 흥미를 느끼며 훈련을 받고, 배운 것을 일에 적용할 수 있도록 혁신적인 학습법을 사용하고 있다.

버라이존(Verizon)은 지리적으로 분산되어 있는 직원들을 대상으로 훈련을 제공하기 위해 가상 교실 강의방식에 의존하고 있다. 학습자들이 적극적으로 함께 교육에 참여할 수 있도록 하기 위해 버라이존(Verizon)은 여러 가지 새로운 훈련 계획을 시행하고 있다. 고객 요금청구 서비스를 지원하는 이 훈련은, 리더가 이끄는 토론과 그룹 안에서 맡은 대화형 과제를 가상의 토론실에서 진행하고 있다. 웨비나(Webinar)는 학습자들의 참여를 위해 온라인 여론조사를 포함하고 있다. 정보 기술 수업은 설명과 실습을 위해 실험과 가상 전문 장비를 포함하고 있다. 판매에 대해 훈련을 제공할 때는 버라이존(Verizon) 가상트레이너(Virtual Trainer, VT)가 제공하는 기초단계의 교육을 한 후, 학습자를 가상으로 판매 상점에 데려간다. 가상트레이너는 학습자들이 작성한 문서를 제공 받아 그 문서를 업무를 수행하는 것을 지원해주는 자료로써 활용하고, 관리자들이 사례, 아이디어, 주제, 활동들을 논의하기 위한 토의 안내서로도 사용된다. 또한 학습자들이 훈련 실시 이후에 교육내용을 현업에 적용할 수 있도록 기회를 주는 시나리오나 코칭양식으로 사용하기도 한다.

피엔씨 파이낸셔 서비시스(PNC Financial Services Group)의 PNC 대학(PNC University)에서는 새로운 인사 시스템으로 전환하기 위해 전 직원들을 대상으로 웹 기반 훈련을 제공하였다. 훈련은 직원들의 역할과 회사 내의 조직에 맞춤화되어 있으며 이는 훈련이 그들의 직무와 관련이 있고 의미 있다는 확신을 준다. 이 온라인 교육에서는 직원들이 선호하는 네 가지 교육 방법: "보세요!(See it!)", "시도하세요!(Try it!)", "실행하세요(Do it!)!", 또는 "인쇄하세요!(Print it!)"로 제시하고 이중에 하나를 선택하도록 하였다. "보세요!" 접근 방법에서는 과업을 어떻게 완료해야 하는지 짧은 교육용 비디오를 제공하였다. "시도하세요!" 접근 방법에서는 직원들이 가상 버전 시스템으로 거래를 체결하는 것을 실습하도록 하였다. "실행하세요!" 접근 방법에서는 직원들이 라이브 시스템으로 코칭을 받으며 거래 체결을 단계별로 한 단계씩 과제를 수행해볼 수 있도록 하였다. "인쇄하세요!" 접근 방법에서는 직원들이 거래를 완성하기 위한 단계별 절차들을 인쇄할 수 있도록 하였다.

아빈메리터(ArvinMeritor, Meritor Inc.)의 트럭 기술자를 대상으로 하는 훈련은 훈련생이 더 많은 참여를 하게 하고 그들이 배운 것을 트럭 수리 업무에 적용할 수 있도록 개선하였다. 기술자들은 먼저 온라인으로 후방 구동 차축 부품, 작업, 그리고 예방점검을 배운다. 다음으로는 오프라인으로 수업이 진행되는데, 실제작업경험, 구동 차축 부분의 분해 및 재조립, 그리고 구동 차축부분의 조정을 만든다. 훈련 후, 훈련생들은 실제 작업 경험시간에 배운 개념들을 재검토하는 일과 후 업무를 끝내야 한다. 매 4개월에서 6개월마다 훈련생들은 온라인을 통한 시뮬레이션 기술을 사용해 실습을 하는데, 마우스로 구동 차축 부품으로 활용하여 측정, 조절을 위해 도구 박스에서 도구를 선택하게 된다.

지역 사회 소유 공익사업인 콜로라도 스프링스 지역 전력(Colorado Springs Utilities)은 600,000명 이상의 고객들에게 천연가스, 물, 그리고 전기 서비스를 제공한다. 이 회사의 모든 간부들은 학습을 지원해주기로 공식 발표하였으며, 훈련에 강사 및 연설자로도 참여하고 학습목표와 훈련활동에 기대되는 결과를 그들의 성과 목표의 일부분으로 포함한다. 모든 훈련 프로그램은 주제와 활동을 확인하기 위한 브레인스토밍(brainstorming) 시간으로 시작한다. 이 시간은 훈련생이 더 흥미를 가지고 교육을 즐기며 그들이 배운 것을 더 많이 기억하도록 도와준다. 안전 교육 시간에는 훈련생들이 피난 계획에 대해 그들이 가지고 있는 지식과 기술을 어떻게 사용하고 응급 상황에 대처하는지 보기 위해 가상 응급 상황을 경험하게 된다. 훈련생들은 전력이 중단된 상황에서 다른 역할과 활동을 하게 된다. 그 다음으로, 강사가 그들의 수행에 대해 비평한 후, 훈련생들은 그들이 무엇을 배웠는지(또는 더 배워야 할 기술)에 대해 논의한다. 훈련생들은 필기 시험을 마치고, 학습한 것을 오래 기억하기 위해 꼭 재검토를 한다.

출처: J. Salopek, "Colorado Springs Utilities: 2005 BEST Award Winner," *T+D* (October 2005): 38-40; M. Weinstein, "Wake-up Call," *Training* (June 2007): 48-50; M. Weinstein, "Verizon connects to success," *training*, January/February 2011: 40-42; M.Weinstein, "PNC invests in excellence," *training*, January/February 2011: 48-50.

서론

앞서 다룬 네 곳의 회사는 모두 다른 방법을 사용하고 있지만, 각 회사의 훈련 목적은 바로 직원들이 일을 성공적으로 할 수 있도록 도와주는 것이었다. 훈련 방법에 상관없이 실행되고 직원들이 그들이 배운 것을 일에 적용할 수 있도록 하려면 특정 조건들이 꼭 명시되어야 한다. 특정 조건들은 다음과 같다. (1) 교육생에게 실습하고 평가 받을 수 있는 기회를 제공해야 함, 즉 교육생들이 훈련 목적을 얼마나 잘 달성하고 있는가에 대한 정보를 제공해야 함 (2) 의미있는 훈련 내용을 제공해야 함 (3) 교육생들이 학습을 성공적으로 마치기 위해 어떤 전제조건들이 있는지 식별 및 확인하여야 함 (4) 교육생들이 관리자들이나 동료들, 학습 지원, 그리고 일에서 기술 사용 등의 근무 환경을 관찰 및 경험을 통해 배울 수 있도록 함. 예를 들어, 콜로라도 스프링스 지역 전력(Colorado Springs Utilities)에서는 트레이너와 코치의 피드백(feedback)이 제공된다. 콜로라도 스프링스 지역전력(Colorado Springs Utilities)과 아빈메리터(ArvinMeritor)에서 실시되는 훈련은 훈련생들이 업무 중 실제로 발생할 수 있는 문제들과 똑같은 상황들을 경험하게 함으로써 좀 더 의미 있는 훈련 내용을 제공하였다. 직원들마다 훈련을 받고 싶은 방식이 다르다는 점을 알아차린 피엔씨(PNC Financial Services Group)는 직원들에게 새로운 HR 시스템에 대한 훈련을 어떻게 받을 것인지 선택할 수 있도록 하였다. 관리자들이 훈련을 지원하며 훈련생에게 배운 것을 일에 적용해볼 수 있는 기회를 주기 위해, 버라이존(Verizon)에서는 훈련생의 의욕을 높여주며 더 발전된 기술과 훈련에서 강조했던 것들을 사용할 수 있도록 관리자에게 가이드를 제공하였다.

이번 장에서는 학습이 일어나기 위해 훈련 중 어떤 일이 일어날지에 대한 것뿐만 아니라 훈련생들이 그들이 훈련에서 배운 것을 업무에 실제로 적용한다는 것을 어떻게 확인할 것인가를 주로 다룬다. 다시 말해 이번 장에서는 학습(Learning)과 훈련 전이(Transfer of Training) 모두를 논의할 것이다. 학습(Learning)은 지식, 기술, 태도, 행동, 그리고 단순한 성장과정의 결과가 아닌 학습된 역량을 포함하는 인간 능력의 비교적 영구적인 변화를 뜻한다. 학습에서 가장 중요한 부분은 훈련생이 그들이 배운 것을 잘 기억하는지 또 그것을 다시 사용할 수 있을지 보는 것이다. 훈련 전이(Transfer of Training)는 훈련생들이 훈련에서 배운 것들을 효과적이고 지속적으로 실제 업무에 적용하는 것을 뜻한다. 앞서 다룬

그림 4.1 학습과 훈련전이훈련 전이 모델

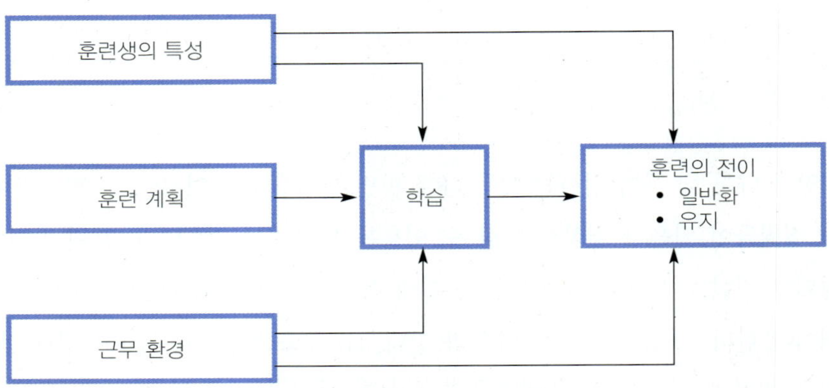

출처: T.T. Baldwin and J.K. Ford, "Transfer of Training: A Review and directions for Future research," *Personnel Psychology* 41 (1988): 63-103.

각 회사들의 사례에서 살펴봤듯이 훈련생의 특성, 교육 프로그램의 계획(또는 교육 중 일어날 수 있는 상황), 그리고 근무 환경들은 훈련생이 배우고 배운 것을 적용하는 것에 영향을 준다. 〈그림 4.1〉은 학습과 훈련 전이에 대한 모델이다.

〈그림 4.1〉이 보여주듯이 훈련 전이는 업무에 훈련을 일반화하는 것과 교육 자료들에 대한 유지를 포함하고 있다. 일반화(Generalization)는 훈련생들이 교육에서 배운 것을 비슷하지만 똑같지는 않은 업무 문제나 상황들에 적용할 수 있는 능력을 말한다. 유지(Maintenance)는 시간이 지나면서 훈련생들이 배운 것을 어떻게 지속적으로 사용하는지에 대한 과정을 뜻한다.

효과적인 훈련을 위해서 학습과 훈련 전이가 꼭 필요하다는 것을 아는 것은 중요하다. 훈련생들은 실수할 수도 있고 훈련 내용을 잘못 적용할 수도 있다. 왜냐하면 훈련 자체가 배우는 데 도움이 별로 되지 않았거나, 근무 환경이 훈련 내용을 적용하기 어렵거나 올바른 사용을 하도록 지원이 안 됐을 수도 있다. 만약 훈련 전이를 훈련이 끝난 후 생각해도 되는 문제로 여긴다면 실수를 하고 있는 것이다. 왜냐하면 훈련 전이는 훈련 때 배운 내용들을 그대로 업무에 적용하는 것이기 때문이다. 훈련 전이는 훈련을 설계하거나 구매하는 단계에 고려되어야 한다. 만약 훈련이 다 끝난 후 훈련 전이를 고려하기 시작한다면 이미 늦은 것이다. 업무 환경이 훈련을 얼마나 지지해주는지에 대한 훈련생들의 인식은 그들의 동기부여와 배운 내용에 큰 영향을 줄 수 있다(3장의 "요구 분석"에서 훈련에 대한 동기부여 논의를 상기해보아라).

본 장은 〈그림 4.1〉에서 보여준 모델에 대해 다룰 것이다. 첫째로, 우리는 학습(Learning)을 논의할 것이다. 우리는 무엇을 학습할 것인가—즉 학습의 결과에 대해 확인하는 것으로 시작할 것이다. 학습의 결과는 업무를 성공적으로 소화하기 위한 것과 꼭 연결되어 있어야 한다. 본 장의 서론에서 말했듯이, 이것은 트럭을 수리하는 일, 상품을 파는 일, 서비스 제공, 시스템 실행, 아니면 수리를 위해 전봇대를 올라가는 일까지 포함되어 있다! 학생으로서 당신은 한 가지 학습의 결과, 즉 지적 능력만 친숙하게 느껴질 것이다. 또한 우리는 교육생의 학습 방식이 그들이 선호하는 교육 방법에 어떻게 영향을 주는가에 대해 의논할 것이다. 3장에서는 기본기술들, 인지학습능력, 자기 효율성, 나이 또는 세대, 그리고 배우고자 하는 의지에서의 흥미 등의 다른 훈련생들의 성향이 어떤 영향을 주는지에 대해 논의했었다.

다음으로, 우리는 학습의 설계에 대해 고려할 것이다. 학습의 설계는 훈련생이 학습의 결과를 습득하도록 돕기 위해 어떤 학습 환경을 설계해야 하는지에 대한 고려도 포함되어 있다. 우리는 학습과 훈련 전이에 대해 다양하게 논의해왔다. 마지막으로 우리는 교육생들이 원하던 결과를 얻고 그것을 업무에 적용하도록 돕기 위해 교육 환경과 우호적인 업무 환경 설계를 위해 어떻게 이러한 이론들이 사용되었는지 살펴볼 것이다.

학습은 무엇인가? 학습했다는 것은 어떤 의미인가?

학습의 결과를 이해하는 것은 결정적인 요소이다. 왜냐하면 그것은 학습이 실현되기 위해 필요한 학습 환경에 영향을 주기 때문이다. 예를 들면, 훈련생들이 기둥을 올라가기 위한 운동 기능을 숙달하기 위해선, 그들이 운동 기능을 실습하고 그에 대한 피드백(feedback)을 받아볼 기회를 가져야 한다. 학습 결과는 〈표 4.1〉에서 볼 수 있다. 언어 정보(Verbal Information)는 이름 또는 라벨(label), 사실들, 그리고 지식체를 포함하고 있다. 언어 정보는 직원들이 업무에 필요한 전문화된 지식이 포함되어 있다. 예를 들면, 관리자는 다른 종류의 장비들의 이름들과 전사적품질경영(Total Quality Management, TQM)에 대한 지식들을 꼭 알고 있어야 한다. 지적 기능(Intellectual Skills)은 문제를 해결하고 고객을 응대하며, 상품을 생산하는데 중요한 개념과 규칙을 포함한다. 예를 들면, 관리자는 직원들을 평가하기 위해 성과 평과 과정의 모든 단계(자료수집, 자료 요약, 또는 평가를 위한 직원과의 면담)를 반드시 알고 있어야 한다.

운동 기능(Motor Skills)은 신체의 움직임과의 조화를 포함하고 있다. 예를 들면, 전화 수리공은 사다리나 전신주를 올라탈 수 있는 신체적 능력과 수완이 꼭 필요하다.

태도(Attitudes)는 한 사람이 어떠한 방식으로 행동하게 하는 신념과 감정이다. 태도는 인지요소(믿음), 감정(기분), 그리고 의도적 요소(태도에 집중하기 위해 한 사람이 의도적인 한 방법으로 행동하는 법)를 포함하고 있다. 중요한 업무와 연관있는 태도는 업무 성취감,

표 4.1 학습의 결과

학습 결과의 유형	능력 묘사	예시
언어 정보	이전에 습득한 정보 논술, 말하기, 또는 설명	회사의 안전수칙을 따라야 하는 세 가지 이유를 논술하시오.
지적 기능	문제해결과 참신한 상품 개발을 위해 일반화된 컨셉트와 규칙 적용	고객의 요구사항에 적합한 설계와 컴퓨터 프로그램 코드를 설계하시오.
운동 기능	정확성과 시간을 지켜 신체적 행동 실행	지속적으로 움직이는 작은 목표물을 총으로 쏘십시오.
태도	개인의 행동방침 선택	24시간 안에 수신하는 모든 이메일을 선택하여 답장하시오.
인지 전략	교육 과정과 개개인의 생각 관리	엔진결함을 진단하기 위해 다른 세 가지 전략을 선별적으로 사용하시오.

출처: R.Gagne and K. Medsker, *The Conditions of Learning*(New York: Harcourt-Brace, 1996)

단체에 대한 헌신, 그리고 업무 참여도를 포함하고 있다. 직원이 "긍정적인 태도(positive attitude)"를 가지고 있다고 가정해보자. 그녀는 도전적이고 사람들을 만날 기회가 있는 그녀의 일을 좋아할 수 있다(인지요소). 그녀는 자신의 일을 좋아하기 때문에, 업무를 최선을 다해 수행하고 회사에 남아 있을 작정이다(의도적 요소). 교육 프로그램은 태도를 발전 또는 변화시키기 위해 사용될 수 있다. 왜냐하면 태도는 업무, 매출량, 그리고 회사의 복지에 영향을 주는 행동들로부터 신체적이나 정신적인 철회를 하는데 영향을 줄 수도 있다고 보이기 때문이다(예: 신입사원을 도와주는 일).

학습의 전 과정은 인지 요소(Cognitive strategies)에 의해 조정된다. 이는 학습자들이 어떤 정보에 집중할지, 어떻게 기억할지, 그리고 어떻게 문제를 해결할 지에 대한 결정을 내리는 것과 연관되어 있다. 예를 들면, 한 물리학자는 빛의 파형의 색을 생각해낼 때 "Roy G. Biv(red, orange, yellow, green, blue, indigo, violet/빨강, 주황, 노랑, 초록, 파랑, 남색, 보라)"라는 단어로 기억하고 있다.

본 장에서 강조하듯, 학습이 일어나기 위해서 각 교육 결과별로 각기 다른 조건이 필요하다. 이전에는 사람들이 어떻게 배우는지에 대한 설명을 도와주는 이론들을 살펴보며 학습 단계를 자세히 조사하였다.

학습 이론

각 이론은 학습 과정의 다른 양상에 따라 사람들이 어떻게 학습하는지를 다룬다. 3장에서 이야기했듯이 많은 이론들은 훈련생들의 배우고자 하는 의지와 연관이 있다. 이 장의 끝부분과 5장 "프로그램 설계"에서는 이러한 이론들이 프로그램 설계와 설명에 어떻게 적용되는지 논의할 것이다.

강화 이론

강화 이론(Reinforcement theory)이란 사람들은 과거에 했던 행동으로 인해 얻은 결과 때문에 어떠한 행동을 반드시 하게 되거나 피하게 된다는 것이다. 강화 이론에는 여러 가지의 과정들이 있다. 정적강화(positive reinforcement)는 행동에서 초래된 긍정적인 결과를 가져온다. 부적강화(Negative reinforcement)는 긍정적이지 않은 결과를 제거하는 것이다. 예를 들어, 조작하는 사람이 레버를 정해진 자세로 잡지 않으면 기계 긁히는 소리와 분쇄하는 소리를 낸다고 가정해보자. 그렇다면 조작하는 사람은 정해진 자세로 레버를 잡아야만 소음을 방지할 수 있다고 배울 것이다. 행동을 제거하기 위해 강화를 버리는 과정을 소거(extinction)라고 한다. 처벌이란 행동을 감소시키기 위해 행동의 결과로 부정적인 자극을 주는 것이다. 예를 들면, 만약 직원들이 지각을 해서 관리자가 그들에게 소리를 지른다면, 직원들은 소리지르는 것을 당하지 않기 위해 정해진 시간에 올 것이다(하지만 그들은 자신들이 늦은 것을 들키지 않기 위해 아프다거나, 그만두고, 또는 상사를 속일 수도 있다).

훈련의 관점에서 볼 때, 강화 이론을 통해 훈련생에게는 지식의 습득, 행동의 변화, 또는 기술의 변경을 이끌어낼 수 있다. 강사는 훈련생들이 어떤 결과를 가장 긍정적(그리고 부정적)으로 보는지 확인해두어야 한다. 그러고 나서 훈련생들이 습득한 지식이나 능력, 또는 변화된 행동에 이러한 결과에 연결시켜야 한다. 3장에서 명시되었듯, 훈련생들은 교육 프로그램에 참가하면서 여러 종류의 이득을 얻을 수 있다. 이러한 이득 중에는 업무를 좀 더 쉽거나 흥미 있는 방법으로 수행할 수 있는 방법(업무 관련), 문제가 생겼을 때 조언을 줄 수 있는 동료를 만날 수 있는 방법(개인적), 그리고 회사에서 더 높은 직위를 가질 기회를 높이는 것(경력 관련)들을 포함하고 있다. 강화 이론에 의하면, 강사들은 훈련을 이수한 사람들에게 이러한 이득을 주거나 주지 않을 수 있다. 학습의 효과는 이러한 강화물과 이득이 어떻게, 얼마나 제공되는지에 달려 있다. 이와 유사하게 관리자들도 훈련 전이를 돕기 위해 이러한 이득들을 제공할 수 있다.

행동수정은 주로 강화 이론에 기반을 둔 교육 방법이다. 예를 들면, 빵집에서의 훈련 프로그램은 컨베이어 벨트(conveyor belt) 위로 올라타거나(주변을 걷지 않고) 기계의 전원이 꺼지지 않은 상태에서 장비에 손을 넣는 등의 안전하지 않은 행동들을 제거하는 것에 집중하고 있다. 직원들에게 안전한 행동들 그리고 안전하지 않은 행동들이 묘사된 슬라이드들을 보여준다. 그 후, 지난 몇 주 간 관찰된 안전한 행동들에 대한 그래프를 보여준다. 직원들은 그들의 업무에서 보여진 안전한 행동들을 적극적으로 늘리려고 하였다. 그들이 이러한 행동을 하는 것은 여러 가지 이유를 바탕으로 하고 있다. 자신의 안전을 위해, 회사의 손실을 막기 위해, 그리고 회사 공장에서 그들의 공장이 꼴등을 벗어나기 위해서였다. 훈련 직후, 안전 수칙을 상기시키는 것들이 직원들의 업무 공간에 붙여졌다. 직원들의 안전한 행동에 대한 자료들은 계속 수집되었고 지속적으로 다음 훈련에서 소개되었다. 직원들의 상사들도 그들이 안전한 행동을 하는 모습을 볼 때마다 알아봐주고 인정해주도록 지시 받았다. 이 사례에서는, 안전 행동에 대한 자료가 계속 소개되는 것과 안전 행동에 대한 상사들의 인정이 정적강화를 보여주고 있다.

사회적 학습 이론

사회적 학습 이론(Social Learning Theory)에서는 사람들은 자신이 인정하고 똑똑하다고 생각하는 사람들의 행동을 관찰하며 배운다고 강조한다. 또한 사회적 학습 이론은 강화되고 보상받은 행동은 반복해서 나타나는 경향이 있다고 말한다. 사람들은 모델들의 보상받은 행동이나 능력을 관찰한다. 사회적 학습 이론에 의하면, 새로운 능력이나 행동들을 배우는 것은 (1) 그 행동이나 능력들을 직접적으로 경험해본 후 얻게 된 결과 또는 (2) 다른 사람들의 행동을 통해 그들이 얻게 된 결과를 관찰하는 과정을 통해 배우게 된다.

또한 훈련은 자기효능감의 영향을 받는다. 자기효능감(Self-efficacy)는 성공적으로 지식이나 능력을 배울 수 있도록 하는 스스로의 판단이다. 3장에서는 자기효능감이 요구 평가 단계에서 고려해야 하는 중요한 요인이라고 하였다. 자기효능감은 학습 준비성의 한 요소이기 때문이다. 높은 자기효능감을 가진 훈련생은 교육에 도움이 되지 않는 환경(예: 소란스러운 훈련장)이더라도 집요하게 배우려고 노력할 확률이 크다. 반대로, 자기효능감이 낮은 사람은 자기 자신이 훈련을 제대로 이수하지 못할 것이라는 자기 의심을 하며 정신적으로나 신체적(넋 놓고 있거나 프로그램에 참여하지 못함)으로 포기하게 될 확률이 크다. 이런 사람들은 자신이 무언가를 배우는 것은 불가능하다고 믿고, 그들은 얼마나 노력하든 결국 아무것도 배울 수 없게 될 것이다.

자기효능감은 여러 방법들을 통해 향상될 수 있다. 구두 설득(verbal persuasion), 논리적 검증(logical verification), 상호 관찰(모델링) (observation of others, modeling), 그리고 과거 업적(past accomplishment) 등의 방법이 있다. 구두설득(Verbal persuasion)은 다른 사람들이 배울 수 있다고 격려하고 설득하는 것이다. 논리적 검증(Logical verification)은 새로운 업무와 이미 숙달한 업무를 연결시킨다. 훈련 중 어려운 부분을 마주했을 때, 직원들로부터 그들이 과거 비슷한 업무를 성공적으로 배운 경험이 있는지를 상기시킬 수 있다. 모델링(Modeling)은 이미 훈련의 결과를 숙달한 직원들이 훈련생들에게 증거를 들어가며 보여주는 것이다. 결과적으로, 직원들은 자신감과 동료 중에서 성공한 사람이 있다는 걸 보고 동기부여가 된다. 과거 업적(Past accomplishment)은 직원들에게 과거 그들이 성공적으로 업적을 끝낸 역사를 세울 수 있게 하는 것을 의미한다. 관리자들은 직원들을 성공할 확률이 높고 그것에 적합한 교육을 제공하여 그들이 무엇을 하고 어떻게 할지 알도록 배치할 수 있다.

사회적 학습 이론은 학습이 다음과 같은 네 가지 과정을 포함한다고 말한다: 주의 검증—유지—운동 재생—동기화 과정(〈그림 4.2〉 참고).

그림 4.2 사회학습이론의 절차

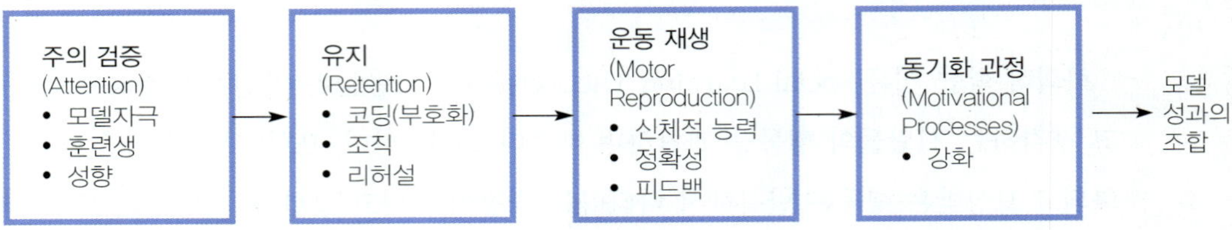

출처: A. Bandura, *Social Foundations of Thoughts and Actions*(Englewood Cliffs, NJ: prentice Hall, 1986); P. Taylor, D. Russ-Eft, and D. Chan," A meta-analytic review of behavior modeling training," *Journal of Applied Psychology*, 90(2005): 692-709.

주의 검증(Attention)은 모델이 되는 타인의 수행에서 중요한 요소들을 익히 알고 있지 않는 이상 관찰만으로는 배울 수 없다는 것을 제시하고 있다. 주의 검증은 모델과 학습자의 성향에 따라 영향을 받는다. 학습자들은 그들이 관찰해야 하는 능력과 행동에 대해 꼭 익히 알고 있어야 한다. 모델은 분명히 확인되고 믿을 수 있어야 한다. 학습자들은 모델을 관찰하기 위해 물리적 능력(감각 능력)을 가지고 있어야 한다. 또한, 모델 관찰을 통해 능력과 행동을 배운 학습자들은 모델에게 집중할 확률이 더 높다.

학습자들은 그들이 관찰한 능력과 행동을 꼭 기억해야 한다. 이는 유지(Retention)의 역할이다. 학습자들은 관찰한 행동과 기술을 기억 속에 조직화하여 입력시키고, 적절한 상황에서 기억을 회상하여 정보를 사용한다. 행동이나 능력은 시각 영상(상징)이나 구술로써 부호화되어 입력될 수 있다.

운동 재생(Motor Reproduction)은 모델과 똑같은 강화를 받았을 때, 그 결과로 관찰된 행동을 시도해보는 것을 포함한다. 행동이나 능력을 재생하는 능력은 학습자들이 그들의 능력이나 행동을 어느 정도 다시 사용할 수 있는지에 따라 달려 있다. 학습자들은 행동을 실시하고 기술을 사용하기 위해 신체적 능력 또한 반드시 가지고 있어야 한다. 예를 들면, 소방관은 위험한 상황에서 한 사람을 구해내는데 필요한 행동을 배우더라도 그의 상체의 힘이 부족하다면 행동을 실행에 옮길 수 없을 것이다. 처음 행동을 실시할 때에는 완벽할 수 없다는 점은 알아두어야 한다. 학습자들은 모델 행동과 비슷하도록 그들의 행동을 수정할 수 있게 실습과 피드백을 받을 기회를 반드시 가져야 한다.

학습자들은 긍정적 결과를 가진 모델 행동을 받아들일 확률이 더 크다. 사회적 학습 이론은 강화된(동기화 과정, A motivational process) 행동들이 미래에 반복될 것이라고 강조하고 있다. 예를 들면, 관리자들의 스트레스와 문제의 주된 원인이 인사고과 면담으로 이어지는 경우가 종종 있다. 성공적인 관리자들을 관찰한 결과 관리자들은 더 많은 직원들이 인사고과 면담에 참여하도록 하는 행동을 배워야 한다는 것을 알 수 있었다(예: 직원들이 그들의 걱정들을 말할 수 있게 한다). 만약 관리자가 이 행동을 인사고과 면담에 사용하고 그 행동이 직원들에 의해 보상(예를 들어 "우리가 가졌던 피드백 미팅 중 최고였습니다." 라는 후기를 남기는 것)을 받거나 새로운 행동으로 인해 직원들과의 갈등(부적강화)도 줄 것이며, 관리자는 이 행동을 후속 평가면담에서 사용할 가능성이 높다.

7장과 8장에서 훈련 방법에 대해 또 논의하게 될 것이지만, 사회적 학습 이론은 행동 모델 훈련의 일차 기준이 되어 얼굴 대 얼굴을 보며 할 수 있는 비디오, 온라인, 또는 모바일 훈련 프로그램에서 모델이 어떻게 사용되는지에 대해 영향을 준다. 예를 들면, "Getting Your Ideas Across"에서 젠저 밀러(Zenger Miller)가 발명한 교육 프로그램에선, 첫째로 훈련생들이 그들의 의견을 잘 전달하기 위해 필요한 다섯 가지의 주요 행동을 보여주고 있다. (1) 메세지가 의도하는 요점과 목적을 명시하시오, (2) 이해를 높이기 위해 요점을 제시하시오, (3) 관객들의 반응과 이해력을 확인하시오, (4) 제시되었던 것에 대한 관객의 반응을 해결하시오, (5) 주요 요점을 요약하시오. 훈련생들은 각 주요 행동들의 근거를 제공하여야 한다. 그 다음, 훈련생들은 업무 회의에 대한 비디오를 보게 되는데, 곧 다가올 사무실 이전에 대해서 부하직원들을 설득하는 것에 어려움을 겪는 관리자에 대한 내용이다. 모델이 되어야 하는 관리자가 그의 부하 직원들에게 그의 아이디어를 효과적으로 전달하지 못한 것이다. 결과적으로, 그 비디오에서는 부하 직원들이 관리자와 그의 의견에 만족하지 못하는 모습을 보여준다. 비디오가 꺼진 후, 강사는 훈련생들에게 관리자가 그의 의견을 전달하는 중 잘못한 점들이 무엇이 있는지 논의하도록 이끌어야 한다. 훈련생들은 한 번 더 비디오를 본다. 하지만, 이번에는 같은 상황에서 관리자가 핵심 행동들을 사용하는 것을 보여준다. 결과적으로, 직원들은 그들의 상사에게 꽤 긍정적인 반응을 보인다(모델). 이어지는 비디오 구간에서, 강사는 모델이 그의 의견을 전달하는데 사용된 핵심 행동들이 어떻게 사용되었는지 논의하도록 이끌어야 한다.

모델 관찰과 핵심 행동들에 대한 논의를 마친 후, 다른 훈련생과 짝을 지어 실습하게 한다. 각 조는 소통하기 위한 상황과 메시지를 제공받게 된다. 훈련생들은 주요 행동들을 사용하며 서로에게 그들의 의견을 전달하기 위한 실습을 한다. 각 훈련생들은 자신의 파트너가 사용한 주요 행동들에 대한 피드백을 제공하여야 한다. 강사 또한 각 그룹을 관찰한 후 피드백을 제공하여야 한다. 훈련이 끝나면 훈련생들은 그들이 업무에 직접 가지고 갈 핵심 행동들이 적혀 있는 카드를 제공받게 된다. 또한, 그들은 그들이 핵심 행동들을 어떠한 상황에서 사용하고 싶고, 사용할 계획인지에 대한 계획서를 완성하여야 한다.

목표 이론

목표 설정 이론

목표 설정 이론(Goal Setting Theory)은 행동은 한 사람의 의식적인 목표와 의도에서부터 나타난다고 가정하였다. 목표는 에너지와 집중의 방향을 결정하고, 노력을 오래 유지시키고, 목표의 달성을 위해 동기를 부여함으로써 한 사람의 행동에 직접적인 영향을 준다. 연구에 의하면 불확실하고 모험적이지 않은 목표보다 자세하고 도전적인 목표들이 더 나은 실적을 보여준다고 제시하고 있다. 더 높은 성과를 위해서는 사람들이 목표에 헌신적으로 집중해야 하며, 직원들이 목표가 너무 어렵다고 믿는 순간 목표에 덜 헌신적인 것으로 나타났다.

목표 설정 이론이 훈련 방식에 어떤 영향을 주는지에 대한 예는 피자 배달부들의 운전 실습을 향상시키기 위한 프로그램 설계에서 볼 수 있다. 대부분의 피자 배달부는 그들이 몇 개의 피자를 배달할 수 있는지로 보상 받는 어리고(18-24세) 경험 없는 배달부들이다. 이는 배달부들이 위험하게 운전 실습을 하고 더 빠르게 배달하기만 하려는 상황을 초래했다. 예로, 안전 벨트 미착용, 방향 지시등 미사용, 그리고 교차로에서의 정지 신호 미준수 등이 있다. 이로 인해 높은 교통사고 수치를 기록하고 있다.

목표를 설정하기 전, 관리자는 피자 배달부들이 배달을 떠나는 순간부터 돌아오는 순간까지 모든 과정을 관찰했다. 관리자들은 일주일 동안 교차로에서 몇 번 동안 정지하였는지 관찰하였다. 훈련 시간 동안, 관리자들과 훈련생들은 논의를 위해 피자 배달부들에게 여러 질문들을 가지게 되었는데 예로는, 어떤 상황에서 완전한 정지를 해야 합니까? 완전히 정지하는 데에는 어떠한 이유들이 있습니까? 완전한 정지를 하지 않는 이유들은 무엇인가요?

논의 후, 피자 배달부들은 교차로에서 반드시 완전히 정지를 해야 한다는 점에 동의하였다. 배달부들의 합의에 따라 관리자들도 그들이 교차로에서 몇 번의 완전한 정지를 하는지에 대해서 지난 몇 주간 수집했던 자료를 제공하기로 하였다(완전한 정지는 55%만 시행되고 있었다). 훈련생들은 피자 배달부들에게 다음 한 달 동안 몇 번의 완전한 정지를 할 것인지에 대한 목표를 세울 것을 요구하였다. 그들은 75퍼센트의 완전한 정지를 목표로 하기로 결정하였다.

목표 설정 시간 후, 각 점포의 관리자들은 교차로 정차 구간에서 그들의 배달원들을 지속적으로 관찰하였다. 작업 영역에서 돌아오는 한 달 동안, 4일 간격으로 완전한 정지를 백분율로 보여주는 포스터가 게시되었다. 최근의 완전한 정지를 보여주는 백분율 또한 게시되어 있다.

목표 설정 이론은 또한 훈련 프로그램 설계에 사용되고 있다. 목표 설정 이론은 훈련생들에게 구체적이고 도전적인 목표와 목적을 제공하면 그들의 훈련을 촉진시킬 수 있다고 제시하고 있다. 구체적으로, 목표 설정 이론의 영향은 수업 계획을 보면 알 수 있다. 수업 계획은 학습자들에게 기대하는 행동에 대한 입증, 어떠한 훈련이 실행될 것인지에 대한 조건, 그리고 판단에 허용될 수행 단계에 따라 정보를 제공하는 구체적인 목표로 시작된다. 목표는 또한 학습 전이를 위한 동기를 부여하기 위한 액션플랜이나 적용 과제의 일부분이 될 수 있다.

| 목표 지향 |

목표 지향(Goal Orientation)은 훈련 상황에서 훈련생이 가지는 목표를 뜻하는 것이다. 목표 지향은 학습 지향 또는 성과 지향을 포함할 수 있다. 학습 지향(Learning Orientation)은 업무 능력이나 능숙도를 높이도록 노력하는 것과 관련되어 있다. 학습 지향을 가진 사람들은 훈련 성공의 기준을 향상과 진전을 보이는 것, 훈련생들의 수행보다 학습에 더 관심이 많은 강사를 선호하는 것, 강사 그리고 실수나 오류를 교육의 과정으로 보는 것이라고 믿는다. 성과 지향(Performance Orientation)은 업무 성과와 그들이 어떻게 다른 사람들과 비교되는지에 집중하는 학습자들을 뜻한다. 성과 지향을 가진 사람들은 다른 사람들에 비해 높은 실행력, 교육보다 높은 능력의 가치, 그리고 실수와 오류들을 불안해하고 피하고 싶어하는 것들을 성공이라고 정의하고 있다.

목표 지향은 훈련생들이 교육에서 쏟아 부을 노력의 양에 영향을 준다고 여겨진다(배우려는 동기). 성과 지향형에 반대했던 학습자들과 같이, 높은 학습 지향형을 가진 학습자들은 배움을 위해 학습과 업무에 최고의 집중력을 보일 것이다. 높은 성과 지향형을 가진 학습자들은 배움에 덜 노력하고 잘 실천하는 것에 더 많은 집중을 할 것이다. 조사에 따르면 학습 지향형을 가진 훈련생들은 성과 지향형을 가진 훈련생들보다 배우기 위해 더 많은 노력은 쏟아 붓고, 좀 더 복잡한 학습 방식들을 사용하는 것을 보여주었다. 훈련생들을 학습 지향형으로 만드는 여러 가지 방법들이 있다. 교육 목표를 설정할 때 훈련된 업무의 성과에 대한 강조를 하기보다 훈련생들에게 새로운 방법으로 훈련된 업무를 경험해보게 하는 것, 훈련생들 간의 경쟁을 덜 중요시하는 것, 학습 공동체를 만드는 것, 그리고 훈련생들에게 실수를 경험하게 하고 교육 중 얻은 새로운 지식, 능력, 그리고 행동을 시도하게 하는 것들을 포함하고 있다.

요구 이론

요구 이론은 한 사람이 어떠한 결과에 어떠한 가치를 가지고 있는가에 대한 설명이다. 요구(Need)는 어떤 상황에서 한 사람이 결핍을 느낄 때 경험하는 것이다. 요구는 한 사람이 결핍을 충족하기 위해 특정한 행동을 하도록 동기를 부여한다. 아브라함 매슬로우(Abraham Maslow)와 클레이튼 알더퍼(Clayton Alderfer)의 요구이론은 생리적 요구(Physiological need), 관계 요구(Relatedness need)(다른 사람과 소통해야 하는 요구), 그리고 성장 요구(Growth needs)(자부심과 자아실현)에 중점을 두고 있다. 매슬로우(Maslow)와 알더퍼(Alderfer)에 의하면 욕구가 저차원에서 고차원으로 순서대로 나타나기 때문에 순서에 의해 어떤 특정 욕구가 결핍되어 있으면 아래 단계 욕구가 충족되어야 다음 단계 욕구가 출현한다고 믿고 있다. 요구 위계에서 알더퍼(Alderfer)와 매슬로우(Maslow)의 가장 큰 차이점은 알더퍼(Alderfer)는 높은 계층의 충족이 만족되지 않았을 경우 다시 낮은 계급의 요구부터 충족시키려 할 가능성이 있다고 주장하는 것이다. 데이비드 맥클랜드(David McClelland)의 요구 이론은 우선적으로 성취, 소속, 그리고 권력의 요구에 대해 집중하고 있다. 맥클랜드(McClelland)에 의하면, 이러한 요구들은 학습될 수 있다고 주장한다. 성취 요구(Need for achievement)는 자신이 정해놓은 탁월함의 기준을 유지하고 이루기 위한 관심이다. 소속 요구(Need for affiliation)은 다른 사람들과의 관계 발전과 유지 그리고 다른 사람들에게 인정받으려는 것을 포함하고 있다. 권력 요구(Need for power)는 책임감, 영향, 그리고 명성에 대한 관심이다.

요구 이론(Need Theories)은 훈련에 동기를 부여하기 위해선 강사가 훈련 프로그램 콘텐츠가 이러한 요구들을 충족시킬 수 있을지 훈련생들과 대화를 하고 그들의 요구를 확인하여야 한다고 제시하고 있다. 또한, 만약 훈련생의 기본적인 요구(예: 생리적 요구와 안전 요구)들이 충족되지 않았을 때, 그들의 훈련에 대한 동기를 가질 수 없을 것이다. 예를 들면, 인원을 해고한 회사에서 비서들을 위한 문서작성 수업이 있다고 가정해보자. 아무리 최고로 설계된 훈련 수업을 듣더라도 직원들은 회사의 인원 삭감 방침에 의해 그들의 직업 안전이 위협(안전 요구 미충족)받고 있다고 믿을 것이다. 또한, 비서들은 그들의 현재 직장 또는 회사 내부(또는 외부)에서 다른 직업을 찾을 가능성이 높아지는 시점에서 프로그램의 문서 작성 능력이 중요하지 않다고 믿을 것이며, 이는 비서들의 배우고자 하는 동기를

그림 4.3 기대이론의 동기부여

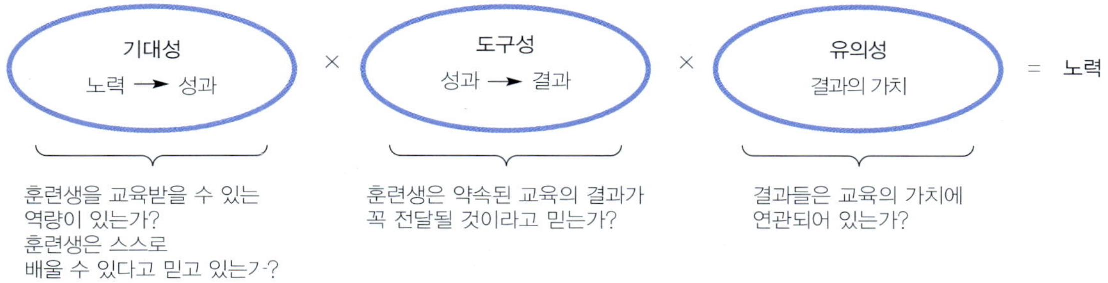

떨어뜨릴 것이다.

요구 이론은 또한 직원들에게 훈련 프로그램에 참여할 지에 대한 선택권을 제공하는 것을 시사한다. 3장에서 논의하였듯, 직원들에게 어떤 훈련 프로그램에 참여할지에 대한 선택권을 주었을 때, 그들이 훈련에 참여하고자 하는 동기가 높아지는 것을 알 수 있었다. 이는 훈련생들이 그들의 요구에 가장 잘 맞는 프로그램을 선택할 수 있기 때문이다.

기대 이론

기대 이론(Expectancy Theory)은 사람은 세 가지 요인들을 기반으로 행동한다고 제시하고 있다. 기대(Expectancy), 도구성(Instrumentality), 유의성(Valence)이다. 어떤 행동을 수행하려고 시도하는 것과 실제로 수행을 잘하는 것 사이의 연결고리에 대한 믿음을 기대(Expectancy)라고 한다. 기대(Expectancy)는 자기효능감(self-efficacy)와 비슷하다. 주어진 행동(교육 프로그램에 참여)이 특정한 결과(더 나은 업무 수행)와 연관되어 있다는 믿음을 도구성(Instrumentality)라고 한다. 유의성(Valence)은 한 사람이 결과에 부여하는 가치이다(예: 더 잘 업무를 수행하는 것의 중요성).

기대 이론에 의하면, 여러 종류들의 행동에는 그들의 기대, 도구, 그리고 유의성에 의해 평가된다고 한다. 〈그림 4.3〉에서는 기대, 도구, 그리고 유의성의 수학적 산출물로서 어떻게 행동이 결정되는지 보여주고 있다. 사람들은 가장 높은 가치를 기준으로 행동을 선택한다.

훈련의 관점에서 볼 때, 기대이론은 직원들이 훈련의 콘텐츠를 배울 수 있다고 믿는다면 학습이 일어날 가능성이 크다(기대, Expectancy). 또한, 교육과 훈련 전이는 그들의 결과가 더 나은 업무수행, 임금 인상, 또는 동료의 인정(도구, Instrumentality), 그리고 직원들이 그 결과들에 높은 가치를(유의성, Valence) 둘 때 증대된다.

성인 학습 이론

성인 학습 이론(Adult Learning Theory)은 성인이 어떻게 학습하는지에 대한 구체적인 이론의 필요성을 바탕으로 발전하게 되었다. 공식적인 교육 기관을 포함한 대부분의 교육 이론들은 아이들이나 어린 세대들에게 최적화되어 개발되어왔다. 페다고지(Pedagogy, 아이들을 위한 교육의 예술과 과학)는 교육 이론을 지배해왔다. 페다고지는 교수자에게 교육 콘텐츠, 방법, 그리고 평가에 대해 결정하는 중대한 책임감을 준다. 학생들은 보편적으로 이러한 특성을 가진다. (1) 방식과 콘텐츠에 대한 수동적인 수혜자 그리고 (2) 교육 환경에 도움이 될 수도 있는 경험의 부족.

교육 심리학자들은 이전의 교육 이론들의 한계를 확인하고, 성인 교육의 이론인 성인 교육학(Andragogy)를 개발하였다. 말콤 놀즈(Malcolm Knowles)의 이론은 성인 학습 이론에 가장 자주 등장한다. 놀즈(Knowles)의 모델은 다음과 같은 가정들에 기반을 둔다:

1. 성인은 왜 그들이 학습하는지에 대해 꼭 알아야 할 필요성이 있다.
2. 성인은 자발적일 필요가 있다.
3. 성인은 업무와 좀 더 관련된 경험들을 학습 상황에 가져와야 한다.
4. 성인은 문제 중심의 접근을 교육 경험과 함께 학습에 접목시켜야 한다.
5. 성인은 외적이고 내적인 동기요인으로부터 동기를 받아 학습한다.

성인 학습 이론은 특히 교육 프로그램을 개발하는데 중요하다. 왜냐하면, 프로그램에 참여하는 교육 대상자는 대부분 정규 교육 환경에 많은 시간을 보내지 않았던 성인들이기 때문이다. 〈표 4.2〉는 교육에 있어서 성인 학습 이론의 영향들을 보여주고 있다. 성인 학습 이론이 교육 프로그램에 어떻게 적용되었을지를 고려해보자. Yapi ve Kredi Bank(터키 은행)의 훈련 프로그램은 교수자가 강사 코칭의 일상적인 상황들을 연구한 사례들을 보여주고, 온라인 자료와 비디오를 제공함으로써 관리자가 직원들을 코칭하고 동기부여 하는 능력을 발전시키도록 도와주었다. 고위 간부들이 코칭과 개발 기술을 검토하고, 프로그램 참가자들은 그들의 동료를 코칭하는 과제가 주어졌다. 비앤더블유 판텍스(B&W Pantex)의 현장 매니저를 위한 강좌는 인사 정책, 규율, 비디오 상영과 역할 놀이를 이용한 교수자 주도 학습에 대한 감독뿐만 아니라 소프트 스킬(soft skills)에 집중했다. 이 강좌는 그의 공장 안에서 실제로 일어난 상황을 기반으로 한 실제 각본을 포함하고 있다. 또한 이 프로그램은 숙련되고 적합한 내용전문가(SMEs)들이 업무와 단계들을 가르치는 실제 업무 훈

표 4.2 훈련에서의 성인학습이론의 영향

설계 이슈	영향(결과)
자아개념(Self-Concept)	상호적 계획과 지도의 공동 작업
경험(Experience)	학습자들의 경험을 예시 또는 지원서의 기본으로 사용
준비성(Readiness)	학습자들의 주요 흥미와 핵심역량을 기준으로 교습서 개발
시간조망(Time Perspective)	콘텐츠의 즉각적인 지원
학습의 방향(Orientation to learning)	주체중심(Subject-centered) 대신 문제중심(Problem-centered)

출처: M. Knowles, *The Adult Learner*, 4th ed. (Houston, TX: Gulf Publishing, 1990).

련 프로그램도 포함되어 있다. 세계에서 가장 큰 글로벌 와인과 주정공업 회사 중 하나인 브라운 포맨(Brown-Forman)(잭다니엘 테네시 위스키, 사우썬 컨포트, 핀란디아 보드카, 그리고 헤라둘라 데킬라가 그들의 상품에 속함)은 회사 홍보 전문가들이 브랜드를 발전시킬 수 있도록 도와주는 이틀 반 과정의 훈련 프로그램을 설계 하였다. 회사의 최고 마케팅 경영자는 왜 이 훈련이 개발되었으며 콘텐츠의 중요성을 설명하기 위해 수업에 방문한다. 강습에서 참가자들은 브랜드 표본의 브랜드 캠페인을 발전시키기 위해 팀으로 일하게 된다. 이것은 프레젠테이션을 하는 것과 실제로 실행을 완료하는 것을 포함한다. 브라운 포맨(Brown Forman) 크리에이티브 에이전시(Creative agency)의 대표는 구매자들의 음주 성향과 선호도를 확인하며 교류하기 위해 이 프로그램에 참여한다. 프로그램의 마지막 단계에서는, 참가자들의 팀들은 그들의 마지막 프로젝트를 심사를 하게 될 최고 마케팅 경영자들을 심사위원으로 모신 후 발표하게 된다.

정보 처리 이론

다른 교육 이론들에 비교하자면, 정보 처리 이론(Information Processing Theory)은 교육 콘텐츠가 학습되고 보유될 때 일어나는 내부적 과정에 대해 더 강조한다. 〈그림 4.4〉에서는 정보 처리 모델을 보여주고 있다. 정보 처리 이론은 학습자들이 습득한 정보나 메시지들이 사람의 뇌를 거치며 여러 가지 형태의 변화를 겪게 된다고 제시하고 있다. 정보 처리는 수용기(즉. 귀, 코, 피부, 그리고 눈)를 통해 어떠한 환경에서 메시지나 자극제(소리, 냄새, 촉감, 또는 영상)를 받았을 때 시작된다. 메시지는 감각들에 등록된 후 단기 기억으로 저장된다. 그리고 나서 변환 또는 코딩되어 장기 기억에 저장된다. 검색 과정은 메시지나 자극제가 조직되었을 때 반응하여 기억 속에서 찾게 된다. 반응 발생기는 학습자의 반응에 의해 조직되고 실행기(근육)에게 무엇을 할 것인지 알려주게 된다. "무엇을 할 것"의 지시는 다섯 가지의 교육 결과 중 하나와 연관되어 있다. 구술 정보, 인지 기술, 운동 기술,

그림 4.4 정보처리과정 모델(A Model of Human Information Processing)

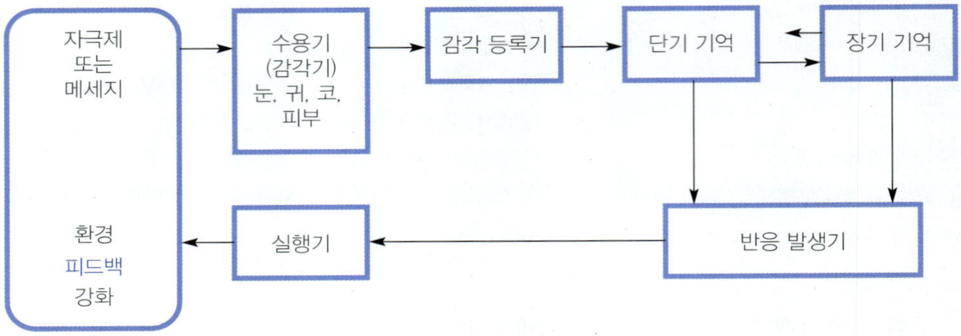

출처: R. Gagne, "Learning processes and instruction," *Training Research Journal*, 1(1995/96): 17-28.

지식 능력, 또는 태도이다. 모델의 마지막 연결고리는 환경으로부터 피드백을 받는 것이다. 이 피드백은 학습자들이 주어진 반응에 대한 평가를 할 수 있도록 제공한다. 이 정보는 다른 사람 또는 학습자의 자기 자신의 행동의 결과를 관찰한 후 얻을 수 있다. 반응의 긍정적 평가는 그 행동은 가치가 있으며, 비슷한 상황에서 꺼내 쓰기 위해 장기 기억에 저장해야 한다는 강화를 제공한다.

메시지 수집, 저장, 검색, 그리고 반응하는데 필요한 내부적 과정을 강조하는 것 외에, 정보 처리 모델은 외부적 사건들이 교육에 어떻게 영향을 줄 수 있는지 강조하고 있다. 외부적 사건들이 포함하는 것은,

1. 주의집중에 영향을 주는 자극제의 강도와 빈도의 변화
2. 기대를 형성하기 위해 학습자들에게 목표를 알림
3. 자료(자극제)의 지각 자질 향상, 학습자들의 주의를 주요 자질에 집중시키기
4. 구술 지시, 사진, 도표, 지도 등 교육 콘텐츠를 기억에 저장될 수 있는 형태로 변형
5. 코딩을 촉진하는 단서를 가진 의미 있는 학습 맥락(예시, 당면한 문제들)
6. 학습자들이 적합한 반응을 선택하고, 반응을 준비하도록 도와주는 시범이나 설명

훈련 전이 이론

훈련 전이는 교육생이 교육 중 처했던 환경(지식, 장비 또는 과정)과 매우 비슷한 환경에서 발현된다. 예를 들어 줄이 매우 긴 계산대에서 매우 화가 난 고객을 응대하는 상황은

훈련생이 훈련 중 처했던 환경과 일치하지 않기 때문에 훈련 전이가 잘 발현되지 못한다. 훈련 중 훈련생이 받는 교육들은 훈련의 목적과 관계가 있다.

폐쇄 기술(Closed skills)은 교육생들이 차후 직장에서 동일하게 사용될 구체적인 세부 기술을 배우는 데에 훈련목적을 두고 있고, 개방 기술(Open skills)은 좀 더 보편적으로 적용되는 훈련 원리에 치중한다. 고객을 응대하는 기술은 개방 기술의 좋은 예이다. 고객을 응대함에 있어, 정확히 정해진 기술이나 원리는 없다. 판매 점원이 화가 난 고객을 응대하는 방법과 기술을 배웠을지라도, 고객의 의도와 반응을 정확히 예측할 수 없으므로 어떤 방법을 사용하여 고객을 응대할지는 점원에게 선택권이 있다. 개방 기술은 폐쇄 기술보다 훈련시키기 힘든데, 이는 훈련 내용의 포괄적인 원리 원칙을 상기해야 할뿐만 아니라, 다양한 상황에 접목시키기 위해 두루 생각하여야 하고, 훈련 중 모든 상황에 대처하는 방법들을 다 배우기 어렵기 때문이다. 또한, 관리자와 동료들의 도움과 관심이 매우 중요한데, 이는 직장 선배들의 상황 대처 능력을 배울 수 있고, 그들로부터 피드백을 받을 수 있기 때문이다. 이번 장 후반에, 개방 기술 훈련 설계 시, 교육 이론의 결과가 어떻게 나타나는지 살펴볼 것이며, 5장에서는 어떠한 훈련의 설계가 폐쇄 및 개방 기술이 학습과 전이를 촉진시킬 수 있는지 알아볼 것이다.

훈련 전이를 컨티넨탈 항공사(Continental Airlines)에 적용해보자. 현재 이 회사는 신기종 787 드림라이너 항공기(Dreamliner Airplane)에 새로운 기장의 배치를 준비하고 있는 상황이다. 이들의 준비 상황을 들여다보자. 첫째로, 컨티넨탈 항공사(Continental Airlines)는 항공기를 미주 국내 노선에 배치하여 기장과 지상 근무 직원들이 787 기종과 좀 더 친숙해지도록 할 것이다. 둘째로, 컨티넨탈 항공사(Continental Airlines)는 한 대의 항공기마다 24명의 기장을 훈련 및 교육시킬 것이다. 787 기종은 현재 컨티넨탈 항공사(Continental Airlines)에서 운행중인 777기의 조종실과 비슷하나 똑같지는 않다. 훈련은 787 기종의 모의 비행장치 사용과 컴퓨터 기반 항로를 비행하는 것을 포함한다. 훈련 중 기장에게 가장 어려운 사항은 그들의 전방에 위치하고 있는 디스플레이에 친숙해지는 것인데, 이 디스플레이의 목적은 비행 환경이 좋지 않을 때 파일럿의 시야를 넓혀주고 비행의 중요한 정보를 보여주는 것이다. 기장들은 신 기술인 디스플레이가 매우 유용하다고 평가하였으나, 디스플레이의 정보를 보다 정확히 인식하는 훈련을 위해 시간이 필요하다고 하였다.

이러한 상황에서 기장들을 위한 훈련을 설계할 때 세 가지의 훈련 전이가 필요하다고 한다(교육환경). 동일 요소 이론(Theory of identical element), 자극 일반화의 접근법(Stimulus generalization approach), 그리고 인지 전이 이론(Cognitive theory of

표 4.3 훈련 전이 이론

이론	강조	적합한 조건	전이의 종류
동일 요소	교육환경은 업무환경과 똑같아야 한다.	훈련에서 폐쇄기술에 집중 업무환경요소는 예측가능하고 안정적 예: 훈련에선 장비를 사용	원거리(Near)
자극 일반화	일반 원칙들은 다양한 다른 업무 환경에 적합해야 한다.	훈련에서 개방기술에 집중. 업무환경은 아주 다양하고 예측불가능 예: 대인관계능력 훈련	근거리(Far)
인지 이론	의미있는 자료와 코드체계는 훈련 콘텐츠의 저장과 복원을 향상시킨다.	모든 종류의 훈련과 환경	원거리(Near)와 근거리(Far)

transfer)가 있다. 〈표 4.3〉은 훈련 전이의 세부사항을 보여준다.

동일 요소 이론

동일 요소 이론(Theory of identical element)은 훈련 중 배운 것이 실무에서 똑같이 적용될 때 훈련 전이가 일어난다고 주장한다. 학습 환경에서 교육생이 경험하는 업무, 요소, 장비 그리고 다른 특징들이 실무 상황과 똑같을 때 훈련 전이는 극대화될 수 있다고 말한다.

동일 요소 이론은 발티모어 경찰청(Baltimore Police Department)에서 인질 구출 훈련을 할 때 사용되었다. 발티모어 경찰청(Baltimore Police Department)은 인질의 목숨이 매우 위험한 상황을 가정한다. 예를 들어, 남편이 아내와 아이들을 인질로 삼고 협상요구를 할 때를 가정하여 경찰요원들을 훈련시킨다. 인질을 구출할 때, 처음 한 시간이 매우 중요한데 이때 경찰요원은 자신이 가지고 있는 자원과 방법들을 파악하여 인질들에게 아무 피해가 가지 않는 상태에서 구출해야 한다. 이때 인질극과 동일한 상황을 연출하여 경찰요원들을 훈련시키는 이유는 이러한 상황이 실제 상황과 거의 똑같지만 인질들을 향한 위협은 존재하지 않기 때문이다. 다양한 시나리오들을 적용하여 경찰요원들이 실제 현장에 투입되었을 때 그들이 배운 기술들을 정확히 재연하는데 초점을 둔다.

이러한 훈련은 교육생에게 인질 상황에 대해 브리핑을 해주는 것으로부터 시작한다. 그 이후, 주어진 상황과 비슷한 경험을 한 선임들을 교수자로 지정하여, 교육생으로 하여금 어떠한 행동들을 취해야 하는지 알려준다. 교육생 한 명당, 쉬운 인질극 상황과 어려운 인질극 상황을 부여한다. 이러한 상황은 시간이 매우 촉박하고 중요한 상태에서 교육생으로 하여금 정확한 사고와 신속한 의사결정 능력을 배양하는데 도움을 준다. 훈련 상황에서 가장 중요한 것은 인질의 피해를 최소화하고 인질범을 인질로부터 격리시키는 것을 최우선으로 하는 교범을 따르는 것이다. 훈련 상황들은 실제 인질극에서 일어났던 요소들을 기반으로 제작하며 이는 인질범의 무기소지, 강제 진압 등의 상황을 접목시킨 것이다. 교육생들이 이러한 훈련들을 하는 동안 지도자들은 이들의 행동 하나하나를 평가하며 교육생에게 피드백을 주거나 실수를 잡아준다.

가상 훈련 상황은 경찰관들이 실제 상황에서 마주하는 인질극 상황을 반영하고 있다. 또한, 길거리에서 실제로 일어나는 인질극에서의 활동들과 행동들을 명시한 점검표와 똑같은 것을 훈련 중 제공받는다. 가상 훈련 상황 중 강조되었던 기술들을 사용하여 은행 인질극 상황에서 성공적으로 사용한 경사에게 일반화의 증거를 제공한다. 또한 발티모어 경찰청(Baltimore Police Department)은 학습 내용을 유지하는 것에 대해 염려한다. 가상 훈련 상황의 결과로, 경찰관들은 인질들을 어떻게 성공적으로 구해줄 것인가에 대해 보여줄 수 있다. 하지만 경찰관들이 인질극에 대한 상황을 맡아서 해결하는 업무는 실질적으로 처리하는 업무에 비해 발생할 확률이 낮다(예: 교통범칙금 발행, 강도 조사). 결과적으로, 경찰청에서는 경찰관들이 교육에서 배운 것들을 잊어버리고 실제 상황에서 어려움을 맞닥뜨리게 될지에 대한 염려가 있다. 교육 부서에서는 주기적으로 모의 인질극을 계획하여 경찰관에게 자주 사용하진 않지만 중요한 기술들을 잊어버리지 않을 것이라는 안심을 주어야 한다.

동일 요소 이론의 또 다른 접근법은 비행조종사들에게 모의실험 장치를 사용하는 훈련에서 찾아볼 수 있다. 조종사들은 사업용 항공기의 조정석과 똑같이 생긴 모의실험 장치에서 훈련을 받는다. 모의실험 장치에 있는 조종석의 요소(예: 측정기, 문자판, 그리고 조명)들은 실제 항공기와 똑같다. 심리학적인 용어로 교육환경은 업무환경을 그대로 '재생'하였다. 정확도(Fidelity)는 교육환경이 업무환경에 비슷한 정도를 뜻한다. 만약 비행, 이륙, 착륙, 그리고 비상상황 처리에 필요한 기술들을 교육에서 배웠다면, 실제 업무 상황(상업용 항공기)에도 전이할 수 있을 것이다.

동일 요소 이론은 직업의 유사성을 측정하기 위한 장비를 개발하는 것에도 사용되어왔다. 직업 유사성은 직원들이 다른 직업을 가질 때 준비하기 위해선 어느 정도의 지식과 기술의 교육이 필요한지에 대한 측정을 할 때 사용할 수 있다.

동일 요소 이론은 많은 훈련 프로그램에 적용되어 왔는데, 특히 새로운 장비를 사용하거나 특정한 단계를 반드시 학습해야 하는 프로그램에 많이 적용되었다. 동일 요소 이론은 특히 근전이가 실행되도록 하는 것에 관련이 있다. 근전이(Near Transfer)는 훈련생들이 배운 능력들을 작업 환경에 정확히 전달 및 적용하는 것을 뜻한다.

동일 요소 이론은 학습 환경과 훈련 환경이 꼭 똑같지 않아도 될 때에는 전이를 추구하지 않는다. 이 상황은 대인관계기술 훈련에서 특히 발생한다. 예를 들면, 한 사람이 갈등 상황에서 보이는 행동은 쉽게 예측되지 않는다. 그러므로, 훈련생들은 그들이 환경이 지시하는 다양한 상황들에 적용할 수 있는 일반적인 갈등 해결 원칙들을 꼭 배워두어야 한다(예: 짜증나는 손님 대 상품 지식이 부족한 손님).

자극 일반화의 접근

자극 일반화의 접근(Stimulus generalization approach)은 대부분의 중요한 요소나 일반적인 원칙들이 교육 설계에 강조되도록 훈련 전이 주제를 이해하는 방법을 제시하고 있다. 일반적 원칙들이 적용될 수 있는 업무 범위를 확인하는 것 또한 중요하다. 자극 일반화의 접근은 원전이를 강조하고 있다. 원전이(Far Transfer)는 훈련생들이 업무 환경(장비, 문제, 그리고 업무)이 그들이 훈련시간에 배운 것과 같지 않아도, 배운 능력들을 업무 환경에 적용할 수 있는 능력을 뜻한다.

자극 일반화의 접근은 사회적 학습 이론에 기반을 둔 기술 훈련 프로그램을 설계하는 곳에서 볼 수 있다. 훈련에서 모델링, 실습, 피드백, 그리고 강화가 중요한 역할을 했던 사회적 학습 이론을 떠올려보자. 효과적인 대인관계 스킬 훈련프로그램을 개발하기 위해서는 성공적인 대인관계 상황에서 요구되는 핵심행위를 파악해야 한다. 핵심 행위(Key Behaviors)은 다양한 상황에서 성공적으로 사용될 수 있는 행동들을 말한다. 모델은 이러한 핵심 행위들을 비디오를 통해 보여주고, 훈련생들은 그들을 실습할 기회를 가진다. 핵심 행위는 다양한 상황에 적용될 수 있다고 믿어지고 있다. 실제로, 훈련의 실습시간에서 훈련생들은 똑같지 않은 상황에서 핵심 행위들을 사용해보는 것을 필수로 한다.

인지 이론의 전이

전이의 인지 이론은 학습의 정보 처리 이론에 기반을 두고 있다. 정보 처리 이론에서 핵심 내용은 정보의 저장과 인출인 것을 상기시켜 보라. 전이의 인지 이론에 따르면, 전이의 가능성은 학습된 역량을 인출하는 능력에 달려 있다. 이 이론에서 따르면 전이의 가능성을 높여주기 위해 훈련생들에게 의미 있는 자료를 제공해야 하는데, 이 자료란 그들이 학습한 역량과 실제 업무 환경에서 마주치는 것을 연결할 수 있는 기회를 확대시켜 주는 것이다. 또한 훈련생들에게 학습한 역량을 기억 속에 부호화하는 인지 전략을 가르쳐줘서 그들이 쉽게 기억을 꺼낼 수 있도록 하는 것이 중요하다. 인지 이론은 훈련생들을 프로그램의 일부로 생각하고, 업무 상황에서의 적용 가능성을 고려한 교육을 설계하는데 영향을 주었다. 많은 훈련 프로그램들이 훈련생들에게 업무 상황이나 문제를 확인하고 교육 내용을 어떻게 적용할 것인지에 대해 토론해보게 한다.

학습 과정

지금까지 학습과 훈련 전이이론들에 대해 배워왔기 때문에, 이 질문들을 답할 수 있을 것이다. 어떤 정신과 육체적인 과정이 훈련에 포함되어 있는가? 훈련과 전이는 어떻게 실행되는가? 훈련생들은 다른 학습 방식을 가지고 있는가?

정신과 육체적인 과정

〈표 4.4〉에서는 기대, 인식, 작업기억영역, 의미적 부호화, 장기기억영역, 인출, 일반화, 그리고 만족감에 대한 훈련과정을 보여주고 있다. 〈표 4.4〉는 무엇을 학습할 것인가(교육 콘텐츠), 심적 표상으로 훈련 콘텐츠 조직화, 그리고 장기기억에 존재하는 기존의 지식과 훈련 콘텐츠 연결을 포함한 학습자의 인지 과정에 의한 훈련을 강조하고 있다. 기대(expectancy)는 수업 과정에서 학습자의 정신적 상태를 뜻한다. 이는 수업의 목적에 대한 이해와 함께 교육에 대한 준비성(배우고자 하는 의지, 기본 기술)과 교육과 배운 능력들을 업무에 사용할 때 얻을 수 있는 이득에 대한 요소들을 포함하고 있다. 지각(perception)은 실행되고 행동하는데 기반이 될 수 있는 환경으로부터 얻는 정보들을 조직화하는 능력을 뜻한다. 작업 기억영역과 의미적 부호화는 단기 기억과 연관 있다. 작업 기억영역(working storage)에서는 자료들이 기억에 인식될 수 있도록 정보의 시연과 반복이 실행된다.

작업 기억영역은 한 번에 실행될 수 있는 자료들의 양이 제한되어 있다. 연구에 따르면 한 번에 다섯 개 이하의 메시지만 처리될 수 있다고 제시하고 있다. 의미적 부호화(semantic encoding)는 입력되는 메시지들의 실질적인 인식 과정을 뜻한다.

학습 전략에 따라 어떻게 훈련 내용이 부호화되는지가 달라진다. 학습 전략들에는 시연, 조직화, 그리고 정교화 등이 포함되어 있다. 사전 실습(rehearsal)은, 가장 간단한 교육 전략으로, 반복(암기)을 통한 학습에 집중하고 있다. 조직화(organizing)는 교육 자료에서 주

표 4.4 학습과정, 수업사태, 그리고 지시의 형태 사이의 관계

학습 과정	외부적 수업 상황	지시의 형태
1. 기대	1. 학습자들에게 교육의 목표전달	1a. 예상되는 성과 1b. 대답할 구술질문의 종류 명시
2. 인식	2. 구별되는 특징과 함께 자극 제시	2a. 인지할 과목의 특징을 강조 2b. 강조할 내용에 형식 설정 및 수치를 사용
3. 작업 기억 영역	3. 학습의 양 제한하기	3a. 너무 긴 자료는 덩어리로 묶어서 제시 3b. 학습을 위해 시각영상자료 제공 3c. 자동화를 위해 실습과 과잉학습 제공
4. 의미적 부호화	4. 학습 방향 지도	4a. 적절한 순서 결합을 위한 언어 신호 제공 4b. 더 큰 의미의 문단에 언어 링크 제공 4c. 개념 간의 관계를 보여주기 위해 도표와 모델 사용
5. 장기 저장	5. 학습의 양에 대한 설명	5a. 자료 회상과 표현을 위해 다양한 맥락과 배경 제시 5b. 이전에 배운 정보와 새로 배운 정보 연결 5c. 실습 때 다양한 맥락과 상황 제공
6. 인출	6. 상기할 때 사용하는 단서 제공	6a. 자료 복원을 끌어내는 신호 제시 6b. 친숙한 소리 또는 운율을 신호로 사용
7. 일반화	7. 훈련 전이와 유지 장려	7a. 학습에 적용할 수 있는 교육 상황 설계 7b. 추가적인 정보를 위해 언어 링크 제공
8. 만족감	8. 수행 정확성에 대한 피드백 제공	8a. 수행에 걸린 시간과 정확성의 정도에 따른 피드백 제공 8b. 본래의 기대치에 미쳤는지 확인

출처: R. Gagne, "Learning processes and instruction," *Training Resarch Journal*, 1(1995/96): 17-28.

제와 공통점을 찾는 것을 요구한다. 훈련 정교성은 훈련생들에게 교육자료를 좀 더 친숙한 지식, 기술, 또는 행동에 연결하도록 요구하고 있다. 훈련생들은 이러한 교육의 전략을 조합하여 사용한다. 최고의 전략은 교육의 결과에 달려 있다. 지식을 쌓기 위해서는 사전 실습과 조직화가 가장 적합하다. 스킬을 적용하는 것은 정교함이 꼭 필요하다. 메시지가 집중되고, 시연되고, 부호화되면 장기 기억에 저장될 준비가 된 것이다.

학습했던 자료들을 사용하기 위해선(예: 인지 기술 또는 언어 정보), 꼭 인출되어야 한다.

회수(retrieval)은 장기 기억 안에서 학습했던 자료를 찾아내는 것과 그것을 성과에 영향을 주도록 사용하는 것을 포함하고 있다. 학습 과정에서는 배운 것을 정확히 재생하는 것도 중요하지만 똑같진 않아도 비슷한 상황에서 배운 것을 적용할 수 있는 것도 중요한 부분이다. 이것은 일반화(generalizing)으로 알려져 있다. 마지막으로, 만족한 결과(gratifying)는 학습자들이 훈련의 콘텐츠를 사용한 결과로 받은 피드백을 뜻한다. 피드백은 학습자들이 좀 더 정확한 반응을 조정하기 위해 꼭 필요한 것이다. 피드백은 또한 수행의 결과로 주어지는 장려책과 강화인자에 대한 정보를 제공한다.

학습 주기

학습은 네 가지의 단계를 포함하는 동적 순환(Dynamic cycle)으로 간주될 수 있다. 구체적 경험, 반성적 관찰, 추상적 개념화, 그리고 적극적 실험이다. 첫째, 훈련생은 구체적 경험을 마주하게 된다(예: 업무 문제). 이것은 문제에 대한 고민(반성적 관찰)으로 시작하여, 어떻게 문제를 풀어갈 것인지에 대한 아이디어 발상으로 이어지며(추상적 개념화), 마지막으로 문제와 직접 연결된 생각의 구현으로 마무리된다(적극적 실험). 생각의 구현은 학습자들이 결과를 보고 학습과정을 다시 시작할 수 있도록 효과적인 피드백을 제공한다. 훈련생들은 지속적으로 개념을 개발하고, 자신의 생각으로 전환 후 실행하고, 그들의 개인적인 경험을 통한 관찰을 그들의 결과로 조정한다.

연구원들은 학습 주기에서 교육생들의 약점과 강점을 측정하기 위해 설문지를 개발하였다. 어떤 사람들은 학습 주기의 특정 단계들을 피하거나, 학습 주기의 한 단계를 지나치게 강조하거나 충분히 강조하지 않는 성향을 가지고 있다. 효율적인 훈련을 위해서는 각 네 가지 단계에서 능숙해야 한다. 네 가지의 근본적인 학습 양식은 존재한다. 이러한 학습 양식은 학습 주기의 네 가지 단계의 요소들을 결합한 것이다.

〈표 4.5〉에서는 개인의 성격과 지배적인 학습 단계에 따라 학습 양식을 네 가지로 분류했다. 분산자(Divergers), 융합자(Assimilators), 수렴자(Convergers), 그리고 적응자(Accommodator) 연구자들은 우리에게 학습 양식과 선호하는 점들이 있다는 것에 동의하지만 그들을 어떻게 측정할 것인가에 대해선 의견 차이가 있다.

학습 선호 유형에 따라 교수를 설계하기 위해, 무엇을 가르칠 것인지 또는 학습의 결과가 무엇인지에 따라 교수 전략이 결정되어야 한다. 그 후, 교수 전략에 맞는 학습 양식을 고려해야 한다.

표 4.5 학습 양식

학습 양식 종류	지배적 교육 능력	학습 특성
분산자 (Diverger)	• 구체적 경험 • 반성적 관찰	• 생각 발상, 다양한 관점에서의 상황 관찰, 그리고 의미와 가치 인지 • 사람, 문화, 그리고 예술에 흥미를 가짐
융합자 (Assimilator)	• 추상적 개념화 • 반성적 관찰	• 귀납적 추리, 이론적 모델 구축, 그리고 이질적 관찰을 통합 설명으로 결합 • 추상적 개념이나 생각보다 사람들에게 덜 관심을 가짐
수렴자 (Converger)	• 추상적 개념화 • 적극적 실험	• 결정성, 실용적인 생각의 적용, 그리고 가설 연역 추리에 능함 • 대인관계 해결보다 기술적 과제 선호
적응자 (Accommodator)	• 구체적 경험 • 적극적 실험	• 결정 구현, 계획 실현, 그리고 새로운 경험 참여에 능함 • 참을성이 없고 강요하려 드는 것처럼 보일 수도 있지만 사람들과 잘 지내는 편임

출처: D. Kolb, *Learning Style Inventory, Version 3.1*(Boston: Hay/Mcber Training Resources Group, 2005).

예를 들면, 포트워스(Fort Worth), 텍사스(Texas)에 위치한 금융회사인 아메리크레딧(AmeriCredit)은, 직원들의 학습 양식에 좀 더 잘 맞추기 위해 훈련을 수정하려고 노력하고 있다. 회사는 직원들의 학습 양식을 놓치지 않고 확인하기 위해 데이터베이스를 설계하였다. 또한, 직원들의 학습 양식은 수업 설계에 고려되어 만들어지고 있다. 새로운 이러닝(e-learning) 수업에선, 행동을 통해 학습하는 것을 선호하는 직원들이 잘 배울 수 있도록 활동 위주의 학습을 끝낼 수 있도록 하였다. 사고하고 추리하는 학습 양식을 선호하는 직원들은 더 많은 개념적 자료들을 수업에서 받을 것이고, 좀 더 적은 경험들에 참여하게 된다. 학습 양식에 적응이 훈련생의 만족도와 학습에 차이점을 두는지 결정할 수 있도록 회사는 학습 양식을 고려하는 새로운 이러닝(e-learning) 수업과 그렇지 않은 수업을 비교할 계획을 세웠다.

학습 과정의 영향과 지도를 위한 훈련 전이

교수(Instruction)는 훈련생이 배우는 것을 돕기 위해 강사가 환경을 조정하는 것을 뜻한다. 〈표 4.4〉의 오른쪽 부분에는 훈련에 도움이 되는 교수의 형식들을 보여주고 있다. 훈련생들에게 최상의 교육의 기회를 제공하기 위해, 이러한 교수의 형식들이 교육에 포함되어 있다는 것에 확신을 주는 것이 중요하다. 〈표 4.6〉에서는 교육 과정을 촉진시키는 좋은 교수의 특성을 요약하고 있다. 긍정적 교육 환경과 훈련 전이의 특성들은 교육 과정, 프로그램, 또는 구체적인 교육 방법이 수업의 형식, 이러닝(e-learning), 또는 업무 교육에서 사용될 수도 있도록 설계되어야 한다. 이번 장에서 우리는 이러한 특성들에 대해 논의할 것이다.

직원들은 목표를 알아야 한다

직원들은 훈련 프로그램의 목표를 이해했을 때 가장 잘 학습한다. 목표(Objective)는 훈련 활동의 목적과 예상하는 결과를 뜻한다. 각각의 훈련 시간마다 목표가 있을 수 있고, 전체적인 프로그램의 목표가 있을 수 있다. 이 장의 처음 부분에서 논의된 목표 설정 이론을 생각해보아라. 훈련생들은 목표를 이해하고, 받아들이며, 훈련 목표를 성취하는데 집중해야 한다. 훈련 목표는 직원들이 왜 그들에게 훈련이 필요하고 무엇을 배워야 하는지 이해하는 것을 도와주는 요구 분석을 기반으로 한다.

목표는 또한 훈련 프로그램의 효율성 평가를 위해 측정되는 훈련 결과의 종류를 확인하는 것에도 유용하다.

훈련 목표에는 세 가지 요소가 있다.

표 4.6 훈련과 훈련 전이를 촉진시키는 지시와 업무 환경의 특성

- 목표
- 의미 있는 콘텐츠
- 실습 기회
- 교육 콘텐츠들을 기억하는데 집중할 수 있는 방법
- 피드백
- 관찰, 경험, 그리고 사회적 상호 관계
- 교육 프로그램의 적절한 협력과 계획
- 교육생들의 책임감과 자기관리 격려
- 근무 환경에서 교육과 전이 지원과 보장

1. 직원들이 무엇을 할 것으로 기대하는지에 대한 설명(수행 또는 결과)
2. 수행의 받아들여질 수 있는 질 또는 급에 대한 설명(기준, Criterion)
3. 훈련생이 정해진 결과를 보여줄 것이라고 기대하는 상태에 대한 설명(조건, Condition)

목표는 '이해한다' 또는 '안다'와 같이 관찰할 수 없는 성과로 표현해서는 안 된다. 〈표 4.7〉에서는 인지, 정서적, 그리고 정신운동(신체적 능력이나 기술) 결과로서 사용할 수 있는 동사들을 보여주고 있다. 예를 들면, 소매 판매원들의 고객서비스 훈련 프로그램의 훈련

표 4.7 수행 또는 목표의 결과 예시

범위(Domain)	수행동사(Performance)
지식, Knowledge (정보 복원)	처리하다, 정의하다, 구분하다, 열거하다, 복원하다,
이해력, Comprehension (자신의 단어 해석)	반복하다, 분류하다, 논의하다, 설명하다, 검토하다,
적용, 응용력, Application (새로운 상황에 접목)	번역하다, 적용하다, 선택하다, 증명하다, 묘사하다,
분석, Analysis (세분화 및 관계 증명)	준비하다, 분석하다, 분류하다, 비교하다, 도표화하다,
통합, Synthesis (전체형성을 의한 수집)	테스트하다, 정리하다, 수집하다, 집합하다, 제안하다,
평가, Evaluation (기준에 맞는 심사)	정리하다, 평가하다, 공격하다, 논쟁하다, 선택하다,
수신, Receiving (집중)	비교하다, 듣다, 인지하다, 경계하다, 답장하다, 대답하다,
반응, Responding (최소의 참여)	허용하다, 복종하다, 보유하다, 추정하다, 지지하다,
가치, Valuing (선호)	참여하다, 결정하다, 확인하다, 선택하다, 믿다, 실습하다,
조직, Organization (가치의 발전)	수행하다, 축소하다, 확장하다, 풀다, 기다, 걷다, 달리다,
성격묘사, Characterization (인생의 전체적 철학)	닿다, 돌다, 구부리다, 균형을 잡다,
반사작용, Reflexes (비자발적 움직임)	무거운 물건을 옮기다; 빠른 행동 만들기
기본동작능력, Fundamental movements (기본동작)	악기를 연주하다; 손도구 사용하기
통찰력, Perception (자극제에 대한 반응)	
신체적 기능, Physical ability (정신운동의 움직임)	
숙련운동기능, Skilled movement (이미 배운 움직임)	

출처: H. Sredl and W. Rothwell, "Setting Instructional Objectives," Chapter 16 in *The ASTD Reference Guide to Professional Training Roles and Competencies, Vol, 2* (New York: Random House, 1987); and R. Mager, *Preparing Instructional Objectives, 3d ed.* (Atlanta: Center for Effective Performance, 1997)

표 4.8 좋은 훈련 목표의 성향

- 훈련이 끝날 때쯤, 훈련생들이 무엇을 하도록 기대하는지에 대한 명확한 제공
- 측정 또는 평가될 수 있는 성과의 기준 포함
- 훈련생이 구체적인 행동이나 태도를 하는데 필요한 구체적 자료 명시 (예: 도구나 장비)
- 목표에서의 어떤 행동을 어떤 조건 아래에서 실행해야 하는지 설명 (예: 근육노동환경, 밤 또는 높은 온도; 정신적 스트레스, 화난 고객들; 불량 장비, 컴퓨터 장비의 고장)

표 4.9 훈련 목표의 예시

- 성과를 향상시키기 위한 결과를 도출해낼 수 있도록, 도전적인 환경에서 경쟁할 수 있는 다양한 멀티기능을 지닌 팀 개발
- 갈등이 생겼을 때 갈등관리능력 사용
- 손님이 격분하지 않은 이상, 아무리 피곤해도 모든 손님에게 웃어야 함
- 상품 불량률을 10%에서 7%로 줄여야 함
- 참조 설명서를 보지 않고 DC-3 멀티스위치의 모든 노드(nodes)를 열거하시오
- 참조 설명서를 주어진 빠른 시간 동안 보고, 소프트웨어를 100% 정확하게 사용함

목표는 "훈련 후, 직원들은 고객들이 얼마나 화를 내던 간에 [조건] 고객들이 말하는 것을 멈춘 후에 [기준] 짧은 사과 (10단어 이하)로 모든 격분한 고객들에게 걱정을 표현 [수행] 할 수 있다. 〈표 4.8〉에서는 좋은 훈련 목표들의 특징을 보여주고 있다. 가장 흔한 문제는 불확실하고, 불완전하고, 그리고 구체적이지 않은 목표이다. 〈표 4.9〉에서는 훈련 목표에 대한 예시를 제공하고 있다. 각각의 목표를 검토할 때, 만약 각 세 개의 요소들 (수행, 기준, 조건)이 포함되는지 확인해야 한다. 이들은 좋은 목표인가? 그들이 어떻게 발전할 수 있는가?

직원들은 의미 있는 훈련 콘텐츠가 필요하다

직원들은 그들의 현재 업무 경험이나 일에 훈련이 연관되어 있으면 학습할 확률이 크다. 즉, 그들에게 의미 있을 때이다. 훈련 콘텐츠의 의미를 향상시키기 위해, 훈련생들에게 친숙한 개념, 용어, 그리고 예시들이 메시지에 제시되어야 한다. 또한, 훈련의 맥락은 업무 환경에 반영되어야 한다. 훈련 상황(Training context)은 훈련이 실행되는 물리적, 지적, 그리고 감정적 환경을 뜻한다. 예를 들면, 소매 판매상을 대상으로 하는 고객서비스 훈련 프로그램에서는, 가게에서 불만족스러운 손님들과 실질적으로 마주쳤을 때의 시나리오를 사용한다면 자료가 더 의미 있을 것이다. 훈련생들에게 훈련 프로그램의 맥락은 의미 있다는 것이라고 설득하기 위한 유용한 기술들이다.

- 다른 사람들의, 특히 이전 훈련생들의, 훈련 맥락을 사용해서 성공한 이야기를 말해준다.
- 훈련 콘텐츠를 훈련생들이 이미 업무에 대해 알고 있는 것에 연결한다.
- 회사의 목표와 전략에 훈련이 어떻게 연결되는지 보여준다.
- 훈련생들이 훈련 콘텐츠 개념을 업무에 어떻게 사용할 수 있는지 보여준다.
- 훈련생들이 보았던 좋거나 나쁜 업무를 상기시키기 위해 예시나 사례들을 논의한다.
- 다른 맥락들에서 개념의 적용이나 응용을 반복한다.
- 그들이 훈련에서 배울 것들이 실제 직원들이 업무에 많이 사용하는 것이라는 증거를 제시한다.
- 훈련생들이 훈련 중 접하는 조건들이 실제 업무에서의 조건과 비슷하다는 것을 보여준다.
- 업무에서 사용할 수 있는 실습과정이나 응용활동을 제공한다.
- 정리된 자료를 복사본이나 전자 경로를 통해 훈련생들이 업무에서 다시 사용하거나 다른 사람들을 가르칠 때 사용할 수 있도록 제공한다.
- 훈련생들에게 그들의 실습전략과 교육 콘텐츠가 어떻게 제시되었으면 하는지에 대한 선택권을 준다. (예: 구두, 시각, 문제중신, 또는 접근법의 조합)

| 직원들은 실습과 기회가 필요하다 |

실습(practice)은 능숙한 업무 수행과 지식의 표현을 위해 과업, 지식, 또는 스킬의 신체적이나 정신적인 시연을 뜻한다. 실습은 조건과 목표에 의해 구체화된 성과의 기준을 기반으로 하는 교육 목표 하에 직원들이 배운 능력(예: 인지 전략, 언어 정보)을 표현해야 한다. 효율적이기 위한 실습은, 과잉학습(반복된 실습), 적당한 시간 사용, 그리고 적당한 학습단위 포함(자료의 양)하는 것에 훈련생이 열정적으로 참여하는 것이 필요하다. 실습은 또한 교육 목표에 관련되어 있다. 실습만 하는 것보다 예시와 실습을 함께 포함하는 것이 가장 좋다. 이것은 훈련생들이 훈련이 실행되는데 필요한 인지적 과정에 참여할 수 있도록 그들의 기억력이 과부화되는 것을 방지한다. 예시를 보여주는 것은 학습자들이 실습에 사용할 수 있는 새로운 정신적 모델의 기술을 발전하도록 도와준다. 몇몇의 실습하는 방법에 대한 예시는 사례연구, 모의실험, 역할놀이, 게임, 그리고 구술과 필기 문제들을 포함한다.

– 실습 전 조건들

강사들은 훈련 콘텐츠뿐만 아니라 훈련생들의 학습을 촉진하는 정보를 처리하는 과정과 업무에서 훈련을 사용하는 것에도 집중하여야 한다. 강사들이 실습 이전 훈련생들에게 배우고자 하는 동기부여를 높여주고 훈련 콘텐츠의 보유를 촉진시키는 몇몇 단계들이 있다. 실습 시작 전 강사들은,

① 최상의 훈련의 결과를 가져올 과정이나 전략에 대한 정보를 제공한다. 예를 들면, 고객서비스 수업의 훈련생들은 그들이 어떤 종류의 전화를 받게 되고(격분한 고객, 상품의 정보에 대한 요청, 요금 이의제기), 그런 전화들을 어떻게 확인하고, 전화를 마치는지에 대해 알려준다.
② 훈련생들이 그들만의 학습과정에 반영할 수 있는 전략을 개발(초인지, metacognition)할 수 있도록 장려해야 한다. 초인지(metacognition)는 개인이 한 사람의 생각을 조종하는 것을 뜻한다. 개인이 초인지에 참여하는 데는 두 가지 방법인 관찰과 조종이 있다. 조사에서 보여주듯, 초인지는 자기제어성과 훈련을 촉진하는 것을 포함하고 있다. 자기규제(self-regulation)은 학습자들의 훈련 자료와 훈련 과정에 대한 평가의 참여도를 뜻한다. 자기규제를 잘하는 학습자들은 더욱 더 효과적으로 학습할 수 있다. 왜냐하면 그들은 그들의 과정을 관찰하고, 발전이 필요한 부분을 확인하고, 그리고 그들의 학습을 조절할 수 있기 때문이다. 자기규제는 학습자들이 수업을 그만두거나 얼마만큼의 노력을 쏟을 것인지, 또는 있는 힘을 다해 교육 콘텐츠를 배울 것인지에 대한 통제를 할 수 있기 때문에 특히 온라인 교육 수업에 중요하다. 〈표 4.10〉은 강사들이 얼만큼 자기규제를 장려할 수 있는지 보여주고 있다.
③ 선행 조직자(advance organizer)를 제공해야 한다. 이는 훈련생들이 보여지고 실습하게 될 정보를 정리하도록 도와주는 개요, 문단, 도표, 그리고 그래프이다.
④ 훈련생들이 도전적인 숙달이나 훈련의 목표를 정하도록 도와준다.
⑤ 훈련에서 무엇이 일어날 것인지에 대한 대화를 통해 훈련생들이 현실적인 기대치를 만들도록 한다.
⑥ 직원들을 팀으로 훈련을 할 땐, 성과 기대치에 대해 소통하고 팀원들의 책임감과 역할을 분류한다.

– 실습은 경험을 포함한다

직원들이 그들이 해야 하는 것을 얘기하는 것만으로는 학습이 일어나지 않는다. 예를 들면, 이전에 논의하였던 고객서비스 시간에서 목표를 사용하는 것에서, 실습은 훈련생들이 만족하지 못한 고객(불친절, 충분하지 않은 상품, 또는 만족스럽지 않은 환불규정에 만족하지 못한 고객)과의 역할극 참여를 포함해야 한다. 훈련은 훈련생들의 효과적인 성과를

표 4.10 자기조절을 장려하는 질문 예시

- 나는 지금 훈련 자료에 집중하고 있는가?
- 나는 주요 항목들을 이해하고 있는가?
- 나는 수업이 끝난 후 기억할 수 있도록 도와주는 목적을 세우고 있는가?
- 훈련 자료를 배우는 데 효과적인 공부 기술들을 사용하고 있는가?
- 더 공부한다면 시험을 더 잘 볼 수 있을 것인가?
- 수업이 끝난 후 정보들을 기억하기 위해 복습에 충분한 시간을 사용하고 있는가?

출처: T. Sitzmann "Self-regulating online course engagement," *T+D* (March 2010): 26.

위해 규정, 원칙, 그리고 전략을 분석하고, 경험할 수 있는 활동적인 교육 전략을 포함해야 한다. 훈련생들은 목표들을 몇 번 실행해볼 수 있었더라도 지속적인 실습을 해야 한다(이것이 바로 과잉학습(overlearning)이다. 과잉학습은 훈련생들이 새로운 지식과 기술에 좀 더 친숙해지고 지식, 능력, 또는 행동들을 보유할 수 있는 시간을 늘리는 데 도움을 준다.

사회적 통념은 우리들의 오류에서부터 배운다는 것이다. 그러나, 대부분의 사람들은 오류에 불안감과 분노 그리고 실망을 느낀다. 교육적 관점에서 오류는 유용할 수 있다고 연구에서 밝혀졌다. 오류관리훈련(error management training)은 훈련생들에게 훈련 중 오류를 만드는 기회를 주는 것을 뜻한다. 오류관리훈련에서는 오류는 교육에 도움을 준다고 지도를 받고, 그들에게 오류를 만들도록 장려한 후, 그 오류를 통해 배우게 한다. 훈련생들은 실제로 더 많은 오류를 범하고, 훈련을 끝내는 데에 좀 더 많은 시간이 필요할지도 모른다. 하지만, 오류관리훈련은 직원들이 학습한 내용을 업무에서 적용하는 '훈련 전이'에 도움이 된다.

오류관리훈련은 초인지(즉, 교육 콘텐츠를 어떻게 사용할 것인지, 교육 콘텐츠 사용 관찰, 그리고 교육 콘텐츠가 어떻게 사용되었는지에 대한 평가)에 포함되어 훈련생들에게 기회를 제공하기 때문에 효과적이다. 이는 더 높은 단계의 인지 과정, 더 나은 기억력과 인출 능력을 가져온다. 강사들은 훈련생들이 어려운 문제나 업무를 수행하는 과정에서 오류를 범하는 기회와 함께 그 오류를 배울 수 있는 기회로 만드는 것을 오류관리훈련에서 전통적인 전략들과 함께 제공하는 방법을 사용하는 것을 고려해야 한다.

훈련생들에게 단순히 오류를 만드는 것만 지도하는 것은 교육에 도움이 되지 않는다는 것을 알아야 한다. 오류가 교육에 긍정적인 효과를 가져오기 위해선, 훈련생들은 오류를 배울 수 있는 기회로 사용해야만 한다. 오류관리훈련은 교육시간 동안 정해진 교육 콘텐츠에 대한 학습을 끝내지 못하였을 때 특히 더 유용하다. 결과적으로, 훈련생들은 새로운 업무나 문제들은 직면하였을 때 자신만의 방법을 발견하여야 한다.

– 집중 학습 대 분산 학습

훈련되어야 할 과업의 종류에 따라, 실습의 빈도수가 학습에 영향을 준다고 드러났다. 집중 학습(massed practice) 조건은 개인이 쉬지 않고 지속적으로 업무 실습을 하는 것이다. 집중 학습은 또한 훈련생이 실습을 분산하기보다 한 번의 수업에서 끝내는 것을 포함하고 있다. 분산 학습(spaced practice) 조건으로는, 개인에게 실습시간 동안 휴식 시간이 제공된다. 분산 학습은 보편적으로 집중 학습의 상급이다. 하지만, 업무의 성향에 따라 집중 학습 대 분산 학습의 효율성에서는 차이를 보이고 있다. 업무 성향은 전반적인 작업 복잡도, 정신적 그리고 신체적 필수요소들을 포함한다. 전반적인 업무의 복잡성(overall task complexity)은 업무에서 필요한 몇몇의 특정 행동, 업무 수행을 위해 포함되어야 하는 선택권, 그리고 업무 수행에서의 불확실성들의 등급을 포함하고 있다. 정신적 요건(mental requirement)은 업무 수행대상이 업무에서 정신적 능력, 인지 능력, 또는 업무 수행 능력을 사용하는 업무의 등급을 뜻한다. 신체적 요건(physical requirement)은 업무에서 한 사람에게 필요로 하는 업무 수행과 완료를 위한 신체적 기술 및 능력의 등급을 뜻한다. 〈표 4.11〉에서는 업무들이 어떻게 다를 수 있는지 보여주고 있다.

좀 더 복잡한 업무(인터넷 기반 강의, 수업, 그리고 근거리 교육과 같은 교육 상황 포함)들은 업무 교육에서 긴 휴식시간이 있을 때 좀더 효과적인 것으로 나타났다.

실습 후, 훈련생들은 교육의 효과를 보기 위해 구체적인 피드백이 필요하다. 이것은 업무나 일, 강사, 관리자, 그리고 상사로부터의 피드백을 포함한다.

– 전체적 실습 대 부분적 실습

마지막 주제는 한 번에 얼마나 많은 실습이 필요한가와 관련 있다. 한 가지 선택으로는 모든 업무나 목표가 한 번의 실습에 포함되는 것이다(전습법, whole practice). 다른 선택으론 목표나 업무가 훈련 프로그램 중 각각 소개된 직후 개개인이 실습하는 것이다(부분 실습, part practice). 훈련 세션에서 전습법과 부분 실습을 모두 포함하는 것이 가장 좋을 것이다. 훈련생들은 개개인의 기술이나 행동들을 실습하는 기회를 가질 것이다. 만약 훈련 중 소개되었던 기술이나 행동들이 서로 연관되어 있다면, 훈련생들은 그들이 각자 실습한 후 그것들을 모두 실습 시간에 보여주어야 한다.

예를 들면, 소매 판매원의 고객서비스 훈련의 한 가지 목적은 불만족스러운 고객들을 어떻게 대하는지에 대해 배우는 것이다. 판매원들은 세 가지 주요 행동들을 배우게 된다. (1) 불만 고객 맞이 (2) 그들의 불만에 대한 이해, 그리고 (3) 적절한 행동을 확인하고 실행하는 것(부분 실습). 그리고 나서 세 가지 기술을 함께 실습하기 위해 또 다른 실습을 해야 한다(전습법). 만약 훈련생들에게 행동을 각자 실습하는 기회만 주어진다면, 그들이 불만족스러운 고객들을 대하는 것은 불가능하다.

– 효과적인 실습 조건

실습이 훈련의 목적과 관련이 있기 위해선, 몇 가지 조건들이 맞아야 한다. 훈련 목적에서 강조되었던 행동, 훈련 목적에서 구체적으로 제시되었던 조건 수행, 주어진 조건 또는 기준에 맞게 훈련생들이 실행할 수 있도록 하는 도움, 훈련생들이 기준을 충족하는지 평가하기 위한 수단 제공, 그리고 훈련생들이 그들의 실수를 고칠 수 있도록 하는 실습들이 포함되어야 한다. 실습은 반드시 훈련 목표들에 연관되어 관련되어 있어야 한다. 강사는 훈련생이 목표들을 실습하기 위해 무엇을 하는지(수행), 그 목표에 달성하기 위한 기준, 그리고 어떤 조건들을 기반으로 보여주어야 하는지에 대해 명시해주어야 한다. 이러한 조건들은 실습 시간에 보여주어야 한다. 다음으로, 강사는 훈련생 수행의 적절성을 고려할 필요가 있다. 즉 훈련생들이 자신의 수행이 기준에 도달했다는 것을 어떻게 알게 할 것인가? 그들은 원하던 수행의 모델을 볼 것인가? 그들은 희망되는 수행에 대한 점검표 또는 설명서를 제공받을 것인가? 훈련생들은 그들의 수행이 기준에 적합한지 결정할 수 있는가? 혹은 강사나 장비의 한 부분이 그들의 수행을 기준에 비교할 것인가?

강사는 또한—만약 훈련생들의 수행이 기준에 맞지 않는다면—훈련생들이 무엇이 잘못되었고 어떻게 고칠 것인가에 대한 판단을 꼭 내려야 한다. 그것은 강사는 훈련생들이 그들의 퍼포먼스를 진단하고 올바른 행동을 취할 것인지 아니면 만약 그들이 강사나 선배 훈련생들의 도움이 필요할 것인지를 판단할 필요가 있다는 것이다.

표 4.11 정신적 요소와 신체적 요소 그리고 전반적인 작업 복잡도

정신적 요소	전반적 복잡도	신체적 요소	업무
낮음	낮음	높음	회전 추구, 입력하기, 공 던지기, 사다리타기, 못 빼기, 양측성, 기력 회복
높음	표준	낮음	무료 복원 업무, 비디오게임, 외국어, 슬라이드 바 작업(Slide-bar task), 목소리 인식, 교실수업, 위치화, 문서 작성, 굽히는 일(stoop task), 구술 설명, 미로학습, 숫자연결, 알파벳 역방향 인쇄, 근거리 학습, 인터넷 훈련
낮음	높음	높음	체조 기술, 균형 업무
높음	높음	높음	항공 교통 관제사 시뮬레이션, 우유 짜기 시뮬레이션, 항공기 제어 시뮬레이션, 손 움직임 기억력, 퍼즐박스 업무, 음악 기억력과 퍼포먼스

출처: J. Donovan and D. Radosevich, "A meta-analytic review of the distribution of practice effect: Now you see it, now you don't," *Journal of Applied Psychology*, 8(1999): 795-805.

| 직원들은 훈련 콘텐츠를 기억할 필요가 있다 |

기억은 우리가 감각을 통해 받아들인 자극제를 단기기억으로 처리하는 과정으로 이루어진다. 만약 정보가 "중요"하다고 판단되면, 신경세포 또는 전자적 연결을 통해 만들어지는 새로운 상호 접속이 생기면서 장기 기억으로 옮겨지게 된다. 직원들이 지식, 기술, 행동, 그리고 다른 훈련들을 장기 기억 속에 저장하는 것을 도와주는 데는 몇 가지 방법들이 있다. 한 가지 방법으로는 훈련생들이 그들이 어떻게 만들고, 실행하며, 기억에 접근하는지에 대해 알게 하는 것이다. 훈련생들이 그들이 어떻게 배우는지에 대해 이해하는 것은 중요하다. 학습 양식을 보여주는 것은 (본 장의 처음에서 논의함) 훈련생들이 선호하는 교육 방식을 선택하는데 유용하게 사용될 수 있다.

장기 기억을 만들기 위해선, 훈련 프로그램은 콘텐츠가 명백하여야 하고 세부사항에 정교해야 한다. 장기 기억을 만드는 데는 몇 가지 방법들이 있다. 한 가지 접근법 중에는 강사가 개념들 간의 관계를 보여주기 위한 컨셉트 맵(concept map)을 만들어서 사용하는 접근방식이 있다. 다른 것으로는 다양한 방법으로 기억에 접근하기 위해 쓰기, 그리기, 그리고 역할 놀이를 포함한 다수의 리뷰 형식들을 사용하는 것이다. 훈련생들이 정보를 인출하기 위해 사용할 수 있는 다른 방법으로는 주요 단어, 과정 또는 순서를 가르쳐주거나, 또는 시각 영상들을 보여주는 것이다. 새로운 지식을 가르칠 때 훈련생에게 그들이 이미 알고 있는 지식, 행동, 스킬을 상기시키는 것은 훈련 내용을 장기기억화시키는 것에 도움이 된다. 인출을 위한 외부 단서 또한 유용할 수 있다. 당신이 열쇠 또는 지갑을 잃어버렸을 때를 생각해보자. 기억을 하기 위해, 우리는 보통 상황이 일어났던 가장 가까운 때나 잃어버렸을 당시를 기억하기 위한 정보를 검토한다. 우리는 종종 그 물건을 마지막으로 보았던 장소로 다시 가보는데, 그 이유는 환경이 기억을 되살릴 수 있는 단서로 제공될 수 있기 때문이다.

연구에 의하면 사람은 4개에서 5개 이하의 정보만 한 번에 처리할 수 있다. 만약 긴 과정이나 절차를 가르쳐야 한다면, 기억 한계를 넘지 않기 위해 설명서는 되도록 작은 덩어리나 짧은 수업으로 나눠져서 전달되어야 한다. 또한 단일 시행 학습만으로는 장기 기억화되기 힘들다. 즉 훈련생이 어떤 행동을 보여주거나 기술 또는 지식을 정확하게 기억해냈을 때, 그들이 학습됐다고 추정되지만 이것이 항상 사실은 아니다. 훈련생들이 다수의 나날 동안 검토와 실습을 실행하였을 때(과잉학습) 그들이 정보를 장기 기억으로 보유할 수 있도록 도움을 준다. 과잉학습은 또한 업무의 자동화(automize)를 돕는다.

자동화(automization)는 업무 시행, 지식 회상, 기능 실행을 자동적으로 만들어 아주 적은 생각이나 주의만 필요로 하는 것을 뜻한다. 자동화는 기억 수요를 줄이는 데 도움을 준다. 자동화가 더 많이 실행될수록, 다른 학습이나 생각에 집중할 수 있는 공간이 생긴다. 훈련생이 시연이나 실습을 더 많이 할수록, 장기 기억에 보유되는 정보는 더 많아질 것이고 시간이 지날수록 더 작은 양의 기억들이 쇠퇴될 것이다.

복잡해지는 자료들로 지쳐가는 훈련생들을 방지하기 위해선 그들에게 인터넷이나 문제지를 통해 끝낼 수 있는 사전 적응업무를 주어야 한다. 예를 들면, 훈련생들은 원칙이 어떻게 적용(예: 화난 고객 대응)되고 업무과정이 어떻게 진행(예: 혈액 샘플에 병원균 시험, 자동차 물 펌프 교환)되는지에 대한 훈련을 받기 전 "기본"인 이름, 의미, 원칙, 그리고 부품들의 특징에 친숙해질 수 있다.

| 직원들은 피드백이 필요하다 |

피드백(Feedback)은 사람들이 훈련 목표를 얼마만큼 잘 성취하는지에 대한 정보이다. 피드백이 효과적이기 위해서는 구체적인 행동에 집중하고 훈련생의 행동 직후 최대한 빠른 시간 안에 제공되어야 한다. 또한 훈련생의 긍정적 행동은 구두로 칭찬하거나 강화되어야 한다. 비디오테이프는 피드백을 주기에 강력한 도구이다. 강사는 훈련생들과 비디오테이프를 같이 보며, 행동이 어떻게 수정되어야 하는지에 대한 정보를 제공하고, 목표에 달성한 훈련생의 행동에는 칭찬해주어야 한다. 피드백은 또한 시험이나 퀴즈, 실무 관찰, 퍼포먼스 자료, 멘토 또는 코치, 문서, 또는 대인관계 교류를 통해 제공되기도 한다.

만약 훈련생들이 무엇이 나쁜 성과와 좋은 성과로 이끄는지 이해하게 하려면 훈련생에게 제공되는 피드백 단계의 특수성이 다양해질 필요가 있다. 예를 들면, 직원들은 작동이 잘되거나 부작용이 있는 장비에 어떻게 대응해야 하는지에 대해 배울 필요가 있다. 그러므로, 직원들이 정상적으로 작용하는 장비에 대한 지식만 가지게 하려면 피드백을 구체적으로 제공하지 않아도 된다. 좀 덜 구체적인 피드백은 훈련생들이 장비 문제로 이어질 수 있는 오류를 만들어, 훈련생들에게 어떠한 행동들이 장비 문제를 가져오고 그러한 문제들을 어떻게 해결할 것인지에 대해 배울 수 있는 기회를 제공한다. 피드백의 빈도수가 줄거나 오류의 결과로 실습 중 마주하게 되는 어려움들은 훈련생들이 올바른 반응을 알아채기 위한 정보 처리과정이나 관찰에 집중하도록 도와준다.

| 직원들은 관찰, 경험, 그리고 교류를 통해 배운다 |

본 장의 앞부분에서 명시되었듯이, 직원들이 배울 수 있는 한 가지 방법은 모델을 관찰하고 모방하는 것을 통해서이다. 효과적인 모델을 위해서 바람직한 행동이나 기술이 정확히 명시되어야 하고 대상자들의 성향과 비슷한 성향을 모델이 가지고 있어야 한다(예: 나

표 4.12 교육적인 상호 작용의 세 가지 종류

종류	사용해야 할 때
학습자-학습내용	혼자 끝낸 업무를 숙지하는 것을 필수로 함. 정보를 공부하는 과정과 팀 맥락에 맞추어서 행동하는 것을 배움
학습자-학습자	그룹으로 끝낸 업무를 숙지하는 것을 필수로 함. 학습자들은 새로운 지식 또는 동료와 콘텐츠에 대한 논의를 통해 이해를 입증
학습자-교수자	깊은 주제 탐색 그리고 비판적인 분석과 사고를 개발하기에 좋다. 논의는 짧은 시간 동안 많은 양의 자료들이 제시되어야 할 때 제한적일 수 있음.

출처: H. Nuriddin, "Building the right interactions," *T+D*(March 2010): 32-35; D. Leonard and W. Swap, "Deep Smarts," *Harvard Business Review*(September 2004): 88-97.

이 또는 위치). 모델을 관찰한 후, 훈련생들은 모델에서 보여주었던 행동이나 기술을 재생해볼 수 있는 실습 시간의 기회를 가져야 한다. 성인학습이론에 의하면, 직원들은 직접 해봄으로써 배우고(learn-by-doing), 직접 경험하고, 경험이 많은 직원들과 함께 일하도록 하고, 그들의 지식 차이를 관리할 수 있는 도구나 자료들을 제공하였을 때 가장 잘 배우는 것으로 나타났다.

직원들은 또한 훈련 콘텐츠, 다른 학습자, 그리고 강사나 지도자와의 교류를 통해 가장 잘 배운다. 〈표 4.12〉에서는 직원들이 교류를 통해 배우는 것과 그들을 언제 사용하는지에 대한 세 가지 방법을 보여주고 있다. 학습자—학습내용 접촉(learner-content interactions)은 학습자들이 훈련 콘텐츠와 교류하는 것을 뜻한다. 학습자—학습내용 접촉은 책이나 인터넷에서의 본문 읽기, 멀티미디어 모듈(multimedia module)듣기, 도구나 물건 조작을 필요로 하는 행동 실행(예로 쓰기), 학습지나 사례연구 완료, 또는 배운 정보들을 통한 새로운 콘텐츠 개발들을 포함하고 있다.

학습자—교수자 접촉(learner-instructor interactions)은 학습자와 전문가(강사) 간의 상호작용을 뜻한다. 강사는 보여주기, 입증하기, 그리고 콘텐츠 강화하기를 통한 교육을 향상시킬 수 있다. 또한 강사는 학습자들이 가장 가치를 두는 지지, 용기, 그리고 피드백을 제공한다. 학습자—교수자 논의는 학습자들이 콘텐츠, 자기 인식과 자기평가 향상, 다른 의견에 대한 공감, 그리고 업무에서 의견 제안들을 이해하는데 유용할 수 있다. 학습자들의 비판적인 사고나 분석 기술을 극대화하기 위해, 논의는 지도자가 물어보고 학습자가 대답하는 형태를 넘어서야 한다.

학습자 간 접촉(learner-learner interaction)은 지도자가 있을 때나 없을 때나 일어나는 학습자들 사이의 상호작용을 뜻한다. 동료 간 관찰과 경험 교류를 포함한 학습자 간 접촉은 특별히 대인관계기술 훈련(예로 대화), 경험에 따른 개인의 지식습득(어떻게 판매를 마치고 갈등을 해결하는지에 대한 암묵적 지식), 상황에 알맞은 지식(국제적인 위치에서 관리

능력), 그리고 새로운 상황이나 불확실성에 대처하는 것을 배우는 것(새로운 상품 또는 서비스 홍보)들이 유용할 수 있다.

학습공동체(communities of Practice, COPs)는 같이 일하고, 서로에게 배우며, 업무 수행을 어떻게 할 지에 대한 공통 이해를 발전시키는 직원들의 단체들을 뜻한다. 학습공동체(COPs)는 면대면 교류와 전자기기를 통한 교류를 포함할 수 있다. 학습공동체(COPs)의 개념은 사회적 상호작용의 결과로 교육이 일어난다는 것을 제시하고 있다. 모든 회사에서는 직원들이 업구를 완수하기 위한 관계를 맺고, 업무 환경의 설계의 결과로부터 자연스레 학습공동체(COPs)가 발생하였다. 예를 들면, 웬델(Wendell), 노스캐롤라이나(North Carolina)에 있는 지멘스 송전(Simens Power Transmission)에서, 관리자들은 직원들이 휴게실에 비 업무적인 논의를 위해 모이는 것을 어떻게 멈출 수 있을지에 대해 고민하였다. 하지만 이것은 관리자들이 비 업무적인 논의가 실질적으론 교육으로 이어진다는 것을 알아채기 전이었다. 직원들은 비 업무적인 논의를 통해 문제 해결 전략과 상품과 절차에 대한 정보를 공유하고, 그리고 서로에게 경력 개발에 대해 상담해주고 있었다. 현재 지멘스에서는 메모장과 오버헤드 프로젝터(overhead projector)를 점심식사 공간에 비공식적인 모임을 위한 도구로 제공하고 있다. 업무에만 집중시키려고 했던 관리자들은 이제 필요한 도구와 자료를 제공하며 직원들을 장려하며 직원들이 만날 수 있는 자유를 제공하였다.

학습공동체(COPs)는 직원들이 전자상으로 대화할 수 있는 소셜 네트워크(Social Networks), 토론 게시판, 리스트 서버(list server), 또는 컴퓨터 매개 의사소통 형태를 가진다. 이것들을 통해, 각각의 직원들의 지식은 대체적으로 빠른 방식으로 접근할 수 있게 되었다. 이것은 직원들이 전문가 그룹과 함께 대화를 나눈 것과 같다. 와이어스 제약(Wyeth Pharmaceutical)은 작업 현장을 최상으로 유지하기 위해 11개의 학습공동체(COPs)를 유지하는데 집중하고 있다. 학습공동체(COPs)는 직원들끼리 가장 좋은 실행 방법을 공유하고, 서로에게 배우고, 그리고 업무 과정들을 쉽게 발전시키도록 했다. 새로운 기술과 유지 과정에 대한 600시간 이상의 훈련은 학습공동체(COPs)의 유지 기능을 사용하여 전달하도록 했다. 결과적으로 생산과정에서 장비 사용량을 72퍼센트에서 92퍼센트로 늘리는 등, 믿을 만한 장비와 높은 생산성을 달성했다.

학습공동체(COPs)이 엔지니어링(engineering)또는 품질과 같은 회사의 핵심 운영 과정에 기여한다고 직원들과 관리자들이 믿을 때, 학습공동체는 교육이나 업무 성과 향상에 효과적인 것으로 나타났다. 의사소통 향상이라는 이점에도 불구하고, 이러한 공동체들은 자발적인 참여로만 자주 이루어지는 단점으로 인해 조직이 참여를 동조하지 않는 문화라면 몇몇의 직원들은 그들의 지식을 공유하지 않게 된다. 그것은 직원들이 그들의 지식을 다른 사람과 공유했을 때 그들의 임금이나 진급 결정에 작용할 수 있는 자신의 장점을 다른 사람에게 주는 것이라는 두려움 때문일 수도 있다. 다른 유력한 단점은 정보의 과부하이다. 직원들이 학습공동체(COPs)에서 나오게 되는 것은, 그들이 수행하지 못할 만큼의 너무 많은 양의 정보를 받게 되는 것이다.

| 직원들은 훈련 프로그램이 제대로 개발되고 조직되는 것을 필요로 한다 |

훈련 조정은 훈련 관리의 여러 가지 요소 중 하나이다. 훈련 행정(Training Administration)은 프로그램의 이전, 중간, 그리고 끝난 후 활동을 조직하는 것을 뜻한다.

훈련 행정에는 이것들이 포함된다.

1. 직원들에게 수업과 프로그램에 대해 소통
2. 수업과 프로그램에 직원 등록
3. 읽을거리 또는 테스트 같은 사전 자료들 준비 및 시행
4. 지도할 때 사용될 자료 준비(예: 경비 자료, 사례들)
5. 훈련 장소나 방 준비
6. 지도에서 사용될 장비 시험
7. 장비 고장에 대비한 예비 장비 준비(예: 복사본이나 슬라이드 또는 오버헤드 프로젝터 전구 여분)
8. 지도 중 도움 제공
9. 평가 자료 배분(예: 시험, 반응 측정, 설문지)
10. 훈련 중이나 끝난 후 강사와 훈련생 간의 대화 활성화(예: 이메일 주소 교환 협동)
11. 개인 파일 또는 훈련생의 훈련 기록에 수업 수료 기록

좋은 조정은 훈련을 방해할 수 있는 상황들에 훈련생들이 방해 받지 않도록 하는 것이다(불편한 교실이나 난잡하게 조직된 자료들). 프로그램 시작 전 활동에는 훈련생들과 프로그램의 목적, 장소, 질문이 있을 경우 연락할 사람의 연락처, 그리고 사전 적응을 위해 끝내야 하는 일들에 대해 소통한다. 책, 연설자, 유인물, 그리고 비디오 테이프들이 준비되어 있어야 한다. 장소와 장비확보를 위해 필요한 준비들이 완료되어야 한다. 훈련 장소의 물리적 배열은 훈련에 적합해야 한다. 예를 들면, 만약 그룹 활동을 위해 자리를 옮길 수 없다면 팀 빌딩(team building)시간이 효과적이 되기엔 어렵다고 볼 수 있다. 만약 영상

자료가 사용될 예정이라면, 모든 훈련생들이 볼 수 있어야 한다. 장소는 꼭 적당한 조명과 환기시설을 갖춘 신체적으로 편안한 곳이어야 한다. 훈련생에게 시작과 마치는 시간, 쉬는 시간, 그리고 화장실의 위치를 알려주어야 한다. 핸드폰 문자와 같은 방해요소를 최소화한다. 훈련생들에게 호출기나 핸드폰의 전원을 끌 것을 요청한다. 만약 훈련생들이 프로그램 평가 또는 그들이 무엇을 배웠는지를 결정하기 위한 시험을 보게 된다면, 이 활동을 위해 프로그램의 마지막 시간을 할애한다. 프로그램이 끝나면, 수료한 훈련생의 이름이 있는 증명서를 주고, 유인물과 다른 훈련 자료들은 담당자(consultant)에게 돌려주어야 한다. 또한 프로그램이 끝날 때는 만약 다시 훈련이 제공된다면 어떻게 발전할 수 있을지에 대한 고민을 하기에 좋은 시간이다. 훈련 장소를 고르고 준비하는 것과 프로그램을 설계하는 것에 대한 현실적인 주제들에 대한 좀 더 자세한 논의는 5장에서 하게 된다.

| 훈련생의 책임감과 자기 관리 장려 |

훈련생들은 훈련 준비, 훈련 중 참여, 그리고 업무에서 학습한 내용 적용과 같은 훈련 전이에 대한 책임감을 가질 필요가 있다. 훈련 전, 훈련생들은 그들이 왜 훈련에 참여하는지 활동 계획을 완성하는 것의 의미는 무엇인지 알고, 구체적인 교육 목표를 세워야 할 (혼자서 또는, 가급적이면, 관리자와의 논의를 통해) 필요가 있다(본 장의 마지막 부분에서 좀 더 구체적인 활동계획에 대해 논의할 예정). 또한, 훈련생들은 사전 적응을 위한 어떠한 과제도 완료하여야 한다. 훈련 동안에는 훈련생들이 꼭 참여해야 한다. 즉 그들은 참여하고, 토론을 통해 경험을 공유하고, 실습하고, 궁금한 것이 있으면 질문해야 한다. 훈련이 끝난 후, 훈련생들은 그들의 활동 계획에서 세웠던 목표들을 도달하기 위해 일하고 검토해야 한다. 그들은 변화를 두려워하지 않고(예: 새로운 행동시도 또는 새로운 지식 적용) 상사나 관리자들에게 만약 필요하다면 도움을 요청하도록 해야 한다.

자기관리(self-management)는 한 사람이 의사결정이나 행동의 특정 측면을 통제하려고 시도하는 것을 뜻한다. 훈련 프로그램은 직원들이 자기관리를 통해 그들의 새로운 기술과 행동들을 업무에 사용할 수 있도록 준비시켜 주어야 한다. 자기관리에는 이것들이 포함된다.

1. 새로 습득한 능력들을 업무에서 사용하는 지지도와 그에 따른 부정적 결과 결정
2. 배운 능력들을 사용하는데 목적 설정
3. 업무에 배운 능력 적용

4. 배운 능력을 사용한 업무 검토
5. 자기강화 참여

연구에서는 자기관리 전략들을 제공받은 훈련생들은 그렇지 않은 훈련생보다 행동과 기술의 전이가 더 잘 나타난다고 말한다.

|반드시 업무 환경이 학습과 전이를 지원하게 한다|

훈련 전이가 실현되는 것을 보장하기 위한 마법의 공식(formula)은 없다. 훈련 전이를 위한 효과적인 전략에는 훈련생들의 동기부여와 관리자 그리고 동료들이 학습과 전이를 지원하는 것에 대한 보장을 포함한다. 이러한 전략들은 특히 개방 기술에 대한 훈련; 즉, 훈련생들이 훈련받은 원리의 무엇을, 어떻게 적용할지에 대한 선택지가 많은 훈련일 때 중요하다. 폐쇄 기술은 관리자, 상사 그리고 업무환경에 가장 덜 영향을 받은 규정된 행동들을 포함한다. 또한 지식 습득과 자기 효능감을 높이기 위한 훈련을 설계하는 것은 훈련 전이에 도움이 된다.

〈표 4.13〉에서는 업무 환경에서 교육과 훈련 전이를 저해할 수 있는 장애물에 대한 목록을 보여주고 있다. 그것에는 (1) 상사와 관리자의 부족한 지지 그리고 (2) 업무와 관련된 직접적인 요소(예: 시간적 압박)들이 포함되어 있다. 구조조정, 인원삭감, 그리고 비용절감이 많은 회사에서 일어나고 있다는 전제 아래에서, 이러한 장애물들은 훈련생들에겐 현실이 되는 것이다.

예를 들면, 새로운 기술은 직원들에게 자료와 월드와이드웹(World Wide Web) 또는 DVD 드라이브가 있는 개인용 컴퓨터를 사용해야 제품 설명에 접근할 수 있을 것이다.

하지만 직원들이 이러한 최신식 기술로 자료들을 사용하도록 교육받는 동안, 그들은 종종 불안해한다. 왜냐하면 그들의 업무 장소에는 이와 비슷한 기술이 존재하지 않기 때문이다. 직원들의 컴퓨터들은 그들이 배운 것을 사용하기 위한 월드와이드웹(World Wide Web)을 연결하기 위한 저장공간이나 연결고리가 부족할 수도 있다.

이러한 장애물들은 과오의 원인이 되기 때문에 전이를 방해한다. 과오(lapses)는 훈련생들이 훈련 프로그램에서 강조되었던 능력들을 적용하는 대신에 이전에 배운 덜 효과적인 능력들을 사용할 때 일어난다. 오래된 행동과 기술로 과오에 빠지는 것은 흔히 있는 일이다. 훈련생들은 뒤로 후퇴하는 지속적인 방식 또는 오래된, 비효과적이라고 배운 능력(예: 지식, 기술, 행동, 그리고 전략)들을 사용하는 것을 피하도록 노력해야 한다. 또한, 과오에 준비되지 않은 훈련생은 새로운 기술들을 시도하는 것을 포기할 가능성이 있다- 특히 낮은 자기 효능감과 자신감을 가진 훈련생은 더 그러하다.

표 4.13 업무 환경에서 교육과 훈련 전이를 저해할 수 있는 장애물의 예

핵심과정문제	핵심사업문제
시간적 압박 불충분한 설비 기술을 사용할 수 있는 적은 기회 불충분한 예산	훈련생들은 새로운 지식, 기술, 또는 행동을 사용하는데 어려움을 겪음
상사 지원 부족	
상사는 새로운 지식과 기술을 업무에 사용하는 것을 막음 상사는 피드백을 제공하기 싫어함 상사는 훈련을 시간낭비로 봄	상사들은 새로운 지식, 기술, 또는 행동을 사용하는 것을 지지하지 않음
관리 지원 부족	
경영진은 교육에서 배웠던 아이디어나 제안을 받아들이지 않음 경영진은 학습교육의 기회에 대해 논의하지 않음 경영진은 훈련교육에서 배운 능력들을 사용하는 것에 반대함 경영진은 훈련이 시간낭비라고 소통함 경영진은 훈련생들이 훈련 콘텐츠 사용에 필요한 강화, 피드백, 그리고 격려를 제공하기 싫어함	관리자들은 훈련을 강화하거나 새로운 지식, 기술 또는 행동을 사용할 기회를 제공하지 않음

출처: J. Tracey and M. Tews, "Construct validity of a general training climate scale," *Organizational Research Methods*, 8(2005): 353-374; R. D. Marx, "Self-managed skill retention," *Training and Development Journal*(January 1986): 54-57.

학습과 훈련 전이가 실행되는 것을 보장하는 한 가지 방법으로는 전이는 긍정적인 분위기를 가지고 있다는 것을 보장할 때이다. 전이 풍토(climate for transfer)는 훈련생들이 교육받은 기술이나 행동의 사용을 촉진 또는 저해하는 넓고 다양한 업무환경에서의 특징에 대한 인식을 뜻한다. 이러한 특징들은 관리자와 상사의 지지, 기술을 사용할 수 있는 기회, 그리고 배운 능력을 사용했을 때 오는 결과를 포함한다. 〈표 4.14〉는 긍정적인 전이 풍토에 대한 특징을 보여주고 있다. 전이 풍토는 교육 후에 관리자의 관리나 대인관계 행동에서의 긍정적인 변화와 밀접하게 관련이 있다고 연구에서 밝혀졌다. 사우스웨스트 에어라인(Southwest Airline)에서는 주요 경영 지표를 강조하는 재무 교육의 전이를 위해, 어떻게 직원들이 기업의 순익에 기여할 수 있는지를 나타나내는 원가 점검표를 전 회사에 걸쳐 나눠주었다.

관리자—직원 질문응답시간에 보여주었던 주요 플립차트(flip chart)는 업무 공간에서 볼 수 있다. 모든 관리자들은 회사의 네 개의 "마법 숫자들"(순이익, 단가 조치, 순수익, 그리고 투자자본)에 대한 게시를 보여주는 큰 포스터를 받았다. 포스터에는 작년의 실적, 올해의 목표, 올해 초부터 현재까지의 수치, 그리고 분기별 결과를 주기적으로 갱신하도록 관리자들이 완료해야 하는 빈 공간이 있다.

밴더빌트 대학교 의료 센터(Vanderbilt University Medical Center, VUMC)의 업무 환경

표 4.14 긍정적인 전이 풍토에 대한 성향

성향	예시
• 상사와 동료들이 훈련생들이 훈련에서 습득한 새로운 기술과 행동을 사용할 수 있는 목표를 설정하도록 장려한다.	• 새로 교육을 받은 관리자는 그들의 상사 및 다른 관리자들과 그들이 훈련에서 배운 것들을 어떻게 업무에 적용할 것인지 논의하였다.
• 작업 신호: 훈련생 직무의 특징과 훈련에서 습득한 새로운 기술이나 행동을 상기시켜 준다.	• 새로 교육 받은 관리자는 그나 그녀가 훈련에서 배운 기술들을 사용할 수 있는 방법을 설계해야 한다.
• 피드백 결과: 상사는 교육에서 습득한 기술이나 행동의 적용을 지원해야 한다.	• 상사는 그들의 교육을 사용한 새로운 관리자를 알아본다.
• 적은 처벌: 훈련생들은 훈련에서 습득한 기술이나 행동을 사용하는 데에 공개적으로 낙담하지 않는다.	• 새로운 관리자가 그들의 교육을 잘못 사용했을 경우에도, 그들은 질책 받지 않는다.
• 외적 강화 결과: 훈련생들은 훈련에서 습득한 기술이나 행동을 사용했을 때 외적인 보상을 받는다.	• 새로운 관리자는 교육받은 것을 성공적으로 사용했을 경우 임금 인상이 된다.
• 내적 강화 결과: 훈련생들은 훈련에서 습득한 기술이나 행동을 사용했을 때 내적인 보상을 받는다.	• 상사와 다른 관리자들은 훈련에서 배운 대로 업무를 수행했을 경우 새로운 관리자를 인정해준다.

출처: J. B. Tracey, S. I. Tannenbaum, and M. J. Kavanagh, "Applying trained skills on the job: The importance of the work environment," *Journal of applied psychology*, 80(1995): 235-52; E. Holton, "What's *Really* Wrong: Diagnosis for Learning Transfer System Change." In *Improving Learning Transfer* in Organizations, ed. E. Holton and T. Baldwin(San Fransisco: Jossey-Bass, 2003): 59-79.

이 훈련 전이를 지지한다고 고려해보자. 밴더빌트 대학교 의료센터(VUMC)의 팀 교육 프로그램은 참가자들에게 환자의 안전에 대한 실수를 방지하는 법, 팀 빌딩(team building), 교차점검과 소통, 의사결정, 그리고 업무 피드백을 가르쳐주기 위해 설계되었다. 몇 가지 단계는 훈련 전이가 실행되고 있다는 것을 보장하기 위해 만들어졌다. 훈련이 시작되기 전, 밴더빌트 대학교 의료센터(VUMC)의 대표자들은 훈련이 성공하도록 도울 준비를 하였다. 고위 관리자, 의학 감독자, 그리고 간호사들이 팀 훈련 프로그램을 강조하는 부트캠프(boot camp)에 참석하였다. 안전 풍토 설문은 각 부서에서는 밴더빌트 대학교 의료센터(VUMC)의 안전 행동에 관해 어떤 태도를 가지고 있고, 환자 안전 문제에 대해 얼마나 인지하고 있는지 알아보기 위해 실행되었다. 그리고 나서, 각 부서들은 시스템 문제인 내장형 문제를 찾고 팀이 어떻게 소통하고 갈등을 해결하는지 검토하였다. 훈련 이후, 의료 감독자를 관찰, 지도하여 피드백을 제공하였다. 환자 양도, 투약 관리, 그리고 브리핑과 디브리핑 시간과 같은 특정한 과정에 대한 점검표를 제공하였다. 이러한 점검표들은 참가자들이 환자 안전과 환자 치료를 위해 강조했던 전략들을 사용하는데 도움을 주었다. 밴더빌트 대학교 의료센터(VUMC)는 환자들이 입원을 하였을 때 볼 수 있도록 비디오를 제작하였다. 비디오는 약물과 치료 과정에 대해 질문을 하는 것에 대한 중요성을 강조하는 내용을 담고 있다.

뉴욕에서 90분 거리에 있는 허드슨강의 롤링 힐즈(Rolling Hills)에 위치한 아메리카 컬리너리 대학(Culinary Institute of America, CIA)의 훈련 프로그램은 훌륭한 교수의 요소들을 보여주는 예시이다. 아메리카 컬리너리 대학(CIA)의 학위 프로그램에는 세계에서 가장 훌륭한 요리사 양성 학교가 있는데 2,000명 정도의 정규 학생이 있다. 아메리카 컬리너리 대학(CIA)의 졸업생들은 세계 유명 레스토랑과 명문 식당에서 일을 하고 있으며, 메리어트(Marriot), 하얏트(Hyatt), 레디슨(Radisson), 그리고 힐튼(Hilton)과 같은 큰 호텔 체인들의 음식 서비스 작업을 담당하고 있다. 학사 학위 프로그램을 제공하는 것 외에, 아메리카 컬리너리 대학(CIA)은 외식 사업을 실행하고 있는 다양한 회사들의 6,000명 이상의 훈련생들의 교육도 담당하고 있다.

이 프로그램의 교육 환경은 지도자가 고기 자르기 기술이든 기름 볶기(sautéing technique) 기술을 가르치든 기본적으로 동일하다. 수업은 설명과 몇 시간의 실제 실습을 지도 받는 것으로 진행된다. 그 후 훈련생들은 강사로부터 피드백을 제공받는다. 강사는 학생들이 각자의 과제물을 발표하게 하고, 수업 전반적인 과정을 코치한다. 그 후 학생들이 들어야 할 모든 수업을 위한 비디오가 제작된다. 비디오는 생활관 또는 학생들이 개개인에 맞는 속도로 테이프를 검토할 수 있는 비디오 교육 센터에서 볼 수 있다.

아메리카 컬리너리 대학(CIA)의 프로그램은 인지 학습뿐만 아니라, 신체적 그리고 정신적인 교육 또한 포함되어 있다. 학생들은 요리와 제과 수업을 들으면서 그밖에도 심리학, 전사적품질경영(TQM), 언어, 홍보, 통신, 식당 경영, 그리고 팀 감독에 대한 공부도 해야 한다. 기초 체력 단련과 스트레스 관리도 교육과정에 포함되어 있다. 왜냐하면 레스토랑을 경영하는 것은 긴 노동 시간으로 인해 체력 소모가 많고, 스트레스를 많이 받기 때문이다. 아메리카 컬리너리 대학(CIA)의 교육 프로그램 덕분에, 요리사를 위한 기본적인 지식의 근본이 됨으로써 CIA는 요식 훈련의 세계적 리더 기관으로 인정 받고 있다.

학습결과를 위한 교육적 강조점

학습 과정의 결과에 대한 논의는 어떻게 학습을 촉진할지에 대한 기본적인 원칙이다.. 하지만, 이러한 기본 원칙들과 학습 과정 사이의 관계를 이해할 필요가 있다. 각각의 결과를 배우기 위해선 내부적 그리고 외부적인 조건들이 꼭 필요하다. 내부 상황(internal conditions)은 교육이 실행되기 위해 꼭 필요한 학습자의 내적인 과정을 뜻한다. 이러한 과정들에는 어떻게 정보들이 입력되어, 기억에 저장되고, 다시 기억해내는지를 포함하고 있다. 외부 상황(external conditions)은 교육을 가능하게 하는 교육 환경을 뜻한다. 이러한 조건들에는 실습의 기회와 피드백과 강화를 제공받는 것을 포함한 물리적 교육 환경을 포

표 4.15 교육 결과를 위한 내부 그리고 외부 상황의 필요성

교육의 결과	내부 상황	외부 상황
언어적 정보		
상표, 사실, 그리고 제안	이전에 배운 지식과 언어적 정보 기억 속에 저장하기 위해 정보를 부호화하는 전략	반복된 실습, 의미 있는 덩어리, 선행 조직자, 인출 단서
지식적 능력		
어떻게 하는지 아는 것		새로 또는 이전에 배웠던 정보 사이 연결
인지 전략		
생각하고 학습하는 과정	전제조건, 비슷한 업무, 그리고 전략 회상하기	전략에 대한 구두 설명, 전략 설명, 피드백과 함께 실습, 전략을 적용할 기회를 제공하는 다양한 업무들
태도		
개인의 행동에 대한 선택	선수학습조건에 능숙, 모델과 동일시, 인지부조화	모델에 의한 설명 긍정적 교육 환경 믿을 수 있는 출처에서의 강력한 메시지 강화
운동(숙달) 기능		
근육 행동	부분 능력 복원 프로그램과의 협력	실습, 설명, 외부적 피드백의 지속적인 감소

출처: M. Gagne and K. L. Medsker, *The Conditions of Learning*(Fort Worth, TX: Harcourt-Brace College Publishers, 1996)

함한다. 외부 상황들은 교육의 형태나 설계에 직접적인 영향을 주어야 한다. 〈표 4.15〉는 각 학습 단계에서 무엇이 필요한지 보여주고 있다. 예를 들면, 교육내용에 집중할 때는 구두 단서, 의미 있는 맥락과 연결되는 말, 도표, 그리고 모델이 필요하다. 만약 교육 내용이 부호화되어 있지 않으면(아니면 잘못 부호화되어 있으면), 학습이 제대로 이루어지기 힘들다.

요 약

학습과 훈련 전이는 효과적인 훈련을 위해 꼭 실행되어야 한다. 본 장에서는 교육과 훈련 전이에 대한 정의 그리고 배울 수 있는 능력들(언어적 정보, 지적 능력, 운동 능력, 태도, 그리고 인지 전략)을 확인하는 것으로 시작되었다. 이러한 능력들을 어떻게 배울 수 있는지를 설명하기 위해, 본 장에서는 여러 교육 이론에 대해 논의하였다. 강화 이론, 사회적 학습 이론, 목표 설계 이론, 요구 이론, 기대 이론, 성인 학습 이론, 그리고 정보 처리 이론이다. 다음으로, 이 장에서는 학습과정과 그것이 사람들이 학습하는데 어떠한 영향을 주는지에 대해 조사하였다. 학습과정 부분에서는 내적 과정(기대, 저장, 그리고 인출)과 외적 과정(만족감)이 교육에 영향을 준다고 강조하였다. 교육에서 학습 양식의 잠재적 영향에 대해서도 알아보았다. 그 후 학습과정, 훈련 전이, 그리고 교수설계에 대한 영향들 사이의 관계에 대해 논의하였다. 중요한 설계요소로 학습자들에게 그들이 왜 훈련을 받아야 하는지를 알려주는 것, 의미있는 학습내용, 실습 기회, 피드백, 교류의 기회, 그리고 프로그램과의 협력을 제공하는 것을 포함하였다. 또한, 교수설계에서는 훈련생들이 자기관리와 학습자들의 업무 환경이 학습과 훈련 전이를 지지한다는 것을 보장하여야 한다.

토의 문제

1. 이중의 두 가지 교육 이론에 대해 비교 및 대조하시오: 기대 이론, 사회적 학습 이론, 강화 이론, 정보 처리 이론.
2. 어떠한 교육 조건이 훈련이 실행되기 위해 꼭 필요하다고 생각하는가? 어떤 것이 가장 중요한가? 왜인가?
3. 학습과 훈련 전이는 서로 관련되어 있는가? 왜 그런지 또는 왜 아닌지를 설명하시오.
4. 훈련 목표가 어떻게 훈련 실행에 도움을 주는가?
5. 당신이 직원들을 대상으로 느슨한 전기 소켓을 진단하고 수리하는 것에 대해 교육을 하고 있다고 가정하자. 당신은 따라야 할 절차에 대해 설명한 후, 훈련생들에게 어떻게 하는 것인지 보여준다. 훈련생은 정확하게 그 과정을 따라하고 첫 시도에서 수리에 성공하였다. 교육은 일어났는가? 당신의 답을 증명하시오.

6. 당신의 상사가, "내가 어떤 종류의 학습 역량에 관심이 있는지 왜 말해주어야 하는가? 나는 그저 직원들이 좋은 고객 서비스를 어떻게 제공하는지에 대한 훈련 프로그램만 원해!" 라고 말하였다. "좋은 고객 서비스"가 어떤 다른 교육의 결과로 보여질 수 있는지 상사에게 설명하시오.
7. 실습이 어떻게 교육을 돕는가? 훈련생들이 강의 시간에 자기조절을 하게 하려면 강사는 무엇을 해야 할까?
8. 훈련생들이 오류를 범하도록 하는 것이 훈련에서 유용한가? 설명하시오.
9. 훈련 내용의 단기적 그리고 장기적 저장을 위해 어떠한 교육 조건들이 필요한가?
10. 근전이(near transfer)와 원전이(far transfer)는 무엇인가? 그들이 교수설계에 주는 영향은 무엇이 있는가?
11. 직원들이 교류를 통해 어떻게 배울 수 있는가? 교류는 어떤 상황에서는 학습에 최적이면서도 다른 상황에서는 그렇지 않은가? 설명하시오.
12. 업무환경이 어떻게 학습과 훈련 전이를 저해할 수 있는가? 설명하시오. 어떠한 업무환경이 훈련 전이에 가장 큰 영향을 준다고 믿는가? 의견을 정의하시오.
13. 당신은 하루짜리 수업에서 프로젝트 매니저가 되려고 하는 엔지니어들과 소프트웨어 프로그래머들을 도와주어야 한다. 훈련 후, 그들은 중요한 프로젝트들을 관리하게 될 것이다. 당신이 엔지니어들과 소프트웨어 프로그래머들이 프로젝트 관리에 대해 배우는 것을 보장하기 위해 사용할 교수의 특징과 활동에 대해 논의하시오.

적용 문제

1. 가능한 모든 자료(잡지, 신문, 강사와의 개인대화 등)를 사용해 훈련 프로그램의 정의를 찾으시오. 본 장에서 논의되었던 교육과정 및 교육과정의 영향을 고려하시오. 어느 정도의 프로그램이 교육을 촉진시키는지 평가하시오. 프로그램 발전을 위해 어떤 제안을 할 수 있는지 말하시오.

2. 당신은 호텔 체인인, 노에 스위트(Noe Suite) 훈련의 감독자이다. 각각의 노에 스위트 호텔은 (Noe Suites Hotel) 100개에서 150개 정도의 방과 작은 실내 수영장, 그리고 식당을 가지고 있다. 호텔은 전략적으로 이스트랜싱(East Lansing), 미시건(Michigan), 그리고 콜럼버스(Columbus), 오하이오(Ohio)와 같은 대학가 주요 고속도로들의 나들목에 근접해 있다. 당신은 경영 부사장으로부터 이메일을 수신 받았다. 회신을 준비하시오.

받는사람: 당신, 훈련 감독자

보낸사람: 노에 스위트(Noe Suite) 경영 부회장

당신이 이미 알고 있듯이, 품질 좋은 서비스의 가장 중요한 요소 중 하나는 "만회(recovery)" 즉, 직원이 고객의 불만사항에 적절하게 응대하는 것입니다. 고객 불만에는 세 가지의 가능한 결과가 있습니다. 반응에 만족해도 항의하는 고객. 반응에 불만족했을 때 항의하는 고객. 그리고 항의하진 않지만 불만족스러움을 가지고 있는 고객. 대부분의 불만족한 고객들은 대립을 피하고 싶어하고, 항의를 할 때 쉬운 방법이 없거나 항의를 한다고 해서 변화가 있을 것이라고 생각하지 않기 때문에 항의하지 않습니다.

저는 우리의 고객 서비스 등급을 발전시키기로 하였고, 우리는 호텔 직원들에게 고객 서비스의 "만회" 요소를 훈련시켜야 합니다. 이는 고객들과 함께 진행하였던 최근의 FGI의 결과에 따라 내린 결정입니다. 이번 FGI를 통해 나타난 한 가지 주제는 우리는 만회 부분에서 약점을 가지고 있다는 것입니다. 예를 들면, 지난달 우리의 식당 한 곳에서 웨이터가 숙녀분에게 서빙을 하던 중, 한 조각이 남아 있던 블루베리 파이를 떨어뜨렸습니다. 그 웨이터는 사과하는 것 외에 어떻게 문제를 해결해야 할지 몰랐습니다.

저는 훌륭한 고객 서비스의 다른 방법에 대해 검토하는 것과 동시에 서비스 산업에서 잘 알려진 두 명의 컨설턴트를 고용하기로 결정했습니다. 이 컨설턴트들은 서비스 산업과 제조 산업에 종사하던 분들입니다.

저는 컨설턴트들이 세 개의 훈련 세션으로 일정을 잡도록 하였습니다. 각 세션은 세 시간 동안 진행될 것입니다. 각 근무 조의(주간, 오후, 그리고 심야 교대) 직원별로 한 세션의 훈련을 가질 것이다.

훈련 시간은 발표와 질문응답 시간으로 이루어질 것입니다. 발표는 한 시간 반 동안 진행되고, 질문응답 시간은 최대 45분 정도로 이어질 것입니다. 쉬는 시간은 30분 간 주어질 예정입니다.

이 훈련을 통해 서비스 직원들이 서비스 문제들을 성공적으로 "만회"하는 것을 기대해 봅니다.

당신은 훈련 전문가이기 때문에, 훈련 시간에 대한 당신의 피드백을 원합니다. 구체적으로, 우리 직원들이 이 프로그램에 참여함으로써 서비스 만회에 대해 배울 수 있을 것인지에 대한 의견을 알고 싶습니다. 그들은 고객과의 교류에서 생긴 서비스 문제들을 만회할 수 있을까요? 이 프로그램을 발전시키기 위해 당신은 무엇을 제안하나요?

3. 아래와 같이 제공된 각각의 훈련 목표에 어떤 것들이 잘못되었는지 확인하시오. 그리고 다시 쓰시오.

a. 3분마다 리본 자르는 기계 실행을 위한 안전 규칙에 대해 알고 있다.
b. 주어진 각자의 컴퓨터, 책상, 그리고 의자로 엑셀 스프레드시트(Microsoft Excel spreadsheet)에 자료를 입력한다.
c. 훈련 실습을 배우기 위해 월드와이드웹(World Wide Web)을 사용하라.
d. 주어진 더블린(Dublin), 오하이오(Ohio)의 도로 주소를 통해, 본부에서 명시된 주소까지 10분 안에 구급차로 이동한다.

4. 빅도그의 교수 시스템 설계(Big Dog's Instructional System Design, ISD)의 페이지인, www.nwling.com/~donclark/hrd/sat.html로 가시오. ISD의 모든 요소들을 설명해주는 훌륭한 웹사이트이다. "배우기(learning)"을 클릭한 후, 콘셉트 맵이나 맵 안의 용어 리스트로 스크롤 하시오. "교육 방식(learning styles)"을 선택하고 시각, 청각, 그리고 운동감각(VAK, visual, auditory, kinesthetic)의 설문지를 완료하시오. 당신이 가장 잘 배울 수 있는 학습 양식은 무엇인가? 어떤 교육 환경이 당신의 학습 양식에 가장 적합한가? 가능한 구체적으로 설명하시오.

5. 대수학의 재교육을 위한 상호교류적인 사용 지침서를 제공하는 웹사이트인 cs.gmu.edu/cne/module/dau/algebra/algebra_frm.html로 가시오. 주제를(예로 분수)를 선택하고 주제를 위한 모듈을 검토하시오. 학습 과정을 효율적으로 만들도록 도와주는 모듈에는 어떤 것들이 포함되어 있는가? 이유는?

6. 어떻게 성인이 학습하는가에 대해 마르시아 엘 코너(Marcia L. Conner)가 설계한 사이트인 http://agelessnlearner.com/intros/adultmearning.html 로 가시오. "성인은 어떻게 학습하는가(How adults learn)" 밑에 "학습 양식(Learning styles)"을 클릭하시오. 다음으로, 이 페이지에서, "학습 양식 평가(Learning style Assessment)"를 선택 후 수행하시오. 당신이 가장 잘 학습할 수 있는 방식에 대한 평가 결과는 무엇인가?

7. 물류와 화물자동차 운송 서비스를 제공하는 수송관리회사인 쉬나이더 내셔널(Schneider National)의 웹사이트인 www.shneider.com으로 가시오. "회사 운전수들(Company Drivers)" 밑에 있는 "업무(Jobs)"를 클릭하고, "운전학교프로그램(Driving School Programs)"을 클릭하시오. 쉬나이더, 트럭운전학교 졸업생(Schneider, Truck driving school graduates)이라는 비디오를 보시오. 어떠한 교육 결과의 종류들을 강조하고 있는가? 본 장에서 논의되었던 좋은 강의의 요소들을 고려해보며, 학습과 훈련 전이에 기여하는 쉬나이더의 훈련 프로그램(Schneider's training program)의 요소를 확인하여라. 당신이 확인한 요소들이 어떻게 교육에 기여하는지 설명하시오.

사례

플라스틱이 완벽하게 만든다

미국의 플라스틱 회사들의 작은 단체들이 플라스틱 인증의 세계적인 표준(Global Standards for Plastic Certification, GSPC)의 훈련 프로그램을 실행하였다. 이 프로그램은 세계적으로 인정되는 몇 단계의 프로토콜로 인해 직원들이 생산, 안전, 품질, 그리고 다른 사업 요소들의 심층적인 지식을 갖게 하기 위한 모델로 삼았다. 플라스틱 인증의 세계적인 표준(GSPC)은 플라스틱 산업에서 유일하게 구조화된 인증 프로그램이다. 이것은 수많은 과정 전략에 사용 가능하고 세 단계의 인증절차가 있다. 1단계는 제한된 과정 지도와 함께 회사의 기본적인 지식에 집중한다. 2단계는 생산 단계들과 상품 품질을 따라가고 유지하는 것에 좀 더 집중한다. 마지막으로, 3단계에서는 사출 성형(Injection molding)의 상급 지식과 이러한 정보를 생산 단계에 사용하는 것에 집중한다. 각 단계는 비즈니스의 구체적인 절차와 특징에 대한 책임감과 이해력을 요구하고, 다음 단계로 가기 위해서, 직원은 표준화된 구술 시험을 통과해야 한다.

훈련이 실행되고 직원들이 표준화된 구술 시험을 보기 위해 이 프로그램의 각 단계들이 반드시 갖추어야 하는 다른 종류의 교육적 특징들에 대해 설명하시오.

출처: Based on P. Katen and D. Snyder, "U.S. manufacturers adopt training program," Plastics News (July 14, 2008): 7.

5장

프로그램 설계

Program Design

학습 목표

1. 학습자가 교육내용에 관여하고, 상호작용할 수 있는 훈련장소를 선택하고 준비할 수 있다.
2. 교육과정 로드맵과 강의 계획, 과정설계 자료, 개념맵을 활용하여 강의를 준비할 수 있다.
3. 학습자의 연령, 세대차이, 성격이 프로그램 설계에 어떻게 반영되는가를 설명할 수 있다.
4. 제안 및 요구사항을 검토한 후, 교육 컨설턴트를 평가하는 질문 항목을 준비할 수 있다.
5. 훈련 전이(transfer of training)를 위해 프로그램 설계에 포함되어야 하는 요소들을 설명할 수 있다.
6. 교육생들의 자기관리 모듈을 개발할 수 있다.
7. 학습효과와 훈련 전이를 강화할 수 있는 적용과제와 액션플랜을 설계할 수 있다.
8. 훈련 전·후 및 훈련 중 관리자가 학습과 훈련 전이를 촉진할 수 있는 방법을 제시할 수 있다.
9. 구성원 간 지식공유를 위해 필요한 지식과 조건을 관리하는 방법들을 규명할 수 있다.

프로그램 재설계를 통한 비용 감소와 학습자 만족 유발

Autodesk는 제조업, 건축업, 빌딩관리, 건설업, 엔터테인먼트 산업을 위한 3차원 소프트웨어 개발 업계의 선두주자이다(실제로 Autodesk 소프트웨어를 활용한 작품들이 아카데미 어워드 최고 효과상을 16번 수상하기도 하였다). 전통적으로 Autodesk는 미국과 캐나다에서 일 년에 두 번 파트너를 위해 훈련(training events)을 실시한다. 이 훈련에는 300여 명의 영업담당들이 참석하여 고객과 관련된 신제품의 특징을 배우고, 700여 명의 엔지니어들이 제품을 지원하는 방법을 배운다. 고비용, 기획요구 그리고 경비지원에 관한 요구들이 Autodesk로 하여금 일 년에 한 번씩 주최하는 교육과정을 재설계하게 만든다. Autodesk는 대면교육(face to face)을 가상교육(virtual)으로 전환할 것을 결정하였다. 가상훈련과정을 개발하기 위해 개발과정과 프로그램 내용을 검토하였다. 품질관련 내용은 유지하되 프로그램과 관련된 제반 요인들은 모두 개정되거나 제거되었다. 개선된 내용들은 보다 많은 관심과 접촉이 발생할 수 있고, 참여자들의 동기유발을 위하여 여론조사, Q&A, 퀴즈 등을 포함한다. 질문과 예제, 여론조사는 학습자의 관심을 유지하며 학습효과가 발생했는지 여부에 대한 통찰을 제공한다. 학습설계자는 개별 수업들이 이루어지는 훈련장을 만들고, 예행연습과 같은 개별 학습활동을 수행하기 위한 일련의 학습 공간을 마련했다. 강사들의 발표자료 개요에 따라 실행계획(session map)을 만들었다. 실행계획은 강사들에게 내용을 구성하고, 학습자와의 접촉 시점, 필요한 기술적 지원들이 무엇인지를 안내한다. 가상교육을 위한 모든 역할과 책임은 정의되었고, 강의 촉진과 강사 지원을 위해 각 교육과정은 제작자(producer), 사회자(host), 중재자(moderator)를 두었다.

학습을 촉진하고 공유 파일을 등록하는 업무를 담당하는 제작자는 리허설과 정해진 시간에 실행계획들이 운영되도록 하는 책임을 지고 있다. 사회자는 실행계획의 전반적인 개요를 설명하고, 사용도구들을 검토하며 마무리 멘트를 담당한다. 중재자는 학습자들의 질문에 대한 대답과 기술적 문제점 해결을 담당한다. 모든 팀원들은 강사가 수업을 진행하는데 편안함을 느낄 수 있게 하고 학습자의 흥미를 유지할 수 있도록 진행 속도를 조절하는 연습을 한다. 학습방식의 전환으로 Autodesk는 이산화탄소 배출을 감소시켰으며, 백만 달러의 여행경비를 절감할 수 있었다. 이 같은 고밀도 접촉을 통한 가상교육은 학습자에게 판매증가와 고객 서비스 개선을 위해 필요한 제품지식을 증가시켜 학습 만족도를 높였다.

출처: S. Hall, "Virtual instructor-led training: Powerful, not PowerPoint," *T+D*(July 2010): 72-73; *www.autodesk.com* website for Autodesk.

서론

4장에서 강조한 것처럼 "학습과 훈련 전이"를 위해서는 훈련 프로그램은 의미 있는 보조 교재와 명확한 목적, 연습과 피드백 기회, 학습자 접촉, 지원적인 업무 환경을 필요로 한다. 그러나 이러한 특성들만 가지고는 효과적인 훈련 프로그램을 만들어낼 수 없다. 효과적인 교육 프로그램이 되기 위해서는 학습과 훈련 전이를 극대화시킬 수 있는 정교한 프로그램 설계가 필요하다. 프로그램 설계는 조직과 교육 프로그램의 조화를 의미한다. 예를 들어, Autodesk는 교육내용은 적절한지, 강사는 잘 준비되어 있는지, 학습자들은 동기부여 되었는지, 학습자들은 학습 내용과 상호작용하는지를 고려하여 교육과정을 재설계하였다. 가상교육이나 대면 교육을 설계할 때는 폭넓은 관점을 가지는 것이 중요하다. 종업원들은 훈련 및 개발에 참석할 의지가 있어야 하며, 그들의 업무에서 학습한 것을 이용하고, 자신의 지식과 기술을 다른 사람과 공유하고 지속적으로 지식과 기술을 사업변화와 직무 요구에 맞게 형성하고 수정해야 한다. 프로그램 설계는 학습과정과 교육과정 계획에 맞춰 이루어질 교육과 함께 교육 전 학습자들의 의지와 준비상태, 지식과 기술을 습득하려는 동기부여 조건을 만들어내는 것이 포함되어야 한다. 추가적으로 프로그램 설계는 교육 후 획득한 지식과 기술을 직무에 적용하고 다른 종업원과 공유하는 것을 돕는 내용도 포함되어야 한다. 〈그림 5.1〉은 프로그램 설계 과정 3단계인 사전훈련, 학습, 사후훈련단계이다.

3장에서 논의했던 요구조사(Needs Assessment)처럼, 요구조사 기간에 수집된 정보는 적절한 사전교육 활동을 인식하고 학습사건(Learning event)을 설계하고 학습 이후 훈련 전이가 발생할 수 있도록 조력하는데 대단히 중요하다. 1단계 사전훈련은 학습사건에 참여할 준비, 동기부여, 활력소를 부여하는 것으로 학습과 훈련 전이를 지원하는 업무환경(예를

그림 5.1 프로그램 설계 과정

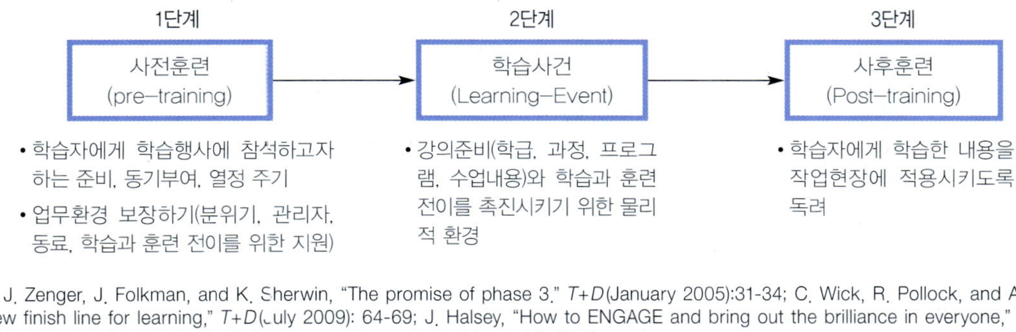

출처: J. Zenger, J. Folkman, and K. Sherwin, "The promise of phase 3," *T+D*(January 2005):31-34; C. Wick, R. Pollock, and A. Jefferson, "A new finish line for learning," *T+D*(July 2009): 64-69; J. Halsey, "How to ENGAGE and bring out the brilliance in everyone," From *www.trainingmag.com*, the website for Training magazine, accessed August 3, 2011)

들어 분위기, 관리자 그리고 동료들)을 확보하는 것도 포함된다. 2단계 학습사건은 강의(학급과 전반적 프로그램)를 준비하는 것으로 학습을 촉진시킬 수 있는 물리적 환경을 준비하는 것이다. 2단계는 학습기간 동안에 발생하는 활동을 기획하고 고품질의 강사를 선택하고, 수업을 실시할 강의실 선택과 학습자와의 긍정적 접촉, 적절한 프로그램 설계를 구성하는 것으로 긍정적 학습환경을 만들어내는 것이 목적이다.

3단계 사후훈련은 훈련 전이 또는 자신들이 학습한 내용을 업무현장에 적용하는 것을 의미한다. 전형적으로 대부분의 노력과 관심 그리고 재정자원들은 학습사건 그 자체에 집중되는 경향이 있다. 그러나 학습사건전 사전훈련과 학습사건후 사후훈련도 마찬가지로 중요하다. 학습자들이 학습하고 새로운 지식과 기술을 획득하고 적용하며, 배운 것을 사용하도록 동기부여를 하는 것은 대단히 중요한 일이다. 본 장은 학습과정의 3단계와 관련된 중요한 프로그램 설계 이슈들을 논의할 것이다. 훈련장소를 선택하고 준비하는 것과 최고의 강사를 선택하는 것, 강사가 훈련장소를 정돈하고 학습에 우호적인 강의환경을 만드는 것들을 포함한 효과적인 프로그램 설계를 위해 고려해야 할 내용들에 대한 논의부터 시작한다. 다음으로는 교육과정과 수업 등을 소개하고, 문서설계(design document)와 교육과정 계획을 사용하는 방법을 보여주고자 한다. 많은 기업들이 교육훈련 프로그램을 설계하기 위한 전담요원과 자원 전문가를 가지고 있지 않기 때문에 이 장의 말미에서는 교육훈련 서비스를 위한 전문업체나 컨설턴트를 구별하고 선택하는 방법에 대해 논의하고자 한다. 이장은 지원적 업무환경 창출과 학습자 스스로 자기관리 할 수 있는 방법 제공, 관리자와 동료의 지지를 얻어낼 수 있는 방법 등을 포함한 훈련 전이와 관련된 사후교육의 중요성에 대해 논의하고자 한다. 학습과 훈련 전이를 촉진하는 지식경영의 중요성도 또한 논의될 것이다.

효과적인 프로그램 설계를 위해 고려할 점들

훈련장소(training site)의 선택과 준비

훈련장소는 훈련이 실시되는 공간을 의미하며 좋은 훈련장소는 다음과 같은 특징을 가지고 있다.

1. 편안함과 접근 용이성이 확보되어야 한다.
2. 조용하고, 사생활 보호와 학습이 방해되지 않아야 한다.
3. 학습자들이 편안하게 움직일 수 있는 충분한 공간을 가져야 하며, 적절한 작업공간을 제공해야 하며, 학습자들이 서로 볼 수 있고, 강사, 시각적 전시물이나 차트 등을 볼 수 있어야 한다.

| 훈련장소(training room) 안에서 고려되어야 할 세부 사항들 |

〈표 5.1〉은 강사, 프로그램 설계자 또는 관리자들이 훈련장을 평가할 때 사용해야 할 훈련장소의 특징들을 제시하고 있다. 강사는 너무 고급스러운 훈련장을 선택하겠다는 생각을 하지 않아야 한다. 오히려 학습 프로그램과 교실의 물리적 장비(예를 들어, 필요한 장비를 구동시키기 위해 전기 콘센트 쪽으로 강사 위치를 전환하는 등의 방식)를 적절하게 정렬하여 교실의 강점과 약점들을 익숙하게 만들 수 있도록 학습장소에 대한 평가를 실시해야 한다. 선택과 설계 또는 어떤 학습공간을 사용할 것인가를 결정할 때 학습은 정신적인 측면과 물리적 측면의 배려를 통해 촉진될 수 있다는 것을 인지해야 한다. 예를 들어, 미시건에 있는 보험 서비스 회사 Blue Cross Blue Shield는 학습공간은 온라인 학습, 팀웍 훈련, 물리적 이동 그리고 조용한 사색 등이 필요할 때가 있으며, 교실 내 또는 교실 밖으로 가구와 장비를 이동시킬 필요가 있기 때문에 필요에 따라 교실형태를 변형 가능하도록 개

표 5.1 훈련장 평가 시 고려해야 할 세부사항

- 소음: 냉·난방기를 비롯한 인접한 교실과 복도 그리고 외부 빌딩의 소음을 확인해야 한다.
- 색깔: 주황, 녹색, 파란색과 같은 파스텔 색조와 노란색은 따뜻한 색깔이며, 흰색 계열은 차갑고 건조할 수 있다. 검정과 갈색 음영은 심리적으로 교실이 폐쇄되어 있다고 느끼고 피곤함을 줄 것이다.
- 구조: 형태가 다소 정사각형인 방을 사용하라. 방과 의자들이 피곤함을 줄 수 있지 않을까? 길고 좁은 교실은 학습자에게 보고, 듣고 토론에 참여하는 것을 어렵게 만든다. 학습자 이탈 가능성과 근접성 등을 확인해 보거나 필요하다면 수업에 맞는 교실을 확인해야 한다.
- 조명: 주요 조명은 형광등이어야 한다. 빔 프로젝트를 사용할 경우 백열등은 교실 전반으로 퍼져 교실이 어둑어둑하게 되기 때문이다.
- 벽과 바닥: 바닥은 카펫을 깔아야 하고, 색깔은 산만한 느낌을 주지 않기 때문에 딱딱한 느낌이 선호된다. 벽은 단지 수업과 관련된 물건만 있어야 한다.
- 회의실 의자: 의자는 회전이 가능한 바퀴가 있어야 하며, 허리를 지지해줘야 한다.
- 표면 반사: 금속 표면이나 TV화면과 거울의 반짝임을 확인하고 제거해야 한다.
- 천장: 10피트(약 3미터) 높이가 선호된다.
- 전기 콘센트: 콘센트는 교실 주변의 6피트(약 2미터) 주변마다 이용할 수 있도록 설치되어야 하고, 전화기 코드는 콘센트 옆에 있어야 한다. 강사를 위한 콘센트가 구비되어야 하고, 필요하다면 노트북 등을 이용하는 학습자들을 위한 콘센트가 구비되어야 한다.
- 음향시설: 벽과 천장, 바닥 그리고 가구로부터 소리의 울림과 흡수를 확인하고, 음성의 청명함과 크기를 3~4명이 확인해야 한다.
- 기술: 빔 프로젝트를 위한 스크린과 강사(필요시 학습자)를 위한 인터넷 접속이 가능한 컴퓨터가 교실에 있어야 한다.

출처: C. L. Finkel, "Meeting Facilities," in the *ASTD Training and Development Handbook*, 3d ed., ed. R. L. Craig(New York : McGrawHill, 1996): 978-989.

조하였다. 여기서 중요한 점은 교실이 강사—학습자, 학습자—학습자, 학습자—교육내용과 접촉을 위한 보다 다양한 활동을 수행할 수 있는 넓은 학습공간을 확보했다는 점이다. 예를 들어, 판매 교육에서 학습자들은 파트너와 함께 작업해야 한다. 판매과정에 대한 전체 단계를 바닥에 표시하고 단계에 따라 물리적으로 움직이면서 판매 과정을 설명한다. 판매 단계에 따른 물리적 움직임은 학습자가 판매 과정을 더 잘 회상할 수 있게 도와준다.

온라인을 비롯한 회의장이나 호텔 등과 같은 물리적 공간을 학습공간으로 선택할 때 The Economical Insurance Group(TEIG)사의 강사들은 참석하는 학습자의 수에 맞는 공간인지, 강사가 물리적으로 집중할 수 있는 공간인지, 촉진자와 강사가 상호 공동체 의식을 촉진할 수 있는 공간인지를 고려한다.

그들은 학습공간은 그래픽, 멀티미디어, 플래시 기술, 즉각적인 피드백 등의 기술을 기반으로 소규모 학습자들의 원탁회의 등과 조화를 이룰 수 있다고 믿고 있다. 또한 리더십 교육과정 등은 교실 외부 환경이 학습자의 네트워크, 창의성, 혁신 등을 독려하기 위해 편안함(예를 들어, 정숙한 지역, 정원, 안락의자 등)을 줘야 한다. 때로 강사들은 이상적인 형태가 아닌 학습공간에 자신이 있다는 것을 발견하게 될 것이다. Century 21 Real Estate LLC의 강사들은 학습공간의 강점과 한계, 학습 극대화를 위한 방법 등을 위해 학습과정 전에 학습공간을 살펴본다. 예를 들어, 지방 호텔에서 수업을 진행하게 된 한 강사는 연회장 테이블이 설치된 곳에서 강의하게 되었을 때 학습자에게 활력을 주기로 결심하고 학습자들이 연회용 테이블에 앉아 팀 훈련을 할 수 있는 방법을 선택하였다. Steelcase사는 강의실 강의내용이 정면이 아닌 옆면에 투여되도록 하여 학습자들로 하여금 전체 참가자들을 볼 수 있게 개조하였다.

전환 장치를 통해 강사의 강의내용이나 학생의 노트북 내용을 교실에 있는 특정인이나 전체 화면에 투여할 수 있게 개조하였기 때문에 강사는 교실 강단에 고정되지 않고 자유롭게 움직일 수 있었다. 또한 교실과 함께 추가적으로 카페와 부스 그리고 작은 방들을 만들어 학습자가 조용한 분위기에서 사적인 작업을 할 수 있을 뿐만 아니라 학습자 간 협력과 지식공유를 독려하였다.

좌석배치 훈련장에서 좌석배치는 학습자 상호작업과 학습자간 접촉의 바람직한 형태를 이해하는 것에서 시작한다. 〈그림 5.2〉는 몇 가지 형태의 좌석배치 형태를 보여주고 있는데 부채꼴(Fan-type) 좌석배치는 학습자로 하여금 교실에서 특정 장소를 잘 볼 수

그림 5.2 좌석배치 사례

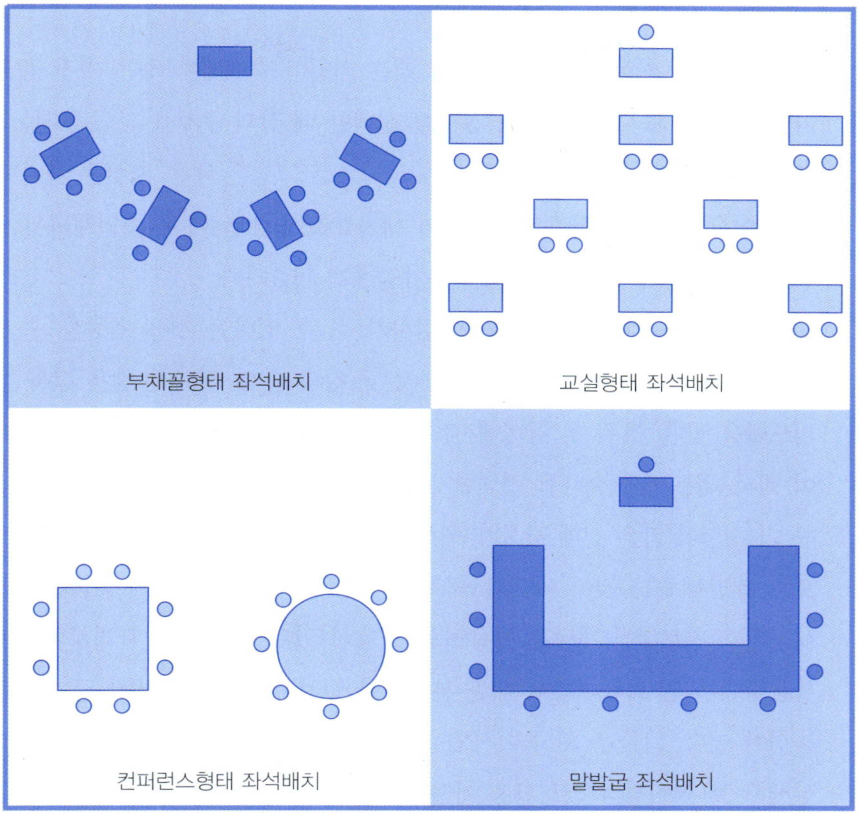

출처: F. H. Margolis and C. R. Bell, *Managing the Learning Process*(Minneapolis, MN: Lakewood Publication, 1984)

있게 한다. 이곳에서 학습자들은 강의 경청에서 집단실습으로 쉽게 전환할 수 있고, 교실에 있는 모든 교육생들과 쉽게 대화할 수 있다. 부채꼴 좌석배치는 또한 집단작업과 팀단위 문제해결 및 정보를 종합하기 위한 효과적인 좌석배치이다. 하지만 교육의 주된 목적이 지식획득이라면 강의와 시청각 위주의 발표가 주된 교육방법일 것이다. 따라서 전통적인 교실형태 좌석배치가 적절하다. 전통적 교실형태 강의는 학습자—교수자 접촉은 가능하지만 학습자 간 팀단위 작업은 어렵다(특히 교실에서 좌석이 고정되어 이동이 불가능한 경우). 만일 학습이 제한된 발표와 소규모 접촉 없이 전체 집단 토론을 목적으로 한다면 컨퍼런스 형태의 좌석배치가 효과적이다. 교육이 발표와 전체 집단 강의를 목적으로 한다면 말발굽(horseshoe) 좌석배치를 사용할 수 있다.

강사 선택

전문강사나 컨설턴트를 선택하는 것은 기업이 수행해야 하는 가장 중요한 업무이다. 기업의 내부 또는 외부로부터 강사를 선택할 때 강의 주제와 관련된 전문성과 교육경험이 중요하다. 강사양성(Train-the-trainer) 프로그램은 내용 지식은 가지고 있지만 전달력과 의사소통기술, 학습프로세스의 핵심요소에 대한 이해, 수업계획서 개발능력을 향상시켜야 하는 관리자, 종업원, 전문가들에게 필요하다.

종업원과 관리자들이 효과적인 강사가 될 수 있다는 것을 입증할 수 있는 인증기관의 자격증 획득도 여기에 포함된다. 신규 강사는 더 경험이 많은 강사를 통해 코칭과 피드백을 받은 경우 첫 강의에서 성공적으로 임무를 완수할 가능성이 높아진다. 기업이 회사 내부에서 강사를 선택할 때 특히 청중들이 교육내용에 익숙하지 않은 경우에는 더 경험이 많은 선배 강사가 예시 등을 통해 교육내용과 관련된 강의 방식을 구체적으로 전달해주는 것이 대단히 중요하다. 전문가는 교육생들에게 혼란을 줄 수 있는 추상적이고 진보적인 개념을 사용하는 경향이 있기 때문이다. 관리자와 종업원을 강사로 활용하게 되면 교육내용에 대한 본인들이 인지하고 있는 의미를 증가시켜 전달해줄 가능성이 높다. 그들은 회사의 사업을 이해하고 있기 때문에 교육생들이 그들의 작업 현장에서 보다 직접적으로 활용 가능한 교육내용을 전달할 것이다. 또한 학습에 대한 몰입을 증가시키고 외부 컨설턴트 사용에 따른 비용을 감소시켜 준다. 회사에서 전문가로 인정받게 되거나 그들의 강의 경험이 개인의 경력개발(personal development plans)과 연계되어 있다면 강의에 따른 보상도 뒤따르게 된다.

SCC 소프트 컴퓨터 회사는 유전과 분자진단(molecular diagnostics)에 관한 임상정보 시스템 신제품 라인을 소개해야 하는 작은 회사로 직원과 고객들을 위해 강의안과 강의를 해줄 전문가가 필요했다. 그러나 세포유전학과 같은 전공을 공부한 유전학적 배경을 가진 전문 강사를 고용하는 것은 너무 비용이 많이 들었다. 때문에 SCC는 고객응대 때문에 필연적으로 제품 설명 등에 대한 약간의 비공식적 교육 경험이 있는 사내 비전문가를 강사로 하여 교육과정을 만들었다. 교육과정의 내용은 성인교육원리를 응용하여 학습 목적을 명확히 하였다. 학습목적에 맞게 교육내용을 만들고, 보조교재를 사용하고, 학습계획과 학습구조를 설계하고, 학습반응과 학습행동 그리고 성과(6장에서 토의했던 학습평가 참조)에 대한 평가계획을 수립하고, 기술을 전수할 방법을 모색하였다.

무선통신회사 Altel wireless에서 신규강사는 이해하고 행동하는 방법을 배우는 일련의 수업에 참여한다.

강사 개발프로그램은 회사 내부 또는 외부기관에서 실시되며, 교육성과는 평가된다. 예를 들어 콜센터 교육 이후에 신규강사는 두 가지 방식으로 평가된다.

첫째, 교육관리라는 신규강사의 강의기술을 평가한다.

둘째, 신규강사는 자신이 강의한 교육생들 중에서 콜센터에서 일하기 위해 필요한 기술을 인증하는 시험에 얼마나 많이 통과하였는지를 가지고 평가된다.

학습을 유발하는 훈련장소와 교수설계 분위기를 만드는 방법

강사로서 공부하고 싶어지는 분위기를 구비한 장소 선택과 수업을 위한 강의안을 만들기 위해서는 교육과정이 시작되기 전과 교육과정 중에 몇 가지 단계를 거쳐야 한다.

| 학습환경 조성하기 |

교실을 선택하기 전 교육생들이 학습에 대해 가지고 있는 몇 가지 기대와 관련된 기본사항들을 고려해야 한다. 즉, 교육생들이 언제, 어디서, 어떻게 학습할 것인가(자기주도적), 학습은 상호간 협력을 통한 방식을 선택할 것인지 등에 대해 결정해야 한다. 〈표 5.2〉는 학습을 위해 필요한 자기주도권과 협력에 적절한 교실의 형태를 보여주고 있다. 예를 들어, 이동이 편리한 가구배치는 높은 협력을 유도하지만 낮은 자기주도권을 가지게 된다. 이 같은 교실은 강의, 발표, 토론 그리고 소규모 집단 교육을 위한 강의실로 사용될 수 있을 것이다. 컴퓨터, 카메라 그리도 각종 데이터 단말장치가 구비된 원격강의실(distance learning room)은 학습을 위한 낮은 협력관계를 지원하지만 높은 자기주도권을 주게 된다. 협력을 거의 필요로 하지 않는 자기주도 학습은 온라인 학습이나 컴퓨터 기반 교육 또는 소프트웨어 관련 강의를 지원하기 위한 컴퓨터와 관련 소프트웨어가 구비된 강의실이 제일 적당하다.

표 5.2 학습요구사항에 적합한 강의실 유형

수업을 위해 요구되는 사항	추천할 만한 교실
높은 협력, 낮은 자기주도	별도의 토론방이 있는 교실이나 강당
높은 협력, 높은 자기주도	토론방, 프로젝트 룸, 회의실
낮은 협력, 낮은 자기주도	일반교실, 컴퓨터 교실, 강당
낮은 협력, 높은 자기주도	원격학습방, 시청각실, 컴퓨터 교실

출처: "Workplace Issues: One in a Series, Learning Environments for the Information Age," available from the Steelcase websit, www.steelcase.com(accessed March 1, 2006), and "Rethinking Higher Education Space," available at *www.steelcase.com*(accessed June 12, 2012)

교육생들은 가정과 집에서 자신의 개인 컴퓨터를 통해 실습할 수 있기 때문에 학습을 위한 요구사항을 모두 충족하는 전용 공간이 필수적인 것은 아니다. 기술 기반 교육방법(Technology-Based Training Methods)과 같은 온라인 교육의 장점과 단점은 8장에서 논의했던 것처럼 종업원들은 온라인 교육 프로그램에서 발생하는 대인간 접촉 부족을 그다지 좋아하지는 않는다는 점이다. 교실의 물리적 장비들에 대해서도 생각해볼 필요가 있다. 교육생들은 과연 집중하고 싶어할까? 아니면 필기를 하고 싶어할까? 그리고 세부적 화면을 볼 필요가 있을까? 그렇기에 교육생을 충족시키는 교실이 아니라 교육 목적을 충족시킬 수 있는 여유로운 교실을 선택할 필요가 있다. 250명이 앉을 수 있는 강의실에 단지 25명만 수업하게 되는 상황을 피할 필요가 있다. 큰 강의실에 작은 인원이 교육을 받게 되면 비정서적 감정을 가지게 되어 무의미함을 느낄 수 있기 때문이다. 수업에 앞서 적절한 교실규모 등에 대한 설계를 할 필요가 있으며, 학습요구에 맞는 교육장소를 선택할 때 이와 관련하여 도움을 줄 수 있는 조정자와 함께 작업할 필요가 있다.

| 자료 준비 |

강사는 본인이 해야 할 교육내용에 대해서 잘 알고 있어야 한다. 정신적으로나 육체적으로 강의 연습을 반복해서 확신을 갖도록 해야 하고 교육자료의 활용 속도 조절과 시기 등을 평가해야 한다. 새로운 아이디어를 갖기 위해 명강사를 관찰하고 청중의 관점에서 교육을 설계해야 한다. 컴퓨터, CD-ROM, 인터넷, 원격교육 또는 기타 장비들을 사용한다면, 강사는 장비 작동법을 숙지해야 하며, 기기 오작동에 따른 문제를 보완하기 위해 자료를 백업해놓아야 한다. 또한 시청각 자료는 최소 2개 형태로 준비해야 한다(파워포인트 또는 오버헤드 프로젝터 등). 최소 15분 전에 강의실에 도착해서 강의실 정리가 제대로 되어 있는지, 교육자료 준비가 제대로 되어 있는지 그리고 기기들은 제대로 작동하는지 확인해야 한다. 마지막으로 강의실에 들어오는 학습자들과 반갑게 인사해야 한다.

| 학습자 알기: 나이, 세대, 성격차이 |

효과적인 강사가 되기 위해서는 대중문화와 일반상식 등을 숙지하고, 관련된 학문과 설문 결과 등에 익숙해야 하며, 마지막으로 교육생에 대해서 알아야 한다. 그래야 교육생의 나이와 성격 또는 지역적 특성과 전문성 등에 기인한 학습자들의 공유가치가 무엇인지 알아야 한다. 그래야 강사는 교육생들의 경험과 관련된 언어와 예시, 삽화, 이야기 그리고 참고문헌 등을 교육 중에 사용할 수 있게 되기 때문이다.

나이와 세대차이 전통주의자들은 안정적이고 질서정연한 학습 환경을 가진 일반적인 교실을 좋아하지만, 교육생 앞에서 발생하는 즉흥적인 상황을 좋아하지는 않는다. 교육생들은 논리적으로 잘 정비된 정보에 대한 직접적인 설명과 교육 자료에 가치를 두며, 강사들로부터 자신의 경험과 일화 등을 공유해달라고 요구한다. 그들은 또한 강사들로부터 전문지식을 공급받고자 한다.

베이비부머 세대들은 일반적인 교실에서 학습하는 것을 선호하고, 교육활동에 대한 접촉에 꽤 잘 반응한다. 그들은 그룹 활동을 좋아하고, 개요를 잘 정비한 교육 자료와 보다 세부적인 정보에 접근하기 쉬운 방법을 선호한다. 다른 집단과 비교해보면 그들은 특히 교육내용이 개인적으로 혜택이 된다고 믿으면 학습에 대해 동기부여가 빠르다. 베이비부머 세대는 그들이 가지고 있는 지식을 활용할 수 있는 기술로 전환하는 교육과정을 필요로 한다.

X세대는 IT수단을 방법으로 하는 자기주도 학습환경을 선호한다. 자신의 학습 진도에 맞게 교육을 수행할 수 있는 교육환경이 제공되는 교육방법론에 가장 잘 반응한다. 예를 들면, CD-ROM과 인터넷 기반 교육 등이다. X세대는 교육을 자신의 고용안정을 확대시키는 방법으로 인지하는 대단히 동기부여 되어 있는 세대이다. 그들은 실습을 통한 학습을 좋아하고, 실험과 피드백을 좋아한다. 그들은 상대적으로 몇 마디 단어로 압축된 시청각 자료를 통한 교육 자료가 제공될 때 잘 반응한다.

기술친화적(techno-savvy) 특성을 가지고 있을지라도 밀레니엄 세대(millenniums)는 혼자서 실습을 통해 학습하는 방식을 좋아하고 타인의 학습을 도와주길 좋아한다. 그들은 기초개념이나 아이디어 획득을 위해 자기주도의 온라인학습이나 다른 사람과 질문이나, 사례, 역할극 등을 직접 실습하는 집단활동 등을 혼합한 학습을 좋아한다. 그들은 직장생활의 스트레스를 줄여주거나 고용안정성을 증대시킬 수 있는 기술을 배우거나 지식을 획득하는 것을 좋아한다. 그들은 돈에 대한 높은 가치를 가지고 있기 때문에 경제적 혜택과 연계되어 있는 학습과정이 매우 용이하게 사용될 수 있다.

X세대 이후 세대들은 오락적 성격이 강한 훈련 활동을 선호한다. 때문에 교육은 음악이나 예술, 게임 등과 같은 방법을 활용한 대인간 접촉이 많은 것을 좋아한다. UPS는 새천년 세대를 유인하기 위한 교육에서 대단히 높은 실패율을 경험했는데, 초기 아이디어는 비디오게임과 모의실험을 통해 교육을 실행하는 것이었다. 그러나 요구조사에서 이들은 교육에 첨단기술들을 사용하고자 한다는 것을 발견했다. 또한 그들은 자신들이 직접 체험하는 수업 방식을 선호한다는 것을 발견하였다. 따라서 UPS는 매리랜드(Maryland)에 자사의 운전수를 대상으로 온라인교육, 팟캐스트 그리고 비디오 등을 포함한 새로운 통합학습 설비를 구축하였다. 그곳에서는 전통적인 교실수업과 함께 Clarksville이라는 가상도시를 만

들어 배달트럭을 운전하고, 소포를 배달하는 모의실험 교육을 받는다. 학습에 영향을 미치는 세대차이의 잠재적인 문제를 해결하기 위해서는 학습자의 나이와 그 세대 특성을 아는 것이 대단히 중요하다. 강사가 학습자의 나이와 세대 특성을 알게 된다면 그에 맞는 학습환경을 구축할 수 있게 되고, 교육생 선호에 맞는 학습교재를 개발할 수 있기 때문이다. 연령이 교육 성과에 미치는 영향에 대한 최근 연구에 의하면 자기 진도형 학습(self-paced training)은 40대 이상의 학습자들에게서 가장 큰 학습성과가 발생한다는 것을 발견하였다. 자기 진도형 학습은 연장자들에게 자신의 수업에 대한 책임감을 가지게 하고 수업에서 요구하는 것을 집중할 수 있게 하고, 수업을 이해하고 중요성을 인식할 수 있는 시간을 준다.

소규모 집단 교육은 연장자들을 위한 교육방법으로 장점을 가지고 있다. 대부분의 교육과정은 여러 세대들이 혼재되어 있는데, 잘 관리만 된다면 세대간 접촉을 통해 종업원들은 많은 것을 배울 수 있다. 모든 연령층의 학습자들은 질문과 대답 그리고 토의되는 이슈들을 통해 수업 참여는 가치있는 것이며 무엇인가 보상받게 된다는 것을 느끼게 할 필요가 있다. 만일 학습자 집단에 모든 세대가 섞여 있다면 혼합형 학습방식을 실시할 필요가 있다. 다른 세대들이 포함되어 있는 예시를 사용하고, 다른 교육방법을 사용할 필요가 있다(전문가, 청중 참여, 집단작업, 자기주도학습 활동 그리고 온라인 학습 등).

성격 4장에서 토의했었던 학습자의 학습 스타일을 이해하는 것과 함께 일부 회사들에서는 강사들이 수업에 참여하는 학습자들의 선호도와 특성을 더 잘 이해할 수 있게 도와주는 평가도구를 사용하기도 한다. PwC의 학습개발그룹(Learning and Development Group)은 마이어브릭스 유형지표(MBTI)를 사용한다.

MBTI는 정보를 수집하고, 의사결정하는 방법에 중점을 두고 있다. 이것은 개인의 성격을 이해하고, 직장과 생활 속에서 성격에 따라 그들이 선호하는 방식을 이해할 수 있게 도와주는 평가도구이다. MBTI이론은 4개 차원에 의해 성격차이가 발생한다고 제안한다. 사람은 정보를 수집하기 위해 사실과 세부사항(Sensing: S)을 중시하는 경우가 있는가 하면, 추상적인 패턴이나 직관(Intuition: N)을 중시하는 경우가 있다. 의사결정은 논리적 분석(Thinking: T)을 바탕으로 하거나 개인적 가치(Feeling: F)에 따라 하는 경우로 구분할 수 있다. 또한 환경에 대처하는 방식과 지향하는 방식에 있어서도 사람은 차이가 있다. 내향적 성격(Introversion: I)을 가진 사람은 자신의 내면으로부터 에너지를 끌어내는 반면, 외향적 성격을 가진 사람(Extroversion: E)은 사람간 접촉을 통해 에너지를 얻는다. 인식형(Perceiving: P)는 많은 의사결정에서 선택 사항들을 선호하는 반면, 판단형(Judging: J)은 구조와 그 대상만을 선호한다. MBTI평가는 성격 유형간 연결을 통해 글자의 첫글자 4개

유형의 성격 형태를 제공한다. 4개 차원은 상호 결합을 통해 16개 성격 유형을 만들어낸다(예를 들어, 사람들은 ISTJ, ENFP 그리고 INFP 등이 될 수 있다).

강사들은 교육과정 시작 전에 교육생들에게 MBTI 평가를 완성하게 할 수 있다. 강사는 교육생들의 성격 형태에 대한 정보를 교육 설계에 사용할 수 있고 이를 통해 교육생들은 학습에 대한 흥미와 동기부여를 증대시킬 수 있다. 예를 들면, 한 강사의 수업에 대단히 높은 감각형(S) 학습자들이 있다면 학습자들은 오감을 포함한 선형 접근(linear approach)을 통해 정보를 받거나, 처리한다는 것을 의미한다. 따라서 강사는 다양한 감각을 포한한 교육방법을 사용하고자 할 것이다. 사고형(T) 학습자들은 논리와 분석적 접근을 하는 반면, 감정형(F) 학습자들은 교육에 대한 주관적 접근을 한다. 감정형(F) 학습자는 주관적 요구들, 신념, 가치 그리고 경험 등이 강조되는 반면, 사고형(T) 학습자를 위해서는 강사는 논리적 접근을 강조할 수 있다. 학습자가 외향적이거나 내향적일 경우 강사는 구조화된 학습 또는 유연적 학습 환경을 사용할 건지 결정해야 한다. 만일 교육생의 학습 스타일 또는 성격유형을 미리 알 수 없다면 적어도 학습의 일부분을 대다수 학습자에게 맞춰 수행할 수 있다.

보증회사인 American Fidelity는 다른 학습 스타일을 가진 종업원들을 위한 학습자 중심의 접근 방법을 강조하는데 각 수업과정에서 회사의 강사들은 다양한 활동을 수행하도록 독려 받으며, 인형, 음악, 피규어, 차트 그리고 그래프 등이 포함된 학습 환경을 만들었으며, 접촉을 독려하기 위해 짝을 이뤄 작업하도록 하였다.

사전훈련: 커뮤니케이션, 사전학습, 관리자 관여를 통한 학습 동기 고취

학습에서 동기부여의 중요성은 4장에서 토의했었다. 학습자의 학습동기를 강화하기 위해서는 강의가 시작되기 전에 강의의 목적, 학습목표, 교육과정의 전제조건, 같이 수업에 참여하는 사람들에 대한 정보 등에 대해 대화하는 것이 대단히 중요하다. 또한 수업의 의미와 유용성 등에 대한 대화도 중요하다. 추천서 또는 다른 교육생들이 이 과정을 통해 어떻게 혜택을 받았는지에 대한 사례를 공유하는 것도 한 방법이다.

읽을거리나 사례 또는 강사에게 교육생들이 이메일을 보낸다던지 수업에 사용될 토의 안건과 관련 이슈에 대한 사전 작업은 수업과정의 의미나 수업에 대한 동기부여를 증대시키며, 교육생들이 수업목적을 인식하게 하고 집중할 수 있게 도와준다. 또한 관리자들이 학습자들에게 교육에 참석할 기회를 제공해주고 작업현장에서 교육내용을 어떻게 활용할 것인지 또한 그들이 배운 것을 어떻게 다른 사람에게 어떻게 전파할 것인지에 대해 토의하고 독려함으로써 교육생들의 학습동기를 강화시키고, 교육을 통해 학습한 내용을 작업현장에 활용할 수 있게 도와준다. 본 장의 끝에서 관리자들이 교육을 어떻게 지원할 것인지, 그 세부사항을 살펴볼 것이다.

|과정 개요 제공|

교육과정이나 워크숍이 시작할 때 교육생들에게 수업목적, 수업일정, 수업활동, 과제 그리고 기타 관련 정보와 같은 큰 그림에 대한 아이디어를 주는 것이 중요하다. 전반적 개념과 수업의 유용성, 목적 그리고 업무와 관련된 사항들이 제일 먼저 제시되어야 하고, 목적을 성취하기 위해 어떻게 수업이 구조화되어 있는지를 설명해야 한다. 교육생들이 수업에 참여하기 위해 적절한 정신 상태를 유지하고, 사적으로나 업무적으로 교육과정이 어떤 의미가 있으며 관련성이 있는지 이해시켜야 한다(4장에서의 의미성에 대한 논의를 기억할 필요가 있음). 수업흐름도 또는 수업과정의 개요를 통해 제일 먼저 일반 주제를 제시하고 다음으로 세부사항을 제시해야 한다. 또한 지식을 조직화하고 설명하기 위해 개념도를 사용해야 할 것이다. 네모박스에 개념을 표시하고 개념간 관계를 연결선을 통해 제시해야 한다. 이런 개념도는 수업 개요와 흐름의 적절한 부분을 제시할 수 있으며, 학습자들의 머릿속에 교육내용을 조직화시켜 기억할 수 있게 도와준다. 또한 각 부분을 시작할 때 어떻게 수업내용이 교육과정에 포함되어 있는지 그리고 다음 주제와 어떻게 관계되어 있는지를 보여줄 수 있게 전체 개요와 수업흐름도를 보여줘야 한다. 〈그림 5.3〉은 효과적으로 성과를 검토할 수 있게 만들어진 교육과정을 위한 개념도를 보여주고 있다.

훈련내용 유지와 회상 도와주기 연상기호와 은유법은 중요한 아이디어를 기억하게 할 수 있게 하는데 유용하다. 이들 방식은 개념, 행동 그리고 지식을 이미 알고 있는 개념들과 연결시켜 주는데 유용한 도구이다. 이런 방식은 보다 쉽게 기억 속에서 정보를 끄집어낼 수 있게 한다. 연상기호는 교육과정에서 나오는 용어나 단계를 대표하는 단어의 첫 머리글자를 말한다. 예를 들어, 회의에서 새로운 아이디어를 보호하기 위한 방법을 강조하는 수업에서 머리글자 PIN은 아이디어의 긍정적 면으로 인식할 수 있게 도와주고(P), 아이디어의 관심 또는 중요한 면을 설명하며(I), 아이디어의 가치를 고려한 후 그것에 대해 평가한다(N).

작고 안전한 핀은 회의에서 아이디어를 보호하는 법을 기억할 수 있게 하는 상징이며, 이를 기념하기 위해 기념품으로 줄 수 있을 것이다. 또한 핀으로 풍선을 터트리면서 아이디어를 죽이는 것이 어떤 것인지 설명할 수도 있다. 그리고 새로운 아이디어를 억누르게 하는 것이 얼마나 쉬운 일인지 기억하기 위한 방법으로 안전한 핀을 이용하여 은유적으로 설명할 수 있다. 교육생들이 그들이 배운 것을 기억하게 할 수 있는 다른 방법은 교육 중에

그림 5.3 효과적으로 성과를 검토하기 위한 개념도

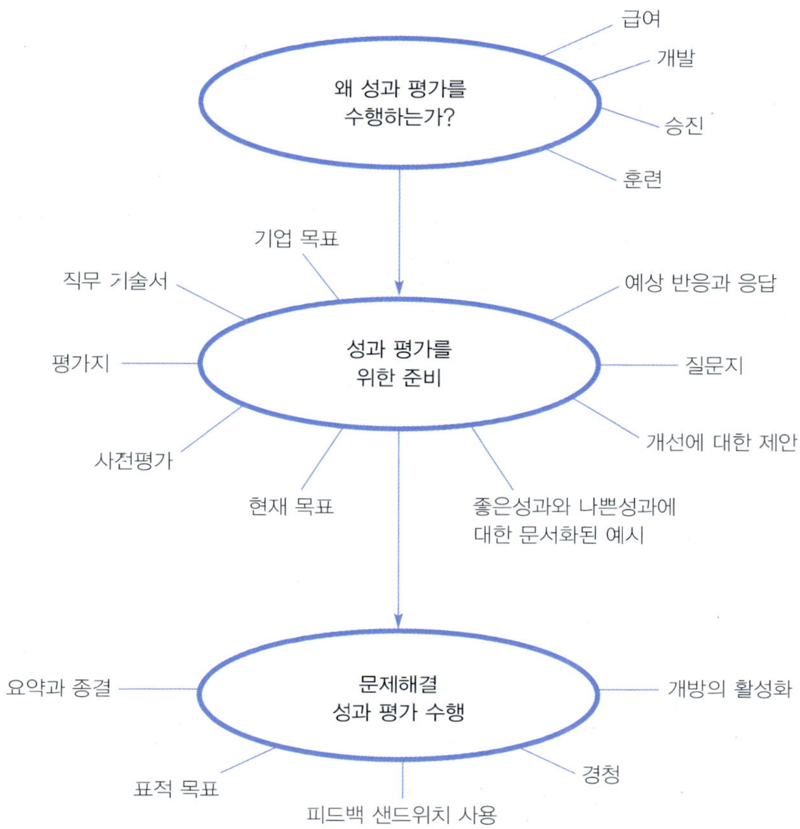

학습한 것을 사용할 수 있는 방법을 고려하는 것이다. 학습자들이 적절한 단서를 떠오르게 될 때 학습 내용을 기억하고 그것을 업무에 적용할 수 있게 되기 때문에 적용과제는 기억을 증가시키는 좋은 방법이다.

적용과제(Application assignments)는 교육생들이 업무과정에서 문제나 상황을 인식하고, 교육내용을 적용해서 그것을 해결해야 하는 것을 말한다. 교육 중에 적용과제를 사용하게 되면 학습자들은 학습을 통해 획득한 능력과 실제 상황에 적용하게 되는 관계를 이해할 수 있게 되는데 실제 이는 사람은 필요를 느낄 때 더 쉽게 기억하는 특징 때문에 유용하다.

|강의장|

강의장 안에 여분의 의자가 있는지 확인하고, 쓰레기나 전 수업에 사용했던 교육자료가 널려 있는지 확인한다. 강의장이 지저분하고 무질서하면 마음이 끌리지 않아 수업에 대한 집중을 방해할 수 있다. 교육생들에게 휴식을 주어 강의장 정리와 다음 수업을 준비할 수 있게 해야 한다.

| 훈련생과의 상호작용 |

강사는 훈련생들의 학습경험을 책임져야 하기 때문에 수업 중인 주제와 사용할 예정인 학습방법과 기대치에 대해 훈련생들과 이야기할 필요가 있다. 그리고 중요 시점에 대한 집중을 위해 극적인 방법을 사용할 필요가 있다. 연구에 의하면 훈련생들은 강사가 열정적이고, "어" 또는 "음" 등과 같은 집중을 방해하는 말투를 피할 때 훈련내용을 제일 잘 기억한다고 말하고 있다. 또한 편안한 스타일을 보여주고, 훈련생들을 편안하게 만들어줘야 한다. 훈련생에 대한 강사의 기대와 고정관념은 훈련생들에게 할 수 있다는 자성적 예언(self-fulfilling prophecy)을 줄 수 있다는 점을 주목해야 한다. 훈련생에 대한 강사의 부정적 기대는 수업과 강사에 대한 부정적 평가를 만들어낼 수 있다.

교실의 크기와 학생 수 두 측면을 모두 고려하여 강사는 학습자들이 수업에 집중하도록 만들어야 한다. 큰 교실일 경우 강사의 몸짓과 행동은 보다 크고 과장되어야 학생들의 주목을 받을 수 있을 것이다. 훈련생들이 친밀감을 느끼게 하기 위해서는 보다 물리적으로 가깝게 있어야 한다. 교실 앞에 서서 강의하는 것은 강사에 대한 권위를 만들어줄 것이다. 또한 훈련생들의 관심을 집중하게 만드는 최고의 방법 중 하나는 교실의 다른 장소에서 토론을 촉발시키는 것이다. 수업을 주도하면서도 훈련생들에게 집중한다. 스스로 자신의 답변을 개발하게 하고, 도구와 기술을 적용하고 해결책에 도달할 수 있는 참고 자료들을 사용하도록 만든다. 훈련생들이 대답할 수 있도록 유도 질문을 사용하거나 강사가 만들기 원하는 모습을 보여준다면 훈련생들 서로가 끊임없이 접촉하게 될 것이다. 학생들 상호간의 지속적인 토론은 교육 주제와 관련된 더 많은 실제 생활의 경험과 현실을 노출시킬 것이다. 따라서 훈련생 서로에게 편안하게 수업을 들을 수 있는 교육환경을 만들 필요가 있다. 훈련생 말에 집중하고, 수업의 요점을 정리하고 피드백을 줘야 한다. 세인트루이스에 있는 재무서비스 회사 Edward Jones는 학습과정을 지속적인 코칭과 피드백을 통해 학습을 장려한다. 또한 전형적인 교실 크기에서는 내용전문가(SME), 강사를 포함해서 12명 이상을 수용하지 않는다. 훈련은 질문과 대답 형태의 접촉을 기초로 하여 만들어지며 교육 중에 훈련생들에게 수업에서 어려웠던 점과 훈련생들이 생각하는 수업에 대한 의견 등을 묻는 설문을 실시한다. 이런 방법은 강사들로 하여금 수업을 활성화시키기 위해 훈련과정 계획을 변경할 수 있게 한다. 〈표 5.3〉은 훈련생들이 어떻게 훈련과정에 참여하는지 그 사례를 보여주고 있다.

표 5.3 훈련생들의 참여방법 사례

• 소규모 집단에서 토의에서 내용과 관련되며, 자유롭게 기술할 수 있는 질문지를 준비하고 배포 • 훈련내용과 관련된 창의적 활동 또는 게임을 이용 • 훈련생들 스스로 학습할 수 있도록 평가 또는 측정 • 역할극에 참여 • 훈련생 또는 회사내 팀원, 작업집단 등에게 교육 후에 무엇을 할 수 있는지 또는 어떤 주제에 대해 더 많은 정보를 얻고 싶은지를 물어보는 것으로 교육과정을 종결

출처: J. Curtis, "Engage Me, Please!," *T+D*(November 2008): 68-73.

|방해가 되는 훈련생 관리하기|

훈련과정이 사전에 통보되고 업무와 관련이 있음에도 불구하고 훈련받기를 원하지 않는 종업원은 어떻게 다뤄야 할까? 우선 즉각적으로 수업에 참여하게 해야 하며, 훈련 수료에 대해 대화해야 한다. 그리고 친절하지만 단호한 어조로 교육의 중요성과 교육이 어떻게 도움이 되는지를 설명해야 한다. 그리고 그에게 자신의 불만을 쏟아낼 수 있게 해야 한다. 이런 경우에 유용한 방법은 훈련생에게 만일 프로그램에 참여하지 않는다면 무엇을 할 것인가에 대해 말하게 하는 것이다. 다음으로 교육에 참석하는 것에 대한 감정을 그림으로 그리게 하거나 불만을 몇 개의 세부 사항으로 쪼개어 수업에 참여하지 않아야 하는 10개의 이유와 수업에 참여해야 하는 10개의 이유를 작성하도록 한다. 수업을 재정립하고 첫 번째로 수업을 참석하지 않아야 하는 이유를 토론한다. 마지막엔 수업에 참석해야 하는 이유를 토론한다. 수업을 방해하거나, 계속 잠을 자거나, 수업을 가로막는 훈련생들의 경우 이들의 마음을 움직이고 참여하고 열정을 갖도록 하는 활동들을 고려해봐야 한다. 지금 토의했던 방법들이 모두 실패하면 궁여지책으로 수업을 방해하는 훈련생에게 수업을 중단할 건지 물어봐야 한다.

|집단 역동성 관리|

집단내 지식 또는 전문성 전파를 확실하게 담보하려면 주제와 관련된 내용과 관련해서 훈련생들이 스스로를 초보자, 경험자 또는 전문가 중 어떤 위치에 있다고 믿는지 확인해야 한다. 수업에 참여하는 수업 집단은 초보자, 경험자 그리고 전문가 모두를 혼합하여 구성한다. 집단의 역동성은 교실에서 훈련생의 위치를 변화시켜 얻을 수 있다. 어떤 집단이 좌절하고 있는지, 고착되어 있는지, 누가 움츠려 있는지 그리고 누가 집단을 지배하고 있는지는 수업 중에 교실을 돌아다녀보면 확인할 수 있다. 강사의 역할은 집단 속에 있는 모든 사람이 수업에 공헌할 수 있는 기회를 만드는 것이다. 직사각형 탁자와 같은 좌석배치는 종종 훈련생들에게 그들이 앉는 자리에 따라 권위를 부여 받고 있다고 느끼게 한다. 예를 들어, 직사각형 탁자 끝은 권위를 부여 받는 자리다. 끝에 위치한 권좌에 조용한 사람이 앉게 되면 그 사람은 집단에서 리더십을 발휘할 수 있는 기회를 부여 받게 되는 것이다.

교육과정과 수업 설계

훈련 프로그램 설계에 대한 책임은 비록 강의 설계자에게 있을지라도 인적자원 전문가 또는 관리자, 프로그램 의뢰인 등이 프로그램 설계에 관여되어 있다. 3장에서 이미 토의했던 것처럼 관리자와 종업원은 요구 평가 과정에 포함되어야 한다. 게다가 그들의 역할은 프로그램 원형을 검토하는 것이며, 예제와 프로그램 내용과 강사로 프로그램에 참여하는 참가자 등을 검토하는 것이다.

교육과정이란 판매원, 컴퓨터 네트워크 기술자, 간호사 또는 관리자가 될 수 있게 훈련생을 준비시키는 학습 목표에 부응하도록 교육 프로그램 설계를 정비하는 것을 말한다. 일반적으로 교육과정은 몇 개의 수업과목을 포함하고 있으며 업무를 수행하기 위해 필요한 일련의 역량을 개발시키는 것을 목적으로 한다.

이러한 역량은 종종 시간이 지날수록 개발될 것으로 기대되기 때문에 교육과정과 수업과목의 목적은 추후 기간에 완성되는 경우가 있다.

교육과정과 비교해서 과정과 프로그램은 일반적으로 보다 세부적인 학습목표를 가지고 있으며, 보다 제한된 범위의 역량과 기술을 설명하고 있다. 예를 들어, 과정은 협상, 유능한 관리자, 고객서비스 그리고 훈련과 개발 등과 같은 주제를 설명하고 있으며, 전형적으로 작은 부분 또는 다른 주제를 관장하는 모듈을 포함하고 있다. 시간배분은 한 시간에서 7시간, 반일, 하루 또는 일주일 정도로 구성된다. 교육과정과 과정/프로그램 등은 모두 교육목표를 사용하고 있을지라도 세부적인 면에서 차이가 있다. 교육과정에 학습목표는 보다 폭넓은 범위를 포괄하고 있으며, 과정 또는 프로그램보다는 측정하기 어렵게 구성되어 있다. 예를 들어, 프로젝트 관리에 대한 교육과정의 프로그램은 그 목표를 글과 그래프를 사용하여 프로젝트 생애주기의 4단계를 기술하라는 것이다. 그러나 프로젝트 관리 교육과정 목적 중 하나는 프로젝트 선택 시 의사지원 모델을 적용하는 것이다. 이 목적은 프로그램 목표보다 더 추상적이다. 왜냐하면 이것은 교육과정을 통해 개발되고, 몇 개의 프로그램에서 중요시 되는 일반적 지식, 기술 그리고 능력을 기술하고 있기 때문이다.

교육과정 로드맵

교육과정 로드맵은 교육과정에서 학습자가 공부하게 될 경로와 과정들이 완성해야 하는 일련의 내용 등 모든 과정을 보여주는 그림을 의미한다. 〈그림 5.4〉는 안전 관리 교육 프로그램의 교육과정 로드맵의 예시를 보여주고 있다. 각 과정에서 세부적인 과정을 개발하고 설계하도록 사용될 정보가 제공된다. 이것은 아래의 사항들을 포함하고 있다.

1. 이 과정이 왜 중요한지가 포함된 과정 목적에 대한 짧은 기술
2. 과정을 이수하기 위해 필요한 전제조건이 되는 기술
3. 과정을 통해 획득해야 하는 학습목표 또는 역량과 지원목표(즉, 완성하고자 하는 학습목표를 위해 먼저 달성해야 하는 목표)
4. 교육내용의 형태와 과정에 대한 기대. 기대란 수업에서 하게 될 교육내용 형태, 내용이 제시되는 방법, 내용의 구조
5. 교육내용의 전달 방법(예를 들어, 온라인, 교실수업, 혼합형 학습)

| 문서설계 |

문서설계는 훈련의 개발을 설명하고 관리자, 내용전문가, 검토자 또는 강사에게 훈련을 설명하기 위해 사용된다. 〈그림 5.4〉는 문서설계 형태를 보여주고 있다. 문서설계를 위한 정보는 3장에서 토의했던 요구평가로부터 획득된 정보를 바탕으로 만들어진다. 문서설계의 세부사항은 다양할 수 있다. 프로젝트의 규모는 목표, 성과 또는 학습자 성취 기대 수준, 학습자에 대한 기술, 과정을 개발하기 위해 얼마나 오랜 시간이 필요한지에 대한 기술, 확인사항 또는 과정을 개발하기 위해 완성해야 할 과업 그리고 과정의 길이 등을 포함한다. 과정의 길이(length of a course)는 교육생의 능력과 교육의 유용성, 교육을 위해 필요한 자원, 과정이 전체 교육과정의 부분인지 아님 별도 과정인지 그리고 교육에 압도되지 않도록 교육생들에게 개념과 기술을 연습할 기회를 제공하기 위하여 모듈을 개발할 필요가 있는지에 따라 결정된다.

교육내용의 전달은 교육과정이 무엇을 포함할 것인가, 어떻게 전달할 것인가(예: 대면교육 또는 온라인), 교육시간, 교육과정에 영향을 미칠 특이한 상황이나 조건(예: 비디오 역할행동을 위한 장비, 피드백)을 포함한다.

교육목표란 과정 또는 프로그램의 목표를 의미하며, 프로그램 목적에 대한 폭넓은 요약

그림 5.4 보안관리 교육과정을 위한 교육과정 개념도 사례

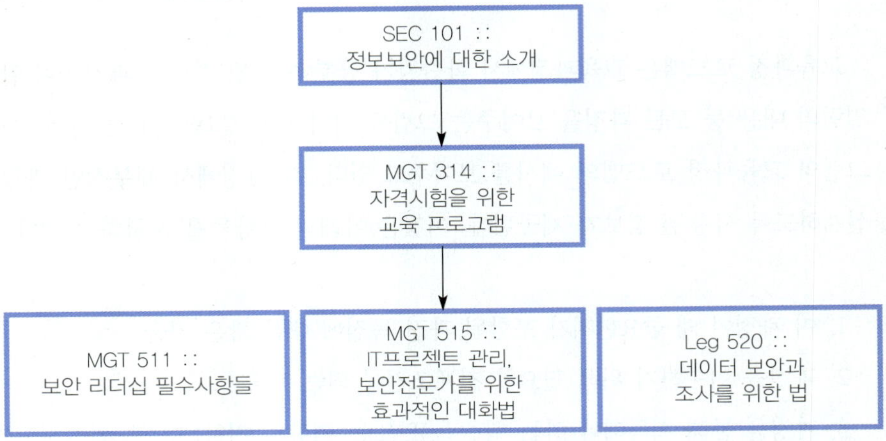

출처: SANS Security Management Training Curriculum, from *http://www.suns.org/security-training/curriculums/management*.

기술로 되어 있다. 자원은 재료로써 수업 때 사용될 사례, DVD, 비디오, 모델, 과정개념도, 팟캐스트, 교육과정 계획 또는 조력자, 참여자에 의해 만들어진 사용안내서 등으로 구입할 필요가 있거나 프로그램을 위해 개발해야 하는 것들이다. 여기에 참여하는 사람은 강사, 프로그램 설계자 그리고 설계와 운영, 프로그램 평가에 참여할 개인 등이 포함된다. 주제 개요는 프로그램을 포괄하고 있는 주제에 대한 짧은 설명을 포함하고 있다. 관리와 평가는 프로그램 스케줄 책임은 누구에게 있으며, 교육생 등록 방법, 프로그램 평가 방법 그리고 누가 프로그램을 검토하고 업데이트 시킬 것인가를 의미한다. 다른 프로그램과 연결은 교수자 교육 프로그램, 관리자 소개 또는 프로그램 착수 등과 같은 다른 필요에 의한 추가 사항을 의미한다.

〈표 5.5〉는 관리자의 업무평가 검토 효과성 증대를 위한 업무평가 검토 과정 문서설계를 보여주고 있다. 업무평가 검토 과정에서 관리자와 종업원은 서로 만날 수 있으며, 종업원 평가의 강점과 약점은 토의를 통해 보다 개선된 목표를 만들어낼 수도 있다.

표 5.4 문서설계 템플릿

프로젝트의 범위	전달	목표
• 목적 • 청중 • 시간과 체크포인트 설계 • 과정의 길이	• 내용 • 방법 • 교육시간 • 문제와 기회	• 자원 • 참여자 • 주제에 대한 개요 • 관리와 평가 • 다른 프로그램과 연결

출처: G. Piskurich, *Rapid Instructional Design* (San Francisco: Pfeiffer, 2006)

표 5.5 문서설계

- 목적: 관리자가 그들의 직접적인 보고서와 함께 효과적으로 교육 성과를 검토할 수 있도록 준비
- 목표: 관리자는 문제해결 접근 방식을 사용하여 교육성과를 검토할 수 있을 것이다.
- 대상: 관리자
- 교육시간: 하루
- 방법: 강의, 비디오, 역할극
- 교육 참여 수: 20–25
- 장소: 다양한 장소
- 전제조건: 없음
- 문제와 기회: 새로운 업무평가 시스템 소개, 관리자는 피드백 과정을 실시하는 것을 싫어함
- 강사: Caroline O'Connel과 조력자

교육과정 계획

교육과정 계획은 전형적으로 보다 세분화된 문서설계이다. 이것은 수업, 강사 그리고 교육생들의 활동을 포함한 세부적인 단계를 포함하고 있으며, 수업에 포함되어 있는 각 주제에 대한 시간 할당을 포함하고 있다. 교육과정 계획은 하루, 일주일 또는 몇 시간 동안 지속되는 프로그램을 위해 설계될 수 있다. 만일 교육이 며칠 동안 계속된다면 교육이 실시되는 날마다 개별 교육과정 계획은 준비된다.

세부적인 교육과정 계획은 내용과 일련의 교육활동을 강사가 수업 때 전달할 수 있게 조력하는 안내서로 번역할 수 있을 것이다. 즉, 교육과정 계획은 훈련기간에 실시된 일련의 활동과 세부적인 관리내용을 포함하고 있다.

〈표 5.6〉은 교육과정 계획 사례를 보여주고 있는데 교육과정 계획은 교육활동을 위한 교육내용을 하나의 표로 제공한다. 이것은 강사와 관계없이 일관된 교육활동을 수행할 수 있게 한다. 교육과정 계획은 또한 교육생과 강사 모두에게 프로그램과 프로그램 목적을 인식하게 한다. 대부분의 교육부서들은 노트북이나 전산 시스템에 저장되어 있는 문서화된 교육과정 계획을 가지고 있다. 교육과정 계획은 문서화되어 있기 때문에 교육부서가 고객들과 공유할 수 있으며, 프로그램 활동과 관계된 세부정보와 목적을 그들에게 제공하게 된다.

〈표 5.7〉은 효과적인 교육과정 계획의 특징들을 보여주고 있다. 교육과정 계획은 학습 목표, 포괄하고 있는 주제들, 교육대상, 수업일정, 수업 개요, 수업에 포함되어 있는 활동들, 사전준비 또는 전제조건, 수업 평가 방법 그리고 훈련 전이를 위한 단계 등이 포함되어 있다.

수업의 개요를 개발하기 위하여, 강사는 주제와 관련된 적절한 연속적 내용들을 고려할 필요가 있다. 강사는 "제일 먼저 어떤 지식과 기술을 배워야 하는가?", "지식, 기술 그리고

표 5.6 세부적인 교육과정 계획 사례

과정 제목: 효과적인 성과 검토 수행

수업 제목: 성과검토에서 문제 해결 스타일 사용하기

수업 길이: 하루

수업목표

1. 성과검토의 목적을 설명한다.
2. 성과검토 준비 단계를 기술한다.
3. 과오 없이 평가 피드백을 주기 위한 문제해결 스타일을 사용한 행동을 기술한다.
4. 과오 없이 역할극을 통해 평가 피드백을 위한 행동을 설명한다.

대상: 관리자

전제 조건: 교육생(없음), 강사(업무평가 피드백 인터뷰 중 말하고 설득하고, 말하고 듣기 그리고 문제해결 접근 방식 등에 익숙할 것

교실 형태: 부채꼴 모양

교육자료와 필요 장비: VCR, 오버헤드 프로젝트, 펜, 슬라이드 필름, 업무평가 인터뷰 VCR 테이프, 역할극 사례

평가와 과제: 역할극, 효과적인 평가 인터뷰 실시라는 책 읽기

주석: 수업 2주 전에 해당 자료를 학생들에게 제공할 것

수업 개요	강사 활동	피교육생 활동	시간
과정소개와 성과검토의 중요성	설명	청강	8:00–8:50 (오전)
성과검토 실시를 위한 준비와 단계에 대해 토론	질문지	참여	8:50–10:00 (오후)
휴식			10:00–10:20 (오전)
3개 형태의 비디오 시청	각각의 강점과 약점 토론	관찰	10:20–11:20 (오전)
점심			11:30 (오전)–1:00 (오후)
발표와 문제해결 스타일을 위한 8개 핵심 행위 비디오 관람	발표	경청	1:00–2:00 (오후)
역할극	실행과정 관찰	핵심 행위 구현	2:00–3:00 (오후)
요약	질문에 답변	질문하기	3:00–3:15 (오후)

행동들은 어떤 순서로 가르쳐야 하는가?" "어떤 순서로 교육생들에게 중요성을 전달해야 하는가?"와 같은 질문에 대답해야만 한다.

또한 그 대상을 고려하는 것도 중요하다. 교육생들의 교육과 경험에 대한 정보, 수업을 듣기 위한 동기부여 정도 그리고 관심, 학습 스타일, 배경(예를 들어, 교육수준과 직장경력) 등은 의미 있는 사례를 선발하거나, 프로그램 내용 구성과 교육자료 선택 그리고 교육의 신뢰성 구축에 유용하게 사용될 수 있다.

교육 대상에 대한 정보는 3장에서 보았듯이 요구평가의 교육생 분석을 활용할 수 있다. 추가적인 정보는 교육 프로그램을 의뢰한 의뢰인(예를 들어, 관리자), 만일 이용가능하다면 과거 프로그램 참가자 등을 통해 얻을 수 있다. 컴퓨터, 오버헤드 프로젝트, DVD플레이어 등과 같은 장비를 포함한 교육 보조자료는 교육을 전달하기 위해 필요하다. 강사는 강의에 사용될 수 있는 화이트보드, 플립차트, 매직펜 등을 구비하여 정리해놓아야 한다. 교육생

표 5.7 효과적인 학습계획의 특징

학습목적 또는 성과	수업을 무엇을 성취하기 위해 설계되었는가? 성공적인 학습을 위한 기준은 무엇인가?
대상	누가 수업에 참석하는가? 청중의 특성은 무엇인가?
전제조건 (학습자와 강사)	교육생은 수업을 통해 혜택을 얻기 위해 무엇을 해야 하는가? 누가 프로그램에 있을 자격이 있는가? 누가 강사의 자격이 있는가?
시간	각 파트의 수업에 얼마만큼의 시간을 할애해야 하는가?
학습개요	전체를 포괄하는 주제는 무엇인가? 무엇을 연속적으로 해야 하는가?
활동	각 주제를 포괄하기 위해 교육생과 강사의 역할은 무엇인가?
지원되는 학습자료	강의 전달을 위해 또는 수업을 촉진하기 위해 어떤 자료와 장비가 필요한가?
물리적 환경	교실은 크기와 정리가 필수적인가?
준비	수업 전에 교육생들은 완성해야 할 과제가 필요한가? 강사는 무엇이 필요한가?
수업 주제	수업을 포괄하는 주제는 무엇인가?
평가	수업은 어떻게 평가되는가?(예를 들어, 쪽지시험, 역할극)
전이와 유지	교육내용이 업무에 사용되어질 것이라는 것을 무엇으로 확신하는가?

출처: R. Vaughn, *The Professional Trainer*(Euclid, OH: Williams Custom Publishing, 2000); R. F. Mager, *Making Instruction Work*, 2d ed.(Atlanta, GA: Center for Effective Performance, 1997); L. Nadler and Z. Nadler, *Designing Training Programs*, 2d ed.(Houston, TX: Gulf Publishing, 1992); Big Dog's Human Resource Development website, *www. nwlink.com/donclark/hrd.html*.

들의 실습 또는 독서, 역할극, 평가 또는 사전검사 등과 같은 교육실습 자료들은 주문해놓거나 저작권 허락을 취득한 후 복사해놓아야 한다. 강사와 교육생들 활동의 주된 초점은 목적과 피드백에 대한 대화, 실습 기회, 경험 공유 그리고 질문과 시범 등을 포함하여 수업이 가능한 많은 긍정적 학습과정 특성을 가지도록 하기 위한 것이다. 전이와 유지전략은 대화방, 관리자와 후속 회의, 액션플랜 등을 포함하고 있으며, 본 장의 뒷부분에서 논의하고자 한다.

"효과적인 성과 검토 수업 실행"을 위한 4개 학습목표는 〈표 5.6〉에 제시되어 있다. 8개의 핵심 행위란 아래의 학습목표를 의미한다.

1. 회의 목적을 설명한다.
2. 그들이 했던 일 중에 기억할 만한 가치가 있는 것을 말해보라고 종업원에게 물어본다.
3. 일을 멈추고, 시작하는 것의 차이를 설명해보라고 종업원에게 물어본다.
4. 도움을 줄 수 있는 영역이 어디인지 종업원에게 물어본다.
5. 종업원의 성과에 대해 자신의 의견을 말한다.

6. 당신의 평가에 대한 종업원의 근심을 묻고 그의 말을 듣는다.
7. 당신이 결정한 단계와 행동에 동의한다.
8. 후속조치 일정에 동의한다.

전제조건은 (1) 훈련장, 장비 그리고 필요한 교육자료 정리, (2) 강사 준비, (3) 교육생 전제조건 등을 포함한다. 예를 들어, 강사는 업무평가 피드백 스타일의 비디오를 보기 위한 DVD 플레이어가 있는 컴퓨터가 필요하다. 또한 비디오를 통해 제시한 평가 스타일의 강점과 약점에 대한 토의 동안 교육생들이 제기한 주요 시사점을 기록할 오버헤드 프로젝터가 필요하기도 하다. 그리고 교육생들이 서로를 볼 수 있도록 교실은 부채꼴 모양이어야 하며, 부채꼴 모양의 책상 정돈은 2-3명이 함께 참여하는 역할극 실행에 적합하다. 학습자 전제조건은 약간의 준비, 기초기술, 프로그램에 참여하기 전에 학습자가 습득해야 할 지식 등을 의미한다. 3장에서의 기초기술에 대한 토의를 회상해보면, 학습자의 전제조건은 기초수학과 읽기능력, 선수과업 수료 또는 시험이나 자격 통과 등을 포함한다. 강사 전제조건은 예를 들어, 장비 대여 또는 사전 교육내용 검토 등과 같은 사전 수업 준비와 강사로서 필요한 자격증 등을 획득하는 것을 의미한다. 또한 교육과정 계획은 어떻게 수업을 평가할 것이며 교육생들이 완성해야 할 과제 등을 포괄해서 작성해야 한다. 예를 들어, 교육생들은 효과적인 업무평가 피드백 인터뷰에 관한 기사를 읽어야 한다. 강사는 성과 검토를 위한 목적 즉, 성과 검토를 준비하는 방법과 문제해결 평가 피드백 인터뷰를 위한 행동 방법 등에 익숙할 필요가 있다.

교육과정 계획 개요

교육과정 계획 개요는 훈련 프로그램의 주요 활동과 구체적인 시간 또는 시간간격을 맞추는 것이다. 〈표 5.8〉은 업무평가 피드백 훈련에 대한 교육과정 계획 개요의 사례를 보여주고 있다. 교육과정 계획 개요를 작성하면 강사는 프로그램에서 각 주제를 포괄하기 위해 할당해야 할 시간을 결정하는데 도움을 받게 된다. 교육과정 계획 개요는 교육생들에게 할애해야 하는 시간, 간식을 위한 휴식시간, 점심 그리고 저녁, 연습과 피드백을 위한 시간 등 강사가 프로그램에서 필요로 하는 시간을 할당하는데 이용된다. 업무평가 피드백 훈련을 위해, 대략적으로 교육의 절반 정도를 교육생들에 의한 토론, 역할극, 질의응답 등과 같은 능동학습에 소비되는 것을 교육과정 계획을 통해 확인할 수 있다. 필라델피아의 저소득층과 노인의료 환자를 관장하는 Health Partners의 경험은 교육과정 계획과 프로그램

표 5.8 학습 개요 사례

8:00–8:50 오전	소개 그리고 성과검토를 실행하는 이유?
8:00–8:50 오전	소개: 왜 성과 검토를 시행하는가?
10:00–10:00 오전	문제해결 검토를 위한 준비와 단계에 대한 토론
10:00–10:20 오전	휴식
10:20–11:30 오전	3개 유형의 평가 피드백 비디오 시청. 각 스타일의 강점과 약점 토론
11:30 오전–1:00 오후	점심
1:00–2:00 오후	설명과 문제해결 접근의 8개 핵심 행위
2:00–3:00 오후	역할극
3:00–3:15 오후	요약(질의응답)

설계의 중요성을 보여주고 있다. 이 회사는 데이터 처리 시스템 대부분을 개선하였지만, 대부분의 종업원들은 이것에 익숙하지 않았다. 훈련을 실시하였고 훈련을 통해 프로그램에 익숙해진 종업원들이 생겨나자 그들에게 강사가 되어줄 것을 부탁했다. 지루하고 사람을 압도하는 종일 수업 대신에 45분씩 일련의 교육과정을 개설하여 업무 스케줄과 쉽게 조정할 수 있도록 하였다. 교육과정은 다른 부서의 과업과 인원보다는 부서 단위로 해서 만들어졌으며, 다른 부서 사람들은 프로그램에 출석하여 전체적으로 회사가 시스템을 어떻게 사용하는지 이해할 수 있게 되었다. 교육시간 비중은 종업원과 작업현장의 변화 스트레스 그리고 새로운 시스템 사용에 따른 혜택에 대한 토론이었다. 또한 관리팀은 새로운 시스템 환경에 직면하면서 종업원들이 가지는 문제 유형에 대해 정기적으로 강사들에게 전달하여 이런 이슈들을 훈련에 포함하도록 하였다.

훈련을 위한 전문업체 또는 컨설턴트 선택 방법

회사가 훈련 프로그램을 회사 내에서 구축하기보다는 컨설턴트나 전문업체로부터 구매하기로 결심한다면, 고품질의 공급자를 선택하는 게 중요하다. 교육 제공자는 아마도 개인 컨설턴트, 컨설턴트 회사, 훈련 프로그램 설계와 판매 전문회사 또는 학회 등이 포함한다. 전문업체와 컨설턴트들은 제안요구서를 통해 훈련 서비스를 제공한다는 것을 많은 회사들은 이미 알고 있다. 제안요청서(request for proposal; RFP)는 업무를 수행할 가능성이 있는 전문업체와 컨설턴트에게 회사가 원하는 서비스 형태, 필요로 하는 참고문헌, 교육 받을 예정 종업원, 프로젝트를 위한 예산, 훈련만족과 서비스 수준에 대한 후속조치 과정, 프로젝트 완료 예정일, 회사가 받기 원하는 제안서 수령 날짜 등을 기록한 문서이다.

표 5.9 전문업체와 컨설턴트에게 질문할 내용

- 귀사는 훈련 설계와 운영에 있어 얼마나 많이 그리고 어떤 형태의 경험을 가지고 있는가?
- 귀사의 직원들 자격증과 경험은 무엇이 있는가?
- 귀사가 개발한 훈련 프로그램의 샘플을 제공해 줄 수 있는가?
- 귀사가 작업했던 의뢰인 명부를 제공할 수 있는가?
- 귀사의 프로그램이 잘 운영될 것이라는 어떤 증거가 있는가?
- 귀사가 사용하는 강의설계 방법은 무엇인가?
- 귀사의 제품 또는 서비스는 우리의 요구사항에 부합하는가?
- 훈련 프로그램의 관리, 업데이트 그리고 유지관리 비용은 얼마인가? 기술지원을 제공할 것인가?

출처: R. Zemke and J. Armstrong, "Evaluating Multimedia Developers," *Training*(November 1996): 33-38; B. Chapman, "How to Create the Ideal RFP," *Training*(January 2004): 40-43; M. Weinstein, "What Vendors Wished You Knew," *Training*(February 2010): 122-125.

RFP는 업무수행 잠재성이 있는 전문업체와 컨설턴트에게 우편으로 전달되거나 회사 홈페이지를 통해 공지될 것이다. RFP는 모든 컨설턴트를 평가하기 위한 표준화된 기준을 제공하기 때문에 매우 중요하다. 또한 필요한 서비스를 제공하지 못하는 외부 전문업체를 평가해야 하는 불필요한 수고를 덜어주기도 한다. 일반적으로 RFP는 기준에 부합하는 몇 개의 전문업체를 인식할 수 있게 도와준다. 다음 단계로는 선호하는 공급자를 선택하는 것이다. 〈표 5.9〉는 전문업체에게 질문할 몇 가지 예시를 보여주고 있다. 관리자와 강사는 전(前) 의뢰인이나 The Association for Talent Development(ATD)와 같은 교육전문 조직을 통해 업체의 명성이 확인되어야 한다. 예를 들어 업체는 어떤 산업분야에서 일해보았는지 등의 컨설턴트 경험 등이 평가된다. 관리자는 컨설팅 계약에서 서비스와 자료, 가격에 대한 개요를 주의 깊게 고려해야 한다. 예를 들어, 교육자료로 활용되는 매뉴얼과 유인물이 컨설턴트의 지적재산권인 경우는 흔한 일이다. 따라서 훗날 회사가 컨설턴트의 교육자료를 사용하기 원한다면 컨설턴트에게 추가적인 요금을 지불해야만 할 것이다. 훈련 서비스를 제공하기 위해 컨설턴트나 다른 외부 전문업체를 이용할 때 교육 프로그램은 회사의 필요에 맞게 맞춤형으로 실시될 것인지 아니면 많은 다른 조직에서도 적용 가능하게 일반적 형태로 훈련 서비스가 제공될 것인지 그 범위를 고려하는 것도 중요하다. 예를 들어, 잘 알려진 뉴욕의 컨설팅 업체 Towers Perrin은 일부 고객들에게 의뢰 회사에 대해 세부적으로 연구한 후에 그들 실정에 맞게 맞춤형으로 다양한 훈련 프로그램을 제공하겠다고 말했었다. 그러나 6개 회사(Nissan North America, Thompson Consumer Electronics, Harris Bank 등)는 모두 18개의 똑같은 추천을 받았다(예를 들어, 다양성 관리에서 차별 철폐 조치에 대한 개념을 분리하는 것 등).

전문업체나 컨설턴트가 훈련 프로그램을 개발하는데 얼마만큼의 시간이 필요할까? 대답은 "그때 그때 다르다"이다. 일부 컨설턴트는 한 시간짜리 강의내용을 위해 필요한 개발 시간은 10시간에서 20시간 정도라고 말한다. 내용전문가(SME)와 빈번한 미팅이 필요한 고난이 기술적 내용의 경우 50% 이상 더 긴 시간이 추가된다. 온라인, 모바일 또는 가상현실 훈련 프로그램의 경우 얼마나 많은 애니메이션, 그래픽, 비디오 그리고 오디오, 개발해야 할 신규 교육내용의 양, 연습과제와 교육생에게 제공될 피드백 형태, 다른 교육과정과의 연계 정도 등에 따라 한 시간 강의내용을 위해 300시간에서 1,000시간 정도의 개발 시간이 필요하다.

훈련 전이를 위한 프로그램 설계 시사점

4장에서의 동일요소(identical elements)와 근전이, 자극 일반화와 원전이에 대한 토의를 기억해보면 강사가 결정해야 할 중요한 의사결정 중 하나는 학습환경과 학습조건을 완벽하게 업무환경과 맞추거나 많은 다른 작업 상황에 적용될 수 있는 일반원칙을 만드는 것이다. 또한 훈련 전이를 촉진하기 위해 강사는 교육생들이 자기관리를 통해 학습한 기술을 사용하도록 독려하고, 관리자와 동료들은 교육내용을 활용할 수 있는 기회와 교육 참여에 대한 지지를 주며, 전사적 성과 지원(electronic performance support)을 제공하는 것이다.

근전이 또는 원전이 선택하기

학습자들의 성공적인 성과 창출을 위해서는 필요로 하는 기술과 지식의 유연성 및 가변성이다. 학습환경과 학습조건을 업무와 작업환경 범위에 맞추는 것은 중요한 고려사항이다. 예를 들어, 훈련에서 강조했던 과업이 일반적인 형태로 예측 가능한 상황에 반응하는 것이라면, 훈련은 동일요소 반복과 근전이(near transfer)를 강조하도록 설계되어야 한다. 훈련의 요지가 절차적 지식 또는 과업을 성공적으로 완수하는 것이라면 일련의 단계를 통해 특별한 방법을 사용하도록 만들어진 경우가 종종 있다. 회사 종업원들의 전화응대, 사무실과 건물 안전관리, 고객 질문에 대한 응대, 컴퓨터 작동과 소프트웨어 사용법은 회사 종업원들이 따라야만 하는 절차에 대한 사례가 될 것이다. 이런 경우에 강사는 근전이를 강조해야만 한다. 근전이는 작업환경에서 학습된 능력을 정확히 적용해야 하는 요구를 의미한다. 근전이를 강조하는 프로그램은 다음과 같은 상황이다.

- 교육생들은 표준화된 절차, 과정 그리고 체크리스트를 따를 필요가 있다.

- 교육생들은 훈련과 작업 과정의 차이점에 대한 설명을 들어야 한다.
- 교육생들은 같은 특징을 가지고 있지만 다른 모델인 경우처럼 중요하지 않은 차이점보다 완성 속도 등과 같이 훈련 과업과 작업 과업의 중요한 차이점에 집중할 것을 격려받는다.
- 교육생들은 절차 뒤의 개념을 이해하기 위해 실행해야 하는 방법과 함께 왜 실행해야 하는지에 대한 설명을 들어야 한다.
- 프로그램에서 교육생들이 학습해야 하는 행위와 기술은 효과적으로 성과에 기여해야 한다.

예를 들어, 경찰관을 위한 훈련 설계는 아래와 같은 원칙의 중요성을 고려하여 주의 깊게 이루어져야 한다. 훈련 과정에서 경찰후보생은 표적사격을 연습한다. 훈련기간 동안 후보생은 실탄을 발사하고, 탄피를 제거한 후, 탄피를 가까운 쓰레기통에 넣는다. 이 과정을 몇 번에 걸쳐 반복한다. 경찰학교 졸업 후 한 명의 신입 경찰관이 현장 사격에 참여했다. 그는 총을 발사하고 탄피를 제거한 후 탄피를 넣을 쓰레기통을 찾는다. 그 결과 무장강도는 그를 발견하고, 총을 쐈으며, 그는 죽었다.

대조적으로 훈련에서 강조된 과업이 더 많은 사람 또는 장비 그리고 예측되지 않은 반응과의 접촉을 포함하고 있다면 강의는 언제 그리고 왜 일련의 행동을 취해야 하는지에 대해 보다 일반적인 원칙과 지식을 강조해야 한다. 즉, 강의는 원전이(far transfer)를 강조해야 한다. 이것은 해결책을 개발하고, 새로운 제품을 창조하거나 어려운 문제를 해결하는 독창적인 사고를 수반하는 기발한 상황에 대처하는 법을 학습자에게 가르치는 사례이다. 원전이를 강조하는 프로그램은 다음과 같은 사항을 포함해야 한다.

- 일반적 개념, 폭넓은 원칙 또는 핵심 행위를 가르칠 것
- 교육과정에서 제시된 것보다 더 큰 일련의 문맥에 적용할 수 있는 일반적 원칙
- 이것은 전에 내가 우연히 마주쳤던 문제와 어떻게 유사할까? 그리고 나는 진짜 문제를 인식하고 있는 걸까? 등과 같은 생각과 질문을 할 수 있게 하는 즉답 또는 질문 목록을 제공하면 교육생들이 다른 상황에서도 효과적으로 전략을 연결할 수 있는 시야를 가지도록 도움을 준다.

자기관리 독려하기

교육생들이 기술을 이용할 기회 부족 또는 비지원적인 관리자와 같은 작업환경에서 직

표 5.10 자기관리 모듈 내용 예시

1. 과오에 대한 토론	4. 기술과 전략 배우기에 대한 토론
• 부적절한 증거 확인하기 • 개선을 위한 방향 제공	• 시간 관리 • 우선순위 정하기 • 자기 관찰 • 자기 보상 • 개인적으로 지원 네트워크 만들기
2. 전이를 위한 중요기술 인식하기	**5. 과오하기 쉬운 시기 인식하기**
• 기술 명시하기 • 측정 가능하고 계산 가능하게 만들기	• 상황 • 과오를 대처하는 행동
3. 과오를 유발시킨 개인 또는 환경 요인 인식하기	**6. 기술전이를 보장하는 자원에 대한 토론하기**
• 낮은 자기 효능감 • 시간 압박 • 관리자와 동료 지원 부족	• 관리자 • 강사 • 다른 학습자

출처: "Improving Management Development Through Relapse Prevention Strategies," Journal of Management Development 5(1986): 27-40; M. L. Broad and J. W. Newstrom, Transfer of Training(Reading, MA: Addison-Wesley, 1992); R. D. Marx and L. A. Burke, "Transfer Is Personal." In Improving Learning Transfer in Organizations, ed. E. Holton and T. Baldwin(San Francisco: Jossey-Bass, 2003): 227-242.

면하는 장애에 효과적으로 대처하게 하는 한 방법은 훈련 프로그램 끝쯤에 자기관리 기술 교육을 제공하는 것이다. 〈표 5.10〉은 자기관리 교육의 사례를 보여주고 있다. 모듈은 다소 시간이 지나면 개선될 수 있는 지식과 기술의 사용 습관으로 인해 발생되는 과오 즉, 개인의 부적절함이 없어 보이는 실수에 대한 토론으로 시작한다.

과오는 개선을 위한 필수 정보를 제공하며, 훈련 전이에 가장 부정적 영향을 미치는 환경을 인식할 수 있게 도와준다. 다음으로, 특정행위, 기술 또는 전략 등이 전이를 위한 표적이 된다. 기술은 측정 또는 계산 가능해야 교육전이를 방해하는 장애물을 인식하게 된다. 또한 훈련 전이를 방해하는 요인은 작업환경 특성과 낮은 자기 효능감처럼 개인적 특성 모두에서 발생할 수 있다. 그때 강사는 이들 방해물에 대처하기 위해 사용할 수 있는 기술 또는 전략을 학습하기 위한 개요를 제공한다. 이들 기술과 전략은 시간관리, 대화 대상과 작업현장에 기술을 전이할 수 있게 지원 세력 만들기, 직무에 성공적으로 기술을 전이하기 위한 자기 관찰 등이다. 그 다음으로 과오에 대처하기 위해 교육생들은 과오가 발생하기 가장 좋은 상황이 무엇인지 인식하는 법을 배운다. 모듈의 마지막 부분은 훈련 전이를 도와줄 자원 사용법을 다루는 것이다. 이들 자원은 강사와의 대화 또는 이메일을 통한 동료 교육생 그리고 상사와 토론하는 것들을 의미한다.

예를 들어, 관리자는 자신의 리더십 기술을 증가시키기 위한 설계된 훈련 프로그램에 참석할 수도 있다. 과오에 대해 토론 후에 관리자는 배워야 할 중요 기술을 인식하게 된다(예를 들면, 참여적 의사결정-즉 작업 집단에 영향을 미칠 수 있는 의사결정 전에 부하들과 문제점과 잠재적 해결책을 토론하는 것).

관리자는 "일주일에 적어도 두 번 이상 부하들과 문제점과 해결책을 토론한다."와 같이 기술과 그것을 측정하는 법을 정의한다. 그 다음 관리자는 과오를 발생시킬 수 있는 요인을 인식한다. 요인이 될 수 있는 한 가지는 자신의 견해와 다른 부하를 다루는 능력에 대한 관리자의 자신감 부족일 수 있다. 관리자가 인식하고 있는 잠재적인 전략 대처법은 아마도 다음의 내용들을 포함하고 있을 것이다. (1) 부하와의 회의 스케줄을 정확하게 맞추기(시간관리), (2) 상사에게 목표에 대해 이야기하고 도움을 요청하기(지원 그룹 만들기), (3) 적극성 관련 교육 이수하기

관리자는 특히 어떤 상황에서 과오를 경험하는 걸까? 관리자는 짧은 시간 안에 의사결정을 해야 하는 상황에 직면(시간압박 장애물)하게 될 때 독재자적인 스타일로 회귀하면서 대부분의 과오를 범하는 경향이 있음을 인식하게 된다. 관리자는 시간제약이 심각하고 부하들의 전문성이 부족할 때 의사결정 합의를 얻으려 하는 것은 부적절할 수 있다는 것을 인지한다. 모듈의 마지막 단계에서 관리자는 (1) 자신의 교육진도를 검토하기 위해 멘토를 만나고, (2) 효과적으로 참여적 의사결정 방법 사용하기 위하여 다른 관리자들과 대화하고, (3) 교육훈련에 참여하는 다른 관리자들과 대화를 통해 해결 방법을 찾는 것을 제안한다. 또한 관리자는 매일 성공과 실패 사례를 메모하면서 참여적 의사결정법의 사용을 관찰한다.

교육훈련에 대한 관리자의 지원 독려하기

관리자 지원은 교육생의 관리자가 (1) 훈련 프로그램 참여의 중요성을 강조하고, (2) 직무

그림 5.5 교육훈련에 대한 관리자 지원·수준

수준		기술
	높은 지원 ↑	
프로그램 강의		강사로 참여
기술 실습		수강생들에게 실습기회 허락
강화		수강생 진도 토론: 수강생의 새로운 능력 사용을 지원하는 하는 법 물어보기
참여		수업 참석
격려		작업 스케줄 조정을 통해 교육 참석을 수용: 종업원의 훈련참여를 지지
수용	낮은 지원 ↓	훈련참석을 허락: 훈련의 중요성을 인정

에 교육내용을 적용할 것을 강조하고, (3) 교육생들에게 그들이 학습한 것을 업무에 사용할 기회를 제공하는 정도를 의미한다. 관리자들은 업무에서 교육내용을 적용하기 위해 필요한 격려와 자원을 제공하고, 그들의 이런 기대사항을 학습자들과 대화할 수 있다. 한 회사는 학습자들과 그들의 상사에게 각각 쪽지를 준비해서 보내라고 부탁했다. 쪽지에는 다른 사람들이 훈련 전이를 개선하기 위해 "시작해야 하는 것", "지속해야 하는 것", "줄여야 할 것" 또는 "멈춰야 할 것"을 기술하라고 적어놓았다. 관리자들은 〈그림 5.5〉의 예시처럼 교육활동 지원을 각기 다른 수준으로 실행할 수 있다. 지원의 수준이 더 클수록 훈련 전이가 더 많이 발생하는 경향을 보인다. 관리자는 적극적으로 훈련 프로그램 설계와 운영에 관여해야 한다. 관리자들이 제공할 수 있는 지지의 기초 수준은 바로 "수용(훈련 참석 허락)"이다.

가장 큰 수준의 지원은 강사로 교육에 참석하는 것(프로그램 강의)이다. 강사로 봉사하는 관리자는 새로운 학습능력 사용 강조, 교육생과 진도에 대한 이야기 나누기, 연습할 기회 제공 등과 같은 낮은 수준의 지지 기능을 제공하는 경향이 있다. 훈련 전이를 최대화하기 위해서는 강사는 가능한 높은 수준의 지지를 제공할 필요가 있다. 또한 관리자는 액션플랜 사용 등을 통해 훈련 전이를 촉진시킬 수도 있다.

〈그림 5.6〉의 액션플랜 예시를 보면 알 수 있듯이 액션플랜은 교육생과 관리자가 업무에 훈련을 전이시키기 위한 단계를 기록한 문서를 말한다. 액션플랜은 (1) 훈련내용과 방법의 목적(프로젝트, 문제), (2) 목적에 도달하기 위한 전략(다른 방식의 문제해결, 필요로 하는 자원 그리고 관리자와 동료의 지지 형태), (3) 피드백을 받는 전략, (4) 기대되는 결과 등이 포함된다. 액션플랜은 또한 관리자와 교육생들이 학습된 능력을 업무에 사용하기 위해 배우는 학습 진도 등에 대해서 특정 날짜를 지정하여 능력의 진척 정도를 확인할 수 있는 스케줄을 제공한다. 액션플랜 과정은 목적과 그 목적에 도달하기 위한 전략을 인식함으로써 시작될 것이다. 일단 이것들이 결정되면, 피드백 확보와 목적을 성취했을 때 모습에 대한 전략이 완성된다. 액션플랜을 완성하기 위해서는 교육생들은 질문에 대답해줄 수 있는 전문가나 참고 자료 등을 활용할 수 있는 추가적인 기술지원이 필요하다. 강사 또는 프로젝트 관리자는 교육생들이 서로 얼굴을 맞대고 상의하거나 전자회의 등을 통해 자신의 액션플랜을 완성하기 위해 필요한 자원획득에 도움을 줄 수 있다. 〈표 5.11〉은 훈련과정과 전·후에 관리자의 지원 수준을 결정하는데 사용할 수 있는 체크리스트를 보여주고 있다. 관리자가 기술된 문장에 더 많이 동의할수록, 훈련 프로그램에 대한 지원 수준은 더 커지게 된다. 훈련에 대한 관리자의 지원을 확보하기 위해서는 몇 가지 방법이 있다. 첫째, 관리자는 프로그램의 목적과 사업 목적 및 사업 전략간 관계에 대해 간결하게 보고 받을 필요

그림 5.6 액션플랜 예시

훈련 주제 ________________________

목적은 훈련내용(지식, 기술, 행위, 역량 등)과 적용(프로젝트, 문제 등)을 포함한다.

목표에 도달하기 위한 전략

행동 수정하기(나는 어떤 다른 방식을 사용할 것인가?)

필요한 자원들(장비, 재정)

동료와 관리자로부터 지원(가능한 세부적으로 작성)

자신의 진도에 대하여 피드백을 받기 위한 전략(동료와 관리자 회의, 진도에 대한 자기관찰, 고객반응 등)

예상되는 결과(목표를 달성했을 때 무엇이 달라지는가? 누가 차이점을 주목할 것인가? 무엇을 주목할 것인가?)

무엇이 달라지는가?

누가 주목할 것인가?

무엇을 주목할 것인가?

진도 확인 날짜 ________________ ________________ ________________

가 있다. 관리자는 교육 주제에 대한 스케줄과 훈련이 끝나고 나면 전이가 발생할 수 있도록 그들이 수행해야 할 임무에 관한 체크리스트를 전달 받아야 한다.

두 번째는 학습자들은 직장에서 직면하고 있는 업무 문제와 상황에 교육에서 배운 내용을 가져오도록 격려 받아야 하고, 수행하는 방법은 연습문제를 풀거나 액션플랜을 실행하는 것이다. 교육생들은 그들의 관리자와 함께 문제와 상황을 인식해야 한다. 세 번째로 과거 훈련 참가자들로부터 수집된 훈련에 대한 혜택에 관한 정보는 관리자와 공유되어야 한다. 네 번째로 강사는 교육생들에게 그들의 관리자와 함께 액션플랜을 완성하도록 과제를 부여해야 한다. 다섯 번째로 만일 가능하다면 관리자를 강사로 활용하라 즉, 관리자 교육이 첫 번째다 그리고 그들에게 자신의 부하들을 교육시킬 책임을 맡겨라.

토론토에 있는 편의점 회사 Mac's는 시장 관리자가 편의점 외관을 깔끔하게 하거나 종업원들에게 청결한 유니폼을 입게 하고, 고객서비스 제공 및 건강과 안전에 대한 정보를 붙여놓는 것과 함께 좀 더 많은 사업자문을 편의점에 제공하길 원했었다. 금융에 대한 상식은 시장 관리자가 학습해야 할 핵심 역량이었고, 훈련 전이를 돕기 위해 편의점 운영자와 판매구축에 관한 일을 하는 것이 시장 관리자의 업무평가와 임금수준을 결정하는 요소이면서 동시에 중요한 직무수행 요구사항이었다. 또한 시장 관리자는 편의점 운영자들에게 재정관리 교육을 제공하는 책임을 맡고 있었다. 훈련을 통해 수익 증대와 종업원 절도 및 온타리오 전반에 걸쳐 만연하는 물품 도난사고를 예방할 수 있게 되어 비용 감소를 야기했다. 이와 같은 특별 교육을 하기 위해서는 교육 목적에 대한 설명, 교육 참석 독려, 실습 기회 제공, 교육내용 활용 강조, 최근에 습득한 능력 활용과 관련된 후속조치 등과 관련된 사항은 관리자와 함께 일정을 구성해야 한다.

표 5.11 관리자의 훈련 지원 수준을 확인하기 위한 체크리스트

다음 문장을 읽고 당신에 해당하는 것에 체크하시오

_________ 나는 종업원과 교육과정과 학습목표에 대해 토론한다.
_________ 나는 훈련 목적을 이해한다.
_________ 나는 종업원이 학습할 필요가 있는 것과 훈련을 연계시키는 방법을 안다
_________ 나는 종업원이 교육 이후 그들이 배운 것을 사용하도록 지원하는 훈련에 대해 충분히 알고 있다.
_________ 종업원은 액션플랜을 완성하거나 업무에 적용될 수 있게 도움을 주도록 설계된 형태의 교육을 계약했다.
_________ 나는 훈련과 관련된 나의 기대를 말한다.
_________ 나는 종업원이 프로그램 후 그들이 배운 것을 공유하도록 격려한다.
_________ 나는 전화와 사무실 이메일을 통해 학습 방해를 예방하고 종업원이 출석교육에 참석하는 것을 격려한다.
_________ 나는 종업원이 훈련에 참석하는 것을 허락한다.
_________ 교육 후에 나는 종업운에게서 학습목적과 적용 방법에 대한 보고를 듣는다.
_________ 교육 후에 나는 종업운이 배운 것을 적용하는 방법에 대한 그들의 아이디어를 듣기 위해 만날 것이다.
_________ 나는 다른 종업원과 그들이 배운 것을 공유하는 기회를 제공한다.
_________ 나는 업무에 적용되는 학습에 대해서 인정하고 보상한다.

출처: R. Saunderson, "ROI for recognition", Training(November/December 2010): 52-54; A. Rossett, "That was a great class, but…" Training & Development(July 1997): 21.

본 장을 시작하면서 소개했던 이동통신 회사 Alltel은 관리자를 강사로 활용하고 있다. 시스템과 제품 변화 또는 정책 변화 시 관리자는 종업원 교육을 담당하는 주요 강사가 된다. Alltel은 관리자들에게 새로운 시장 전략, 요금체계 변동, 신규 무선 또는 데이터 서비스 그리고 전화 헤드셋 등에 관한 분야를 교육시키기 위해 매월 화상회의를 활용한다. 수업에서 강조하는 사항은 단순히 이동통신 사업의 변화가 아니라 관리자들이 효과적으로 종업원 교육을 할 수 있도록 학습원리를 가르치는 것이다. 예를 들면, 화상회의는 관리자들로 하여금 판매사원들이 장비 업그레이드에 관해 고객에게 말하는 방법을 가르치게 설계되어 있는 역할극에 참여하도록 하고 있다. 반도체 산업의 공정관리 솔루션 공급회사 KLA-Tencor는 교육개발에 가치를 두고 투자하고 있으며, 회사의 사업전략과 연계하고 있다. 높은 수준의 교육투자를 통해 KLA-Tencor의 종업원 및 관리자들은 진지하게 수업을 수강하고 있으며, 업무에 적용해야 하는 몇 단계 교육과정을 운영하고 있다.

기업의 관심사 중 하나는 너무나 많은 종업원들이 훈련을 업무로부터 이탈한 휴가로 본다는 것이었다. 이런 걱정으로 인해 KLA-Tencor는 훈련 교육과정에 통과/실패 정책을 도입했다. 만일 종업원이 훈련과정 중 어떤 분야에 실패하게 되면 곧장 관리가 들어간다. 종업원은 교육 과정에서 제외되며, 과정을 재수강하기 위해 필요한 성과개선 계획을 작성해야 한다. 통과/실패 정책은 종업원의 역량 수준을 개선하였으며, 미미한 종업원 성과 감소와 140만 달러의 비용 절감을 유발했다. 그러나 이 정책이 가져온 가장 중요한 결과는 훈련을 보는 종업원의 눈이 변했다는 것이다. 훈련과정이 끝나면 빨리 자리를 벗어나던 교육생들이 늦게까지 자리에 남아 있고 숙제와 과제를 완성하기 위해 스터디 그룹을 결성하였다. 수업 지각률은 20%에서 0%로 떨어졌다. 이러한 수강행태 변화로 인하여 학생들이 실제로 수업 중에 공부를 하는지 그리고 관심을 가지고 있는지 볼 수 있는 전문강사의 사기를 진작시켰다. 또한 관리자들은 교육훈련을 기초로 한 성과급 제도 때문에 직원 개발에 관심을 기울였다. 성과급 제도는 회계, 생산성 그리고 전략적 목표로 구성되어 있었고, 교육훈련은 전략적 목표 부분에 포함되어 관리자 보너스의 10%에서 30%가 직원 개발 정도를 기반으로 반영되었다. 일부 관리자의 경우 보너스의 75%가 종업원 훈련과 자격증 수준 등을 측정한 직원 개발 정도를 바탕으로 지급되었다. 사업과 관련하여 훈련의 중요도를 기반으로 보너스 반영 비율이 결정된다. 성과급 제도는 또한 생산성 목표와 연계되어 보너스를 지급한다. 단지 훈련과 자격수준을 유지하는 종업원만이 생산성에 따른 보너스를 받을 수 있다. 서비스 엔지니어와 같은 일부 직무의 경우 보너스는 10%에서 15% 정도 차이를 보인다. 이런 성과급 제도는 훈련 및 개발의 책임을 단지 관리자뿐만 아니라 개별 종업원에게도 부여한다.

|동료의 지원|

훈련 전이는 교육생들과 관련된 네트워크를 통한 지지가 있을 때 강화될 수 있다. 네트워크 지지는 학습한 능력을 업무에 반영하기 위한 논의를 할 수 있는 둘 이상으로 구성된 집단을 의미한다. 이것은 얼굴을 맞대고 하는 대면 회의, 이메일을 통한 대화, 페이스북과 같은 SNS를 통한 접촉 등을 포함한다. 이런 집단에서 학습자들은 교육내용을 업무에 적용하는 방식에 대한 경험을 성공적으로 공유할 수 있을 것이다. 그들은 또한 학습내용을 활용하기 위해 필요한 자원을 확보하는 방법 또는 교육 활용을 방해하는 업무환경에 대처하는 방법 등을 토의할 것이다. 미국 중서부에 위치한 한 회사는 교육훈련이 끝나고 2주에서 12주 사이에 각 교육집단과 일련의 회의를 가지기 위한 일정을 잡았었다. 교육생이 동료들과 더 많은 회의를 할수록 학습이 업무현장에 더 많이 적용되었다. 특히 관리자들의 지원이 부족하다고 느꼈던 교육생들에게 학습전이의 효과가 더 높았다.

강사는 또한 교육생들이 훈련 전이 이슈에 대처하는 방법을 소식지를 통해 전달할 수 있다. 모든 교육생들에게 배포되는 소식지에 성공적으로 새로운 기술을 활용한 교육생들의 인터뷰 기사 등을 실어 보낼 수 있으며, 강사는 또한 교육생들에게 더 많은 경험을 겪었던 종업원 또는 전에 같은 훈련 프로그램을 이수한 동료를 멘토로 제공할 수 있다. 멘토는 훈련 전이 이슈에 대한 충고와 지원을 제공할 수 있다(예를 들어, 학습한 능력을 사용할 기회를 발견하는 방법 등).

|학습한 능력을 사용할 수 있는 기회|

학습한 능력을 사용할 수 있는 기회란 교육생이 훈련 프로그램에서 최근에 학습한 지식, 기술 그리고 행위를 적용해볼 수 있는 기회를 적극적으로 찾는 것을 의미한다. 실행해볼 수 있는 기회는 업무 환경과 학습자 동기 등에서 영향을 받는다. 학습자가 학습한 능력을 사용해볼 수 있는 기회를 얻는 한 가지 방법은 배운 방법을 활용해서 문제나 과업을 해결할 수 있는 과업을 할당 받는 것이다. 관리자는 일반적으로 업무 할당을 결정하는 중요한 역할을 수행한다. 직무에 훈련 내용을 활용할 수 있는 기회를 가진 교육생은 그렇지 않은 교육생에 비해 학습된 능력을 더욱 많이 유지하는 경향이 있다. 실행할 수 있는 기회는 업무의 폭, 활동수준, 과업유형에 의해 결정된다. 업무의 폭은 직무에서 활용될 수 있는 내용이 훈련과정에 얼마나 포함되어 있었는지를 말한다. 활동 수준이란 직무에서 과업이 실행되는 빈도를 의미하고, 과업 형태는 직무를 실제 수행할 때 발생하는 과업 난이도를 의미한다. 직무에서 학습내용을 응용할 기회를 제공 받은 교육생은 기회를 거의 갖지 못한 사람보다 지속적으로 학습한 능력을 보유할 가능성이 크다.

실행할 수 있는 기회에 대한 측정은 (1) 과업 수행 여부, (2) 과업을 수행한 횟수 (3) 수행한 과업의 난이도 정도 또는 도전적 과업 여부 등을 전임자에게 물어보는 방식으로 측정할 수 있다. 실행 기회가 낮은 수준으로 보고된 사람의 경우 학습내용을 연습하고 내용을 다시 검토하도록 설계된 재충전 과정에 입소해야 할 후보군일 것이다. 학습한 내용을 실행할 기회를 얻지 못한 사람들은 학습한 능력이 쇠퇴하는 경향을 가지기 때문에 재충전 과정은 필수적이다. 실행할 기회가 낮은 수준이란 업무 환경이 새로운 기술을 사용할 수 없게 방해하고 있다는 것을 의미한다. 예를 들어, 관리자가 훈련 활동을 지원하지 않거나 훈련에서 강조된 기술을 사용할 과업 수행 기회를 주지 않는 경우이다. 마지막으로 실행 기회가 낮은 수준은 교육내용이 종업원 업무에서 중요하지 않다는 것을 의미하기도 한다.

|기술적 지원|

전사적 성과 지원 시스템(electronic performance support system; EPSS)은 기술훈련, 정보접근, 전문가 조언 등을 요청하면 자료를 제공받을 수 있게 컴퓨터를 활용하는 것을 의미한다. EPSS는 학습자에게 업무에서 학습한 능력을 적용하려고 할 때 필요에 따라 참고할 수 있게 학습자에게 전산정보를 제공해주기 때문에 훈련 전이를 향상시켜 준다. 8장에서 훈련에서의 EPSS 사용에 대해 논의할 것이다.

아트랜타의 가금류 가공회사 Cagle's는 닭가공 기계를 유지관리하는 직원들을 대상으로 EPSS를 사용한다. 닭가공 기계는 지속적으로 첨단화되기 때문에 기술자들을 끊임없이 교육하여 장비의 세부적인 것까지 알게 하는 것은 불가능하다. 어쨌든 기술자들은 기계를 관리하기 위해 알아야 하는 기초적인 절차에 관한 내용들을 교육받고 있으며, 기계에 이상이 생겼을 때 기술자들은 수리에 관한 세부적인 자료를 제공하는 EPSS와 함께 자신들이 학습한 내용을 바탕으로 조치한다. EPSS는 또한 교체 물품이 어디에 보관되어 있는지 그리고 어떤 부품을 사용해야 하는지에 대한 정보를 제공해준다. EPSS는 화면을 확대할 수 있도록 챙이 달려 있는 매우 작은 크기의 컴퓨터 모니터가 구성되어 있다. 휴대용 CD플레이어의 절반 크기의 3파운드 무게 컴퓨터에 모니터가 부착되어 있는데, 챙에 달려 있는 마이크를 통해 기술자들은 컴퓨터에게 음성명령을 사용할 수 있다. EPSS를 통해 종업원들은 신속하게 기계를 진단하고 수리하게 된다. 이런 신속성은 하루에 십만 마리 이상 닭을 가공하고 부패하기 쉬운 특성을 가진 식품 가공 공장에서는 대단히 중요한 일이다. 또한 강사는 학습자들이 우연히 마주치게 되는 훈련 전이 문제점에 대한 좋은 정보를 제공하여 학습자들의 EPSS 사용 현황을 관찰할 수 있다. 발견된 문제점은 과정과 절차 이해 부족 등과 같은 훈련설계와 업무환경(예를 들어, 수강들은 임무를 완수하기 위해 필요한 자원 또는 장비를 가지고 있지 않거나, 어디 있는지 모르는 상황) 등과 관련되기 때문이다.

학습과 훈련 전이를 위해 지식경영 사용하기

2장에서 배운 내용을 생각해보면 "전략적 훈련" 이란 기업의 규칙, 과정, 도구 그리고 구조화된 지식 등과 함께 사람과 사회에 대한 지식을 개인 또는 팀이 알고 있거나 아는 방법을 알고 있다는 것을 의미한다. 지식이란 암묵지 또는 형식지이다. 암묵지는 개인의 경험과 인식, 가치에 영향을 미치는 개인적 지식을 의미한다. 암묵지와 관련된 대화는 토론과 시범 등을 통한 사적인 대화를 필요로 한다. 형식지는 매뉴얼, 공식 그리고 공식적 언어로 기술한 설명서 등을 의미한다. 형식지는 지식경영 시스템을 통해 관리된다. 예를 들어, Fluor Corporation은 인터넷 기반 지식 시스템을 가지고 있으며 종업원들은 특정업무 기능에 대한 모든 절차와 안내, 기준 그리고 우수사례 등에 접근할 수 있다.

지식경영은 지식의 창조, 공유 그리고 사용을 개선하기 위해 도구, 과정, 시스템, 구조, 문화 등을 설계하고 실행하여 기업의 성과를 개선시키는 과정을 의미한다. 지식경영은 더 빨리 기업이 시장에 제품을 출시하고, 더 좋은 고객 서비스와 혁신적 제품과 서비스를 제공하며, 훈련 및 개발에 대한 기회 제공을 통해 신규 종업원 유인과 현재 종업원을 이탈 없이 유지할 수 있도록 조력한다. 지식경영은 어떻게 발생시킬 수 있을까? 지식을 창조하고, 공유하며 사용할 수 있게 도와주는 몇 가지 방법이 있다.

1. 기술과 이메일, 페이스북 또는 마이스페이스 같은 SNS를 사용하라. 또는 회사 인트라넷 포탈을 통해 사람들이 다른 사람들과 정보를 저장하고 공유할 수 있게 할 필요가 있다.
2. 종업원들이 무엇을 하는지, 어떻게 접촉하는지 그리고 그들이 가지고 있는 지식의 유형이 무엇인지 안내책자를 만들 필요가 있다.
3. 회사내 특정 지식이 어디에 있는지 알 수 있도록 정보지도를 개발해야 한다.
4. 회사내 정보 교환을 목록화하고 촉진하기 위한 최고정보책임자(CIO)와 최고학습책임자(CLO)를 임명해야 한다.
5. 종업원들이 참석했던 훈련 프로그램에서 배운 것에 대하여 다른 사람 앞에서 발표하도록 요구할 필요가 있다.
6. 지식획득, 문제 연구, 훈련 참석, 기술 활용을 위한 휴가를 허락해야 한다.

7. 학술지, 기술 매뉴얼, 교육 기회 그리고 비디오 세미나 등과 같은 학습자원을 위한 온라인 도서관을 만들 필요가 있다.
8. 직원간 접촉을 촉진할 수 있는 사무실 공간을 설계해야 한다.
9. 제품, 서비스, 고객 또는 문제유형 등과 같은 주제에 대한 공통관심을 가진 사람들을 위한 대면회의, 위키 또는 블로그 등을 사용하는 실천공동체(communities of practice; COPs)를 만들어야 한다. 그러면 그들은 협력할 수 있고 아이디어, 해결책, 혁신을 공유할 수 있다.
10. 각 프로젝트 끝에는 무엇이 발생했고 무엇을 배웠는지 검토하는 사후검토 과정을 가져야 한다.

많은 기업들이 지식을 공유하고 창조하기 위해 얼마나 다른 방법을 사용하고 있는지 다음 예제들을 보고 생각해보라! 지식공유에서는 다른 사람과 검토를 통해 얻은 통찰을 공유함으로써 일을 완료하고 나면 프로젝트에 대한 감사를 할 수 있다. 예를 들어 많은 기업들이 채택하고 있는 미군의 사후검토(After-Action Review)과정은 모든 미션, 프로젝트 또는 중요 활동들에 대한 검토과정이 포함되어 있다. 검토과정은 다음 4개 질문을 포함하고 있다. (1) 무엇을 하였는가? (2) 실제로 어떤 일이 발생했는가? (3) 왜 발생했는가? (4) 그 다음엔 무엇을 했는가? 학습된 내용은 웹사이트를 통해 이용가능하게 만들어져 있으며, 군대 내 상사에게 보고된다.

Steelcase의 학습센터는 지식을 공유하기 위해 "정보지역(information zones)"이라고 부르는 물리적 공간을 제공하고 있다. 그곳에는 화이트보드와 게시판을 구비하고 있으며, 이동식 가구를 설치하여 필요 시 새로운 장비를 설치할 수 있는 공간 확보와 함께 사람들의 사생활을 보장하고, 집단작업이나 협력수업이 가능하도록 했다. 공학과 환경관련 컨설팅 업체 At MWH Global에서는 소프트웨어 프로그램을 통해 종업원들이 가장 자주 접촉하는 사람, 전문가로 인정받는 사람에 대한 정보를 분석한다. 프로그램은 웹의 상호 연결되는 교점과 연결되는 사람 그리고 그 관계를 분석한다. 웹은 어떻게 작업이 진행되고, 누가 그 관계에서 잘 연결된 전문가인지를 알 수 있게 제공하며, 공식적 조직체계에서 확인되지 않는 업무와 관련된 비공식적 연결을 도와준다. 벨기에의 제약회사 Solvay는 혁신을 촉진하는 지도를 활용한다. 대학 연구원을 회사에 초청한 후 Solvay는 어디서 중복 연구가 발생하고 있는지 어디서 잠재적으로 협력관계가 유지되고 있는지를 보기 위해 과학자들의 내부와 외부 네트워크 연결을 지도화하였다. 1장에서 논의했던 "종업원 훈련과 개발에 대한 소개"에서와 같이, 고령의 종업원들이 은퇴함에 따라 암묵지와 형식지 손실을 경험하고 있는 많은 기업들이 지식경영에 관심을 가지고 있다. 전력산업은 엔지니어와 관리자를 포함해 다수의 숙련공 손실에 직면하고 있다. 또한 즉각적으로 필요한 과학, 기술, 수학 능력을 갖춘 고등학교 졸업생 부족에 직면해 있다. 이런 현실은 공익기업에서 숙련공과 비숙련공 사이에 지식 습득과 공유를 할 수 있는 새로운 방법을 찾을 필요가 있음을 의미한다. 포트랜드에 있는 PacificCorp는 종업원들에게 그들이 업무에서 사용하는 절차에 대해 문서로 기록해 달라고 하고 있다. 워싱턴주의 Puget Sound Energy는 종업원을 인터뷰하고 보고서를 작성하기 위한 전문작가를 고용했으며, 미시건에 있는 DTE Energy Corporation의 숙련 엔지니어들에게 비숙련공들을 위한 멘토가 되어줄 것을 격려하고 있다. 예를 들어, 원자력 회사인 Fermi II의 42년 경력을 가진 선임 엔지니어는 2007년에 고용된 신임 엔지니어를 멘토링하고 있다. 그들은 유지관리 직원들을 다루기 위해 필요한 대인관계 기술을 익히면서 이와 더불어 비숙련 엔지니어들이 장비에 대하여 학습할 필요가 다소 덜한 새로운 디지털 설비가 장착된 현장에서 함께 일한다. 시카고에 있는 회계회사 Grant Thornton LLP는 K-Source라고 불리는 지식경영 시스템을 개발하여 배치했다. K-Source는 판매성장과 고객서비스 개선, 회사가치 지원 그리고 인터넷 서비스 효율성 증대 등이 핵심사업 목표와 부합할 수 있게 조력하도록 설계되어 있으며, 회사에서 제공되는 모든 서비스 라인과 산업집단, 지역들을 위한 온라인 실천공동체(COP)도 함께 구성되어 있다. 모든 종업원들은 K-Source 사용이 그들의 업무평가의 한 부분으로 포함되어 있을 뿐 아니라 지식경영자로 참여를 독려 받는다. K-Source 사용은 종업원에게 사적인 파일들을 창조할 수 있게 하고, 금융에 관한 웹사이트, 교육과정 접속, 전자책 그리고 웹 캐스트로부터 개인소식들을 접할 수 있게 하며, 온라인 토론에 참여할 수 있게 한다. 북아메리카의 고등교육 기관에게 기술지원과 사업 서비스를 수행하는 Datatel은 500명의 직원을 위한 가상 지식 카페들을 운영한다. 그 중 한 카페는 토론을 위한 포럼, 빈번한 질문에 대한 해답 그리고 다른 업무를 수행하는 종업원을 위한 학습계획 등을 제공한다. 회사는 종업원들이 지식에 대한 접근과 함께 관심 있는 분야에 대한 활발한 토론을 하길 원한다. 또 다른 카페는 선도적으로 생산성 개선 활동의 한 부분으로 운영되며, 이런 카페들은 토론방, 업무보조 그리고 자료 공유 등과 같은 전문가 자문을 포함하고 있다.

효과적인 지식경영을 위한 핵심 요소

효과적인 지식경영을 위한 몇 개의 핵심적인 고려사항들이 있다. 교육과 정보기술 부서의 협업, 지식경영을 책임지는 리더십, 쉽게 사용할 수 있는 기술의 제공, 지식을 공유할 수 있다는 종업원 신뢰와 의지 등이 포함되어야 한다.

|교육과 정보기술 부서의 협업|

효과적인 지식경영을 위해서는 교육담당 부서와 정보 기술 부서는 협력해야만 한다. 교육내용과 학습 전략들이 문화를 발전시키는 것과 같이 훈련 및 개발도 문화를 발전시키는 데 기여할 수 있다. 정보 기술은 지식과 훈련 운영과 관련하여 자료의 접근과 공유 그리고 저장하는 시스템을 개발시켜 준다. 예를 들어, Royal Bank of Canada의 내부망은 회사 내에서 계획을 완료하거나, 계획 또는 진행 중인 정보의 중앙보관소 역할을 수행하며, 훈련 프로젝트 관리자를 위한 템플릿과 여러 도구들을 포함하고 있다. 회의나 교육 과정에 참석한 종업원들은 자료를 별도의 웹사이트에 올려놓는 특징이 있다. 기술자들은 웹사이트의 기반시설과 강사들이 웹사이트에 추가했으면 하는 내용들을 개발한다. 미군의 미션, 프로젝트 또는 중요활동이 끝나고 나면 과정에서 학습한 교육내용을 인지해서 문서화하고 웹사이트를 통해 접근할 수 있게 만든다. 학습한 교육내용은 앞에서 언급했던 4개의 단순하지만 중요한 질문에 대하여 평가를 받는다(무엇을 했는가? 무슨 일이 발생했는가? 왜 발생했는가? 그리고 그 다음에 다시 무엇을 했는가? 그리고 개선을 위해 무엇을 시도했는가?). 미국 군대의 학습센터(Center for Army Lessons Learned; CALL)는 265,000개 이상의 제품을 전파하고, 54,000명 이상의 군인과 상사에게 보고하고, 군사 전문가 및 민간 전문가로부터 획득한 24,000건 이상의 자료를 미국 내 전투부대와 진지에 전달하는 네트워크를 만들었다.

지식경영 전담 임원 만들기 IBM, General Mills 그리고 Randstad of North America와 같은 일부 회사들은 지속적인 학습과 지식경영을 촉진하기 위해 전담 임원 자리를 만들었다. 지식경영자로 알려져 있는 최고학습책임자(Chief learning officers; CLOs)는 회사의 지식경영 활성화를 위한 최고 관리자이다. CLO의 업무는 데이터베이스 및 내부망을 포함한 회사의 기술기반을 통해 지식과 학습 문화를 개발하고 수행하여 연계시키는 것이다. 그는 지식을 찾아내고, 만들어내는 방법을 발견하며, 지식을 획득하여 확산시킨다. 그는 강사, 정보기술자 그리고 사업부서들의 지식경영 운영을 지원하고, 제도를 만들도록 독려한다. CLO는 또한 경영 방향을 제공하고 학습과 개발 활동을 지지하며 지식경영을 사업의 가시적 혜택으로 전환시켜 적극적으로 전략적 사업 목표를 지원하도록 하는 책임을 맡고 있다. 예를 들어, Computer Sciences Corporation(CSC) 회사는 훈련 및 개발 필요성을 이해할 수 있게 조력하는 학습담당자가 포함되어 있는 학습책임위원회(Learning Officer Council)를 구성하였다. 글로벌 훈련 및 개발 부서는 최근에 1,800명의 임원과 유능한 관리자들의 교육수요에 맞도록 설계된 개발 프로그램을 만들었다. 프로그램은 이사회와 최고운영책임자, 최고경영자로 부터 후원을 받고 있다. 가전회사 Whirlpool의 지식경영은 직원들에게 새로운 아이디어를 찾도록 독려하기 위해 전 세계에서 혁신 멘토를 개발하여 운영하고 있다.

쉽게 기술 활용하기 지식경영 시스템은 두 가지 이유 때문에 실패한다. 기술이 너무 복잡하거나 기업이 종업원들에게 지식을 공유하도록 동기부여시키는 방법을 너무 고려하지 않기 때문이다. 지식경영 시스템은 종업원들이 자신의 업무를 수행하는 것을 더욱 어렵게 만들 수 있다. 만일 지식경영 시스템이 종업원들에게 다른 컴퓨터 시스템에 장착되어 있는 다양한 검색 엔진이나 협력도구 그리고 문서관리 소프트웨어를 사용하게 만든다면, 사람들은 지식경영 시스템을 이용하지 않을 것이다. 정확한 기술 기반 구축과 종업원들이 쉽게 접근할 수 있고 업무와 관련된 정보를 공유할 수 있게 만드는 것이 중요하다. 지식경영에 대한 새로운 접근 방식은 지식이 업무 현장에 흘러들어 가게 할 것이다. 예를 들어, 의사들에게 매년 의학보고서에 추가되는 질병과 의약에 대한 새로운 논문들을 접할 수 있게 돕기 위해서 Partners HealthCare는 온라인 환자 주문 관리 시스템을 운영한다. 이 시스템은 최신 임상정보와 환자병력을 연계한다. 그리고 의사가 처방을 하면 시스템은 처방에 대해 질문을 의사에게 제기한다. 물론 의사는 시스템이 제기한 의문을 무시할 수 있지만 의사는 논리적으로 질문에 응답해야 한다.

소프트웨어 회사인 Exact Target의 판매지원 직원은 75명의 판매 대리인들에게서 제기되는 제품과 의뢰인에 대한 모든 질문에 답변하는 것은 어려움이 있다. 일부 기술적 질문은 답변하기에는 너무 많은 시간을 필요로 했으며, 다른 판매 대리인에 의해 동일한 질문들이 제기됐다. Exact Target는 모든 질문과 대답이 저장되어 있는 웹사이트를 통해 판매 대리인들이 각각의 질문에 답변하도록 하게 하였다. 웹사이트는 컴퓨터와 휴대용 기기나 휴대폰 등을 통해 접속할 수 있었으며, 판매 대리인들은 매일 긴급한 새로운 질문을 이메일로 신청하면 웹사이트에 바로 등록했다. 이 시스템을 현재 사용하고 있는 판매 대리인들은 일주일에 평균 세 번 정도 접속하고 있는데, 시스템을 사용하는 것이 업무를 효과적으로 처리할 수 있다는 것을 알게 된 12명의 판매 대리인들은 다른 사람들에게 시스템을 사용하라고 권하고 있다. 판매 대리인들은 각각의 질문과 대답을 5개의 별 표시를 사용하여 가장 유용한 등록 자료와 부정확한 자료로 구분하여 순위를 매길 수 있다. 사이트의 검색 엔진을 통해 높은 순위로 등록된 자료들을 볼 수 있으며, 질문과 대답 등록과 함께 유용한 정보나 업무 중 발견한 자료들을 올려놓기도 한다.

Exact Target은 판매 대리인들과 공식적인 교육 사이에서 비공식적인 정보 교환을 연계하고 있다. 회사는 25개의 비디오와 사례연구를 사이트에 등록해놓았으며, 더 많은 영업훈련 정보와 의뢰인에 대한 정보 그리고 소프트웨어 제품 또는 서비스 판매 자격에 도움이 되는 온라인 퀴즈 등을 등록할 예정이다.

종업원 신뢰와 정보공유 의지 정보 공유에 대한 신뢰와 의지는 지식공유와 관련된 중요 사적인 요인이다. 다른 종업원을 알지 못하거나 신뢰하지 않을 수도 있으며, 다른 사람을 지배하기 위해 지식을 축적하거나, 자신의 아이디어가 조롱 또는 공격당할 수도 있다. 또한 지식공유가 부가업무가 되거나 추가적인 부담으로 작용될 수 있다. 지식공유를 격려하기 위해 회사들은 종업원들이 학습하고, 가르치며 공유하는 것을 인정하고 촉진시켜야 한다. 예를 들어, 전 세계 Xerox의 유지관리 팁 데이터베이스에 공헌한 분야별 전문가에 대한 부가혜택은 그 분야 리더 또는 전문가로 알려지게 된다는 것이다. 시스템이 처음으로 이용가능하게 되었을 때 기술자들은 그들이 알고 있는 것을 그곳에 등록해야 된다는 것을 알지 못한 것은 당연했다.

기술자들의 걱정을 해소시키기 위해 관리자들은 본사로부터 전달된 제안을 공지하였으며, 현금이나 티셔츠 같은 보상을 제공했다. 관리자들은 또한 지식공유에 공헌한 사람들의 이름을 주목하였고, 지식공유에 공헌한 사람들은 결국 그들의 지식공유가 유익하다는 것을 알게 되었다. 오늘날 시스템은 70,000개의 제안을 보유하고 있으며, 일 년에 수백만 달러의 수리비용을 절약하고 있다.

지식공유를 격려하는 또 다른 방법은 공유된 아이디어를 회사가 사용하고 성공한다는 것을 보여주는 것이다. AT&T는 지식공유를 전 세계 영업팀의 경쟁정보 공유를 지원하는데 사용하였고, 가격할인 판매에 유용하게 활용되었다. 지식경영은 기업의 경쟁우위를 개선시키는데 잠재성을 가지고 있기 때문에 지식을 관리하는 회사들은 그들의 지식경영 제도에 대한 효과성을 평가하기 위해 몇 개의 측정방법을 사용한다(세부적인 사항은 6장에서 논의할 것이다). 이런 측정은 기업과 고객 이익과 관계된다. 그들은 핵심 인력을 유인하고 유지하는 능력, 기업에 대한 종업원 몰입, 격려 그리고 효과적인 팀워크 촉진, 우수사례의 활용과 이들 제도에 대한 검토와 갱신, 신제품 소개, 고객만족 그리고 반복적인 고객 관계 유지 등을 포함하고 있다.

요 약

학습은 훈련 프로그램의 중요한 측면이다. 그러나 이와 더불어 중요한 것은 학습자로 하여금 업무에서 학습된 능력을 활용하고 전이하도록 격려하는 것이다. 본 장에서는 강의과정 3단계와 관련된 중요한 프로그램 설계 이슈에 대해 논의하였다. 즉 사전훈련, 학습시전, 사후훈련이다. 본 장에서 논의하였던 효과적인 프로그램 설계는 훈련장의 선택과 준비, 최고 강사를 식별하고 선택하는 것, 학습자와의 대화 그리고 강사가 훈련장을 정리할 수 있는 방법에 대한 결정과 공부하고 싶어지는 수업환경 조성이다. 교육생의 나이와 세대 그리고 성격차이는 훈련설계에서 고려되어야 한다. 본 장에서는 교육과정, 교육과정 개념도, 과정과 수업, 문서설계 사용방법과 프로그램 설계에서의 학습계획 등을 소개하고 논의하였다. 많은 기업들이 훈련 프로그램을 설계하는데 필요한 직원, 자원 그리고 전문가를 확보하고 있지 못하기 때문에 또한 훈련 서비스를 위한 전문업체 또는 컨설턴트 구별과 선택하는 방법에 대해 논의하였다.

본 장은 훈련 전이와 관련된 사후훈련 이슈, 지원적 업무환경 조성 방법, 학습자에 대한 자기관리 기술 제공 방법 그리고 관리자와 동료의 지원 중요성에 대한 논의로 결론을 짓고 있다. 학습과 훈련 전이를 촉진하는 지식경영의 중요 역할에 대해서도 논의하였다. 종업원이 지식경영 시스템을 사용하기 위해서는 지식의 발견과 사용을 쉽게 할 수 있어야 하며 지식공유에 대한 신뢰와 의지도 필요하다.

토의 문제

1. 문서설계는 무엇인가? 문서설계에 포함되어야 하는 것은 무엇인가? 훈련에 어떻게 유용한가?
2. X세대와 비교하여 베이비부머 세대를 위한 과정설계는 어떻게 달라야 하는가?
3. 개념도는 학습자를 어떻게 도울 수 있는가?
4. 강의과정의 3단계를 설명하고 어떤 단계가 가장 중요한가? 그리고 그 이유는 무엇인가?
5. 만일 업무환경 조건이 비호의적이거나 변화할 수 없다면 어떻게 훈련 전이가 발생할 가능성을 증대시킬 수 있는가?

6. 고객 서비스는 원전이에 포함된다. 훈련 전이가 발생하려면 어떤 설계 특성이 고객 서비스 훈련 프로그램에 포함되어야 하는가? 교육과정 로드맵은 무엇인가? 왜 이것이 중요한가?

7. 적용과제는 무엇인가? 왜 훈련 프로그램이나 과정에서 고려되어야 하는가?

8. 당신은 어떻게 관리자들이 훈련 전이를 발생시키는 데 보다 적극적 역할을 수행하게 동기부여 시킬 수 있는가?

9. 만일 당신이 지식경영 시스템을 실행하도록 부탁 받는다면, 종업원들이 지식을 공유하고 접근할 수 있도록 무엇을 추천할 것인가? 당신의 추천 내용을 설명하라!

10. 당신은 소규모 집단 사례 토론이 포함되어 있는 훈련과정을 위해 어떤 형태의 좌석배치를 선택할 것인가? 파워포인트와 유튜브 비디오 상영이 포함된 강의를 위해서는? 당신의 선택을 설명하시오!

적용 문제

1. 훈련 전이를 지원하는 업무환경 정도를 측정하는 질문지를 개발하시오. 사용할 질문과 평가척도는 〈표 5.10〉의 사례를 활용하여 체크리스트를 만들고, 왜 그 질문과 평가척도를 사용했는지 근거를 제시하시오.

2. 아래의 것들은 교육생의 훈련 전이 동기부여 측정을 위해 설계된 질문항목들이다. 동료들에게 묻고 그들이 왜 질문에 그렇게 대답했는지 그 이유를 토론하시오.

   다음의 질문들을 읽고 당신의 선호 정도를 강한 동의, 다소 동의, 다소 불일치, 매우 불일치로 표시하시오.

   a. 훈련 프로그램에 참석해서 획득한 기술과 지식은 업무관련 문제를 해결하는데 도움이 된다.

   b. 훈련 프로그램에 참석하지 전에 나는 일반적으로 프로그램의 내용을 어떻게 사용할지 생각한다.

   c. 내가 훈련 프로그램에서 배운 지식과 기술을 사용한다면, 내 직무 성과는 개선될 것이라고 믿는다.

d. 훈련 프로그램 내용에 숙달하면 업무 생산성이 개선될 것이라고 믿는 것은 비현실적이다.
e. 나는 일반적으로 훈련 프로그램에서 습득한 기술 또는 지식을 사용할 수 있다.
f. 훈련 프로그램 내용을 적용하기에는 일상의 업무 활동은 강사가 알고 있는 것보다 더 많은 문제가 있다.
g. 훈련 프로그램에 참석하기 전부터 교육을 받으면 내게 도움이 되는 특정 문제나 프로젝트를 평상시에도 인식하고 있다.

당신이 배운 훈련 전이를 위한 동기부여에 대해 요약 정리할 것.

3. 관리자와 종업원이 훈련 전이를 촉진하기 위해 사용할 수 있는 액션플랜을 설계할 것. 그리고 액션플랜에서 분류한 내용의 정당성을 증명할 것.
4. 당신의 전공과 관련된 교과과정 로드맵을 작성할 것. 이것이 학습자인 당신에게 도움이 될 수 있는가? 또한 강사에게도 도움이 될 것이라고 생각하는가?
5. 이것은 4장의 적용과제2와 관련된 것이다. 당신은 지금 부사장에게서 다음과 같은 이메일을 받았다. 대답을 준비하시오.

   "서비스 품질 개선 프로그램"을 성공적으로 만들기 위한 당신의 제안에 감사드립니다. 고객 불만에 효과적으로 대응하기 위한 호텔 직원 능력 개선에 대한 당신의 아이디어를 아래와 같이 프로그램에 반영하였습니다.

   a. 교육생들에게 수업 때 고객문제에 대한 사례를 가져오게 할 것.
   b. 교육생들에게 화가 난 고객을 다루는 연습 기회를 제공할 것.
   c. 교육생들에게 역할극에 대한 피드백을 제공할 것.
   d. 강사는 프로그램 목적을 인식하고, 교육생들과 목적에 대하여 대화할 것.
   e. 강사는 교육생들과 고객 서비스와 관련하여 특히 중요한 핵심 행위에 대해 대화할 것.

   나는 지금 훈련 투자에 대한 좋은 결과를 만들어내고 싶습니다. 즉, 실제로 종업원들이 훈련에서 획득한 기술과 지식을 그들의 업무에 효과적이고 지속적으로 반영하는 것을 보고 싶습니다. 당신은 이와 관련하여 무엇을 제안하시겠습니까?
6. SANS Institute의 웹사이트인 http://sans.org에 접속하시오. 이곳에 가면 안전 훈련에 대한 정보를 볼 수 있습니다. "Find Training" 밑에 있는 "Training Curricula"의 주제들 중 하나를 선택하면 어떤 정보를 볼 수 있습니까? 이들 정보는 교육생과 강사에게 유용합니까?

7. 컨설팅 회사 Booz Allen Hamilton의 웹사이트 http://boozallen.com에 접속하시오. Careers를 클릭하면 웹사이트에서 이 장과 관련된 내용을 검토할 수 있습니다. 회사의 훈련 프로그램에 대한 정보를 찾아보기 바랍니다. 이 회사는 훈련을 지원하는 업무환경을 가지고 있다고 생각하십니까? 또 그 이유를 설명하기 바랍니다.

8. 훈련 전이 문제점을 진단하거나 훈련 전이가 발생하고 있는지를 확인할 수 있는 방법 중 하나는 아래의 표를 완성해보는 것입니다. 이표는 훈련 전이를 위한 관리자, 강사, 교육생이 교육전, 교육중, 교육후 수행해야 할 책임과 관련된 내용으로 빈칸을 완성하시오.

	교육 전	교육 중	교육 후
관리자			
강사			
교육생			

사례

CEO 제도

Campbell Soup Company의 CEO제도 목적은 참여자에게 의미 있는 리더십 경험을 만들어주는 것이다. 회사는 참여자들의 아이디어와 경험을 구체화하고 그들이 배운 것을 생각해볼 시간을 주고, 일상에서 적용해볼 수 있게 도움을 주는 것이다. 각 수업은 회사의 위치, 사업단위 그리고 기능을 고려하여 대표할 수 있는 20~24명 정도의 참여자로 구성된다. 모든 참여자들은 프로그램에 대한 그들의 몰입 정도와 수업을 통해 얻고자 하는 것에 대해 CEO에게 편지를 보내야만 한다. 프로그램은 5개 모듈로 나누어지며, 각 모듈은 사색과 수업 이후 정오에 회의를 실시한다. 일부 모듈에서는 리더십 스타일 개발 방법 공유와 효과적인 리더십에 대해 학습하는 중역 리더십 팀(executive leadership team) 구성원들에 의해 프로그램에 참여하는 교육생들의 리더십 스타일과 발표 능력을 평가한다. 5개 모듈은 리더십 원리, 산업분야와 관계없이 아우를 수 있는 리더에 대한 이해, 리더십 철학과 모델 개발, 학습해 왔던 내용과 리더로써 다르게 행동해야 하는 것들에 대해 초점을 맞춰 배운다. 모듈은 몇 달에 걸쳐 수업이 제공되는데 참여자들은 다른 프로그램에 참여하고 있는 교육생들과 함께 독서와 동료에 의한 코칭과 같은 숙제를 수행해야 한다. 프로그램 아이디어는 참여자들에게 다양한 리더십 스타일을 보여주고 자신만의 리더십 모델을 만들 수 있는 시간과 방법을 제공하는 것이다. 참여자들이 리더십에 대해 배우고 실습할 수 있는 설계요소와 이런 설계요소들이 학습과 전이를 촉진시킬 수 있는 방법을 설명해보길 바란다.

출처: Reardon, “Making leadership personal,” *T+D*(March 2011): 44-49.

6장

훈련 평가

Training Evaluation

학습 목표

1. 평가의 중요성을 설명할 수 있다.
2. 훈련 프로그램을 평가하기 위한 결과물을 규명하고 선택할 수 있다.
3. 효과적인 평가를 계획하고 실행하는 과정을 설명할 수 있다.
4. 다양한 평가 설계 방법들의 장점과 약점을 설명할 수 있다.
5. 기업의 특성, 훈련의 중요성 및 목적에 기반하여 적절한 평가 설계 방법을 선택할 수 있다.
6. 훈련 프로그램의 비용—효익 분석을 할 수 있다.
7. 인력 분석의 역할과 훈련관행의 가치 결정을 위한 대쉬보드를 설명할 수 있다.

Kelly Services에서 훈련평가는 훈련의 출발점이며 가장 중요한 요소

Kelly Services는 아웃소싱, 컨설팅, 인력 채용, HR관리, 하청관리 및 재취업 주선 등과 같은 다양한 서비스를 의뢰인에게 제공한다. 1946년에 설립한 Kelly의 전문성은 이른바 Kelly Girl이라고 부르는 콜센터, 경공업, 전자부품 조립 직원 공급 서비스에서 시작되었다. 회사는 미국 중심의 인력 서비스 제공에서 전 세계 인적자원관리 문제해결의 선두주자로 진화해왔다. 6,700여명의 종업원들이 매년 530,000명 이상의 종업원을 의뢰인에게 공급해 주는 일을 한다. 또한 전문성과 기술력을 가진 엔지니어, 재무, 회계, 정보기술, 법률, 과학, 건강관리 전문가를 제공할 수도 있다. Kelly는 전 세계에서 가장 큰 과학 인력을 공급할 수 있는 기업이다. 미국에서 시장 비중을 확대할 뿐만 아니라 운영 효율성을 증대하여 우수한 인재를 확보하고, 개발, 고용하는 것이 기업의 목적이다. Kelly는 자신의 기업과 고객을 위해 혁신적 해결책을 창조하고 새로운 비즈니스 영역을 개척해야 할 도전에 직면해있다. 훈련이 회사의 전반적 성공을 이끌어내는 중요 역할을 수행하기 때문에 회사의 글로벌 학습 부서는 기업 내에서 중요한 전략적 역할을 수행하고 있다. 이와 관련된 한 예는 경기 침체 시기에 다른 부서의 예산은 모두 삭감되었지만, 훈련 프로그램의 재정지원은 계속되었다.

훈련비용을 절감하기 위해 글로벌 학습 부서는 교실수업을 강사 주도의 가상현실 수업으로 전환하였다. 학습 부서는 또한 사업과 관련된 학습 해결책을 개발하고 평가를 통해 효과를 설명해야 하는 책임을 일괄 맡아왔다. 이것을 위한 측정 전략은 수치화된 데이터를 통해 학습과 성과의 인과관계를 증명해 보이고, 과정의 완성도와 등록, 규정, 참여자 대비 비용 그리고 종업원들이 이수한 과목 평가 등을 검토하게 된다.

예를 들어, Kelly의 선임관리자들이 글로벌 학습 부서에 신규 종업원들의 낮은 생산성과 이직률 원인에 대해 물어오면, 학습 부서는 이른바 "Kelly Experience"라고 알려진 신규 종업원 프로그램을 개발하는 식으로 응대한다. 프로그램에 참여한 종업원 이직률과 전반적 이직률을 비교해보면 프로그램 참여는 13%의 이직률 감소와 27%의 생산성 증가를 보이는 것으로 나타났다. 학습 부서는 또한 판매 사원의 수익성 증대를 위한 글로벌 해결 훈련을 개발했다. 선임 관리자들과 전 세계 판매사원들이 13개 과정을 만드는 데 지원하였으며 이 프로그램은 판매사원들에게 고객이 필요로 하는 사항에 대한 대답법과 고객과 판매사원의 역할을 바꾸어보는 교차 기회를 통해 고객 입장을 인식하는 방법을 강조하고 있다. 그 결과 최소한 13개 훈련 과정 중 하나라도 이수한 판매사원의 평균 판매 실적은 훈련을 이수하지 않은 경우보다 84% 이상 높았다. 훈련은 판매사원에게 아웃소싱과 컨설팅 같은 회사의 가장 복잡하고 어려운 과제 중 하나를 공격적이고 효과적으로 판매하는 방법을 훈련시키도록 설계되었다. 그리고 이 훈련에는 사례연구, 역할극 그리고 시험 등을 포함하여 30시간이 소요되고, 참여자들은 그들의 판매 책임 범위를 결정하게 되는 성과/실패 등급을 부여 받는다. 평가 결과 프로그램 참여자들은 63% 이상 판매 기회 증가와 22%에서 26%의 계약 증가를 보였다.

출처: P. Harris, "Learning, at your service," *T+D*(October 2010): 57-58; www.kellyservices.com, the website for Kelly Serviecs.

서론

Kelly Services의 사례는 실제로 훈련에 들어간 시간, 돈 그리고 노력이 차이를 만든다는 것을 보여준다. 즉, 훈련 기능은 훈련 프로그램의 효과성을 평가하는 것에 관심이 있다. 훈련 효과성은 기업과 수강생들이 훈련으로부터 받는 혜택을 의미한다. 수강생의 혜택은 새로운 기술과 행위를 학습하게 된 것을 의미하며, 기업의 효익은 판매증가와 더 많은 고객만족일 수 있다. 훈련 평가는 프로그램 혜택을 결정하게 되는 특정한 성과 또는 기준을 통해 측정한다. 훈련성과 또는 평가기준은 강사와 기업이 훈련 프로그램을 평가하기 위해 사용하는 측정을 의미한다. 훈련 평가는 훈련이 효과적이었는지를 결정하기 위해 필요로 하는 성과를 수집하는 과정을 의미한다. Kelly Services의 경우 일부 성과에 훈련 과정에 대한 종업원 평가, 이직률, 판매 등이 포함되어 있다. 또한 훈련 프로그램의 효과성에 대하여 타당한 결론을 끌어내기 위해서는 정확한 정보를 제공한다는 정보 수집 과정에 대한 확신이 있어야 한다. 평가 디자인은 정보 수집을 의미한다. 여기에는 무엇을 언제, 어떻게 그리고 누구로부터가 포함된다. 그리고 이것들은 훈련 프로그램 효과성을 결정하는데 사용될 것이다.

Kelly Services는 Kelly Experience의 효과성을 결정하기 위해 대조군 사후검사(post-test comparison group)를 사용한다. 즉, Kelly Experience에 참여한 종업원과 참여하지 않은 종업원의 이직률과 생산성 데이터를 수집한다. 두 집단의 이직률과 생산성 비교를 통해 이직률은 낮고 생산성은 더 높다는 것을 발견했다. 훈련을 평가하는 조직은 훈련을 통해 이직률과 생산성 같은 그들의 관심사항이 변화할 것이라는 확신을 가져야 한다. 설계된 평가 유형에 따라 변화가 발생할 것이라는 확신의 정도가 결정된다.

1장에서 봤던 교수 시스템 설계 모델(Instructional Systems Design model)과 〈그림

1.1〉, 그리고 2장과 5장 사이의 주제들을 기억할 필요가 있다. 요구 조사로부터 생산된 정보, 학습환경 특성, 훈련 전이를 확신할 수 있는 단계 등은 평가계획을 개발하는데 사용되어야 한다. 적절한 훈련 성과를 인식하기 위해서는 기업은 자신의 사업전략과 조직분석을 할 필요가 있다(왜 우리가 훈련을 실시해야 하는가). 사업과 어떤 관계가 있는가, 사람에 대한 분석(누가 교육을 실시할 것인가), 직무 분석(무엇을 교육해야 하는가), 훈련의 목적 그리고 훈련 전이를 위한 계획 등이 검토되어야 한다. 본 장은 훈련 프로그램을 왜 그리고 어떻게 평가해야 하는지를 이해하는데 도움을 줄 것이다. 본 장은 훈련 프로그램 평가에 사용되는 성과 유형에 대한 논의로 시작하여 평가 디자인을 선택할 때 고려해야 하는 실제적인 요인과 설계형태에 대한 전반적 개요와 프로그램 평가를 실시하기 위해 거쳐야 되는 과정에 대한 논의를 거쳐 훈련 기능의 전략적 가치에 대한 토의로 결론을 내리고자 한다.

훈련평가의 이유

훈련 프로그램에 수백만 달러를 투자하는 회사들은 훈련을 통해 기업이 경쟁우위를 얻는데 도움이 되길 원한다. 학습은 지식을 창출하기 때문에 기업들은 훈련에 투자한다. 종종 기업과 종업원의 성공과 실패를 구분하는 것은 바로 지식이다. 훈련과 인적자원 성과와의 관계, 생산성 같은 조직성과, 이익과 재무지표 등과 같은 재무성과 등에 관한 연구들은 훈련을 실시한 기업들에서 보다 더 긍정적인 인적자원 성과와 더 큰 기업 성과가 창출되는 결과를 보여주고 있다. 훈련의 영향력은 조직성과 결과와 인적자원 성과에서 가장 크고 재무적 성과에서 가장 약하다. 이런 결과는 놀라운 것이 아니다. 훈련을 통해 최소한 조직의 재무성과에 영향을 미칠 수 있고, 인적자원 제도에 영향을 미칠 수 있는 것이다. 2장의 전략적 훈련에서 강조했던 것처럼 훈련은 조직의 사업전략과 자본 집약도가 조합을 이룰 때 조직성과와 보다 강력하게 연계된다. 기업은 수백만 달러를 훈련에 투자하고 훈련을 성공을 위한 전략으로 보기 때문에 훈련과 관계된 결과들을 측정 가능한 형태로 보기 원한다.

캐나다의 통신회사 TELUS는 매년 종업원이 출석하는 프로그램의 수를 세는 것 그 이상을 훈련평가에 반영한다. 매분기 실시하는 설문조사에서 종업원들은 그들의 공식적, 비공식적 학습을 통해 종업원 자신의 성과와 경력에 어떻게 도움이 되었는지를 조사 받는다. 맥도날드의 CEO, Jim Skinner는 회사에 대한 3개의 우선순위를 가지고 있는데 회사의 장기적인 지속가능한 성장, 유능한 관리자와 리더십 개발 그리고 일과 생활에 대한 균형 촉진이다. 따라서 맥도날드는 매장 직원, 관리자, 임원 등 모든 임직원에게 엄청난 교육을 제공하는 것으로 잘 알려져 있다(2장의 맥도날드 햄버거 대학을 잘 기억해볼 필요가 있음). 맥도날드는 다른 여러 방식으로 훈련을 평가한다. 수수께끼 손님(mystery shopper), 고객 핫라인은 매장의 서비스와 제품 품질을 평가하는데 활용된다. 또 다른 방식은 신제품 출시 속도를 측정하는 것이다. 훈련은 신제품 출시 시간을 18개월에서 6개월로 단축시키는데 도움이 되었다. 맥도날드는 또한 90일에서 일 년 간격으로 훈련 효과성을 측정하기 위해 이직률을 점검한다. 훈련은 종업원 생산성과 만족도를 향상시키는데 도움이 되도록 설계되어 있기 때문에, 근속에 영향을 미치고 이것은 다시 회사내 경력관리에 영향을 미치기 마련이다. 사실 70%의 맥도날드 관리자들은 매장 직원부터 시작했다. 맥도날드는 만일 훈련이 적절하게 실시되지 않는다면 상품계획, 주문 정확성, 재료, 생산 그리고 온도 조절 등 제품의 모든 면에서 문제가 발생할 것이라고 생각한다. 지역내 종업원이 보다 더 훈련받게 되면 다른 매장보다 더 많은 판매와 손님 방문이 발생한다는 것을 관련 데이터가 보여주고 있다.

평가는 훈련을 개선할 필요가 있는 정보를 제공하여 무엇에 투자해야 하는지를 알려주는 한 방법이다. 만일 회사가 훈련에 대한 투자에서 부적절한 결과를 받게 된다면 회사는 훈련에 대한 투자를 줄이던지 성과, 생산성, 고객만족, 기타 회사가 얻고자 하는 성과들을 제공할 수 있는 외부 훈련 전문회사를 찾게 될 것이다. 평가는 훈련이 회사에 어떤 혜택을 제공했는지를 설명할 수 있는 데이터를 제공한다. 그리고 훈련평가는 형성평가와 총괄 평가를 포함하고 있다.

형성평가

형성평가는 프로그램 설계와 개발 기간에 발생하는 훈련평가를 의미한다. 즉, 형성평가는 (1) 훈련 프로그램이 잘 조직되고 원활하게 운영되는지, (2) 수강생들이 프로그램에서 잘 배우고 만족하는지를 확인할 수 있게 도와준다. 형성평가는 프로그램을 더 잘 만드는 방법에 대한 정보를 제공한다. 이것은 일반적으로 프로그램에 대한 질적인 데이터를 수집하는 것을 의미한다. 질적인 데이터는 의견, 신념 그리고 프로그램에 대한 감정 등을 포함한다. 형성평가는 고객, 종업원, 관리자 그리고 내용전문가에게 훈련 내용, 목적, 프로그램 디자인에 대한 의견을 묻는 것이다. 이들은 또한 온라인, 대면교육, 비디오 등과 같은 훈련 프로그램 전달방법에 대한 명확성과 편리성 등을 평가하게 된다.

형성평가는 프로그램이 회사에 본격적으로 실시되기 전에 개인이나 집단을 상대로 실시된다. 강사도 프로그램 시간측정을 위해 평가대상에 포함될 수도 있다. 형성평가 결과에 따라 훈련 내용은 보다 정확하고, 이해하기 쉽고, 더 호소력 있는 형태로 변할 수 있다. 훈련 방법은 훈련생에게 더 많은 실습기회를 제공하거나 피드백을 주는 것에 도움이 될 수 있다. 또한 관리자와 고객에게 가능한 더 빨리 훈련 프로그램을 소개하면 프로그램 구매에 도움을 줄 수 있다. 이들은 종업원의 학습과 전이에 도움을 주는 중요한 역할을 수행하기 때문이다. 또한 프로그램 실행 전에 내용에 대한 관심을 유발시킬 수 있다.

파일럿 테스트는 잠재적 수강자와 관리자 또는 프로그램 개발을 위해 돈을 지불한 기타 다른 고객과 함께 훈련 프로그램을 미리 검토해보는 과정이다. 파일럿 테스트는 프로그램을 관리자, 수강생 그리고 고객에게 보여주는 총연습과 같은 것으로, 이것도 형성평가를 위해 사용되어야 한다.

예를 들어, 잠재적인 수강생과 관리자들이 웹 기반 훈련 프로그램을 미리 볼 수 있게 해달라고 부탁할 때 프로그램을 완성하여 그들에게 보여준다면 프로그램에서 사용한 그래픽, 비디오 또는 음악 등에 대한 그들의 의견과 프로그램의 이동성, 연습문제 완결성, 연습문제 완료에 따른 피드백 품질 등을 평가하도록 부탁 받게 될 것이다. 이런 사전검토를 통해 획득한 정보는 모든 사람들이 프로그램을 이용하기 전에 개발자에게 프로그램을 개선시킬 기회를 제공한다. St. George Bank는 은행직원을 위한 새로운 웹 기반 훈련 시스템을 개발했다. 모든 직원에게 프로그램을 개방하기 전에 프로그램의 전형적 사용자로 보이는 소규모 직원을 통해 사전검토를 실시했다. 그들은 개선안을 제안했고 강의 설계자는 그들의 제안을 프로그램 최종 버전에 반영했다.

총괄 평가

총괄 평가는 훈련 프로그램 참여 결과로 수강생들의 변화 정도를 점검하기 위해 실시하는 평가를 의미한다. 즉, 훈련 목적에 맞게 수강생들이 획득한 지식, 기술, 태도, 행위 또는 기타 성과가 발생했는가?

총괄 평가는 또한 프로그램을 통해 기업이 받게 되는 ROI와 같은 재무적 수익을 측정하는 것이 포함되며, 일반적으로 테스트, 행동척도 또는 판매, 사고, 특허와 같은 객관적 측정이 가능한 수량적 정보를 수집한다. 총괄 평가와 형성 평가 논의에서 훈련 프로그램에 대한 평가가 실행되어야 하는 이유는 아래와 같다.

1. 프로그램의 강점과 약점 인식을 통해 프로그램 내용이 학습 목적에 부합하는지 학습 환경의 품질이 만족스러운지, 훈련 전이가 발생하는지를 알 수 있다.

2. 스케줄, 수용 능력, 강사, 교육자료 등과 같은 내용, 조직 그리고 프로그램 관리를 평가하여 학습과 업무 환경 적용에 기여할 수 있다.
3. 프로그램을 통해 수강생들이 얻을 수 있는 최대한 또는 최소한의 효익을 확인할 수 있다.
4. 왜 그들이 프로그램에 참석했고, 프로그램에 대한 만족수준이 어느 정도인지 그리고 참여자들이 타인에게 프로그램을 추천하는지 등 참여자 행동을 통해 수집된 정보는 마케팅 프로그램을 지원한다.
5. 프로그램의 재무적 혜택과 비용을 결정할 수 있다.
6. 작업 재설계 또는 직원선발 시스템 등과 같은 투자와 비교하여 훈련의 비용과 혜택을 비교할 수 있게 한다.
7. 다른 훈련 프로그램의 비용과 혜택을 비교하여 최상의 프로그램을 선택할 수 있다.

평가 과정 개요

본 장에서 세부 훈련 평가에 대해 설명하기에 앞서 〈그림 6.1〉과 같은 평가 과정에 대한 이해가 필요하다. 앞에서 논의했던 형성평가와 총괄 평가는 프로그램 완료 전·후에 프로그램에 대한 면밀한 훈련 평가를 실시할 필요가 있음을 보여주고 있다. 〈그림 6.1〉은 훈련

그림 6.1 평가 과정

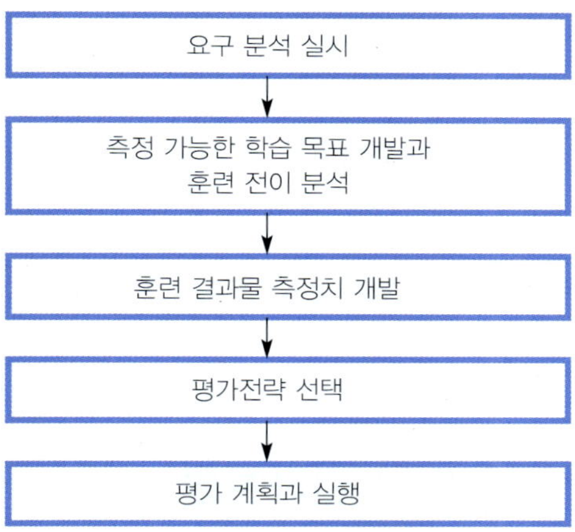

출처: D. A. Grove and C. Ostroff, "Program Evaluation," in *Developing Human Resources*,ed. K. N. Wexley(Washington, D. C.: Bureau of National Affairs, 1991): 5-185 to 5-220; K. Kraiger, D. McLinden, and W. Casper, "Collaborative Planning for Training Impact," *Human Resource Management*(Winter 2004): 337-51.

평가는 교육을 실제로 실시하기 전에 관리자와 강사들이 고려해야 할 사항들을 보여주고 있다. 본 장의 앞부분에서 강조하였던 것처럼 정보는 훈련설계 과정에서 얻을 수 있다. 평가 과정은 훈련 요구가 무엇인지를 먼저 결정하는 것에서 시작하여야 하며, 요구 분석은 필요로 하는 지식, 기술, 행위 또는 그밖에 학습할 필요가 있는 능력들을 인식할 수 있게 도와준다. 요구 분석은 또한 훈련을 통해 기대했던 것들이 충족되었는지를 알 수 있게 해주며, 요구 분석을 통해 프로그램의 목적, 사람, 재정 그리고 회사에서 필요한 자원, 프로그램의 효과성 등을 입증할 수 있는 증거에 초점을 맞출 수 있게 도와준다.

다음 단계는 훈련을 이끌고 갈 측정 가능한 특정한 훈련 목적의 효과성을 인식하는 것이다. 좋은 목적에 대한 논의는 이미 4장에서 다루었으니 참조하기 바란다. 학습과 훈련 전이의 목적을 보다 구체적이고, 측정 가능하게 할수록 평가를 통해 관련 성과를 인식하는 것은 더 쉽게 된다. 학습 성과를 개발하기 위해 학습과 프로그램 목적에 대한 고려와 함께 프로그램을 지원하고 훈련에 관심을 가지고 있는 교육생, 관리자, 강사와 같은 이해관계자들의 기대 등도 같이 고려되는 것이 중요하다. 만일 요구 분석이 잘되었다면 이해관계자의 관심은 학습과 프로그램 목적과 상당히 중복되어 나타나는 경향을 보인다. 5장에서 다루었던 훈련 전이를 결정하기 위한 업무환경 분석은 훈련 내용이 업무에 어떻게 활용될 수 있는지를 결정하는데 매우 유용하게 사용될 수 있다. 학습 목적과 훈련 전이 분석을 바탕으로 구성된 성과 측정은 학습과 전이가 발생할 수 있는 범위를 평가할 수 있도록 설계되어야 한다.

일단 성과의 개념이 결정되고 나면, 다음 단계로 평가 전략을 결정해야 한다. 전문가, 정보 필요 시기, 변화 가능성, 조직문화 등이 설계를 선택할 때 고려되어야 한다. 평가 기획과 집행은 평가 디자인에 따라 훈련 성과를 수집해야 하는 것처럼 프로그램 사전 검토(형성 평가)도 포함되어야 한다.

평가 결과는 프로그램 수정, 사업전략, 추가적 지원 등에 활용되며, 또한 관리자, 종업원, 강사 등을 포함한 훈련 과정에서의 이해관계자를 격려하는데 사용되고, 기업의 사업전략에 맞추고, 관리자와 종업원들이 그 목적에 부합할 수 있게 도움을 주는데 사용되어야 한다.

훈련 프로그램 평가에 사용되는 결과물들

훈련 프로그램을 평가하기 위해 회사는 프로그램 효과성에 대한 고민, 즉, 훈련 결과 또는 기준에 대한 측정을 인지하고 있어야 한다. 〈표 6.1〉은 6개의 훈련 결과에 대한 유형을

표 6.1 평가 결과물

결과 또는 기준	수준	측정대상	예제	측정방법
반응	1	학습자 만족	안락한 훈련장 유용한 교육자료와 프로그램 내용	설문, 인터뷰
학습 또는 인지	2	원리, 사실, 기술, 절차	전기 원리 안전규칙 인터뷰 단계	시험, 작업샘플
행위와 기술중심	2 또는 3	대인관계기술 또는 운동 기능, 대인관계기술, 작동기술과 행동	후식 준비 나무 자르기 비행기 착륙 듣기	시험, 관찰, 본인·동료·고객· 관리자에 의한 평가, 작업샘플
정서	2 또는 3	학습자 태도과 동기부여	다양성 수용 안전의식 고객 서비스 지향성	태도관련 설문, 인터뷰, 촛점집단 인터뷰
결과	4	회사를 위한 보상	생산성, 품질, 비용, 재구매율, 고객만족, 사고율	관찰, 기록 또는 기업 데이터 베이스의 성과 자료
투자 수익률	5	비용 대비 효익	교육 비용 대비 금전적 가치	경제적 가치

출처: K. Kraiger, J. K. Ford and E. Salas, "Application of cognitive, skill-based, and affective theories of learning outcomes to new methods of training evaluation," *Journal of Applied Psychology*, 78(2)(1993): 311-328; K. Kraiger, "Decision-Based Evaluation," in K. Kraiger(ed.), *Creating, Implementing, and Managing Effective Training and Development*(San Francisco: Jossey-Bass, 2002):331-375; D. Kirkpatrick, "Evaluation," in *The ASTD Training and Development Handbook*, 2nd ed., ed. R. L. Craig(New York: McGraw-Hill, 1996): 294-312.

보여주고 있다. 반응 결과, 학습 또는 인지 결과, 행위와 기술중심 결과, 정서적 결과, 총체적 결과 그리고 투자 수익률이다. 〈표 6.1〉은 Kirkpatrick의 훈련 결과에 대한 5개 유형 수준과 각 수준별 결과 및 측정방법을 보여주고 있다. 단계1과 단계2 결과(반응과 학습)는 직무 복귀 전 훈련 완성 단계에 수집된다. 단계3 결과(행위/기술)는 훈련생의 행위와 기술 수준을 결정하는 훈련의 완성 시점에 수집된다.

훈련 전이 발생 즉, 업무에서의 교육내용 활동 정도를 확인하기 위해서는 단계3, 단계4 그리고 단계5의 결과를 수집하면 된다. 단계3 기준을 통해 행위/기술이 업무에 활용되고 있는지를 확인할 수 있으며, 단계4와 단계5 기준(투자 대비 수익률)을 통해 훈련이 생산성과 고객 만족과 같은 사업 결과를 개선시키는데 이바지했는지 확인할 수 있다. 이들 기준은 또한 훈련이 비용을 초과하는 효익을 창출했는지를 알 수 있게 도와준다. 그러나 각 단계가 결과의 중요성을 가리키거나 또는 낮은 단계 결과가 높은 단계의 결과를 초래하지는 않는다는 것을 명심할 필요가 있다. 즉, 반응은 학습을 초래하고 이것은 다시 기술과 결과에 영향을 미친다. 훈련 요구, 프로그램 목적 그리고 훈련의 전략적 이유를 기반으로 자료는 수집된다. 본 장의 후반부에서 평가제도에 대해 논의하고자 한다.

반응 결과물

반응 결과는 운영진, 강사 그리고 내용과 같은 프로그램에 대한 학습자의 지각을 의미한다(반응 결과는 종종 편안함에 대한 측정과 관련된다). 이것은 종종 강사 평가로 불리기도 한다. 이들 정보는 전형적으로 프로그램 말미에 수집된다. 아마도 대학 수업이나 훈련 프로그램 끝에 수업이나 강사 평가를 의뢰 받을 것이다. 반응은 수업을 성공적으로 이끌거나 저해하는 것에 대한 수강생들의 생각을 알 수 있게 하는 유용함을 가지고 있다. 반응 결과는 Kirkpatrick의 유형에 의하면 단계1(반응) 기준에 속한다. 반응 결과는 전형적으로 학습자들의 질문지 완성을 통해 수집되며, 측정 내용은 과정의 목적과 훈련 내용의 유용 등과 함께 등록 편리성, 과정 안내 정확성 등과 같은 강사와 훈련 자료, 훈련 관리 등에 대한 수강생들의 만족도와 관련된다. 〈표 6.2〉는 반응 측정을 위한 질문들을 보여준다. 정확한 평가는 성공적인 학습환경과 관련된 모든 요인들을 포함할 필요가 있다. 대부분의 강사 또는 수업 평가는 준비, 운영, 토론을 끄는 능력, 훈련 자료와 내용 정리, 시청각 자료 활용, 발표 스타일, 질문에 대답하는 능력과 의지 그리고 수업에 수강생들이 흥미를 느끼도록 자

표 6.2 반응 측정 예시

아래의 진술문을 읽고 당신이 동의하거나 동의하지 않는 범위에 체크할 것

매우 동의하지 않음	동의하지 않음	보통	동의함	매우 동의함
1	2	3	4	5

1. 나는 수업에서 필요로 하는 지식과 기술을 가지고 있다.
2. 시설과 장비는 수업하기 쉽게 만들어져 있다.
3. 과정은 기술된 목적들과 잘 부합한다.
4. 나는 과정 목표를 명확하게 이해하고 있다.
5. 과정이 운영되는 방식은 학습하기에 효과적이다.
6. 내가 수업 중에 받은 교육자료는 유용하다.
7. 교육 내용은 논리적으로 잘 정리되어 있다.
8. 과정내용을 학습할 만한 충분한 시간이었다.
9. 강사는 수강생들이 학습하길 원하는 느낌이었다.
10. 강의 질문에 대답하는 것이 편안했다.
11. 강사는 준비되어 있었다.
12. 강사는 과정 내용에 대한 지식이 있었다.
13. 나는 이 과정에서 많은 것을 배웠다.
14. 내가 학습한 것은 업무에 유익하다.
15. 내가 과정에서 받은 정보는 정확했다.
16. 전반적으로 나는 강사에 대해 만족한다.
17. 전반적으로 나는 과정에 대해 만족한다.

극하는 능력을 포함한다. 이런 항목들은 강사 매뉴얼, 강사 인증 프로그램, 유명 강사의 관찰을 통해 얻게 된다. 진부한 지혜는 말하길 훈련 프로그램을 좋아하는 수강생(긍정적 반응을 보이는 사람)은 더 많이 배우며, 행위와 그들의 성과(훈련 전이)를 개선시키는 경향이 있다고 말하고 있다. 실제로 그럴까? 최근 연구에 의하면 반응은 학습 결과에 긍정적 변화를 유발하는 것과 큰 관계가 있으며, 반응은 학습과 관련이 없다는 사전연구들과 다르게 기술적 지식(declarative knowledge)과 절차적 지식(procedural knowledge) 변화와 관련성이 있다고 밝히고 있다.

반응은 또한 태도 변화에 따른 수용성에 영향을 미치기 때문에 다양성 훈련 또는 윤리 훈련 등과 같은 과목에서 수강생 반응은 특히 중요하다. 강의 전달을 위해 첨단 기술을 사용할 때 반응과 사후훈련 동기부여, 수강생의 자기 효능감 그리고 기술적 지식이 가장 강력한 관련성이 있다. 이는 온라인 또는 e-러닝 방법을 사용하기 위해서는 수강생들이 보다 쉽게 접근할 수 있고, 현재의 직무경험, 직무 또는 작업 이슈와 연계된 의미 있는 훈련내용이어야 한다는 것을 제안하고 있는 것이다.

학습 또는 인지 결과물

인지 결과는 학습자가 훈련 프로그램에서 강조하는 원칙, 사실, 기술, 절차, 과정 등에 친숙한 정도를 확인하는데 사용되며, 수강생들이 프로그램에서 학습한 지식의 종류가 무엇인지를 측정하게 된다. Kirkpatrick 유형에 의하면 인지 결과는 단계2 기준에 속한다. 전형적으로 지필검사(pencil-and-paper test)가 인지 결과를 평가하는데 사용된다. 〈표 6.3〉은

표 6.3 학습 측정에 사용되는 항목 시험 예시

각 질문을 보고 적용할 수 있는 것에 체크하시오

1. 만일 나의 상사가 작업현장을 변화시키라고 한다면 나는 아래와 같이 할 것이다.

__ 상사에게 업무는 변화할 필요가 없다는 것을 증명할 것이다.
__ 상사가 지시한 것을 할 것이다. 단, 상사의 생각이 변할 필요가 있다는 것을 말할 것이다.
__ 상사에게 아무말 없이 변화를 만들어낼 것이다.
__ 부서 이동을 요구할 것이다.

2. 만일 사무실에서 새로운 과정을 확립하게 된다면 나는 아래와 같이 할 것이다.

__ 누구에게도 부탁하지 않고 나 혼자 스스로 만들어낼 것이다.
__ 상사에게 추천을 요청할 것이다.
__ 사람들에게 업무에 대한 추천을 요청할 것이다.
__ 회사 밖에 있는 친구와 협의할 것이다.

출처: A. P. Carnevale, L. J. Gainer, and A. S. Meltzer, *Workplace Basics Training Manual* (San Francisco: Jossey-Bass, 1990): 8.12.

수강생의 의사결정 기술에 대한 지식을 측정하기 위해 사용되는 지필검사의 한 예시를 보여주고 있다. 이들 항목들은 학습자의 의사결정 방법(사용하는 과정)을 측정할 수 있게 도와준다. 다만 수강생들이 실제로 업무에서 이와 같은 의사결정 기술을 활용하고 있는지는 확인할 수 없다.

공공회계와 컨설팅을 수행하는 Grant Thornton의 경우 훈련 프로그램에서 시험 제도를 운영하고 있는데, 이 회사는 새로운 세금 서비스 방법과 도구를 대략 50개 사무실 1,400명 이상의 세금 전문가에게 소개하면서 일명 "Tax Symphony" 교육을 실시하였다. 이것은 혼합형 학습으로 3일간 중앙과 지방 사무실 교육을 포함하여 웹 기반 성과 지원과 웹 캐스트 방식을 활용하였다. 새로운 방법론은 세금관련 컨퍼런스 기간에 소개되었는데, 컨퍼런스 후에 교육내용은 사전에 녹음된 오디오 클립화일에서 아바타가 설명하는 방식을 통해 지방사무실 직원을 대상으로 교육을 실시하였다. 평가 결과 프로그램 참여자의 86%가 85%의 평균 점수로 사후검사를 통과하였다. 이런 평균 사후검사 점수는 교실수업을 실시했던 사후검사보다 11% 더 개선된 점수이다. 또한 실제 강사가 아닌 아바타를 사용함으로써 7,200달러의 비용을 절감했다.

행위와 기술중심 결과

기술중심 결과는 기술 또는 운동기능 그리고 행위를 평가할 때 사용되는 것이다. 기술중심 결과는 기술의 획득 또는 학습(기술 학습)과 업무에서 기술의 활용(기술 전이)을 포함한다. 기술중심 결과는 Kirkpatrick 유형에서 단계2(학습)와 단계3(행위)과 관련되며 수강생들이 학습한 기술의 범위는 모의실험 등과 같은 방식 또는 작업 샘플에 대한 수행능력을 관찰함으로써 평가할 수 있다. 일반적으로 기술 전이는 관찰에 의해 확인된다. 예를 들어, 병원의 레지던트 의사는 외과 전문의의 면밀한 관찰 하에 어느 정도의 충고와 도움을 받으면서 외과 수술을 실행할 수 있을 것이다. 수강생들은 자신의 행위와 기술(자가척도)에 대해 스스로 평가하도록 요청 받을 것이다. 동료, 관리자 그리고 부하직원들이 또한 관찰결과를 기반으로 수강생의 행위와 기술에 대한 평가를 의뢰 받을 것이다. 연구에 의하면 자가척도만 사용하면 정확하지 않은 긍정적 평가를 산출하는 경향이 있기 때문에 기술과 행위 평가는 관리자와 부하직원, 동료 등과 같은 다양한 관점을 수집할 것을 추천하고 있다. 〈표 6.4〉는 평가척도의 한 형태를 보여주고 있다. 이것은 학교 교장의 관리 기술을 개선하기 위해 개발된 훈련 프로그램의 평가로 활용되었던 것이다.

표 6.4 행위측정에 사용되는 평가 척도 예시

평가 업무: 지난 3개월간 관찰된 결과를 바탕으로 당신이 행동하는데 사용하는 주요 원칙을 고려해서 아래의 기술과 관련된 정의와 행위 특성을 읽고 아래 척도 중 해당하는 것에 체크하시오

항상	일반적으로	다소	거의 하지 않음	전혀 하지 않음
1	2	3	4	5

I. 감수성: 수요, 관심, 다른 사람의 사적인 문제를 인지하는 능력; 다른 배경을 가진 사람을 다루는 전술; 갈등을 해결하는 기술; 효과적으로 다른 사람의 감정을 다루는 능력; 타인과 대화를 위한 정보를 아는 것

과거 3개월 동안 당신이 행동하는 원칙의 범위는 무엇인가?

__ 1. 다른 사람의 지각, 감정 그리고 관심을 이끌어낸다.
__ 2. 다른 사람의 감정, 필요, 관심을 언어와 비언어로 인지하고 있음을 표현한다.
__ 3. 상대방이 기대하는 감정을 실어 행동을 한다.
__ 4. 행동 교정, 적용, 피드백 격려 등을 통해 다른 사람의 의견을 정확히 반영한다.
__ 5. 업무 수행에 필요로 하는 모든 정보를 상대방과 이야기한다.
__ 6. 문제 상황에서 타인과 불필요한 갈등 유발을 피한다.

II. 의사결정력: 신속한 의사결정과 행동이 필요할 때를 아는 능력(의사결정의 질은 고려대상이 아님).

과거 3개월 동안 이와 관련하여 가지고 있는 원칙의 범위는 무엇인가?

__ 7. 의사결정을 해야 하는 시기를 인지하고 있다.
__ 8. 학교에서 부딪치는 다양한 상황에 가장 적절한 해결책이 단기간 또는 장기간 소요되는지 결정한다.
__ 9. 대안을 고려한다.
__ 10. 이용 가능한 데이터를 통해 적절히 의사결정한다.
__ 11. 일단 결정하면 타인의 압력에 굴하지 않는다.

정서적 결과물

정서적 결과는 태도와 동기부여를 포함하고 있으며 다양성에 대한 수용, 학습에 대한 동기부여, 안전에 대한 태도, 고객서비스 지향 등에 대한 평가를 통해 수집되고, 수집 방법은 설문을 통해 측정할 수 있다.

〈표 6.5〉는 경력관리 목표를 측정하기 위한 설문지의 질문들에 대한 사례를 보여주고 있다. 프로그램의 목적에 따라 특정 행동에 대한 관심은 결정되는데 정서적 결과는 평가하는 방법에 따라 Kirkpatrick 유형 단계2(학습) 또는 단계3(행위)과 관련된다. 만약 학습자들이 설문지에서 자신의 태도에 대한 질문을 받으면, 학습 정도를 측정하는 것으로 간주할

표 6.5 정서적 결과: 경력관리 목적, 계획 그리고 관심 예시

1. 현재 나는 마음속에 명확한 경력관리 목적을 가지고 있다.
2. 경력관리 목적을 달성하기 위한 전략을 가지고 있다.
3. 나의 관리자는 내 경력관리 목표를 알고 있다.
4. 나는 친구, 직장동료 또는 회사의 경력관리 자료 등을 통해 내가 관심있는 분야에 대한 정보를 수집하고 있다.
5. 나의 관리자와 함께 내 경력관리 계획에 대한 대화를 할 때 내가 대화를 주도한다.

것이다. 예를 들어, 경력관리 목표와 관심에 대한 태도는 종업원의 자기관리 경력에 초점을 맞출 때 적절한 결과가 산출될 것이다.

결과

결과는 회사를 위한 훈련 프로그램의 구체적 성과를 확인하는데 사용된다. 예를 들어 결과에는 생산 증가, 유능한 관리자 또는 종업원 이직 감소에 따른 비용 감소, 사고율, 제품 품질 개선과 고객 서비스와 함께 장비 가동률 등이 포함된다. 결과는 Kirkpatrick 유형의 단계4(결과)에 포함되며 예를 들어, 버지니아 Chesterfield 지방자치단체는 학습 적용 결과를 비용감소, 연간 절약 시간 그리고 고객서비스를 통해 평가한다.

문서관리시스템 회사 IKON Office Solutions은 복사기 제품에 대한 설명 숙련도를 통해 판매력을 확보하길 원했다. 훈련 프로그램 전·후에 걸쳐 판매 활동을 측정했는데, 훈련에 앞서 판매 활동은 회사 목표의 하위권에 있었다. 훈련 경과 4개월 후 복사기 제품에 대한 제품 소개율은 200% 증가하였다.

La Quinta Inns & Suites의 모회사 LQ Management LLC는 호텔의 훈련 업무를 담당했다. 최근에 회사는 지역 호텔들의 고객 요구와 점유율 향상을 위한 새로운 판매 전략 훈련을 실시하였다. 훈련 프로그램은 "Buddy's View"라고 하는 체험 게임이 포함되어 있는데, 새로운 사업 전략이 고객서비스 개선과 함께 사업에 미치는 영향을 종업원들이 체험을 통해 이해할 수 있게 개발된 것이었다. 프로그램 효과성을 측정하기 위해 회사는 특히 훈련 이후 서비스 품질과 고객 재방문율 변화 등과 같은 사업결과(Kirkpatrick 유형의 단계4)에 대한 정보를 수집하였다.

투자 수익률

투자 수익률(Return on Investment, ROI)은 훈련비용 대비 훈련의 금전적 혜택을 비교하는 것을 말한다. ROI는 단계5 평가(〈표 6.1〉 참조)에 해당하며, 훈련비용은 직접비용과 간접비용으로 나눌 수 있다. 직접비용의 경우 수강생, 강사, 컨설턴트 그리고 프로그램을 설계하는 종업원 등 훈련에 관여하는 직원의 봉급과 혜택, 프로그램 자료와 공급, 장비, 강의실 사용 비용, 여행 비용 등이 포함된다. 간접비용은 직접적으로 훈련 프로그램 설계, 개발, 운영과 관련이 없지만 일반적인 사무실 공급과 시설, 장비 그리고 이와 관련된 비용 및 프로그램에 직접적으로 청구되지 않은 비용, 훈련 부서와 관련이 없는 부서 관리 및 직원 월급 등이 포함된다.

혜택은 훈련 프로그램을 통해 기업이 획득한 가치와 관련된 것으로 Northwest Airlines의 기술운영 훈련 부서의 72명 강사는 수천 명의 비행기 기술자와 10,000명 이상의 비행기 유지관리 작업을 하는 외부 하청업체 직원의 교육을 담당한다. 개별 훈련 강사는 에어버스 320과 같은 한 형태의 비행기만 교육한다. 대부분의 훈련은 강사 주도의 교실 수업을 실시하나 다른 강의 프로그램의 경우 모의실험이나 실제 비행기에서 훈련을 실시한다. 훈련 평가를 위해 부서의 훈련 자료를 추적 조사한 결과 기술 운영 부서는 항공사업에 이들의 서비스가 어떻게 영향을 미치고 있는지 그 가치를 설명할 수 있었다. 예를 들어, 기술 운영 부서는 16%의 개별 기술자 훈련비용을 감소시켰으며, 훈련을 통해 고객 만족을 증가시키고, 훈련 생산성과 고위 경영진이 훈련을 위한 재무적 지원을 공급할 수 있는 사례를 만들고, 사후과정 평가, 지식 그리고 성과 획득 등을 개선시켰다. 결과를 성취하기 위해 기술 운영 훈련 부서는 훈련 품질 지수(Training Quality Index; TQI)를 개발하였다. TQI는 훈련 부서의 성과, 생산성, 예산, 교육과정에 대한 데이터 수집과 세부적인 분석을 위해 컴퓨터 응용 기술을 활용하며, 5개 유형으로 모든 훈련 데이터를 추적한다. 즉, 효과성, 수량, 인식, 재무성과 그리고 운영성과이다. 훈련의 품질은 효과성 분류에 들어간다. 예를 들어, 지식 획득은 시험을 통해 수강생의 훈련 전·후 지식을 측정하여 그 차이점을 추적한다. 시스템은 예산관련, 학생당 훈련비용, 훈련의 기타 비용과 관련된 성과보고서를 제공할 수 있으며, 수집된 정보 측정은 또한 부서의 목적, 전략, 회사의 전반적 전략과 연계되어 있다. TQI 개발 전에 종종 듣던 질문이면서 또한 쉽게 대답할 수 없는 질문은 "어떻게 훈련비용을 정의할 수 있습니까?", "훈련의 운영 효과는 무엇입니까?", "얼마나 많은 훈련을 기술자들이 받아야 합니까?" 이다. 그러나 지금은 TQI를 통해 대답할 수 있다. 훈련 수요는 관련된 탑승 고객 수와 비행기 운행 횟수를 통해 확인할 수 있다.

결과물들의 적절성 확인

결과 선택의 중요한 이슈는 이것이 적절한 것인지를 확인하는 것이다. 즉, 이들 결과가 훈련 프로그램이 효과적이었다는 것을 확인할 수 있는 최적의 방법일까? 적절한 훈련 결과는 관련성, 신뢰성, 차별성, 실용성이 있어야 한다.

그림 6.2 평가 부족, 적절성, 오염

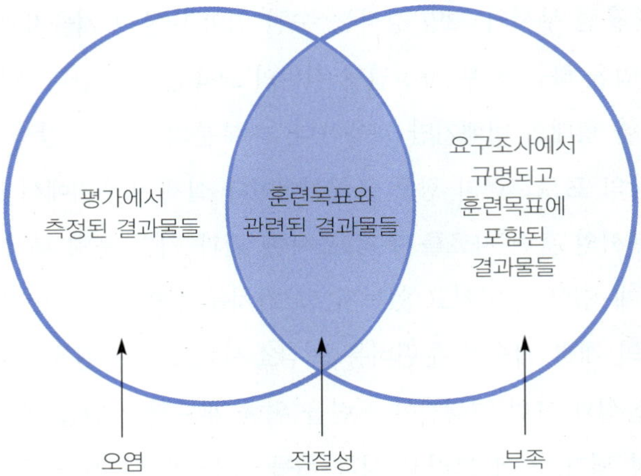

기준 타당성

기준 타당성(Criteria relevance)은 훈련 결과가 훈련 프로그램에서 강조했던 학습된 능력과 관련되어 있는 정도를 의미한다. 훈련 프로그램을 통해 확보하고자 하는 학습된 능력은 업무에서도 요구되어지는 능력이다. 훈련에서 수집된 결과는 프로그램에서 학습된 것과 같아야 한다. 즉, 결과는 측정에 대한 타당성이 있어야 한다. 결과의 관련성을 담보하는 한 방법은 프로그램의 학습목표를 바탕으로 결과를 선택하는 것이다. 4장에서 논의했던 학습 목적은 기대하는 행동, 학습자가 업무를 수행하는 조건, 성과의 평균 수준 등을 보여준다는 것을 기억할 필요가 있다. 〈그림 6.2〉는 훈련 결과가 관련성이 부족할 수 있는 두 개의 이유를 보여준다. 기준 오염(Criterion contamination)은 훈련 결과가 부적절한 능력 또는 외부 조건에 의해 영향을 받은 것을 측정한 정도를 의미한다.

예를 들어, 만일 직무성과에 대한 관리자 평가가 훈련 목적으로 사용된다면 관리자들은 단순히 수강생들의 훈련 프로그램 참여 사실과 관리자가 프로그램 가치를 알고 있기 때문에 높은 평가를 받게 되어 훈련은 긍정적으로 성과에 영향을 미치게 된다. 따라서 훈련생들은 높은 직무 성과평가 점수를 받을 것이다. 또한 측정된 결과가 학습환경에 따라 변화하는 조건이라면 평가는 신뢰될 수 없을 것이다. 즉, 수강생들은 학습환경과 다른 장비와 시간압박, 물리적 작업 환경에서 학습된 능력을 사용하길 요청 받을 것이다.

예를 들어, 훈련 프로그램에서 사용한 것보다 더 새로운 버전의 스프레드시트 소프트웨어 사용을 강요 받을 것이다. 이런 경우 훈련 전·후의 차이가 없게 된다. 이처럼 품질이 떨어지는 훈련은 수강생의 기술 습득 부족에 그 원인이 있지 않다. 수강생들은 필요한 기술을 배웠지만 평가를 위한 환경과 학습환경이 엄청나게 다르기 때문이다. 그래서 기술 변화에 대한 관찰은 어렵다.

평가는 또한 부족함을 발생시킬 수 있다. 기준 결여(Criterion deficiency)은 훈련목적에서 강조했던 훈련 결과를 측정하는데 실패한 것을 의미한다. 예를 들어, 스프레드시트 기술 훈련 프로그램의 목적은 수강생들이 일반적 이용 방법에 대한 이해와 데이터를 활용해서 통계를 계산할 줄 아는 것이 목적이지만, 컴퓨터 자판 활용 능력 정도의 지식과 같은 학습 결과를 사용하는 평가 설계는 적절하지 않다. 왜냐하면 데이터의 평균과 표준편차 등을 계산할 수 있는 활용 능력과 같은 훈련 목적을 포함한 측정 결과가 아니기 때문이다.

신뢰도

신뢰도(Reliability)란 결과가 시간에 관계없이 일정하게 측정되는 정도를 의미한다. 예를 들어, 강사는 식당 종업원에게 그들이 출석한 안전 훈련 프로그램을 평가하기 위해 안전기준 지식에 관한 필기시험을 본다면 그리고 프로그램에 참석한 수강생들에게 사전훈련과 사후훈련을 위한 시험이 실시된다면 신뢰도 검사는 시간이 지나도 의미가 변하지 않는 문제가 포함되어야 한다. 신뢰도 검사는 강사가 사전훈련 수준과 비교하여 사후훈련 점수가

그림 6.3 훈련 평가 실제

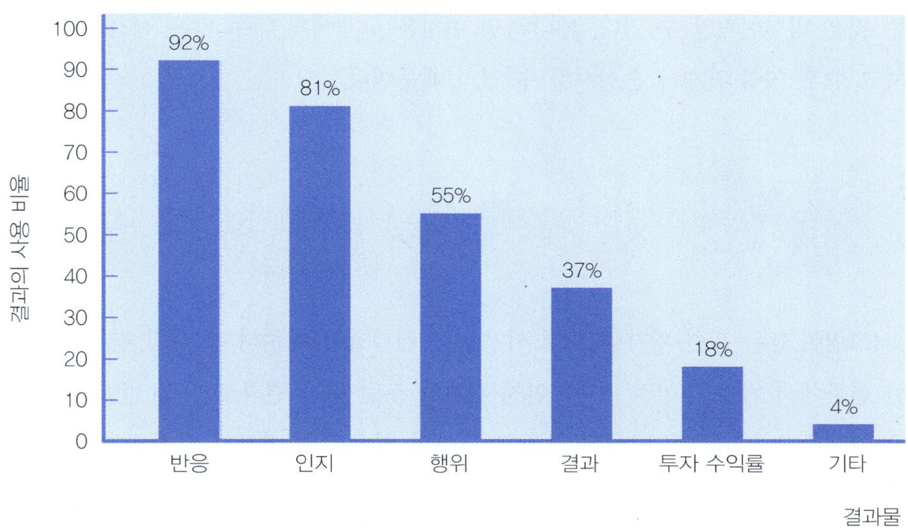

Note: 응답자는 ASTD/i4cp 연구에 참여한 704명의 고위급 비즈니스 HR 및 학습 전문가 "The Value of Evaluation: Making Training Evaluations More Effective."

출처: L. Patel, *2010 State of the Industry Report* (Alexandria, VA: American Society for Training and Development, 2010)

개선된 것은 훈련 프로그램에서 발생한 학습의 결과이지 시험 특성 차이 즉, 두 번째 시험이 더 쉬웠거나, 교실이 더 쾌적하고 조용했기 때문이라는 시험 환경에 따른 차이가 아니라는 확신을 가지고 있어야 한다.

차별성

차별성(Discrimination)이란 훈련 평가 결과에 수강생의 실제 성과 차이가 반영된 것을 의미한다. 예를 들어, 전기원리에 대한 지식을 측정하는 것은 전기원리에 대한 실제 수강생의 지식과 차이가 있는지 탐색해봐야 한다. 즉, 시험은 전기원리에 대한 수강생의 지식을 식별해야만 한다. 시험에서 높은 점수를 받은 사람이 낮은 점수를 받은 사람보다 더 잘 전기원리를 이해하고 있어야 한다.

실용성

실용성(practicality)은 결과 측정 수집의 편의성을 의미한다. 기업들의 훈련 프로그램 평가에 학습, 성과, 행위 결과들을 포함하지 않는 한 가지 이유는 정보 수집에 대한 부담감 때문이다(사업 본질에서 벗어나는 자료 수집을 위해 너무 많은 시간, 에너지 소비가 발생한다). 예를 들어, 판매 훈련 프로그램 평가에서 고객에게 판매사원의 행위를 평가하게 하는 것은 비실현적일 수 있다. 왜냐하면 이것은 고객에게 너무 많은 시간 동안 몰입을 하게 하고 향후 영업 관계를 손상시킬 수 있기 때문이다.

평가제도

〈그림 6.3〉은 훈련 평가 제도에 사용되는 결과를 보여준다. 회사의 평가 제도 활용에 대한 설문에서 반응(정서적 결과), 인지 결과가 훈련 평가 결과로 가장 빈번하게 사용되는 것은 보여주고 있다. 인지, 행위 그리고 결과의 활용이 빈번하게 사용되지 않더라고 연구에 의하면 훈련은 이들 결과에 긍정적 효과를 줄 수 있다고 제안하고 있다. 대부분의 회사는 훈련 평가를 실시하지만 일부 조사 결과에 의하면 약 20%의 회사는 훈련 평가를 실시하지 않고 있다는 사실을 기억할 필요가 있다.

어떤 훈련결과물이 수집되어야 하는가?

평가 결과와 제도에 대한 논의를 통해 사람들은 프로그램 평가를 위한 5단계 결과를 모두 수집할 필요가 있다는 잘못된 인상을 가질지 모른다. 5단계 결과를 모두 수집하는 것은 이상적이긴 하지만 훈련 프로그램 목적은 폭넓은 사업 전략과 연계되는 것이 더 중요하다. 2장에서 논의했던 것처럼 적절한 훈련 평가를 담보하기 위해 회사는 학습(단계1과 2)과 훈련 전이(단계3, 4, 5)와 연계하여 측정할 수 있는 정보 수집이 중요하다. 단지 반응과 인지 결과를 측정하기 위한 선택은 한계가 있음을 인정해야 한다. 4장과 5장에서 다루었던 학습과 훈련 전이에 대한 논의들을 생각해 보면 학습과 훈련 전이가 발생할 수 있는 성공적인 훈련이 되도록 해야 한다는 것을 명심해야 한다. 〈그림 6.4〉는 훈련 프로그램의 다양한 목적과 평가 결과를 선택하는 제안을 보여주고 있다. 훈련 프로그램은 일반적으로 학습과 전이에 대한 목적을 가지고 있다. 즉, 수강생들이 지식과 인지기술 그리고 지식의 활용이나 작업현장에서 학습한 전략 등을 설명할 수 있도록 해야 한다. 따라서 적절한 훈련 평가를 위해 회사는 학습 및 전이와 관련된 측정 결과들을 수집해야만 한다. Ernst & Young 교육의 50%를 소화하는 이러닝 과정은 모두 지식검사(단계2)를 사용한다. 새로운 과정과 프로그램은 행위 전이(단계3)와 사업 결과(단계4)를 사용한다. 프로그램과 관계없이 회사의 리더들은 훈련이 시간과 돈을 사용할 만한 가치가 있는 것인지 또한 다른 종업

그림 6.4 훈련 프로그램 목표와 평가를 위한 시사점

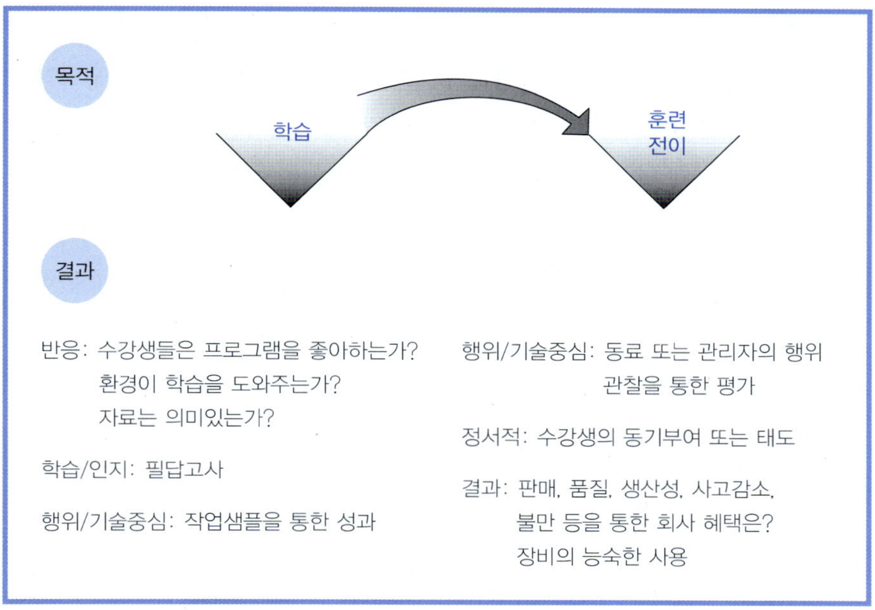

원에게 교육을 추천(단계1)하는지에 대한 관심이 높다. 따라서 자동적으로 훈련 기능은 이들의 결과를 추적한다. 고객 만족과 낮은 이직률 등 바람직한 사업 결과를 이끌어내기 위해 관리자들은 종업원의 관찰 가능한 행동 변화가 발생하도록 훈련과 개발을 활용한다.

결과 측정은 서로 완벽하게 연계될 수 없다는 사실을 주목할 필요가 있다. 즉, 수강생들이 교육에 더 많이 만족스러워하고 자신의 직무에 지식을 적용하고, 행동변화와 함께 회사에 긍정적 결과를 초래하고 싶을 것이다. 그러나 연구에 의하면 반응, 인지, 행위 그리고 결과들의 관계는 대단히 미약하다. 어떤 훈련 결과를 측정하는 것이 제일 좋은 것인가? 그 대답은 학습목적이 그것을 결정한다고 말할 수 있다.

예를 들어, 강의 목적이 고객 서비스 증가, 품질 제고와 같은 사업과 관련된 것이라고 인식된다면, 그 결과는 평가에 포함되어야 한다. 〈그림 6.4〉를 보면 반응과 인지 결과는 학습결과에 영향을 미친다. 반응 결과는 강사, 설비 또는 학습환경이 학습을 어떻게 방해하고 있는지 알려준다. 학습 또는 인지 결과는 수강생들이 훈련 내용을 완료하면 직접적으로 측정할 수 있다. 그러나 반응과 인지 결과는 얼마나 많은 수강생들이 실제로 그들의 직무에 훈련 내용을 활용하고 있는지를 확인하는데 도움이 되지는 않는다.

가능한 평가는 훈련 전이가 발생할 수 있는 행위 또는 기술기반, 정서적 측면 또는 결과들을 포함해야 한다. 즉, 평가는 훈련이 행위와 기술 또는 태도 변화에 영향을 미치는지, 직접적으로 판매 등과 같은 기업의 효과성과 관련된 목적을 측정하는데 영향을 미쳐야 한다. 훈련 뒤 언제쯤 결과들을 수집해야 하는가?

훈련 결과가 수집 시기에 대한 수용할 만한 기준은 없다. 대부분의 경우 반응은 일반적으로 훈련 뒤에 즉각적으로 측정되어야 하고, 학습, 행동 그리고 결과는 훈련이 이들 결과에 영향을 미치는 충분한 경과시간이 흐른 뒤에 측정해야만 한다. 훈련이 발생하고 기술, 정서 또는 결과 등에서 긍정적 변화가 관찰될 때 긍정적인 훈련 전이를 설명할 수 있다. 만일 학습이 발생했지만 기술, 정서, 학습결과 등의 변화가 관찰되지 않는다면 훈련 전이가 발생했다고 할 수 없다. 학습이 발생하고 나서 기술, 정서, 결과 등이 사전훈련 수준보다 더 적게 발생한다면, 이것은 명백히 부정적 전이가 발생한 것이다. 평가에 관한 연구들에 의하면 전이가 발생하지 않거나 부정적 전이가 발생했다면 강사와 관리자는 피드백과 실습 등 좋은 학습환경이 프로그램에서 제공되었는지, 수강생들이 동기부여 되었는지, 수요 평가가 정확하게 훈련 수요와 일치하는지 등을 조사할 필요가 있다고 말하고 있다.

평가 설계

훈련 평가 설계는 결과가 어떻게 되었는지를 확신할 수 있게 해야 한다. 즉, 훈련은 평가 결과에서 변화가 발생했는지 또는 결과에 영향을 미치는 것에 실패했는지 기업이 확신할 수 있어야 한다. 평가 결과가 완벽히 훈련 때문이라고 확실할 수 있는 평가 설계는 없다. 평가자는 평가를 실시할 수 있는 환경이 주어진다면 평가 결과에 대한 다른 설명이 가능하지 않도록 엄격하게 설계해야 한다. 평가 설계에 대한 논의는 평가자가 통제해야만 하는 대안적 설명으로 시작하여 다음으로 다양한 평가 설계 비교를 하고 마지막에는 강사가 평가 설계를 선택하는데 고려해야 할 실제적 환경을 토의해야 할 것이다.

타당성에 대한 위협: 평가결과에 대한 대안적 설명

〈표 6.6〉은 평가 타당성 위협에 대해 보여주고 있다. 타당성에 대한 위협(Threats to validity)은 평가자가 (1) 연구 결과에 대한 믿음, (2) 평가 결과를 다른 집단과 환경으로 일반화하여 적용할 수 있는지에 대한 의문을 품게 되는 것을 말한다. 연구결과에 대한 믿음은 내적 타당도(internal validity)를 의미하며, 내적 타당도에 대한 위협은 회사의 특성(역

표 6.6 타당도에 대한 위협

내적 타당도에 대한 위협	기술
회사	
역사	사건 발생, 훈련 결과에서 생산 변화
사람	
성숙	수강생의 물리적 성장 또는 감정 변화 때문에 발생한 훈련 결과 변화
사멸	연구 참여집단의 참여 배제(회사 이직 등)
초기 집단 차이	훈련집단과 비교집단의 개인차(지식, 기술, 능력, 행위 등)
결과 측정	
시험	사후검사에서 대한 수강생들의 민감도
도구	평가 과정에 대한 수강생들의 결과 해석 변화
평균으로 회귀	사후검사에서 높은 점수와 낮은 점수는 평균으로 향하는 속성
외적 타당도에 대한 위협	**기술**
사전검사에 대한 반응	훈련 전에 검사를 실시하여 수강생들이 시험 자료에 대한 집중을 유도
평가에 대한 반응	시험을 본다는 사실이 훈련생들에게 훈련 프로그램에 더 집중하게 유도
선택과 훈련의 접촉	수강생 특성이 프로그램 효과성에 영향을 미침
방법의 접촉	훈련 결과가 단지 같은 순서와 같은 훈련을 받은 수강생에게만 일반화

출처: T. D. Cook, D. T. Campbell, and L. Peracchio, "Quasi-Experimentation," in *Handbook of Industrial and Organizational Psychology*, 2d ed., Vol. 1, eds. M. D. Dunnette and L. M. Hough(Palo Alto, CA: Consulting Psychologists Press, 1990): 491-576.

사), 결과 측정(도구, 검사), 그리고 평가연구에서의 사람(성숙, 평균으로 회귀, 사멸, 초기 집단 차이) 등과 관련된 것이다. 이런 특성들은 평가자로 하여금 훈련 효과성에 대한 잘못된 결론을 도출할 수 있게 유도한다. 평가 결과는 다른 요인은 모두 배제되고 오로지 훈련 프로그램에 기인한다는 확신을 제공하기 위해서는 내적 타당성이 필요하다고 말하고 있다. 예를 들어, 커뮤니케이션 훈련 프로그램에 참석한 일련의 관리자들이 있고, 훈련 중에 회사는 조직개편을 실행한다고 공고한다면 프로그램 완료 이후 관리자들은 의사소통을 더 잘할 것이다. 왜냐하면 그들은 직장을 잃어버릴 수 있다는 불안감을 가지고 있기 때문이다. 아마도 실제로는 프로그램에 의한 학습효과는 전혀 발생하지 않았을 것이다.

또한 강사는 다른 사람과 상황에 결과를 일반화시키는 것에 관심이 있다. 〈표 6.6〉에 표시한 것처럼 외적 타당도 위협은 연구에 포함되어 있는 연구 참여자의 반응과 다양한 형태의 훈련 효과와 관련된 것이다. 일반적으로 훈련은 모든 종업원을 대상으로 하지 않지만 강사는 훈련 프로그램을 향후 유사한 집단에게도 효과적일 것이라고 말하고 싶어한다.

| 타당도 위협을 위한 통제 방법 |

강사들은 종종 추가 훈련 자금지원을 위한 업무 설명 자료로 평가 결과를 활용하길 원한다. 따라서 타당도 위협을 최소화하는 것은 대단히 중요하다. 타당도에 대한 위협을 최소화하는 방법은 세 가지 방법이 있는데 우선 평가 디자인에서 사전검사와 사후검사를 활용할 수 있고, 대조군과 무작위 배치(random assignment)가 있다.

| 사전검사와 사후검사 |

연구결과의 내적 타당도를 개선하기 위한 한 방법은 첫째 베이스라인 또는 사전훈련 검사를 수립하는 것이다. 결과에 대한 또 다른 검사는 훈련 뒤에 실시하는 것으로 이른바 사후검사다. 사전검사와 사후검사 비교를 통해 수강생들의 변화를 확인할 수 있다.

| 대조군 활용 |

내적 타당도는 통제 및 비교집단을 사용하여 개선할 수 있다. 비교집단은 가능한 수강생들과 유사한 성별, 교육, 연령, 경력 그리고 기술 수준 등의 개인적 특성을 가져야 한다. 훈련 평가에서 대조군 활용은 훈련이 아닌 다른 요인에 의한 발생하는 변화 가능성을 제외하는데 도움이 된다. 호손 효과(Hawthorne effect)는 평가 연구에 있는 종업원들이 단순히 그들이 받는 관심 때문에 더 높은 수준의 성과를 만들어내는 것을 의미한다. 대조군 활용은 관찰되는 특정 효과가 수강생들이 받는 관심보다 특히 더 훈련으로 인해 발생할 수 있게 도움을 주며, 역사, 시험, 도구 그리고 성숙으로 인한 효과를 통제하는데 유용하다. 왜냐하면 비교집단과 훈련 집단은 유사한 환경에 노출되고, 같은 측정과 같은 양의 시간을 부여 받기 때문이다. 안전 훈련 프로그램 평가를 예로 들면 수강생과 대조군 모두 훈련 전·후에 안전 행위에 대해 측정한다. 만일 사전훈련 수준보다 훈련 집단의 안전 행위 수준이 개선된 반면, 상대적으로 대조군은 훈련 전·후 모두 같은 수준을 유지한다면 안전행위에 관한 관찰된 차이는 상당히 논리적으로 훈련참여에 따른 관심 등과 같은 요인이 아닌 훈련 때문에 개선된 것이라고 말할 수 있다. 모든 종업원들이 같은 시기에 훈련을 받지 않거나, 회사 일부분의 직원들만 참석한다면 대조군을 훈련 평가에서 자연스럽게 이용할 수 있다는 것을 기억해야 한다. 초기에 훈련을 받지 않은 종업원들은 비교집단으로 활용할 수 있고, 이들은 평가가 완료된 후에 훈련을 받을 수 있도록 스케줄을 조정해야 한다.

| 무작위 배치 |

무작위 배치(Random Assignment)는 임의로 종업원을 훈련 또는 비교집단으로 할당하는 것이다. 즉, 종업원은 능력 또는 동기부여, 사전경험 등 개인차와 관계없이 훈련 프로그램에 배당하는 것이다. 무작위 배치는 수강생들의 연령, 성별, 능력, 동기부여 정도 같은 개인적 특성의 유사성을 담보하는데 도움을 준다. 결과 측정에 영향을 미칠 수 있는 모든 개인적 특성을 인식하고 측정하는 것은 불가능하기 때문에 무작위 배치는 대조군과 훈련 집단으로 공평하게 이런 특성을 분배하는 효과를 보이게 된다. 무작위 배치는 연구의 중도 탈락 효과(사멸)와 능력, 지식, 기술, 기타 개인적 특성에 대한 훈련 집단과 대조군의 차이를 감소시키는데 도움이 된다. 무작위 배치는 종종 비현실성이 있음을 기억할 필요가 있다. 회사는 훈련을 필요로 하는 사람을 훈련시키길 원한다. 또한 기업은 대조군을 제공하길 원하지 않을 수도 있다. 이런 문제를 해결하는 한 방법은 훈련과 대조군은 다르다는 사실과 데이터 분석(분산 분석과 같은 통계 절차 활용)을 통해 이런 요인들을 통제할 수 있다는 것을 알아야 한다. 또 다른 방법은 훈련 배치 후 훈련생 특성을 확인하고 이와 비슷한 특성을 가진 종업원을 대조군으로 만드는 것이다.

평가 설계 유형

수많은 설계 방법을 통해 훈련 프로그램을 평가할 수 있다. 〈표 6.8〉은 수강생 또는 대조군과 같은 훈련 참가자, 사전훈련, 사후훈련과 같은 특정 시기, 비용, 평가 수행에 필요한 시간, 결과에 대한 대안적 설명을 배제하기 위한 설계의 강점 등을 바탕으로 하여 각각의

표 6.7 평가 설계 비교

설계	집단	측정				
		사전훈련	사후훈련	비용	시간	강점
사후검사	수강생	없음	있음	낮음	낮음	낮음
사전검사/사후검사	수강생	있음	있음	낮음	낮음	중간
대조군 사후검사	수강생과 비교집단	없음	있음	중간	중간	중간
대조군 사전-사후검사	수강생과 비교집단	있음	있음	중간	중간	높음
시계열	수강생	있음	있음, 수차례	중간	중간	중간
대조군과 전환 시계열	수강생과 비교집단	있음	있음, 수차례	높음	중간	높음
솔로몬 4집단 설계	수강생A	있음	있음	높음	높음	높음
	수강생B	없음	있음			
	비교A	있음	있음			
	비교B	없음	있음			

설계를 비교하고 있다. 〈표 6.7〉을 보면, 연구 설계는 사전검사와 사후검사, 대조군의 포함 여부에 따라 변한다. 일반적으로 사전검사와 사후검사 및 대조군을 포함하고 있는 설계는 평가결과에 대한 책임이 훈련 그 자체보다 다른 요인에 의한 대안적 요인에 의해 발생할 위험을 줄여주며, 결과 활용을 위한 강사의 의사결정에 확신을 증가시킨다. 물론, 이런 설계를 활용하는 평가는 사전검사와 사후검사, 대조군을 활용하지 않는 설계보다 더 많은 비용과 더 많은 시간을 소비해야 하는 교환관계가 형성되기도 한다.

| 사후검사 |

사후검사(Post-test Only) 설계는 단지 훈련 이후 결과만 수집하는 평가 설계를 의미한다. 이 설계는 대조군을 추가함으로써 완벽성을 더 보강할 수 있다. 사후검사 설계는 수강생들이 훈련전과 유사한 수준의 지식, 행위, 결과를 수행할 것으로 기대될 때 적절하다. Mayo Clinic의 새로운 경영 훈련을 위해 2개 방법을 비교하곤 했던 것을 평가 디자인에 고려할 필요가 있다. Mayo Clinic은 의료 교육과 연구를 수행하는 세계에서 제일 큰 센터 중 하나로 최근에 피닉스 지역에 신규 병원이 추가되면서 상당한 성장을 하였다. 그 과정에서, 관리자로 승진할 준비가 완벽하게 되어 있지 않은 종업원들이 관리자가 되면서 많은 종업원에게 불만과 이직을 유발시켰다. 관리자에 대한 불만으로 종업원들이 이직한다는 수요 평가 이후, 병원은 신규 관리자의 기술 습득을 도와주기 위한 새로운 훈련 프로그램을 개발하기로 결심했다. 훈련은 교실수업을 할 것인지, 일대일 코치 등 최고로 관리할 것인지에 대한 일부 논쟁이 있었다. 왜냐하면 코치 활용은 교실수업보다 더 비싸기 때문이다. Mayo는 대조군 사후검사를 활용하는 평가를 실시할 것을 결심했다. 모든 관리자 훈련 전에 Mayo는 각 세션에 75명 이하로 3번에 걸쳐 세션을 개최했다. 각 세션에서 관리자들은 3개 집단으로 구분되었으며 한 집단은 4일간의 교실 훈련을, 한 집단은 코치로부터 일대일 훈련(대조군)을, 한 집단은 훈련을 받지 않았다(대조군). 수강생들은 어떤 프로그램을 좋아했는지에 대한 반응, 학습, 전이 그리고 결과에 관한 정보를 수집하였다. 평가 결과는 교실 수업 및 훈련을 받지 않은 집단과 비교하여 코칭 수업을 받은 효과는 통계적으로 의미 있는 차이가 없었다. 그 결과 Mayo는 신규 관리자를 위해 교실수업을 실시하고, 코칭 수업은 단지 중요하고 시급한 업무이슈가 있는 관리자에게만 실시하기로 결정했다.

| 사전검사—사후검사 |

사전검사-사후검사는 사전교육과 사후교육 결과 측정을 수집하기 위한 평가를 의미한다. 대조군은 없으며, 대조군 부족은 사업 상황이나 변화에 대한 다른 요인 등을 배제하기 어렵게 만든다. 이 설계는 훈련 프로그램을 평가하기 원하는 기업들에 의해 종종 사용되지만 특정 종업원 또는 단지 소규모집단 훈련 의도 등을 제외해야 하는 불편함이 있다.

| 대조군 사전—사후검사 |

대조군 사전—사후검사(Pretest/Post-test with Comparison Group)는 수강생과 대조군을 포함한 평가 설계를 의미한다. 사전훈련과 사후훈련 결과 측정은 양쪽 집단으로부터 획득하며, 만일 개선이 대조군보다 훈련 집단이 더 크면, 이 발견은 훈련이 변화에 책임이 있다는 증거를 제공한다. 이런 형태의 설계는 가장 타당도 위협을 통제한다.

〈표 6.8〉은 대조군 사전-사후검사 사례를 보여주고 있다. 이 평가는 3개 조건과 학습, 만족, 컴퓨터 기술 활용간의 관계를 보여주고 있다. 3개 조건(컴퓨터 훈련 유형)은 행위 모델링, 자기 진도 학습 그리고 강의를 말하며, 대조군은 또한 이 연구에 포함되어 있다. 행위 모델링은 과업 완수를 위해 중요한 주요 행위를 실행하는 모델의 행동을 비디오로 시청하는 것이며, 여기서 과업은 컴퓨터를 통한 절차를 의미한다(행위 모델링에 관한 세부적인 논의는 7장의 전통적 훈련 방법을 참조할 것). 각 조건별로 40명의 수강생이 포함되어 있으며, 학습 측정은 "디스크의 모든 데이터가 포맷으로 파괴되었습니까?"와 같은 컴퓨터 시스템 운영을 위해 알아야 하는 정보 측정에 관한 11개 문항으로 구성되어 있다. 또한 컴퓨터 절차에 대한 학습자의 이해는 컴퓨터 스크린에 시나리오를 학습자에게 보여주고 다음 화면은 무엇이 나타날 것인지를 묻는 것이다.

컴퓨터 기술의 활용은 수강생에게 6개의 컴퓨터 과업을 완성하도록 하여 측정하고, 프로그램에 대한 만족은 "이 프로그램을 다른 사람에게 소개할 것이다"와 같은 6개 질문을

표 6.8 대조군 사전-사후검사 예시

	훈련 전	훈련	훈련 후	
			시기1	시기2
강의	있음	있음	있음	있음
자기 진도 학습	있음	있음	있음	있음
행위 모델링	있음	있음	있음	있음
훈련 없음(대조)	있음	없음	있음	있음

출처: S. J. Simon and J. M. Werner, "Computer training through behavior modeling, self-paced, and instructional approaches: A field experiment," *Journal of Applied Psychology*, 81 (1996): 648-659.

통해 측정하였다. 〈표 6.8〉과 같이 훈련 전 교육생들의 학습과 기술 수준을 측정한다. 그리고 훈련 후 '시기1'과 '시기2'에 교육생들의 학습과 기술수준을 각각 측정한다. 만족도는 훈련 후 즉시 측정한다.

만족도는 훈련 시작과 함께 관련 정보를 수집하였다. 사후훈련 시간2는 정보와 기술에 대한 훈련 전이와 지식 유지 정도를 확인하는데 도움을 준다. 즉, 훈련 후 바로 즉시 수강생들이 컴퓨터 훈련과 관계된 학습과 기술을 습득하였음을 알게 될 것이다. 훈련이 끝나고 4주가 흐른 뒤에 수집된 정보를 통해 수강생들의 기술과 지식 유지 수준에 대해 알게 될 것이다. 분산과 공분산 같은 통계적 절차는 각 조건하의 사전훈련과 사후훈련 측정 간에 차이를 시험하는데 유용하다. 또한 각 훈련 조건과 대조군 차이를 분석하는데도 유용하다. 이런 절차를 걸쳐 측정된 점수는 우연의 결과가 아니라 훈련에 의해 발생되었다는 확신을 높이기 위해서는 충분히 집단간 크기 차이가 있어야 한다.

| 시계열 |

시계열(Time Series)은 훈련 전·후 모두 일정한 간격에 수집된 훈련 결과들을 위한 평가 디자인을 의미한다. 이 설계의 강점은 수강생들이 훈련 간섭을 받지 않는 시기의 전환(reversal)을 사용할 수 있다는 것이다. 시계열 분석에서도 대조군을 사용할 수 있다. 시계열 분석의 장점 중 하나는 시간 경과에 따른 훈련 결과의 안정성을 분석할 수 있다는 것이다.

전환과 대조군을 통해 평가 결과에 대한 대안적 설명을 제외시킬 수 있다는 다른 장점도 가지고 있다. 시계열 분석은 사고율, 생산성, 결석율과 같은 시간이 흐름에 따라 변화가 생기지만 사전 관찰을 통해 개선될 수 있는 훈련 프로그램을 평가하기 위해 종종 사용된다. CHG Healthcare Services는 새로운 고용 훈련 평가를 위해 전체 신청서, 접수받은 신청서 그리고 인터뷰 등의 측정을 포함해서 최초 베이스라인 성과를 평가했다.

이와 같은 방식으로 CHG는 측정을 통해 자신들의 새로운 고용 성과 프로그램의 영향

그림 6.5 시계열 설계 예시

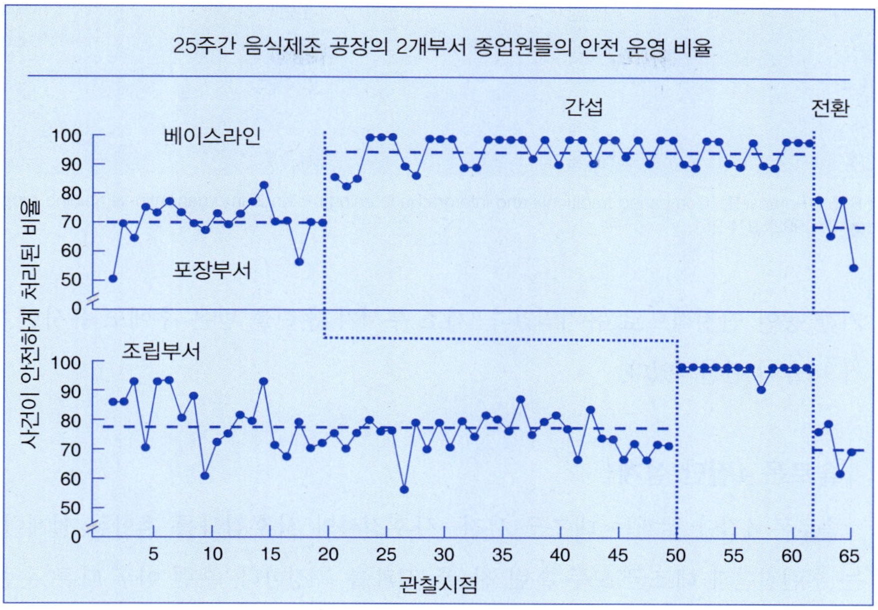

출처: J. K omaki, K. D. Badwick, and L. R. Scott, "A behavioral approach to occupational sfety: Pinpointing safe performance in a food manufacturing plant," *Journal of Applied Psychology*, 63(1978). Copyright 1978 by the American Psychological Association. Adapted by permission.

력을 확인할 수 있게 되었다. 〈그림 6.5〉는 훈련 식품 제조 공장에서 프로그램이 얼마나 많이 안전관리를 개선시켰는지를 평가하기 위해 사용된 시계열 분석 설계를 보여주고 있다. 이 공장은 가장 위험한 작업 환경인 광산 산업의 사고율과 비슷한 사고율을 겪고 있었다. 종업원들은 컨베이어에 자신의 손을 집어 넣어 뼈가 부러지는 등 사고를 겪고 있었다. 안전 의식을 고취하기 위해 회사는 종업원들에게 안전 행위를 교육하고, 인센티브를 지급하고, 자신의 행동을 관찰하도록 하는 안전과 관련된 새로운 훈련 프로그램을 개발하였다. 프로그램 평가를 위해 대조군(제조부서)과 훈련 집단(포장부서)을 설계에 포함하였다. 제조부서는 재료의 측정과 혼합, 밀가루 반죽 준비, 오븐을 사용한 요리, 완성된 제품을 포장하는 업무를 수행하였다. 포장부서는 제품의 포장, 봉합, 라벨 부착 및 선적을 위한 묶음 작업을 하고 있었다. 결과에는 안전 작업 행위 관찰이 포함되었으며, 관찰은 25주간 지속되었다. 베이스라인은 안전 훈련 프로그램 소개 전의 안전행동 비율을 보여주고 있다. 포장부서에 안전 행위 증가를 위한 직접적인 훈련은 대략 5주 후에, 제조부서에는 10주 후에 소개되었다. 훈련이 끝나고 나서 사전훈련 수준과 비교하여 사고율은 감소하였다. 결과에서 보듯이 관찰 기간 동안 확인된 안전 행동 수는 두 그룹 모두 변화하였다. 안전 행동 수는 훈련 프로그램이 훈련 그룹(포장 부서)에게 실시된 후 증가하였고, 안전 행동 수준은 관찰

표 6.9 솔로몬 4집단 설계 예시

	사전검사	훈련	사후검사
집단1	있음	IL	있음
집단2	있음	전통수업	있음
집단3	없음	IL	있음
집단4	없음	전통수업	있음

출처: D. Bretz and R. E. Thompsett, "Comparing traditional and intergrative learning methods in organizational training programs," *Journal of Applied Pscychology*, 77(1992): 941-951.

기간 동안 안정적으로 유지되었다. 제조 부서가 훈련을 받은 후에도 유사한 안전 행위 증가 비율이 관찰되었다.

| 솔로몬 4집단 설계 |

솔로몬 4집단 설계는 대조군 사전–사후검사와 사후검사를 혼합한 설계이다. 여기에서는 훈련집단과 대조군 모두 훈련 전·후 결과를 측정한다. 훈련 이후 다른 훈련집단과 통제집단을 측정한다. 이것은 내적 타당도와 외적 타당도에 가장 위협이 되는 것을 통제하기 위한 설계이다. 솔로몬 4집단 설계 적용은 〈표 6.9〉에서 볼 수 있다. 이 설계는 자원 운영계획에 관한 통합 학습(integrative learning; IL)과 교실을 기반으로 하는 전통학습의 효과를 비교하기 위해 사용되곤 하였다. 자원 운영 계획은 제조 회사의 효과적인 계획, 조정 및 모든 자원 활용을 위한 통합 과정이다. IL훈련은 몇 가지 방법에서 전통적인 교실 수업과 차이가 난다.

이 훈련은 학습을 위해 여유롭고, 긍정적 환경 하에서 일련의 활동을 수행하는 것으로 시작한다. 학생들은 그들에게 자원 운영 계획이 의미하는 바가 무엇인지 말하길 부탁받는다. 그리고 한 번 더 그들의 신념을 확인한 후에 자원 운영 계획에 관한 상식적 이해수준에서 수강생들의 의견을 통합한다. 학생들에게 훈련 자료를 제시하고 제조과정에 대한 집단 토론, 게임, 이야기, 시 낭독 등에 참여한다. 기업들이 전통적인 수업과 비교하여 IL수업의 효과성에 관심을 가지고 있기 때문에 전통적인 교실 수업을 받은 집단은 대조군으로 활용한다. 자원 운영 계획에 대한 시험(지식 검사)과 반응 측정이 결과로 사용되는데, 연구에 의하면 IL훈련에 참여한 학생들이 전통적인 교실 수업에 참여한 학생들보다 다소 덜 학습하지만, IL집단이 전통적 훈련 집단보다 더 긍정적 반응을 가진다는 사실을 발견하였다.

평가 설계 선택 시 고려사항

단 한 가지의 적절한 평가 설계란 없다. 평가 설계는 〈표 6.10〉에 있는 것처럼 평가 요인을 바탕으로 선택해야만 한다. 대조군, 무작위 배치, 사전검사, 사후검사를 포함한 설계보다 더 엄격하고 적절한 평가 설계는 존재하지 않는 몇 가지 이유가 있다. 우선 관리자와 강사는 훈련 결과를 수집하기 위해 필요한 시간과 노력을 쓰고 싶어하지 않고, 두 번째는 관리자 또는 강사는 평가를 실시하기엔 전문성이 부족할 수 있다.

세 번째는 기업은 훈련을 투자로 보기 때문에 투자에 대한 기대 수익이 적거나 아예 없기를 바라지 않는다. 아래 사항이 사실이라면 보다 엄격한 평가 설계(대조군 사전-사후검사)를 사용해야 한다.

1. 평가 결과는 프로그램 변화를 위해 사용될 수 있다.
2. 훈련 프로그램은 지속되어야 하며, 종업원 또는 고객에게 중요한 영향을 미치는 잠재성을 가지고 있다.
3. 다양한 계층과 많은 수강생을 훈련 프로그램에서 처리해야 한다.
4. 훈련비용 산정은 수치적 지표에 바탕을 두고 있다. (그리고 회사는 평가에 대한 강한 집념을 가지고 있다)
5. 강사 또는 기타 관련자들(외부로부터 전문가에게 의뢰한 예산 확보 등)은 평가를 위한 설계와 수집된 자료 평가에 대한 전문성을 가지고 있다.
6. 훈련비용만큼 훈련이 효과가 있는지 입증해야 한다.

표 6.10 평가 설계 유형에 영향을 미치는 요인들

요인	평가 설계 유형에 영향을 미치는 요인들
변화 가능성	프로그램이 변경할 수 있는가?
중요성	비효과적 훈련은 고객서비스와 안전, 제품 개발, 종업원 간 관계 등에 영향을 미칠 수 있는가?
규모	얼마나 많은 종업원이 참여하는가?
훈련 목적	훈련은 학습, 결과 또는 둘 다를 위해 실행할 수 있는가?
조직 문화	설명된 결과는 회사의 규범과 기대에 맞는가?
전문성	복잡한 결과를 분석할 수 있는가?
비용	평가가 너무 비싼가?
시점	정보가 필요한 시기는 언제인가?

출처: S. I. Tannenbaum and S. B. Woods, "Determining a strategy for evaluating training: Operating with in organizational constraints," *Human Resource Planning*, 15(1992): 63-81.

7. 평가를 실시하기 위한 충분한 시간이 있으며, 훈련 효과성 관련 정보는 즉각적으로 필요하지 않다.
8. 사전교육 수준 또는 2개 이상의 다른 프로그램과 비교를 위한 지식, 행위, 기술 등의 변화 측정에 관심이 있다.

예를 들어, 만일 회사가 얼마나 많은 직원들의 커뮤니케이션 기술이 변화했는지를 알고 싶어하는데, 대조군 사전-사후검사를 활용하고, 수강생들은 무작위 배치를 통해 훈련군과 비훈련군 조건에 있었다고 하면 이들 평가 설계 특징들은 커뮤니케이션 기술 변화는 훈련 프로그램에 참여에 기인한다는 높은 확신을 제공한다. 만일 회사가 2개의 다른 훈련 프로그램 비교를 원한다면, 이런 유형의 평가 설계는 필수적이다. 회사가 특정 수준의 성과 달성 여부를 확인하는 것에만 관심 있다면, 사전검사 또는 비교군 없는 평가 디자인이 가장 적절하다(예를 들어, 훈련에 참여한 종업원들이 적절하게 자신의 아이디어를 커뮤니케이션할 수 있는가?). 이런 상황에서는 기업은 얼마나 많이 발생했는지에는 관심이 없고, 수강생들이 능숙한 수준에 도달했는지 여부에만 관심이 있는 것이다.

기업의 세금 전문가 양성을 위한 훈련 과정에서 한 기업의 평가 전략은 기업의 규범이 평가와 훈련목적에 얼마나 많은 영향을 미쳤는지를 알 수 있게 한다. 이 회계 회사는 훈련을 인적자원을 개발시키는 효과적인 방법으로 보았고, 회사는 정서, 인지, 행위 그리고 결과 기준을 조합하여 5주 과정의 세금 전문가 양성 교육과정을 평가했다. 이 과정은 2주간의 자기주도 학습과 3주간의 교실 수업으로 구성되어 있었는데, 대조군 사전-사후검사를 실시하였다. 수업 전에 수강생들은 연방정부와 주 세법 관련 지식 수준을 검사 받았으며, 정확한 소득신고와 관련된 지식의 확신 정도를 평가하는 설문을 완료했다. 평가자는 또한 소득신고 계산과 회계 활동으로 인해 발생한 수입과 관련된 청구 시간 등을 알고 있었다. 교육과정 이후에, 평가자는 다시 한 번 회계사들의 소득신고 청구 시간 등을 확인하고 수강생들의 자기 확신 정도를 조사했다. 평가 결과 회계사들은 교육 전보다 중앙정부와 주정부 관련 세금 계산에 더 많은 시간을 할애했으며, 교육 이후 회계사들은 훈련을 받지 않은 회계사(대조군)보다 중앙정부와 주정부 세금 관련 업무로 더 많은 수익을 창출했다. 그리고 훈련 이후 회계사들은 의미 있는 수준으로 전보다 더 많은 자기 확신을 가지게 되었다. 또한 수강생들은 전보다 세법관련 전문성을 확보하려고 노력했다. 마지막으로 15개월 후에 회사는 훈련비용을 상쇄하는 것 이상으로 수익을 창출했다. 평균적으로 세무사 훈련을 통한 수입은 10% 이상 증가하였다.

투자 수익률 확인하기

투자 수익률(ROI)은 중요한 훈련 결과이다. 이 장에서는 손익분석을 통해 ROI 계산법에 대해 논의하고자 한다. 손익분석(Cost-benefit analysis)은 훈련을 비용과 이익으로 보고 계산방법을 통해 훈련 프로그램의 경제적 손익을 확인하는 과정이다. 훈련비용 정보는 아래와 같은 몇 가지 이유에서 중요하다.

1. 직접과 간접비용을 포함하여 전체 비용을 이용해야 한다.
2. 대안적 훈련 프로그램 비용과 비교해야 한다.
3. 다른 집단과 훈련비용을 비교하는 것과 함께 훈련 개발, 관리 그리고 평가에 사용된 자금의 비율을 평가해야 한다.
4. 비용을 통제해야 한다.

프로그램 결과를 통해 훈련기금 확보와 훈련과 개발 기능 증가를 설명할 필요가 증대됨에 따라 훈련과 개발 프로그램의 ROI측정에 대한 관심은 증가하고 있다. 대부분의 강사와 관리자는 훈련과 개발 활동을 통해 생산성, 고객 서비스 개선, 비용 절약, 시간 절약, 종업원 이직 감소 등과 같은 가치로운 일을 한다고 믿고 있다. ROI는 훈련과 개발 프로그램을 통해 제공되는 경제적 가치에 대한 증거를 제공한다. 그러나 ROI는 수강생의 반응과 학습, 훈련 전이 발생을 통한 프로그램 성공 등과 같은 결과를 대체하지는 못한다는 것을 기억해야 한다. 전형적으로 ROI는 훈련 프로그램 운영 후 비용 효과성을 보여주기 위해 사용하였다. 그러나 ROI는 또한 새로운 훈련 프로그램에 대한 각각의 접근방식에 대한 손익계산과 자금 마련 등을 비교하여 훈련 프로그램을 제공하기 때문에 가장 비용 효과적인 훈련 방법을 선택할 수 있게 되어 신규 훈련 프로그램의 잠재적 가치를 예측하는데 유용하다.

LensCrafters의 ROI 사용 사례를 눈여겨볼 필요가 있는데, LensCrafters는 한 장소에 안경테 및 안경 제작 그리고 연구소 등을 모두 설치하여 위치와 운영 편리성을 통해 한 장소에서 안경제작의 모든 과정을 할 수 있게 되었다. 고객 서비스 강조에 따라 회사는 원스톱으로 한 장소에서 한 시간 안에 안경을 제작하여 제공하였다. LensCrafters의 훈련 전문가 Dave Palm은 지역의 관리자로부터 전화를 받았다. 그는 Palm에게 말하길, 회사 임원들은 종업원들이 안경 설계에 대해 잘 훈련받고 있고, 종업원들도 이에 만족하고 있지만 훈련 투자에 대한 수익률이 어떻게 되는지 알고 싶어한다는 것을 전했다. Palm은 훈련과 이익, 품질 그리고 매출 등과 같은 측정 가능한 성과와 연결하는 것에 대해 운영담당자와 대화한 후, 그는 훈련을 품질 실수와 교정, 매장 성과와 매출, 고객 만족 등을 훈련과 연계하기로 결정했다. 그는 평가를 위해 두 지역을 선택하고, 지역의 일부 매장은 훈련을 실시하지 않은 채 두 지역의 결과를 비교하였다.

그는 두 지역에서 교육을 받은 모든 매장은 낭비가 줄고, 매출 증가와 함께 고객 만족 개선이 발생하는 것을 발견하였다. 그 결과 LensCrafters는 다른 경쟁자들보다 더 많은 재정 자원을 훈련 부서에 할당했다(훈련 프로그램 개발과 관리를 위해 일 년에 천만 달러를 투자). 훈련이 사업운영에 어떻게 기여하는지를 훈련 부서가 설명했기 때문에 훈련 부서는 돈을 받아 멀티미디어 기반 훈련 시스템을 개발할 수 있었다.

ROI 확인 과정은 우선 훈련 프로그램의 목적을 이해하는 것에서 시작한다. 목적을 측정할 수 있는 자료 수집을 통해 계획은 개발된다. 가능하다면, 다음 단계는 데이터에 영향을 미치는 다른 요인으로부터 훈련 효과를 분리하는 것이다. 마지막으로 데이터는 금전적 가치 즉, 계산할 수 있는 ROI로 전환하는 것이다. 훈련 효과를 다른 요인에서 분리하는 것이 평가 결과 선택과 평가 디자인에 도움이 된다. 바로 이어서 비용과 혜택을 확인하는 방법과 손익분석과 ROI 계산에 대한 예제를 계속 논의하고자 한다. 또한 ROI 분석은 비용이 수반될 수 있기 때문에 단지 특정 훈련 프로그램에 한정해야 한다.

ROI분석은 훈련이 운영과 관련된 이슈에 초점이 맞춰져 있거나, 회사 전반의 전략과 연계되어 있거나, 고가의 비용이 소요되거나, 대단히 눈에 띄거나, 경영자의 관심을 받거나, 많은 사람이 참여하거나, 지속적으로 수행해야 할 때 최선의 평가 방법이다. 회계 감사 회사 Deloitte에서는 관리자는 많은 훈련 프로그램에서 ROI분석을 요구하지 않는다. 지식이 회사의 생산품이기 때문에 훈련 투자는 중요한 사업의 한 부분으로 본다. Deloitte는 회사 컨설턴트를 의뢰인에게 제공한 시간당 요금을 청구하여 수익을 만들고, 훈련은 컨설턴트가 의뢰인의 요구에 봉사할 수 있게 준비하는 것을 도와준다. ROI는 주로 새롭거나 가격이 비싼 프로그램 선택을 위해 사용하는 계산이다. 예를 들어, ROI분석은 신규 종업원이 의뢰인에게 봉사하는 방법을 더 빠르게 학습하는 것을 도와주기 위해 설계된 모의실험을 실시하였다. Deloitte에서는 모의실험을 통해 신규 컨설턴트들이 30-40% 더 빠르게 의뢰인에게 서비스를 제공하게 되었으며, 결국 프로그램 비용을 빼고도 660억 달러 이상의 ROI를 창출했다.

비용 결정

다른 훈련 프로그램의 비용과 비교하는 한 가지 방법은 자원 요구 모델(resource

requirements model)이다. 자원 요구 모델은 훈련 과정(요구 분석, 개발, 훈련 설계, 실행, 평가)의 각 단계에 걸쳐 장비, 시설, 사람, 자료 등의 비용을 비교한다. 자원 요구 모델의 활용은 훈련 프로그램의 전반적 비용 차이를 확인하는데 도움이 된다. 또한 훈련 과정의 다른 단계에서 발생하는 비용은 프로그램들을 비교하여 확인할 수 있게 한다. 회계관리도 비용을 계산하는데 사용될 수 있다. 비용 원천에 대한 7개 유형은 프로그램 개발 또는 구입, 강사와 수강생을 위한 강의 자료, 장비와 하드웨어, 시설, 여행경비, 강사와 지원 인력 봉급, 수강생들의 수업 출석에 따른 생산 손실 비용 등과 관계된 비용을 말한다. 또한 이런 방법은 비용이 발생하는 시점을 알게 한다. 일회성 비용은 수요 평가와 프로그램 개발과 관련되며, 수업에 따른 비용은 훈련장 임대비, 강사 월급, 프로그램 제공 시 발생하는 부대 비용 등이다. 수강생에 의한 비용은 식사, 교육자료, 훈련 참석에 따른 생산 손실 또는 대체 인력비 등이다.

이익 결정

훈련의 잠재적 이익을 파악하기 위해서 기업은 훈련이 실행되는 원천적 이유를 검토해야만 한다. 예를 들어, 훈련은 생산비용 또는 초과근무 비용 축소 또는 구매 횟수 증가 등을 위해 실행된다. 아래와 같은 다양한 방법은 훈련의 혜택을 인식할 수 있게 도와줄 것이다.

1. 기술적, 학문적 전문가 등의 문헌에서 이익은 훈련 프로그램과 연계되어 있다고 말하고 있다.
2. 기업이 많은 자원을 투입하기 전에 소규모 집단 훈련과 같은 예비 훈련 프로그램들은 훈련이 이익이 발생시킨다는 것을 확인시켜 주고 있다.
3. 관찰을 통해 성공적인 직무 수행자들은 성공적이지 못한 직무 수행자들과 다른 방식으로 업무를 수행하고 있다는 사실을 기업들에게 확인시켜 주고 있다.
4. 수강생과 관리자들은 훈련 혜택에 대한 측정 결과를 제공해주고 있다.

예를 들어, Apple Computer의 훈련과 개발 컨설턴트는 조립라인에 사용되는 훈련 프로그램의 품질과 일관성에 관심을 가지고 있었다. 그들은 훈련이 단순히 효과적일뿐 아니라 재무적 혜택이 동반되길 원했다. 그래서 컨설턴트는 두 개의 훈련 집단과 2개의 비훈련 집단(대조군)이 포함된 평가 디자인을 선택했고, 각 집단은 27명으로 구성하였다. 컨설턴트는 생산성, 품질, 노동 효율성 등과 같이 자신이 측정하고자 하는 결과들이 제품 생산 라인에서 어떻게 발생하는지 그 흐름을 확인하기 위해 훈련 전에 관련 자료를 수집했다. 훈련 뒤 2달 동안 대조군과 훈련 집단의 성과를 비교하는 방식으로 훈련의 효과성을 검증했다.

훈련 받지 않은 대조군에서 훈련 받은 집단보다 33시간(약 2,000분) 이상 고장이 많았다. 이것은 훈련 받은 집단이 고객에게 제품을 더 잘 만들어 배송한다는 것을 의미한다. 정확하게 말하면 훈련 집단이 Apple의 사업 목적에 더 기여하고 있다는 것을 보여준다.

손익분석을 실시하기 위해 컨설턴트는 훈련집단에 있는 개별 종업원들의 사업에 따른 행동변화 효과성을 측정하였다(예를 들어, 직무 세분화는 생산성 또는 효율성을 개선할 것이다). 수강생들에게 자신의 업무에 관한 확신 정도를 비율로 표시하게 하고, 손익분석을 위해 집단에 있는 개별 수강생들을 측정하였는데, 컨설턴트는 월간 손익을 수강생들의 확신 수준과 곱한 다음 수강생 수로 나누었다. 예를 들어 20명으로 구성된 한 집단의 경우 사업 개선과 관련하여 전체 월간 손익은 336,000달러이고, 사전에 측정했던 업무에 대한 확신 정도는 70%였다면 계산은 70% 곱하기 336,000달러, 즉 손익은 235,200달러이다. 이것을 수강생 수 20명으로 나누면(235,00달러/20명) 개별 수강생의 평균 손익은 11,760달러이다. ROI는 아래와 같은 단계를 거쳐 계산된다.

1. 결과 인식하기(예, 품질, 사고)
2. 결과에 대한 가치 부여하기
3. 훈련 결과에 대한 잠재적 영향 요인 제거 후 성과 변화 확인하기
4. 훈련 전·후 결과 비교를 통해 연간 훈련 혜택 양(운영 결과) 구하기(돈으로 환산)
5. 훈련비용(직접 비용+간접 비용+개발 비용+제반 경비+수강생 보상 비용) 확인하기
6. 혜택(운영 결과)에서 훈련비용을 뺀 전체 혜택 계산
7. 비용으로 운영 결과를 나눠 ROI 계산한다. ROI는 훈련에 대한 투자 기대 수익을 돈으로 환산해주게 된다.

손익분석 사례

손익분석은 사례를 통해 설명하는 것이 제일 좋다. 한 목재 회사는 건물 자재 등으로 사용되는 판넬을 제작한다. 공장에는 300명의 직원과 48명의 감독관, 7명의 운반 관리자와 1명의 공장장이 있다. 사업은 3개의 문제를 가지고 있었는데, 첫째는 매일 제작되는 판넬의 2%가 품질저하로 납품이 거절된다는 것이고, 둘째는 판넬을 잔뜩 쌓아놓는 등 종업원들이 다칠 수 있을 정도로 부적절한 판넬 관리를 경험하고 있다는 점이며, 세 번째는 예방할

표 6.11 손익분석을 위한 비용 결정하기

직접비용	
강사	0
내부 강사(12일×1일당 125달러)	1,500
성과급(월급의 25%)	375
여행 경비	0
재료비(60달러×56명)	3,360
교실과 시청각 장비 대여 (12일×1일당 50달러)	600
간식비(1일당 4달러×3일×56명)	672
전체 직접비용	**6,507달러**
간접비용	
훈련 관리	0
사무직과 관리인 월급	750
성과급(월급의 25%)	187
우편·택배·전화료	0
사전·사후훈련 교재비(4달러×56명)	224
전체 간접비용	**1,161달러**

개발비용	
프로그램 구입 수수료	3,600
강사 훈련	
등록비	1,400
숙박비	975
봉급	625
수당(월급의 25%)	156
전체 개발비용	**6,756달러**
일반관리비	
일반 지원비, 경영자 간담회 (10%의 직접·간접비, 개발비)	1,443달러
전체 일반관리비용	**1,443달러**
훈련생 보상비용	
훈련생 봉급과 수당	16,969달러
전체 훈련비용	32,836달러
훈련생 1인당 비용	**587달러**

수 있는 사고 수가 산업평균보다 높다는 것이다.

이런 문제들을 교정하기 위해 감독관, 운반 관리자, 공장장은 (1) 품질 문제와 열악한 작업 습관과 관련된 성과관리와 대인관계기술, (2) 성과 개선을 위한 종업원 보상 교육 훈련에 참여했다. 훈련은 공장 가까이에 있는 호텔에서 실시하였으며, 훈련 프로그램을 위해 비디오테이프 구입과 컨설턴트를 강사로 초빙하였다.

〈표 6.11〉은 비용과 구성내용을 보여준다. 훈련 프로그램의 목적과 프로그램 결과를 고려해본다면 훈련에서 효익이 발생한 것으로 보인다. 이들 결과는 대체로 판넬 품질, 공장에서의 관리, 사고율 등이 포함된다. 〈표 6.12〉는 프로그램의 효익이 어떻게 계산되었는지를

표 6.12 손익분석에서 이익 결정하기

운영 결과	측정 방법	훈련전 결과	훈련후 결과	차이(±)	비용
판넬 품질	반품 비율	2% 반품 1,440개(1일)	1.5% 반품 1,080개(1일)	0.5% 360개	720달러(1일) 172,800달러(1년)
보관 관리	20개 항목의 체크리스트 (육안 검사)	평균 10개 결함	평균 2개 결함	8개 결함	돈으로 측정 불가
사고 예방	사고의 수	24건(1년)	16건(1년)	8건(1년)	48,000달러(1년)
	사고에 대한 직접 비용	144,000달러(1년)	96,00달러(1년)	48,000달러(1년)	
	$ROI = \frac{\text{Return}}{\text{Investment}} = \frac{\text{Benefits} - \text{Costs}}{\text{Costs}} = \frac{220,800 - 32,836}{32,836} = 5.72$ 전체 이익 = 187,964달러				

출처: D. G. Robinson and J. Robinson, "*Training for impact*," *Training and Development Journal* (August 1989): 30-42.

표 6.13 ROI 예시

산업	훈련 프로그램	ROI
보틀링 회사	관리자 역할에 대한 워크숍	15:1
대형 상업은행	판매 훈련	21:1
전기·가스 사업	행위 변경	5:1
석유회사	고객 서비스	4.8:1
건강관리	팀 훈련	13.7:1

출처: J. J. Philips, "ROI: The search for best practices," *Training and Development*(February 1996): 45.

보여주고 있다. 일단 프로그램의 비용과 효익이 확인되면, ROI는 이익을 비용을 통해 나누어서 계산한다. 예제의 경우 ROI는 5.72이다. 즉, 프로그램에 투자된 모든 돈은 거의 6달러의 이익을 가져온다.

ROI 결과를 회사는 수용할 수 있을까? ROI결과에 대한 수용 여부를 결정하는 것은 관리자와 강사가 결정하는 것이 한 가지 방법이다. 다른 방법은 다른 회사의 유사한 형태의 훈련으로부터 획득한 ROI를 사용하는 것이다. 〈표 6.13〉은 훈련 프로그램에 대한 몇 가지 유형에서 획득한 ROI 사례를 보여주고 있다.

Mayo Clinic의 신규 관리자 훈련 프로그램에 대한 논의를 생각해보면 Mayo는 ROI 검증을 통해 84명의 종업원 중 1/3(29명)이 불만족한 상태로 회사에 남아 있다는 것을 발견했다. 불만족에도 불구하고 종업원 이탈 없이 회사가 이들을 확보할 수 있었던 이유는 훈련의 영향력 때문이라고 관련 부서는 믿고 있다.

Mayo의 직원 한 명에 대한 이직 비용은 평균적으로 전체 보상의 75% 정도인 것으로 계산된다. 즉 종업원 1인당 42,000달러이다. 전체 29명의 종업원에 대한 비용은 609,000달러이다.

그러나 여기에 훈련 프로그램 비용을 고려할 필요가 있다. 절약한 돈에서 훈련 프로그램의 연간 비용(125,000달러)을 빼면 절약된 돈은 484,000달러이다. 이 숫자는 계산에 기초하여 만들어진 것이지만 여기서 순수 절약 액수를 그 절반으로 줄인다 해도 여전히 ROI는 100% 이상을 보인다. 프로그램 운영을 통한 혜택을 수량화함으로써 Mayo의 인적자원 부서는 회사에서 보다 큰 신뢰를 얻게 되었다.

손익분석을 위한 다른 방법

훈련의 가치를 돈으로 환산할 수 있는 다양한 방법들이 있다. 예를 들어, 효용분석(utility analysis)도 훈련 받은 종업원과 훈련을 받지 못한 종업원, 훈련을 수료한 종업원 숫자, 훈련 프로그램이 성과에 영향을 미칠 것으로 예상되는 기간, 훈련을 받지 못한 종업원의 업무 성과에서의 가변성 등을 기초로 하여 훈련의 가치를 돈으로 환산하여 평가하는 손익분석이다. 효용분석은 훈련받은 종업원과 훈련받지 못한 종업원의 업무 성과 차이를 측정하기 위해 대조군 사전-사후검사 사용이 필요하다. 다른 형태의 경제적 평가는 직접 그리고 간접 훈련비용, 훈련에 따른 정부 인센티브, 훈련 지불 비용, 훈련 완수에 따른 수강생의 임금 인상, 세금 비율 그리고 절세율 등을 사용하여 훈련이 주는 기업 또는 정부의 이익을 평가한다.

ROI 검증을 위한 실용적인 고려사항

본 장의 서두에서 논의한 것처럼 ROI 분석은 모든 프로그램에 적절하지 않을 수 있다. ROI분석에 제일 잘 어울리는 훈련 프로그램은 명확히 결과가 인식되고, 회사 내에서 훈련 프로그램이 대단히 가시적이어야 하며, 전략적으로 집중되고, 그 효과가 다른 요인에 의해 영향받지 않고 구별될 수 있어야 한다. 이 장에서 다루었던 ROI분석 사례를 보면 그 결과물들은 측정가능하다. 즉, 목재 공장의 경우에도 품질의 변화, 사고율, 및 관리행위 등을 보는 것은 쉽다.

그러나 태도 또는 대인관계 기술과 같은 결과에 초점을 맞춘 훈련 프로그램은 그 가치를 측정하는 것이 더욱 어렵다. 훈련과 시장 점유율 획득 간의 관계나 보다 높은 수준의 전략적 사업 결과를 보는 것은 더욱 많은 문제가 발생할 수 있다. 이들 결과는 훈련과 관계없는 경쟁사의 성과나 거시경제 흐름 등과 같은 너무 많은 다른 요인들에 의해 영향을 받을 수 있다. 사업 단위에서 훈련 프로그램의 개별 성과 측정을 위한 ROI 데이터 수집은 불가능할 수도 있다. 또한 훈련의 측정은 대개 비싸다. 240,000면의 종업원이 있는 통신 회사 Verizon은 하나의 훈련 프로그램 ROI 측정을 위해 대략 5,000달러를 지불했다. 회사에서 제공한 수많은 훈련 프로그램을 생각한다면 전체 프로그램 ROI 측정은 너무 비싸서 활용이 불가능하다.

이런 어려움에도 불구하고 회사는 ROI 측정에 대한 수요가 여전히 높음을 발견했다. 그 결과 회사는 훈련의 비용과 이익을 측정하는 창조적인 방법을 사용하게 되었다. 예를 들어, 훈련 프로그램 결석률에 대한 ROI 계산을 위해 수강생과 감독관들에게 결석에 따른 비용을 계산하라고 요청했다. 그들이 계산한 값은 측정을 통해 획득한 것과 비슷한 경향을 보였다. Cisco System은 파트너들이 추가 강의를 듣기 위해 얼마나 자주 웹사이트를 방문하는지 그것을 추적하였다. 경영 컨설팅 회사 A. T. Kearney는 과거 의뢰인으로부터 발생하는 사업의 수를 측정하여 훈련의 성공을 추적하기도 한다.

성공사례와 투자기대율

훈련의 가치와 훈련 결과에 미치는 다른 영향을 배제할 수 있는 한 방법은 투자 기대율 또는 성공사례를 찾는 것이다. 투자 기대율(Return on expectations; ROE)은 최고경영층과 같은 주요 사업 이해관계자에게 훈련에 대한 평가를 설명하는 과정을 의미한다. ROE 성패는 사업 이해관계자와 훈련 시작부터 평가에 이르기까지 사업 파트너십을 구축하는 것에 따라 좌우된다. ROI에 의존하기보다 Verizon은 훈련 ROE를 사용하였다. 훈련에 앞서 훈련 프로그램에 대한 재무적 책임을 맡고 있는 고위 간부는 현재의 이슈 또는 문제에 대한 비용 측정과 함께 훈련을 통해 이뤄야 하는 것에 대한 그들의 기대를 명확히 할 것을 부탁받는다. 훈련 뒤에 고위 간부는 그들의 기대가 충족되었는지를 질문 받고, 충족된 기대 수준을 재무적 가치로 환산하여 말하길 부탁 받는다. ROE는 ROI분석에서의 측정과 같은 방식으로 사용된다. Verizon은 지속적으로 영업 훈련 등과 같은 이용가능한 객관적 숫자와 대조군과 사전훈련 및 사후훈련 결과 자료를 수집하는 평가 디자인을 통해 훈련 프로그램과 과정을 위한 ROI분석을 실시했다.

성공사례는 회사가 가치를 발견하고 관리자가 신뢰하는 결과를 이끌어낼 수 있는 학습 방법을 보여주는 훈련 효과에 대한 구체적 사례를 의미한다. 성공사례는 객관적인 훈련의 영향력뿐만 아니라 유용성에 대한 증거를 제공해야 한다. 예를 들어, Federated백화점은 매출 증가와 이익 증대를 위해 설계된 "리더십 선택 프로그램"에 대한 효과성을 보고 싶어 했다. 프로그램 말미에 참여자들에게 3개월 안에 사업과 리더십 목적을 수립할 것을 요청했다. 프로그램에 참여한 관리자들은 백화점에서 다양한 부서에서 폭넓은 책임을 지고 있었기 때문에 프로그램은 각기 다른 책임을 지고 있는 관리자들이 훈련 의도에 맞는 결과를 도출하고 있는지 확인할 필요가 있었다. 그 결과 프로그램 의도에 부합되게 학습이 발생하고 있는지를 확인하기 위해서는 구체적 사례를 활용할 필요성이 있었다.

〈표 6.10〉의 회사는 평가 디자인을 선택할 때 조직문화를 고려하길 원한다는 것을 고려해볼 필요가 있다. 스토리텔링은 Federated 문화의 중요한 한 부분이기 때문에 성공사례를 사용하는 것이 수용 가능한 방법으로 간부들에게 리더십 프로그램의 중요성을 보여주는 것이었다. 따라서 취지에 맞게 보고서를 작성한 참가자들을 대상으로 인터뷰를 실시하고, "매장 안에서 쇼핑 경험"과 "다양한 상품 묶음"과 같이 유형화된 체험을 통해 경영의 우선순위를 제시하여 프로그램 중요성을 강조하면서 성공사례를 작성하였다.

사례연구는 프로그램 설계를 통해 달성하고자 하는 결과를 이야기 형식으로 만드는 것이다. 예를 들어, 매니저는 새로운 의상 묶음 상품을 개발하여 팔면 가시적으로 손님들을 자극하여 매장의 매출이 증대될 것이라는 목표를 설정했다. 그는 신규 구매자들에게 의류 상품 구매를 유도하고, 향후 구매 전략을 검토하고, 경쟁회사 매장을 방문하였다. 그 결과 이 매니저는 5% 판매 증가 목표를 초과했다는 이야기를 구성하는 것이다.

인적자본과 훈련활동 측정

지금까지 본 장은 훈련 프로그램 평가 방법에 초점을 맞춰왔다. 평가는 또한 학습과 훈련 활동, 훈련기능을 통해 회사전략과 사업 목표에 대한 기여 정도를 파악하는 것도 포함될 수 있다는 것을 기억하는 것은 중요하다. 1장에서 강조했듯이 훈련, 개발, 학습은 종업원 성과와 사업목표(〈그림 1.1〉을 참조할 것)에 기여해야 한다는 것을 인지해야 한다. 2장에서 전략적 훈련과 개발 과정의 주요지표들을 통해 각 기능의 역할에 대해 논의했으며, 각 지표들은 학습활동 또는 훈련기능이 회사에 제공하는 가치 판단을 위해 사용되어야 한다.

학습 활동 또는 훈련 기능이 제공하는 가치를 이해하는 한 방법은 다른 기업과 비교를 통해서다. 매년 ASTD는 미국에서 기업에게 제공되는 훈련들을 요약해서 보고한다. 이 보고서는 기업이 벤치마킹을 위해 사용할 수 있거나 유사한 산업이나 규모를 가진 다른 기업과 자신의 기업을 비교할 수 있는 훈련시간과 운영에 대한 정보를 제공한다. 〈표 6.14〉는 훈련 지표들에 대한 사례를 보여주고 있다. 이 지표들은 벤치마킹을 목적으로 하거나, 회사 내 현재 훈련 양을 이해하거나, 훈련 활동의 역사적 흐름을 이해하는데 가치가 있다 그러나 훈련의 효과성이나 기업의 전략적 훈련 의사결정 자료로 활용하기엔 한계가 있다.

표 6.14 훈련 지표

- 종업원당 지출
- 종업원당 학습시간
- 인건비 중 훈련지출
- 수익 중 훈련지출
- 학습시간당 비용
- 외부 서비스를 위한 지출 비용
- 훈련과 개발 지원 인력당 학습시간
- 아웃소싱을 통한 평균 학습시간
- 기초 기술, 고객 서비스, 임원 개발 등과 같은 학습유형에 따른 평균 학습시간
- 강사 주도, 장비활용 등과 같은 수업방식에 따른 평균 학습시간

출처: M. Green and E. McGil, *State of the Industry, 2011*(Alexandria, VA: American Society for Training and Development, 2011); L. Weatherly, The Value of People: *The Challenges and Opportunities of Human Capital Measurement and Reporting*(Alexandria, VA: Society for Human Resource Management, 2003)

학습 활동의 가치는 인력분석을 사용할 때 제일 잘 검증된다. 인력분석(Workforce analytics)은 인적자원 데이터베이스와 기업의 재무상황, 종업원 설문, 기타 데이터를 활용하여 사실기반 의사결정과 훈련, 개발, 학습 등의 인적자원 제도가 중요한 회사 지표들에게 미치는 영향 정도를 수량적 방법과 과학적 방법을 통해 분석하는 것을 말한다.

기업들은 사업전략 및 목적과 관련된 데이터와 지표를 활용할 필요가 있다. 예를 들어, Superior Energy Services에서는 인력분석을 이직률 점검과 감소를 위해 활용하고 있다는 것을 고려해볼 필요가 있다. 석유회사들은 해마다 대략 35%의 이직률을 보이고 있으며, 이 회사에서는 종업원 이직에 의한 각 업무 형태 유형별 손실되는 수입을 계량화하였다. 이직은 수입의 감소를 의미하기 때문에 기업의 사업 모델에서 대단히 중요한 의미를 가졌다. 이직자의 절반 정도가 숙련공이거나 감독관이라는 것을 알게 되었다. 이직 가능성에 대한 통계적 예측 방법을 활용하여 코칭기술을 훈련 받은 감독관은 낮은 이직률을 보인다는 것도 발견했다. 그 결과, 훈련 뒤에 이직률은 8% 떨어졌는데, 이는 수입손실을 방지한 것으로 해석될 수 있을 것이다.

A. G. Edwards & Accenture의 인적자본 가치 측정과 검증 방법을 볼 필요가 있다. 세인트루인스에 있는 증권 및 재무 서비스 회사 A. G. Edwards는 미국와 유럽 전역에 있는 15,413명의 종업원에게 813,000시간의 훈련을 제공하고 있다. 비록 모든 인적자본투자활동이 주의 깊게 평가되지만, 연간 예산 책정과정에 포함되어 있지는 않다. A. G. Edwards 의장은 사업에서 가장 완벽하게 훈련된 재무 설계사를 통해 향후 보다 강력한 회사를 만들고 싶어한다. 이런 목적의 진척 정도를 측정하기 위해 회사가 사용하는 지표 중 하나는 산업 전반에 걸쳐 전문가로 인정 받는 인증자격증을 획득한 재무 설계사의 숫자를 계산하는 것이다. 전 세계 경영 컨설팅과 기술 서비스를 제공하는 Accetrue는 2004년 종업원 개발을 위해 4억 달러를 투자했다. 회사는 최적으로 훈련 받은 컨설턴트 수요가 17~20% 증가하였고, 이와 관련된 종업원 확보 비율이 14% 더 상승했음을 발견하였다.

일부 기업들은 효과성, 재무적 이익 그리고 학습활동과 사업전략 및 목표와의 관계 등에 관한 측정을 지원하기 위해 대쉬보드를 활용한다. 대쉬보드(dashboard)는 관리자와 다른 의사결정권자에게 정보를 제공하기 위해 회사 내에서 부서들로부터 추출되는 자료를 받아 분석할 수 있게 설계된 컴퓨터 프로그램을 의미한다. 대쉬보드는 회사의 인전자원 정보 시스템이나 학습 관리, 훈련 등록 시스템 등과 같은 다른 시스템에서 관련 자료를 끄집어올 수 있게 되어 있다.

인적자본 같은 무형자산과 관련된 측정을 포함하여 학습활동과 사업 성과 데이터 등의 관계를 가시적인 영상으로 제공할 수 있기 때문에 대쉬보드는 유용하다. 대쉬보드는 사용자에게 학습시간당 비용과 같은 사전에 입력된 계산 공식을 바탕으로 자료들을 유형화하고 계산할 수 있게 하는 등 다른 방식으로 자료를 접근하고 사용할 수 있도록 도움을 준다.

클리버랜드에 본사를 두고 있는 Key Bank는 미국에서 가장 큰 재무서비스 제공 은행 중 하나이다. 이 회사의 사업전략은 고객 중심의 문제해결과 비범한 서비스 제공을 통해 고객과 돈독한 관계를 형성하는 것이다. 회사는 종업원의 개인적 소양과 전문성을 신장시키기 위한 다양한 교육과 개발 프로그램을 제공한다. 훈련과 개발의 효율성과 효과성을 담보하기 위해 은행은 회사 전반에 걸쳐 훈련 프로그램에 대한 전략적 정렬, 효과성, 투자 등에 대한 정보를 실시간으로 접근하여 볼 수 있는 대쉬보드를 사용하였다.

훈련 활동에 대한 대쉬보드는 학습과 훈련에 대한 시기별 정보를 제공한다. 따라서 사용자는 자신이 관심 있는 정보와 회사 전반 또는 특정 사업에 관한 정보를 시기별로 확인할 수 있다. 대쉬보드는 전체 훈련 활동에 대한 정보를 제공하며, 회사 전반에 걸쳐 훈련 활동을 공지하고, 가장 많이 투자된 훈련이 무엇인지, 어떤 종업원이 훈련을 완수하고 기술을 획득했는지 등에 대한 정보를 제공한다. 또한 향후 학습 관점을 제공하는데 사용될 수 있다. 이용자들은 자신의 훈련 과정 진도율과 미국내 Key Bank 지점들의 진도율 등을 확인할 수 있다. 이 정보는 훈련 관리자가 지역에서 훈련 목적이 적합하게 운영되고 있는지를 이해하거나 훈련 이수 후에 향후 교육 계획 또는 지점 관리자들에게 훈련 목적을 적용시키는데 유용하다.

요 약

평가는 훈련 효과성 검증과 활용을 위한 정보를 제공하고, 측정에 따른 적절한 결과를 인식하게 해야 한다. 이 장은 좋은 평가를 위해서는 훈련을 시작하기 전에 평가에 대한 생각을 먼저 할 필요가 있다는 것에 주목했다. 또한 수요 평가와 측정 가능한 특별한 학습 목적으로부터 추출한 정보가 평가 디자인에 포함되어 훈련 뒤 나타나는 결과를 인식하게 해야 한다.

훈련 프로그램을 평가하는데 사용된 결과는 훈련 프로그램과 수업에서의 지식과 기술, 업무에서의 지식과 기술 활용, 그리고 판매, 생산, 사고예방 등과 같은 수강생들의 요구를 포함해야 한다.

또한 평가는 훈련을 통해 얻게 되는 혜택과 비용을 비교(ROI)하고, 훈련 평가에서 사용된 결과들은 학습과 훈련 전이 발생 정도를 검증하는데 도움이 되어야 한다. 평가과정은 훈련을 통해 산출해낸 결과에 대한 확신을 극대화할 수 있는 적절한 설계 선택과 목적, 전문성 그리고 기타 회사 요구사항과 훈련 특성에 대한 고려와 함께 내적 타당도와 외적 타당도를 위협하는 요인들을 최소화하여 주의 깊게 분석하고 설계해야 한다.

평가에 사용되는 설계 유형은 사전검사, 사후검사, 훈련집단과 대조군에 대한 결과 측정과 활용에 따라 다양하게 변화한다. 이 장은 훈련이 기업의 인적 자본 자산에 기여한다는 것을 측정하고 보여주는 방법에 대한 논의로 끝맺음을 짓고 있다.

토의 문제

1. 무엇을 통해 회사가 훈련 프로그램을 평가하도록 동기부여시킬 수 있는가?
2. 훈련 평가에서 타당도를 위협하는 것은 무엇인가? 내적 타당도와 외적 타당도를 위협하는 것을 구별하고 내적 타당도와 외적 타당도를 위협하는 요인의 공통점을 설명하라!
3. 다음 설계들의 강점과 약점은 무엇인가?: 사후검사, 대조군 사전—사후검사, 사전검사—사후검사?
4. 결과는 무엇을 의미하는가? 왜 대부분의 기업들이 훈련 프로그램 평가에서 결과를 사용하지 않는다고 생각하는가?

5. 본 장은 평가 디자인 선택에 영향을 미치는 7개 요인에 대해 토의했다. 어떤 요인이 평가 디자인에 가장 크게 영향을 미친다고 생각하는가? 그리고 어떤 요인이 가장 작게 영향을 미치는가? 당신의 선택을 설명하시오!

6. 주식거래 활용을 의해 인터넷 사용법을 종업원에게 가르치기 위해 설계된 훈련 프로그램의 장점을 어떻게 측정할 것인가?

7. 2주 전 리더십 개발 프로그램의 문제해결 모듈에 한 집단의 관리자(N=25)들이 참여했다. 이 모듈은 집단이 문제해결을 위해 정확한 처리절차를 이용하는 것에 초점을 맞추고 있는 이틀 과정이다. 각 관리자들은 15-20명의 종업원을 감독하고 있다. 회사는 프로그램 변경을 고민하고 있으며, 훈련비용 산정의 당위성을 보여달라는 요구가 증가하고 있다. 당신은 이 프로그램을 평가해달라는 부탁을 받았고, 당신의 상사는 지금부터 6주 이내에 평가 결과를 보고하라는 지시를 하였다. 당신이 수집할 결과와 설계방법에 대해 토의해보라! 또한 만일 관리자가 아직 프로그램을 보지 못했다면 당신은 어떻게 당신의 대안을 설명할 것인가?

8. 훈련 프로그램의 ROI를 계산할 때 실용성을 생각한다면 무엇을 고려해야 하는가?

9. 기업의 훈련 프로그램 효과성을 평가하기 위해서는 어떤 지표가 유용한가? 사용되는 지표의 중요도에 대해 토의하시오!

10. 투자 기대율(ROE)은 무엇인가? 통계적 자료 수집과 분석을 하지 않고 훈련의 비용과 이익을 보여줄 수 있는가? 손익분석에 대해 비교하고 강점과 약점을 설명하시오!

적용 문제

1. 5명 이상의 학생으로 구성된 훈련 프로그램 과정을 구상할 때 (a) 이 프로그램을 평가할 때 사용하길 원하는 결과 유형과 (b) 당신이 사용하는 평가 디자인은 무엇인가? 그리고 타당도 위협 최소화와 실용성을 기초로 하여 당신이 설계를 선택한 평가에 대해 당위성을 말하시오!

2. Domino's Pizza는 신규 종업원이 컴퓨터 학습(CD-ROM 이용)을 통해 피자 만드는 방법을 학습하는 것에 대한 실효성 검증에 관심을 가지고 있다. 컴퓨터 학습은 반죽, 12인치 크기로 피자 반죽 늘리기 등에 대한 절차를 설명하고 있다. 회사는 품질 표준화를 강

조하기 때문에 피자의 모양, 끝의 경계선, 일정한 두께조차 표준화하도록 강조하고 있으며, 전통적으로 근무 중 훈련을 통해 신규 사원을 교육했다.

a. 만일 CD-ROM 등을 통한 컴퓨터 훈련이 신규 종업원들이 12인치 피자를 만드는 방법을 배우는 데 효과적인 방법이라면 어떤 결과 또는 기준으로 Domino's Pizza는 측정해야 하는가? 누가 평가에 포함되어야 하는가?

b. 만일 CD-ROM 등을 통한 컴퓨터 훈련이 전통적인 근무 중 훈련보다 효과적이라는 것을 검증해야 한다면 사용해야 하는 평가 디자인을 추천하고 그 이유를 설명하시오!

3. 본 장에서 다루고 있는 내용과 관련된 훈련 프로그램 평가를 위해 당신이 속해 있는 학교나 직장에서 사용하는 평가서나 설문 하나를 복사한 다음 그 내용을 확인하고 다음 질문에 답하시오.

a. 이 평가서의 장점과 약점은 무엇인가?

b. 추가질문이나 다른 평가 방식 등 이 평가서를 개선하기 위해 당신이 제안하는 변화는 무엇인가?

c. 당신이 수강한 강의를 실제로 개선하기 위해서는 어떤 방법으로 평가해야 하는가?

4. Sears는 판매방법과 판매량 제고를 위해 훈련 프로그램을 설계하였다. 2시간용 훈련에는 Sears 훈련 시설을 이용하여 원거리 학습과 미국내 10개 지역 점포의 50명 직원을 위한 방송 등이 포함되어 있다. 판매사원들은 시간당 15달러를 지급 받는다. 프로그램은 고객을 유혹하기 위한 상품 진열 방법 등이 포함되어 있고, 10개 지역 점포의 판매량은 훈련 전에는 일주일에 5,000달러, 훈련 후에는 6,500달러이다. 프로그램 비용은 아래와 같다.

강사	10,000달러
원거리 교육(위성 대여 비용)	5,000
교육자료(수강생 1인당 100달러×50명)	5,000
수강생 봉급 및 수당(2시간 훈련 프로그램에 대한 시간당 15달러 임금을 지급 받는 50명의 수강생)	1,500

이 프로그램의 ROI는 어떻게 되는가?

5. Cablevision은 판매사원에게 케이블TV 가입자 증가를 위한 이러닝 교육을 개발하였고 이에 따라, 수익이 증대되었다. 회사는 판매사원이 고급 유료 채널과 같은 케이블TV 서비스 판매 촉진과 이메일과 인터넷 접속과 같은 다른 상품들도 팔기를 원한다. 회사는 또한 훈련 프로그램의 ROI를 알고 싶어한다.

a. 회사가 수집해야 하는 훈련 결과는 무엇인가? 누구에게서 결과를 수집할 수 있는가?

b. 당신은 어떤 평가 디자인을 추천하는가? 당신의 추천을 방어해보시오!

c. Cablevision이 ROI분석을 어떻게 해야 하는지 설명하시오. 회사가 수집해야 하는 정보와 방법을 설명하시오.

6. 재무 서비스 회사의 정보기술부서에 근무하는 100명의 직원들은 높은 이직률을 보이고 있다. 종업원 대상 설문조사 결과 그 이유는 대부분 훈련 수준에 대한 불만족인 것으로 밝혀졌다. 일 년에 평균 이직률은 23%이다. 신규 종업원 한명의 채용과 훈련비용은 56,625달러이다. 이직 문제를 해결하기 위해 회사는 종업원 1인당 일 년에 평균 80시간의 기술 훈련을 개발하였다. 평균 종업원 임금은 시간당 35달러이다. 강사, 교실, 기타 경비는 170,000달러이다.

   a. 훈련에 대한 전체 비용은 얼마인가? 이직에 따른 전체 비용은 얼마인가?
   b. 만일 이직률이 8% 떨어진다면(23%에서 15%로 변화) 훈련 프로그램의 재무적 이익은 얼마인가?
   c. 훈련 프로그램의 ROI는 어떻게 되는가?
   d. 23%에서 얼마나 많이 이직률이 감소해야 훈련 프로그램은 이익을 보는가?

7. ROI Institute의 웹사이트인 http://roiinstitute.net에 접속하시오. 연구, 훈련 그리고 Phillips ROI 사용자를 위한 여러 자료들을 볼 수 있고 그 중 "Tool"을 클릭하고 "Nations Hotels-Measuring the ROI in Business Coaching"을 보시오. ROI 검증을 위해 이 접근 방식의 장점은 무엇인가? 그리고 약점은?

사례

Sisters of Charity Providence Hospital의 건전한 투자

콜롬비아에 304병실을 보유한 Sisters of Charity Providence병원의 훈련기능은 성과 차이 극복과 지원 품질 서비스가 최고 우선순위에 있다. 훈련과 개발 프로그램은 병원의 전략적 목적과 연결되어 있다. 즉, 우수한 서비스와 원활한 병원 운영을 실시하는 것이다. 전략을 지원하는 프로그램 개발뿐만 아니라 이것이 전략적 목적에 어떻게 기여하는지 그 증거를 제공하는 것이 중요하다. 병원 관리자 중 리더를 개발하는 것이 우선순위 중 하나였다. 병원의 첫 번째 프로그램 "Leading Edge"는 재무와 성과관리, 우수인재 식별과 채용, 경영변화 등에 초점을 맞춘 교육과정이다. 훈련의 초점은 중간 관리자의 성과 요구와 약점을 보완하는 것이다. 훈련은 다양한 방법으로 실시되었으며, 각 프로그램은 일련의 팀빌딩 활동과 조직에 대한 성과 검토, 리더가 자신의 영역에서 성과를 책임지는 것 등이 실습에 포함되어 있다. 주요 목적은 (1) 관심, 가격저하, 부동산 양도 전에 수익을 증가시키고, (2) 종업원과 환자의 만족도를 개선시키는 것이다.

"Leading Edge" 프로그램의 효과성을 검증하기 위해 수집해야 하는 결과들은 무엇인가? 어떤 평가 디자인이 사용되어야 하는가? 결과와 설계를 위한 당신의 선택을 설명하시오?

출처: "The healthy glow of learning," *T+D*(October 2008): 63-64.

실습/ 사례 2

Verizon에서의 사업목적을 통해 학습유도하기

2011년 Verizon의 3개 사업목표는 사업과 작업현장을 통해 좋은 네트워크 형성, 주주가치 형성, 기술지향 회사라는 아이콘을 만드는 것이다. 회사의 전략적 사업단위는 전반적 사업 목적에 맞춰 우선순위를 정렬했다. 회사의 학습과 개발 부서도 사업 지원과 전반적 회사 목표를 지원하기 위해 훈련 우선순위와 계획을 수립했다. 주주 가치 창조를 돕기 위해 회사 대표와 CEO가 후원하는 맞춤형 임원 교육 개발 프로그램을 개발하여 고위 간부들이 장기간에 걸친 가치 창출 방법을 이해할 수 있도록 조력하고 있다.

프로그램은 임원들에게 도구, 과정 그리고 지표 등을 제공하여 주주 가치에 긍정적 영향을 미치는 방법을 이해할 수 있게 도와주고 있으며, 프로그램 중 한 부분은 고위간부들이 교차기능팀에서 같이 작업하며, 주주 가치 창출을 방해하는 장벽을 인식하게 하는 것이다. 훈련 말미에 각 팀은 최고경영층에게 추천할 내용을 발표하기도 한다. 그들이 발표한 많은 내용 중에는 실제로 실행되어 새로운 예산 프로세스와 개선 프로그램들이 개발되기도 하였다. 또한 프로그램 중에 각 관리자들은 주주가치에 긍정적 영향을 미칠 것이라고 예상되는 행동 중에 자신이 몰입하여 실행할 한 개에서 두 개의 행동을 선택하기도 한다. 그리고 선택된 행동들은 고위 간부들의 성과 검토 대상이 된다. 회사는 혁신과 새로운 기술로부터 성공이 창출되기 대문에 훈련 시 그리고 직원들 요구 시 사회관계망(SNS)을 사용한다. 회사 유튜브 사이트를 통해 공유되는 비디오는 종업원들이 선호하는 학습 방법 중 하나이다. 예를 들어, 영업팀을 위한 시스템 프로세스 설명은 비디오를 통해 이루어진다. 많은 비디오는 그들의 동료에게 추천되어 급속히 퍼지며 시청된다.

Verizon은 또한 동료 간 협력을 위한 사내 사회관계망을 확장했다. 최근에는 Yammer.com을 착수했다. 이것은 8,000명의 회원과 400개 이상 소규모 그룹이 사용할 수 있는 것이다. 영업팀은 이곳을 통해 질문을 올리고 모범사례를 공유한다. Verizon은 종업원들이 고객을 응대하면서 수시로 그들이 필요한 정보에 접근할 수 있도록 태블릿 컴퓨터를 사용하는 방법을 검토하고 있다. Verizon은 2022년까지 회사의 학습조직이 학습내용을 공급받기보다는 사용자 중심의 촉진과 조절, 창조를 하도록 만들고 있다. 회사는 향후 필요에 따라 모바일 온라인 성과 지원을 사용할 예정이다.

질문

1. Verizon과 같은 회사들이 훈련을 위해 기술과 혁신, 사회관계망과 같은 새로운 기술을 적용하고 사용하는 것은 쉬운 일이라고 생각하는가? 그리고 그 이유는?

2. Verizon의 사내 유튜브 비디오 사이트 효과성을 보기 위해 어떤 지표를 사용해야 하는가?

3. Verizon이 제공하는 모든 훈련은 종업원들의 필요에 따라 이용 가능하도록 해야 하는가? 당신의 의견을 말하시오! 그리고 학습과 같은 성과지원은 어떻게 해야 하는가?

출처: L. Freifeld, "Verizon's new # is 1," *training*(January/February 2012): 28-30; M. Weinstein, "Verizon Connects to Success," *training*(January/February 2011):40-42.

3부

직원 훈련 및 개발의 다양한 방법

3부에서는 직원훈련 및 개발에 관한 다양한 방법들을 다루고 있다. 7장 "전통적 훈련방법"에서는 현장훈련 OJT, 시뮬레이션, 게임, 강의, 액션 러닝, 팀 러닝 등을 포함한 집단이 직접 참여하여 배우는 제시형 방법에 관하여 소개를 하고 있다. 8장 "테크놀로지 기반 교육훈련 방법"에서는 트위터, 페이스북 등 소셜미디어에 기반한 최신 기술을 동원하여 학습에 활용하는 방법을 소개하고 있다. 예로 기존에 소개된 이러닝, 온라인 학습, 가상현실 등뿐만 아니라 블로그나 위키를 활용한 협력기반 학습 툴, 그리고 스마트폰, 테블릿 등을 통한 모바일 학습 등을 제시하고 있다. 특히 7장과 8장을 통하여 제시된 각 방법들의 장단을 살펴보고 주요한 연구 결과들을 통해 이해의 폭을 넓히고자 한다. 저간에 들어서 많은 기업들이 혼합형 학습도구를 활용함으로써 위 학습방법의 단점을 최소화하고 있다.

9장 "직원 개발과 경력 관리"에서는 평가, 학습 프로그램, 멘토링, 코칭 등을 포함한 다양한 직원개발 및 계획을 살펴보고 사례를 통하여 독자의 이해의 폭을 넓히고자 한다. "인터콘티넨탈 호텔그룹 리더 라운지의 24시간 개발지원" 사례를 통하여 기업이 어떻게 리더십 역량개발을 위한 테크놀로지를 활용하는지 제시하고 있다.

7장

전통적 훈련방법

Traditional Training Methods

학습 목표

1. 프리젠테이션, 체험, 및 그룹빌딩 훈련 방법의 강점과 약점에 대해서 설명할 수 있어야 한다.
2. 효과적인 현장직무훈련을 위한 추천을 할 수 있어야 한다.
3. 케이스 스터디를 개발할 수 있어야 한다.
4. 자기주도형 학습모듈을 개발할 수 있어야 한다.
5. 행동 모델링 훈련의 핵심 구성을 설명할 수 있어야 한다.
6. 효과적인 모험학습을 위해서 필요한 조건을 설명할 수 있어야 한다.
7. 팀 성과의 증진을 위해서 필요한 팀 훈련에 대해서 설명할 수 있어야 한다.

La Quinta 호텔 종업원 훈련은 고객의 즐거움을 더한다

호텔기업 La Quinta는 La Quinta Inns and Suites 등의 브랜드를 통하여 북미 전지역 약 800여 군데에서 서비스를 제공하고 있다. 기업은 9,000명의 전 직원이 각 처 모든 호텔에서 최고의 서비스를 고객에게 제공하는 것을 목표로 하고 있다. 이를 위해 기업문화는 점진적인 개선을 통하여 고객뿐만 아니라 전 직원의 처우를 살피고 이러한 철학을 바탕으로 호텔을 흠없이 관리하고 평판을 관리하고 있다. 물론 이러한 철학은 직원훈련으로부터 비롯된다.

모든 직원은 각 직종과 직무에 맞게 설계된 개별화된 훈련 계획을 가지고 있다. 개인특화된 훈련 시스템은 각 직무에서 최고의 성과를 거두도록 목표로 하며, 개인의 학습이 최상의 결과를 맺도록 개별화된 훈련 방법을 이용한다. 이렇게 개별화된 소그룹 훈련방식은 학습을 즐겁고 유익하게 함과 동시에 대화와 아이디어 공유를 통한 학습 증진을 가능하게 하였다.

예를 들어, 소그룹 훈련에서 채택된 게임방식의 훈련인 부루마블(Monopoly) 게임은 학습자가 프론트 데스크 직무를 익히고 최상의 서비스를 이해하도록 도와준다. 소그룹 훈련 내 진행자는 학습자에게 주어진 시나리오와 상황을 이해하도록 도와준다. 소그룹 훈련에서 각 그룹은 각 시나리오에서 어떻게 최상의 서비스를 제공할 수 있는지 사고하고 답하게 된다. 프론트 데스크 직원들은 고객 서비스 부문에서 다른 학습자들에 비해 보다 전문가들로 구성된다. 청소/정비 직원들은 주로 DVD를 통해 학습한다. 직원에게는 각 직무에 관한 설명이 담긴 DVD와 소형 플레이어가 지급되며 이를 통해서 자세한 내용에 관하여 학습한다. 예를 들어 화장실 청소 DVD에는 전체적인 청소 사이클에 대해서 배우고, 학습한 내용을 실습하도록 한다. 물론 DVD는 영어/스페인어 등 다양한 언어를 선택할 수 있다. 또한 다양한 직무의 직원들은 게임을 통해서 학습하기도 한다. 게임의 목적은 협업과 문제해결에서 필요한 커뮤니케이션 등을 이해하는데 있다. 객실의 단편 사진을 토대로 하나의 작은 문제가 더 큰 문제를 야기하는 예를 배우기도 한다. 예를 들어 객실 TV 리모콘의 배터리를 확인하지 않았을 경우 다음 객실 손님은 TV를 시청하지 못할 것이고, 배터리가 배달되기 전까지 불편함을 느낄 것이다.

직원훈련은 새로운 호텔 지점장도 포함하고 있다. 지점장은 각 호텔 지점의 이해를 위해 18일간의 OJT 훈련을 받고, 텍사스 달라스에 있는 본점에서 약 사흘간 훈련을 받는다. 이러한 훈련의 하나로, 지점장 훈련은 해당 호텔 체인에 관한 구체적인 액션 플랜을 설계하는 것을 포함하고 있다.

출처: "who is La Quinta?" "Culture," and "Training/Development," from www.lq.com 웹사이트. "La Quinta Hotels: Hands-On Training." *Training*(3/4월호, 2008년) p. 38-39.

서론

La Quinta 호텔은 객실청소 담당자, 객실정비 담당자, 프론트 담당자 등 모든 분야에서 우수한 고객 만족 실현을 위해 다양한 직원훈련을 종합적으로 시행하고 있다. 이 호텔을 포함하여 많은 기업이 직접 직원훈련을 개발하기도 하고, 외주업체에게 맡기기도 한다. 직무에 관한 일련의 훈련과정은 학습에 관한 절박함(urgency)이 중요하므로 훈련은 이를 필요로 하는 직원을 대상으로 실시하는 것이 원칙이다.

기업의 훈련방법과 내용을 구체적으로 다루기 전에, 본 장에서는 기업이 직원교육을 위해 사용하는 훈련에 관하여 광의적으로 다루고, 다양한 훈련방법들이 지금까지 어떻게 발전하고 변해왔는지를 세부적으로 살펴보고자 한다. 〈그림 7.1〉은 사분면 형태의 학습시스템을 도시한 내용이다. 이 학습시스템은 직원들이 무엇을 학습하는지 사용된 훈련방법에 따라 직원에게 어떻게 영향을 미쳤는지 보여준다. 역량유도개발(Guided competency development)은 기업이 각 직위와 업무를 위해 필요로 하는 역량과 기술 등을 정의한 내

그림 7.1 학습 시스템

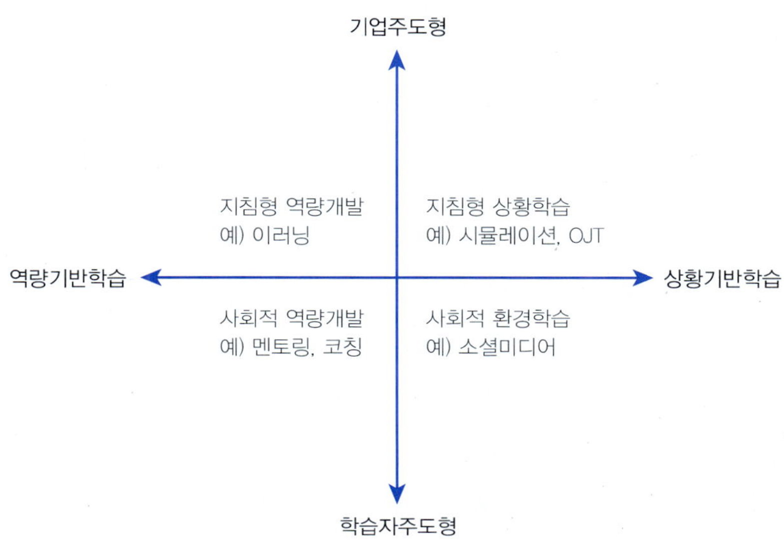

출처: Meister and Willyerd 저, *The 2020 workplace*.

용을 의미한다. 강의나 온라인 교육 등과 같은 직원훈련 내용이 가장 일반적인 형태로 이용된다. 상황기반학습(Context based learning)은 일상의 업무환경에서 발생하는 상황을 직원의 필요성에 초점을 맞춰 진행하는 것이 특징이다. OJT, 시뮬레이션, 모바일 러닝 등이 대표적인 예이다. 위 두 가지 형태의 직원훈련은 일반적으로 기업의 특정 학습목표에 도달하기 위해 고안되고 개발된다. 조직 내 모든 직원들은 학습활동에 적극적으로 참여해야 한다. 사분면의 하단은 소셜러닝, 즉 그룹이나 팀, 혹은 개인간 협업을 통한 학습 형태를 포함하고 있다. 사회적 역량개발(Social competency development)은 멘토나 코치 등 다른 사람과의 상호관계를 통해 특정 업무관련 역량을 증진시키는 것을 말한다. 이러한 역량은 기본적으로 각 개인의 직무성과를 목표로 하기보다 장래에 기대되는 역할이나 상위 직위를 준비하는 것을 목적으로 한다. 결과적으로 멘토링이나 코칭, 그리고 직무경험 등은 개발(Development) 활동으로 분류된다. 보다 자세한 내용은 9장 직원 개발 및 경력관리에서 다루기로 한다. 사회적 맥락학습(Social contextual learning)은 비형식적이며 주로 직장 내 동료 간에 이뤄진다. 또한 학습자의 필요에 따라 즉각적으로 일어나기도 한다. 대개의 경우, 현 직무와 관련한 사안이나 문제점에 관하여 지식을 공유하는 형태이다. 직원들은 주로 대면 회의(face-to-face)나 직장 내 동료와의 의사소통을 통해서 배운다. 저간에 들어서는 스마트폰이나 태블릿 등 개인 휴대기기를 활용하는 저렴하면서도 용이성이 높은 학습도구가 각광을 받고 있다. 또한 블로그, 위키, 소셜 네트워크, 페이스북, 트위터 등 다양한 소셜미디어를 통해서 학습 가능성이 높아졌다. 이러한 기술의 발전은 사회적 맥락학습의 가능성을 크게 열어주고 있다. 이에 대한 자세한 내용은 8장 테크놀로지 기반 교육훈련 방법에서 다루도록 하자. 다만 현장에서의 직원학습은 도시한 그림과 같은 하나의 형태로만 이뤄지지 않는다. 예를 들어, 가상교실(virtual classroom)은 시뮬레이션과 소셜네트워크의 복합적 형태로 상황 유도학습과 사회적 맥락학습의 결합이라 볼 수 있다.

오늘날 대부분 기업에서 활용하는 직원훈련은 1, 2, 3사분면에서 찾아볼 수 있을 것이다. 다만 최근에 들어서는 다양한 소셜미디어를 활용하여 직원간 학습이 이뤄지기 시작하였다. 그 이유는 전통적인 훈련방법은 교수자 중심의 교육활동으로 교수자가 직원의 학습을 보장하고 책임을 지고 있었다. 학습자는 교수자에 의해 지식과 정보를 제공받는 수동적 역할이었고 학습은 교육전문가로부터 제공받는 적절한 조건의 범위 내에서 주어진 학습 방법에 의해 국한되었었다. 즉, 교수자가 무엇을 가르칠지를 정하고, 학습을 위해 가장 적절한 방법을 결정하며, 학습활동을 통한 지식이나 습득기술의 정도를 일방적으로 진행하고 평가하였다. 하지만 최근의 직원교육훈련 및 개발은 학습자의 보다 적극적인 역할을 강조하였다. 이는 학습에 있어서 학습자 역시 교수자와 마찬가지로 중요한 학습의 주체이기 때문이다. 또한 비형식적 학습의 중요성이 강조되고 있는 기업의 현실에서 온라인 테크놀로지를 이용한 학습과 사회적 협업은 그 어느 때보다 중요해지고 있다. 이러한 기술의 발전은 직원들에게 언제 어떻게, 누구로부터 심지어는 무엇을 배울지에 대해서도 선택할 수 있도록 하였다. 〈그림 7.1〉은 얼마나 많은 회사들이 다양한 다른 방법들을 사용하는지 도시하고 있는 것이다. 현재까지 교수자 중심의 집체훈련은 가장 빈번히 사용되는 형태였지만 최근에는 온라인 학습, 가상학습 등 다양한 방법들이 대두되고 있다.

직원 훈련의 방법여부와 상관없이, 훈련은 반드시 효과적이어야 하며, 이를 위해서 1장에서 본 〈그림 1.2〉과 같은 훈련 설계 모형을 기반으로 행해져야 한다. 또한 요구분석 및 평가, 긍적적인 학습환경, 훈련전이 등 훈련효과 증대에 영향을 미치는 중요한 요인들 또한 살펴봐야 할 것이다(3, 4, 5장 참고).

본 장에 이어 8장에서는 다양한 훈련 방법들에 관해서 살펴볼 것이다. 특히 이번 장은 전통적인 방법, 즉 교수자, 훈련조력자, 그리고 학습자 간 대면중심의 훈련내용을 알아볼 것이다. 앞서 알아야 할 것은 이번 장에서 논의되는 전통적인 훈련 방법들은 최근 온라인 학습, 가상학습, 모바일 학습등의 플랫폼을 기반으로 또 다른 새로운 훈련방법으로 발전하고 있다. 예를 들어서 집체강의는 실제 강의실의 대면관계에서 가상 플랫폼 기반의 상호관계로 발전하였고, 교수자와 학습자가 한 장소에 있지 않아도 되는 온라인 기술을 활용한 새로운 형태의 강의로 생중계될 수 있다. 심지어 녹화된 강의는 교육 후 비디오 파일, DVD 등의 미디어 형태로 제작될 수도 있다. 다시 말해서 이러한 강의는 학습자의 편의에 따라 재생산됨을 의미한다.

특히 다음 장에서는 이러한 웹 기반의 훈련, 이러닝, 가상학습, 소셜미디어 등에 대해서 살펴볼 것이다. 새로운 테크놀로지 기반의 훈련은 학습의 효과성 강화와 훈련의 저비용 등의 장점을 이유로 점차적으로 그 이용이 높아지는 추세이다.

실제 현업에서의 활용사례를 살펴보면 효과적인 훈련전이를 위해 많은 조직에서 다양한 훈련방법 간의 장점만을 모아 혼합하여 활용하고 있다는 것에 주목해야 한다. Colorado Springs Utilities에서는 학습자들이 교육훈련을 통해 무엇을 배울지에 대해서 논의하고, 학습을 즐김으로써 학습한 내용을 현업에서 활용할 수 있도록 장려하고 있다. 예를 들어서 이 회사의 안전교육에서는 학습자들이 모의로 긴급상황을 연출해 경험하고, 이를 통해 새로운 지식과 기술을 안전한 상황 안에서 배울 수 있도록 한다. 나아가 교수자는 이러한 학습 과정에서 보완점을 파악하고 학습한 내용에 대해서 학습자들과 함께 토의한다. 물론 학습자는 필기시험을 통해 학습한 내용의 평가를 받고 이를 유지하도록 지속적으로 검토해 나간다. 미국 소재 햄버거 체인점 Whataburger는 WhataGames라는 독특한 훈련 프로그램을 통해서 직원들의 충성심과 자부심, 그리고 생산성을 높이고 있다. 이 교육훈련은 회사의 각 제품 및 메뉴, 회사 역사와 철학 등에 관한 퀴즈 프로그램을 포함하고 있다. 재미를 중심으로 한 프로그램을 통해 직원들은 조직의 목표와 비전, 역사와 철학, 그리고 제품의 제조방법 및 메뉴얼 등을 학습할 수 있다. 또한 What's Cooking이라는 직원 경연대회를 통해서 가장 바쁜 서비스 시간대에 직원들이 얼마나 효율적으로 대비하는지 그 정확성과 준비성에 대해서 평가한다. 여기서 뽑힌 최고의 팀은 상금으로 약 1억 5천만 원(140,000달러)의 현금 보너스를 받는다.

본장에서는 우선 전통적 교육훈련 유형으로 프레젠테이션 방법, 체험학습 방법, 그룹빌딩 방법 등에 대해서 살펴볼 것이다. 각 방법의 정의와 장단점을 알아보고 세부적인 예를 통해 각 특징을 비교하며 본 장을 마무리하고자 한다.

프레젠테이션 방법

이는 학습에 있어서 교수자의 정보 수령자에 대한 일방적인 방식이라는 점에서 수동적인 방법의 대표적인 예라 할 수 있다. 학습에는 사실, 정보, 과정, 그리고 문제해결방법 등이 포함되며, 오디오, 비디오 등이 활용될 수 있다. 예를 들어, 교수자 주도형 집체강의에서는 강의와 더불어 비디오, 교제, 메뉴얼, 게임 등이 활용될 수 있다. 즉, 이러한 방법의 조합으로 학습자가 더욱 적극적으로 학습에 몰입할 수 있도록 유도하고 이들의 학습전이를 돕는데 사용한다.

강의

강의(lecture)란 교수자가 배우길 원하는 내용에 대해 구어형태로 학습자에게 전달하는 학습유형을 말한다. 가장 큰 특징은 커뮤니케이션 방식이 교수자에서 학습자로 일방적이라는데 있다. 양방향 비디오나 컴퓨터 강의와 같은 새로운 테크놀로지의 등장에도 불구하고, 〈그림 7.2〉에서 보듯이 교수자 주도형 집체교육은 여전히 가장 인기 있는 학습방법이다.

강의형 집체교육은 적은 시간과 적은 비용으로 다수의 학습자에게 많은 양의 정보를 전달하는데 가장 효율적이고 효과적인 방법이다. 많은 양의 정보를 전달하는 장점과 더불어 강의는 행동 모델링(behavior modeling)과 같은 다른 훈련방법들을 보완하는 수단으로도 유용하다. 예를 들어 강의는 학습자의 특정한 필요에 맞춘 훈련에 앞서, 프로그램의 목

그림 7.2 다양한 훈련 방법

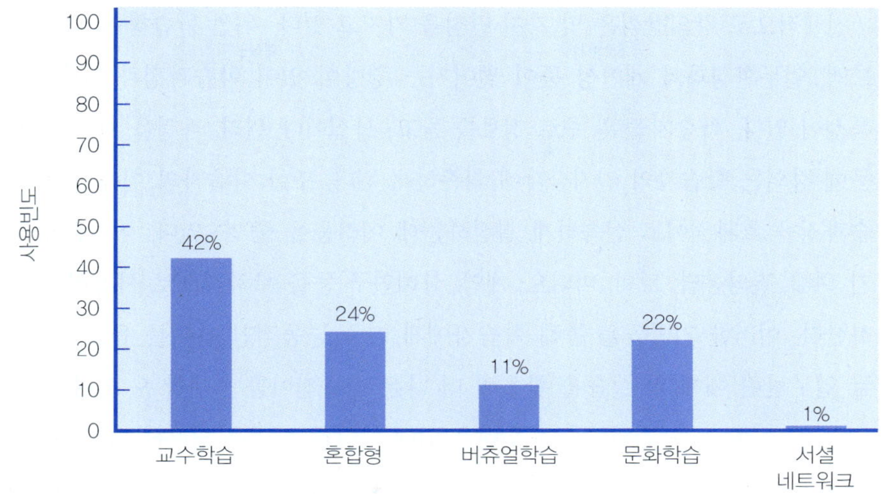

출처: 2011 Training industry report. (November/December 2011)

표 7.1 강의형 집체교육

방법	내용
강의	교수자가 칠판, 화이트 보드, 파워포인트 등 시각적 방법을 동원하여 학습자에게 정보 및 내용 전달
팀 티칭	두명 이상의 교수자가 같은 내용 혹은 다양한 내용을 다양한 방법으로 강의
초청 강연	주 내용은 해 강사가 강의하되 특정 내용에 관하여 전문가를 초청하여 강의
패널	두 명 이상의 강사가 정보를 제공하고 토의식으로 강의
학습자 프리젠테이션	학습자가 학습내용을 발표하며 강의

적에 관한 지식, 핵심 행동, 개념 모델 등의 정보를 학습자에게 전달할 때 유용할 수 있다.

〈표 7.1〉은 다양한 강의형 집체교육의 여러 예를 보여주고 있다. 모든 방법이 각각 장단점을 가지고 있다. 팀 티칭(team teaching)은 보다 많은 전문가의 다양한 의견을 훈련에 가미하는 특징이 있다. 특히, 특정 내용을 준비하는 것뿐만 아니라 다른 다양한 주제들 간의 통합을 하는데 있어서 다른 훈련전문가들과의 조화도 중요하기 때문에 더욱 많은 시간을 요구한다. 패널 방식(Panels)은 토론에 있어서 다양한 훈련원들의 의견을 보여주는데 유용하다. 그러나 해당 내용에 대하여 상대적으로 미숙한 패널이 있는 경우 중요한 부분을 이해하는데 어려움이 있을 수 있다. 초청강사(guest speakers) 형식은 적절한 예시와 더불어 그 실제활용을 보여줄 수 있다는 점에서 학습자에게 동기를 부여한다는 장점이 있다. 특히 이 방식이 더욱 효과적이기 위하여, 초청강사는 발표 내용이 해당 과목의 내용과 어떻게 관련이 있는지에 대해서 사전에 주의를 기울일 필요가 있다. 학생발표 형식(student presentations)은 발표 자료의 중요성과 더불어 학습자의 주의력을 요구한다. 다만 학습자

의 효과적인 발표 기술이 없으면 전체적인 학습에 제약을 줄 수 있다.

전체적으로 강의방식은 몇 가지 단점을 가지고 있다. 우선 학습참여자의 몰입, 적시적 피드백, 업무환경과의 개연성 등이 떨어지는 경향이 있어 학습과정과 학습전이를 저해하는 특성이 있다. 학습자들은 주로 정보를 듣고, 사실이나 원리, 과정을 보는 것에 의존하기 때문에 강의는 학습자의 인지감각에 의존하게 된다. 또한 학습자의 이해도를 높이기 위해 학습과정을 효과적이고 신속하게 결정하는데 어려움을 줄 수 있다. 이러한 문제점을 극복하기 위해, 질의응답, 토의, 비디오, 게임, 사례연구 등을 부차적으로 사용하여 효과성을 극대화한다. 이러한 기법들을 통해 학습자에게 더욱 능동적인 참여를 유도하고 교수자로 하여금 업무관련 예제 및 실습을 활용해 더 나은 학습전이를 기대할 수 있다.

Sony Pictures는 직원의 교육훈련을 위해 다양한 방법을 활용하고 있다. 예를 들어 새로운 프로젝트를 발주하기 이전에 모든 직원들은 재훈련을 받는다. 프로젝트를 위해 디지털 비주얼 효과와 애니메이션을 창조하고 새로운 방법과 기술을 사용하여 각 장면에서 캐릭터 본연의 감정에 맞추어 애니메이션을 창조한다. 직원들은 몇 일에 걸쳐 수업을 들으며 해당 기술에 대한 학습을 한다. 즉, 배운 내용을 토대로 애니메이션의 등장배경, 캐릭터의 의상 및 헤어 등을 각 프레임이 담는 것이다. 덧붙여 온라인 튜토리얼을 통해서 직원들은 기초적인 용어들을 익히고, 다른 분야의 각 직원들과 함께 일하고 의사소통을 할 수 있도록 하고 있다. 각 팀의 팀원들은 자주 다과회 미팅을 통하여 비공식적 학습을 통해 동원된 기술과 방법에 대해서 의견을 나누고 서로 평가를 하여 그 내용에 대해서 숙지토록 한다. Constellation Energy 사에서 새로 도입된 훈련은 에너지 기업으로써 합당한 영업기술을 개발하는데 주력하고자 30시간의 준비훈련시간과 2주의 강의형식 훈련을 포함하고 있다. 학습자는 잠재적 고객을 만나서 차후 고객이 관리할 비용과 위험관리를 위한 사업모델을 배운다. 훈련과정에서 참여자는 목표시장에 관한 자료를 준비하고, 역할행동을 통해서 모의로 참여해 학습하며 훈련이 끝난 후에 학습자는 관리자들과 만나서 학습한 내용을 실행할 구체적 계획을 함께 개발한다.

오디오비주얼 기법

오디오비주얼 기법(audiovisual techniques)은 파워포인트, 비디오 등을 포함하며 대단히 인기있는 방법이다. 특히 고객서비스, 인터뷰, 커뮤니케이션 기량을 증진시키기 위해 많이 사용된다. 그러나 이 방법은 독립적으로 사용되진 않고 대개의 경우 강의와 함께 사용되며 학습자에게 실제 생활의 예와 경험을 보여주는 용도로 사용된다. 구체적인 활용 예를 살펴보도록 하자.

오레곤 소재의 Morse Bros.는 건설자재용 콘크리트나 자갈을 공사현장에 공급하는 업체이다. 이른 새벽부터 운전수들은 화물의 첫 배달을 위해 준비한다. 부식성 자재를 다루는 콘크리트 업계에서는 적시에 자재를 배달하는 것이 필수이다. 이를 위해 기사들에게 반복적으로 안전에 관한 훈련을 하여 전복사고를 예방하고 과도한 공회전을 줄이는 방식을 택해 비용절감 및 고객만족을 높일 수 있었다.

이러한 성과를 이루기 위해 회사는 어떠한 훈련방법이 사용되었을까? 훈련을 위해 우선 선임기사들이 멘토로 참여하여 비디오를 만들었다. 이들의 업무는 제작된 비디오를 선택하여 스케줄을 확인한 후, 비디오 시청기록을 남기고 시청 후 간단한 요약 회의를 주제하는 것이다. 멘토들은 비디오에서 배운 내용의 핵심을 점검하고 일상에서 다뤄야 하는 기사들의 쟁점사안들을 다룬다. 주로 이러한 시청훈련은 아침 일찍 기사들의 업무 개시 이전에 이뤄지므로 훈련시간은 매우 제한적이다. 비디오 시청은 10분 이상 넘기지 않는 짧은 시간 안에 이뤄진다. 예를 들어 한파 주의를 강조하는 비디오 학습이 있다. 여기에는 모든 탱크와 호스를 배수에 연결하는 내용, 드럼을 관리하는 내용 등을 포함하고 있다. 각각의 훈련세션에서 기사는 프로그램 내용에 관한 몇몇 가지 질문에 대답을 하여야 한다. 세션 마지막에 기사는 멘토들과 함께 배달의 적시성이나 제품의 질에 방해할 수 있는 일정 문제에 관해서 토의하고, 멘토들은 이러한 정보를 회사 중진들과 공유한다.

비디오는 행동 모델링의 중요한 구성요소 중에 하나이며, 교육훈련에서 비디오의 사용은 많은 장점을 가지고 있다. 우선 교수자의 의도에 따라 해당 내용을 검토한 후 학습의 속도를 빠르게 혹은 느리게 진행할 수 있다. 또한 학습자의 전문성에 기초하여 세션을 개별화하여 유동적으로 조절할 수도 있다. 둘째, 학습자는 훈련 후에도 비디오를 시청하며 반복적으로 학습할 수 있다. 셋째, 학습자 입장에서 기계의 결함, 고객불만 등 쉽게 설명할 수 없는 문제들을 비디오를 시청하며 이해할 수 있다. 넷째, 학습자는 시청 후 지속적인 지도를 받을 수 있다. 다섯째, 비디오를 시청하며 학습자의 학습 과정 또한 녹화되어 그 내용과 성과를 점검할 수 있다. 즉 교수자의 주관적 해석과 독립적으로 비디오를 통해 즉각적이고 객관적인 피드백을 줄 수 있다. 결과적으로 학습자는 교수자와 동료 등 외부평가자의 편견으로부터 독립적으로 성과측정을 받을 수 있다. 마지막으로 VCR이나 DVD 시청의 용이성에 그 가치가 있다.

과도한 창조적인 사용은 때때로 비디오 사용에 있어서 문제를 일으키기도 한다. 학습에 과도한 내용을 담고 있거나, 빈약한 내용으로 구성되었거나, 유머 혹은 음악의 과도한 사용 등은 비디오 시청 중 중요한 학습 포인트를 놓치게 만드는 경우가 있다.

체험학습

체험학습은 학습자가 학습에 적극적으로 참여하는 것을 기반한 방법이다. 대표적인 예로 현장직무훈련(On-the-job training, OJT), 모의훈련(simulation), 사례 연구(case studies), 경영 게임, 역할행동(role playing), 행동 모델 등이 있다. 이러한 방법은 특정 기술 개발을 목적으로 하거나 학습된 기술이나 행동이 어떻게 업무에 실제로 적용될 것인가를 기초로 실제 업무 간에 일어날 수 있는 사안들이나 업무에서 경험하는 특정 사례를 이해하는데 유용하다.

현장직무훈련(On-the-job training)

현장직무훈련(OJT)은 주로 신입사원이나 미숙련사원들이 실제 업무환경에서 학습하는 것을 말한다. 실제로 동료들이 하는 것을 관찰하고 업무에서 그들의 행동을 모방하여 시도하는 것이다. OJT는 비형식적 훈련 중 가장 오랫동안 그리고 가장 많이 사용되어진 훈련 방법이다. 직무훈련 프로그램의 일부이지만 관리자, 동료, 멘토 등이 교수자로 참여하지 않아도 되기 때문에 비형식적 훈련이라 할 수 있다. 만약 훈련이 지나치게 무형식적이라면 학습 자체가 일어나지 않을 가능성이 있기 때문에 체계화된 접근이 필요하다. 이러한 훈련 방법은 신입사원이 직무를 이해하는데 혹은 새로운 기술이 등장하여 기존 숙련공의 기술을 업그레이드할 필요성이 있을 때 유용하다.

현장직무훈련은 도제식과 자기주도형 학습프로그램 등 다양한 유형을 가지고 있으며 각 방법에 따라 여러 가지 장점을 가지고 있다. 현장직무훈련은 학습자의 경험과 능력에 따라 맞춤식으로 진행될 수도 있으며 훈련은 실제 도구와 장비를 가지고 진행되기 때문에 즉각적으로 업무에 적용할 수 있다.

결과적으로 학습자에게는 이러한 학습경험이 동기부여가 된다. 학습자와 교수자 모두 업무 현장에 있고 훈련 내내 지속적으로 함께 일을 할 수 있다. 또한 학습자를 중심으로 교수자를 고용하여 훈련 기자재를 빌리는 형식으로 회사가 비용을 절약할 수 도 있다. 끝으로 현장직무훈련은 현장에서 발생하는 실제 업무를 가지고 훈련을 하므로 학습된 내용은 더욱 쉽게 실제 업무에 적용될 수 있다.

인도에서 가장 큰 정유회사 중에 하나인 Reliance Industry 사는 Nagothane에 위치한 제조 분야에서 직원 교육을 위해 현장직무훈련을 사용한다. 시장 내 빠른 성장과 다양한 고객의 요구에 대응하기 위해 회사는 직원의 적응기간을 더욱 짧게 해야 했고, 이러한 요구에 맞춰서 훈련 프로그램은 신규 고용된 엔지니어들을 위한 학습을 신속히 진행할 수 있도록 멘토 프로그램을 준비하였다. 멘토들과 신규직원들은 학습유형에 맞춰서 짝을 이루고, 한 멘토당 최대 세 명의 신규직원이 할당되어 약 9개월 동안 총 4개의 학습모듈에서 함께 일하며 학습한다. 각 모듈에서는 진행계획을 위한 준비단계가 있고, 사내 온라인 포털을 이용하여 그 단계가 확인된다. 결과적으로 새로운 엔지니어가 본격적으로 업무에 투입되기까지 총 6개월이 소요되었고 훈련기간이 약 6개월가량 줄어들었다.

유타주 솔트레이크시에 위치한 사탕 제조업체인 Sweets Candy 사에서 신규직원들은 첫 오리엔테이션에서 안전과 긴급대피절차에 관한 교육을 받은 후 각 멘토에 할당된다. 약 2주 동안 멘토들은 새로운 직원들과 함께 일하며 직접적인 일대일 훈련을 갖는다. 각 팀은 주단위로 회의체를 갖고 연단위로 안전 사안에 관한 훈련을 받는다. 또한 직원들은 매주 안전 계약 카드를 받고 이들이 위험상황에 직면했을 때 어떻게 대응하는지에 대한 노트를 기록하게 된다. 이 카드가 관리자에게 제출되고 매월 회사는 축적하여 보관한다. 모든 카드들은 사내 안전 위해요소를 탐색하기 위해서 검토되어 전 직원들에게 통지된다.

표 7.2 OJT 원칙

준비단계
1. 중요 순으로 직무 세분화
2. 필요한 기구, 장비, 도구 등을 준비
3. 소요 시간 예측/ 기술 및 직무 능숙 정도에 관한 기준 마련
실행단계
1. 학습자에게 해당 직무의 목적에 대해서 전달
2. 구두설명 없이 직무 실습을 보여줌
3. 행동의 핵심 주안점을 설명
4. 학습자에게 직무 실습 반복 전시
5. 학습자에게 일부 직무 실습 기회 및 수정
6. 전체 직무 전체 직무 실습 기회 부여
7. 목표한 능숙 정도에 도달할 때까지 반복
8. 학습 목표 달성
학습전이
플로우 차트나 체크 리스트, 세부절차에 관한 정보 제공
복잡하고 어려운 직무에 관하여 관찰 기회 부여 및 지속적 지원
평가
학습후 테스트를 통해 학습 내용 점검 및 반응 설문

출처: R. Buckley and J. Caple, "Developing one-to-one training programs," *T+D*(April 2010): 108-109; W. J. Rothwell and H. C. Kazanas, "Planned OJT Is Productive OJT," *Training and Development Journal*(October 1990): 53-55; P. J. Decker and B. R. Nathan, *Behavior Modeling Training*(New York: Praeger Scientific, 1985).

현장직무훈련은 다른 훈련방법에 비해 매우 매력적인 훈련방법이다. 왜냐하면 학습을 위한 훈련디자인, 보수, 자료 등 재무적 자원 투입이 비교적 적게 드는 반면 직무에 관한 전문적인 지식이 있는 관리자들이나 동료들을 교수자로 활용할 수 있고, 결과적으로 훈련을 기대한 바대로 진행할 수 있기 때문이다.

하지만 훈련이 체계화되지 않는다면 단점 또한 존재한다. 관리자와 동료들은 한 업무를 완성하기 위해 같은 절차를 반복적으로 사용하지 않는다. 때때로 업무 간 유용한 기술을 지나치는 경우가 있을 수 있다. 또한 훈련과정에서 필요한 설명, 실습, 피드백 등의 과정을 이해하지 못하는 경우가 있다. 체계화되지 않는 현장직무훈련은 이러한 비효과적인 훈련결과를 낳아 궁극적으로 위험한 방법으로 제품을 생산하고 서비스를 제공할 수 있다. 현장직무훈련은 반드시 체계화되어야 효과적이다. 〈표 7.2〉는 체계적 현장직무훈련의 필수 원칙을 보여주고 있다. 현장직무훈련은 다른 이를 관찰하는 데에서 배우기 때문에, 성공적인 훈련은 사회학습이론이 강조하는 원리에 기초한다. 효과적인 현장직무훈련을 위해서는 신뢰할만한 교수자를 채용하고, 행동이나 기술을 모델화한 관리자나 동료들을 중심으로 특정 핵심 행동과 실습을 통한 피드백, 그리고 이러한 행동의 강화를 위한 의사소통을 포함해야 한다. 예를 들어, 미국 뉴욕 주 로체스터에 위치한 Rochester Gas and Electric 사는 방사능 및 화학전공 강사가 기존의 직원들에게 어떻게 현장직무훈련을 진행할 것에 대해서 가르친다. 장차 현장직무훈련에서 신규직원들에게 소프트웨어를 설명할 것인가에 대해 가르치는 동안 교수자들은 직원들에게 다른 교수자들이 어떻게 학습을 진행하는지 지켜보도록 요구한다. 특정 유형과 상관없이 효과적인 현장직무훈련 프로그램은,

1. 훈련목적과 회사의 지원을 강조하는 정책 문서를 가지고 있다.
2. 훈련실행에 있어서 책임을 지는 명백한 지침이 있다. 만약 관리자가 OJT를 실시하는 동안 이는 그들의 직무명세서와 수행 평가에 언급되어야 한다.
3. 훈련실습의 철저한 검토 및 피드백이 있다.
4. 훈련원칙에 관한 관리자와 동료들의 동의가 있다.
5. 학습 계획, 체크리스트, 절차 메뉴얼, 훈련 매뉴얼, 계약, 진행 보고서 등 사용될 만한 모든 내용이 실질적으로 준비되어 있다.
6. 훈련 전 기본 기술 정도에 대한 평가가 있다.

Boden 사의 현장직무훈련 프로그램은 이러한 특징들을 많이 가지고 있다. 모든 관리자 그룹이 교수자가 될 수 있는 것은 아니다. 훈련자의 선택, 훈련, 그리고 이에 대한 보상에

이르기까지 훈련의 효과성을 높이기 위해서 교수자의 선발은 지원을 통해서만 가능하다. 이들은 집체학습을 포함하여 부담이 크고 힘든 훈련코스를 마쳐야 하고 장비를 올바르게 가르칠 수 있도록 현장에서 어떻게 기계를 동작시키는 것에 대한 직접적이고 실질적인 제조공정에도 참여해봐야 한다. 모든 대상자들은 체크리스트를 완수하여 모든 교수자가 필요로 하는 효과적인 교습 기술들을 배울 수 있도록 한다.

자기주도학습(Self-Directed Learning)

자기주도학습(self-directed learning)은 학습의 모든 면에 대한 책임을 학습자가 가지고 있는 것이다. 학습자는 교수자 없이 자기 스스로의 방식으로 미리 정해진 훈련내용을 습득한다. 다단 교수자는 조력자로 도울 수 있지만 학습을 조종하거나 주도할 수는 없다. 즉, 교수자는 학습을 평가하고, 학습자의 질문에 대답할 뿐이다. 학습과정 자체는 온전히 학습자에 의하여 이뤄진다. 세일즈맨을 위한 자기주도학습은 신문이나 간행물을 읽어 상식을 넓히고, 전문가와 이야기하며 전문지식을 넓히고, 산업과 관련된 새로운 아이디어를 얻기 위해 인터넷을 뒤지는 것 등을 모두 포함한다. 물론 자기주도학습은 회사가 제공하는 데이터베이스, 훈련과정, 세미나 등을 포함한다. 배우는 것에 대한 주도권은 여전히 학습자에게 있으며 이러한 학습형태의 효과성은 직원의 학습에 대한 동기에 의존하므로, 회사는 자기주도적인 학습 과정에서 자기 관리, 환경에 적응 정도, 고객, 새로운 기술 등에 관한 포괄적인 세미나를 제공할 수 있다.

자기주도학습은 많은 장점이 있다. 학습자가 스스로 배울 수 있으며 학습성과에 관한 피드백을 제공받을 수 있다. 회사에게는 소수의 교수자만 필요하고 기타 부대비용 등을 최소화할 수 있다. 지속적인 훈련 내용을 제공하는데 있어 전문가의 지식을 반영할 수 있고, 훈련 자료에 관한 접근이 용이하기도 하다. 예를 들어 Four Seasons 호텔은 인도네시아 발리에 새로운 호텔 지점을 열었을 때 580여 명의 종업원에게 영어를 가르쳐야 했다. 안타깝게도 이들은 영어를 한 마디도 못했고, 서양의 관습과 문화에 관해서도 무지하였다. 호텔은 의사소통이 대단히 중요하기 때문에, 영어는 언어 그 이상의 가치를 지녔다. 효과적인 훈련을 위해 회사는 녹음 및 녹화기, 각종 언어모듈과 책, 잡지 등을 동원하였다. 훈련의 결과로 영어 능력에 따라 금전적 보상이 지급되었다. 성공적인 언어학습으로 영어뿐만 아니라 일본어도 포함되었다.

자기주도학습의 가장 큰 쟁점은 학습자 스스로가 이러한 학습 방법에 불편함이 없어야 한다는 것이다. 즉 학습자는 스스로 배움에 동기가 있어야 한다. 회사 입장에서는 자기주도 학습은 많은 개발 비용이 들고, 개발 시간 또한 다른 유형의 훈련보다 많이 걸린다. 효과적인 자기주도학습을 위해 아래와 같은 몇 가지 단계를 거쳐야 한다.

1. 업무를 파악하기 위한 직무분석을 실시한다.
2. 업무와 직접적으로 관련된 학습자 중심의 학습 목적을 표기한다. 교수자에게 목적이 전달되면 무슨 정보가 중요하고 어떤 행동을 해야 하는지 무슨 기술을 마스터해야 하는지 지시한다.
3. 학습 패키지의 내용을 개발한다. 이는 비디오 자막, 컴퓨터 훈련의 텍스트 등을 포함하며 내용은 학습자 중심의 학습 목적에 기초한다.
4. 내용을 큰 단위에서 작은 내용으로 세분화하고 있다. 모든 내용은 항상 학습목적과 동반하며 학습을 평가하기 위한 학습자의 방법을 포함한다. 실습은 각 단위에서 실시한다.
5. 평가 패키지를 개발한다. 학습자의 평가, 자기주도 학습 패키지를 평가하고 학습자 평가는 목적에 맞게 실시한다. 즉, 질문들은 목적으로부터 직접적으로 쓰여지고 자료로부터 직접적으로 답한다. 평가는 용이성, 최신성, 합목적성을 중심으로 실시한다.

조직이 주도적으로 설계한 훈련이 아닌 학습자 본인이 주도적인 것이 특징인, 자기주도 학습은 기타 다른 훈련 방법에 비해보다 유동적인 훈련방법으로 기술이 발전함에 따라 장차 더욱 각광받을 것으로 기대된다.

도제제도(Apprenticeship)

도제제도(apprenticeship)는 실제 업무와 집체훈련을 병합한 일학습 병행형을 말한다. 미국의 각 주 혹은 연방 가이드라인에 의해 등록된 도제로 자격이 되려면, 대부분의 경우 견습생들은 최소 144시간의 집체훈련을 이수하여야 하고 일 년에 2,000시간 이상의 업무경험이 있어야 한다. 일단 훈련이 끝나면 견습생들은 저니 워커(journey worker)라 불리며, 이들은 미국 노동부나 주 관련기관으로부터 인증을 받는다. 〈표 7.3〉은 도제제도의 예를 보여주고 있다. 이들은 개별회사나 노동조합과 협력하는 회사들로부터 스폰서를 받을 수 있다. 표의 예에서 보듯이 대부분의 견습 프로그램은 배관공이나, 전기공, 목수 등과 같은 기술직능 분야이다. 〈표 7.4〉는 기계수리공을 위한 견습 프로그램의 예를 보여준다.

견습 프로그램에서는 특정 기술군을 완수하기 위해 들여야하는 시간이 분명하게 정의되어야만 한다. 현장직무훈련은 현장에서 저니 워커를 돕는 것을 포함한다. 견습의 경우 효과적인 훈련을 위해 모델링, 실습, 피드백, 평가 등의 가이드라인이 지켜져야 한다. 우선,

표 7.3 도제제도 직종 상위 25

순 위	직 종	총 등록수	프로그램 수
1	전기기술자	45,609	3,209
2	트럭운전사	37,805	39
3	목수	33,027	446
4	배관공	18,578	2,644
5	건설기술자	9,836	94
6	파이프 기술자(건설)	9,542	722
7	판금 기술자	8,754	518
8	구조강 기술자	8,659	131
9	지붕수리공	5,943	139
10	엘리베이터 기술자	5,746	62
11	벽면 시공자	5,541	44
12	화재경보 기술자	5,433	124
13	중장비 운전기사	4,837	131
14	페인트 전문가(건설)	4,795	248
15	보일러 전문가	4,089	32
16	벽돌공(건설)	3,729	194
17	목공	3,185	381
18	냉온방기 설치기사	3,099	601
19	배선기사	3,087	297
20	배선설치 전문가	2,886	92
21	단열 설치기사	2,328	101
22	교도관	2,290	58
23	유아돌보미	2,282	971
24	요리사	2,259	1
25	시멘트공	2,240	127
	합	292,163	25,290

출처: "Top 25 Apprenticeship Occupations Ranked by Total as of September 30, 2007," from U.S. Department of Labor, Employment and Training Administration. Available at www.doleta.gov/OA/top-25-occupations.cfm.

고용주는 학습자가 공정의 과정에서 요구되는 지식을 가지고 있다고 확인하고, 교수자 중 가장 경험이 많고 면허가 있는 사람이 각 과정을 상세히 설명한다. 각 과정의 안전 문제를 비롯하여 각 핵심 단계를 강조하며. 연장자는 견습생에게 만족할 만한 수준이 될 때까지 그 과정을 수행할 기회를 제공한다.

이러한 훈련형태의 가장 큰 장점은 그들이 배우는 동안에 보수를 받는다는 점이다. 이는 프로그램이 몇 년간 비교적 장기적으로 지속되기 때문에 학습자 입장에서는 대단히 중요하다. 학습자의 임금은 대개 기술이나 역량이 증진될 때마다 자동적으로 오른다. 또한 견습생은 지업훈련원, 실업계 고등학교, 전문대 등에서 제공되는 집체훈련 및 효과적인 학습경험을 통하여 현장에서 왜 그리고 어떻게 과업이 수행되는지를 배우게 된다. 견습은 대개의 경우 학습자가 훈련을 받는 회사에서 훈련을 마칠 때 고용의 기회를 제공받는다. 회사

표 7.4 기계공 도제제도 예

시간	주	단위
240	6.0	벤치
360	9.0	드릴 프레스
240	6.0	열처리
200	5.0	초급 설계
680	17.0	터릿 선반
800	20.0	엔진 선반
320	8.0	툴 그라인드
640	16.0	고급 설계
960	24.0	도정 기계
280	7.0	윤곽 도정
160	4.0	표전 그라인드
240	6.0	외부 그라인드
280	7.0	내부 그라인드
200	5.0	나사 연삭
520	13.0	수평 착공기
240	6.0	지그 보링
160	4.0	수직 보링
600	15.0	수치 프레이즈반
240	6.0	컴퓨터 수치제어
640	16.0	관련 훈련
8,000	200.0	합
견습: 아래 작업은 위 총 시간에 포함되나 반드시 첫 1,000시간 내에게 이수되어야 할 내용		
80	2.0	드릴 프레스
280	7.0	선반 작업
360	9.0	프레이즈반
40	1.0	초급 설계
80	2.0	관련 훈련
840	21.0	합

출처: A. H. Howard III, "Apprenticeship." In *The ASTD Training and Development Handbook*, 4th ed.,ed. R. L. Craig(New York: McGraw-Hill, 1996): 808.

의 입장에서는 견습 프로그램은 특정 사업훈련 요구를 맞추거나 인재들을 고용하는데 도움이 된다. 오하이오 톨레도에 있는 Libbey Glass의 제조시설에는 주형제작, 기계수리, 목수, 기계수리공 등을 위한 근로자 견습 프로그램을 가지고 있다. 이러한 직군은 임금이 상대적으로 높고, 대부분 견습생들은 오후, 야간 당번이 아닌 주로 주간 당번으로 일을 하기 때문에 사내에서 최고의 직군이라 여겨진다. 견습 프로그램은 회사 입장에서는 값비싼 훈련방법이긴 하지만 실질적으로 큰 이익이 있다. 각 견습생들은 각 업무에 대해 저니워커의 지원을 받으며 두 사람에 의해서 이뤄진다. 프로그램은 노동부의 지침에 따라 매 1,000시간마다 견습생을 평가하도록 한다. 이러한 검토는 저니 워커와 관리자들을 포함한 견습위원회에서 담당한다. 위원회는 또한 견습생을 대상으로 한 여러 시험과 다른 평가 자료들을 개발하여야 한다. 견습생을 평가하는 동안에 위원회 멤버들은 본연의 일반 업무를 수행할 수 없게 된다. 그래서 그들의 업무할당은 다른 시간으로 재조정되거나 다른 사람들에게 넘어가게 된다. 이러한 프로그램은 파생적으로 회사에 많은 이익을 가져다주었다. 업무 환경 변화를 더욱 수용시키며 자체적으로 모든 업무를 소화하도록 구조화하였고, 결과적으로 회사는 계약직 근로자에게 외주를 주지 않아도 되었다. 회사는 인재에게 견습을 마친 후 다른 직위로 승진할 수 있다는 희망을 갖도록 유인하였다. 물론 견습 프로그램은 견습생에게 훈련과 업무 경험을 쌓으며 유리 제품을 만드는 데 필요한 주형 장비를 제작하는 등의 특정 목적에 따라 훈련하도록 도왔다.

또한 이러한 프로그램은 새로운 관리자를 준비하는데도 유용하다. Goldcorp 사의 회장과 사장 등 고위경영진은 MBA 학생들에게 9개월 동안 회사의 CEO 훈련과 같은 견습 프로그램을 지원한다. 이들은 이사회의 협상 및 안건채결을 지켜보며 중요한 회의를 관찰토록한다. 이러한 견습 프로그램을 통해서 많은 졸업생들로 하여금 채굴산업이 지저분하고 안전하지 않은 사업이라 여기지 않고 채굴산업에 관한 긍정적 유인이 될 것이라 전망한다. Hyatt 호텔은 관리자들에게 영업, 고객서비스, 재무회계, 외식업 등에 관한 다양한 훈련을 제공하는데, 이를 통해 학습자들은 호텔의 모든 부분을 경험하고 각 업무의 모든 부분을 경험한다. 이 일련의 모든 훈련을 마치고 직원들은 다시 본래 관리자 위치로 돌아간다.

기본적으로 견습 프로그램이 성공적으로 수행되기 위해 많은 시간과 비용이 투입된다는 표면적 이유를 넘어서, 이러한 노력에도 불구하고 견습 프로그램이 소수집단 및 여성에게 매우 제한적인 프로그램이라는 것이다. 견습기간 후 고용의 보장 또한 없을 수 있다. 결국, 견습 프로그램은 학습자가 한 직장 내에서 주어진 직무에 관해 훈련을 받으며 준비하는 일련의 과정을 의미할 뿐이다. 새로운 기술의 발전과 여러 상호협동을 강조하는 팀의 특성상 많은 고용주들이 견습생 뽑는 걸 주저한다. 고용주들은 견습이 한 직장 내 업무의 좁은 범위만을 위한 것이기 때문에, 프로그램 이수자가 특정 회사의 기술이나 새로운 기술을 습득하고 적응하는데 어려움이 많을 것이라 믿고 있다.

모의 훈련(Simulation)

모의 훈련(simulation)은 실제상황을 반영한 훈련방법이다. 즉, 학습자의 결정에 의해 실제 직업현장에서 발생할 수 있는 결과에 대하여 학습하는 것이다. 가장 대표적인 모의 훈련방법의 예는 비행조종사의 모의 훈련이다. 가상으로 위험이 없는 환경에서 그들의 결정이 미치는 영향을 직접 경험할 수 있는 모의 훈련방법은 이외에도 여러 분야에서 활용될 수 있다. 8장에서 볼 수 있듯이 새로운 테크놀로지는 가상현실의 개발을 통해서 더욱 실제 업무환경과 근접한 훈련환경을 경험할 수 있도록 하였다.

시뮬레이터는 직원들이 현장 직무에서 사용하는 물리적 장비를 복제한 내용이다. 예를 들어 Time Warner Cable 설치기사들은 어떻게 케이블 TV와 초고속 인터넷 연결을 올바르게 설치할 수 있을지 사내 훈련센터에 있는 2층 구조의 집으로 모의 훈련을 받는다. 학습자는 이 하우스 내부 벽에 구멍을 뚫고 기어들어가 설치하면서 구조가 제각각 다른 집에서는 어떻게 작업할지를 모의로 훈련한다.

Amex 사의 경우 새로 고용된 콜센터 직원에게 실제 콜센터와 같이 구조화된 사무실 환경에서 직무를 익히도록 훈련을 제공한다. 심지어는 바인더 등과 같은 모든 사무용품이 실제 사무실 배치와 동일하다. 실제로 콜센터 데이터 베이스를 기반으로 실제 전화를 음성인식 소프트웨어를 통해 구현하여 학습한다. 이러한 일련의 경험을 배우고 나면, 그들은 모의 설계된 전화에 대답을 통해 연습을 한다. 시뮬레이터는 학습자의 실수에 대해 피드백을 제공하고 권고사항을 지적한다. 또한 학습자의 성과를 지속적으로 관리하여 학습자가 훈련계획에 뒤처질 경우 알리며 지원한다. 시뮬레이터는 32일 내에 콜센터 직원을 준비시키고, 12주 프로그램을 통하여 집체학습과 현장직무훈련을 실시한다. 학습자들이 모의로 조성된 환경에서 훈련받기 때문에 이 직군의 이직률은 50퍼센트 미만이다.

Automatic Data Processing 사 내 30명의 전도유망한 글로벌 매니저들은 실제 회사 비즈니스 모델을 복제한 컴퓨터기반의 비즈니스 시뮬레이션에 참여하였다. 참여자들은 회사의 임원진으로 분했고, 국제 경쟁사회에서 성장기회를 창출하며 계속되는 5라운드 동안 수익성있는 비즈니스를 만들어야 했다. 여기서 핵심요소는 학습자들이 직무에서 맞닥드릴 수 있는 환경과 상황을 실제와 흡사하게 구현했다는 것이다. 5장에서 본 프로그램 디자인을 돌아보면, 시뮬레이터들은 실제 업무환경과 동일한 요소들을 찾아 훈련을 설계해야 한다. 예를 들어서 비행 조종사 시뮬레이션은 조종사가 관제사로부터 지시를 듣는 동안 계기판 경고 시스템을 통해 오는 교통경고 및 경고음을 긴박하게 다뤄야만 하는 상황을 포함하고 있다. 이러한 복잡한 시스템을 개발해야 하기 때문에 이러한 유형의 프로그램은 비용이 많이 들고 지속적으로 새로운 정보를 업데이트해야 하는 수고가 필요하다.

사례연구(Case Studies)

사례연구는 어떤 특정의 사례를 대상으로 그 과정과 구조를 기술하고 이를 분석하여 해석함으로써 검증하는 방법이다. 이 방법은 개인 혹은 조직이 주어진 상황을 어떻게 다룰

표 7.5 케이스 개발 진행

1. 스토리 인식
2. 정보수집
3. 스토리 개요
4. 관리 문제 결정
5. 사례 준비

출처: J. Alden and J. K. Kirkhorn, "Case Studies," in *The ASTD Training and Development Handbook*, 4th ed.,ed. R. L. Craig(New York: McGraw-Hill, 1996): 497-516.

것인가에 대한 묘사이자 학습자들에게 취할 조치에 대한 분석과 비판을 요구하고, 적절한 행동과 조치가 어떻게 제안될 수 있는지에 관한 내용이다. 학습의 대전제는 학습자가 사건 분석의 과정을 통해서 무엇을 배울지 대한 지식과 기술을 사용하고 기억하는 것이다. 특별히 주어진 사례는 분석, 통합, 평가 등의 지식 기술을 개발하기에 적절한 목적을 가져야 한다. 이러한 기술들은 종종 관리자나 전문직종의 훈련에 특히 필요한 것이다. 또한 학습자가 상황에 대한 분석을 기초로 불확실한 결과에 대한 위험을 감수하는 의지를 개발할 수 있다. 사례를 효과적으로 사용하기 위하여 학습 환경 안에서 사례 분석의 기회가 학습자에게 주어져야 하고 각종 의사소통의 수단이 준비되어져야 한다. 무엇보다 학습자의 몰입이 사례연구의 효과에 중요한 역할을 하기 때문에 학습자들은 사례를 분석할 의지와 역량이 요구된다 .

〈표 7.5〉는 이러한 사례 개발의 과정을 보여준다. 첫 단계는 문제를 파악하는 것이다. 사용될 사례에 학습목적이 있는지 고려하는 중요한 단계이고, 토론을 통한 의사결정이 종용되고, 합리적인 시간 안에 상황을 적용할 수 있는지 확인되어야 한다. 또한 문제에 관한 정보를 즉시 접근가능해야 한다. 다음 단계는 각종 문헌을 연구하고, 참가자를 인터뷰하며, 사례의 상세사항을 제공하는 자료를 취득하는 일이다. 세 번째로 사례의 윤곽을 잡고, 상세내용을 적절한 이야기 구성 내에 내포시키는 것이다. 네 번째로 사례를 보여주는 미디어를 정하는 일이다. 이는 학습자가 사례에 의해 어떻게 학습되는지를 고려하는 중요한 작업이다. 또한 학습자가 개별적으로 혹은 팀으로 과제를 할 것이지 어떻게 분석의 결과를 보고할 것인지 정하는 단계이다. 마지막으로 실질적인 사례의 형태로 마무리 되어져야 한다. 예를 들어서 표, 그림, 지문, 등 이야기를 구성하고 학습자의 분석을 이끌기 위한 문제를 준비하고, 학습자의 주의를 끌만한 도입부 분등이 구체적으로 기술되어져야 한다.

이미 많은 사례 자료들이 교육과 훈련에 사용되어지고 있다. 가장 큰 장점은 기존에 많은 자료가 이미 개발되었다는 점이고, 단점은 해당 사례가 모든 상황에 적절하지 않을 수 있다는 것이다. 즉 얼마나 이것이 의미있고 주어진 상황에 적절한 사례인지 적용하기 위해서 사례선택이 중요하다. 기존의 많은 사례들이 인사관리, 마케팅, 일반경영 등 각종 분야에서 이미 유수의 경영대학에 의해 개발되었다(예, 하버드 대학의 Harvard Business Sschool, 버지니아대학의 Darden Business School, 웨스턴 온타리오 대학의 Ivey Business School).

미 중앙정보부(CIA)가 사례연구를 가장 효과적으로 쓰는 조직이다. 많은 사례들이 시간순으로 기록되어 저장되어 있고, 실제 데이터를 사용한다. 거의 100여 개에 이르는 많은 사례들이 정보원 훈련용으로 사용되는데 이중 1/3은 경영에 초점을 맞추었고, 나머지는 운영훈련, 분석훈련 등에 쓰인다. 훈련에서 쓰이는 사례 사용의 목적은 복잡하고 모호한 상황을 분석하고 해결하는 방법을 가르치기 위해서이다. 사례연구의 효과성에 관하여 CIA는 보유하고 있는 사례가 신뢰할 만하고 훈련목적에 의미가 있다 판단하고 있다. 자료들은 가능한 실질적이어야 하고, 비슷한 업무환경에서 의사결정을 하는데 활용될 수 있어야 한다. 이러한 사례의 정확성을 위해서 CIA는 은퇴한 정보원을 고용하여 사례를 연구하고 개발토록 해왔다. 심지어는 사례연구 방법을 정보원 훈련에 사용하기 위하여 이를 위한 교수자를 준비하는 워크숍까지도 별도로 개발하였다.

경영 게임(Business Game)

경영 게임(business game)은 학습자에게 자료 및 정보를 모아 분석하고 의사결정까지 요구한다. 이는 경역능력개발에 주로 사용된다. 게임은 학습자의 학습을 자극한다. 왜냐하면 참석자들이 적극적으로 게임에 참여하고 이들의 경쟁 본능을 자극하기 때문이다. 참석자들이 게임에서 만드는 결정은 실제 사례에서의 노사관계, 윤리, 마케팅, 재무 등 경영 실습의 단면을 포함하고 있다.

일반적인 게임은 다음과 같은 성격을 가지고 있다. 게임은 학습자 간의 경쟁을 토대로 팀이나 개인이 주어진 시간과 상황 범위 내에서 의사결정을 한다. 게임은 지식, 역량, 기술, 이나 기타 행동의 적용과 상황의 이해를 위해서 설계된다. 여러 대안책이 학습자에게 제공되고 각 대안의 결과를 추정할 수 있을 뿐만 아니라 불확실성도 파악할 수 있다. 물론 게임 내에서 학습자들은 자신의 행동 결과에 대한 확실성을 가지고 있지 않다. 왜냐하면 게임의 결과는 부분적으로 다른 게임 참여자의 의상결정에 의해 영향을 받기 때문이다. 또한 합의된 규칙이 참여자의 행동을 제한하기도 한다.

학습과 학습전이를 보장하기 위해 게임은 간단하고 짧은 시간 내에 즐길 수 있어야 한다. 게임의 의미는 현실적일수록 증가하기 때문에 학습자들은 그들이 비지니스에 참여하

표 7.6 게임 디브리핑 시 질문

• 게임 스코어가 당신의 행동이나 팀 행동에 어떻게 영향을 주었는가?
• 게임에서 무엇을 배웠는가?
• 게임 어떠한 면이 실제 직무에서 연상되는 내용인가?
• 게임이 어떻게 당신의 직무에 연관되는가?
• 실제 직무에서 사용될 학습된 내용이 무엇인가?

출처: S. Sugar, "Using Games to Energize Dry Material." In *The ASTD Handbook of Training Design and Delivery*, ed. G. Piskurich, P. Beckschi, and B. Hall(New York: McGraw-Hill, 2000): 107-120.

고 있다고 실제로 느껴야 하고 참여를 통해 직무에 유용한 지식, 역량, 기술, 행동을 배울 수 있다. 교수자로부터의 디브리핑은 게임에 대한 이해를 높여주고 학습과 전이를 촉진시킨다. 여기에는 피드백, 개념에 대한 회의 등을 포함하고 있다. 〈표 7.6〉를 통해 자세한 예를 보도록 하자.

ConAgra Foods 사에서는 경영진이 새로 부임하면 리더십 훈련의 마지막 80일 동안 비즈니스 게임에 참여하게 된다. 팀을 이루어 마케팅, 인사, 영업, 재무 등을 포함한 다양한 역할을 경험하며 비지니스 게임을 시작한다. 각 팀은 경영 일반에 관한 상황과 시장 내 점유율 통해 경쟁하고 각 팀의 팀워크와 대인능력을 개발할 수 있다. 게임의 말미에는 회장이 승자팀을 재무적 기준과 팀웍을 바탕으로 결정하여 성과에 반영한다. Sun Microsystems 사에서는 새로운 직원에게 조직구조, 장기전략, 조직의 역사 등을 가르치기 위하여 게임을 사용한다. 게임에서는 회사를 혁신적인 사업체로 묘사하며 Solaris라는 회사의 핵심가치를 기반한 모의공동체를 설정한다. 게임은 길을 잃은 식민지 주민들이 우주를 방황하다 정착하고 공동의 목표를 정보 네트워크를 구축하는데 두고 있다. 게임 내에서 적들은 주민들의 네트워크를 위협하고 참여자들은 일을 저장하는데 이러한 일련의 게임을 통해 참여자는 많은 것을 배운다.

게임에 관한 연구 결과를 보면 학습자들이 활발히 게임에 참여할수록 더욱 많은 것을 배운다고 주장한다. 게임은 학습자 훈련의 보충적 성격을 가지고 있으며 팀 멤버들에게 응집력 있는 그룹을 개발하게끔 돕는다. 경영진과 같은 특정 집단에게 이러한 비즈니스 게임은 대단히 현실적이고 실질적 상황을 반영하므로 집체교육 형태의 교육훈련보다 더 의미있고 효과적인 방법이다.

역할행동(Role Plays)

역할행동은 매니저, 고객, 등 각 역할을 맡은 학습자들이 해당 역할에 분하는 경험을 말

표 7.7 효과적인 역할행동 활동

• 역할행동의 내용과 목적 등 배경 정보를 제공한다. • 각자의 역할이 학습자에게 잘 이해될 수 있도록 자세한 내용을 제공하는지 확인한다. • 주어진 장소가 각 역할자를 보고 들을 수 있도록 준비한다. • 개발된 역할이 강조하는 주안점들을 도시하고 있는 관찰지나 체크리스트를 확인한다. • 역할자와 관찰자의 경험을 디브리핑 하며 각 상황과 학습 주안점을 확인한다.

출처: S. Karve, "Setting the stage for effective role plays," *T+D*(November 2011): 76-77; S. Thiagarajan, "Instructional Games, Simulations, and Role Plays." In *The ASTD Training and Development Handbook*: 517-533.

한다. 역할행동은 대개 커뮤니케이션, 영업, 성과피드백, 코칭, 리더십, 팀 빌딩 등 대인기술을 가르치는 훈련 프로그램을 포함하고 있다. 2-3명 등 비교적 작은 그룹에 의해 구성되고 모든 훈련자들은 역할행동에 참여하는 것을 원칙으로 한다. 혹은 몇몇 참여자들이 역할행동에 참여하는 동안 나머지는 그들은 관찰할 수도 있다. 역할행동의 결과는 다른 이들의 감정적이고 주관적인 반응에 의존한다.

메사추세츠주에 위치한 Wequassett Resort and Golf Club에서는 직원들의 훈련에는 고객만족의 목표와 이를 위한 직원들의 요구를 모두 포함하고 있다. 비수기인 4월에서 10월 사이는 리조트가 문을 닫고, 340여 명의 직원들은 리조트가 열기 전 봄에 일을 시작한다. 직원의 반은 처음에는 훈련을 받고 나머지는 리프레쉬 훈련을 받는다. 이 회사의 인적자원개발원은 70여 개의 코스를 고객만족, 기술, 정보, 경영 등 네 개의 분야에 관해서 제공한다. 훈련의 목표는 고객이 다시 돌아올 수 있게끔 하는 서비스에 초점을 맞춘다. 리조트의 훈련은 개인을 감동시키는 영업과 경영이라는 회사의 전략과 맞추어 진행한다. 훈련은DVD 등을 사용하는 집체훈련, 역할행동 등을 포함하고 있다. 직원들은 훈련을 통해서 역량 체크리스트를 작성하고 그들이 일할 수 있을 때까지 성공적으로 훈련을 마무리한다. 예를 들어 음식 제공자들은 메뉴 지식, 음식제공 서비스, 와인 지식 등에 관하여 학습을 하게 된다. 이 방법이 효과적이기 위해서는 학습자들이 역할행동을 통해 전후 활동의 변화를 확인하는 과정이 필요하다. 〈표 7.7〉은 효과적인 역할행동을 구성하는 행동들을 보여주고 있다.

행동 모델링(Behavior Modeling)

행동 모델링(behavior modeling)은 핵심 행동을 실습할 수 있는 기회를 학습자에게 제공하여 실제 직무에서 필요한 행동을 학습하는 방법이다. 행동 모델링은 사회학습이론을 기초로 개발된 모델이다. 즉, 학습은 설정된 모델에서 강조하는 행동을 관찰하고 이를 대리강화(vicarious reinforcement)하는 형태로 이뤄진다. 대리강화란 학습자가 사회적으로 보

표 7.8 행동 모델링 훈련 프로그램

개요(45분)	기술 도시 및 개발(2시간 30분)	적용(1시간)
• 핵심행동을 도시하는 비디오 시청 • 각 기술모듈의 합목정성 청취 • 경험 공유	• 모듈 시청 • 역할행동 및 실습 • 핵심 행동의 성과에 관한 피드백	• 개선목표 설정 • 핵심 행동이 쓰일 만한 상황 파악

상받는 행동을 강화할 때 발생한다.

행동 모델링은 사실에 기반한 정보나 지식을 가르치는 것보다 기술이나 행동을 가르칠 때 더욱 효과적이다. 이에 관하여 많은 연구들이 행동 모델링이 대인관계나 컴퓨터 기술을 가르치기에 가장 효과적인 방법이라 추천하고 있다.

〈표 7.8〉은 행동 모델링 훈련세션의 여러 가지 내용들을 보여주고 있다. 행동 모델링은 크게 개요, 준비 및 개발, 적용 등 세 단계를 포함하고 있고 한 번의 세션에서는 대개 네 시간 정도 소요된다. 각 세션은 핵심 행동에 관한 합리적 타당성, 비디오 모델, 역할행동 등을 통한 실습, 성과에 관한 평가 그리고 핵심행동의 직무활용에 등이 포함되어 있다. 특히 마지막 적용 세션에서는 학습의 행동이 얼마나 직무에서 필요로 하는 핵심 행동에 가까웠는지 피드백을 제공받는다. 역할행동과 성과는 실제 업무 환경에 기초하여 준비된다.

잘 갖춰진 행동 모델링 훈련 프로그램은 핵심 행동을 파악하고, 전시를 통하여 실습 기회를 제공하며, 학습 전이를 촉진시킨다. 행동 모델링 훈련 프로그램을 개발하기 위한 첫번째 단계는 기술이나 행동의 부족으로 적절히 수행되지 않는 업무를 결정하고, 그 직무를 위한 핵심 행동을 결정하는 것이다. 핵심행동이란 직무를 완성하기 위해 필요한 행동들의 집합체를 일컫는다. 행동 모델링에서 핵심 행동은 직무를 완성하기 위한 특별한 행동양식을 말한다. 핵심행동들은 이를 위해 필요한 기술, 행동의 연구를 통해서 파악되고 학습되어진다.

표 7.9 문제분석 시 핵심행동의 예

• 합당한 모든 정보 취득: – 새로운 문제 부각 시 이를 위한 질문 – 핵심 문제점 리스트화 – 다른 가능한 정보 취득 • 발생 가능한 요인 파악 • 필요 시 추가 정보 획득 • 획득한 정보에 관한 평가 • 새로운 정보를 기반으로 문제 쟁점화 • 문제해결을 위한 기준 결정

〈표 7.9〉는 문제분석을 통해 행동 모델링훈련 프로그램을 위한 핵심 행동을 보여준다. 표는 효과적인 문제분석 기술에 몰입하기 위해서 필요한 특정 행동들이다. 핵심행동은 모든 단계에서 문제를 해결하기 위해 정확하고 세부적인 행동을 특정하지 않는다. 그보다는 일반적인 행동들 즉, 광범위한 상황에 적용할 수 있는 행동들을 보여준다. 만약 직무가 분명히 정의된 일련의 특정 단계를 보여주는 것이라면 제공된 특정행동은 보다 구체적이고 자세한 방식으로 설명되어진다. 예를 들어서 테니스 선수가 서브하는 법을 배울 때 이를 위해서 자세히 기술된 일련의 행동들을 배울 것이다. 하지만 대인관계를 배우는 사람들은 보다 일반적인 행동양식들을 배울 것이다. 일반적인 핵심행동들의 개발은 학습 전이를 더욱 촉진시킨다. 즉, 학습자들은 다양한 상황에서의 핵심행동의 적용을 준비시키는 것이다.

행동 모델링 개발에서 다른 중요한 사안은 모델링 전시(Modeling display)이다. 모델링 전시는 핵심행동들을 학습자에게 제공하는데 같은 행동체를 개발하도록 실습하기 위한 것인데, 일반적으로 비디오테입이 가장 많이 쓰이는 방법이다. 여기에는 일정한 원칙이 있다.

1. 전시는 핵심행동들을 분명하게 보여줘야 한다. 전시에서 보여주는 상황의 성격이나 음악은 학습자가 보고 이해하는데 방해가 되어서는 안 된다.
2. 모델은 학습자에게 신뢰할 만해야 한다.
3. 핵심행동의 전체적인 개요가 있어야 한다.
4. 각 핵심행동은 반복되어져야 한다. 학습자는 모델의 행동과 각 핵심행동의 관계가 보여줘야 한다.
5. 핵심행동의 리뷰가 포함되어져야 한다.
6. 전시는 핵심행동의 긍정적인 사용과 부정적인 사용 모두를 포함해야 한다.

실습기회는 (1) 학습자가 핵심행동을 인지적으로 생각하고 반복할 수 있어야 하고, (2) 역할행동과 같은 핵심행동을 사용할 수 있는 상황을 주어야 한다. 학습자들은 다른이들과 교감하며, 각 학습자는 핵심행동들을 실습할 수 있어야 한다. 가장 효과적인 적용은 작은 규모의 그룹에서 또한 수행평가 등과 압박으로부터 자유로운 환경에서 학습자에게 여러번 행동을 반복 실습할 수 있도록 하는 것이다.

적용 세션은 반드시 피드백을 제공되어져야 하며 학습자에게 수행하고 있는 핵심행동의 중요성을 인지할 수 있는 기회를 줘야 하고, 제공되는 정보들은 학습자의 행동을 개선할 수 있도록 해야 한다. 예를 들어 역할행동에서는 학습자들이 역할행동에 참여하지는 않는 관찰자로부터 피드백을 제공받는다. 여기서는 행동이 비디오로 녹화되고 학습자에게 제공되기도 한다. 이러한 미디어의 사용은 객관적으로 학습자의 행동를 포착하기에 유용하고 동시에 자세한 피드백을 제공할 수 있다. 그럼으로서 학습자는 어떻게 행동을 개선할 수 있는지 또 성공적으로 행동을 반복할 수 있는지를 파악할 수 있다.

행동 모델링에서는 학습자의 학습전이를 촉진시키는데 유용한 방법이다. 적용계획이란 학습자에게 핵심행동을 직무에서 적용할 수 있도록 계획하는 단계를 말한다. 이는 모든 참여자들이 문서를 통해 특정 상황의 핵심행동을 명시토록 한다. 어떤 프로그램은 실제로 학습자들이 핵심행동을 통해서 직무에 활용할 내용을 계약형태로 만들기도 한다. 계획서를 통해서 직무에서 핵심행동의 적용을 방해할 수 있는 상황적 요인들을 이해하는데 도움이 된다. 적용계획 과정의 일부분으로 학습자들은 다른 참여자들과 짝을 이뤄 정기적으로 당사자 간 대화를 하고 핵심행동의 사용에 있어서의 성공과 실패를 논하기 위한 기준을 설정한다.

그룹빌딩 방법

그룹빌딩 방법은 팀 성과를 증진시키기 위해 개발된 훈련 방법이다. 팀이란 사내에서 업무를 수행하며 공유된 목표를 이루기 위하여 협동하는 특정한 역할을 지닌 둘 이상의 모임체를 말한다. 그룹빌딩 방법에서 학습자들은 생각과 경험을 공유하며 그룹 정체성을 이루고, 대인관계 역할을 이해하고 각자의 강점과 약점을 파악한다. 그룹 테크닉은 효과적인 팀워크를 위한 그들의 기술을 증진시키는데 중점을 둔다. 많은 훈련방법들이 이러한 팀 성과를 증진시키고 다른 팀들과 교감을 증진시키고 새로운 팀을 설정하는데 쓰인다. 팀 기능에 관한 믿음, 생각, 감정 등을 검사하는 것을 포함하며, 학습한 것을 적용하기 위한 계획 개발 등을 포함한다.

그룹빌딩 방법은 대부분 체험학습(experiential learning) 개념을 포함하는데 이는 네 단계를 가지고 있다. (1) 개념적인 지식이나 이론을 얻고, (2) 행동적 시뮬레이션에 참여하며, (3) 행동을 분석하고, (4) 이론과 활동을 실제 상황에 접목시키는 것이다.

성공적인 체험학습을 위해서는 아래와 같은 주어진 지침을 지켜야 한다. 우선 프로그램은 특정 사업현안과 병행되어져야 한다. 그리고 학습자들은 익숙한 곳에서 벗어나 학습자의 동기를 해하거나 프로그램의 목적 이해를 방해하지 않는 선에서 청각, 시각, 촉각 등을 동원한 다양한 학습 방법이 사용되어진다. 또한, 체험학습을 준비하는데 있어서, 학습자에게 프로그램 목표에 필요한 투입요소가 무엇일지 물어봐야 한다. 목적에 관한 분명한 기대와 결과를 바탕으로 프로그램 내 학습자의 역할은 대단히 중요하다. 마지막으로 훈련 프로그램을 마친 후 훈련평가가 중요하다. 체험학습을 포함한 프로그램은 학습자의 태도와 행동의 변화, 그리고 사업성과에 영향이 있어야 한다. 이어서 구체적인 그룹빌딩 방법의 예를 살펴보도록 한다.

모험 학습(Adventure Learning)

모험 학습(adventure learning)은 체계화된 방법으로 팀워크 개발과 리더십 개발에 초점을 둔 체험학습 방법이다. 이 학습방법은 문제해결, 갈등관리, 위험부담 등의 집단 효과성과 관련된 기술개발에 가장 적합하다. 모험학습은 야외훈련, 황야훈련, 즉흥적 활동 등을 포함하고 있다. 예를 들어, 개썰매나 산악활동 등 신체적 활동을 요구하며, 체계화된 활동을 통해 벽타기, 사다리타기, 외줄타기 등의 것도 포함한다. The beam은 약 180센티 정도의 두 나무 사이에 기둥을 놓고 팀의 도움으로 나무를 건너는 것이다. 학습자는 팀원의 조언과 격려로 이 과정을 완성한다. 이러한 훈련의 목적은 팀의 정체성과 응집력을 개발하고, 커뮤니케이션 기술 등을 증진시키는 것이다.

뉴욕 기반의 Weil, Gotshal, & Manges 법률회사의 변호사들은 리더십 기술이나 팀웍을 개발하기 위해서 뉴욕시 소방관들과 함께 소방훈련을 실시한다. 소방학원에서 네 명이 한 팀을 이루어 화재장소로 달려가 전소된 장소에서 피해자들을 구출하는 긴급 훈련을 실습한다. 뉴욕소방국의 소방훈련 프로그램으로 소방원들은 팀의 의사결정을 돕고, 문제해결을 돕는데 이러한 기술은 각각 다른 분야의 전문가들로 구성된 팀이 복잡한 문제를 함께 해결해야 하는 업무에 적합하다.

모험학습은 조화와 협동을 요구하는 활동이다. 위와같은 활동 외에도 신체적인 부담을 줄인 Drum Circle과 같은 활동도 있다. 전 멤버가 둘어앉아 각자에게 주어진 드럼을 연주하여 함께 드럼 오케스트라를 만든다. 캘리포니아 토렌스에 위치한 토요타 훈련센터에서는 이를 활용하여 서클활동을 한다. 드럼서클은 일주일에 두 번씩 만나 연습과 연주를 통해서 서로 배워나간다. 이러한 활동은 고성과의 팀이 어떻게 협동하고 운영되는지 보여주는 좋은 비유라고 여겨진다. Cookin' Up Change는 호텔이나 요식업계에서 가장 많이 쓰이는 팀빌딩 과정 중에 하나이다. 물론 이 과정은 혼다나 마이크로소프트에서도 쓰인다. 이 과정을 통해서 커뮤니케이션을 강화하고 팀원들이 하나의 요리를 완성하기 위해서 팀원간 네트워크 기술을 연마할 수 있다. 각 팀은 누가 어떠한 부분—예를 들어서 조리, 커팅, 청소 등—을 맡을지 결정하고 누가 주 요리를 담당할지 결정한다. 대개의 경우 팀원들은 어떻게 변화에 대응하는지 보면서 중간과정에서 그 역할을 바꾸기도 한다.

모험학습이 성공적이기 위해서는, 여러 활동들이 참여자가 개발해야 하는 기술의 유형과 관계가 있다. 또한 실습 후에는 운영자가 반드시 과정 간에 무슨 일이 있었고, 무엇을 배웠고, 어떻게 실제 업무에 연관이 있는지에 대하여 토론을 주제해야 한다. 캘리포니아 기반의 Quantum 사는 전 세계 인터넷 기반과 인프라를 점검하는 프로젝트를 개발하였다. 이 프로젝트를 위해서 정보기술, 엔지니어링, 마케팅, 그래픽 디자인분야의 다양한 팀원들로 구성되었다. 팀은 매우 유능한 직원들로 구성되었지만 이전에 함께 작업해본 적이 없는 팀원들로 구성되었고 지역적으로 떨어져 있으며 함께 일하기 매우 열악한 환경이었다. 이때 회사는 팀원간 개인적인 이야기를 공유하고 이를 통해 즉흥적인 활동을 이끌어갈 배우를 고용하였다. 이 배우는 음악, 의상, 조명 등을 통해 팀 맴버들이 이야기한 내용들을 자세히 묘사한다. 세션 중에는 팀원간 서로 질문하고 이야기를 이어나갈 시간이 있고, 이를 통해서 서로를 더 잘 알아가는 시간을 갖는다. 대인관계의 기술개발은 팀이 업무 완수를 위해 도움을 주는 강력한 유대관계를 만들었다.

그러나 이러한 접근은 단점 또한 있다. 모험학습은 많은 부분에서 신체적 요구를 하기 때문에 종종 개인적인 부상이나 감정적 스트레스를 이유로 참여를 소홀히 할 수 있다. 특히 법률적 관점에서 미국 장애인 보호법(ADA)은 이러한 활동이 장애인들의 참여를 제한할 수 있는 가능성에 대해서 우려를 표명하고 있다.

모험학습에서 요구하는 신체적 활동에 대해 다른 방법을 강구하는 것도 좋다. 모험학습은 학습자에게 주어진 환경에서 실제 업무환경이 아닌 대인관계가 어떻게 좋은지 가르쳐준다. 이러한 유형의 환경에서 팀원들은 하나가 되기 위해 녹아든다. 또한 모험학습은 학습자에게 강력한 감정적 경험을 제공한다. 이러한 경험은 어려운 행동 패턴을 깨고, 서로 가까이 하도록 하는데 아주 중요한 역할을 한다. 조직행동의 관점에서, 학습자는 팀으로 일할 때 공동의 목표를 위해 같은 행동을 지향해야 한다. 결과적으로 행동의 분석은 학습자의 비효율적인 행동이 무엇인지 알게한다.

이러한 모험학습이 실제로 유효할까? 여기에는 엄격한 평가와 성과관리가 이뤄지진 않는 것에 대해 회의적이기도 하지만 참석자들은 활동을 통해 스스로 처한 상황을 보다 정확히 인지하고 어떻게 사람들과 교감해야 하는지를 배울 수 있다.

팀 훈련(Team Training)

팀 훈련(team training)은 팀 성과를 증진시키기 위해 고안된 훈련이다. 사내에는 다양

그림 7.3 팀 성과 요소

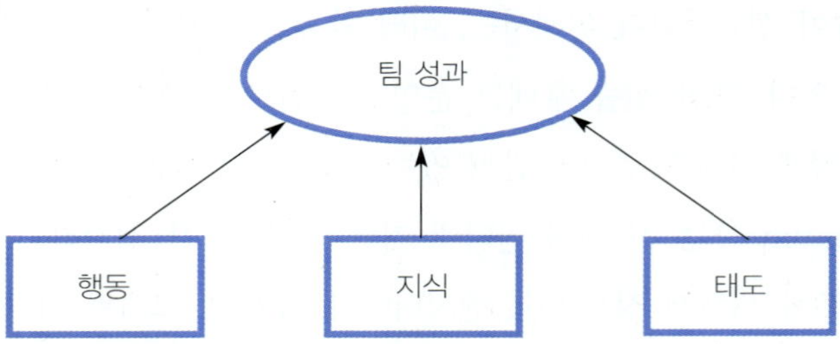

출처: E. Salas and J. A. Cannon-Bowers, "Strategies for Team Training." In *Training for 21st-Century Technology: Applications of Psychological Research*, eds. M. A. Quinones and A. Dutta(Washington, D.C.: American Psychological Association, 1997): 249-281.

한 팀들이 있다. 팀은 전체의 목표를 파악하고, 의사소통을 통하여 목표를 이루기 위해 일련의 행동을 취하는 것이다. 이러한 일련의 과정을 반복하며 팀은 새로운 목표를 향해 정진한다. 팀의 유형과 관계없이 성공적인 팀 성과는 팀원의 지식, 태도, 행동에 기반한다. 성공적인 팀은 팀원들이 소통하고, 협동하며, 변화에 적응하고 목적을 이루기 위해 복잡한 일과를 완수하는 것을 기초로 한다. 팀원에게 공유된 멘탈 모델을 갖고 새로운 상황이나 예상치 못한 상황에 효과적으로 대처하도록 하는 기억구조를 갖도록 한다. 고도의 팀워크를 요구하는 군이나 핵시설이나 항공업체와 같은 민간 부분에서, 팀 단위로 운용이 주로 사용된다. 성공적인 성과는 개인의 능력을 조화시켜 팀 전체의 성과를 높이는 데 있다. 많은 연구들에서 효과적으로 훈련된 팀이 문제를 적시에 발견하고 정확히 해결하며 정보를 모으고 서로를 단결하는 절차를 가지고 있다는 것을 보여주고 있다. 〈그림 7.4〉는 팀 훈련의 네 가지 요소를 도시하고 있다.

팀훈련을 위한 전략은 교차훈련, 조합훈련, 팀 리더 훈련 등을 포함하고 있다. 교차훈련은 팀원들이 각자의 기술을 이해하고 팀원들이 일시적으로 혹은 영구히 떠날 팀원의 공백을 메꾸기 위해 준비되는 절차이다. 최소한 충분히 팀원들의 역할과 팀 성과에 영향에 미칠 행동이나 다양한 전략의 균형을 논하기 위해 역할을 이해할 때 쓰인다.

조화훈련은 팀에게 어떻게 정보를 공유하고 의사결정을 통하여 최대의 성과를 내는지 가르치는 훈련이다. 조화훈련은 특별히 다른 환경이나 도구를 점검하는데 책임을 지며 반드시 효과적인 성과를 위해서 정보공유가 필수인 항공업체나 병원외과 팀에 유용하다.

팀 리더 훈련은 팀 운영자나 관리자가 받는 훈련이다. 이는 어떻게 팀 내 갈등을 해소하고 팀 전체를 조화롭게 하는지 배우는 것이다. 시나리오 기반의 훈련은 학습하는 동안 현실적인 환경에서 팀원이 받는 훈련이다. 이러한 유형은 팀원 행동의 수정, 자기 효능감을 성취하며 학습자를 훈련하는 것이다. 팀 자기수정절차는 팀 내 계속학습을 강조하고 팀원

그림 7.4 팀 훈련의 주요 요소

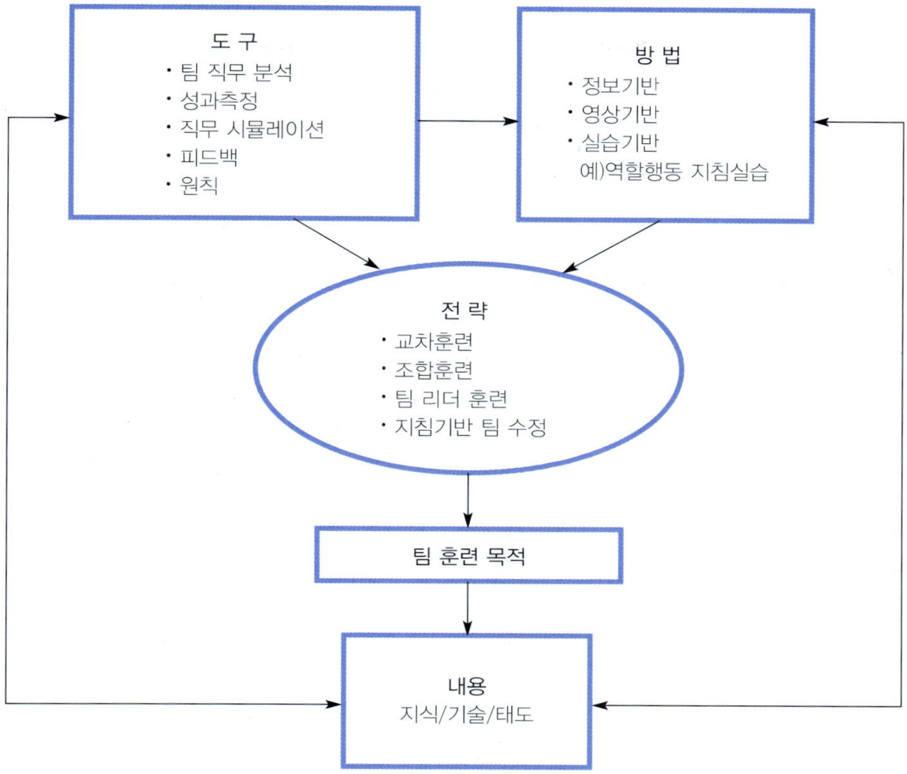

출처: J. A. Sonnenfeld and M. A. Peiperl, "Staffing policy as a strategic response: A typology of career systems," *Academy of Management Review* 13(1988), pp.588-600.

간 지식 공유를 강조한다. 이러한 훈련은 팀원이 서로의 행동을 관찰하며 성과 피드백을 지속적으로 주는 데 있다.

근로자들은 직무를 수행하기 위해 필요한 기술적인 능력을 요구한다. 그러나 팀원으로써 의사소통, 적응력, 갈등해소 등의 역량도 필요로 한다. 이러한 목표를 위해 팀 훈련은 여러 방법들을 포함하고 있다. 예를 들어서 강의나 비디오는 의사소통 기술에 관해서 지식을 나눌 수 있고, 역할행동이나 시뮬레이션 등은 의사소통 기술에 관한 실습 기회를 제공할 수 있다. 팀훈련에 사용된 방법이 어떠하든 적용기회와 피드백은 반드시 필요하다.

예를 들어, Aquaris는 나사의 극한업무수행 프로젝트에서 사용한 심해 연구소이다. 플로리다주 Key Largo 해협에서 몇 십 마일 떨어진 곳에 설치된 연구소는 국제 해양 대기 협회의 소유이며 노스캐롤라이나 대학에서 관리하고 있다. 이 연구소는 긴 우주여행 동안 경험할 수 있는 극심한 심리적 압박과 불편한 신체적 조건을 연출하고 이를 극복하기 위한 훈련환경을 만든 것이다. 이러한 도전들은 우주, 달, 화성 등에서 중력의 효과를 경험하기 위해 대원들을 포함시켜 업무를 완수하기 위해 엄격한 시간관리, 위기상황의 대원을 구출하기 위하여 장비를 교체하거나 수리하는 등의 절차를 연습하고, 우주비행 관제센터와의 열악한 교신 속에서도 업무를 수행하는 등의 훈련을 포함하고 있다. 이러한 경험은 의사소통, 협동, 성과 모니터링 등 대원들에게 중요한 팀 프로세스와 성공적인 업무 완수를 위해 활용된다.

United 항공은 관리자나 항공기 화물 적재 램프 직원들을 노스캐롤라이나 주 샬롯 외곽에 위치한 Pit instruction and training 훈련센터(Pit crew university)로 보낸다. 여기서는 자동차 레이싱 중에 자동차 정비기술자들을 위한 특화된 교육을 제공한다. 항공기가 더욱 안전하고 효과적으로 이착륙 하도록 보다 표준화된 방법을 개발해야 하며, 이러한 훈련을 위해서 자동차 정비에 관한 구조화된 훈련을 실시하는 것이다. 이곳에는 경주트랙과 더불어 최대 여섯 대가 정차할 수 있는 정비수리소가 있다. 가장 효율적이고 효과적으로 팀이 업무를 분담할 수 있도록 가르치기 위해 정비원들은 신속하면서도 안전하게 업무를 분담한다. 이를 통해 각각의 정비직원들은 무엇을 해야 할지 알고 본연의 임무가 끝나면, 다음 레이싱카를 위해서 준비해야 할 것들에 관하여 미리 조치한다. 이 곳에서 학습자들은 사실상 핏 크루들처럼 어떻게 도구를 다루고, 타이어를 교체하고, 기름을 채우는지 등을 배운다. 또한 녹화된 훈련내용들을 보면서 전문적인 피드백을 받는다. 이러한 훈련의 목적은 업무를 표준화함으로써 질서 정연하게 필요한 부분을 강조하고, 팀원들을 동기화하는데 있다. 이러한 훈련의 결과로 United 항공사는 필수 정비 시간을 효율적으로 단축시키고 더욱 많은 항공시간을 확보할 수 있었다.

액션러닝(Action Learning)

액션러닝(action learning)은 실제 문제를 팀원들에게 주어 그 문제를 해결하고, 계획을 실행하는 일련의 과정을 통해서 학습하는 것을 말한다. 회사는 중요한 문제를 해결하기 위하여 리더십을 개발하고, 고성과팀을 구축하고, 조직문화를 변화시키기 위해 액션러닝을 사용한다. 〈표 7.10〉은 액션러닝에 사용되는 여러 단계를 보여준다. 전형적으로, 액션러닝에는 6-7명의 팀원을 포함시킨다. 여기에는 고객과 사업관계자들도 포함할 수 있다. 그룹의 구성에는 여러 변형이 있을 수 있다. 예를 들어 이러한 변형은 그룹이 문제를 다루기 위해 고객을 포함하기도 한다. 제약회사인 Novartis는 액션러닝이 모든 회사의 핵심 사업에 대한 이해를 높이는 데 중요한 역할을 한다. 파악된 문제를 각 기능의 문제에 초점을 두어 해결하기 위해 다양한 기능의 직원을 포함하고 있다. 팀은 고객뿐만 아니라 직원, 학계전문

표 7.10 액션러닝 절차

- 액션러닝의 후원자 파악
- 문제점 및 이슈 파악
- 해당 문제점을 기술할 수 있는 주요 그룹 파악
- 문제를 구조화하고 개선할 피드백을 줄 수 있는 코치진 파악
- 문제점 발표
- 문제 파악을 위한 그룹 토의
- 문제해결을 위한 데이터 및 정보 취득
- 그룹 프리젠테이션을 통한 문제해결 도출 및 보고
- 자기성찰 및 디브리핑(무엇을 배웠는가? 어떻게 개선할 수 있는가?)

가, 산업리더 등을 통해서 문제 해결을 위한 자료를 모은다. 일단 팀이 자료를 모으면, 계획안을 만들어 최고 경영진에 추천 보고하게 된다.

일리노이 소재의 ATC는 공공 운송회사이다. 이들은 운용비용을 절감하고 이익을 최대화하기 위해 액션러닝을 사용하였다. 직원들은 비용을 줄이기 위한 방법을 파악하기 위한 액션워크아웃 팀과 효과적인 문제해결을 위한 집단사고팀이 있다. 이러한 과정의 전제에는 문제해결을 위한 최고의 아이디어를 모을 수 있는 것은 직원들이라는 데 있다. 회사는 여러 문제를 해결하는데 있어서 액션러닝을 활용함으로써 약 18억 원($1.8 million)의 비용절감을 이루었다.

| 식스시그마(Six Sigma), 블랙벨트(Black Belt Traing), 개선(Kaizen) |

식스시그마와 개선, 블랙벨트 훈련 역시 액션러닝의 원칙을 포함하고 있다. 식스시그마와 개선은 직원들에게 비용절감을 위한 통계적 지식과 측정 도구를 요구한다. 식스시그마는 제품의 불량율이나 결함율을 없애는 품질 기준이다. 이를 위해 여러 자격기준이 있는데 그린벨트, 챔피온, 블랙벨트가 있다. 블랙벨트가 되기 위해서는 훈련자들은 반드시 워크숍에 참석하여 전문가의 코치하에 명시된 과제에 참여해야 한다. 훈련은 총 4번의 4일 세션을 16주 동안 진행한다. 훈련세션 사이에, 참여자들은 후보자들은 프로젝트를 통해서 배운 과제들을 적용하고, 다른 훈련에 그것들을 활용한다. 학습자들은 구술, 서면 시험뿐 아니라 회사의 결과에 기여할 중요한 프로젝트 등도 완수해야 한다. 블랙벨트 훈련을 마치면, 직원들은 식스시그마 팀을 만들어 이끌 수 있는 자격이 주어진다. 이후, 추가적인 훈련을 받으면 마스터 블랙벨트가 주어지는데 이는 블랙벨트를 교육할 수 있는 자격이다. 이들은 회사의 사업 성과를 위해 식스시그마를 적용 및 응용하는 데 큰 도움이 된다.

McKesson 사는 각 사업 분야에 15~20명의 블랙벨트를 훈련시켜서 식스시그마 대표로

선출하였다. 2년이 지난 후, 블랙벨트는 경영진에 돌아와 조직 전체에 그 접근을 전파하고, 핵심 지도자들은 식스시그마 철학에 전념하였다. 회사의 모든 관리자와 이사진들은 기본적인 식스시그마 훈련에 참여해야 한다. 이 결과로 1999년 식스시그마를 처음 도입한 이후 회사는 매년 이익을 창출하고 있다.

개선(kaizen)은 사업 프로세스를 개선하기 위해 지속적인 노력에 각 직위의 직원들을 포함시키는 방안이다. 이를 위해 지속적인 연계, 계획, 실행, 확인, 실행(PDCA)을 포함하는 활동을 고려한다. 통계적 분석과 결과는 잠재적인 문제해결 방안을 파악하는데 사용된다. 프로세스 과정 분석, 원인 결과 다이아그램, 콜트론 차트, 히스토그램, 스캐터그램 등을 통하여 회사의 사업 프로세스를 개선하는데 목표를 둔다.

이러한 품질향상과 관련된 일련의 활동들이 정형적으로 평가되지 않았지만, 그 학습과정은 직원의 학습과 학습전이를 극대화하는 것을 말하고, 조직이 실제적인 문제에 맞닥뜨렸었을 때 이를 해결하는 중요한 도구 역할을 한다. 또한 액션 러닝은 재기능을 하지 못하는 팀을 파악하는데 유용하다.

훈련 방법 선택

경영진 혹은 관리자로서, 훈련방법을 선택할 때 많은 방법 중 가장 적절한 훈련방법을 선택하는 것은 매우 어렵다. 한 가지 방법은 선택 가능한 옵션을 비교하며 고려하는 것이다. 〈표 7.11〉은 이번 장에서 언급된 훈련방법들을 비교한 표이다.

이 표의 효과적인 사용을 위해서 우선은 훈련을 하고 싶은 내용의 학습 결과 유형에 대해서 파악하는 것이 가장 중요하다. 4장에서 언급되었듯이, 이러한 결과에는 언어적 정보, 지적 기술, 인지적 전략, 태도, 그리고 학습동기 등을 포함한다. 훈련방법은 하나 혹은 그 이상의 학습 결과에 영향을 미칠 수 있다. 특정 학습 방법의 연구는 효과적이기 위해 교수방법은 기대하는 학습 결과와 맞는 방법을 선택해야만 한다. 예를 들어, 행동 모델과 역할행동의 연구결과는 이러한 방법들이 긍정적인 결과를 가져온다는 것을 확인해준다. 그러나 그 효과성은 평가 척도에 따라 다를 수 있다. 이는 학습을 전달하기 위한 특정한 하나의 학습 방법이 가장 최고의 것은 아니라는 것이다. 그보다 바라는 학습 결과와 학습전이를 촉진시킬 수 있는 특징들에 기초해서 학습 방법을 결정하는 것이 바람직하다. 일단 학습 방법이 정해지면, 다음은 어떠한 방법이 학습을 촉진시킬 수 있는 내용과 사용될 내용의 개발과 효과성에 관련된 비용을 고려하는 것이다.

표 7.11 훈련 방법 비교

	발표			체험 학습				그룹 빌딩					
	Lecture	**Video**	**OJT**	**Self-Directed Learning**	**Appren-ticeship**	**Simulation**	**Case Study**	**Business Games**	**Role Playing**	**Behavio Modeling**	**Adventure Learning**	**Team Training**	**Action Learning**
Learning Outcome													
Verbal information	Yes	Yes	Yes	Yes	Yes	No	Yes	Yes	No	No	No	No	No
Intellectual skills	Yes	No	No	Yes	Yes	Yes	Yes	Yes	No	No	No	Yes	No
Cognitive strategies	Yes	No	Yes	Yes	No	Yes	Yes	Yes	Yes	Yes	Yes	Yes	Yes
Attitudes	Yes	Yes	No	No	No	No	No	No	Yes	No	Yes	Yes	Yes
Motor skills	No	Yes	Yes	No	Yes	Yes	No	No	No	Yes	No	No	No
Learning Environment													
Clear objective	Medium	Low	High	High	High	High	Medium	High	Medium	High	Medium	High	High
Practice	Low	Low	High	High	High	High	Medium	Medium	Medium	High	Medium	High	Medium
Meaningfulness	Medium	Medium	High	Medium	High	High	Medium	Medium	Medium	Medium	Low	High	High
Feedback	Low	Low	High	Medium	High	High	Medium	High	Medium	High	Medium	Medium	High
Observation and interaction with others	Low	Medium	High	Medium	High	High	High	High	High	High	High	High	High
Transfer of Training	Low	Low	High	Medium	High	High	Medium	Medium	Medium	High	Low	High	High
Cost													
Development	Medium	Medium	Medium	High	High	High	Medium	High	Medium	Medium	Medium	Medium	Low
Administrative	Low	Low	Low	Medium	High	Low	Low	Medium	Medium	Medium	Medium	Medium	Medium
Effectiveness	High for verbal information	Medium	High for structured OJT	Medium	High	High	Medium	Medium	Medium	High	Low	Medium	High

4장에서 언급하였듯이, 학습자는 반드시 학습의 목적을 이해해야 하며, 그 훈련 내용에 의미가 있어야 하고, 학습자 이에 대한 피드백을 받고 적용, 실행할 기회가 있어야 한다. 또한 가장 강력한 방법은 관찰과 교감을 통해서 이뤄진다. 5장을 돌아본다면 학습전이란 트레이닝이 직무에 사용되는 정도에 대한 것을 말한다. 일반적으로 트레이닝 내용과 환경이 학습자가 직무에 학습 결과에 사용을 준비할수록, 전이가 발생할 가능성이 더욱 크다. 6장에서 언급했듯이, 학습 평가에서는 두 가지 비용, 즉 개발비용과 관리비용의 고려가 중요하다. 개발비용은 트레이닝 프로그램의 디자인 비용과 관련된 것이고 관리비용은 트레이닝 방법이 사용되는 각 시간에 발생되는 것이다.

훈련방법에 대해서 알아볼 때 몇몇 가지 트렌드를 눈여겨 볼 수 있었다. 첫째, 각 훈련방법 간 또 각 학습결과 간의 교차점을 고려할 수 있다. 그룹 빌딩 방법은 개인뿐만 아니라 팀 러닝까지 포커스를 가지고 있기 때문에 굉장히 독특한 훈련방법이다. 만약 팀 효과성을 개선하는데 관심있다면, 그룹빌딩 중에 하나를 선택해야 한다(예, 모험 학습, 팀 트레이닝, 액션 러닝). 둘째, 프레젠테이션 방법과 체험학습 방법을 비교하자면 가장 체험학습은 학습자에게 더 나은 학습 환경을 제공하고 프레젠테이션 방법보다 더 높은 학습전이를 경험할 수 있다. 다만 예산의 제한이 없다면 체험적 방법을 선택하겠지만, 훈련 예산이 새로운 훈련을 개발하기에 제한적이라면, 체계적 OJT이 적절한 대안이 될 수 있다. 예산의 제약이 있지만, 분명한 것은 체험적 훈련방법이 학습자의 학습전이를 더욱 촉진할 수 있다는 것이다. 물론 최근에는 더 많은 다양한 방법이 온라인을 통해서 해결될 수 있다(8장 참고).

가능하다면 다양하고 각기 다른 방법을 활용하고 훈련의 효과성을 증대할 수 있을 것이다. 학습을 촉진시키기 위해 각 방법의 다른 강점을 활용할 수도 있다. Home Depot의 경우에는 자기주도형 자료들을 사용하여, 비디오 기반의 학습코스, 그리고 교수 중심의 집체훈련을 통해서 영업직원들을 훈련시켰다. 직원들은 자기주도형 훈련을 통해서 본인이 선택한 스케줄에 따라 제품의 이해도를 높이는 훈련을 하였다. 비디오 기반의 프로그램을 통해서 영업직원들은 각 제품의 특성에 대해서 심도있게 파악할 수 있었다. 또한 역할행동에 참여한 영업직원은 계획한 회사의 매출 전략에 따라 영업역량을 평가받는다. 모든 영업직원은 반드시 8시간의 강의형 코스를 완성해야 하고 훈련을 통해 고객의 요구를 파악하고 충족시켜 매출을 늘린다. 여기에 역할행동을 포함하여 영업을 실습하도록 한다.

요 약

회사는 역량개발과 학습을 위해 다양한 훈련 방법을 사용한다. 비록 새로운 테크놀로지가 여러 면에서 활용이 되고 있지만, 대부분은 여전히 직접적인 대면학습을 사용한다. 본 장에서는 전통적 방법의 훈련방법을 소개하였다. 프레젠테이션은 다수와 효과적인 정보교환을 하기 위해서 필수적이다. 이 방법에는 학습자가 실습하고 토의하고 피드백을 받는 것을 필요로 한다. 체험적 방법은 학습자가 학습에 직접 참여토록 함으로 기술이나 행동을 스스로 개발하는데 적합하다. 현장직무훈련, 모의훈련, 자기주도형 학습, 비즈니스 게임등이 그 예이다. 이러한 방법은 개발하기에 비용이 많이 들지만 학습전이에 적합한 환경을 제공하는 장점을 가지고 있다. 그룹빌딩은 팀웍을 위해서 필요한 기술을 개발하는데 초점을 맞추고 있다. 이를 통해 팀원 간 정체성과 응집력을 높인다. 팀 훈련은 팀의 고도의 기술과 집중력을 요하는 전문직종(외과팀, 항공팀) 분야에서 성공적인 결과를 보여주었지만 경영자의 역량을 개발하는 효과성에 대해서는 여전히 검토해볼 필요가 있다.

토의 문제

1. 사회맥락 학습과 역량유도 개발의 차이점은 무엇인가? 두 접근 모두 학습에 주안점이 있는가?
2. 강의, 사례연구, 행동 모델링 방법의 강점과 약점은 무엇인가?
3. 모험학습과 액션러닝 중 당신이 선호하는 학습방법을 정하고, 그 이유를 말해보시오.
4. 행동 모델링 훈련의 과정에 관하여 설명하시오.
5. 학습자의 개인적 성향이 자기주도학습에 어떻게 영향을 미칠 수 있는가?
6. 효과적인 팀 성과의 요소는 무엇인가? 직원훈련이 이러한 요소들을 어떻게 강화시킬 수 있는가?
7. 〈표 7.11〉 훈련방법을 비교하고, 왜 시뮬레이션과 행동 모델링의 학습전이율이 높은지 논하시오.
8. OJT가 어떤 면에서 비효과적이라고 주장하는지 논하고 효과적인 훈련을 위해 고려되어야 할 것이 무엇인지 설명하시오.

9. 왜 도제제도 훈련이 직원훈련에서 각광받고 있는지 설명하시오.
10. 액션 러닝 프로그램의 절차에 관하여 설명하시오. 어떠한 특성이 효과적인 학습과 학습전이를 유도할 수 있는지 설명하시오.

적용 문제

1. 당신에게 익숙한 직업군을 고르고 해당 직업군이 요하는 기술 개발을 위한 자기주도형 학습을 설계하시오
2. 세이버 개발사(www.sabrehq.com)의 홈페이지에 접속하여 팀빌딩 이벤트를 찾고, 이 중 하나를 선택하여 검토해보시오.
3. 학생 중 두 그룹으로 나누어 하나는 "교수자"로 다른 하나는 "학습자"로 지정한 후, 교수자는 주어진 설명서에 따라 훈련에 대해서 간단히 이해하도록 한다. 교수자가 학습하는 동안 학습자는 잠시 교실에서 나가 있다가 교수자가 준비가 되면 종이컵 접기를 약 15분에 결쳐서 교육한다. 교수자는 훈련하는 내용에 대해서 노트필기를 하며 학습자는 학습자는 교수자가 전달하는 교육훈련에 관하여 장단을 파악한 후 평가하도록 한다. 역할을 바꾸어서 반복한다.
4. 다음 웹사이트의 시뮬레이션을 방문하여 검토하시오. www.income-outcome.com or www.celemi.com
5. Wendy's 사의 직원훈련 내용을 유투브를 통해서 관람하시오.

   www.youtube.com/watch?v=eOuHZDGK-kY
6. www.drumcafe.com에 접속하여 회사의 팀빌딩 절차를 검토한 후 다음 질문에 답하시오.

   a. 드럼 사이클이란 무엇인가? 어떠한 기술이 필요로 하는가?

   b. 학습전이를 위해서 드럼 사이클을 통해 팀훈련을 할 때 어떠한 제언을 할 수 있겠는가?

   c. 팀 트레이닝을 위해 드럼 사이클이 적합한가? 왜?

7. www.5off5on.com에 접속하여, 회사가 제공하는 자동차 레이싱 크루 훈련 내용을 보고, group and lean training이라는 비디오클립을 유튜브에서 시청하시오.

   a. 어떠한 기술이 훈련에서 강조되었는가?

   b. 학습전이를 위해서 무엇이 필요한가?

   c. 이러한 프로그램이 효과적이기 위해서 어떻게 평가해야 할까?

사례

은행출납원 훈련

브랜치 뱅크 앤 트러스트(BB&T)는 노스 캐롤라이나 윈튼살렘에 본부를 두고 있고 약 152조 원의 자산규모를 자랑하는 거대 은행그룹이다. 미국 동남부, 중서부 등에 걸쳐 약 1,500여 개의 지점을 가지고 있고, 금융산업 지주회사를 통하여 전략적으로 사업을 진행 중이다. BB&T 각 지점의 지역마다 지역장을 두고 있고, 고객과 밀접하게 영업하여 지역전략을 수립하여 개별적으로 사업을 운영한다. 그러나 본회사는 매년 약 30퍼센트에 이르는 은행출납원의 유실률을 보이고 있고, 이는 효과적이지 않은 OJT 훈련에 근거한다고 보고 있다. 은행출납원의 일은 다음과 같다.

- 매일의 거래에 관하여 컴퓨터, 계산기 등을 동원하여 각 화폐의 잔액을 확인한다.
- 각 수표의 서명을 확인하고 현금지급 흐름을 파악하여 계좌에 잔금을 점검한다.
- 입금된 수표의 액수와 내용을 확인하여 출납부의 정확도를 점검한다.
- 배서된 수표를 확인하여 날짜, 은행, 계좌 번호등 각 정보를 점검한다.
- 거래된 내용을 컴퓨터에 입력하고 영수증을 출력한다.
- 지폐와 동전을 포함한 화폐를 확인하고 지점 간 거래 내용을 점검한다.
- 자기앞수표(은행수표)를 확인한다.
- 입금전표를 분류하여 점검한다.
- 일상 영업을 위한 지불준비 양의 현금을 준비한다.

이러한 일상 영업을 위하여 은행출납원들은 다음과 같은 기술을 가지고 있어야 한다.

- 상사 및 동료들간의 커뮤니케이션 스킬: 적절한 정보를 제공하고, 전화, 이메일 등의 커뮤니케이션 활용능력
- 프로세스 및 상황 점검 능력: 일상에서 발생할 수 있는 문제에 대처하기 위한 프로세스 점검 및 상황 파악 능력

- 대인관계 능력: 타인과 함께 협업할 건설적인 관계 형성 능력
- 컴퓨터 활용능력: 컴퓨터를 활용하여 기능을 점검하고, 데이터 입력 및 정보처리
- 정보처리능력: 여러 다양한 자료로부터 정보를 취합하고 처리할 능력
- 의사결정능력: 정보를 분석하여 타당한 결론에 이르고 이를 기반으로 문제를 해결할 의사결정능력

BB&T의 은행출납원을 훈련하기에 적합한 훈련방법을 제시하고 이유를 설명하시오.

출처: "BB&T Winson-Salem, North Carolina, Channeling Aritotle," *T+D*(2008), 50-52.

8장

테크놀로지 기반 교육훈련 방법

Technology-Based Training Methods

학습 목표

1. 새로운 테크놀로지들이 어떻게 훈련에 영향을 미쳤는지 설명할 수 있어야 한다.
2. 웹 기반의 훈련 사이트를 평가할 수 있어야 한다.
3. 새로운 훈련 기술 통해서 어떻게 학습과 학습 전이가 향상되었는지 설명할 수 있어야 한다.
4. 이러닝과 모바일러닝을 통한 훈련법(예: IPad) 그리고 모의훈련의 장점과 단점에 대해서 설명할 수 있어야 한다.
5. 소셜미디어의 다양한 종류와 훈련에 도움이 되는 소셜미디어의 조건들에 대해서 설명할 수 있어야 한다.
6. 관리자에게 다른 종류의 원격 학습에 대해서 설명할 수 있어야 한다.
7. 전자 성과 지원 시스템(electornic performance support system)에 무엇이 포함되어 있어야 하는지 추천할 수 있어야 한다.
8. 전통적인 훈련 방법과 테크놀로지 기반의 훈련 방법의 각각의 장·단점을 비교 및 대조할 수 있어야 한다.
9. 학습 관리 시스템(learning management system)의 혜택을 식별해내고 이에 대해서 설명할 수 있어야 한다.

Farmers Insurance Group에서 진화된 학습 방법

Farmers Insurance Group은 자동차 보험 및 주택소유자보험 부문에서 미국에서 세 번째로 가장 큰 보험 회사이며 다른 보험상품과 금융상품들도 함께 제공하고 있다. Farmers는 60,000명의 종업원들을 두고 있으며, 미국 50개 주에 각각 전속 대리점과 독립 대리점을 두고 있다. 본 회사는 매년 보험료 견적, 새 보험증서, 보험 갱신, 보험료 등의 수백만 건의 업무를 처리하고 있다. 보험업계에서는 법적인 조건들 그리고 새로운 상품, 새로운 절차, 그리고 새로운 서비스 등의 도입으로 인해, 종업원의 교육훈련과 개발이 사업의 성공에 있어 대단히 중요한 역할을 차지하고 있다. Farmers Insurance에서는 교육학습 프로그램을 통해서 종업원들의 변화된 행동 정도와 사업목표 달성에 미친 영향 정도에 따라, 학습 전문가들에게 포상을 주고 있다. 즉, Farmers Insurance에서의 학습은 회사에서 요구하는 결과를 바탕으로 이루어지고 있다.

Farmers는 미국 전역에서 근무하고 있는 다세대 종업원들과 대리점들에게 효과적인 교육훈련을 전달하기 위해서 블렌디드(blended) 학습 방식을 사용하고 있다. Farmers는 학습자 스스로가 자신의 학습 스타일에 가장 적합하다고 생각하는 교육훈련 방법을 선택하도록 하는 것보다는, 블렌디드 학습 방식이 더 효과적이라고 믿고 있다. 그 결과, Farmers의 교육훈련 프로그램은 면대면 강의, 인쇄물, 온라인, 비디오, 오디오, 가상 모의 훈련, 그리고 코칭을 통합하여 제작하였다. 테크놀로지 기반 교육훈련법을 이용하여 지식을 전달하고, 종업원들의 기술을 개발하기 위해서 강의식의 교육훈련 접근법을 이용하였다. 이와 같은 교육훈련 접근방법을 채택한 지 5년 뒤, 강의식 교실 중심의 교육훈련 접근법을 통한 학습 전달량은 90%에서 50%로 줄어들었다. 나머지 50% 학습은 온라인 혹은 비공식학습을 통해 이루어지고 있다. 예를 들면, 고객의 경험, 상품 유통, 그리고 상품관리 시스템에 대한 우수성을 강조하는 Farmers의 사업전략에 대한 지원 차원에서, Farmers는 직원들이 보험관련 청구 절차, 등급, 청구서, 그리고 상품 시스템의 변화를 잘 대응할 수 있도록 다양한 교육훈련 방법을 제공하고 있다. 구체적인 사례로, 현장 관리자들은 업무에 필요한 새로운 정보들을 습득하기 위해서, 이를 위해 제작된 온라인 교육훈련과 온라인 회의(webinar)를 모두 마치도록 규정하고 있다. 그 이후, 현장 관리자들은 강의식 교육훈련, 비디오, 그리고 코칭을 받는 과정을 거친다. 또한, Farmers는 신규 보험 대리점들의 실패가 증가함에 따라, 이를 위하여 기존 교육훈련 프로그램들을 개정하기도 하였다. 개정된 프로그램은 기존 프로그램보다 코칭, 성과지원 보조, 멀티미디어 방법들을 더 많이 추가하여 제작되었다. 그리고 한 번에 많은 지식들을 습득하도록 제작된 교육훈련을 받고, 신입 보험 중개사들이 현장에서 실제로 업무를 진행하는데 필요로 하는 정보들을 기억할 수 없어 당황하게 되는 상황을 방지하기 위하여, 신규 중개인들이 실제로 업무를 하는 과정에서 필요로 하는 관련 지식과 기술들을 배울 수 있는 교육훈련을 제작하였다. 이러한 프로그램의 개정 결과, 신입 중개인들의 정규직 직위로의 전환이 12% 상승하였으며, 기존 판매 목표보다 10% 더 높은 판매성적을 거두었으며, 신규 대리점의 성공률이 기존보다 10% 더 상승하였다.

교육훈련의 전달과 교수법에 있어 새로운 테크놀로지의 잠재적 유용성을 깨달은 Farmers는 가상 교실, 모바일 학습, 소셜 네트워크, 아이패드, 그리고 학습 모의훈련 등을 사용하기 시작했다. 예를 들면, iFarmers는 iFarmers 고객 앱을 제작하여 고객들이 여러 가지 종류의 보험 상품에 대한 정보를 제공받을 수 있게 하였으며, iClaim 앱을 통하여 고객들이 보험 청구서를 직접 제출할 수 있고 이를 고객이 직접 관리할 수 있는 권한을 제공하였다. 또한 iAgent 앱은 판매 중개인들에게 사업관련 학습의 기회를 제공하기 위해 제작되었다. Farmers는 또한, 소셜 네트워킹을 사용하여 직원들의 업무 협력, 지식 공유 및 창조, 그리고 업무 지원 제공할 수 있도록 지속적으로 이를 실험하고 있다. 일부 교육훈련 프로그램에서는 이미 소셜 네트워크를 사용하여 그룹 협력 활동을 진행하고 있다. Farmers의 'Agency Insider' 프로그램은 트위터, 페이스북, 이메일, 혹은 RSS 피드를 사용하기를 원하는지에 대해서, 학습자들이 직접 선택할 수 있도록 지원하고 있다.

출처: www.farmers.com L. Freifeld, "Farmers' Premier Position." *Training* (January/February 2010): 26-31; J. Salopek, "Thriving through chagne, cultivating growth," *T+D* (October 2010): 53-54.

서론

앞에서 언급된 Farmers의 사례와 같이, 테크놀로지는 훈련 프로그램의 전달에 있어서 중요한 영향을 미치고 있다. Famers Insurance는 전통적인 훈련 방법과 최신의 테크놀로지 기반의 훈련 방법을 융합하여 사용하고 있다(블렌디드 학습 접근방법). 온라인 학습을 통해서 학습자들은 시간과 공간에 제약없이 훈련에 참여하고 있다. 온라인 학습과 같이 테크놀로지를 사용하기 위해서는 교육훈련 부문, 정보 기술, 그리고 최고 경영층의 협력이 필요하다. 뿐만 아니라, 요구평가(need assessment), 디자인, 학습전이, 그리고 (프로그램 디자인에 대한) 평가들도 효과적인 훈련 테크놀로지 사용에 있어서 매우 중요한 요소들이다. 비록 소셜미디어, 테블릿 컴퓨터, 그리고 가상현실 등과 같은 테크놀로지들이 흥미로운 역량과 가능성을 제공한다 하더라도, 기업에서는 기업의 사업적 요구와 학습자들의 요구를 모두 만족시킬 수 있는 테크놀로지를 선택하는 것이 매우 중요하다.

새로운 훈련 테크놀로지를 사용한 사례는 Famers Insurance에서만 찾아볼 수 있는 것이 아니다. 테크놀로지는 학습 및 기업교육의 환경을 변화시킬 뿐만 아니라, 초등학교, 고등학교, 전문대학, 그리고 대학의 교육환경도 변화시키고 있다. 오하이오 주립대학(Ohio State University)에서 '여성, 문화, 그리고 사회(Women, Culture, and Society)' 과목을 수강하고 있는 학생들은 Second Life를 통하여 컴퓨터 기반의 삼차원 가상 수업에 몰두하고 있다. 학생들은 자신의 신분, 성별, 그리고 인종을 선택하고 변화시켜 가상현실에서 생활함으로써, 서로 다른 인종, 사회계층, 개인의 성적 취향, 경제적 평등, 신체적 능력, 폭력, 그리고 환경들이 어떻게 현실에서 작용하고 있는지를 가상현실을 통해서 학습하는 것이다. 한 예로, 장애에 대해서 공부하고 있는 한 학생은 실제로 지적 장애를 겪고 있는 사람을 Second Life을 통해서 직접 만날 수 있다. Second Life에서 지적 장애인 만난 학생은 휠체어를 타고 가상 세계를 여행함으로써 장애에 대한 사람들의 태도에 대하여 학습하게 된다. Sceond Life의 모의훈련은 실제 대학 건물의 복제, 전시 공간, 바다, 산비탈 등과 같은 공간에서 그룹 토론을 할 수 있을 뿐만 아니라, 가상 여성학 도서관도 함께 구비하고 있다. 의대 학생들이 수업에서뿐만 아니라 병원에서 아이팟 터치(iPod Touch)를 사용하고 있다. 아이팟 터치는 대학 학습 관리시스템을 통해서 제공되는 강의 녹음 자료, 독서물, 자료, 그리고 비디오와 같은 다양한 종류의 온라인 자료들을 이용할 기회를 제공할 뿐만 아니라, 고품질의 이미지들 또한 다운로드할 수 있는 기회도 제공하고 있다.

우리가 7장에서 논의했던 것과 같이, 강의식 수업 훈련과 같은 '전통적인 훈련 방법(Traditional Training Methods)'도 여전히 인기있는 훈련 방법이다. 하지만 교육훈련 전달과 교수법을 위한 테크놀로지의 사용은 증가하고 있는 추세이며, 앞으로도 계속 증가할 것으로 예상된다. 〈표 8.1〉에서는 이와 같이 증가하는 훈련의 새로운 테크놀로지 사용에 대한 스냅샷을 제공하고 있다. 기술이 발전하고, 기술 비용이 감소하며, 기업들이 태블릿, 모바일 폰, 그리고 소셜미디어를 통한 훈련의 잠재적인 원가절감 효과에 대한 인식이 증가하고, 맞춤형 훈련에 대한 요구가 증가함에 따라서, 교육훈련의 테크놀로지 사용은 향후 10년 동안 극적으로 증가할 것으로 예상된다. 본 장 뒤에서 더 자세히 언급하겠지만, 새로운 훈련 테크놀로지들은 면대면 교수법을 완전히 대체할 수는 없을 것이다. 더 정확히 말하자면, 면대면 교수법은 학습을 최대화시키기 위하여, 새로운 훈련 테크놀로지와 결합하게 될 것이다(블렌디드 학습).

트위터 그리고 페이스북과 같은 소셜미디어는 많은 사람들, 특히 밀레니엄 세대들이 그

표 8.1 훈련의 새로운 테크놀로지 사용

• 총 훈련 시간의 11%는 가상 수업을 통해서, 22%는 온라인을 통해서 제공되고 있다
• 총 학습시간의 33%는 테크놀로지 기반의 훈련 방법과 연관되어 있다.
• 69%의 회사들은 학습 관리 시스템을 사용하고 있다. 회사 규모에 따라 분석해보면, 대기업(10,000명 이상의 종업원)의 85% 그리고 중소기업(100명~999명의 종업원)의 52%가 학습 관리 시스템을 사용하고 있다.
• 28%의 대기업(10,000명 이상의 종업원)은 온라인으로 훈련을 제공하고 있으며, 중간규모의 기업 (1,000–9,999명의 종업원)의 20%, 그리고 작은 규모의 기업(100명 이하의 종업원)의 21%가 온라인 훈련을 제공하고 있다.

출처: M. Green and E. McGill, State of Industry, 2011 (Alexandria, VA: American Society for Training and Development, 2011): "2011 training indsutry report," Training (November/Decemter 2011): 22-35.

들의 일상생활 속에서 활발히 사용하고 있기 때문에, 이러한 소셜미디어들의 개발, 유용성, 그리고 사용은 교육훈련과 학습에 중요한 영향을 미칠 잠재력을 가지고 있다. 현재 많은 기업들이 신입사원 채용, 마케팅, 그리고 새로운 상품과 서비스 개발을 위해 이 도구들을 사용하기 시작했다. 또한 이 도구들을 학습을 위해 사용하고 있다. 직무관련 학습을 위해 사용되는 소셜미디어에 대한 자료는 〈그림 8.1〉에서 제시되어 있다. 소셜미디어를 바탕으로 맺은 타인과의 관계와 협력을 통해 직원들이 스스로 그들의 학습에 대한 접근 및 관리를 가능하게 함으로써 학습을 바꾸고 있다. 학습을 사용되는 소셜미디어 도구들은 작업

그림 8.1 직무관련 학습을 위한 소셜미디어 도구 사용

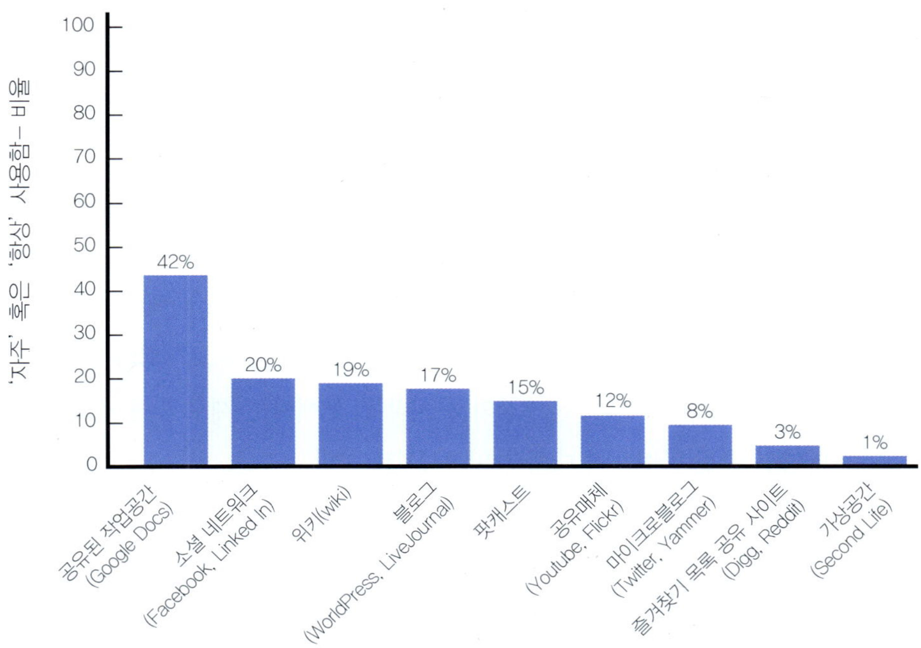

출처: L. Patel, "The rise of social media," *T+D* (July 2010): 60-61.

공간 공유, 소셜 네트워크, 위키, 블로그, 팟캐스트, 마이크로 블로그 등이 있다. 〈그림 8.1〉에서 제시되어 있듯이, 소셜 네트워크 그리고 위키는 학습을 위해서 가장 흔히 사용되는 소셜미디어이다. 소셜미디어 사용 정도와 소셜미디어의 잠재적인 혜택에 대한 인지 정도는 세대별로 차이가 있는 것 같다. 베이비붐 세대 혹은 X세대들에 비하여, 밀레니엄 세대들은 소셜미디어 도구들은 학습과 업무를 하는데 있어서 도움이 된다고 믿고 소셜미디어를 학습에 사용하고 있다. 이것은 아마도 밀레니엄 세대들이 그들의 사생활에서 소셜미디어를 더 많이 사용하여, 그 결과 업무에서 이들을 사용하는데 있어서 불편함을 느끼지 못해서일 것이다.

아이패드와 같은 태블릿 컴퓨터의 개발 또한 훈련과 학습에 또 다른 잠재적인 영향력을 미치고 있다. 한 조사에 따르면, 거의 40%에 달하는 기업의 임원들이 아이패드와 같은 태블릿을 그들의 새로운 교육훈련과 새로운 개발 계획에 포함시킬 계획 중인 것으로 나타났다. 이러한 장치들은 학습과 업무지원에 사용될 것으로 기대될 뿐만 아니라, 조직원의 코칭 및 멘토링, 모바일 게임, 그리고 마이크로블로깅(예: 트위터)에도 사용될 것으로 예상된다.

새로운 테크놀로지가 훈련의 전달, 지원, 그리고 운영에 미치는 영향에 대해서 논의하면서 본 장을 시작하고자 한다. 어떻게 테크놀로지가 학습환경을 변화시켜 왔는지도 함께 언급될 것이다. 그 다음, 본 장에서는 컴퓨터 기반의 교육훈련, 온라인 학습, 그리고 이러닝에 대하여 탐구하고자 한다. 이러닝은 교육훈련 내용과의 상호작용을 통한 학습, 다른 학습자들 간의 공유, 그리고 인터넷 자원의 사용에 관하여 강조하고 있다. 소셜미디어, 아이패드와 같은 태블릿, 그리고 모바일 스마트폰 등과 같이 우리의 사생활에서 익숙하지만, 교육훈련 목적을 위해서 최근에 사용하기 시작한 테크놀로지들을 소개하고자 한다. 그리고 난 이후, 교수 방법 및 현장 직무 평가(one-the-job performance) 방법으로 사용되는 전문가 시스템과 지능형 개인지도 시스템(intelligent tutoring systems)에 대해서 논의하고자 한다. 또한, 본 장에서는 어떻게 학습관리시스템이 교육훈련 프로그램의 전달과 운영을 지원하는지에 제시하고자 한다. 본 8장의 마지막 부문에서는 새로운 테크놀로지를 기반으로 하는 다양한 훈련 방법들에 대해서 비교하기로 한다.

훈련과 학습에 대한 테크놀로지의 영향

1장과 2장을 통하여, 기업이 그들의 사업 전략을 실행할 수 있고 업무현장에 영향을 미치는 요소들에 대응할 수 있도록 도와주는 훈련과 개발의 역할에 대하여 논의하였다. 훈련이 기업이 경쟁우위를 점할 수 있도록 도와주기 위해서 훈련이 기업의 사업 목표를 지원해야 할 뿐만 아니라, 필요에 따라 재택근무 혹은 다른 나라에서 일을 하는 등과 같이 지역적으로 널리 퍼져 있는 직원들에게도 전달되어야 한다. 출장 경비와 같이 교육훈련에 사용되는 경비는 반드시 최소화 시켜야 하며, 학습과 학습전이와 같이 학습을 통해서 얻을 수 있는 혜택은 최대화 시켜야 한다. 학습과 학습전이가 일어나기 위해서(예를 들어 교육학습의 혜택을 깨닫게 하기 위해서), 교육훈련 환경은 반드시 실습, 피드백, 의미있는 자료, 그리고 타인들과 상호작용하면서 배울 수 있는 능력 등과 같은 학습 원리들을 포함하고 있어야 한다.

새로운 테크놀로지는 훈련 전달과 관련된 비용의 감소 및 학습환경의 유효성의 증가, 그리고 사업 목표에 대한 공헌을 가능하게 만들었다. 〈표 8.2〉에서는 앞으로 본 8장에서 논의하게 될, 새로운 테크놀로지 기반의 교육훈련 방법의 일부들의 목록과 이들에 대한 각각의 설명, 그리고 관련 사례들을 제공하고 있다. 새로운 테크놀로지들은 훈련의 전달, 훈련 운영, 그리고 훈련 지원에 영향을 미치고 있다. 아래와 같은 혜택들은 테크놀로지에 의해서 가능해졌다.

- 직원들이 언제 어디서 훈련을 받을지에 대한 통제가 가능하게 되었다
- 직원들은 필요에 따라 지식 및 전문가 시스템에 접근할 수 있게 되었다.
- 아바타, 가상현실, 그리고 모의훈련의 사용을 통해서, 학습환경은 실제 업무 환경처럼 보고, 느끼고, 들을 수 있게 되었다.
- 직원들은 훈련 프로그램에서 사용하기를 원하는 매체의 종류(인쇄물, 음성, 비디오 등)를 직접 선택할 수 있게 되었다.
- 수업등록, 테스트, 그리고 훈련 기록들을 전자적으로 처리할 수 있게 됨으로써, 문서업무와 행정 업무에 필요한 시간들이 감소되었다.
- 직원들의 훈련을 통한 성취물을 모니터할 수 있게 되었다.
- 교실수업 그리고 모범행동 모방훈련 등과 같은 수업전통적인 훈련 방법들 또한 중앙 교육훈련 장소에 모이지 않고서도 훈련자들에게 전달이 가능해졌다.

IBM과 UPS의 사례를 통해서 어떻게 테크놀로지가 훈련에 영향을 미쳤는지 살펴보도록 하자. IBM의 학습 전략은 직원들이 현재의 직무와 미래에 실행하게 될 업무들을 바탕으로 역동적인 방법을 통해서 매일 학습하게 하는 것이다. 기업을 이끌어갈 다음 세대의 지도

표 8.2 훈련에 사용되는 새로운 테크놀로지

이러닝, 온라인 학습, 컴퓨터기반 훈련(CBT), 웹 기반 훈련(WBT) 컴퓨터 혹은 웹을 사용하여 전달되는 교육훈련. 문서 혹은 비디오 등을 담은 CD 혹은 DVD도 포함됨.
인터넷 방송(Webcasts)/온라인 회의(Webinars) 여러 장소에 분산되어 있는 학습자들을 위한 생중계 웹 기반 교수 전달법
팟캐스트(Podcast) 웹 기반으로 전달되는 오디오와 비디오 파일들
모바일 러닝(Mobile Learning) 스마트폰(smartphones) 혹은 태블릿 컴퓨터(tablet computers) 등과 같은 소형 모바일 기기들을 통하여 전달되는 교육훈련
블렌디드 러닝(Blended Learning) 강의실 기반 및 웹 기반 교육법을 통합하여 설계한 교육훈련법처럼 테크놀로지와 면대면 강의식 교수법을 통합하여 전달되는 교육훈련
위키(Wikis) 사용자들 간의 지식공유뿐만 아니라, 많은 사용자들이 콘텐츠를 직접 창조하고 수정하고 업데이트 할 수 있도록 권한을 부여한 웹사이트.
원격 학습(Distance Learning) 다른 장소에 있는 학습자들에게 온라인, 웹캐스트, 혹은 가상 교실 등을 통해서 전달되는 교육훈련. 채팅창, 이메일, 그리고 온라인 토론방과 같은 의사소통의 도구의 함께 사용함.
소셜미디어(Social Media) 사용자 제작 컨텐트를 직접 창조하고 교환할 수 있는 대화형 커뮤티케이션을 창조할 수 있도록 제작된 온라인 및 모바일 테크놀로지. 위키, 블로그, 페이스북, 마이스페이스(MySpace), 그리고 링크인과 같은 네트워크, 트위터와 같은 마이크로쉐어링(microsharing) 사이트, 그리고 유튜브와 같은 공유 매체들을 모두 포함함.
공유된 작업공간(예: Google Docs) 웹 서버에서 관리되는 공간으로 정보과 문서들을 공유할 수 있음.
RSS 피드(RSS Feeds) 정보가 갱신될 때마다, 이메일 대신 구독자들에게 직접 발송되는 콘텐츠
블로그(Blog, 예: WprldPress) 사이트 운영자의 관심사에 따라서 자유롭게 글을 올리고 독자들이 이에 언급을 할 수 있도록 제작된 웹사이트
채팅방과 토론 게시판(Chat Rooms and Discussion Boards) 학습자들이 의사소통을 할 수 있는 전자 공간 혹은 전자 게시판. 학습자들 간의 의사소통은 시간에 제약없이(같은 시간대 혹은 다른 시간대) 발생함. 학습 촉진자 혹은 강사는 주제별로 그룹을 나눔으로써 이들의 대화를 중제할 수 있음.
마이크로블로그 혹은 마이크로쉐어링(Microblog or Microsharing, 예: 트위터) 독립실행형 앱, 온라인 공동체, 혹은 소셜 네트워크를 통해서 생각을 공유하고 소통할 수 있는 소프트웨어 도구. 일반적으로 140자 이내의 단문, 링크, 그리고 멀티미디어 등을 사용하여 소통함.

출처: R. Johnson and H. Gueutal, *Trasforming HR Through Technology*(Alexandria, VA: SHRM Foundation, 2010); American Society for Training and Development, *Transforming Learning with Web 2.0 Technologies*, 2010 survey report; T. Bingham and M. Conner, *The New Social Learning*(Alexandria, VA: American Society for Training and Development Press, 2010); A. Kaplan and M. Haenlein, "Users of the world unite! The challenges and opporunities of social media," *Business Horizons*, 53(2010): 59-68.

자들을 보다 더 잘 준비시킬 뿐만 아니라 글로벌 인력들의 능력을 최대한 활용하기 위해서, IBM은 다른 동료들을 통한 학습을 가능하게 해주는 온라인 협력 학습 플랫폼 등과 같은 새로운 테크놀로지, 그리고 전문가에게 즉각적으로 접근할 수 있게 해주는 가상 도구들을 사용하고 있다. 동료 학습(peer learning)은 온라인을 통해서 마치 IBM의 전 직원들이 한 빌딩에 모여 있는 것과 같이 느끼게 해준다. 회사의 3차원 가상 온라인 환경에 참여하는 IBM 직원들은 서로 상호작용하고 아이디어를 공유하기 위해서 아바타(컴퓨터로 제작된 가상 자아 그래픽 아이콘)를 만들 수 있다. UPS에서는 테크놀로지가 운전자들의 업무를 더욱 복잡하게 만들고 있다는 것을 인지하게 되었다. 운전자들은 트럭을 안전하게 다루어야 하며, DIAD(휴대용 컴퓨터)에 능숙해야 하며, 어떻게 안전하게 택배 서비스를 제공하는지 이해하고 있어야 하기 때문이다. 그 결과, UPS는 메릴랜드(Maryland)에 Integrad 교육훈련 센터를 건립하였다. Integrad 센터에서는 신입 운전자들에게 주어진 업무들을 회사의 표준 업무시간 안에 완료하면서 어떻게 선반, 바닥, 그리고 뒷문에 택배 상자들을 싣고 내리는지, 그리고 부상을 유발하는 스트레스와 중압감들을 어떻게 최소화 할 수 있는지에 대한 교육을 제공하고 있다. 평균적으로 운전자들은 업무 과정에서 트럭에서 내리고 타기를 최소 120번을 반복해야 하기 때문에 본 과정을 제대로 수행하지 않으면 발목에 무리가 갈 수 있기 때문이다. Integrad에서는 가게, 도시, 그리고 하역장까지 모두 가상으로 꾸며진 도시에서 훈련자들은 택배를 배달하고 교육훈련사와 다른 학습자들은 고객의 역할을 맡아 훈련을 진행한다.

테크놀로지와 협력

테크놀로지는 디지털 협력을 가능하게 만들었다. 디지털 협력(digital collaboration)이란 테크놀로지의 사용으로 지리학적 접근성에 제한없이, 직원들이 함께 작업을 할 수 있는 범위의 확장과 능력의 향상을 의미한다. 전자 메시지 시스템, 전자 회의 시스템, 관심 주제에 따라 형성된 온라인 학습 공동체(직원들이 관련 주제를 바탕으로 토론하고 정보를 공유할 수 있는 곳), 상호작용이 가능하게 해주는 협력 테크놀로지 기반으로 제작된 문서 처리 시스템 등이 디지털 협력의 대표적인 예이다. 디지털 협력은 컴퓨터, 태블릿, 혹은 웹 브라우저나 관련 앱이 설치되어 있는 핸드폰을 필요로 한다. 디지털 협력은 동기식(synchronous) 그리고 비동기식(asynchronous)으로 분류된다. 동기식 소통(synchronous communication)은 면대면 교육에서 상호작용하듯이 강사, 전문가, 그리고 학습자들이 서로 실시간으로 교류할 수 있는 상태를 의미한다. 원격 화상회의, 실시간 온라인 수업(가상 교실)과 같은 테크놀로지들을 통해서 실시한 소통을 가능하게 하였다. 비동기식 소통(asynchronous communication)은 비실시간 교류를 의미한다. 즉, 서로 온라인 공간에 동시대에 존재하고 있지 않으며, 시간 지연없이 서로 의사소통을 하는 것은 불가능한 상태를 의미한다. 하지만 학습자들이 정보를 필요로 할 경우, 언제든지 해당 정보로의 접근은 가능하다. 이메일,

웹사이트 혹은 CD-ROM을 통한 자기주도적 학습, 그룹토론, 그리고 가상 도서관 등이 이에 해당한다.

Shoney's와 Captain D는 미국 20여 개 주에 총 350개가 넘는 레스토랑 체인을 가지고 있는 회사이다. Shoney's 와 Captain D는 매년 8,000명이 넘는 직원들에게 어떻게 양배추 샐러드와 감자튀김을 만드는지 등과 같은 레스토랑 사업 운영에 관한 기초교육을 제공하고 있다. 또한, 매년, 600명의 새로운 관리자들에게 사업 쟁점 사항, 레스토랑 백오피스 운영 업무에 관한 교육을 제공하고 있다. 교육에 있어서 Shoney's가 대면한 가장 중대한 문제는 지리적으로 분산된 직원들에게 어떻게 일관성 있는 훈련을 제공할 수 있는가에 대한 것이었다. 이에 대한 해결방안으로 Shoney's는 팀원들과 강사가 비디오, 음성 및 정보를 서로 실시간 공유함으로써 실시간 소통을 가능하게 해주는 사내 소프트웨어, OneTouch를 개발하고 이를 실행하게 되었다. OneTouch는 사무용 컴퓨터를 통해서 뿐만 아니라, 창고 등 다른 공간에서도 사용이 가능하다. 특히, OneTouch의 데스크탑 시스템(desktop system)은 사무용 컴퓨터가 정착되어 있고, 직원들이 함께 모일 수 있는 레스토랑 내부라면 어디에서든 설치 가능하여, 본 시스템을 이용하여 직원들이 레스토랑 내부에서 함께 교육훈련을 받을 수 있게 되었다. 훈련 모듈은 오리엔테이션, 부엌, 그리고 식당 등과 같은 주제를 중심으로 구성되어 있다. 훈련에 참여하는 직원들은 주제별로 구성된 각각의 교육과정을 마치고 난 이후, 퀴즈를 봄으로써, 참가자들의 훈련을 통한 학습 발생 여부를 체크하게 된다. 예를 들면, 양배추 샐러드 프로그램에서는 양배추 샐러드를 요리하기 위해서는 어떠한 재료들이 사용되며, 직접 만들기 위해서 해당 재료들을 레스토랑 어디에서 찾을 수 있는지 설명해준다. 뿐만 아니라, 학습자는 비디오에서 제공하는 요리과정을 보면서 직접 실습할 수 있다. 실습이 끝난 뒤에, 학습자는 퀴즈를 보게 된다. 마지막으로 학습자가 해당 주제에 대한 교육과정을 성공적으로 마치면, 그에 대한 관리자의 승인을 받고 난 뒤에 다른 주제의 교육 프로그램으로 넘어갈 수 있게 된다. 상기와 같이 제작된 Shoney's의 훈련은 내용의 일관성을 유지할 수 있을 뿐만 아니라, 새로운 학습내용이 발생할 경우, 이를 추가할 수 있다는 특징을 가지고 있다. 게다가 현재 직원들이 담당하고 있는 본인의 업무뿐만 아니라, 다른 직무에서 이루어지고 있는 업무관련 기술들을 함께 배울 수 있는 기회를 제공받을 수 있다. 이 덕분에 Shoney's는 당사 직원들의 업무교체에 있어서 높은 유연성을 제공하고 있다(예: 레스토랑 음식들을 요리할 수 있는 지식 및 기술을 가지고 있는 판매대 직원).

테크놀로지와 학습환경

앞서 7장에서 논의하였듯이, 강사가 학습자들에게 정보를 전달하고, 이에 대한 실습 및 적용은 강의가 끝난 이후에 발생하는 순으로 훈련이 진행됨으로써, 학습이 선형적 과정을 통해서 이루어졌었다(교실 학습환경에 대한 추가적 정보는 〈그림 7.1〉을 참고). 전통적인 학습환경에서는 오직 강사 혹은 훈련을 제공하는 사람과 학습자만을 포함하고 있었다. 교육훈련을 제공하는 강사는 훈련의 내용을 전달하는 것, 질문에 응답하는 것, 그리고 학습이 발생했는지 확인하기 위해서 테스트를 진행하는 것에 대한 책임을 맡고 있었다. 이에

그림 8.2 요구 분석 과정의 흐름

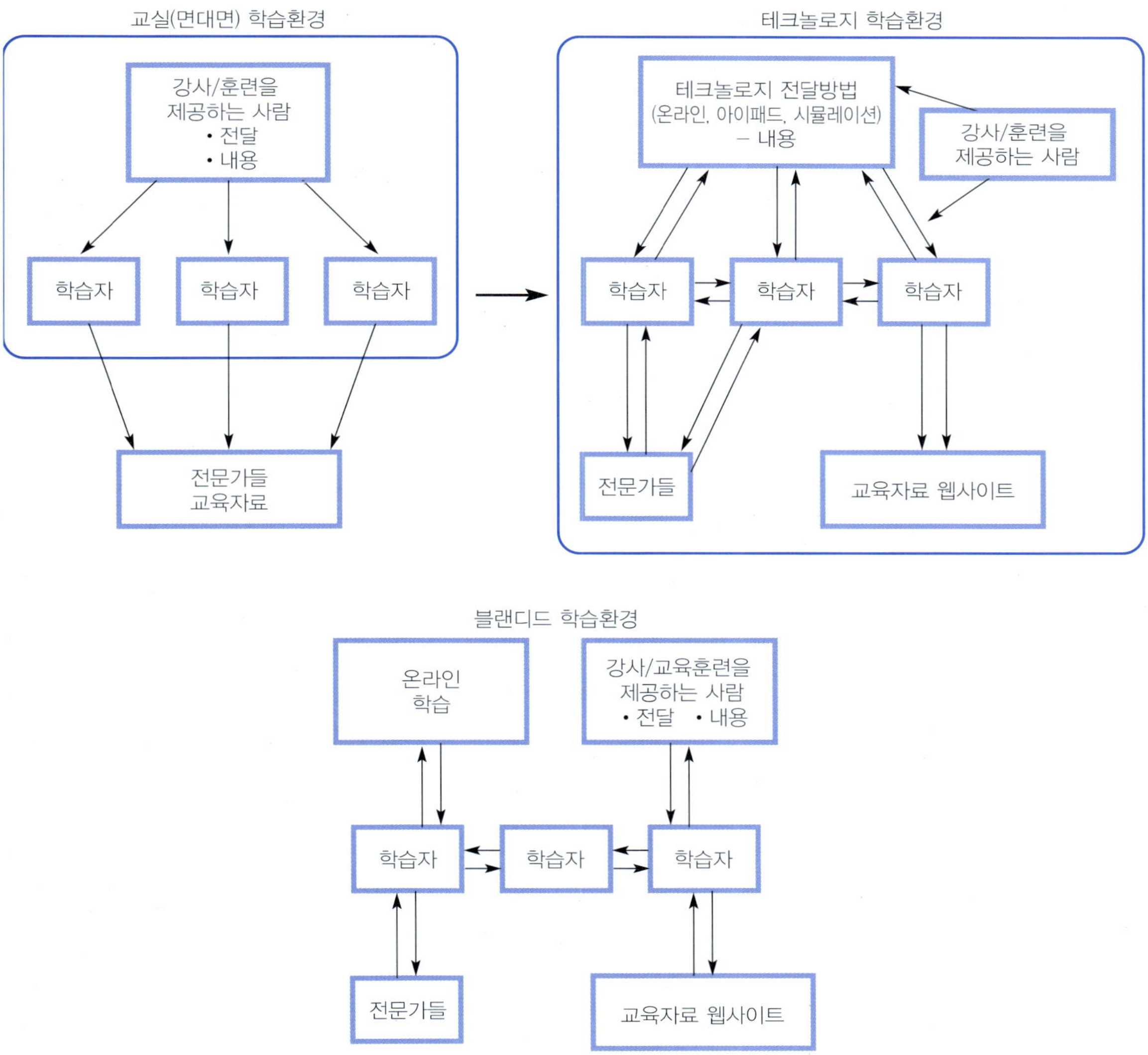

반해, 학습자들은 학습에 대한 소극적인 역할을 맡고 있었다. 즉, 교육훈련의 내용을 전달 과정에서 오로지 강사에서 학습자에게로만 전달되는, 일방향 소통이 진행되었던 것이다. 강사로부터 제공되는 교육범위에서 벗어나는 자료 및 전문가의 의견을 구하기 위해서, 학습자들은 형식적인 학습환경을 벗어나야만 했었다. 즉, 이러한 자료 및 타 전문가의 의견을 구하기 위해서는 강의가 끝날 때까지 기다려야만 했었다. 또한, 학습자들 간의 상호작용도 주로 훈련을 제공받는 공간 밖에서 이루어졌으며, 이러한 상호작용도 같은 지리적 공간에서 훈련을 받는 학습자들로만 제한되었었다.

이에 반해, 테크놀로지는 학습이 더욱 역동적인 과정을 통해서 일어날 수 있게 해주었다. 〈그림 8.2〉의 오른쪽 부분과 같이, 테크놀로지로 인하여 학습환경이 학습자와 훈련내용 간, 그리고 학습자와 교수자 간 더 많은 상호작용이 발생할 수 있는 환경으로 확장되었다고 볼 수 있다. 교수자가 수업을 설계하는데 도움을 제공할 수는 있으나, 수업의 전달은 주로 온라인 학습, 모의훈련, 아이팟, 혹은 아이패드와 같은 테크놀로지를 통해서 학습자에게 전달된다. 교수자는 학생들의 질문을 해결해주는 코치 및 자료 제공자로서의 교육훈련에 참여하게 되며, 내용 전달에는 관여를 덜하게 된다. 학습은 주로 다른 학습자들과의 교환을 통해서 진행된다. 예를 들면, 블로그, 위키, 혹은 다른 종류의 소셜미디어를 사용하면서, 가상 팀 프로젝트를 진행하면서, 게임에 참가하면서, 전문가의 의견을 듣거나, 서로의 의견을 교환하는 등의 소통을 통해서, 그리고 발견한 아이디어나 응용 프로그램들을 링크를 통해서 다른 학습자들과 공유하는 등과 같은 교환활동을 통해 학습이 일어난다. 전문가와 자료들도 학습환경의 한 부분으로 포함된다. 학습자들이 훈련, 응용, 그리고 모의훈련 등과 같은 방법을 통해서 교육훈련 내용들을 학습하는 동안에, 다른 학습자들과 학습한 내용들에 대해서 서로 논의할 수 있으며, 관련 전문가 혹은 인터넷 자료들에 대한 접근도 가능하다. 교육훈련 전달과 운영(예: 학습자들의 발전현황 확인)은 모두 학습 관리 시스템을 통해서 가능하다(본 장 뒷부분에서 다시 논의하기로 한다). 〈그림 8.2〉 아랫부분에서 제시하고 있듯이, 블렌디드 학습환경에서는 학습자들이 온라인 그리고 교실 훈련학습에 모두 참여 가능한 교육과정을 제공하고 있다. 학습자간, 학습자와 교육훈련 내용 간(모의훈련 혹은 게임), 학습자와 교수자 간, 그리고 학습자와 전문가 간의 협업이 가능해졌다. 소셜 네트워킹, 블로그, 위키, 그리고 트위터와 같은 웹 2.0(Web 2.0) 테크놀로지를 통해서 더욱 역동적인 환경에서의 학습이 가능해졌다. Qualcomm의 이니셔티브인 Learning 2.0은 웹 2.0 기술을 사용하여 북마킹/태깅 기능, 블로그, 그리고 페이스북과 유튜브에서 찾을 수 있는 여러 유사 도구들을 사용하여 학습자와 교육내용 간의 관계를 구축하였다.

스마트폰, 태블릿, 그리고 개인용 컴퓨터와 같은 최근 테크놀로지를 통해서 지리적 범위에 제한없이 교육훈련을 학습자들에게 제공할 수 있게 되었다. 공간과 시간에 상관없이 여러 학습자들에게 일관된 교육내용을 전달할 수 있게 된 것이다. 본 장에서 논의될 많은 교육훈련 방법들을 이러한 특징을 가지고 있다. 즉, 인터넷 혹은 웹을 사용하여 교육훈련이 전달되는 온라인 학습, 혹은 이러닝, 화상회의 혹은 컴퓨터를 사용하여 교수자와 다른 공간에 있는 학습자들에게 교육을 전달하는 원격 학습, 아이팟, 아이폰, 아이패드, PDA, 그리고 소형 컴퓨터 등과 같은 모바일 테크놀로지를 사용하여 언제 어디서나 학습자들이 교육훈련에 참여할 수 있도록 해준 모바일 학습 등이 그 대표적인 예이다. 새로운 교육훈련 테크놀로지는 문자, 그래픽, 비디오, 그리고 오디오 등과 같은 다양한 매체의 사용을 가능하게 해주었고, 이러한 다양한 매체의 사용을 통해서 제공되는 학습내용은 서로 다른 학습 선호도 및 학습 스타일을 가진 학습자의 흥미를 유발할 수 있는 다양한 방법으로 제공을 가능하게 해주었다. 다음 부분에서는 새로운 학습 테크놀로지를 소개하고, 이들을 어떻게 사용하고 있는지, 그리고 이러한 새로운 테크놀로지들이 학습에 제공하는 잠재적 장점과 단점에 대해서 자세히 기술하고자 한다.

컴퓨터 기반의 훈련, 온라인 학습, 웹 기반의 훈련, 이러닝

컴퓨터 기반의 훈련(computer-based training, CBT), 온라인 학습(online learning), 웹 기반 훈련(web-based traning), 이러닝(e-learning)은 인터넷 혹은 웹에 연결된 컴퓨터를 통해서 전달되는 교육훈련을 의미한다. 이러한 교육훈련 방법은 모의훈련과 게임 등을 사용하거나, 비디오, 블로그, 위키, 그리고 소셜 네트워크를 이용한 협력, 그리고 링크를 걸어서 제공하는 자료를 모두 통합하여 제공 가능하다. CBT 훈련은 인터넷의 연결없이 오직 DVD를 통해서만 전달이 되는 방법도 포함하고 있다. 이러한 방법은 다른 CBT 훈련과 마찬가지로 교육내용과 상호작용이 가능하고, 학습자의 질문에 응답할 수 있으며, 특정 상황에서 어떻게 학습자들이 행동해야 하는지에 대해서도 반응을 하지만, 다른 학습자들과는 협력을 불가능하다. Wipro Technolgies에서 개발한 Unified Learning Kit(ULK)를 그 대표적인 예로 볼 수 있다. ULK는 컴퓨터 프로그램이 가능한 이동식 노트북으로 신입 사원이 공학관련 문제에 대해서 직접 실험할 수 있도록 해주었다. 하나의 ULK는 10개 이상의 다양한 하드웨어 그리고 소프트웨어 공학관련 기술 문제를 가르칠 수 있다.

온라인 학습, 이러닝, 그리고 웹 기반의 훈련은 모두 인터넷 혹은 웹을 사용하여 수업을 전달한다. 교육훈련 프로그램은 공용 인터넷이나 사내 인트라넷을 사용하여 접속이 가능하다. 온라인 러닝은 학습자의 학습 및 학습 전이를 가능하게 할 수 있는 다양한 잠재적인 특징들을 갖추고 있다. 예를 들면, 비디오를 사용한 온라인 프로그램은 학습자들에게 쌍방향적 교육을 경험하게 해준다. 학습자들은 비디오를 시청하고 키보드 혹은 터치스크린을 사용하여 질문에 응답할 수 있고, 특수한 상황에서 어떻게 행동할 것인지에 대한 반응을 즉각적으로 제공할 수 있으며, 어떠한 방법을 통해 대면한 문제를 해결할지 파악해 낼 수 있다. 이러한 높은 상호작용을 가진 비디오 프로그램은 전문 기술 혹은 대인관계 기술을 습득하는데 매우 효과적이다. 온라인 학습의 잠재적 특징과 장점에 대해서 아래에서 더 논의하도록 한다.

훈련 요구분석 단계에서 Bayer 제약회사는 전문 기술자들이 큰 규모의 프로젝트를 관리하기 위해서 새로운 기술이 필요하다는 것을 알게 되었다. 프로젝트에 필요한 새로운 기술은 프로젝트 관리자의 지속적인 업무 집중, 프로젝트의 우선 순위에 대한 관리, 여러 다른 분야에서 온 다양한 팀의 효과적인 관리, 그리고 해당 업무의 진척도를 보고하지 않는 조직원의 관리 등을 포함하고 있었다. 이러한 기술들은 Bayer에서 리서치를 통해서 발견한 것들을 시장에 내놓기까지 걸리는 시간을 단축할 수 있는 중요한 요소들이다. 이러한 중요한 기술들을 교육시키기 위해서, Bayer는 컴퓨터 기반의 모의훈련을 사용하여 프로젝트 팀원들이 큰 규모의 프로젝트를 가상으로 관리하는 경험을 제공하였다. 모의훈련에서 이루어지는 모든 경영진의 결정들은 프로젝트의 성공 가능성에 영향을 주며, 컴퓨터가 각 팀의 성공 가능성을 계산한다. 모의훈련은 동기 저하된 조직원, 잦은 결석, 그리고 마감날짜보다 늦게 끝난 프로젝트 등과 같이 프로젝트의 성공을 가로막는 장애물들을 포함하고 있다. 본 모의훈련을 시작하기 전에, 모든 참여자들에게 프로젝트 관리에 관련된 모든 단계들에 대한 개요를 제공하며, 모든 훈련 참여자들은 그들의 팀 내에서의 행동에 대해서 자기평가를 실시한다(예: 갈등해결 능력). 자기평가 결과는 팀장과 팀원들 간의 관계에 대해서 논의할 때 사용되어진다. 모의훈련이 끝난 뒤에 참여자들은 프로그램 사이트에 접속할 수 있으며, 관련 뉴스레터, 프로젝트 관리 팁 등에 대한 정보를 얻을 수 있다. 모의훈련을 끝난 직원들은 프로젝트 관리 및 우선순위 변화에 대한 대응할 수 있다는 자신감이 증가했다고 밝혔을 뿐만 아니라, 팀 내에서 발생하는 문제를 빠르게 해결하고 있는 것으로 확인되었다.

다양한 과일 및 야채를 판매하는 회사인 Chiquita는 새로운 성과 관리 시스템, Perform to Grow을 통해서, 직원들이 회사의 목표를 달성하는데 어떻게 공헌할 수 있는지에 대한 이해도를 높이고자 하였다. 비록 Perform to Grow 시스템을 사용하는 방법에 대한 설명은 온라인 모듈을 통해서 이미 개발이 되긴 했으나, 중미, 아프리카, 아시아, 동유럽 지사에는 북미와 서유럽과 같이 온라인 학습이 가능한 동일한 수준의 테크놀로지를 갖추고 있지 않았다. 그 결과, Chiquita는 이러닝 모듈을 모두 CD에 제작하여, 북미와 서유럽을 제외한 다른 지역에 위치한 조직원들에게 나누어 주었다.

Federal Express(FedEx)는 고객매너, 방어운전, 그리고 택배 배달 과정을 상호작용이 가능한 비디오 교육 프로그램으로 제작하여 총 25개의 CD에 담아 조직원들에게 제공하고 있다. 상호작용이 가능한 비디오 교육 프로그램은 다음과 같은 장점을 가지고 있다. 첫째, 교육훈련이 개별화되었다. 자신이 참여하고 있는 훈련 프로램을 조직원 스스로 통제할 수 있다. 즉, 학습자가 자신있는 부분은 생략할 수 있으며, 다시 보기를 통해서 추가적인 재검토가 가능해졌다. 둘째, 학습자는 자신의 성과에 관한 즉각적인 피드백을 받을 수 있다. 셋째, 조직원의 업무 스케줄과 상관없이 24시간 언제나 훈련에 대한 접근이 가능해졌다. 고용주의 입장에서는 이러한 상호작용이 높은 비디오 교육 프로그램을 개발하기 위해 사용한 비용들은 강사비와 집체교육을 위해서 사용되는 이동경비의 삭감으로 상쇄시킬 수 있다. FedEx를 예를 보면, 상호작용이 가능한 비디오 교육 프로그램을 통해서 650개의 지역에서 고객과 직접 대면하는 35,000명의 직원을 교육시킴으로써 백만 달러 이상의 비용을 절약했다. 뿐만 아니라, 상호작용이 가능한 비디오 교육 프로그램이 없었다면, FedEx는 모든 직원들에게 높은 수준의 교육프로그램을 일관성있게 제공할 수 없었을 것이다.

|온라인 학습의 잠재적 특징|

온라인 학습에서는 학습자들이 학습내용뿐만 아니라 다른 학습자들 간의 상호작용이 가능하며, 학습자가 원하는 내용을 선택하여 학습할 수 있다. 〈그림 8.3〉에서는 학습내용, 협력과 공유, 학습자원과의 연계성, 학습자 통제, 전달, 그리고 운영 등과 같이 온라인 학습이 개발 가능한 잠재적 특징들을 보여주고 있다. 하지만 이 특징들은 온라인 학습 방법에 모두 사용 가능하지 않다는 것을 염두해두어야 한다. 그 첫 번째 이유로는 특정 교육방법은 이를 진행하기 위해서 온라인 학습의 부분적 특징들을 제한할 수밖에 없기 때문이다. 예를 들면, 화상회의 방법을 수반하는 원격 학습은 학습자와 교수자 간의 협력 정도를 제한하게 된다. 또한, 원격 학습에서는 학습자가 학습내용, 실습, 그리고 학습 속도를 스스로 결정할 수 없다. 또 다른 이유로는 비록 〈그림 8.3〉과 같이 온라인 학습의 모든 특징들을 포함시켜 교육훈련 방법을 제작할 수 있다고 하더라도, 학습 설계사 혹은 프로그램 개발자가 의도적으로 일부 특성들을 학습방법에 융합시키지 않는 경우도 있기 때문이다. 〈그림 8.3〉과 같이, 온라인 학습은 학습자에게 학습내용을 전달해줄 뿐만 아니라, 학습자에게 무

그림 8.3 잠재적 이러닝의 특성

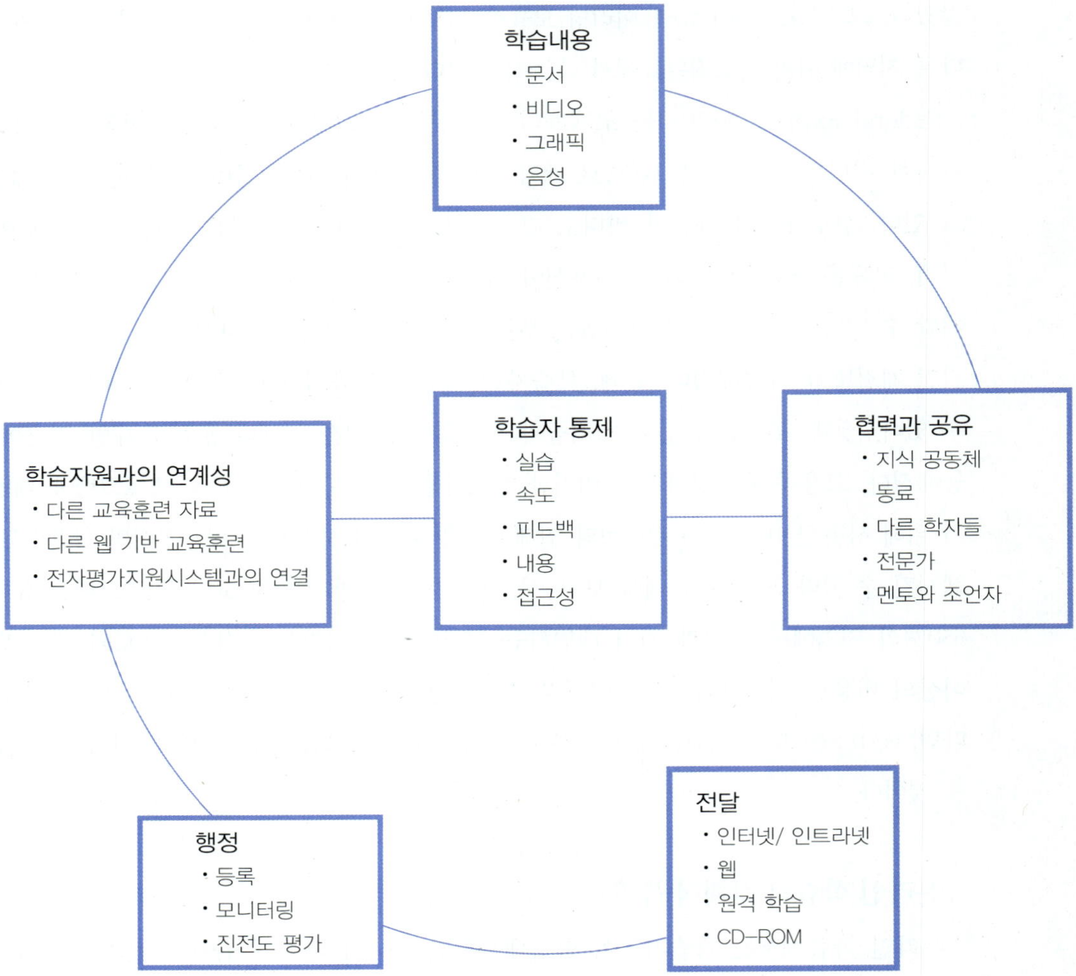

표 8.3 이러닝의 장점

- 회사의 사업 전략과 목표를 지원함.
- 언제 어디서나 접근이 가능함.
- 학습 대상자가 직원에 제한되지 않고 관리자, 판매자, 사업 파트너, 고객 등으로 확장이 가능함.
- 지리적으로 멀리 떨어진 직원들에게도 교육전달이 가능함.
- 짧은 시간 안에 더 빠르고 더 많은 직원들에게 교육 전달이 가능함.
- 내용 업데이트가 용이함
- 실습, 피드백, 목표, 평가 등과 같은 이러닝의 긍정적인 특성들을 학습환경 안에 내장시킬 수 있음. 다양한 매체(음성, 문서, 비디오, 그래픽 등)의 사용과 학습자의 상호작용을 통해서 학습을 향상시킬 수 있음
- 교육훈련관리(등록, 평가 등)와 관련된 문서작업을 제거시킬 수 있음.
- 학습자의 동료, 전문가, 혹은 다른 학습 내용와의 연관성을 높일 수 있음.

출처: D. Hartley, "All aboard the e-learning train," *Training and Development*(July 2000): 37-42; V. Beer, *The Web Learning Field Book: Using the World Wide Web to Build Workplace Learning Environments*(San Francisco: Jossey-Bass, 2000).

엇을 배울지, 어떤 속도로 배울지, 얼마나 많은 실습을 할지, 그리고 언제 학습을 시작할지에 대한 결정권을 제공해준다. 게다가, 온라인 학습은 학습자에게 다른 학습자들과 전문가들과 소통하고 협력할 수 있는 기회를 제공해주며, 인터넷을 통해서 접속 가능한 링크를 통해서 다양한 학습자료(회사 홈페이지, 다른 교육 프로그램 등)를 제공해준다. 온라인 프로그램은 문자, 비디오, 이미지, 그리고 음성을 통해서 학습내용 전달이 가능하다. 온라인 학습은 학습자체 외에도 수업등록, 시험, 학습자 평가, 학습자의 학습 진척도 모니터링 등과 같이 다양한 학습 운영 부문도 포함하고 있다.

| 온라인 학습의 장점 |

여러 특성들을 내장할 수 있다는 것이 온라인 학습의 가장 큰 잠재적 장점이다. 〈표 8.3〉는 이러닝의 장점에 대해서 설명하고 있다. 이러닝은 회사의 전략적 사업 목적 달성에 공헌하기 위해서 제작된다. 이러닝은 고객수의 증가, e-비지니스와 같은 새로운 사업 방법 도입, 그리고 새로운 상품 및 서비스의 개발 속도의 증가와 같은 회사의 사업 목표를 뒷받침한다. 이러닝은 조직원에게만 적용되던 전통적인 교육방법과는 달리, 파트너, 공급자, 판매자, 그리고 잠재적 고객 등과 같은 더 많은 대상들과 관련되어 있다고 볼 수 있다. 의사소통 네트워크 기술을 디자인하고 전달하는 회사인 Lucent Technologies가 그 대표적인 예이다. Lucent는 많은 자원을 투자하여 직원뿐만 아니라 고객과 사업 파트너들에게도 이러닝을 제공하였다. 이러한 이러닝 교육학습은 Lucent 상품에 대한 고객 만족도에 영향을 미쳤을 뿐만 아니라, 조직원의 판매 및 고객 서비스 능력에도 영향을 미쳤다. Lucent 제품의 설치, 수리, 그리고 운영에 관한 교육훈련 과정은 회사의 웹사이트를 통해서 이용할 수 있다. 사용자들은 비용을 지불하면, 수업을 등록할 수 있을 뿐만 아니라, 자신의 학습 진척도 확인도 할 수 있다. 또한, Lucent는 사업 파트너에게도 교육훈련을 제공하고 있다. 전자적으로 전달되는 수업의 수가 늘어나면서, Lucent는 온라인 수업을 듣고 있는 학습자의 비율을 높이고자 노력했다. 현재, 50% 이상의 Lucent 제품 사용자들은 교실기반 교육훈련에 참여하고 있다.

짧은 기간 동안, 이러닝은 더 빠르고 더 많은 조직원들에게 교육훈련이 전달될 수 있도록 해주었다. Ritz Camera 센터에서는 이러닝 프로그램을 사용하여 직원의 판매능력을 향상시키도록 지원해줄 뿐만 아니라, 직원들이 회사의 최신 상품에 대한 정보에 대한 기억을 유지하도록 지원하고 있다. Ritz Carmera에서는 이러닝을 선택한 이유는 체계적인 방법으로 전 직원들에게 빠르게 전달할 수 있을뿐만 아니라 보다 쉽게 교육내용을 관리하고 갱신할 수 있기 때문이다. Ritz Camera의 직원들은 다양한 테크놀로지 및 브랜드에 관한 내용들로 구성된 온라인 단기 교육프로그램에 접속할 수 있으며, 각 교육 모듈에서는 상품의 특성, 각 상품의 경쟁력 있는 차이점 및 혜택에 대한 정보를 제공하고 있다. 교육 모듈은 매달 개발되며, 상품의 사이클에 따라 최대 일 년 동안 보존하고 있다. 교육을 성공적으로 마치기 위해서는 퀴즈 형식의 평가과정을 거쳐야 한다. 게다가 Ritz는 웹 포탈을 사용하여 직원의 참여도를 추적할 수 있다.

이러닝은 지리적으로 널리 퍼져 있는 직원들에게 훈련을 제공함으로써, 직원들이 집체교육을 받기 위해 필요한 이동 비용을 줄일 수 있다는 장점이 있다, 이것은 특히, 소규모 회사들이 온라인 교육 프로그램을 인쇄물 교육방법 다음으로 가장 선호하는 이유이기도 하다. 즉, 소기업들은 온라인 교육 프로그램을 사용함으로써, 직원들이 한 자리에 모이기 위해 소비되는 이동 비용을 줄일 수 있을 뿐만 아니라, 직원들의 업무 스케줄을 방해하지 않고 교육을 제공함으로써 조직원들에게 학습에 대한 유연성을 제공해줄 수 있다. Golden Harvest Seeds, Inc.,는 250명의 직원과 2,000명의 독립 작물종자 중개인들에게 제공되는 판매 교육훈련 프로그램이 그들의 업무시간을 빼앗을 뿐만 아니라, 참여자들의 집중도 또한 높이지 못하다는 것을 알게 되었다. 참여도 문제를 극복하고 교육훈련의 효과성을 높이기 위해서, Golden Harvest는 온라인 비디오를 제작 및 게시하는 회사를 고용하여, 판매원들에게 어떻게 하면 Golden Harvest 씨앗을 잘 판매할 수 있는지에 대한 교육을 제공하였다. Golden Harvest는 직원들이 비디오를 시청하게 되면서, 매출뿐만 아니라 더 다양한 수업에 대한 요구가 함께 증가하고 있다는 것을 발견하게 되었고, 1인당 사용되는 교육훈련 비용이 175달러 이상에서 100달러 이하로 줄어들었다고 밝혔다.

또 다른 대표적인 예로 Nike를 들 수 있다. Nike는 높은 이직율과 함께 전국에 위치한 대리점 소매상들을 위한 교육프로그램을 제작해야 되는 난관에 부딪히게 되었다. Nike는 짧은 시간 안에 정보를 제공함으로써, 판매원들이 매장에 벗어나지 않으면서 학습을 할 수 있는 프로그램을 제작하기를 원했다. 그래서 Nike는 지하철 지도처럼 생긴 Sport Knowledge Underground 교육 프로그램을 개발하였다. Sport Knowledge Underground의 각 역에서는 각 상품에 관한 교육훈련을 받을 수 있도록 제작하였다. 예를 들면, Apparel Union Station에서는 의류관련 기술 라인, 러닝 상품 라인, 그리고 Nike Pro 상품 라인으로 구성되어 있다. 각 훈련프로그램의 상영시간은 5분 이상이 넘지 않으면서도, 매장 점원들에게 반드시 필요한 정보를 제공해주도록 제작되었다. 훈련 마지막에서 제공되는 테스트를 마친 판매 점원들은 프로그램에 대한 피드백을 제공할 수 있다. 학습자로부터 제시된 피드백은 이러닝 프로그램 개발자에게 바로 전달된다. 이 프로그램은 현재까지 20,000명의 판매 직원들이 사용하고 있으며, 앞으로 더 많은 대리점들에 보급될 것으로 예상된다. 프로그램 사용 이후, 4%의 매출 향상된 것으로 보아, Nike의 프로그램이 사업에 긍정적인 영향을 주는 것으로 보여진다.

종종 회사의 법적인 필요성에 의해서 혹은 질적 기준을 맞추기 위해서 모든 조직원들이 교육훈련을 의무로 참가하도록 지정해둔 회사도 있다. 온라인 학습은 면대면 훈련에 비해서 더 짧은 시간에 더 많은 직원들에게 훈련 프로그램을 전달해주고 있다. 예를 들면, 금융 서비스 회사에서 근무하는 직원들은 지속적으로 변화하는 상품, 정책, 그리고 정부 규정 등에 대한 최신 정보들을 모두 기억하는데 어려움을 겪곤 한다. 이 문제를 해결하기 위해서 면대면 교육은 시간에 있어서나 비용에 있어서 효과적이지 못했다. Sanofi U.S.는 영업 사원들이 당뇨병 상품 관련 지식의 경쟁에서 뒤처져 있다는 것을 깨달았다. 회사는 영업 사원들이 사무실을 떠나지 않으면서도 훈련을 끝마칠 수 있는 방법이 필요했다. 그 결과, Sanofi U.S.는 자기조절, 이러닝 교육프로그램을 제공하는 가상 캠퍼스, Diabetes University를 개발했다. 학습자들은 가상 캠퍼스 교수를 통해서 학습지도를 받고, 게임, 비디오, 설명 문서 등과 같은 여러 가지 다른 종류의 학습활동에 참여할 수 있게 되었다. 이러닝은 모든 직원들의 수업 성과를 추적할 수 있을 뿐만 아니라, 교육의 성과가 판매 성과와 일치하는지 확인할 수 있도록 해주었다. 제품 라인들은 구체적인 자격증 과정과 연결시키기도 했다. 특정 제품을 판매하기 위해서, 해당 직원은 반드시 해당 과정의 학습을 끝마쳐야 하며, 자격증 시험을 합격해야 한다. 식품점 체인점들은 건강정보 관련 법률(Health Insurance Portability and Accountability, HIPAA)에 따라, 해당 체인점의 조제실 직원들에게 사생활 보호 권리에 관한 교육을 제공해야 한다. 빠르게 교육을 제공하기 위해서, 교육훈련 과정들은 온라인에 게시되었고, 노트북, 금전 등록기, 스마트폰, 그리고 아이패드를 통해서도 접속할 수 있도록 제작하였다. Luxottica(안경류 및 시력관련 제품을 파는 회사)와 같은 소매점들에게 직원들 중 누가 자격증을 따기 위한 필수 온라인 코스를 등록했고 이를 모두 완료했는지에 대한 정보를 제공해줌으로써, 직원들이 안경사와 같이 자격증이 필요한 직무를 볼 수 있는지 확인할 수 있게 해준다.

HTML과 같은 사용자 친화적인 프로그램 언어를 사용함으로써, 이러닝은 새로운 정보 등을 업데이트 하기가 용이하다. 온라인 프로그램이 저장된 서버를 수정하는 것이기 때문에, 전 세계에 있는 직원들이 업데이트 된 프로그램에 접속할 수 있다. 이러닝의 운영적 특성은 효과적이고, 문서없이 훈련 관리를 가능하게 해주었다. 예를 들면, CCH는 직원들의 온라인 수업의 진행과정을 추적할 수 있도록 제작된 온라인 운영 모듈인 Shared Learning을 개발하였다. 이 시스템은 학습자들이 동일한 수업을 몇 번이나 반복해서 듣고 끝마쳤는지, 각 수업마다 얼마나 많은 시간을 사용했는지 추적할 수 있을 뿐만 아니라, 온라인 수업 중간에 북마크를 해두면, 나중에 다시 온라인 수업에 접속했을 때, 북마크 해둔 부분부터 수업을 들을 수 있는 북마크 기능도 내재되어 있다.

온라인 학습의 효과성

이러닝은 모든 종류의 학습결과와 모든 종류의 학습자들에게 효과적인가? 연구 및 기업의 실례를 바탕으로 조사한 결과, 이러닝은 지식, 기술, 행동과 관련된 다양한 학습성과에 효과적이다고 밝혀졌다. 〈표 8.4〉에서는 연구결과들을 바탕으로 나타난 온라인 학습의 효과성을 다른 학습 방법들과 비교하여 제시하였다. 온라인 학습은 서술적 지식과 절차적 지식 등과 같은 인지 결과를 강조하는 훈련에 가장 효과적일 것이다(4장과 5장을 논의된 내용을 참고). 온라인 학습은 블로그, 이메일, 위키, 채팅방과 같은 방법을 통해서 학습자들에게 교수자들과 동등하게, 혹은 더 높은 수준의 상호작용을 가능하게 해준다는 점에서, 온라인 학습은 면대면 학습방법과 비교했을 때, 학습자들 간의 더 높은 수준의 사회적 상호작용이 가능하게 해준다. 또한, 학습자들은 온라인 수업을 통해서 면대면 학습에서 참여를 방해하는 무능감(자신이 학습에 참여하기 부족하다고 느끼는 감정)과 낮은 자신감을 모면할 수 있기 때문에 학습에 대한 참여동기를 높일 수 있다. Delaware North Companies(DNC)는 공원, 경기장, 그리고 공항들에 음식과 접대 서비스를 제공하는 회사로써 뉴욕 Buffalo에 본사를 두고 있다. DNC는 웹 중심의 가상수업인 자기조절 상호작용 교육훈련을 제공하고 있다. DNC에서는 팀관리, 효과적인 의사소통 테크닉, 위임, 권한부여, 그리고 갈등 해결 등과 같은 소프트 스킬을 가르치는 온라인 수업이 최고의 교육프로

표 8.4 온라인 학습의 효과성에 대한 연구 결과

- 서술적 지식(학습자들이 훈련에서 배운 개념을 잘 기억하고 있는지 필기시험을 통해서 측정하는 지적지식)을 가르치는데 있어서 온라인 강의가 면대면 강의에 비해서 더욱 효과적임.
- 절차적 지식(교육훈련에서 배운 기술들을 사용할 수 있는 능력)을 가르치는데 있어서는 웹 기반 강의와 교실 강의 모두 효과적임.
- 학습자들은 웹 기반 강의와 교실 강의 모두 동일한 수준의 만족도를 보임.
- 웹 기반 훈련은 다음과 같은 조건에서 교실 강의보다 더욱 효과적임 (1) 학습자들이 학습내용, 학습 순서, 그리고 학습 속도에 대한 통제권을 부여 받았을 때, (2) 장기 코스, 그리고 (3) 학습자가 학습내용을 실습할 수 있고 그에 대한 피드백을 받을 수 있을 때.
- 유사한 교수법을 사용할 경우, 웹 기반 강의와 교실 강의는 동일하게 효과적임(예: 모두 동일하게 비디오를 사용하거나, 실습을 하거나, 학습테스트를 할 경우).
- 온라인 학습에서 가장 많은 것을 얻어가는 학습자는 제공하는 모든 실습 기회의 참여를 마치고 더 많은 시간을 들여서 훈련 프로그램을 마치는 학습자이다.
- 이러닝은 모든 학습자들에게 효과적이지 않다. 특히, 컴퓨터 사용에 대한 낮은 자기효능감을 가진 사람일수록 효과적이지 않다.

출처: K. Kraiger "Trasforming our models of learning and development: Web-based instruction as enabler of third-generation instruction." *Indsutrial Organizational Psychology* 1(2008): 454-467; T. Sitzmann et al., "The comparative effectivenss of web-based and classroom instruction: A meta-analysis." *Personal Psychology* 59(2006): 623-634; E. Welsh et al., "E-learning: Emerging uses, empirical results and future directions." *International Journal of Training and Development* 7(2003): 245-258.

그램으로 인정받고 있다. 기능위주의 기술과 전문기술과 관련된 학습은 현장 직무 교육(OJT)을 가장 효과적인 방법으로 밝혀졌다.

증가하는 온라인 학습의 인기에도 불구하고 Home Depot, Inc., Recreational Equipment. Inc., 그리고 Qwest Communiction International 등과 같은 많은 회사들은 여전히 판매, 장비 수리와 같은 복잡한 업무들을 가르치는 것에 있어서는 면대면 교육훈련 방법을 선호하고 있으며, 온라인 학습은 표준화된 정보 혹은 과정을 가르칠 때 더 많이 사용하고 있다. 예를 들면, Recreational Equipment, Inc.,는 구체적인 상품을 구매하고자 하는 고객과 다양한 상품들에 대해서 논의하고자 하는 고객들과 같이 다양한 고객들의 행동에 대해서 교육시키고자 할 때, 역할극을 사용한다. Qwest Communications의 네트워크 부서에 제공되는 교육 중에서 80%의 교육은 면대면 교육으로 진행되며, 20%만이 온라인으로 진행된다. 도구들을 어떻게 수리하고 설치하는지 배우기 위해서, 회사는 반드시 직원들이 실제 현장과 유사한 곳에서 직접 경험을 해보는 것이 중요하다가 믿기 때문이다. 온라인 학습도 가치가 있으나, 복잡한, 분석적, 개념적, 그리고 상호작용 기술들을 배우기에는 부적합하다고 판단하고 있다. 이것은 온라인 학습이 소통의 풍부성이 부족하기 때문에, 몇몇의 온라인 학습자들은 아마도 다른 학습자들과 상호작용하기를 꺼리게 될 것이고, 비록 온라인 학습이 교육훈련에 대한 접근성을 높여주었으나, 업무 스케줄로 바쁜 직원들의 경우, 쉽게 교육훈련 참여를 연기하게 될 가능성이 높으며 온라인 학습을 완료할 가능성이 낮거나 면대면 강의에 비해 낮은 성과를 보일 가능성이 높다. 본 장 마지막에서는 어떻게 하면 온라인 학습과 면대면 학습의 장점들을 모두 이용할 수 있도록 통합시킬 수 있는지(블렌디드 학습으로 알려진) 논의하게 될 것이다. 비디오, 그래픽, 음성, 문서의 사용은 케이스 스터디, 역할극, 그리고 모의훈련 등과 같은 활동적인 학습 경험들과 결합시킴으로써, 면대면 강의와 이러닝의 융합은 학습을 더욱 촉진시킬 것이다. 또한 블렌디드 학습은 학습자들에게 더 많은 실습의 기회, 질문할 수 있는 기회, 그리고 다른 학습자들과 상호작용할 기회를 제공한다.

효과적인 온라인 학습의 개발

〈표 8.5〉는 효과적인 온라인 학습을 개발하기 위한 조언을 제공하고 있다. 1장에서 소개된 교육훈련 디자인 혹은 ADDIE 모형은 이러닝 제작에서 있어서도 여전히 사용되고 있다. 그러나 각 단계에서 강조되는 사항들이 조금씩 다르다. 요구분석, 긍정적인 온라인 학

표 8.5 효과적인 온라인 학습을 개발하기 위한 조언

요구분석	•기업의 요구와 온라인 학습 간의 관계를 파악. •경영진의 지원을 얻음. •직원들이 테크놀러지에 접근 및 지원이 가능한지 확인. •기술전문가들을 통해서 시스템 요구사항에 대하여 상담을 실시. •구체적인 교육훈련 요구(지식, 기술, 역량, 행동)를 파악. •필요한 경우, 학습자들에게 컴퓨터와 인터넷과 기본지식들에 대해서 교육을 제공.
긍정적인 온라인 학습 경험 창조	•학습원리를 포함시킴(실습, 피드백, 중요한 자료, 학습자의 적극적인 참여 유도, 학습자의 다양한 감각들을 자극). •가능한 대역폭에 맞추어 강의를 제작(필요한 경우, 대역폭을 증가시켜 강의 요구에 맞출 수도 있음). •학습자들의 마음을 끌 수 있도록 게임과 모의훈련을 사용. •학습자료들을 적절하게 구조화. •학습자에게 다른 학습자, 전문가, 혹은 촉직자들과 서로 의사소통 및 협력을 할 수 있는 기회를 제공. •사용자 친화적인 프로그램을 만듦(학습 모듈은 반드시 짧고, 학습내용은 학습자를 과부하시키지 않아야 하며, 사용 웹페이지는 학습자의 혼란을 가지고 오지 않도록 제작해야 함). •학습을 완료할 경우, 이에 대한 보상을 제공. •각 교육내용의 부분들은 독립적이어야 함. •훈련 모듈들을 단위화시켜야 함. •내용의 각 세션별 이동이 자연스러워야 함. •반드시 필요한 오디오, 비디오, 혹은 애니메이션만을 사용해야 함. 그렇지 않을 경우, 시간과 대역폭의 낭비를 가지고 오게 됨. •개발자에게 요구되는 파일 양식, 최대 파일 사이즈, 윈도우와 이미지 크기, 내비게이션, 화면 글씨체, 그리고 가능한 대역폭 등에 대해서 자세히 설명해줘야 함. •문서 작성자와 교수 설계자에게 한 스크린당 들어갈 수 있는 최대 글자 수, 몇 개의 상호작용적인 연습 문제를 넣은 것인지, 어떠한 연습 문제들이 해당 내용에 적합한지에 대해서 자세히 설명된 가이드라인을 제공해야 함. •온라인 학습의 실질적인 적용에 있어서 파일럿 테스트를 통해서 형성평가(formative evlaution)를 수행함.
온라인 학습을 위한 시간과 장소 제공	•학습자들이 원할 경우, 특정 교육내용 부분을 생략할 수 있도록 학습자에게 학습 통제권한과 정지, 북마크, 리뷰, 그리고 중단했던 부분으로 다시 돌아갈 수 있는 등의 기능을 제공해야 함. •학습자들에게 온라인 학습에 전념할 수 있는 시간을 제공해야 함.

출처: K. Dobbs, "What the online world needs now: Quality," *Training*(September 2000): 84-94; P. Galagan, "Getting started with e-learning." *Training and Development*(May 2000): 62-64; D. Zielinski, "Can you keep learners online?" *Training* (March 2000): 65-75; V. Beer, *The Web Learning Field Book: Using the World Wide Web to Build Workplace Learning Environments*(San Francisco Jossey-Bass, 2000); E-Zimmerman, "Better training is just a click away," *Workforce*(January 2001): 36-42; R. Clark and R. Mayer, *E-Learning and the Science of Instruction*(San Francisco: John Wiley, 2003); E Salas, R. DeRouin, and L. Littrell, "Research-Based Guidelines for Designing Distance Learning: What We Know So Far," in *The Brave New World of eHR*, ed. H. Gueutal and D. Stone(San Francisco: Jossey-Bass, 2005): 104-137; S. Boehle, "Putting the learning back into e-learning," *Training*(January 2006): 29-35; A Rossett and L. Schafer, "What to do about e-dropouts," *T+D*(June 2003): 40-46; M. Morrison, "Leaner e-learning," *Training*(January 2008): 16-18.

습 경험 창조, 학습자 컨트롤, 그리고 온라인 학습을 위한 시간과 장소 제공 등은 효과적인 온라인 학습(웹 기반 훈련 포함)을 위해서 고려되어야 할 필요가 있다.

요구분석

요구분석(need assessment)에는 온라인 학습에 대한 경영진의 지지를 얻는 것도 포함된다. 또한, 회사의 네트워크관련 기술 능력이 웹 기반 프로그램을 지원할 수 있는지 확인하고, 학습자들의 이러닝 참여를 위해 필요한 인터넷 연결망과 브라우저에 학습자들이 접근 가능한지, 이메일, 채팅방, 그리고 하이퍼링크와 같이 이러닝 학습에 필요한 도구들을 사용 가능한지, 그리고 필요시 테크놀로지 지원을 받을 수 있는지 등에 대한 고려작업을 위해서 정보기술부서도 본 요구분석 과정에 포함시켜야 한다. 수습 직원이 있을 경우, 어떻게 이러닝 시스템을 사용하는지 등에 대한 온라인상 사용지침 프로그램인 온라인 튜토리얼(online tutorial)을 제공해야 할 수도 있다. 3장 요구분석에서 언급했듯이, 요구분석을 통해서 교육훈련에 사용할 수 있는 회사의 자원에 무엇이 있으며, 교육훈련이 제공해야 되는 업무는 무엇이며, 그리고 어떠한 직원들이 이러한 교육훈련이 필요한지에 대해서 분석할 수 있게 된다. 웹 기반 교육훈련 혹은 다른 종류의 온라인 학습 교육방법을 위한 요구분석 과정에서는 테크놀로지 분석(조직분석의 한 부분으로)과 온라인 교육훈련을 하기 위해서 사용자들이 갖추고 있어야 할 기술(개인 분석)에 대한 분석이 반드시 포함되어야 한다. 최소 컴퓨터 관련 요구사항들(대역폭, 메모리, 하드웨어 공간, 소프트웨어, 처리속도)을 파악할 수 있도록 기술분석도 요구분석에 포함시켜야 한다.

대역폭(bandwidth)은 매초 컴퓨터 간 이동할 수 있는 바이트의 수와 비트(정보전달의 최소단위)를 의미한다. 가능한 대역폭에 비해 많은 그래픽, 사진, 애니메이션, 그리고 비디오들이 있을 경우, 이들의 다운로드 속도가 늦어지게 되고 시스템 충돌을 일으키기도 한다. 그러므로 온라인 학습 프로그램들은 회사 시스템에서 이용 가능한 대역폭에 맞추어 제작되어야 한다. 사용자의 컴퓨터의 접근속도를 개선시키거나, 더 빠른 서버 혹은 컴퓨터 네트워크의 스위치(컴퓨터 하드웨어)를 구입하여 설치하거나, 혹은 수요가 적을 때 학습자들에게 웹을 사용하기를 권장하는 등의 방법을 통해서 대역폭을 증가시킬 수 있다. 하지만, 머지않아 대역폭은 큰 문제가 되지 않을 것이다. 왜냐하면, 컴퓨터 서버가 더 많은 데이터를 빠르게 전달할 수 있게 될 것이고, 개인용 컴퓨터 또한 더 빠른 정보처리 속도를 가지게 될 것이며, 케이블 및 무선 통신 시스템의 용량이 더 커질 것이기 때문이다. 뿐만 아니라, 플러그인의 사용없이 온라인 학습이 가능하도록 상호작용성을 내장시키도록 노력해야 할 것이다. 플러그인(plug-in)은 컴퓨터에서 노래를 듣거나, 비디오를 시청하거나, 혹은 다른 컴퓨터의 기능들을 확장적으로 수행하기 위해서 추가적으로 컴퓨터에 설치하는 소프트웨어를 의미한다. 플러그인을 구매하기 위해서는 특허권 수수료를 내야 하기 때문에 비용이 많이 들 수 있을 뿐만 아니라, 플러그인을 사용할 경우, 컴퓨터의 작업처리 과정에 영향을 미칠 수도 있다. 만약 학습자가 다운로드 시간이 느려진다거나, 네트워크가 작동하지 않는 시간, 플러그인 관련 문제 등과 같은 지속적인 테크놀로지 관련 문제들을 경험하게 된다면, 인내심을 잃을 가능성이 높을 뿐만 아니라, 온라인 학습에 참여하기를 망설일 확률이 높다.

세계적인 회계, 세금, 그리고 사업자문 업체인 Grant Thornton LLP는 직원들의 교육훈련에 대한 요구를 충족시켜 줄 수 있는 Grant Thornton University(GTU)를 창립했다. GTU에서는 1,000시간이 넘는 자기조절, 생중계 웹캐스트, 그리고 가상 교실 수업들을 제공하고 있으며, GTU를 통해서 조직원들은 교실기반 혹은 온라인 기반 등 본인의 기호에 맞추어 교육프로그램을 신청할 수 있다. GTU가 성공적일 수 있도록, Grant Thornton LLP은 GTU 설립 이전, 기업 내 학습요구들에 대한 조사뿐만 아니라, 각 주제별로 어떠한 전달방법이 가장 적합한지에 대해서 분석하였다(요구분석). 필수 역량 및 기술을 중심으로 학습 경로를 나누고 업무 성과와 관련하여 학습 경로를 설정하였다. 예를 들면, 만약 직원이 팀워크 기술을 향상시켜야 된다는 피드백을 받게 될 경우, 관리자는 해당 직원의 직위와 요구되는 역량을 바탕으로 어떠한 것이 그 직원에게 적절한 교육과정인지 파악할 수 있다. 자기조절 방식으로 수업 내용을 학습하면서, 생중계 교육훈련에서는 학습한 세션에 관한 질의응답 및 관련 사례연구를 진행하는 자기조절 수업과 생중계 가상 수업의 결합은 최적의 교수법으로 밝혀졌다. 생중계 교육훈련을 통해서 학습자들은 다른 동료들 혹은 과목 전문가들과 상호작용할 수 있는 기회도 제공하고 있다. GTU에 대한 지지를 얻기 위해서, 회사 최고교육책임자(chief learning officer)는 관리자들을 모두 초청하여, 개인 사무용 컴퓨터를 통해서 진행되는 GTU의 가상 킥오프에 참여시키기도 하였다. 킥오프에서는 전략적인 목표를 발표하고, 테크놀로지들이 어떻게 작동하는지에 대해서 보여줬을 뿐만 아니라, 참여자들이 다양한 학습 내용들을 경험 삼아 시도할 수 있는 기회를 제공해주었다.

긍정적인 온라인 학습 경험 창조

4장에서 논의했던 것과 같이, 디자인 및 개발 단계에서는 긍정적인 학습환경 특성들을 반드시 포함시켜야 한다. 긍정적인 학습환경은 학습의 지속을 도와줄 뿐만 아니라, 의미있는 경험을 창출함으로써 학습자들의 동기를 부여시키기 때문이다. 순서도 및 스토리보드에 반드시 주메뉴, 모듈, 각 수업 웹페이지, 평가, 토론장소, 이미지, 색상 규격, 도움말 등과 같은 온라인 교육과정 제작에 필요한 구성요소들을 포함시켜야 한다. 프로그램 제작을 위해서는 반드시 급속 모델 제작(rapid prototyping) 과정을 거쳐야 한다. 급속 모델 제작은 초기에 제안된 디자인 아이디어를 바탕으로 온라인상에서 작동하는 시제품을 제작하고, 제작한 시제품을 바탕으로 디자인 팀에서 검토한 뒤, 부족한 부분들을 개선하여 다시 이를 바탕으로 시제품을 제작하는 과정을 완성품이 나올 때까지 반복하는 과정을 의미한

표 8.6 긍정적인 학습경험 창조를 위한 원칙

- 강의자료에 관련된 시각자료 및 글을 포함.
- 문자와 시각자료는 가지런히 나열해야 함.
- 복잡한 시각자료는 음성 혹은 문자 중 하나를 선택사용하여 설명해주어야 함.
- 주제와 관련없는 시각자료, 글, 그리고 소리는 모두 제거함.
- 학습자들은 대화식 언어를 사용하는 주체들을 통해서 집중할 수 있게 해줌.
- 특정 개념과 연관된 전체 과정 및 직무를 교육시키기 전에 관련 핵심 개념들을 먼저 설명해주어야 함.
- 학습에 포함되는 활동 및 연습문제는 실제 업무 환경을 모방해야 함
- 퀴즈 및 연습문제에 대한 학습자의 반응에 대해서 구체적인 설명을 제공해야 함
- 학습에 대한 연습문제는 교육 모듈의 일부분을 포함시켜 제공해야 함

출처: R. Clark and R. Mayer, "Learning by doing: Evidence-based guidelines for principled learning environments," *Performance Improvement* 47(2008): 5-13; R. Mayer, "Applying the science of learning: Evidence-based principles for the design of multi-media instruction." *American Psychologist*(November 2008): 760-769; R. Clark and *R. Mayer, E-Learning and the Science of Instruction*, 2d ed.(San Francisco: Jossey-Bass/Pfeiffer, 2008); T. Sitz Mann and K. Ely, "Sometimes you need a reminder: The effects of prompting self-regulation on regulatory processes, learning and attribution," *Pseronnel Psychology* 95(2010): 132-144.

다. 서로 다른 학습 스타일을 가진 학습자들의 흥미를 최대로 자극시키기 위해서 문서, 애니메이션, 사진, 비디오, 오디오, 게임, 모의훈련, 또는 전자책 등과 같이 다양한 종류의 매체를 선택해야 한다. 이러닝에서는 학습 목적과 무관한 내용들을 최소화해야 한다. 주제와 관련없는 내용들은 학습자들의 제한된 인지 처리 자원들을 사용하게 함으로써 학습의 양이 줄어들 수 있기 때문이다. 〈표 8.6〉에서는 긍정적인 온라인 학습 경험을 창조하기 위해서 고려해야 할 몇몇 디자인 원칙들을 제공하고 있다.

단지 인쇄매체로 존재하던 문서들을 온라인상에 올려두는 것만으로는 효과적인 학습이 이루어지지 않는다는 것을 반드시 명심해야 한다. 리퍼포징(repurposing)은 강사가 주도하는 혹은 면대면 교육훈련 프로그램의 기존 프로그램을 그대로 온라인상에 옮겨두는 것을 의미한다. 기존에 효과적이지 않던 교육훈련 프로그램을 단순히 재조합하여 온라인상에 옮겨둔다면 온라인 학습도 여전히 비효과적일 수밖에 없다. 성급하게 온라인 학습을 개발을 하고자 서두를 경우, 안타깝게도 많은 기업들이 비효율적인 기존 교육프로그램들을 단순히 리퍼포징을 하고 경우가 많다. 인터넷이 주는 장점과 좋은 학습환경을 위한 원칙들을 결합하였을 때, 최고의 이러닝을 개발할 수 있다. 효과적인 온라인 학습을 발생시키기 위해서는 웹의 역동적인 본질과 다른 교육훈련 사이트와의 연관성, 하이퍼링크를 이용한 다양한 컨텐츠, 학습자 통제권, 다른 학습자들과의 협력기회 등과 같이 온라인 학습이 가지고 있는 다양한 긍정적인 학습 특성을 사용해야 한다. 뿐만 아니라, 학습자의 관심을 지속적으로 유지시킬 수 있도록 비디오, 음성, 문자, 그래픽 등을 적절하게 사용해야 한다. 효과적인 온라인 학습은 학습자들에게 실제 현장 직무와 연관되는 중요한 학습내용 및 관련된 예시를 제공해줄 뿐만 아니라, 학습한 내용을 직무에 적용시킬 응용력을 또한 키워준

다. 또한, 학습이 완료된 후, 평가, 테스트, 연습문제 등을 통해서 학습자가 학습한 내용을 실습할 수 있는 기회 및 이에 대한 즉각적인 피드백을 제공해준다.

학습자가 학습자료에 대해 혼란스러워하거나, 부담스럽게 느끼지 않도록 하기 위해서 온라인 학습 내용을 다음과 같이 적절하게 배치해야 한다. 새로운 프로그램에 대한 오리엔테이션을 제공함으로써 학습자들이 어떻게 온라인으로 학습을 하게 될 것인지, 도움이 필요한 경우에는 어떻게 도움을 신청할 수 있는지, 그리고 어떻게 다른 동료, 강사, 그리고 촉진자들과 상호작용을 할 수 있는지에 대한 자세히 설명해주어야 한다. 수업을 시작하기 전, 참여자들에게 수업 개요 및 수료율을 높여줄 수 있는 성공요소들에 대한 자료들을 제공해주어야 한다. 온라인 프로그램 실행을 시작한 이후에는 어떻게 하면 온라인 프로그램을 적절하게 분배하고, 유지할 수 있으며, 지속적으로 업데이트 할 수 있는지, 그리고 어떻게 해야 더 나은 프로그램으로 개선이 가능한지에 대해서 고민해야 한다. 온라인 프로그램 평가를 위해서 상호작용이 가능한 연습 문제의 질과 수, 멀티미디어, 그리고 내비게이션 도구 사용의 편리성 등과 같이 학습자들의 반응, 학습, 행동의 변화, 성과를 결합하여 자료들을 수집해야 한다. 온라인 학습에 사용되는 학습자료들은 의미 단위로 구성된 소규모의 모듈로 구성시켜야 한다. 즉, 각 모듈은 하나의 아이디어 혹은 개념과 연결되어야 한다. 교육 모듈들은 학습자들이 적극적으로 학습참여를 권장시킬 수 있는 방법으로 제작되어야 한다. 학습자들에게 인터넷에 존재하는 자료를 직접 찾도록 과제를 주거나, 퀴즈 혹은 게임에 참여하도록 하거나, 여러 가지 대안들 중 한 개를 선택하도록 하거나, 학습자가 기존에 알고 있던 지식을 바탕으로 학습한 내용을 비교시키도록 하는 등과 같은 학습방법을 통해서 학습자의 적극적인 참여를 유도할 수 있다. 각각의 모듈에 학습목표, 비디오, 연습문제 실습, 학습내용에서 제시되었던 자료들의 연관성, 테스트를 모두 포함시켜야 한다. 각 모듈들은 중요도 혹은 학습순서 등에 맞추어 구성함으로써 학습자들이 왜 이러한 순서로 모듈이 구성되어 있는지에 대한 이해를 도와야 한다. 학습자들은 자신이 잘 알고 있는 내용을 발견할 경우, 자유롭게 해당 모듈을 생략할 수 있으며, 추가적으로 더 실습하고 싶은 부분이 있다면, 해당 모듈로 돌아가서 반복해서 학습할 수 있다.

학습자 통제

웹 기반 학습의 주요 장점 중 하나는 학습자에게 통제권을 준다는 것이다. 학습자 통제(learning control)는 학습자에게 학습내용, 학습 속도, 연습 문제, 다른 관련 자료 탐구 등과 같은 다양한 학습에 관련된 다양한 선택권을 허용하는 것을 의미한다. 즉, 학습자는 어떻게 학습내용을 제시될지(문자, 그림, 비디오 등), 학습내용의 일시정지, 생략, 다시 보기, 관련 추가자료 학습여부 등을 선택할 수 있다. 이것은 온라인 학습이 학습자/강사들이 물리적으로 한 자리에 모일 필요없이, 강사가 주도하는 학습활동(발표, 시각자료, 슬라이드), 학습자가 주도하는 학습할동(질의 및 토론), 그리고 그룹간 상호작용(학습내용 응용에 대한 토론)을 모두 가능하게 해주었기 때문에 학습자가 자신의 학습에 대한 통제권을 가질 수 있게 된 것이다. 하지만 단순히 학습자에게 학습관련 통제권을 제공해준다고 해서 학습자들이 온라인 학습에서 제공되는 모든 특성을 사용한다고 볼 수는 없다. 만약 이러한 도구들을 어떻게 사용하는지 배우는 데 불필요하게 많은 시간을 사용하게 된다면, 학습에 투자할 시간이 그만큼 줄어드는 것이기 때문에 학습자들에게 반드시 어떻게 학습자 통제 도구들을 사용해야 하는지에 대한 수업을 제공해주어야 한다. 또한, 기업들은 직원들에게 해당 교육훈련 내용들이 어떤 의미에서 중요한 것인지 업무와 관련시켜 그 중요성을 명확하게 전달해야 하며, 교육훈련을 성공적으로 완료하는 것이 전적으로 직원 스스로의 책임임을 명확히 해야 한다.

학습자 통제의 혜택을 최대화하기 위한 추천 사항을 다음과 같다. 학습자들에게 훈련 프로그램을 진행하는 동안, 얼마나 많은 양의 피드백을 받을지에 대한 통제권은 제공해주어서는 안 된다. 만약 이러한 통제권을 학습자에게 부여하게 되면, 학습자들은 너무 많은 피드백에 의존하게 되고, 결국 이것은 교육내용에 대한 장기적인 기억력을 낮추기 때문이다. 학습자가 프로그램을 통해 학습을 하는 동안, 지속적으로 학습주제와 관련된 연습문제를 제공해줌으로써 학습자가 이미 배웠던 내용을 잊어버리지 않도록 해야 한다. 다양한 사례들을 사용하여 학습자에게 훈련할 기회를 제공함으로써 학습자의 학습내용 전이(기술 혹은 지식의 전이)를 도와야 한다. 사례들을 선택할 때, 학습자들이 업무를 할 때 대면하게 될 상황들 뿐만 아니라 돌발사태와 관련된 사례들도 제공해주어야 한다. 학습자들에게 강의의 순서를 변경할 수 있는 통제권은 제공하되, 연습문제 혹은 실습은 생략할 수 없도록 제작해야 한다. 학습 자기조절은 온라인 학습의 성과를 높일 수 있다. 4장에서 논의하였듯이, 자기조절(self-regulation)은 학습자료와 학습에 대한 자신의 진척상황 평가에 대한 학습자 스스로의 개입을 의미한다. 수업이 끝난 뒤, 학습자들에게 요점을 상기시켜 주거나 요점을 어떻게 사용해야 하고 기억할지 목표를 잡아주는 온라인 촉진장치(online prompts)는 학습자들이 어떻게 학습한 기술 및 지식들을 응용할 수 있는지 도와줄 뿐만 아니라, 과거 학습한 주요 내용들을 기억할 수 있도록 도와주는 역할을 한다.

온라인 학습을 위한 시간과 장소 제공

웹 교육훈련의 시제품에 형성평가를 사용하는 것은 적절한 교육 모듈의 시간과 길이를 알아내는데 도움이 된다(형성평가에 대한 논의는 6장에서 논의되었음). 관리자와 잠재적 학습자와 같은 최종 사용자들은 반드시 형성평가 과정에 참여하여 프로그램에서 제공되는 음악, 그래픽, 아이콘, 애니메이션, 비디오, 그리도 다른 특성들이 학습을 방해하지 않고 촉진시키는지 확인해야 한다. 또한 최종 사용자들은 학습내용, 내비게이션, 사이트맵을 테스트함으로써 학습 모듈의 이동에 불편함이 없는지, 교육프로그램에서 제공되는 웹사이트 링크 및 자료들에 접근하는데 문제가 없는지 확인해야 한다. 온라인 학습은 교육학습과 업무 간의 구별을 희미하게 만들기는 했으나, 학습자들이 평상시 업무시간이나 개인 시간에 휴식을 취할 때 웹 기반 교육프로그램을 마칠 수 있다는 기대는 매우 비현실적임을 인지해야 한다. 기업은 직원들이 업무로부터 방해받지 않고 오로지 학습에만 전념할 수 있는 시간을 가질 수 있도록, 직원들이 이러닝에 집중할 수 있는 시간과 공간을 반드시 제공해 주어야 한다. 다른 교육훈련 프로그램들과 마찬가지로 직원들의 동기 부여 및 향상을 위해 왜 해당 온라인 프로그램에 참여해야 하며, 교육훈련 참여를 통해서 어떠한 혜택을 받는지를 직원들에게 정확히 전달해야 한다. 또 온라인 수업에서는 어떠한 내용과 어떠한 종류의 학습 활동을 하게 될지 전달해야 한다. 관리자들은 직원들이 학습에 집중할 수 있는 시간을 따로 제공해주어야 하며, 직원들은 주어진 시간 내에 중단없이 교육훈련을 마칠 수 있도록 학습 일정을 계획해야 한다. 일부 기업들은 직원들이 자신의 사무실에서 자리를 비우지 않고도 온라인 교육훈련을 끝낼 수 있다고 믿었던 초기 기대감에서 벗어나, 학습연구실을 설립하여 직원들이 업무로부터 방해를 받지 않고 온라인 학습에 집중할 수 있도록 지원해주고 있다. 단위화시킨 학습 모듈, 혹은 1시간에서 2시간 길이의 교육 모듈은 학습자들의 학습을 돕고 반나절 혹은 하루 종일 교육훈련을 받은 것보다 더 오랫동안 학습한 내용을 기억할 수 있게 도와준다. 만약 학습자들이 자신의 사무실에서 1시간에서 2시간 동안 학습에 집중한 뒤, 다시 업무로 돌아가는 방법으로 교육훈련을 제공한다면, 전형적인 일과에 학습을 쉽게 통합시킬 수도 있다.

직원들에게 요구되는 업무량을 고려한다면, 온라인 학습을 마친 직원들에게는 그에 따른 보상을 제공해 주는 것이 좋다. 일부 기업들은 온라인 역량 시험에서 합격할 경우, 온라인 강의를 성공적으로 마쳤다는 증거로 삼아 이들에게 상금 혹은 상품을 지급하고 있다. 한편, 수료증을 딸 수 있는 프로그램으로 온라인 훈련 프로그램을 만들어서 이를 제공하는 기업들도 있다. 예를 들면, 소형 바코드 스캐너 및 컴퓨터를 제조업체 Symbol

Tecnologies에서는 수습사원이 영업원으로 인증받기 위해서 반드시 특정 온라인 수업들을 마쳐야 한다. 만약 해당 교육훈련을 마치지 못할 경우, 성공적인 영업원이 되기 위해 필요한 다른 교육훈련 프로그램들을 지속해서 수강할 수 없게 된다. 제약회사인 Aventis Pharma AG는 교실중심의 학습을 완전히 제거함으로써, 온라인 학습을 직원들의 유일한 교육훈련 방법화시켰다.

협력과 연결을 위한 테크놀로지

4장에서 학습은 종종 직원들 간의 상호작용과 공유의 결과로 발생한다고 강조했었다. 직원들은 동료 및 전문가와 비공식적이고 비구조화된 접촉을 통해서 배울 수 있다. 협력은 교육을 전달하는 강사 혹은 전문가들과의 교류 혹은 두 명 이상의 학습자들과의 교류를 통해서 발생하게 된다.

하이퍼링크(Hyperlink)는 학습자들에게 유인물이 저장되어 있는 다른 웹사이트에 접속 혹은 다른 학습자, 전문가, 강사들과 소통이 가능하도록 해주는 연결 링크를 의미한다. Owens Corning의 학습 자원 홈페이지에서는 CD-ROM 기반, 웹 기반, 학습자 주도 프로그램 등과 같은 교육훈련과 관련된 모든 정보들에 대한 하이퍼링크들을 제공하고 있다. 이 사이트는 온라인 수업 등록을 지원하고 있으며, 학습자의 수준에 적합한 교육과정을 등록할 수 있도록 제공되는 시험 및 시험 점수를 전송해주는 역할도 한다.

연구에 의하면, 직원들이 온라인 학습을 성공적으로 마치는 데 실패하거나 온라인 학습보다는 강의식 면대면 교육을 더 선호하는 이유는 학습자들은 학습을 하면서 다른 동료들과도 네트워크를 하고 싶기 때문이라고 밝혀졌다. 효과적인 온라인 학습은 학습자들을 연결시켜 주고 채팅방, 토론방, 그리고 소셜미디어 등과 같은 협력적인 학습 도구들을 사용하여 학습자들의 소통과 공유를 촉진시켜 준다. 학습자들의 상호작용과 공유를 위한 다른 방법들로는 협력적인 온라인 프로젝트 참여, 전문가를 통한 튜터링, 코칭, 그리고 멘토링 등이 있다. 뿐만 아니라, 온라인 학습은 학습자와 학습자의 질문에 대답해주고, 추가적인 학습 자료들을 제공해주며, 학습자들 간의 토론을 자극시켜 주는 '강사'와 연결시켜 준다.

소셜미디어: 위키, 블로그, 마이크로블로그, 그리고 소셜 네트워크

소셜미디어(social media)는 사용자 생성 콘텐츠를 창조하고 교류할 수 있도록 해주는 쌍방향적인 의사소통을 창조하기 위해 사용되어지는 온라인 그리고 모바일 테크놀로지를 의미한다. 소셜미디어는 블로그, 위키, 페이스북, 마이스페이스, 그리고 링크인과 같은 네트워크, 트위터와 같은 마이크로쉐어링 사이트, 그리고 유튜브와 같은 공유 매체를 모두 포함한다. 소셜미디어는 아래와 같은 면에서 유용하다.

- 새로운 학습 내용에 대한 온라인 회의, 비디오, 기사와 같은 자료에 접근할 수 있는 링크를 제공해준다.
- 태그 기능을 사용하여 미래에 발생할 훈련의 요구 및 문제에 대해서 결정하는 도움을 준다.
- 학습을 강화하고 학습내용에 대한 기억을 유지시켜 준다.
- 코칭 및 멘토링 도구로 사용가능하다.
- 형식훈련을 시작하기 전, 훈련은 제공하는 동안, 그리고 훈련이 끝난 뒤에도 학습자들을 연결시켜 준다.
- X세대와 밀레니엄 세대들을 연결시켜 준다.
- 면대면 학습이 있기 전, 학습내용을 전달할 수 있게 해준다.

블로그는 사이트 운영자의 관심사에 따라서 자유롭게 글을 올리고 독자들이 이에 언급을 할 수 있도록 제작된 웹사이트를 의미한다. 한 사람에 의해 운영되는 개인 블로그, 회사 브랜드 구축 및 마케팅 목적으로 사용되는 회사 블로그, 특정 분야에 집중하여 관련 분야 내용만을 다루는 주제별 블로그, 그리고 매체 중심(비디오 블로그) 및 장치 중심(모바일 장치 블로그) 블로그 등과 같이 다양한 서로 다른 종류의 블로그들이 존재한다. 블로그를 교육훈련에 유용하게 사용하기 위해서는, 학습 목표와 반드시 관련이 있어야 한다. 그렇지 않을 경우, 학습자들은 블로그를 단지 시간을 보내기 위해서 사용하는 활동이라고 느끼게 되어 블로그가 제공하는 혜택들을 느끼지 못하게 된다. 블로그를 통하여 학습자들에게 정보를 분석하고 종합하도록 하여 학습자들이 배웠던 내용들을 다시 한 번 사색할 수 있도록 하고 학습내용을 응용한 아이디어를 공유하는데 있어서 특히 유용하다. 또한, 강사들은 반드시 어떻게 블로그에 올린 글들이 평가될 것이고 어떤 종류의 게시글을 블로그에 올리기는 기대하는지(예: 새로운 아이디어, 당일 학습한 내용에 대한 응용) 정확한 지침표를 제공해주어야 한다. 뿐만 아니라, 블로그는 프로젝트와 사례연구와 같이 그룹으로 참여하는 교육훈련 과정에 매우 유용하다. 불로그는 팀원들은 해당 게시글에 대한 자신의 의견 및 통찰력을 함께 공유할 수 있을뿐만 아니라, 브레인스토밍 과정에 함께 참여할 수 있도록 해준다.

위키(wiki)는 사용자들 간의 지식공유뿐만 아니라, 사용자들이 콘텐츠를 직접 창조하고 수정하며 이를 업데이트 할 수 있는 권한을 부여한 웹사이트를 의미한다. 마이크로블로그(microblog) 혹은 마이크로쉐어링(microsharing)은 독립형 앱, 온라인 공동체, 혹은 소셜 네트워크를 통해서 생각을 공유하고 소통할 수 있는 스프트웨어 도구를 의미한다. 일반적으로 140자 이내의 단문, 링크, 그리고 멀티미디어 등을 사용하여 소통할 수 있다. 공유 매체(shared media)는 유튜브와 같이 다른 사람들과 공유된 오디오 혹은 비디오를 뜻한다.

어떻게 소셜미디어를 학습, 교육훈련, 그리고 개발에 사용할 수 있는가? 많은 기업들은 소셜미디어 도구들을 직원들의 비공식적 학습을 돕기 위해 사용할 뿐만 아니라, 필요에 의한 지식 공유 및 공식 교육훈련 과정의 한 부분으로서 지식공유에 사용되어지기도 한다.

다음과 같이 소셜 네트워킹 도구들을 사용하는 기업과 비영리단체의 사례를 생각해보자. 미국 정보 기관, 외교 기관, 그리고 군사 기관들은 Intellipdia를 통해서 전 세계에서 발생하는 상황에 대한 정보를 포착하며, 공유하고, 상호 참조시킨다. 이 사이트는 실시간 정보를 제공한다는 점에서 그 가치가 있다. 예를 들면, 이라크 전쟁 중 반란군이 염소를 사용한 급조 폭파물로 공격을 했을 때, 한 직원이 '지금 현장에 있는 장교들이 어떻게 염소를 사용한 증거물들을 수집해야 하는지'에 대한 질문을 던졌다. 이틀만에 전 세계에 위치한 20명 이상의 전문가들이 직접 만나지 않고서도 현장에서 증거물을 수집하기 위해 따라야 하는 방법에 대한 설명서를 제작하였다. Intellipdia의 위키 페이지들은 해당 분야의 전문지식이 가진 사람들이 자발적으로 질문에 응답하는 과정을 거치면서 지속적으로 검토되고 업데이트된다. 지식을 공유한 전문가들의 정체는 사용자들에게 제공되어진다.

캘리포니아 어바인(Irvine)에 기반을 둔 판매 및 마케팅 회사인 Advantage Sales and Marketing(ASM)은 소셜 네트워킹을 사업개발 관리자를 양성시키는 그들의 판매 교육훈련 프로그램(Accelerated Career Excellence in Sales-ACES)에 추가하였다. 5개월 과정으로 이루어진 이 프로그램은 이틀간 참여자들간의 면대면 미팅을 통해 교육훈련을 받은 이후, 자신이 담당하고 있는 시장으로 돌아간다. 남은 시간 동안에는 학습자들은 멘토와 현장에서 함께 일을 하면서 온라인 교육 모듈을 끝마쳐야 한다. 프로그램을 실행하는 동안에는 참가자들은 ACES 온라인 공동체에 접속할 수 있는 권한이 부여되고 상위 영업 리더, 동료, 멘도, 그리고 프로그램에 참가한 다른 판매직원들과 상호작용을 할 수 있게 된다. 직원들의 지식공유를 장려하기 위해 기존 교육훈련 프로그램에 소셜 네트워킹 플랫폼을 추가한 것이다. 프로그램의 한 학습자는 특정 주제에 관한 최고의 모범사례를 알아내기 위해서 ACES 멘토 모두에게 연락을 한 뒤, 멘토들에게 받은 모든 정보들을 한 파일에 다 모아서 그의 전체 학습 공동체에 공유한 것이 그 대표적인 예이다. Verizon은 소셜 네트워킹 도구들을 조직원들이 새로운 상품과 장치들에 대해 교육시키기 위해서 사용한다. Device 블로그, Device 포럼, 그리고 학습 공동체는 직원들이 새로운 상품과 장치들 출시되었을 때, 고객 서비스를 제공할 준비가 되었는지 확인하는데 도움을 제공하고 있으며, Verizon의 다양한 세대로 이루어진 직원들이 잘 어울릴 수 있도록, 그리고 동료간 학습을 촉진시키는데 도움을 주고 있다. Device 블로그는 무선 장치에 자주 문의되는 질문들(FAQs), 사용안내 비디오, 문제해결을 위한 조언 등과 같이 이용 가능한 정보를 제작하고, 지속적으로 업데이트 시켜준다. Device 포럼은 대리점 직원들이 동료 및 제조업자를 통해서 학습할 수 있는 공간을 마련해준다. 즉, Device 포럼을 통해서 직원들은 서로에게 질문을 할 수 있고, 문제점을 공유하며, 조언을 게시할 수 있고, 제안을 할 수도 있으며, 상품 전문가들에게도 접근할 수 있다. 학습 공동체는 Device 블로그를 통해서 접속이 가능하다 학습 공동체에는 비디오 블로그, 전자 게시판, 온라인 교육훈련 모듈로의 연결, 그리고 제품 설명을 포함하고 있다. 이러한 도구들뿐만 아니라, 직원들은 My Network에 접속하여 동료들과 협력할 수 있고, 정보 및 문서를 공유할 수 있으며, 작업그룹을 만들 수도 있다. 일부 강사들은 학습자들의 사용을 위한 보조 내용을 게시하기 위해 사용하기도 한다.

IBM 전 세계에 있는 직원들을 연결시키기 위해서 소셜미디어를 사용한다. w3으로 잘 알려진 IBM 사이트는 기업의 글로벌 통합에 공헌하고 있다. w3 On Demand Workplace는 75개국에서 근무하고 있는 400,000명의 IBM 직원들을 위해 개발된, 강력한 생산력을 자랑하는 협력 도구이다. w3에 존재하는 전 세계에 있는 동료들을 통해서 얻은 자원과 지식들은 고객의 혁신과 성공을 돕기 위해 사용되어진다. w3을 통해서 직원들은 개인 프로필, 북마크 사이트, 그리고 그들이 개인적으로 관심있는 이야기들에 대해서 게시할 수 있으며, 회사의 블로그에 자신의 의견을 게시할 수 있고, 위키에 공헌할 수 있으며, 파일을 공유할 수 있고, 성명서를 읽고 검토할 수 있으며, 비디오, 팟캐스트도 사용할 수 있다.

장애를 가진 사람들에게 서비를 제공하는 비영리단체인 Special People in Northeast, Inc.(SPIN)는 웹캐스트, 비디오, 업무 매뉴얼, 그리고 전자 처리과정 순서도 등을 사용하여 핵심 직원들이 가지고 있는 지식들이 문서화되고 기존 업무 및 업무과정들을 공유하고 있다. Intel은 비공식적 학습을 지식 공유 및 "성과지원" 제공과 같은 두 가지 방법을 통해서 이를 장려하고 있다. 지식공유와 성과지원 모두 Intel 직원들을 위한 소셜미디어 플랫폼인 Planet Blue의 일부분이다. 또한, 직원들은 스스로 편집이 가능한 사내 위키인 Intelpedia에 접속할 수 있다. Intelpedia는 수백만 페이지로 구성되어 있으며, 수천 명의 직원들이 사용하고 있다. Intelpedia는 Intel의 테크놀로지 기반의 정보 공유 문화를 창조하는데 도

표 8.7 훈련 및 학습을 위한 소셜미디어 사용 여부를 결정하기 위해서 고려해야 할 요소들

- 회사에서 이미 소셜 네트워크를 사용하고 있는가?
- 소셜 네트워크 사용이 기업의 학습전략에 적합한가?
- 조직원들이 지리적으로 분산되어 있는가?
- 협력을 조성할 필요성이 있는가?
- 상당한 수의 직원들이 X세대 혹은 밀레니언 세대인가?
- 직원들이 소셜 네트워크를 사용하는 것을 편안하게 생각하는가?
- 사업을 진행하는데 있어서 상당한 양의 팀워크를 요구하는가?
- 지식들이 빠르게 전달되어야 할 필요가 있는가?
- 의사결정권이 분산화된 기업문화를 지지하는가?

출처: T. Bingham and M. Conner, *The New Social Learning* (Alexandria, VA: American Society for Training and Development, 2010); M. Derven, "Social networking: A force for development?" *T+D* (July 2009): 59-63.

움을 주고 있다.

어떻게 소셜미디어가 기업에서 효과적인 학습 도구로 사용될 수 있는지 알 수 있는가? 〈표 8.7〉에서 제공되는 질문들이 그에 대한 대답을 제공할 것이다. 전체 질문의 답변들 중에서 "예"가 더 많다면 소셜미디어가 효과적인 학습 방안일 확률이 높다. 가장 중요한 고려 요소는 이미 기업에서 소셜미디어를 사용하고 있는가이다. 그러한 경우, 소셜미디어가 기업의 학습 전략에 적합한지, 그리고 어떻게 교육훈련에 적용할 수 있을지 더 쉽게 알 수 있다.

소셜미디어에서 제공되는 아이디어, 내용, 그리고 권고사항들이 고품질인지 그리고 회사의 우선순위와 상응한지를 고려하는 것은 매우 중요하다. IBM은 전문지식 평가를 실행하여 소셜미디어를 통해서 제공되는 추천 사항들의 품질을 확인한다. 모든 직원들은 매년 업무 기술 수준 및 능력 수준에 대해서 스스로 정의하는 자기평가를 실시한다. 기술의 수준은 초보자, 기본, 경험자, 전문가, 그리고 유능한 지도자로 나누어져 있다. 이 순위들은 직원들이 특정 기술과 해결방안을 필요로 할 때 그에 상응하는 지식과 경험을 갖춘 이를 찾도록 도와준다. 자기평가에서 유능한 지도자와 전문가 레벨을 받기 위해서는 다른 계열의 관리자와 주제 전문가(subject matter expert)의 확인 과정을 거쳐야 한다. 그리고 직원들이 온라인에 게시물을 올릴 때에는 회사가 어떻게 인식되기를 바라는지를 고려하여, 이에 상응하는 내용을 올리고 있는지 모니터할 수 있는 편집자를 둘 필요가 있다. 하지만 품질 평가 및 모니터링은 협력과 네트워킹을 저해할 수 있다는 것을 명심해야 한다.

블렌디드 학습

불충분한 대역폭과 부족한 고속 웹 연결망과 같은 테크놀로지와 관련된 문제점, 온라인 강의보다는 면대면 접촉을 선호하는 학습자, 그리고 업무 중 계획에 없던 시간을 쪼개어 자신의 업무 장소에서 학습을 진행하기 어려운 점과 같이 온라인 학습을 진행하는 데 있어서 발생하는 제한점들 때문에 많은 기업들이 하이브리드(hybrid), 블렌디드 학습 방식을 채택하고 있다. 블렌디드 학습(blended learning)은 학습내용과 강의를 배포하기 위해서 사용되는 온라인 교수법, 면대면 교수법, 그리고 다른 교육 방법들을 결합한 방법을 의미한다. 블렌디드 학습 과목들은 면대면 교수법과 테크놀로지 기반의 전달과 교수법(온라인 학습, 원격학습, 혹은 태블릿 컴퓨터, 아이폰과 같은 모바일 기술)이 가지고 있는 잠정들을 최대화시키고 이들이 가지고 있는 단점들을 최소화시킬 수 있다. 교실 전달과 비교했을 때, 블렌디드 학습은 증가한 학습자 통제를 제공함으로써 학습자의 자기주도학습을 가능하게 해줄 뿐만 아니라, 학습자 스스로가 본인의 학습에 대한 더 많은 책임감을 가질 수 있도록 해준다(이 모든 요소들은 4장에서 논의되었던 성인 학습 이론에서 권고사항과 일치하고 있다). 순수 온라인 학습과 비교했을 때, 블렌디드 학습은 더 높은 수준의 면대면 사회적 상호작용을 제공해주며, 부분적이더라도 강의가 학습 공헌도가 높은 환경에서 전달될 수 있다. 블렌디드 학습은 교실을 사용하여 학습자들이 함께 학습하고 논의하며, 통찰력을 공유할 수 있도록 해줌으로써 학습에 생기를 불어넣어 주며, 의미있는 학습을 경험하게 해준다. 동료들로부터 직접 받는 피드백은 온라인을 통해서 받는 피드백보다 더 선호되는 것으로 나타났다. 블렌디드 학습은 학습자들의 동기를 부여시키는데 있어서 면대면 교육보다 더욱 효과적임을 밝혀졌으며, 서술적 지식 혹은 아이디어나 특정 주제에 대한 정보를 가르칠 때에도 더 효과적이라고 밝혀졌다. 블렌디드 학습은 면대면 학습과 웹 기반 학습에서 얻을 수 있는 긍정적인 특징들을 모두 활용하는 것으로 보인다. 이것은 아마도 블렌디드 학습은 두 학습 접근 방법을 모두 사용함으로써 학습자들에게 더 많은 시간을 요구하고 있기 때문일 것이다. 한 연구에 의하면, 블렌디드 학습이 대면하고 있는 중대한 문제는 빠르게 변화하는 테크놀로지, 블렌디드 학습에 대한 불충분한 경영층의 지원과 헌신, 블렌디드 학습이 무엇인지 그리고 어떻게 실행이 되는지에 대한 부족한 이해수준으로 나타났다.

Cisco Systems은 경영개발의 가장 기본적인 프로그램인 "경영 101"을 제공하고 있다. Cisco는 그들의 관리자들에게 7개의 수업을 제공하는데, 이들은 경영개발 커리큘럼에 통합되어 있다. 1단계인 첫 번째 9주 동안, 매주 온라인을 통해서 관리자들이 반드시 알아야 할 여러 종류의 주제들을 다룬다. 1단계의 온라인 학습은 관리자들이 수업을 통해서 지식을 습득했는지 확인하기 위한 시험, 다중 매체를 사용한 여러 연습 문제, 사례 연구, 그리고 매주 촉진되는 온라인 토론으로 이루어져 있다. 2단계에서는 관리자들이 모두 교실에 모여 4일 동안 함께 토론을 하면서 온라인을 통해서 학습한 내용들을 더 확장하는 시간을 가지게 된다. 3단계에서는 각 관리자들은 그들의 관리자(상사)와 함께 학습을 하게 된다. 프로그램의 마지막으로 각 관리자들은 다면평가를 받게 된다. 이 평가는 각 관리자들의 발전 계획을 조정하는데 사용되어 진다. Gilbane Building Company는 변화관리 수업을 제공하는데, 이 수업은 3시간에 걸쳐서 변화관리 원칙을 제공하는 온라인 선행 학습 모듈과 8시간 걸친 면대면 수업으로 구성되어 있다. 면대면 수업에서는 온라인 선행 코스에서 배웠던 변화관리 원칙을 직접 프로젝트 시나리오에 응용할 수 있는 기회를 제공한다. Gilbane은 학습자들이 언제 본인의 업무로 돌아가야 하는지 알려주는 성과 지원 시스템도 함께 제공하고 있다.

모의훈련과 게임

모의훈련(simulation)과 게임은 7장에서 전통적인 교육훈련 방법으로 이미 소개되었다. 본 장에서는 어떻게 소프트웨어와 컴퓨터 기술의 발전이 학습을 개선시켰으며 모의실험 장치들과 게임이 어떻게 학습전이를 가능하게 했는지 알아보고자 한다. 모의훈련과 게임은 개인용 컴퓨터 혹은 엑스박스와 같은 게임 테크놀로지를 통해서 전달이 가능하다. 모의훈련과 게임은 학습자들이 인공적이나 현실과 유사한 환경에서 학습자들이 내리는 의사결정이 어떠한 결과를 야기하는지 가상적으로 경험하는 의사결정 훈련을 할 수 있도록 해준다. 한 조사에 의하면 40%의 성인이 비디오 게임을 한다는 결과가 있었듯이, 모의훈련 게임은 널리 인기있는 방법이다. 핵심은 어떻게 게임이 제공하는 재미와 동기유발 요소들을 직원들이 지식과 기술을 습득하는데 사용할 수 있느냐에 있다. 4개의 다른 종류의 모의훈련과 게임이 〈표 8.8〉에서 제시되어 있다. UrbanSim은 대대장들에게 내란 진압 기술을 가르치기 위해서 미국 군대에서 제공하고 있는 브랜칭 스토리 타입의 게임이다. UrbanSim은 많은 이들이 집에서 즐기는 게임인 SimCity의 군사용 버전이라고 볼 수 있다. 하지만 UrbanSim은 경제상황과 사회적 관계성 등과 같은 요소들을 게임에 포함시켜 이러한 요소들이 어떻게 국민들이 정부 혹은 반란에게 동요되는지 분석하는 등과 같이 더 정교하게 제작된 모의훈련이다. 전통적인 군대 모의훈련은 전장 전략과 얼마나 많이, 언제,

표 8.8 모의훈련의 종류

모의훈련 종류	모의훈련에 대한 설명
브렌칭 스토리 (Branching story)	학습자들은 특정 상황에 놓여지게 되고, 이에 대한 선택 및 의사결정을 내리라는 지시를 받게 된다. 학습자들은 그들의 결정을 기반으로 모의훈련을 진행하게 된다.
상호적인 스프레드시트 (Interactive spreadsheet)	주어진 사업 규칙을 바탕으로, 학습자들은 의사결정을 내리도록 지시받는다. 학습자들이 내리게 될 의사결정은 사업에 영향을 미치게 된다. 스프레드시트에 결정을 입력하게 되고, 학습자가 내린 결정이 어떻게 사업에 영향을 미치게 될지 스프레드시트를 통해서 보여지게 된다.
게임 기반 가상 연구실 (Game-based Virtual lab)	학습자들은 컴퓨터에 있는 비디오게임을 하게 된다. 학습자들은 컴퓨터에서 묘사된 임무를 통해, 상호작용을 하면서 교육훈련을 받게 된다.

출처: C. Cornell, "Better than the real thing?" *Human Resource Exeutive*(August 2005): 34-37; S. Boehle, "Simulations: The next generation of e-learning," *Training*(January 2005): 22-31.

어떤 화력을 사용하여 적군을 점령할지에 관한 것이었다. 하지만 적군이 제복을 입지 않고 민간인들과 함께 살고 있으며, 식별할 수 있는 전쟁터가 없는 현대 전쟁상황에서는 반란군 진압 임무는 지역 주민의 마음을 얻는 것이며, 이러한 승리를 얻기 위해서는 화력보다는 심리학, 사회학, 그리고 정치와 관련된 기술 및 지식이 필요하다. 이러한 게임들에서는 군 지휘자가 스스로 작전을 짜고 그 결과를 예상해야 하는 종류의 결정을 내리기를 요구한다. 예를 들면, 그들은 발로 차서 문을 넘어뜨릴 수 있으며, 지역 간부들에게 뇌물을 줄 수 있고, 반란군들을 박살낼 수도 있으며, 하수도 라인을 수리할 수도 있다. 모의훈련을 통해서 리더들은 지금 현재 가능한 자원들을 어떻게 하면 최대의 효과를 볼 수 있도록 사용할 수 있는지 이해할 수 있게 되며, 각 결정에 대한 즉각적인 결과를 이해할 수 있을 뿐만 아니라, 각각의 결정들이 결국 다른 행동에 긍정적으로 혹은 부정적으로 영향을 미칠 수 있다는 것도 배우게 된다. 예를 들면, 지역 하수도 시스템을 수리를 해줌으로써 지역주민의 마음을 변화시켜, 지역주민들의 반란군에 대한 지지도를 변화시킬 수 있다. 변화된 주민의 지지도는 급조 폭발물로 인한 공격 횟수에 영향을 미치게 되고 결국 이는 육군이 대반란 진압에 성공할 수 있도록 도움을 주게 된다.

NetApp Inc.에서는 게임을 교육훈련의 도구로 사용하였다. 게임에 참가하는 25명의 관리자들은 가상으로 설정된 회사에서 최고 임원진의 역할을 맡게 된다. 참가 관리자들은 5명이 한 팀으로 구성되어 게임을 진행하게 되며, 높은 판매 실적과 영업 이익을 내기 위해 경쟁하게 된다. 장기적 투자와 단기적 결과의 균형을 유지해야 하는 등과 같은 도전에 직면하게 된다. 참가 관리자들은 NetApp에서 실제로 보유하고 있는 시장분석 자료들과 대졸자 채용 개선 등과 같은 전략구상 메뉴를 사용하여 이를 바탕으로 게임을 진행하게 된다. 각 팀들은 전략을 선택하고 이에 맞춰 직원과 자금을 배정해야 한다. 제품 제작 완료 직전, 회사 중요 고객이 특정 사항을 제품에 추가하기를 요청해왔다. 이러한 상황에서 그들은 고객의 요청을 수락할 것인지 거절한 것인지 결정을 내려야 한다(본 결정은 가격 결정에도 영향을 끼치게 됨). 결정을 내린 이후, 팀들은 각 팀에서 내린 결정에 따른 결과를 확인하게 된다. 예를 들면, 한 팀은 고객의 요청을 거절하게 되고, 그 결과 고객 만족도와 시장 가치가 하락하게 된다. 모의훈련이 끝나면, 각 팀들의 판매실적와 총 이익, 그리고 그들의 전략에 대해서 논의하는 시간을 가진다.

Miller Brewing Company는 바텐더들에게 어떻게 하면 가장 완벽한 맥주를 손님들에게 제공하는지, 어떻게 손님들의 신분증을 조사하는지, 어떻게 하면 좋은 서비스를 제공해서 더 많은 팁을 받을 수 있는지 가르치기 위해서 "Tips on Tap"이라는 미니게임을 사용한다. "Tips on Tap"은 적절한 각도와 높이를 사용해서 맥주를 따르는 방법을 가르치는 "Score Your Pour(당신의 따르기 점수)"와 같은 모의훈련도 포함되어 있다. 학습자들은 컴퓨터 마우스를 이용해서 맥주잔을 움직일 수 있고, 적절한 거품을 만들기 위해서 맥주 탭의 각도와 맥주 잔과의 거리를 조절할 수 있다. 맥주 탭을 맥주를 따르는 도중에 치거나, 맥주를 넘치게 따를 때마다 감점이 생기고, 각 세션마다 피드백이 제공된다. Miller의 온라인 게임 교육은 기존에 전통적으로 진행되던 수업식 교육보다 맥주를 올바른 방법으로 따를 수 있도록 교육시키는데 더욱 효과적이다. 학습자들이 연습하기 더 간편할 뿐만 아니라 실제 맥주 잔과 맥주를 사용하지 않기 때문에 낭비를 줄이고, 해당 비용을 줄일 수 있다. 또한, 미니 게임은 누구나 쉽게 접근 및 참여할 수 있고 개발 비용도 낮다. 미니 게임은 맥주 따르기 혹은 응급조치 실행하기 등과 같은 반복을 통해서 학습할 수 있는 기술을 학습하는데 가장 적합한 방법일 것이다.

새 상품, Rapid Release Gelcaps(속방층 캡슐)을 출시하기 전, Tylenol은 판매직원들이 새 상품에 대한 학습을 도와주기 위해 "The Need for Speed Trivia"라는 게임을 사용하였다. 게임을 판매직원들이 혼자 혹은 다른 직원들과 함께 온라인에서 함께 게임에 참여할 수 있도록 CD로 구워 CD-ROM에서 사용할 수 있게 하였다. 타이머와 점수 시스템을 사용하여 다른 동료들과 경쟁하면서 게임에 참여할 경우, 이를 통해서 짧은 시간에 누가 가장 많은 질문에 대답을 했는지 보여준다. 그리고 그 점수는 공개되어 있어 게임에 참여하는 직원들은 누가 현재 선두를 달리고 있는지 볼 수 있다. 전국 판매 미팅에서 판매 직원들이 새 상품에 대해서 제공받았던 정보를 바탕으로 게임의 질문들을 제작하였다. 게임은 효과적인 교육훈련 도구로 밝혀졌다. 각각의 판매직원들은 평균 47번 게임을 하면서 71분에 걸쳐 해당 프로그램과 상호작용을 하였다. 게임에 참여했던 판매직원들의 피드백에 의하면, 그들은 게임도 즐기면서 상품에 대해서도 배울 수 있었다고 응답했다.

아바타(avatar)는 모의훈련에서 컴퓨터를 이용하여 가상으로 제작된 코치, 동료, 그리고 고객들과 같은 사람 아이콘을 의미한다. 전형적으로 학습자들은 교육훈련 코스를 통해서 나타나는 아바타를 볼 수 있다. 예를 들어, 테크놀로지관련 상품 및 서비스를 제공하는 CDW Coporation에서 제공되는 영업 교육훈련 코스에서는 고객과의 모의 인터뷰를 통해서 학습자들을 가이드해준다. 코스에서 아바타가 고객의 상황을 소개해주고 학습자들은 고객이 이야기하는 것을 가상 전화 대화를 통해서 듣게 된다. 아바타의 도움을 통해서 학습자들은 고객의 소리를 이해하고 판매 과정에서 어떤 일이 일어나고 있는지를 결정해야 한다. The Loews 체인 호텔은 Virtual Leader 프로그램을 통해서 어떻게 회의 안건에 대한 승인을 받을 수 있는지 등과 같이 효과적인 회의 방법에 대해서 교육을 제공한다. 학습자들은 가상회의에 참석하여, 자신들이 한 말(혹은 말을 하지 않은 경우)이 회의에 어떠한 영향을 미치는지 점수화되어 제공 받게 된다.

앞선 사례들에서 보았듯이, 모의훈련은 여러 가지 이유에서 효과적이라고 할 수 있다. 첫째, 모의훈련은 학습자들이 자신의 사무실용 컴퓨터에서도 사용할 수 있게 해줌으로써, 교육훈련 공간으로 이동해야 하는 필요성을 제거시켜 준다. 둘째, 모의훈련은 학습자들을 학습에 몰입시킬 뿐만 아니라 감정적으로 즐길 수 있게 해준다는 점에서 그 의의가 있다. 이것은 학습자의 연습하려는 의지를 높여주고, 학습한 내용의 기억 유지율을 높여주며, 그들의 기술도 개선시킬 수 있게 해준다. 셋째, 시뮬레이터는 학습을 하기 위해서 무엇이 필요한지에 대해서 일관된 메시지를 제공해주기 때문에 학습자들은 자신의 속도에 맞춰 배울 수 있을 뿐만 아니라, 면대면 교육에 비해 시뮬레이터는 학습자들이 직면하게 될 상황 및 문제들을 더 많이 포함시켜 학습기회를 제공해줄 수 있다. 넷째, 모의훈련을 통해서 학습자들은 실제로 위험할 수 있는 업무들을 안전하게 교육받을 수 있다. 다섯째, 모의훈련을 통해서 더 짧아진 교육훈련 시간 그리고 투자수익률의 증가 등과 같은 긍정적인 결과들이 보고되고 있다.

하지만 모의훈련은 다음과 같은 단점을 가지고 있다. 개발 비용에 따라 모의훈련의 사용이 제한된다. 게임과 모의훈련은 기술을 실습하는데 유용하기 때문에, 학습자들은 반드시 먼저 필요한 지식들을 습득해야 하며, 그 이후 게임에 참여하면서 습득한 지식들을 적용할 수 있다. 어떻게 모의훈련을 통해 얻은 경험이 직무와 관련이 되는지에 대한 이해를 돕기 위해서 게임이나 모의훈련이 끝난 후에, 학습자들에게 이에 대해 보고를 해주는 것이 효과적이다. 주문제작없이 모의훈련 제공사의 기존 제품을 사용할 경우 학습자 한 명당 보통 100달러에서 200달러의 비용이 들지만, 맞춤형 모의훈련을 제작할 경우, 보통 20만 달러에서 30만 달러에 달하는 비용이 든다. 비록 비싼 교육훈련 방법이기는 하나, 모의훈련 개발 비용이 지속적으로 하락하고 있기 때문에, 많은 인기를 끌고 있는 교육훈련 방법이다. 또한, 테크놀로지의 개발로 인해 더욱 현실에 가까운 모의훈련을 제작할 수 있도록 해줌으로써, 교육훈련으로서의 모의훈련의 사용이 더 증가할 것으로 예상된다. 마지막으로 사람과의 접촉이 적은 학습환경을 학습자들이 불편해할 수 있다는 단점이 있다.

가상현실

가상현실(virtual reality)은 컴퓨터 기반 테크놀로지로 학습자들에게 3차원 학습 경험을 제공한다. 가상현실은 모의훈련이 더욱 현실적으로 보일 수 있게 해준다. 전문화된 장비 사용하거나 혹은 컴퓨터 스크린을 이용한 가상 모델을 통해 가상현실을 봄으로써 학습자들은 가상공간을 돌아다닐 수 있고 구성요소들과 상호작용하게 된다. 특수 테크놀로지를 사용하여 가상공간에서 받은 정보를 학습자들의 감각으로 전달시켜 학습자들의 다양한 감각을 자극시킬 수 있다. 음성 접속 장치, 촉각을 자극하는 장갑, 러닝머신 혹은 모션 플랫폼을 사용하여 창조한 현실적인 인공환경 등이 그 대표적인 예들이다. 학습자들의 이동 정보를 컴퓨터로 전달하는 장치들도 있다. 이러한 장치들은 학습자들에게 현장감(presence, 실제로 특정 공간에 있는 듯한 느낌)을 느낄 수 있도록 해준다. 감각정보를 통해서 느껴지는 현장감은 공간에서 느끼는 감각과 학습자의 공간 조절 능력에 대한 지배력을 행사한다.

예를 들면, Motorola는 직원들이 Pager Robotic Assembly 장비를 가동시키는 방법을 가르치는 상급 제조업 수업들을 가상현실을 통해서 제공하고 있다. 직원들은 실제 작업공간, 로봇, 도구들, 그리고 조립공정 등이 모두 갖춰진 헤드 마운트 디스플레이(head-mount display, 머리에 쓰고 가상현실을 실현하는 장치)를 쓰고 가상 세계에서 교육훈련을 받게 된다. 학습자들은 마치 그들이 실제 도구들을 사용하는 것처럼 실제로 소리를 듣고, 현상을 볼 수 있다. 또한, 도구들은 도구의 스위치를 키거나 다이얼을 돌리는 등과 같이 직원들의 행동에 반응한다.

가상현실의 장점은 학습자들이 위험한 업무를 실습할 때, 스스로 혹은 다른 사람들을 위험에 빠뜨리지 않고 학습할 수 있다는 점이다. 한 연구에 의하면, 가상현실 교육훈련은 광범위한 시각 신호를 사용해야 하는 업무 혹은 복잡한 업무에 가장 큰 영향을 끼칠 것이라고 제안되었다. 성공적인 가상현실공간의 핵심은 시각적, 공간적, 그리고 청각적 신호들을 사용하여 실제 작업환경에 최대한 가깝다고 느낄 수 있도록 제작하는 것이다. 가상현실에서의 학습은 잘 배울 수 있는 순간에 발생한다. 잘 배울 수 있는 순간이란, 현재 학습자가 대면하고 있는 난관 혹은 문제를 해결하기 위해서 필요한 지식이나 기술에 대한 요구와 학습자의 부족한 지식 및 기술 간의 차이를 느낄 때를 의미한다. 가상공간에서의 경험은 학습이 일어나도록 유발하며. 학습한 내용에 대한 기억을 유지시켜 주고, 이에 대한 응용을 도와준다. 가상 세계는 학습자들이 공통의 목적을 이루기 위해 행동하고, 상호작용하고, 실수를 범한 뒤 다시 시도하고, 그리고 결국, 원하는 학습결과를 얻을 수 있도록 해주어야 한다. 학습자들이 동료, 환경, 그리고 본인 스스로의 경험으로부터 배울 수 있도록 최소한의 가이드라인을 제공해주어야 한다. 학습자들이 같은 공간에서 동시에 참여할 수 있는 환경을 창조해주고 학습자의 행동 및 결과에 대한 동료 평가 혹은 강사의 평가를 제공해주는 시간을 가짐으로써 가상 세계의 장점인 협력과 지식 및 기술 전이를 촉진시킬 수 있다. 또 다른 잠재적 장점은 학습자의 인지적 과정과 관련이 있다. 실제와 유사한 환경을 교육훈련 사용하는 것은 일차원 혹은 이차원 교육훈련에서 정보처리를 위해 사용되던 학습자의 메모리를 3차원 공간에서 사용하게 함으로써 더 많은 메모리를 사용 가능하게 해줄 것이다.

현장감을 감소시키는 열악한 장비들(열악한 촉각적 피드백 및 학습자의 행동에 반응하는데 걸리는 시차의 부적절함)은 효과적인 가상 현실 교육훈련을 개발하는데 있어 장애가 된다. 열악한 현장감은 감각의 왜곡으로 인한 학습자들의 구토, 어지러움, 두통 등을 유발시킬 수 있다.

가상 세계

가상 세계(virtual worlds)는 학습 프로그램 및 학습경험을 할 수 있도록 제공되는 컴퓨터 기반으로 제시되는 3차원으로 표현된 온라인 가상 현실세계를 의미한다. 인기있는 가상 세계 중 하나인 Second Life에서는 학습자들이 아바타를 사용하여 다른 사람과 강의실에서 상호작용이 가능하고, 온라인 회의, 모의훈련, 혹은 역할극도 가능하다. Second Life의 가상 세계는 학습자들이 다른 직원, 고객, 혹은 환자들을 위험에 빠뜨리지 않고 실제와 같이 학습을 할 수 있도록 해준다. Second Life는 학습자들이 혼자 배울 수 있게 해줄 뿐만 아니라, 다른 동료들, 혹은 팀으로도 학습을 가능하게 해준다. Sceond Life에서 가상 교실을 만들어서 사용할 수도 있지만, Second Life의 강점은 학습자들이 적극적으로 몰입할 수 있는 가상 현실 모의훈련을 창조할 수 있다는 데 있다. 화가 난 고객을 응대하기와 같이 실제와 유사한 상황을 만들어 그 속에서 역할극에 하도록 함으로써 학습을 유도할 수 있다. 노르웨이 석유 회사인 Stapoil는 석유 굴착용 플랫폼을 Second Life에 만들어서 학습자들이 그 주변을 걸어다닐 수 있도록 한다. 석유 굴착기에서 불이 날 경우, 직원들은 구조선을 찾아서 안전하게 플랫폼을 벗어나야 하는 등과 같이 석유 굴착용 플랫폼 안전 교육훈련에 사용한다.

Silicon Image 직원들은 회사 캠퍼스를 묘사한 가상 현실을 탐험하며 다른 아바타들과 상호작용하면서 실리콘 칩 제작에 대해서 배우게 된다. 직원들은 각 부서를 방문하여 어떠한 일을 하는지 설명해주는 비디오와 슬라이드를 볼 수 있다. British Petroleum(PB)는 Second Life를 새로운 주유소 직원들을 가솔린 저장 탱크와 파이프 장치에서 교육훈련을 진행하게 된다. BP의 가상 세계는 3차원으로 복제한 주유소 탱크 복제품과 파이프 장치를 가지고 있다. 학습자들은 현실에서는 절대로 볼 수 없는 지하 저장 탱크와 파이프 시스템을 볼 수 있으며 어떻게 안전장치들이 가솔린의 흐름을 통제하는지 관찰할 수 있다. 제약회사는 가상 세계를 개발하여, 의사들에게 예방 접종을 제공함으로써 어떻게 진료를 확장할 수 있는지 훈련시킨다. 의사들은 가상 병원을 투어하면서 어떻게 백신을 주문하고 저장하는지, 어떻게 약을 환자에게 투여하는지, 그리고 의료 서비스에 대한 청구서를 어떻게 보내는지 등을 여러 방들을 방문하면서 배울 수 있다.

Second Life 외에도, ProtoSphere, Forterra, 그리고 Virtual Heroes에서도 가상 세계 제공하고 있다. ESL(English as second language) 교육훈련을 제공하는 테크놀로지 회사 Paidera는 Forterra를 사용하여 영어를 가르친다. 학습자들은 자신의 아바타를 만들고 가상 세계에 들어가서 택시를 타서 운전기사와 대화하기, 레스토랑에서 음식 주문하기 등과 같이 언어를 사용해야 되는 실제와 유사한 상황에서 영어를 연습하게 된다. 가상 세계 프로그램 캠퍼스에서 공용 공간을 대여하기 위해서는 하루에 최소 200달러에서 최대 300달러에 달하는 비용이 들고, 맞춤형 모의훈련인 경우 최소 1,000달러에서 최대 2,000달러에 달하는 비용이 든다. 가상 세계 공간을 임대할 경우, 가격은 더욱 비싸진다. 임대 공간 규모와 종류에 따라서 매년 최소 5,000달러에서 최대 10만 달러의 비용이 들 수 있다(공공 혹은 개인 서버에서 개인용 공간을 요구할 경우, 10,000달러에서 20,000달러에 달하는 비용을 요구함).

가상 세계의 장점

가상 세계를 사용하여 교육훈련을 할 경우, 다음과 같은 장점들이 있다. 비록 가상 세계에 관한 연구 사례가 현재까지는 거의 없으나, 한 연구에 의하면 학습자들은 전통적인 수업보다 가상 세계에서의 경험에 더욱 만족감을 느끼며 더 빨리 학습한다고 밝혔다. 가상 환경은 병원 응급실, 연수실, 처리공장 등과 같이 실제 업무현장 모방함으로써 학습자들이 환자나 상품에 손상을 시키지 않고 기술을 연마할 수 있으며, 동시에 자신의 행동과 결정이 어떠한 결과를 가지고 오는지 볼 수 있다. 뿐만 아니라 강사, 관리자, 혹은 다른 직원들과 같이 선생님과 같은 역할을 하는 사람들과 만날 수 있는 공간을 제공해주기도 한다. 가상 세계는 비일상적인 업무 및 판단력과 문제 해결력만으로는 정의하기 어려운 절차 등에 대한 실력을 향상시키는데 유용하다. 뿐만 아니라, 가상 세계는 시간관리, 의사소통, 리더십, 그리고 압박감 속에서 일하기 등과 같은 대인관계 기술을 가르치는데 유용하다. 가상 세계에서는 다른 학습자로 가장하여 아바타를 만들 수 있을 뿐만 아니라, 다른 학습자들과 동시에 모의훈련에 참여할 수 있기 때문에 팀워크 연습과 그룹 문제해결에 대해서도 교육훈련이 가능하다. Second Life와 다른 가상 세계들은 학습을 재미있고 쌍방향적이도록 해줌으로써 학습자들의 동기를 부여시킨다. 그리고 Second Life는 가상 세계에서의 교육훈련은 실제 업무환경을 동일하게 복제하여 교육환경을 제공함으로써 교육훈련의 전이를 높여준다. Second Life도 이러닝, 협력도구, 그리고 회의를 위해서도 사용이 가능하다. 다른 테크놀로지 기반 교육훈련 방법처럼, 가상 세계도 지리적으로 떨어져 있는 직원들에게 교육훈련을 제공해줄 수 있는 효과적인 방법이다.

|가상 세계의 단점|

Second Life와 같은 가상 세계에서 보여주는 교육훈련 및 개발에 대한 무제한적인 가능성에도 불구하고, 가상 세계 또한 치명적인 단점을 가지고 있다. 한 연구에 의해 밝혀진 가상 세계의 단점은 내용의 프로그램화 시키기 위해 필요한 많은 양의 시간과 돈의 투자해야 하며, 학습에 대한 효과를 지지할 수 있는 증거자료가 부족하다는 점이다. 뿐만 아니라 가상 세계는 초보자들이 사용하기 어렵다는 점과 사용하기 어려운 키보드와 마우스 인터페이스도 학습자들의 동기를 저하시키는 단점으로 밝혀졌다. Second Life와 아바타 같은 3차원 세계 가상 세계와 같은 새로운 경험들을 학습자들이 그 경험을 상기시킬 수 있도록 도와줄 수는 있으나, 이것들이 오히려 정보에 대한 기억의 유지 및 학습 전이를 방해할 가능성도 있다. 업무현장 및 업무들이 모두 새로운 직원들에게는 가상 공간 속에서 혼란스러워하고 압도당할 가능성이 높기 때문에, 가상 세계에서의 학습은 이미 어느 정도 업무 경험이 있는 사람들에게 더 적합할 것으로 예상된다.

모바일 테크놀로지와 학습

모바일 테크놀로지는 학습이 언제 어디서나 일어날 수 있도록 해준다. 모바일 테크놀로지는

- 장치들 간, 혹은 장치와 인터넷 연결 간 물리적인 연결 없이도 데이터 전송을 가능하게 해주는 Wi-Fi와 블루투스와 같은 무선 전송 시스템을 가지고 있다.
- PDA, 스마트폰, 태블릿 컴퓨터, 아이팟, 아이패드, 전지구 위치 파악 시스템(global positioning system, GPS) 장치, 그리고 전파식별 칩(RFIDs)과 같은 모바일 장치를 가지고 있다.
- 오디오 파일, 워드 프로세싱, 스프레드 시트, 인터넷, 이메일, 문자메시지 등과 같은 소프트웨어를 포함하고 있다.

GPS와 RFID 장치들은 고객, 직원, 그리고 소유물 추적에 사용된다. 예를 들어, GPS 장치를 갖춘 차와 트럭은 어디에 운전자들이 위치해 있는지 파악할 수 있다. 화물 운송 회사들은 GPS를 사용하여 화물을 추적하여 이를 바탕으로 도착 예정일을 파악할 수 있다. RFID 칩은 상품들에 내장시켜 상품들의 이동을 파악하여 재고관리에 도움을 준다. 호텔에서는 고객들이 고객 서비스, 식사, 엔터테인먼트, 그리고 숙박 등 호텔에 관련된 정보를 어디에서나 접할 수 있도록 PDA와 같은 모바일 장치들을 제공하고 있다.

모바일 학습(mobile learning)은 스마트폰, 노트북, 넷북, 혹은 아이패드와 같은 모바일 장치를 사용하여 교육훈련을 제공하는 것을 의미한다. 모바일 학습은 형식적 그리고 비형식적 학습을 모두 포함시킬 수 있다. 모바일 장치에서 제공되는 이러닝 수업, 팟캐스트, 혹은 비디오등이 형식적인 학습에 포함된다. 트위터, 블로그, 혹은 페이스북을 통해서 다른 직원들 혹은 전문가들과 메시지를 주고 받으며 소통하는 것은 비형식적 학습에 포함된다. 직원들이 최신 정보를 쉽게 획득할 수 있고, 사후관리를 통해 학습전이를 향상시키는데 유용하며, 지속적인 출장 혹은 고객 응대 등으로 면대면 프로그램에 참석하기 힘든 임원 혹은 판매 직원과 같은 직원들에게 교육훈련을 제공해줄 수 있으며, 학습자들이 자신의 시간과 속도에 맞춰서 학습을 완료할 수 있다는 점들이 모바일 학습이 가진 장점이라고 할 수 있다. 모바일 장치를 통해서 RSS 피드, 유튜브와 같은 공유 미디어, 그리고 팟캐스트에 접근이 가능하다. 팟캐스트(podcast)는 RSS와 같은 소프트웨어를 사용해서 다양한 컨텐츠

를 제공하는 오디오 혹은 비디오 프로그램을 의미한다. 팟캐스트의 가장 효과적인 활용방법은 음악과 소리의 효과를 사용하여 사용자들의 상상력을 자극할 수 있는 이야기 기반의 내용을 제공하는 것이다. 팟캐스트는 인터뷰, 스토리, 혹은 역할극을 통해서 내용전문가들(SME)이 가진 전문지식을 공유하기에 매우 유용하다. 팟캐스트는 비용이 저렴할 뿐만 아니라 마이크, 오디오 소프트웨어가 구비된 컴퓨터, 이동식 디지털 녹음기, Skype 폰 녹음기, 헤드폰, 혹은 스피커를 가지고 컨텐츠를 만들어낼 수 있다. 팟캐스트의 장점은 학습자들이 아이폰, 아이패드, 그리고 노트북 컴퓨터와 같이 다양한 모바일 도구들을 사용하여 언제 어디서나 들을 수 있다는 점에 있다. 모바일 테크놀로지를 통해서 교육훈련과 학습이 근무시간 혹은 집에서 자연스럽게 발생할 수 있다. 뿐만 아니라, 모바일 장치를 통해서, 직원들은 학습 공동체와 연결될 수 있으며, 자신의 능력에 맞추어 자료들을 재검토 하거나 자신의 속도에 맞추어 학습이 가능하고, 이미 알고 있는 내용을 생략하고 지나갈 수 있게 해준다.

일부 기업들은 PDA를 교육훈련을 전달하는 주요 도구로 사용하거나 면대면 혹은 온라인 수업이 끝난 뒤, 사후관리 도구로 사용하고 있다. 안전제품 제작사 Tyco International Ltd.,는 서비스 기술자들이 PDA를 사용하여 서비스 순서를 관리하고, 점검을 실시하고, 견적서를 제작한다. Tyco는 PDA를 사용하여 판매 기술자들이 어떻게 절도범 알람 프로그램을 설정할 수 있는지 가르쳐주는 단기코스를 제공하기도 한다. 이 코스에는 알람 패널 모의훈련도 포함되어 있다. PDA를 사용한 학습은 Tyco 판매 기술자들에게 완벽한 방법이다. Tyco의 판매 기술자들을 계속적으로 출장을 다니고 서비스 요청에 응답하는 관계로 전통적인 교육훈련이나 온라인 학습에 참여할 시간이 거의 없기 때문이다. 뿐만 아니라, PDA는 특정 설비에서 발생한 문제를 어떻게 해결하는지, 불량 알람을 어떻게 제거하고 대체하는지 등과 같은 업무 지원 및 처리 가이드를 해주는 전자 업무 지원 시스템으로서의 역할도 하고 있다. 이전 교육훈련 자료들을 재검토한다고 하더라도 Tyco에서 200개가 넘는 설비 목록을 가지고 있기 때문에 기술자가 필수 절차 및 프로그래밍 관련 정보들을 모두 기억하기 어렵다는 점에서 PDA가 제공하는 지원 시스템으로서의 역할은 매우 중요하다.

사용의 편리함, 시각적이고 읽기 쉬운 디스플레이, 웹 연결 능력, 그리고 강력한 앱 유용성과 같이 아이패드와 같은 태블릿이 가지고 있는 장점들 때문에 많은 기업들이 태블릿을 교육훈련 도구로 사용하는 것을 고려하고 있다. 앱(Apps)은 스마트폰과 태블릿 컴퓨터를 위해서 특별히 제작된 어플리케이션을 의미한다. 앱은 주로 교육훈련을 보조 도구로 사용하거나, 교육훈련 순서 혹은 경로를 관리하기 위해 사용하거나, 직원들이 교육훈련 기록을 유지하는데 도움을 주기 위해 사용한다. 미 육군 전쟁 의료진 팀을 위해 제작된 앱은 출혈 통제와 같은 특정 의료 과정에 대한 자세한 정보를 제공한다. 미국 안과 학회(The American Optthalmological Society, AOS)는 지속적인 의학 교육 코스의 교육훈련의 보충 자료로서 앱을 이용하여 제공하고 있다. 제공되는 코스들은 온라인에서도 제공되지만, 학습에 대한 조언이나 테크닉들은 모바일 앱에서 제공되어진다.

일부 기업들은 앱을 주요 교육훈련 도구로 사용하기 시작했다. 앱에서 제공되는 교육훈련의 학습과 교육훈련 전이를 확인하기 위해서, 그들의 이목을 끄는 비디오, 스토리, 그리고 상호작용들 융합하여 학습자들의 관심을 사로잡을 수 있도록 앱을 제작하였다. 예를 들면, Coca-Cola는 동시에 여러 사람들이 게임에 참가할 수 있는 전자 장치를 사용하여 임원들의 팀 문제 해결에 대한 교육훈련을 진행하고 있다. Hilton Worldwide는 업무시간의 8%를 출장에 사용하여 교실 학습이 불가능한 고위 간부들에게 1,000개의 아이패드를 제공해 주었다. 테크놀로지 회사 SAP는 맞춤 제작한 앱과 비디오를 탑재한 1,500개의 아이패드를 직원들에게 제공하였으며, 2011년까지 추가 17,000개를 더 나누어줄 예정이다. 캐나다에서 숙련된 영업사원이 필요로 하는 기술은 중국에 막 입사한 신입 영업사원이 필요로 하는 기술과는 다른 것과 같이, SAP는 아이패드가 전 세계에 있는 영업사원들의 개인 맞춤형 학습을 촉진시키는데 도움을 줄 수 있기 때문에 아이패드를 사용하고 있다. Watson Pharmaceutical는 자신의 기업 대학을 위한 앱을 개발하여, 직원들이 아이패드에서 본 앱을 사용하여 비디와 제품 지식에 접근가능하도록 해주었다. Unisys Coporation은 직원들에게 이러닝과 모바일 버전의 규칙준수와 관련된 교육훈련 프로그램을 제공하고 있다. 1시간 30분의 이러닝 프로그램에 비해, 모바일 버전의 프로그램은 총 4개로 나누어진, 최대 20분까지 진행되는 교육 프로그램들로 구성되어 있다. 모바일 버전은 각 스크린당 적은 양의 내용이 들어가 있으며 비디오 사용을 제한하였다. Unisys는 또한, 이러닝 혹은 면대면 교육 프로그램의 견본들을 모바일 장치를 통해서 보여줌으로써 학습자들이 다른 교육프로그램에도 참여하도록 유도하고 있다. 방위 산업체인 Northrop Grumman는 컴퓨터의 마더보드처럼 생긴 사용자 인터페이스를 사용하여 정보 기술 보안에 대해 사용자들의 교육하는 태블릿과 아이패드용 게임을 개발하였다. 학습자들은 자신의 트럭으로 게임 보드를 돌아다니면서 정보 기술 보안에 대한 질문들을 제공받게 된다. 모든 질문들에 대해서 정확하게 대답을 하게 되면 논리 폭탄, 악성코드, 그리고 트로이 목마들을 격추시키는 액션게임을 할 수 있는 기회를 얻게 된다.

모바일 학습이 더 효과적이기 위해서는 학습시간이 짧아야 하며, 사용하기 용이해야 하며, 사용자들에게 의미있는 것이어야 한다. 한 추정치에 따르면, 화면이 일반적으로 작은 모바일 장치들을 볼 때, 사용자들의 주의 지속 시간은 한정되고 오랫동안 학습하기가 힘들기 때문에 강좌의 시간이 10분이 넘어서는 안 된다고 한다. 그리고 화면을 배치할 때, 그래픽을 사용하거나 혹은 아예 사용하지 않아야 한다. 대역폭의 제한으로 이미지를 다운 받는 시간이 길어질 수 있기에 오직 강의 내용과 관련된 이미지들만을 사용해야 한다. 또한, 사용자들이 수평으로 혹은 수직으로 화면을 스크롤할 필요없이 내용을 볼 수 있도록 이미지의 크기를 바꿀 수 있도록 해야 한다. 화면 크기, 웹 브라우저, 그리고 모바일 작동 시스템 등과 같은 기술적인 요구사항에 대해서 고려해야 할 뿐만 아니라, 플래시, 자바(Java), 그리고 PDF와 같은 플러그인 사용 가능성에 대해서도 고려해야 한다. 그리고 단순히 기존 강의를 디지털화시켜 직원들에게 모바일로 분배하는 리퍼포징한 강의들은 학습을 촉진할 수 없을 것이다. 예를 들면, Capital One은 전화로 질문을 받고 이에 대해 답을 라디오 진행자가 해주는 형식의 전화질문 가상 라디오 쇼를 만들어서 즐겁고 흥미롭게 배울 수 있는 오디오 학습환경을 창조하였다. 이러닝이 그랬던 것처럼, 만약 면대면 상호작용뿐만 아니라 오디오 학습을 포함시킨 블렌디드 학습의 한 부분으로 모바일 테크놀로지를 사용한다면, 해당 모바일 학습이 아마도 가장 효과적일 것이다.

지능형 튜터링 시스템

지능형 튜터링 시스템(Intelligent Tutoring system, ITS)은 인공지능을 사용한 교수 시스템이다. ITS 환경은 튜터링, 코칭, 그리고 권한 부여와 같이 세 가지 유형으로 구성되어 있다. 튜터링은 해당 내용에 대한 학습자의 이해를 높이기 위한 구조화된 접근방법을 의미한다. 코칭은 학습자들에게 인공적인 환경에서 기술을 연마할 수 있는는 유연성을 제공해준다. 권한부여는 교육훈련 프로그램의 내용물을 자유롭게 탐색할 수 있는 학습자의 능력을 의미한다. 〈그림 8.4〉에서 제시한 것과 같이 ITS는 5개의 구성요소를 가지고 있다. ITS는 해당 내용물에 대한 정보와 학습자의 지식 수준에 대한 기대치 정보를 보유하고 있다.

ITS는 아래와 같이 여러 면에서 다른 새로운 교육훈련 테크놀로지와 구별된다.

- ITS는 학습자 개개인이 가진 요구에 맞추어 수업을 제공할 수 있는 능력을 가지고 있다.
- ITS는 학습자와 의사소통을 할 수 있으며 이들에 요청에 응할 수 있다.
- ITS는 학습자의 학습 과정을 모형화시킬 수 있다.

그림 8.4 ITS 구성요소

출처: D. Steele-Johnson and B. G. Hyde, "Advanced Technologies in Training: Intelligent Tutoring Systems and Virtual Reality," In *Training for a Rapidly Changing Workplace*, ed. M. A. Quinones and A. Ehrenstein(Washingtin, D.C: American Psychological Association, 1997): 225-248.

- ITS는 학습자의 이전 성과를 바탕으로 어떠한 정보를 제공할지 결정할 수 있다.
- ITS는 학습자의 이해 수준을 결정할 수 있다.
- ITS는 자기평가를 끝마쳐 이를 바탕으로 수업방법을 수정할 수 있다.

ITS는 미국 항공 우주국(National Aeronautics and Space Administration, NASA)에서 우주 비행사를 훈련시키는데 사용되고 있다. 예를 들면, 원격 기동 시스템 ITS는 우주비행사들에게 어떻게 로봇 팔을 우주 왕복선에서 사용해야 하는지 가르쳐 주는데 사용된다. 우주비행사들은 탑재화물 고정과 관련된 업무들 및 절차들을 완성하는 것을 배워야 한다. 각 우주비행사 개개인에 맞추어 ITS에서 과정을 제작한다. 피드백은 각 우주비행사의 업무 학습 성공 및 실패 패턴에 맞추어 제공된다. 시스템은 각각의 우주 비행사를 위한 학습자 성과 자료들을 기록하고, 학습자의 이해도에 대한 결정을 내리며, 이러한 결정들을 바탕으로 적절한 피드백을 제공해준다.

원격 학습

원격 학습(distance learning)은 지리적으로 분산되어 있는 기업들의 직원들에게 새로운 제품, 정책, 혹은 절차 등에 대한 정보를 제공할 때뿐만 아니라, 교육훈련과 전문가 강연을 현장에 전달할 때도 사용되어진다. 원격학습은 애니메이션 및 비디오 영상들을 사용 가능한 가상 교실수업, 강사와 학습자가 참가 가능한 오디오 토론, 컴퓨터 소프트웨어 어플리케이션 공유, 즉각적인 여론조사 테크놀로지를 통한 상호작용, 그리고 화이트보드 기록 도구 등을 포함한다. 원격 학습은 사람들 간의 쌍방향 의사소통이라는 특징을 가지고 있으며, 이를 위해 최근 두 가지 종류의 테크놀로지를 사용하고 있다. 첫 번째 테크놀로지는 화상회의다. 화상회의(teleconferencing)는 두 군데 혹은 그 이상 다른 장소들에 위치해 있는 두 사람 혹은 그 이상 사람들 혹은 그룹 간의 동기식 오디오, 비디오, 그리고 글의 교환을 의미한다. 학습자는 전화기나 컴퓨터를 사용하여 자신과 다른 공간에 있는 강사 및 다른 학습자들과 함께 교육 프로그램에 참여할 수 있다. 두 번째 원격 학습의 종류는 개인용 컴퓨터 기반으로 한 훈련교육이다. 직원들은 어디서든지 개인용 컴퓨터를 사용 가능한 곳에서 교육훈련에 참여하게 된다. 웹 기반 교육훈련과 같이 다양한 매체를 사용한 교육훈련 방법들도 이 종류에 포함된다. 회사의 인트라넷, 비디오, 혹은 CD-ROM을 사용하여 수업 자료와 과제들이 배분될 수 있다. 학습자와 강사들은 이메일, 게시판, 그리고 회의 시스템을 사용하여 상호작용이 가능하다.

일반적으로 회상회의에서는 전화연결도 함께 가능하기 때문에, 발표를 보고 있는 학습자들이 강사에게 질문을 하거나 자신의 견해를 밝힐 수 있도록 해준다. 또한, 위성망을 통해서 직원들이 학점을 따거나 직업 자격증을 딸 수 있는 특정한 산업관련 혹은 교육관련 수업들을 직원들에게 제공해주고 있다. IBM, Hewlett-Packard, 그리고 Milliken. Corporation의 많은 기업들이 기술직원들이 대학원 이상의 공학관련 학위를 따기 위해서 필요한 수업들을 전미에 방송해주는 National Technological 대학(현재는 Walden 대학에 소속되어 있음)에 가입해 있다.

가상 교실(virtual classroom)은 컴퓨터와 인터넷을 사용하여 지리적으로 분산되어 있는 직원들에게 제공되는 강사들이 주도하는 교육훈련 프로그램이다. 가상 교실의 잠재적인 장점은 비용 절약과 편리성에 있다. 지리적으로 분산되어 있는 직원들을 일주일에 몇 시간씩 다 가상 교실에 모이도록 하여 함께 교육을 받도록 할 수 있고, 필요에 따라서 내용 전문가들 또한 가상 교실에 초대할 수 있다. 하지만 가상 교실을 사용하는 교육훈련은 강사를 통해 이루어지는 면대면 교육훈련과 동일한 효과를 보이지는 않는다. 효과적인 가상 교실을 개발하기 위해 고려해야 할 지침사항들은 아래와 같다.

- 짧은 학습 모듈을 제작하고 학습한 내용을 업무에 적용할 수 있는 과제를 제공해야 한다.
- 전화 참여 라디오 프로그램을 본떠서 만든 프로그램 등과 같이 쌍방향적이고 흥미로운 학습이 가능하도록 해야 한다.
- 비디오 혹은 오디오와 같은 매체를 포함해야 한다.
- 한 강의에 25명 이하로 학습자의 수를 제한해야 한다.
- 온라인 회의, 이메일, 토론방, 게시판, 그리고 블로그와 같이 여러 가지 방법을 사용하여 학습자들이 서로서로 그리고 강사와 상호작용할 수 있도록 해주어야 한다.

동적 원격 학습(Interactive distance learning, IDL)은 위성 기술을 사용하여 다른 위치에서 교육훈련 프로그램을 방송하고, 교육훈련 프로그램에 참가하는 동안에 학습자들이 키패드를 사용하여 게시되는 질문에 응답할 수 있는 가장 최신 원격 학습을 의미한다. IDL은 여러 다른 위치에 직원들이 분산되어 있고 컴퓨터나 온라인 접근이 어려운 직원들을 가진 기업들이 사용한다. IDL은 서로 다른 위치에 있는 직원들이 그저 읽고 듣는 것 대신에, 어떻게 작동하고 일이 이루어지는지 알려주는 행동을 직접 관찰할 수 있도록 해준다. 예를 들면, JCPenny Company는 모든 직원들에게 도달할 수 있도록, 원격 학습을 사용하여 매년 200개 서로 다른 IDL 프로그램을 제작하고 있다. 각 매장에는 최대 20명의 직원들이 시청한 프로그램을 큰 텔레비전 화면을 통해서 시청할 수 있도록 해주는 교육훈련 방을 갖추고 있다. 각 직원들은 프로그램에서 상호작용할 수 있도록 개개인에게 키패드가 제공되어진다. 직원들은 위성을 통한 생방송을 시청하거나 비디오 테이프를 이용하여 나중에 프로그램을 따로 시청할 수 있다. 생방송으로 프로그램을 시청하든지 비디오 테이프를 사용하여 프로그램을 시청하는지 관계없이 직원들은 "당신의 매장에서 여성용 속옷은 몇 평방피트의 규모를 사용하여 전시되어 있는가?" 등과 같은 질문에 대답해야 한다. 프로그램이 끝난 이후, 관리자와 직원은 얼마나 많은 매장들이 해당 질문에 대답했는지에 대한 보고서를 볼 수 있다. 현재까지 동적 원격 학습 프로그램에 대한 평가는 긍정적이다. IDL를 통해서 JCPenny는 회사 전직원에게 교육훈련을 전달할 수 있게 되었고 직원의 86%는 업무를 효과적으로 수행하는데 있어 꼭 필요한 교육훈련이었다고 응답했다.

원격 학습의 장점은 기업이 여행 경비를 절약할 수 있다는 점이다. 뿐만 아니라, 원격 학습은 전문가들이 해당 장소로 이동하지 않고서도 여러 지역에 분산되어 있는 직원들에게 교육훈련을 제공할 수 있도록 해주었다. Intuit는 전통적인 교실수업 환경이 소프트웨어를 소개하고 학습자들에게 네트워크를 쌓을 수 있는 기회를 주는데 있어서 효과적이라는 것을 발견하였다. 가상 교실을 통한 교육훈련은 시범 설명, 응용 프로그램 공유를 사용한 문제해결 등과 같은 특별한 소프트웨어 특징에 대한 교육을 위해 사용되어지고 있다. General Mills은 현장에서 수업을 제공하는 것이 비용 효과적이지 않은 작은 공장에서 가상 교실을 제공하고 있다. 직원들은 상품관련 특정 지식(예: 곡물생산), 일반적인 기술(예: 식품화학), 그리고 기능관련 특정 지식(예: 정비) 등과 같은 강의들을 들을 수 있다. FileNeT Coporation은 판매직원들이 새로운 소프트웨어와 소프트웨어 업데이트에 관한 최신 정보를 따라갈 수 있도록 할지에 대하여 고민하였다. FileNeT은 자기조절 온라인 학습을 시도했으나 판매직원들이 새로운 상품에 대한 많은 정보들을 웹에서 읽는 것을 좋아하지 않는다는 것을 발견하게 되었다. 온라인 수업의 등록률은 점점 줄어들었으며, 교육훈련 부서와 일대일의 지원을 받기를 원한다는 요구가 쇄도하기 시작했다. 이 문제를 해결하기 위해서, 회사는 인터넷 방송을 실시하기로 결정했다. 인터넷 방송(webcasting or web conference)은 온라인을 통해서 제공되는 생방송 강의를 의미한다. 일 년에 두 번 열리는 판매 회의에서 제공되는 주입식 교육훈련 대신, 인터넷 방송을 통해서 한 해에 걸쳐서 교육훈련 나누어 받을 수 있도록 해주었다. 또한, 인터넷 방송은 모든 판매 직원들이 동일한 정보를 제공받았는지 확인하는데 도움을 주었다. 시기적절한 정보들을 제공할 수 있고, 다른 직원들과 대화를 할 수 있도록 도와준다는 점에서 판매직원들은 인터넷 방송을 마음에 선호하였다. 참여자들이 방송 중간에 질문을 할 수도 있어 인기가 많았다. 여전히 FileNeT이 제공하는 훈련의 80%는 강의실 교육훈련으로 아직은 인터넷 방송이 면대면 교육훈련을 대체할 수는 없다. 하지만 이것은 90%에서 줄어든 비율이다. 회사는 매년 두 번씩 진행되는 판매 회의를 인터넷 방송으로 대체하면서 매년 50만 달러에 달하는 비용을 절감하였다.

원격 학습의 주요 단점으로 참여자와 강사의 부족한 상호작용, 테크놀로지 실패, 그리고 준비되지 않은 학습자를 들 수 있다. 지리적으로 분산되어 있는 직원들에게 강의를 생방송으로 전달함으로써, 긍정적인 학습의 특징인 학습자들 간, 혹은 학습자와 강사 사이에서 발생하는 높은 수준의 상호작용이 원격 학습에서는 빠져 있는 것이다. 이것은 학습과 교육훈련 전이에 대한 한계를 가지고 있는 전통적인 강의식 수업을 새로운 테크놀로지를 사용하여 리퍼포징한 것이기 때문이다. 원격 학습환경에서는 학습자들이 몰두할 수 있도록 온라인 수업을 60분에서 90분 사이로 제한시키고, 이들이 몰두할 수 있는 관련 시청각자료들을 사용해야 하며, 학습자들이 투표 장치들을 사용하여 참여가 가능해야 하며, 작은 단위의 그룹으로 구성된 토론방 및 프로젝트를 제공해주어야 한다. 그럼 각 그룹의 대변인으로 지정된 사람이 그룹에서 나온 아이디어에 대해 소통하고 요약해줄 수 있다. 그리고 날씨 문제 및 위성관련 결함으로 인해서 학습자와 강사들 사이의 연결이 단절되거나 비디오 혹은 다른 매체들이 들어간 발표를 보여주기 힘들게 되는 상황들이 발생할 수 있다. 강사의 입장에서 눈앞에 보이지 않는 다른 공간에 있는 학습자들을 대상으로 이야기하는 것은 어려운 일이므로, 강사는 사전에 원격 전달에 대해서 준비를 해두는 것이 필요하다. 예를 들면, 테크놀로지에 익숙한 제작자가 강사와 함께 일하면서, 교육훈련이 전달되는 시간 동안 학습을 촉진시킬 수 있도록 도와주는 것이다.

훈련을 지원하는 테크놀로지

전문가 시스템, 그룹웨어(groupware), 그리고 전자 지원 시스템과 같은 테크놀로지들은 훈련에 대한 노력을 지원하기 위해서 사용되어진다. 훈련 지원이란 훈련에 참석하지 못하는 직원들에게도 이를 이용할 수 있도록, 테크놀로지를 통해 훈련 내용들을 재생산할 수 있도록 도와주는 것을 의미한다. 또한, 테크놀로지를 통해서 필요에 따라 직원들에게 정보와 의사결정 규칙들을 제공하는 것도 훈련 지원의 의미에 포함된다. 이러한 테크놀로지들은 직원들의 업무 환경에서 접속이 가능하다.

〈표 8.9〉는 언제 훈련지원 테크놀로지들이 가장 필요로 하는지에 대해서 설명하고 있다. 이 테이블에서 제시하고 있는 많은 상황들은 교육훈련의 전이를 방해하는 업무의 특성 혹은 환경에 관한 요소들이다. 직원들이 자신의 관리자와 조금 떨어진 거리에서 업무를 할

표 8.9 훈련 지원 테크놀로지가 가장 필요한 상태

- 드물게 수행하는 업무.
- 오래 걸리고, 난이도가 높고, 많은 정보가 필요한 업무.
- 실수로 인해 미칠 피해의 규모가 큰 경우.
- 지속적으로 변하는 지식, 절차, 혹은 접근 방식들에 대한 의존이 큰 업무를 수행해야 하는 경우.
- 높은 직원 이직률.
- 교육훈련에 사용 가능한 시간이 거의 없거나 교육훈련을 위한 자원이 부족한 경우.
- 직원들이 학습과 업무 수행에 대한 모든 책임을 가지기를 기대하는 경우.

출처: A. Rossett, "Job Aids and Electronic Performance Support System," In *The ASTD Training and Development Handbook*, 4th ed., ed. R. I. Craig(New York: McGraw-Hill, 1996): 554-577.

경우, 관리자는 직원들에게 연락하기 쉽지 않고, 직원들이 업무를 위해 필요로 하는 특정 전문지식을 관리자로부터 제공 받기 어렵다. 이러한 상황들은 직원들이 업무를 하면서 발생하는 문제에 대한 해결책을 찾기 어렵게 만든다. 교육훈련 지원 테크놀로지들은 직원들이 교육훈련의 내용을 업무환경에 일반화시킬 수 있도록 도와줄 뿐만 아니라, 교육훈련에서 다루지 않았던 새로운 정보도 전달해줌으로써 교육훈련의 전이를 지원한다.

전문가 시스템

전문가 시스템(expert system)은 전문가의 지식을 정리하고 해당 지식을 특정 문제에 적용하는 테크놀로지(일반적으로 소프트웨어)를 의미한다. 전문가 시스템은 아래와 같이 3개의 요소로 구성되어 있다.

1. 특정 주제에 대한 사실, 도표, 그리고 규칙을 포함하고 있는 지식 기반.
2. 질의 응답 및 문제 해결을 위해 지식기반에서 제공되는 사실과 도표들을 바탕으로 결론을 이끌어내는 전문가의 추론능력을 모방한 의사결정 능력.
3. 시스템을 사용하는 사람들에게 정보를 모아 제공해주는 사용자 인터페이스.

전문가 시스템은 직원들이 현재 자신이 가진 지식이나 기술을 넘어서는 문제나 의사결정 상황에 직면했다고 느꼈을 때, 참조하게 하는 지원 도구로서 사용된다. 예를 들면, 한 대형 글로벌 식품 가공업체는 공장 직원들에게 교육훈련과 업무지원을 제공하기 위해 제작된 Performer라는 부르는 전문가 시스템을 사용하고 있다. 이 회사가 당면하고 있는 문제 중 하나는 왜 튀김장치에서 감자칩이 타는지 확인하는 것이었다. 기계를 작동하는 한 직원이 이 문제를 Performer를 사용하여 해결했다. 그는 문제해결 메뉴로 들어가 제품 질감 및 맛 메뉴로 접속한 뒤, 오일 맛 제거를 선택하자 Performer에서 유력한 원인들을 열거하였다. 그 직원은 제시된 원인들 중에서 감자를 튀기는 동안 발생하는 높은 수준의 산화작용을 선택하자, 시스템은 이를 해결하기 위해 필요한 진행 절차에 대한 자세한 단계별 정보를 제공해주면서 조리 라인의 오일 세척을 조절하라고 권하였다. 결국, 시스템에서 권한 방법을 바탕으로 그 문제를 해결할 수 있었다.

비록 전문가 시스템이 교육훈련을 지원하는 테크놀로지로 논의되었지만, 본 시스템은 교육 전달 방법으로도 사용이 가능하다. 전문가 시스템은 또한 전문가의 의사결정 규칙에 대해서 훈련시킬 때 사용할 수 있다. 예를 들면, 한 증권회사가 고객들에게 제공하기 위한 개발한 상품들의 수가 극적으로 증가하고 있었다. 영업 직원들은 이렇게 증가한 상품들을 고객들에게 소개하고 판매하기 위해서 준비의 필요성이 증가하게 되었다. 이 회사는 최고의 영업인들이 사용하는 최고의 영업인들이 사용하는 판매절차를 기록할 수 있는 전문가 시스템을 개발하였다. 웹 기반의 전문가 시스템은 각 증권 상품에 대한 정보를 제공할 뿐만 아니라, 판매직원이 입력한 고객에 대한 정보를 바탕으로 영업 직원들에게 어떠한 정보가 고객으로부터 추가적으로 필요한지, 또 전문가 논리를 사용하여 해당 고객에게 새 상품을 소개할 수 있는 기회들을 찾아준다(전문가 시스템은 특정 고객의 특성이 일반적인 고객 특성들 일치하거나 비슷한지에 대해서 대조시켜 볼 수 있다).

전문가 시스템은 고품질의 정보를 낮은 비용으로 제공할 수 있게 해준다. 전문가의 의사결정 절차를 이용함으로써, 시스템은 많은 사람들이 전문가의 지식을 바탕으로 한 의사결정에 도달할 수 있도록 해준다. 전문가 시스템은 업무 피로 혹은 의사결정에 관련된 편견으로 인해 발생할 수 있는 실수를 피할 수 있도록 도와준다. 회사에서 요구하는 수준보다 낮은 수준의 기술을 가진, 혹은 숙련되지 않은 직원들을 대상으로 이 시스템을 사용할 경우, 전문가 시스템의 효율성의 정도를 확인할 수 있을 것이다.

전자 성과 지원 시스템

전자 성과 지원 시스템(Electronic performance support system, EPSS)은 직원 개개인이 최대한 빠르고 타인에게 최소의 지원을 받아서 회사에서 요구되는 수준의 성과를 달성할 수 있도록, 개인 혹은 회사의 지적 자산들을 파악하고, 저장하고, 분배할 수 있도록 제작된 전자 기반 시설을 의미한다. EPSS는 개개인의 업무를 지원하기 위해 필요로 하는 모든 소프트웨어들을 의미한다. 이것은 지적 자산들을 개별적으로 분리하여 저장하기 보다는 하나의 인터페이스에 통합시킨 것이다. 예를 들면, 회사 정책에 대한 정보들도 개별적으로 온라인 문서로 저장하기보다는, 시스템 내의 대화상자에서 확인할 수 있도록 해두었다. 전형적인 EPSS는 하기와 같은 역할들을 포함하고 있다.

- 업무를 자동화하고 업무량을 경감하도록 도와주는 보조인
- 업무관련 특정 정보를 제공해주는 도서관 사서
- 사용자들에게 과정을 단계별로 안내해주는 선생님
- 전문가의 조언을 제공해주는 조언자

5장, "프로그램 디자인"에서는 EPSS를 교육훈련 전이를 도와주는 방법으로 논의했었다. 뿐만 아니라 EPSS는 교육훈련 대신으로 사용이 가능하다. Microsoft의 Office 소프트웨어에서는 사용자가 수행하려고 하는 업무를 인지하고 관련된 정보를 제공해주는 도움말 기능 "마법사"를 제공하고 있다. Sephora와 JCPenney에서는 직원들에게 아이패드를 제공함으로써 상품 참고서(성과 지원 도구)로 사용할 수 있도록 하고 있다. 뉴스 및 금융 정보 기업, Reuters의 금융 시스템 정보 및 데이터에 대한 거래업무를 맡고 있는 직원들은 교육훈련에 참여할 시간이 없기 때문에, 필요할 때마다 자신들이 가지고 있는 질문에 대한 대답을 구할 수 있는 방법이 필요했다. 얼마나 많은 금융 거래자들이 Reuters에 대한 정보와 시스템에 접속했는지, 그리고 어떻게 거래소에서 Reuters의 테크놀로지를 설치할 수 있는지 등이 전형적인 질문들에 속한다. Reuters는 EPSS를 구입하여 직원들이 업무를 수행할 때, 도움말 기능이 그들의 컴퓨터 화면에 나타나도록 제작하였다. 도움말은 사용자 등록과 같이 업무처리 과정에 요구되는 절차들에 대한 질문에 답변을 제공해준다.

EPSS를 교육훈련의 대체물로 사용하기 위해서는 직원들에게 요구되는 직무와 그들이 직면하는 문제들이 지식, 기술, 학습으로 통해서 얻을 수 있는 능력과 관련된 것인지, 그리고 EPSS를 통해 주기적인 지원이 충분히 제공될 수 있는지 반드시 확인해야 한다.

학습 관리 시스템: 훈련의 전달, 지원, 그리고 운영을 위한 시스템

학습 관리 시스템(LMS)는 기업의 훈련 프로그램의 운영, 개발, 그리고 전달을 모두 자동화시킬 수 있도록 해주는 테크놀로지 플랫폼을 의미한다. LMS는 직원, 관리자, 그리고 강사에게 학습한 내용들을 관리, 전달, 그리고 추적할 수 있도록 해준다. LMS의 특성 중 일부는 〈표 8.10〉에서 제시되어 있다. LMS의 최근 개발사항들은 사용자들에게 교육훈련 수업, 회사에서 해당 주제 전문가로 인정받고 있는 전문가의 연락처에 대한 정보들을 데이터베이스와 사내 인트라넷에서 동시에 모두 검색할 수 있는 능력을 제공할 뿐만 아니라, 자격증관련 혹은 특정 주제에 관한 교육훈련에 대한 정보를 한 번에 등록할 수 있도록 해준다. 또한 LMS를 통해 학습한 기술과 윤리 규범을 직원들이 준수하고 있는지도 확인할 수 있도록 해준다.

LMS가 더욱 유명해지고 있는 데에는 몇 가지 이유가 있다. LMS는 교육훈련과 관련된 출장 및 다른 경비들을 삭감시켜 주고 프로그램을 마치는 데 걸리는 시간을 줄여주며, 직원들의 교육 접근성을 높여주며, 프로그램 완료 및 수업 등록과 관련된 정보를 추적할 수 있는

표 8.10 LMS의 특성

학습자 관리	• 학습자의 진척도와 활동을 추적하고 보고
교육훈련 행사 및 자원 관리 보고	• 카탈로그에 코스들과 학습 행사들을 정리 • 교실, 강사 등과 같은 수업관련 자원에 대한 관리 및 추적 • 운용자와 학생들 간의 의사소통을 지원
온라인 코스 기반 시설	• 온라인 코스 전달 • 학습자 등록 및 추적
편집 지원 프로그램	• 새로운 코스들의 제작 • 코스들의 일관성 촉진
기술 평가	• 평가 시험 제작, 편집, 배분, 그리고 전달 • 학습자들의 성취 검토
전문성 개발 관리	• 학습자의 직무와 역할을 바탕으로 학습 목표에 대한 학습자의 학습 현황 대한 비교 및 추적
지식 기반	• 학습 참고서에 링크들을 통합하여 제공함으로써 온라인 학습을 보조
개인화	• 목표로 삼은 코스들, 자료, 그리고 이메일들을 사용하여 학습자가 학습에 몰두할 수 있도록 함

출처: "Learning management systems: An exeutive summary," *Training* (March 2002): 4.

운영 능력 또한 제공해주고 있기 때문이다. LMS는 기업들이 사내에서 발생하는 모든 학습 활동들에 대한 추적을 가능하게 해준다. 전 세계에 문서 및 배송 센터를 가지고 있으며, 20,000명이 넘는 사람들을 고용하고 있는 FedEx Office를 그 대표적인 예로 들 수 있다. FedEx에 있는 LMS는 각 직원들만을 위한 개별화된 교육훈련을 제공하고, 수업 일정을 잡아주며, 직원의 발전 친적도를 추적하며, 교육학습 교육과정 및 전달의 전반에 대해서 관리해주는 소프트웨어 패키지를 포함하고 있다. 직원들은 자신의 개인용 컴퓨터를 통해서 자신의 개인 학습 계획에 접속할 수 있다. 개별 학습 계획은 각 직원들이 맡고 있는 업무, 그들의 관리자의 요구사항, 그리고 자신의 개인적 관심사를 바탕으로 세울 수 있다.

소형 기업들도 판매회사 고용하여 시스템을 운영하고, 하드웨어를 정비하고, 보안 및 개선 작업을 처리하게 함으로써 LMS의 장점들을 이용할 수 있다. 이러한 방법을 통해서 소형기업들은 기존의 교육훈련 직원의 부족으로 제공할 수 없었던 교육훈련과 개발의 기회를 직원들에게 제공할 수 있다. 텍사스에 본사를 둔 신용조합, GECU는 LMS를 사용하여 기준 교육훈련 직원들의 학습 관리, 전달, 그리고 평가 능력을 향상시키는데 사용하였다. LMS를 사용하기 전, 전문가 개발을 위해 제공할 수 있는 프로그램이 몇 개에 불과했었다. LMS를 통해서 GECU는 전 직원을 위한 경력개발 코스를 제공할 수 있게 되었다.

왜 LMS를 개발해야 하는가?

학습 활동을 추적하는 것은 인적자원관리에 매우 중요하다. 인적자원관리(human

capital management)는 얼마나 많은 비용들이 교육에 사용되고, 이렇게 사용된 비용들이 어떻게 기업의 사업 이익으로 전환되는지 밝혀내기 위해서, 교육훈련과 인적자원의 모든 기능들을 통합시키는 것을 의미한다. 기업들이 LMS를 사용하는 주된 이유는 학습활동 관리를 중앙 집권화시키고, 규제를 준수하는지 추적할 수 있으며, 교육훈련 사용 정도와 직원의 성과를 측정할 수 있게 해주기 때문이다. 전체 기업의 38%가 LMS와 인적자원 정보시스템을 통합했다고 응답했다.

또한, LMS는 주, 미 연방, 혹은 전문가 집단에서 요구되는 규정에 부합하기 위해서 마쳐야 하는 수업들을 몇 명의 직원들이 완료하였는지 추적할 수 있는 중요한 역할도 한다. 이러한 코스들은 재정건전, 건강 및 안전, 환경보호, 그리고 직원들의 권리 등과 같은 광범위한 주제들을 다룬다. 예를 들어, 다양한 규정들에 따라 기업들은 직원들이 성희롱 혹은 방어 운전법에 대한 교육을 제공해야 하며, 직원들이 이를 완료했다는 것을 증명해야 한다. 금융 서비스업계, 정유업계, 그리고 제약업계 등과 같이 영리 단체에서 일을 하는 직원들뿐만 아니라 정부기관, 병원 등과 같은 비영리 단체에 소속된 직원들도 모두 완료하도록 요구되는 특정 강의들이 있다. Gunderson Lutheran Health System은 병원, 지역사회에 기반을 둔 클리닉, 양로원, 자택 요양, 약국, 구급차 서비스, 정신 건강 서비스, 그리고 안과센터를 모두 포함하고 있다. 본 시스템에 포함되는 곳에서 근무를 하는 직원들은 국가 기준을 따라 제공되는 환자의 사생활 보호와 관련된 수업들을 들어야 하며, 안전 및 건강한 업무환경 제공과 관련된 수업들도 들어야 한다. Gunderson은 LMS를 개발하여 이를 통해 필수 과목과 다른 과목들을 모두 제공하고 있다. 직원들은 본인의 사무실에 설치된 업무용 컴퓨터, 컴퓨터실, 혹은 건강 과학 도서관을 통해서 LMS에 접속할 수 있다. Gunderson은 LMS에서 제공하는 많은 혜택들에 대해서 깨달았다. lMS는 직원들이 의무적으로 들어야 하는 수업에 들이는 시간이 줄어들도록 해주었다(교실에서는 2시간이 걸리는 안전 교육이 지금은 20분만에 들을 수 있게 되었다). 온라인 수업은 직원들은 자신의 업무 스케줄에 맞추어 학습할 수 있는 유연성을 제공해주었다. 예를 들면, 간호사들은 환자가 방문했을 때, 듣고 있던 수업을 잠시 멈추고 업무를 볼 수 있고, 환자와의 업무가 마무리되면 다시 자리로 돌아와 정지시켰던 부분에서 연결하여 계속적으로 수업을 들을 수 있다. 온라인 과목들은 교실에서 학습할 때보다 더 많은 연습 문제, 평가, 그리고 역할극과 같은 활동들을 할 수 있도록 해줌으로써, 더 높은 수준의 상호작용을 제공해준다. 또한, 이러한 높은 수준의 상호작용은 학습자의 학습에 대한 관심을 유지할 수 있도록 도와준다. LMS가 개발한 이후, 학습에 대한 요구들이 증가하게 됨으로써, 많은 부서들이 기존 교실에서 제공되던 수업들을 온라인 수업으로 전환시켜 주기를 바라고 있다.

LMS는 기업들이 어디에 실력의 격차가 존재하는지 등과 같은 정보를 바탕으로 자신들의 직원들의 강점과 약점에 대해서 이해할 수 있도록 도와준다. 또한, LMS는 직원들의 업무관련 약점을 강화시키기 위한 학습 기회를 알아내기 위해서 성과 관리 혹은 직원 개발 시스템 등과 같은 다른 인적자원 시스템과 연결이 가능하다. Turner Construction은 역량 모델을 가지고 있는데, 본 역량 모델은 기업 내 직업을 9개의 직종으로 나누어져 있으며, 각 직종에서는 고위 관리팀, 운영 및 사무직, 그리고 관리자 등과 같이 직위별 분류되어 있다. 직원들은 자신이 속한 직종과 직위에 따라 자신의 능력에 대한 온라인 성과 평가를 제공받게 된다. 성과 관리 시스템은 회사의 LMS와 연결되어 있다. LMS는 직원들의 약점을 분석하고, 해당 능력을 향상시켜 줄 수 있는 과목들을 제공해준다. LMS 시스템은 Turner Construction이 전 직위별, 업종별, 혹은 사업 부문별로 발생하는 기술의 격차 알아낼 수 있도록 해주었다. LMS에서 밝혀낸 결과들은 새로운 과목을 개발하기 위해서, 자금을 어디에 분배해야 할지 결정하는데 사용되어질 수 있다.

LMS 개발

어떻게 회사에서 LMS를 개발하는가? 첫째, 고위 경영진들이 LMS가 직원들에게 혜택을 제공하고, 사업의 기능을 향상시키고, 전체 사업 전략과 목표에 공헌할 수 있다는 것에 대해 확신해야 한다.

둘째, LMS를 개발하기 원하는 기업은 온라인 학습과 직원들의 참여를 권장하는 이러닝 문화를 가지고 있어야 한다. 셋째, 온라인 학습환경은 학습자의 통제하에 있어야 한다. 단지 학습자들에게 무엇을 언제 학습할지에 대한 선택권만을 주는 것이 아니라, 학습(실습, 피드백, 다양한 감각의 자극 등)에 참여할 것인지에 대한 결정권도 함께 주어야 한다.

LMS가 제공하는 효과를 최대화시키기 위해서는 LMS를 인재 관리 시스템과 통합시켜야 한다. 시스템들 간의 인터페이스에서는 사업 부서, 지리적 위치, 그리고 직책 등과 같은 기본적인 직원정보를 제공해주어야 한다. 직원들이 어떠한 과목들을 마쳤으며, 어떠한 과목들을 마칠 수 있는지에 대한 정보들도 LMS에 저장되어 있어야 한다. VCA Animal Hospitals, Vanguard, 그리고 Gales Residential의 LMS는 그들의 사업에 공헌했을 뿐만 아니라, 교육훈련에 대한 직원들의 참여를 장려하고 인재 관리 관행 및 시스템을 통합시켰다. VCA Animal Hospitals은 지리적으로 널리 퍼진 13,000명의 직원들이 40개 주에서 500개의 동물 병원에서 일을 하고 있다. 마이크로소프트의 파워포인트와 녹음된 나레이션을 기반으로 제작된 교육훈련에 의존하고 있었으나, VCA Animal Hospitals은 그들의 강의 질을 높여야 함을 인지하였다. VCA Animal Hospitals는 새로운 LMS를 구입함으로써, 수의사들이 의료 행위에 관해서 논의하는 비디오 영상, 모의훈련, 학습자들 간, 학습자와 강사들 간의 온라인 협력 프로그램, 안전 검사 체크 리스트 등과 같이 더욱 학습에 몰두할 수 있는 교육훈련 방법들을 제공할 수 있게 되었다. 수의사들이 등록했던 교실 기반 강의를 LMS를 통해 온라인 강의로 사용하고, 누가 교육훈련들을 완료했는지 추적할 수 있게 해주었으며, 누가 더 높은 사후 테스트 점수를 받았는지에 대해서 확인할 수 있도록 해주었다. 금융 서비스를 제공하는 회사인 Vanguard는 LMS를 사용하여 자신의 경력 관심사, 개발 목표, 그리고 그들의 현재 직업과 관련된 내용들을 바탕으로, 직원들이 Vanguard 대학으로부터 학습 추천을 받고 있다. 뿐만 아니라, 직원들이 비디오, 오디오 파일, 그리고 대화형 플래시 시범 설명, 그리고 기사 등과 같은 자료의 접근을 용이하게 하였고, 수업을 쉽게 등록할 수 있도록 해주었다. LMS는 팟캐스트, 기사, 그리고 비디오 파일 등을 비형식적 학습 자료로, 그리고 온라인 기반 및 교실 기반의 수업들을 공식적 학습 자료로 분류하고 있다. 사내에서 제공되는 비공식적 그리고 공식적 학습 자료들뿐만 아니라 판매 회사를 통해서 제공되는 외부 강의들도 검색 단어를 사용해서 찾을 수 있다. Gales Residentialdms는 Huston, Texas, 그리고 Washington D.C.와 같은 도시에 다가구 주택 단지 및 복합용도 건물을 개발하고 건축하며 이들을 관리하는 일을 한다. 주로 밀레니엄 및 X세대로 구성되어 있는 Gales Residentialdms 직원들은 흥미진진하고 쉽게 사용자가 쉽게 바꿀 수 있는 시스템을 원했다. 직원들은 LMS를 사용하여, 자신들의 개발 계획과 연관된 수업과 평가를 볼 수 있게 되었다. 또한, 직원들은 LMS를 통해서 이러닝 과목들에 접속할 수 있게 되었고, 강사들이 생방송 가상 수업을 진행하는 WebEx Training Center에도 접속할 수 있게 되었다. LMS를 통해서 Gales Residentialdms는 여행 및 호텔숙박 경비를 21%나 삭감시켜 주었다.

새로운 테크놀로지 교육훈련 방법 선택

〈표 8.11〉에서는 7장에서 전통 교육훈련 프로그램들을 비교하기 위해서 사용했던 특징들을 기반으로 테크놀로지 기반 교육훈련 방법들을 비교하고 있다. 이를 통해서 몇 가지 명백한 추세들이 나타나고 있음을 확인할 수 있다. 첫째, 테이블에 제시된 방법들은 개발에 상당한 투자를 요구하고 있다. 개발 비용에는 하드웨어와 소프트웨어 구입과 관련된 비용들뿐만 아니라, 프로그램 개발과 프로그램을 새 매체로 전환(핸드폰에서도 사용할 수 있

표 8.11 테크놀로지 기반 교육훈련 방법들 비교

	온라인 이러닝 웹 기반 컴퓨터 기반	(인터넷 없는) 컴퓨터 기반	원격 학습	지능적 튜터링	모의훈련 게임 가상현실	모바일 학습	소셜미디어
학습 결과							
언어 정보	Yes	Yes	Yes	Yes	Yes	Yes	Yes
지적 기능	Yes	Yes	Yes	Yes	Yes	Yes	No
인지전략	Yes	Yes	Yes	Yes	Yes	No	Yes
태도	Maybe	No	No	No	Yes	No	No
운동기능	No	No	No	Yes	Yes	No	No
학습환경							
목표	High	High	High	High	High	High	Medium
실습	High	High	Low	High	High	Low	Medium
의미있음	High	High	Medium	High	High	Medium	Medium
피드백	High	High	Low	High	High	Low	High
상호작용							
– 학습자와 내용	High	High	Medium	High	High	Medium	High
– 학습자와 강사	Medium	Low	Medium	High	Medium	Low	Medium
– 학습자와 학습자	Medium	Low	Medium	Low	High	Low	High
교육훈련 전이	High	Medium	Medium	High	High	Medium	Medium
비용							
개발	High	High	Medium	High	High	Medium	Medium
운영	Low	Low	Low	Low	Low	Low	Medium
효과	High	Medium	Medium	?	High	?	?

는 앱)하는 비용들도 해당된다. 비록 개발 비용이 높은 편이긴 하지만, 프로그램 운영 비용은 낮은 편이다. 이러한 방법들의 장점들로는 (1) 직원들이 집 혹은 사무실에서 교육훈련에 접근이 가능해짐으로써 절약되는 비용, (2) 필요한 강사진의 수 감소, 그리고 (3) 교육 제공 공간으로 이동으로 인한 여행경비(음식, 숙박, 그리고 비행 경비 등) 감소를 들 수 있다. 더욱이, 모바일 학습과 원격 학습을 제외하고, 학습이 일어나기 위해 필요한 모든 요소들(실습, 피드백 등)을 이 방법들에 내장할 수 있다. 하지만 교육을 위해 이러한 테크놀로지를 교육을 위해 최근에 사용하기 시작했기 때문에 이러한 방법들(예: 모바일 학습, 소셜 네트워크, 지능적 튜터링)의 효과에 대한 연구가 제한적이라는 것을 유의해야 한다.

6장에서 어떻게 교육훈련 프로그램들의 비용과 혜택을 어떻게 결정하는지에 대하여 논의했던 것을 다시 상기시켜 보자. Capterpillar는 강사진의 수 감소, 강의 자료와 관련된 낮은 비용, 그리고 줄어든 여행 경비 때문에, 이러닝에 사용하는 비용이 교실 기반의 강의에 사용되는 비용의 1/3에 그친다는 것을 알게 되었다. 100명의 학습자들이 참석할 수 있는 규모의 한 시간짜리 강의의 경우, 이러닝은 교실 기반 교육에 필요한 비용보다 40% 덜 비싸다(9,500달러 대 17,062달러 혹은 일인당 76달러 절약). 학습자의 숫자가 증가할 경우, 예를 들어 40,000명의 학습자가 있을 경우(전 세계에 70,000 이상의 직원들이 Caterpillar에서 일하고 있다), 기업에서 78%의 비용을 절약할 수 있다(110만 달러 대비 500만 달러 혹은 일인당 99달러 절약).

이러닝이 다른 방법들보다 더 우수하다고 생각할 수는 있으나, 반드시 그러한 것만은 아니다. 웹 기반의 프로그램들이 제공할 수 있는 주요 장점은 협력과 공유(학습자들을 다른 학습자 혹은 전문가와 연결시켜 주는 것), 그리고 웹에서 이용할 수 있는 자원관련 링크를 제공해주는 것이라고 할 수 있다. 웹 기반의 교육훈련은 학습자들에게 단지 네/아니오로 응답하는 단답형 질문이 아닌, 서술형 과제(예: 고객들의 요구가 무엇인지 대한 보고서를 작성해라)를 제공할 수 있다. 웹 기반 교육훈련에서는 강사가 학습자가 올린 과제를 읽을 수 있으며, 이에 대해 자세한 피드백을 제공해줄 수 있다. 하지만 그 어떤 방법도 다른 방법들보다 본질적으로 우세하지는 않다. 다만, 어떤 방법들은 긍정적인 학습환경을 만들어 주고 학습 전이를 도와주는데 효과적일 뿐이다. 면대면 교실형 강의는 온라인 학습 혹은 원격 학습과 같은 이유로 효과적이지 않을 수 있다. 예를 들면, 자료가 학습자들에게 의미가 없거나, 실습할 수 있는 기회가 제한적이거나 관리자들이 교육훈련에서 배운 내용들을 현장에서 사용하는 것을 지지하지 않을 수 있다.

어떻게 새로운 테크놀로지 교육훈련 방법들이 7장에서 논의한 전통 교육훈련 방법들과 관련이 있는가? 가상 현실과 지능적 튜터링 시스템은 기계, 도구, 혹은 장비 운영과 관련된 복잡한 절차들을 가르칠 때 가장 적절한 방법이다. 이러한 방법들은 모의훈련의 연장선으로 볼 수 있다. 온라인 학습은 사실, 도표, 인지적 전략(어떻게 효과적인 회의를 진행할 수 있는가), 그리고 대인관계 기술(예: 판매 마감)을 가르칠 때 가장 적절한 방법이다. 이러한 방법들은 모범행동 모델링, 현장 직무 교육, 그리고 도제와 같은 전통적인 교육훈련 방법의 테크놀로지를 통한 연장선으로 볼 수 있다. 모바일 학습은 아마도 제한된 개인적인 상호작용을 통해서 제시되는 사실들을 가르치는데 가장 적합하며, 여러 모바일 장치들을 사용하여 내용과 상호작용을 할 수 있도록 하는데 가장 적합한 방법일 것이다. 최근에, 모바일 학습과 소셜미디어는 학습과 학습전이를 촉진할 수 있는 면대면 강의의 보충물로 널리 사용되고 있다. 소셜미디어는 문서, 보고서(wiki), 그리고 개인적인 상호작용(블로그, 트위터, 페이스북)을 통한 협력을 촉진시키기 때문에, 지식관리에도 사용하기 좋은 도구들이다. 비록 전통적이 교육훈련 방법들이 효과적이기는 하지만, 관리자들과 학습자들은 새로운 테크놀로지 기반의 교육훈련 방법들을 아래와 같은 조건에서 사용하기를 고려해야 할 것이다.

1. 새로운 테크놀로지의 구입과 사용을 위해서 충분한 예산과 자원이 제공되어져야 한다.
2. 학습자들이 지리적으로 분산되어 있어서 교육훈련을 받기 위해 사용되는 여행 경비가 높은 편이다.
3. 학습자들은 인터넷, 웹, 아이패드, 그리고 스마트 폰과 같은 테크놀로지를 사용하는 것을 편안해한다.
4. 새로운 테크놀로지의 증가는 기업의 사업 전략 중 하나이다. 새로운 테크놀로지는 상품의 제조(혹은 서비스 제공 절차)하는데 사용되고 있거나, 사용하기 위해서 설치되어 있다.
5. 직원들이 교육훈련을 받을 수 있는 시간이 제한되어 있다.
6. 새로운 테크놀로지를 사용하는 것은 조직의 문화 혹은 사업 전략에 적합하다.

교실 기반의 강의는 학습자가 상호작용, 강사의 지원, 혹은 시각적인 단서를 필요로 할 때 가장 적합하다. 많은 기업들이 전통적인 교육훈련 방법과 테크놀로지 기반의 교육훈련 방법들이 가지고 있는 장점과 단점을 인지하여 블렌디드 학습 접근 방법을 사용하고 있다는 것을 아는 것은 매우 중요하다. 테크놀로지 기반의 교육훈련 방법은 일관된 교육 내용을 전달하여 지리적으로 퍼져 있는 직원들이 그들만의 속도로 학습을 할 수 있게 하고, 실습하고, 온라인으로 다른 학습자들 혹은 강사와 협력할 수 있도록 할 수 있다. 그 이후, 학습자들은 모두 한 자리에 모여서 지식과 기술을 응용할 수 있는 사례 연구와 문제해결 접근을 강조하는 전통적인 방법(교실, 액션러닝, 게임, 그리고 역할 극)을 사용한 면대면 교육훈련을 받을 수 있다. 면대면 강의는 또한 학습자들간의 상호작용뿐만 아니라, 협력, 네트워킹, 그리고 토론을 촉진하는데 더 유용하다. 예를 들면, 우편용품 제공업체 Pitney Bowes는 법적 규제 혹은 새로운 상품에 관란 교육훈련과 같이 지리적으로 퍼져 있는 직원들이 반드시 알아야 할 내용들을 가르치기 위해서 이러닝을 사용하고 있다. 리더십 관리 교육훈련, 문제해결, 혹은 의사결정 교육훈련과 같이 다른 사람들과 상호작용을 요구하는 학습인 경우, 면대면 교실기반의 강의 혹은 블렌디드 학습 방법을 사용하고 있다.

요 약

본 장에서는 새로운 테크놀로지의 사용한 훈련 전달, 지원, 운영 현황에 대해서 논의하였다. 이러닝을 포함한 많은 새로운 테크놀로지들은 학습과 학습전이가 일어나고 있는지 확인하는데 도움을 제공하고 있다는 특징을 가지고 있다. 다양한 감각을 자극하고, 직원들이 자신들만의 학습 속도를 조절할 수 있게 해주고, 피드백과 강화를 제공받고, 필요에 따라 전문가에게 정보를 얻을 수 있도록 테크놀로지들을 올바르게 사용할 경우, 긍정적인 학습환경을 창조할 수 있다. 아이패드 등을 사용한 모바일 학습 방법은 학습자들이 집 혹은 회사에서 언제든지 학습에 참여 가능하게 해주고 있다. 직원들은 단지 교육훈련 내용의 전달되는 방식을 통제할 수 있을 뿐만 아니라, 언제, 어디서 그들이 참여할 것인지도 결정할 수 있도록 해준다. 모의훈련과 가상 현실은 학습자료들을 더 의미있게 해주고 학습한 내용을 업무에서 사용할 수 있는 가능성을 높여줄 수 있는 현실적인 교육훈련 환경을 만들어준다. 전문가 시스템과 전자 지원 시스템은 직원들이 필요에 따라 정보 및 지식을 얻기 위해서 접속할 수 있다. 소셜미디어는 직원들이 훈련을 통해서 얻은 지식들을 저장할 수 있고 정보의 공유를 촉진하는 역할을 한다. 학습 관리 시스템은 수업 등록, 직원 교육훈련 기록 등과 같은 훈련 관련 정보들을 쉽게 저장하고 기록할 수 있도록 해준다. 이는 직원들이 훈련에 참여하기 쉽게 해주고 관리자들의 의사결정을 위한 교육훈련 관련 정보의 검색을 용이하게 해준다.

대부분의 새로운 테크놀로지 교육훈련 방법들은 학습자들이 언제 어디서나 수업에 참여할 수 있도록 해준다는 측면에서는 전통적인 교육훈련 방법들보다 더 우수하다고 할 수 있다. 하지만, 만약 테크놀로지 기반의 교육방법이 전통 교육훈련 방법과 비슷하게 상호작용, 피드백, 실습, 그리고 다른 긍정적인 학습환경을 제공하지 않는 경우, 테크놀로지 기반의 교육훈련 방법들은 효과적이지 않을 것이다. 훈련 방법을 선택하기 위해서는 개발 비용, 지리적으로 분포된 직원들, 직원들의 훈련 참여의 어려움의 정도, 그리고 새로운 테크놀로지가 기업의 사업 전략에 포함되는지에 대해서 고려해야 한다. 면대면 기반과 테크놀로지 기반의 교육훈련 중에서 양자택일을 하기보다는, 많은 기업들이 두 방법을 모두 사용한 블렌디드 학습 방법을 선택하고 있다.

토의 문제

1. 어떻게 테크놀로지가 학습환경을 변화시켜 왔는지 설명하라.
2. 어떤 종류의 학습 결과들이 모바일 학습에 가장 적합한가? 이에 대해서 자세히 설명하라.
3. 전문가 시스템과 전자 평가 도구의 차이점은 무엇인가?
4. 훈련 지원 테크놀로지는 언제나 필요한가? 답변을 정당화하라.
5. 어떻게 새로운 테크놀로지들이 학습을 더 용이하게 하였는지 논의하라. 이러한 새로운 테크놀로지가 어떻게 학습의 전이를 촉진시키는가?
6. 모든 인터넷 훈련은 똑같은가? 이에 대해서 자세히 설명하라.
7. 가상 현실 테크놀로지를 교육훈련에 사용했을 때, 발생할 수 있는 잠재적인 문제점은 무엇인가?
8. 소셜미디어는 무엇인가? 이것이 어떻게 교육훈련에 사용될 수 있는지 설명하라.
9. 학습자 통제, 공유, 그리고 링킹에 대해서 설명해보라. 어떻게 그들이 이러닝의 효과성에 공헌하고 있는가?
10. 리포퍼징이란 무엇이냐? 어떻게 이것이 교육훈련에 새로운 테크놀로지를 사용하는데 어떠한 영향을 미치나?
11. 원격 학습은 지리적으로 퍼져 있는 학습자들에게 강의를 전달하는데 사용한다. 학습과 교육훈련 전이를 방해하는 문제점을 피하기 위해서 어떻게 원격학습을 제작 및 사용해야 하는가?
12. 왜 기업이 면대면 교육방법과 웹 기반 교육훈련 방법을 조합하여 사용하는가?
13. 어떠한 조건들이 소셜미디어 도구들을 학습 해결책의 한 방안으로 사용하기에 가장 적합한가?
14. 온라인 학습이 효과적으로 이루어지도록 관리자들이 어떠한 일을 해야 하는가?

적용 문제

1. 오직 웹사이트만을 사용하여 본 장에서 논의한 새로운 테크놀로지들에 대해서 더 조사해보도록 하자. 웹에서 존재하는 다양한 검색 엔진(예: 구글, 야후 등)을 사용하여 선택한 특정 테크놀로지에 대한 정보를 검색해보자. 테크놀로지에 대한 정보, 해당 테크놀로지를 구입하거나 개발하기 위한 힌트, 그리고 해당 테크놀로지를 사용하거나 혹은 홍보하고 있는 기업들에 대한 사례를 찾아보자. 웹사이트를 포함하여 당신만의 요약본을 만들어보자.

2. 효과적인 훈련 설계를 도와주는 앱, DesignJot를 만든 기업, Allen Communications의 웹사이트 "www.allencomm.com"을 방문해보자. 웹사이트에 있는 비디오를 시청하고 웹사이트를 검토하라. 훈련 프로그램 제작을 돕기 위해서 이 앱은 어떠한 특징들을 가지고 있는가?

3. 이러닝 솔루션을 제공을 전문으로 하는 기업 Skillsoft 웹사이트 "www.skillsoft.com"을 방문해보자. Info Center에 커서를 이동한 뒤 Demos 위에 커서를 올려서 Business Skills Demons를 클릭하라. 이러닝 과목 데모들 중에서 하나를 선택하여 살펴보도록 하자. 이 프로그램은 긍정적인 학습환경을 창조하는가? 있다면, 어떻게? 이 프로그램을 개선시키기 위해서 어떠한 제안을 하고 싶은가?

4. 학습관련 소프트웨어 솔루션을 제공하는 기업 Mzinga의 웹사이트 www.mzinga.com에 방문해 보자. Product를 클릭한 뒤, Omni Social Suite를 클릭하자. 어떤 학습 솔류션들이 Omni Social Suite에서 제공되고 있는가? 이러한 솔루션들이 효과적이라고 믿는가? 왜 효과적이라고/효과적이지 않다고 생각하는가?

5. 상업적인 어플리케이션에 사용되는 움직임 추적 장치들을 개발하고 상품을 제공하는 기업 Intersense 웹사이트 www.isense.com에 방문해보자. Military 혹은 Indsutrial markets을 클릭해보자. Learn More를 클릭한 뒤, 모의훈련을 검토하라. 당신이 검토한 모의훈련은 어떠한 장점을 가지고 있는가? 그리고 잠재적 약점은 무엇이라고 생각하는가?

6. 온라인 수업들을 제공하는 대학 Capella University 웹사이트 www.capellauniversity.edu에 방문해보자. 웹 페이지의 왼쪽에 위치한 Online Learning을 클릭한 뒤, 단기 데모 수업을 제공해주는 링크 "See how it works"를 클릭하고 Night in the Life of

Capella Learner(Capella 학습자의 저녁 생활) 비디오를 시청해보자. 제공되는 정보를 기반으로 온라인 수업의 강점과 약점은 무엇인가? 어떤 것이 학생들의 학습을 도와주기에 가장 효과적이라고 생각하는가?

7. www.youtube.com에 방문하여 "Training in Second Life" 혹은 "Training Simulations in Second Life"를 검색해보자. Second Life에서 제공되는 여러 가지의 교육훈련관련 비디오(의학, 간호학, 경영 등)들 중에서 하나를 선택하여 검토하라. 시청한 교육훈련 프로그램에 대해서 간단히 설명하고 시청한 비디오 웹페이지 주소(URL)을 제시하라. 해당 프로그램의 감정과 약점을 논의해보자. 검토한 비디오를 바탕으로 보았을 때, Second Life를 사용한 교육훈련에 관심이 있는 기업들이 앞으로 증가할 것으로 예상하는가 아니면 감소할 것으로 예상하는가? 그 이유는 무엇인가?

8. 누구에게나 어디에서든 무료로 제공되는 세계 최상급의 교육을 제공하기 위해 헌신하는 비영리 단체 Kahn Academy 웹사이트 www.kahnacademy.org에 방문해보자. About을 클릭한 뒤, 제공되는 학습 도구들에 관해서 읽어보고 How it works for student 밑에 있는 비디오들을 시청해보자. Academy가 어떻게 테크놀로지를 사용하여 학습을 촉진하는가? 이 테크놀로지들의 강점과 약점은 무엇인가?

사례

훈련에 참여하기에 너무 바쁜 Cisco Systems 회계 관리자들

캘리포니아에 위치한 Cisco Sytems of San Jose는 사람들이 사업, 교육, 박애, 혹은 창조성과 연결될 수 있도록 도와주고 있다. 언제 어디서나 쉽게 정보에 접속할 수 있도록 전상망을 만들어주는 인터넷 솔류션을 창조하기 위해 사용되어지는 Cisco 하드웨어, 소프트웨어, 그리고 서비스를 제공하고 있다. 요구 분석을 통해서 회계 관리자들에게 제공되는 학습 내용들이 자신들의 업무 패턴이나 학습 스타일에 적합한 방식으로 전달되고 있지 않다. 걱정하고 있다는 것을 알아내었다. 회계 관리자들은 많은 시간들을 출장을 다니는 데 시간을 보내기 때문에, 인터넷에 접속하여 자신들이 필요로 하는 정보만을 찾을 수 있는 방법을 원했다. 그들은 개인용 컴퓨터 앞에 앉아서 긴 이러닝 수업을 듣는 것을 선호하지 않았다. 그 결과, Cisco는 회계 관리자 학습환경(Account Manager Learning Enviornment, AMLE)을 개발하였다. AMLE은 판매 증가, 수익 증가, 회계 관리자들이 해당 주제에 능숙해지는 속도 증가, 그리고 여행 및 경비의 감소와 같은 네 가지 사업 목표를 기반으로 한 개발 도구이자 성과 지원 시스템으로 사용하기 위해 개발되었다. AMLE를 개발한 Cisco의 목표는 회계 관리자들이 이를 사용하도록 동기를 부여할 수 있는 학습환경을 창조하는 것이다.

당신은 어떤 새로운 테크놀로지 훈련 방법이 Cisco의 AMLE에 포함되기를 추천하겠는가? 그 이유는 무엇인가? 당신의 훈련 방법에서 집중할 지식, 기술, 행동 혹은 역량들에 대해서 논의해보자.

출처: M. Delahoussaye and R.Zemke, "Ten things we know for sure about learning on-line," *Training*(Steptember 2001): 48-59; P. Galayan, "Delta force," T+D (July 2002): 21-28.를 기반으로 함.

9장

직원 개발과 경력 관리

Employee Development and Career Management

학습 목표

1. 개발 계획 과정의 각 단계에 대해서 논의할 수 있어야 한다.
2. 개발을 계획하는데 있어 직원과 기업의 책임에 대하여 설명할 수 있어야 한다.
3. 개발을 위한 형식적 교육의 최근 동향에 대해서 논의할 수 있어야 한다.
4. 성격의 유형, 근로 행위, 그리고 직무 성과에 대한 평가들이 어떻게 지원 개발을 위해서 사용될 수 있는지에 대해서 이야기할 수 있어야 한다.
5. 직무 경험이 어떻게 개발에 사용될 수 있는지 설명하고 직원의 개발 목표 혹은 개발 요구에 적합한 직무 경험을 제안할 수 있어야 한다.
6. 효과적인 멘토링 프로그램의 특징들을 밝혀낼 수 있어야 한다.
7. 승계 계획 절차와 어떻게 9상자 격자판이 사용되는지에 대해서 서술할 수 있어야 한다.
8. 효과적인 온보딩 과정을 제작할 수 있어야 한다.

Tyson Foods의 관리자 개발

알칸사스(Arkansas) 주 스프링데일(Springdale) 시에 위치한 Tyson Foods, Inc.는 세계에서 가장 규모를 자랑하는 닭고기, 소고기, 그리고 돼지고기 가공 및 판매 회사이다. Tyson Foods은 다양한 종류의 단백질 기반 식품 및 가공식품들을 생산하며, 소매업 및 음식 서비스 시장을 주도하는 기업으로 널리 알려져 있다. Tyson은 미국과 다른 90개국에 있는 고객들에게 제품과 서비스를 제공하고 있다. Tyson은 미국뿐만 아니라 전 세계에 400여 개에 달하는 시설 및 사무실과 117,000명에 달하는 종업원들을 두고 있다.

Tyson Foods는 그들의 성공은 그들의 관리자 개발에 달려 있다고 믿고 있다. 특히, Tyson은 높은 수준의 리더십 잠재력을 가진 직원들을 발굴하여, 사업 이익 추진 및 유지를 위한 프로세스 개선과 비용 효율성을 이끌어낼 능력을 가진 지도자와 관리자로 신속하게 개발시켜야 할 필요성을 절실히 느끼고 있다. 이를 위해서, Tyson은 컨설팅 회사 SVI의 도움을 받아 2년짜리 개발 프로그램, Leaders Into Champions(LINC)를 개발하였다. LINC의 목표는 차세대 경영진이 될 관리자들을 개발하고, 그들이 시장에서 혁신과 경쟁우위를 다지기 위해서 필요한 능력과 태도를 갖추고, 업계 및 Tyson Foods 내에서의 그들의 개입과 영향력을 확장시켜 줌으로써 개발 기회를 제공하는데 있다.

LINC 프로그램 참여자들을 찾아내기 위해서, 각 부서의 리더들로부터 업무 평가에서 최고 5% 안에 드는 높은 잠재력을 가진 차세대 리더들을 추천하도록 요청했다. 선발 과정은 업무 성과 검토, 동료 및 상사의 추천서, 그리고 미래의 성장 가능성 평가를 통해 이루어졌다. 또한, 후보자들은 임원 패널에게 현재의 자신이 있도록 도와준 가장 극한의 시련들이 무엇인지 발표해야 한다. 후보자들에게 이러한 시련들을 공유하도록 요구하는 것은 LINC 프로그램이 용기, 정직함, 그리고 타인과의 공유를 필요로 한다는 것을 전달하고자 함이다. 발표가 끝난 후, 20명의 관리자들이 LINC 프로그램 참여자로 선발된다.

프로그램은 리더가 변화하는 사업요구에 자신의 사고방식을 맞추어야 한다는 점을 강조한, SVI가 집필한, 책 The Organization Champion을 참여자들에게 제공하여 이 책을 읽는 것으로부터 시작된다. 또한, 참여자들은 조직의 챔피언이 되기 위해서 필요한 능력을 갖추었는지 측정하는 평가에 참여하게 된다. 이 평가는 LINC 참가자들의 장점과 개선 분야를 찾아내고, 개개인을 위한 개발 계획 제작을 위해 사용된다. 그 다음, 참가자들은 2일짜리 행사에 참여 그들의 삶에 대한 관점에 대해서 생각할 수 있는 기회를 갖는다. 이 행사를 통해서, 참가자들은 자신이 잘하는 것은 무엇이며, 무엇을 통해 자신이 살아 있음을 느끼는지, 그리고 어떻게 그들이 회사를 위해서 남다르게 공헌할 수 있는지에 대해서 중점적으로 생각하게 된다. LINC 참가자들은 본사에서 직접 만나거나 혹은 화상 회의를 통해서 Tyson의 임원진과 상호작용할 수 있는 기회를 갖게 된다. 각 부서의 임원들이 각각의 회의를 주선하고 사업에 대한 정보를 공유하며, 그녀 혹은 그의 개인적인 업무 관련 시련에 대해서 공유하며, 리더십 역량관련 주제들에 대해서 발표하는 시간을 갖는다. 이 회의는 참가자뿐만 아니라, 임원들 모두에게 도움이 제공한다. 즉, LINC 참가자들은 임원들에게 자연스럽게 노출되고 그들과 네트워킹 할 수 있는 기회를 얻게 되며, 임원들은 미래에 자신의 사업 부서에서 일을 하게 될 높은 잠재력을 가진 차세대 리더들에 대한 평가를 내릴 기회를 갖게 된다. 또한, 월례 회의에서 LINC 참가자들은 서로 생각을 공유하고 피드백을 제공하는 동료 코칭도 진행한다.

프로그램이 2년째에 접어들면, 참가자들의 개발 진척사항을 측정하기 위한 체험형 이벤트를 진행하게 된다. 참가자들은 지금까지 배웠던 것을 바탕으로 본 이벤트에 참여하도록 요구받는다. 이 체험행사가 끝난 후, 참가자들은 자신의 관심사에 따라 "stretch assignment"라고 불리는 임무를 부여받게 된다. 본 임무는 참가자들이 새로운 시련을 경험하고, 기업 내 다른 여러 분야에 노출되는 것에 목적을 두고 있다. 이는 LINC 참가자들이 실제 사업과 관련된 난관과 기회들을 경험하게 해주는 중요한 역할을 한다. 참가자들은 이 과제들을 성공적으로 마치기 위해서 새로운 기술을 개발해야 한다. 이러한 임무들은 액션 러닝 팀, 연구 프로젝트, 혹은 경영자 인턴 등에 참여하는 것도 된다. Tyson Foods는 stretch assignment와 같은 임무들을 통해서 새로운 제품 개발 및 경쟁우위를 점하는 성과를 얻고 있다.

전반적으로 LINC 프로그램은 지금까지 성공적이었다. LINC는 Tyson Foods의 최고의 개발 프로그램으로 여겨지고 있으며, 대부분의 LINC 참가자들은 임원으로 승진하였다.

출처: M. Thompson, "What makes Tyson's high-potential leadership program critical to company success?" *T+D*, April 2011, 98-100 와 Tyson Foods 웹사이트 www.tysonfoods.com.

서론

Tyson Food의 사례에서도 보여주듯이, 직원 개발은 차세대 관리자로서 높은 가능성이 있는 직원들에게 자신의 장점, 약점, 그리고 관심사가 무엇인지 이해하도록 도와준다. 그들이 개별성장 요구들을 충족시킬 경우, 새로운 직무와 확장된 그들의 업무 책임들을 제시하여, 기업의 경쟁적 우위를 다지는 데 있어서 핵심적인 공헌자 역할을 하고 있다. 또한, 직원

개발은 핵심 관리자들이 다른 경쟁사 혹은 고객사로 떠나지 않고 회사에 존속할 수 있도록 도와준다. 개발은 관리자들뿐만 아니라, 모든 조직원에게도 강조되어야 한다는 것을 잊어서는 안 된다. 조직개발은 회사의 인재 관리 노력의 일환으로 반드시 필요하다. 조직개발은 직원들이 고객을 응대하고, 새로운 상품 및 고객 솔루션을 창조하는데 필요한 역량들을 갖추고 있는지 확인할 수 있도록 해주는 비결이다. 사업전략과 무관하게, 개발은 재능 있는 직원들을 존속시키는데 있어서도 중요하다. 1장에서 지적한 바와 같이, 직원 몰입도는 직원들이 관리자로부터 어떤 대우를 받는지와 직접적으로 연관된다. 직원 개발은 (1) 직원들에게 회사가 그들의 능력 개발에 관심이 있다는 것을 보여주고 (2) 긍정적인 업무 환경을 만들 수 있도록 관리자들을 개발하여, 직원들이 회사의 목표를 위해 헌신하고 싶도록 만듦으로써 직원의 몰입도를 높이는 데 도움을 줄 수 있다.

본 장에서는 개발, 교육훈련, 그리고 경력과의 관계에 대하여 논의하면서 시작하기로 한다. 어떤 접근법을 사용할지 정하는 것은 개발 계획의 한 부분이다. 둘째, 직원의 개발 활동을 선택하기 전, 직원과 기업은 반드시 직원의 개발 요구 및 목적이 어떤 것인지에 대해서 인지하고 있어야 한다. 요구와 개발의 목적을 찾아내는 것은 계획의 일부이다. 본 장의 두 번째 세션에서는 개발 계획 절차를 단계별로 대해서 설명하고, 각 단계에서 직원과 회사가 가져야 할 책임에 강조하여 살펴보도록 한다. 셋째, 형식적 교육, 평가, 직무 경험, 그리고 대인관계를 포함한 개발 접근법에 대해서 살펴보도록 한다. 본 장에서는 각 개발 방법들에 의해서 강화할 수 있는 기술, 지식, 그리고 행동 종류들에 대해 초점을 둘 것이다. 승계 계획, 문제 관리자 관리, 그리고 온보딩과 같이 조직 개발관련 특별 쟁점사항들에 관하여 논의하면서 본 장을 마무리하고자 한다.

개발, 훈련, 그리고 경력의 관계

개발과 훈련

개발(development)은 직원이 자신의 미래를 준비할 수 있도록 도와주는 형식적 교육, 직무 경험, 관계, 그리고 성격과 능력 평가들을 의미한다. Tyson Foods의 사례에서 보여주었듯이 계획된 프로그램에 참여함으로써 개발이 발생할 수 있지만, 개발은 흔히 다른 종류의 일을 수행하는 것에서 기인한다. 개발은 미래지향적이기 때문에 직원들의 현재 직무와

표 9.1 훈련과 개발 간의 비교

	훈련	개발
초점	현재	미래
업무 경력의 사용	낮음	높음
목표	현재 업무를 위한 준비	변화를 위한 준비
참여	필수	자발적

반드시 관련된 학습만을 포함하진 않는다. 〈표 9.1〉은 개발과 훈련의 차이에 대해서 제시하고 있다. 전통적으로 훈련은 직원들의 현재 직무 수행을 도와주는데 초점을 둔다. 개발은 그들을 사내 다른 직책으로 전근시키기 위해 준비시켜 주기도 하며, 아직 존재하지 않는 직무로 옮겨갈 수 있도록 그들의 능력을 높여주는 역할도 한다. 또한, 개발은 새로운 테크놀로지, 업무 디자인, 새로운 고객, 혹은 새로운 제품 시장 등으로 인한 현재 직무의 변화를 직원들이 준비할 수 있도록 도움을 준다.

개발은 특히 상급 관리자와 리더십에 대한 잠재력을 가진 직원들의 인재 관리 측면에서 중요한다(인재의 유치 및 보유에 관해서 논의했던 1장의 내용을 상기시켜 보자). 많은 기업들이 인재 관리 업무 중, 가장 중요하고 어려운 난관으로 여기는 것이 기존의 인재의 개발, 그리고 차세대 리더들을 유치하고 유지하는 것이라고 보고했다. 2장 전략적 교육훈련에서는 교육훈련의 전략적인 역할에 대해서 강조하였다. 훈련이 더욱 전략적인 역할을 하게 되면서(사업 목적과 연관되어), 훈련과 개발 간의 구별은 곧 희미해질 것이다. 훈련과 개발 모두 필수가 될 뿐만 아니라, 현재와 미래의 개인 및 기업의 요구에 초점을 맞추게 될 것이다.

개발과 경력

전통적으로 경력은 다양하게 서술되어져 왔다. 경력은 한 직업 내에서 경험하게 되는 일련의 연속적인 위치들로 묘사되어져 왔다. 예를 들면, 대학 교수들은 조교수, 부교수, 정교수의 위치들을 가질 수 있다. 경력은 조직 내의 유동성 측면으로 이해되어져 왔다. 예를 들면, 엔지니어들은 자신의 경력을 사원 엔지니어로 시작하게 된다. 전문 지식과 경력, 그리고 업무 성과가 증대하면, 자문 엔지니어, 수석 엔지니어, 그리고 고위 전문 기술 관련 직책으로 승진하게 된다. 마지막으로, 경력은 직원의 특징으로 묘사된다. 각 직원들은 서로 다른 직무, 직책, 그리고 경험을 하기 때문이다.

오늘날의 경력은 프로틴 경력으로 알려져 있다. 프로틴 경력(protean career)은 자기 주도적인 경력을 기반으로 하며, 업무의 심리적 성공에 목표를 두는 것을 의미한다. 직원들 스스로가 자신의 경력 관리에 책임을 지게 된다. 예를 들어, United Way Agency에서 관리자로 일하던 한 엔지니어가 일 년 간 안식 기간을 가지겠다고 결정했다. 이 결정의 목적은 엔지니어의 경영 능력의 개발하고자 하는 것일 뿐만 아니라, 그녀는 자신이 현재 맡고 있는 관리자의 업무를 엔지니어 업무보다 더 좋아하는지에 대해서 스스로 평가하기 위함일 수도 있다.

프로틴 경력은 직원 개발에 있어서 몇 가지 함축성을 가지고 있다. 새로운 경력의 목표를 단지 업무에서 오는 성취만으로 제한되지 않고, 가정 꾸리기 및 신체적 건강 유지 등과 같은 인생 목표를 성취함으로써 생기는 자부심과 성취감인 심리적인 성공(psychological success)에 두게 된다. 자신의 능력뿐만 아니라 회사 내에서 승진할 수 있는 자리가 있는지 등에 의해 지배되는 전통적인 경력 목표 달성에 비해, 심리적인 성공은 직원들이 스스로 통제하기 더 용이하다. 심리적 성공은 연봉 인상 및 승진 등과 같이 오로지 회사에서 제공받는 신호들을 통해서 결정되기보다는 직원 스스로가 결정할 수 있다. 맨해튼에서 일하고 있는 55살의 경영 컨설턴트의 사례를 그 예로 들 수 있다. 10여 년의 컨설턴트 경력 이후, 그녀는 가정주부가 되기로 결정했다. 그녀는 두 명의 자녀들을 키우는 데 집중하면서, 여러 비영단리체에서 경제적으로 지원을 받지 못하는 아이들을 위한 유치원 프로그램 제작에 참여하기 시작했다. 그녀의 남편이 일본으로 발령이 나 일본에서 생활하게 되면서 그녀는 음식에 관심을 가지기 시작했다. 그녀의 가족들이 미국으로 돌아왔을 때, 그녀는 그녀가 농업에 대한 열정이 있다는 것을 알게 되었고, 온라인으로 공부를 하면서 실제로 지역 농장에 방문하여 어떻게 염소치즈를 만드는지 배우기도 했다. 오늘날, 그녀는 뉴욕에서 한 시간 떨어진 농장 소유자로서 농업에 종사하고 있다. 그녀의 농장은 염소 치즈를 생산하고, 채소를 키우며, 어린이 및 성인들은 위한 수업들을 개최하고 있다. 농장에 대한 수요가 높은 시즌에는 하루에 14시간씩 일을 하기도 한다. 그녀는 그녀가 신체적으로 가능할 때까지 이 일을 하기를 원하며, 자생적인 사업으로 만들 수 있기를 희망하고 있다. 그녀는 현재 그녀의 농장이 그녀의 마지막 경력 이동이라고 믿지 않는다. 그녀는 언젠가는 아프리카와 인도 프로젝트를 하면서 자신이 이전에 배웠던 것들을 사용할 수 있기를 고대하고 있다.

직원들은 정지된 지적 기반에 의지하기보다는 새로운 기술들을 개발해야 할 필요가 있다. 이것은 고객의 서비스와 상품에 대한 요구사항에 더 반응해야 할 필요가 생긴 기업의 요구로부터 기인한 것이다. 우리가 1장에서 논의했듯이, 학습은 지속적이며, 흔히 비형식적이며, 지식의 창조와 공유 업무를 포함하고 있다. 지속적인 학습에 대한 강조는 경력의 방향과 경력 이동 횟수를 변화시켰다(프로틴 경력). 전통적인 경력 패턴은 높은 위치로 갈수록 더 많은 권한과 책임, 그리고 보상이 따르는 위계적 선형적인 단계로 구성되어 있었다. 법률, 의학, 혹은 경영 등 분야 전문가들의 경력 패턴은 한 업계 및 한 전문 분야의 일생의 헌신으로 볼 수 있다. 이러한 종류의 경력 패턴은 사라지지 않을 것이다. 다만, 전문 분야 간의 혹은 지식 분야 간의 잦은 이동 경력 패턴(나선형 경력 패턴)은 더욱 일반적이게 될 것이다. 이러한 새로운 경력 패턴은 직원 개발을 위해서 반드시 (a) 직원들이 그들의 관심사, 능력은 장점과 단점을 확인할 수 있는 기회를 제공해주어야 하며, (b) 이 정보를 바탕으로 제작된 직무 경험, 관계, 그리고 형식적인 교육을 통해서, 직원들에게 적절한 개발 경험을 추구할 수 있는 기회를 제공해주어야 한다는 것을 의미한다.

오늘날 경력에 대한 가장 적절한 관점은 "경계가 사라졌으며, 자주 변화한다"는 것이다. 이것은 여러 직장들을 옮기는 것과 여러 직업을 바꾸는 것도 포함한다. 직장을 이리저리 옮겨 다니는 것은 10장에서 논의되겠지만, 한 통계자료에 의하면, 미국인들이 한 직장에서 근무하는 기간은 평균 5년밖에 되지 않는다는 것을 명심하길 바란다. 한 연구에 의하면, 연령에 관계없이 직장인의 60%가 시간과 유연성을 회사에 머무르는 가장 중요한 이유라고 언급했다.

무경계화는 경력이 현재 재직하는 직장보다, 직무 혹은 직업과 관련하여 더 많은 것을 발견하는 것과 관련이 있다. 또한, 직원의 경력 계획 및 목표 설정에 있어서 개인 혹은 가족의 요구가 더 많은 영향을 미친다는 측면에서 경력의 경계가 사라졌다고 간주된다. 개인의 삶 및 고용주와의 관계에서 발생하는 변화에 대응하기 위해서 직원은 자신의 역할과 책임에 대해서 재편성하고 경력에 대한 자세를 바꾸어야 한다. 직원들은 자신들의 장점과 약점에 대한 인지해야 하며, 인지된 자신의 일과 삶의 균형, 그리고 흥미롭고 고무적인 일을 찾고자 하는 요구를 기반으로 자신의 경력을 일생에 거쳐서 바꿀 수 있다. 경력 성공은 승진 혹은 동반자, 동료, 혹은 회사에서 정해준 목표에 얽매이기보다는, 직원 스스로에게 의미있는 목표를 성취하는 것을 의미한다. 본 장 후반에서 논의하겠지만, 경력은 직원과 기업 간의 동반자 관계 성립을 통해서 관리되는 것이 가장 효과적이다. 즉, 동반자 관계를 통해서 직원들은 자신의 조직에 헌신할 수 있을 뿐만 아니라, 쌍방에게 혜택이 제공될 수 있도록 직원이 자신의 경력을 관리할 수 있는 통제권을 가지게 되는 긍정적인 관계를 창조할 수 있다.

본 논의에서 보여주었듯이, 직원을 회사에 존속시키고 동기를 부여시키기 위해서 기업들은 직원의 개발 요구를 충족시켜 줄 수 있는 시스템을 제공해야 한다. 이것은 특히, 높은 성과를 내는 직원들과 차세대 관리자로 성장할 가능성이 있는 우수한 직원들을 유지시키기 위해서 중요하다. 개발 계획 혹은 경력 관리 시스템(developing planning or career management system)은 그들의 개발 요구를 찾아내고 이 요구를 총족시킬 수 있도록 도와주는 직원 유지 및 동기부여를 위한 시스템을 의미한다. 이 시스템에 대해서는 아래에서 논의하기로 한다.

개발 계획 시스템

기업들의 개발 계획 시스템(개발 계획 과정으로도 알려진)은 정교화 정도와 기업이 과정 중 어떠한 구성요소에 역점을 두냐에 따라서 다양하다. 개발 계획 시스템의 단계들 및 그에 따르는 책임들을 〈그림 9.1〉에서 제시하고 있다.

자기 평가(self-assessment)는 직원들의 경력 관심사, 가치, 태도, 그리고 행동적 성향들을 확인하기 위해서 그들로부터 직접 제공받은 정보의 사용을 의미한다. 마이어브릭스 유형지표(Myers-Briggs Type Inventory, MBTI. 성격 종류 평가도구로서 본 장 후반에서 논의하기로 한다)와 스트롱-캠벨 직업홍미검사(Strong-Campbell Interest Inventory), 자기탐색 검사(Self-Directed Search)와 같은 심리 테스트를 사용도 포함된다. 스트롱–캠벨 직업홍미검사는 직원들이 자신의 직업 관심사 그리고 직무 관심사를 찾아낼 수 있도록 도와준다. 자기탐색 검사는 여러 종류의 환경들(판매, 상담, 조경 등)에서 직원들의 업무 선호도를 확인할 수 있도록 해준다. 이러한 검사들은 직원들이 자신들이 업무와 여가 활동에 중

그림 9.1 개발 계획 시스템의 단계들 및 그에 따르는 책임들

	자기 평가 →	현실 확인 →	목표 설정 →	실행 계획
직원의 책임	기회와 개선의 요구들을 파악해야 한다.	어떠한 요구들이 현실적으로 개발이 가능한지 파악해야 한다.	목표를 파악하고 목표를 성취할 수 있는 방법을 파악해야 한다.	목표 성취를 위한 단계 및 타임라인 파악해야 한다.
회사의 책임	직원이 장점, 약점, 관심사, 그리고 가치를 확인할 수 있는 평가 정보를 제공해야 한다.	성과 평가, 직원이 회사의 장기 계획 중 어디에 적합한지, 업계, 직종, 그리고 업무 환경의 변화에 대해서 소통해야 한다.	목표가 구체적이고, 측정 가능하며, 관련 있고, 시기적절한지 확인하고 해당 목표를 달성할 수 있도록 도와주어야 한다.	추가적인 평가, 수업, 직무경험, 그리고 관계 등과 같이 직원이 목표를 달성하기 위해서 필요한 자원들을 파악해야 한다.

점을 두고 있는 가치들을 확인할 수 있도록 해준다.

이러한 평가를 통해서, 개발 요구를 찾아낼 수 있다. 이 요구는 현재의 능력 혹은 관심사와 직원이 원하는 업무의 종류 혹은 일자리 사이에서 발생하는 격차를 통해서 파악할 수 있다. 예를 들면, Verizon Wireless는 직원들이 사내에서 공석이 생겼을 때, 해당 공석에서 요구되는 능력을 기준으로, 직원들이 자신의 현재의 기술과 능력을 평가할 수 있는 도구를 온라인으로 제공함으로써, 자신이 어디에 위치해 있는지 파악할 수 있도록 도와준다. 이 평가는 직원들이 어떤 역량이 부족한지 찾아낼 수 있도록 해주며, 교육훈련, 직무 경험, 혹은 학업 프로그램 등록 등을 통해서 어떻게 부족한 기술들을 개발할 수 있는지에 대한 자세한 정보를 제공해준다.

현실 확인

현실 확인(reality check)은 회사가 자신들의 기술과 지식을 어떻게 평가하고 자신들이 회사의 계획(잠재적 승진 기회, 수평이동) 어디에 적합한지에 대한 정보를 의미한다. 대개, 이 정보들은 업무 평가의 일부분으로서 직원의 관리자가 제공해준다. 일부 회사들은 행동 혹은 역량에 대한 자기 평가와 함께, 자신의 관리자, 동료, 그리고 직속상관, 그리고 고객들로부터 해당 직원에 대한 평가를 제공하는 다면평가를 사용하기도 한다. 다면평가의 개념은 본 장 후반에서 논의하기로 한다.

관리자가 업무 평가와 개발에 관한 논의할 수 있는 회의를 별도로 진행하는 것은 일반적이다. 왜냐하면 업무 평가와 개발을 위한 논의는 진행 목표가 다르기 때문이다. 서로 다른 목표를 가지고 있기 때문에 업무 평가 논의와 개발에 대한 논의를 함께 다루는 것은 쉽지 않다. 업무 평가 관련 논의는 특정 기간 동안(예: 6개월 혹은 1년)의 직원의 업무 성과에 대해 초점을 맞추고, 일반적으로 업무 성과에 따라 어떠한 재정적 보상 혹은 연봉의 인상이 있을지에 대해서 논의하게 된다. 개발관련 논의는 연봉 인상이나 보상에 관한 것이 아닌 직원의 기술 혹은 역량에 초점을 맞추어, 어떻게 개발할지 논의하고 관리자와 직원이 함께 동의할 수 있는 현실적인 단기 그리고 장기 개발 목표를 정하는 것을 주요 목표로 삼고 있다(직원이 성취하기를 원하는 책임 혹은 위치).

Capterpillar의 성과관리 과정을 그 예로 들 수 있는데, 경력개발은 직원과 그들의 관리자들 사이에서 논의하게 된다. 이 토론을 촉진하기 위해서, 직원은 내부 이력서 역할을 할 데이터 시트를 작성해야 한다. 이 데이터 시트는 직원의 기술, 교육, 학력, 언어구사 능력,

그리고 이전 근무처에 대한 정보를 포함하고 있다. 관리자들은 직원이 새로운 직무를 맡을 준비가 되었는지, 승진 혹은 수평 이동을 할 수 있는지, 그리고 이 이동을 하기 위해서 어떠한 교육 및 교육훈련을 직원이 필요로 하는지에 대해서 알려주어야 한다. 관리자들은 직원들과 다음 단계로 어디로 가기를 희망하는지, 그 단계로 가기 위해서 어떠한 준비를 해야 하는지에 대해서 논의한다. 또한, 그들이 해당 부서 외에 타 부서들 중 직원에게 최상의 기회를 줄 수 있는 곳이 어디인지 찾아야 하며 해당 직원의 종합적인 가능성 및 승진 가능성에 대한 등급을 매겨야 한다.

목표 설정

목표 설정(goal setting)은 직원들이 자신의 단기 및 장기적 개발 목표를 설계하는 과정을 의미한다. 이러한 목표들을 일반적으로 3년 안에 영업 관리자 되기 등과 같이 자신이 소망하는 위치, 자신의 예산 수립 능력을 부서의 현금흐름의 문제를 개선하는데 사용하기 등과 같이 본인이 희망하는 기술 응용 수준, 2년 안에 기업 마케팅 부서로 이동과 같은 희망하는 직업 환경, 혹은 어떻게 기업의 인적자원 정보 시스템이 사용되는지 학습하기와 같은 기술 습득과 관련이 있다. 이러한 목표들은 대개 관리자와 함께 논의하고 개발 계획서를 작성하게 된다. 프로젝트 관리자들을 위한 개발 계획은 〈그림 9.2〉에 제시된 것과 같다. 개발 계획은 일반적으로 장점과 약점에 대한 서술, 경력 목표, 그리고 목표 달성을 위한 개발 활동들로 이루어져 있다. 효과적인 개발 계획을 위해, 조직의 전략적 목표와 가장 연관성이 높은 개발 요구에 우선적으로 초점을 맞추게 된다.

직원들이 사내에서 자신의 경력 진로를 찾아낸 뒤, 다음 위치로 이동하기 위한 준비를 하기 위해서 사용되는 Just Born의 경력개발과정(Career Development Process, CDP)을 생각해보자. 개발 계획은 단기 및 장기적 경력 목표들을 알아내는 것을 포함한다. 직원들은 자신의 경력 발전에 도움을 줄 두 개의 목표에 집중하게 된다. Just Born은 개발 요구를 발견할 수 있도록 회사의 인트라넷을 통해서 역량사전을 제공하고 있다. CDP는 직원들과 그들의 관리자들에게 미래 경력 계획에 대해서 논의할 기회를 제공해주며, 기대치와 성과 기준을 높임으로써 현실 확인을 할 수 있도록 해준다. 직원들이 미래 직무 관심사에 대해서 정의하고 이를 준비할 수 있도록 도와줄 수 있는 업무 경험들을 찾아내어, 이를 바탕으로 장기적 경력 목표를 수립함으로써 CDP를 착수하게 된다. CDP는 직원의 관리자와 함께 논의하게 된다. 관리자는 CDP에 대한 수정이 필요하다고 판단되는 경우, 일정 부분을 수정하기를 제안할 수 있다. 만약 직원들의 미래 직무 관심사가 그들의 기존 부서 외의 일이

그림 9.2 개발 계획

성함: 직함: 프로젝트 관리자 직속 관리자:

역량

당신의 가장 큰 장점 세 가지와 개선이 필요한 분야 세 가지를 밝혀주십시오.

장점

- 전략적 사고와 수행능력(자신감, 지시 능력, 행동지향)
- 결과 지향성(능숙도, 타인 동기부여, 인내)
- 승리 정신(공동체 정신 키우기, 고객 중심, 동료 존중)

개선이 필요한 분야

- 인내심(사람 혹은 과정에 대한 관용과 속도에 대한 민감성)
- 서면 의사소통(명확하고 간결하게 쓰는 능력)
- 과도한 야망(프로젝트와 연관된 개개인들 간의 관계 개발보다 성공적인 프로젝트 마감에 너무 초점을 맞춤)

개발 목표

당신은 전반적인 경력 목표를 서술하시오.

- 장기적 목표: 증가하는 일반 관리자의 책임(혹은 그 이상)을 받아들이기. 제품 및 브랜드 관리, 테크놀로지와 개발, 전략 개발, 그리고 마케팅 등을 특정 관심분야로 포함시키되 여기에 제한되지는 말기.
- 단기적 목표: 지속적으로 마케팅과 브랜드 관리에 대한 나의 기술들을 향상시키고 나의 상품관리, 전략 개발, 그리고 국제 관계 관련 능력들을 사용하기.

다음 과제

당신의 목표를 이루는 데 도움이 될 잠재적인 다음 과제를 그 시기와 함께 밝혀주십시오.

- 계획, 개발, 제품, 혹은 브랜드 관리 분야 관리자 혹은 책임자 되기. 시기는 2014년 봄으로 추정됨.

훈련과 개발 요구

당신의 현재 임무 혹은 종합적으로 개발에 필요한 교육훈련과 개발 활동관련 목록을 작성하시오.

- 관련 석사 학위 수업들은 나의 서면 의사소통 능력을 연습할 수 있도록 해주어 향상시켜줄 것이다. 나의 현재 직책, 팀업무, 그리고 다른 이들에 대한 의존에서 발생하는 나의 역동적인 관계들은 나의 인내성을 연습할 수 있도록 해줄 뿐만 아니라, 프로젝트를 성공시키는 동시에 팀원들의 요구에 초점을 맞출 수 있도록 해줄 것이다.

직원 ____________________ 날짜 __________

직속 관리자 ____________________ 날짜 __________

멘토 ____________________ 날짜 __________

라면, 직원의 관심에 대한 정보는 해당 부서의 관리자에게 전달된다.

실행 계획

본 단계에서는 직원들은 실행 계획서를 완성하게 된다. 실행 계획(action plan)은 직원이 어떻게 자신의 단기 및 장기 경력 목표를 달성할 수 있는지 확인할 수 있는 서면 전략이다.

실행 계획은 본 장 후반에서 논의하게 될 개발 접근방법들 중 하나 혹은 그 이상을 조합한 방법들로 구성(예: 수업 혹은 세미나 등록, 추가적인 과제 제공, 새로운 직무 경험, 혹은 코치 혹은 멘토 찾기)되어 있다. 개발 접근법은 개발 목표와 요구에 따라서 선택하여 사용된다.

경력 관리와 개발 시스템의 사례들

효과적인 경력 개발 시스템은 몇 가지 중요한 특성들을 가가지고 있다(〈표 9.2〉 참고). 또한, 기업들은 테크놀로지들을 사용하여 더 높은 접근성과 직원 스스로 자신의 경력 관리에 책임감을 가질 수 있게 해준다. Sprint의 개개인의 개발 계획은 진실성을 가지고 행동하기, 고객에게 초점을 맞추기, 결과 전달하기, 관계를 쌓기, 그리고 리더십 개발하기와 같은 5개의 핵심 역량을 중심으로 이루어져 있다. 이러한 역량들은 각 사업 부서에서 자신들의 전략을 설립하기 위해서 사용할 뿐만 아니라, 각각의 관리자와 직원이 개발 계획을 작성할 때 사용한다. 또한, 이 역량들은 관리자와 직원들 간의 개발관련 대화의 토대가 된다. 녹음 테이프, 책, 특정 역량들을 향상시키기 위해서 제작된 수업들, 직원들이 과정을 배울 수 있는 웹사이트 등과 같은 개발 계획을 지원하기 위해 사용 가능한 자원들은 개발 활동 안내서를 통해서 제공되고 있다. Automatic Data Processing(ADP)의 관리자들은 직원들의 개발을 촉진시키는 방법에 관한 훈련을 받을 뿐만 아니라, 코칭을 제공하고 승진 준비를 시켜준 직원들의 수를 관리자들의 성과 평가 항목 중 하나로 작용한다. 뿐만 아니라, 관리자들은 효과적인 개발 논의를 주최할 수 있는 방법에 대해서도 교육을 받는다. 직원들은 설명회에 참석하여 다른 직책에서 업무를 하고 있는 직원들로부터 ADP 내에서 가능한 경력 옵션들에 대해서 배울 수 있다. ADP는 또한, 영업 직원들에게 웹 기반 도구들을 제공하고 있는데, 이 도구들을 통해서 그들은 회사의 시장, 제품, 그리고 해외에 진출한 지점에서 제공하는 영업, 영업 리더십 경력에 대한 설명, 그리고 여러 기회들에 대한 정보에 제공 받는다. Gerenal Mill의 개발 계획은 〈그림 9.2〉에서 제시된 것과 유사하며, Gerenal Mill의 각 직원들은 개발 계획서를 작성하면서 아래의 4개의 영역에 대해서 생각하는 기회를 가지게 된다:

- 직업상 목표와 동기: 나는 어떠한 직업적 목표를 가지고 있는가? 나의 전문성을 향상시키기 위해서 무엇이 필요한가?
- 재능과 장점: 나의 재능과 장점은 무엇인가?
- 개발 기회: 어떤 개발 요구들이 나의 향상을 위해 중요한가?

표 9.2 효과적인 개발 시스템의 디자인 요소들

1. 시스템은 사업적 요구에 대한 대응 혹은 기업의 전략을 지원하는 위치에 있어야 한다.
2. 직원들과 관리자들은 시스템 개발에 참여해야 한다.
3. 직원들이 경력 관리와 개발에 적극적으로 참여하도록 권장해야 한다.
4. 지속적으로 평가를 진행해야 하며 이는 시스템 향상을 위해 사용되어야 한다.
5. 사업 부서들은 그들의 목적에 맞추어 시스템을 원하는 대로 바꿀 수 있어야 한다.
6. 직원들은 개발과 경력 정보 자료(조언자와 공석 등)에 접근할 수 있어야 한다
7. 고위 경영진과 기업 문화가 개발 시스템을 지원해야 한다.
8. 개발 시스템은 성과 관리, 교육훈련, 그리고 채용 등과 같이 다른 인적자원 업무들과 공통된 역량, 기술, 그리고 행동을 기반으로 하여 사용해야 한다.
9. 개발 시스템은 성과 관리, 교육훈련, 그리고 채용 등과 같이 다른 인적자원 업무들과 연계되어야 한다.
10. 크고 다양한 인재 자원이 개발되어야 한다.
11. 개발 계획과 인재 평가 정보를 이용할 수 있어야 하며, 모든 관리자들이 접근할 수 있어야 한다.

출처: B. Conaty and R. Charan, *The Talent Maters*(New York: Crown Business, 2010); D. Hall, *Careers in and out of Organizations*(Thousand Oaks, CA: Sage, 2002).

- 개발 목표와 실행 단계: 이 계획에 대한 나의 목표는 무엇인가? 어떤 단계를 밟아야 내가 나의 목표를 달성할 수 있는가?

매년, 관리자들과 직원들은 개발관련 토론을 하는 시간을 가져야 하며 개개인의 개발 계획서를 작성해야 한다. 회사에서는 연설가, 온라인 도구, 그리고 워크숍을 제공하여 직원들이 개발 계획서 작성을 마칠 수 있고, 관리자와 진행할 개발 논의를 준비할 수 있도록 도와준다. 이 프로그램들은 직원들의 가시성을 높여주고 개발 계획 과정의 중요성을 전달하는데 중점을 둔다. 평가 자료에 의하면, 80% 이상의 직원들이 동기부여에 효과적인 개발 계획서를 작성하게 되었다고 보고했다. 또한, 연례 설문조사 결과에 따르면, 본사를 벤치마킹한 회사들과 비교했을 때, General Mill은 지속적인 개선과 학습과 성장을 통한 영향 부문에서 20%에서 30% 더 높게 평가받았다고 밝혀졌다.

지역 약국이자 소매업체인 Walgreens는 직원들이 자신의 경력을 관리할 수 있는 Blueprints라고 불리는 온라인 경력 개발 사이트를 가지고 있다. Blueprints에서 이용 가능한 경력 관리 제품들은 이러닝 모듈, 직무별 역량과 평가 기준, 역할 설명서, 경력 진로, 그리고 직무순환과 관련된 구체적인 경력 목표들을 보유하고 있다. 환대 서비스를 제공하는 기업 White Lodging Services는 각 리더들에게 개인의 성공을 위해서 필요한 멘토링과 코칭을 제공해주는 경력 관리인을 제공하고 있다. 각 리더들은 기업의 균형성과표를 바탕으로 한 리더들의 성과에 대한 짤막한 정보를 제공하는 온라인 대시보드 "2 시트"를 가지고 그들의 장기적 그리고 단기적 목표와 이를 성취하기 위한 실행방안에 대해서 발표하

게 된다. 그리고 지금까지 마친 교육훈련과 그들의 목표를 성취하기 위해서 어떠한 교육훈련들이 필요한지에 대한 정보를 제시하게 된다.

IBM의 Blue Opportunities는 직원들에게 그들의 경력성장은 도전적이고 흥미로운 업무를 얻기 위해서 중요하다고 강조하고 있다. 뿐만 아니라, 이는 또한, 교육훈련과 개발 활동을 찾아내기 위해 관리자들과 함께 작업해야 하며, 자신의 경력성장에 대하여 더 많은 책임을 가질 필요가 있다고 직원들에게 강조하고 있다. Blue Opportunities는 전 세계에 있는 직원들이 접속 가능한 직원 전용 인트라넷 사이트를 통해서 전달되는 단기적 그리고 장기적인 업무 순환, 현장 업무 관찰, 그리고 다기능 프로젝트 등과 같은 기업의 교육훈련과 개발 기회들에 더 많은 관심을 기울이도록 강조하고 있다. Blue Opportunities의 목표는 직원들의 기술과 지식을 개발하고 그들에게 잠재적 직무 혹은 진로 변경을 제공하고자 하는데 있다. 그리고 Blue Opportunities는 모든 사업 부서에서 직원들이 능력을 개발할 수 있는 방안과 예전에 그들이 전혀 생각해보지 않았던 직업 옵션에 대해서 탐색할 수 있는 방법도 제공해주고 있다.

The Role of Manager @ IBM은 각 관리자들의 배경, 교육훈련, 그리고 경영 스타일에 맞춘 맞춤 학습 목록을 제공해주는 전문가 시스템이다. 이 전문가 시스템은 관리자들이 학습 연구소에 참석하기 이전에 마쳐야 할 선행 작업에 대해서 안내해준다. 지식관리 시스템을 통해서 관리자들이 자신의 의견을 게시하고 아이디어들을 저장할 수 있도록 해줌으로써, 학습을 강화시킨다. The Role of Manager @ IBM 프로그램을 마친 관리자들은 184만 달러의 수익을 창출하고 있는 실행 계획을 만들어냈다.

직원 개발 접근방법

직원들을 개발하기 위해서 형식적 교육, 평가, 직무 경험, 그리고 대인관계와 같은 네 가지 접근 방법들을 사용한다. 많은 기업들이 이 방법들의 조합하여 사용하기도 한다. 〈그림 9.3〉은 직원 개발을 위해 사용된 서로 다른 업무 종류들을 빈도별로 제시하고 있다. 대기업들은 소형 기업들에 비하여 리더십 교육훈련과 개발 계획을 더 자주 사용하고 있다. 소아과 진료 전문 의료 시스템 Children's Health of Atlanta는 평가, 워크숍, 액션 러닝, 그리고 개인 코치 등의 프로그램을 가지고 있는 리더십 센터를 보유하고 있다. 높은 성과를 보이고 차세대 관리자가 될 가능성이 높은 직원들을 대상으로, 가상으로 진행되는 주요 회사의 부서를 관리하는 사업 시뮬레이션을 포함한, 꼬박 하루 동안 진행되는 평가에 참여하

그림 9.3 직원개발업무 사용의 빈도

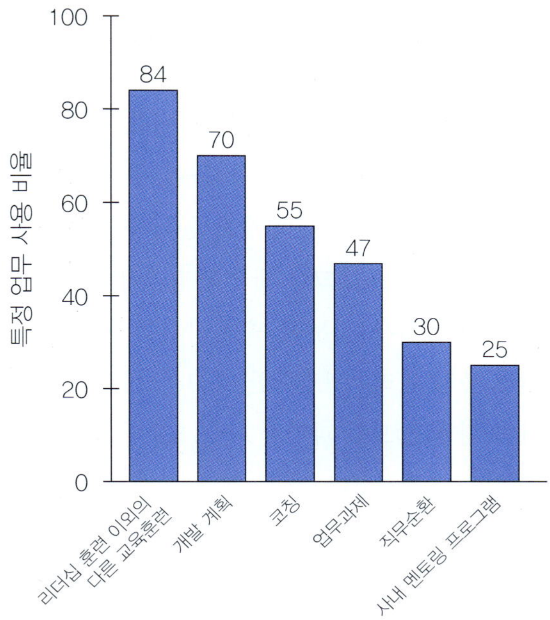

출처: E. Esen and J. Collison, *Employee Development* (Alexandria, VA: SHRM Research, 2005).

게 된다. 또한, 그들은 성격 검사에 참여한다. 직원들은 시뮬레이션에서의 그들이 행동들에 대한 피드백을 받고, 성격 검사의 결과를 제공받게 된다. 직원들은 일 년에 5번에 걸쳐서 평가 피드백을 잘 활용할 수 있도록 도와주기 위해 제공되는 워크숍에 참석하게 된다. 각 워크숍에서 변화 이끌기, 사업 전략 수립하기, 개인의 비전 창출하기 등과 같은 주제들을 다루게 된다. 액션 러닝은 참가자들을 몇몇 팀으로 나눈 뒤, 의료 시스템에서 전략적으로 중요한 주제들을 다루게 된다. 그리고 직원들의 장기적인 개선 목표들을 찾아내기 위해서 코치들은 직원들과 함께 작업하게 된다.

개발 프로그램이 효과적인지 평가하기 위해 사용할 접근방법과는 무관하게, 개발 프로그램을 제작할 때, 교육훈련 프로그램을 제작할 때와 동일한 과정을 거쳐야 한다. 즉, 개발 프로그램을 제작하기 위해서, 요구사항을 체크하고, 긍정적인 개발 환경 제작하고, 직원들이 개발 프로그램에 참여할 준비가 되었는지 확인해야 하며, 개발 목표를 찾아내고, 그 목표들을 성취하도록 도와줄 개발 활동들을 선택하고, 프로그램을 통해서 경험한 개발 활동, 습득한 기술, 그리고 경험들을 사용할 수 있도록 지원을 제공하는 업무 환경인지 확인하고, 그리고 프로그램을 평가해야 한다. 개개인, 부서 혹은 기업의 개발 요구를 알아내기 위해서, 장점과 약점에 대한 분석을 해야 할 필요성이 있다. 이를 통해서 적절한 개발 활동들을 선택할 수 있기 때문이다. 많은 기업들이 성공적인 관리자가 되기 위한 핵심 역량들을 발견해왔다. 3장 요구 평가에서 논의했던 내용을 되짚어보면, 역량이란 직원들이 자신의 일을 성공적으로 할 수 있도록 해주는 개인적인 능력의 영역들을 의미한다. 지식, 기술, 재능, 혹은 개인적 특징들이 역량의 범위에 포함된다.

미네소타(Minnesota)에 본사를 둔 냉동 음식 배달 서비스를 제공하는 Schwan Food Company는 개발 요구를 밝혀냈고, 평가를 통해 적절한 개발 활동들을 결정한 뒤, 자체 기업 대학을 설립했다. 개발 프로그램 제작 과정의 일부로서, Schwan은 어떤 종류의 관리자를 원하고 그들이 어떻게 업무를 수행하기를 기대하는지에 대해 결정해야 했다. Schwan은 "비전과 목적 관리"와 "정확한 보고서 개발하기" 등의 15개의 중요한 역량들을 찾아냈다. 이렇게 역량들을 모두 파악한 다음, Schwan는 다방면 평가를 사용하여 관리자 역량의 강점과 약점을 측정하였다. 측정 결과를 바탕으로 코치, 교육훈련 프로그램, 직무 경험 등과 같은 역량을 강화할 수 있는 관련 개발 활동을 제작했다.

비록 많은 개발 활동들이 관리자들을 겨냥한 것이기는 하지만, 모든 조직원들이 이 개발에 개입되어 있다는 것을 명심해야 한다. 예를 들면, 대부분의 직원들은 일반적으로 적어도 일 년에 한 번은 인사고과(개발을 위한 평가도구로도 사용할 수 있음)를 받는다. 평가 과정의 부분으로서, 직원들에게 1) 어떻게 자신들의 약점을 변화시킬 계획인지 2) 희망하는 직책 혹은 업무 지역 그리고 필요한 교육 혹은 경험 등을 포함한 그들의 미래 계획은 무엇인지에 대한 개별 개발 계획에 대한 개요를 작성하도록 요청할 수 있다. 이제 개발 접근법의 종류들에 대해서 알아보기로 하자.

형식 교육

형식 교육 프로그램(formal education program)은 특정 기업의 직원들을 위해 제작된 현장 혹은 현장 밖에서 제공되는 프로그램, 컨설턴트 혹은 대학에서 제공되는 단기 수업들, 경영자 MBA 프로그램, 그리고 수업을 수강하는 동안에는 대학에서 지내게 되는 대학 프로그램들을 포함한다. 이러한 프로그램들은 기업 전문가의 강연, 사업 게임과 시뮬레이션, 모험 학습, 그리고 고객들과의 만남을 수반할 수 있다.

형식 교육 프로그램

직원 개발 프로그램들은 컨설턴트 혹은 대학에서 제공되는 단기 수업들, 경영자 MBA 프로그램, 그리고 대학 프로그램을 포함한다.

많은 기업들은 대학에서 제공하는 수업을 이용하기보다는 주로 기업 대학 혹은 교육훈련과 개발 센터에서 제공되는 사내 개발 프로그램에 의지한다. 기업들이 사내 프로그램들에 의존하는 것은 이들은 직접적으로 사업 요구와 연관시킬 수 있고, 기업에서 사용하는 지표를 사용하여 프로그램 결과를 쉽게 평가할 수 있으며, 고위 경영진들도 본 과정에 참여할 수 있기 때문이다.

대부분의 형식 교육 프로그램은 직원들이 적극적으로 학습에 참여할 수 있도록 제작되어 있다. 일반적으로 상사, 중간 관리자, 그리고 임원들에게는 별개의 프로그램이 제공된다. 또한 엔지니어와 같은 특정 직업들을 위한 특별 프로그램들도 있다. 대형가전 제조업계에서 세계 최대 규모를 자랑하는 Whirlpool의 리더십 개발 프로그램은 중요한 12개의 속성에 초점을 맞추고 있다: 1) 기질과 영구적인 가치관, 2) 의사소통, 3) 고객 대변자, 4) 자신감, 5) 재능 개발, 6) 포괄하는 다양성, 7) 변화/변혁의 동인, 8) 특별한 결과, 9) 경영 기술, 10) 전략, 11) 선구자적인 리더십, 그리고 12) 비전. 리더십 개발 프로그램은 세 단계로 구성되어 있다. 첫 번째 단계(리더십 개발 프로그램, Leadership Development Programs)는 마케팅, 엔지니어링, 금융, 혹은 인적자원 부서 등와 같은 기능별 각 영역에서 높은 직위를 가지고 일을 하게 될 신규 채용자들을 교육하기 위해서 제작된 프로그램이다. 각 프로그램은 3~4년간 운영되며 형식 교육훈련, 멘토링, 그리고 직무 과제를 통한 순환근무를 포함하고 있다. 총 100명의 신규 채용자들이 매년 본 프로그램에 참여하고, 매번 300번이 넘는 순환근무를 경험하게 된다. 두 번째 단계 프로그램(Whirlpool 기업 이끌기, Leading the Whirlpool Enterprise)은 상위 700명의 기업 리더들을 대상으로, 총 2번에 걸쳐 제공되는 일주일짜리 수업들로 구성되어 있다. 먼저 첫 수업에 각 임원들의 특성을 평가하고, 이에 대한 피드백을 제공해주는 다면평가를 실시한다. 둘째 주에서는 임원들에게 기업의 전략적 목표를 고려하여 가장 중요한 사업 문제를 찾아내어, 그 찾아낸 문제를 해결하기 위해 필요한 계획을 개발하는 활동에 초점을 두게 된다. 세 번째 단계 프로그램(리더를 개발하는 리더들, Leaders Developing Leaders)은 전 세계에서 활동하고 있는 임원들 중, 선발된 상위 20명의 기업 임원들을 대상으로 진행된다. 이 임원진들은 그들의 성격과 능력에 대한 집중적인 평가를 받게 되고 그들의 약점을 개선시키고 장점을 강화시키도록 도와줄 코치와 연결시켜 준다. 리더십 개발 프로그램에 사용된 기업의 투자를 보장하기 위해서, 관리자들과 기업 리더들은 차세대 리더들을 개발하기 위해서 수업 교사로서 활동한다. 또한, 관리자 및 기업 리더에 대한 업무 평가는 재무 성과뿐만 아니라, 리더십 개발과 관련된 목표 달성 여부도 포함한다.

General Electric(GE)은 세계에서 가장 오래된 경영 개발 센터로 알려진 곳 중 하나이다.

표 9.3 GE에서 제공하고 있는 경영 개발 프로그램의 사례들

프로그램	요약	참석 자격요건
입문 리더십 프로그램	상업적 기술과 기법을 개발하기 위한 형식적 수업들과 기업 내 영업 및 마케팅의 핵심적인 역할과 관련된 도전적인 과제들로 구성	학사 학위, 최소 학점 3.0, 인턴십 경험 있음, 직무 순환할 의향이 있음, 영업 경력에 대한 관심을 입증할 만한 증거가 있음, 결과 지향적인 성향을 가지고 있음.
경력 리더십 프로그램 영업과 마케팅	마케팅과 영업 능력을 개발하고 리더십 기술을 강화시키고, ECLP 문화를 조성시키기 위해 최소 6주 이상의 교육훈련을 받음. GE 내부에서 8개월마다 총 3번에 걸쳐서 사업 배치 전환을 경험하게 됨. 재배치는 마케팅 및 영업에 초점을 맞추어 이루어짐. 성과, 개발 요구, 그리고 진로 관심사를 확인하기 위해서 4개월마다 자기평가 및 관리자 평가에 대한 재검토를 진행함. 제공되는 교육훈련으로는 교실 기반 및 온라인 교육훈련과 John F. Welch Learning Center에서 거주하면서 참가하는 학술대회를 포함함.	MBA, 5-8년 간의 마케팅 혹은 영업 경력 소지자, 마케팅 의사소통과 마케팅 분석 기술 혹은 영업에서의 입증된 성과 및 리더십을 가지고 있어야 함, 직무 순환할 의향이 있는 자, GE와 일치하는 전문지식을 가진 자.

출처: www.ge.com/careers/students/eclp/program_details.html(February 1, 2012 방문)의 "Program Details".

GE는 매년 10억 달러를 직원들을 위한 훈련과 교육 프로그램을 위해서 투자한다. GE는 뉴욕에 위치한 John F. Welch Leadership Center at Crotonville에서 관리자들을 양성하고 있다. 본 기관은 수업, 프로그램, 세미나를 위한 교실뿐만 아니라 참가자들이 프로그램에 참가하는 동안 머무를 수 있는 주거용 건물도 함께 구비하고 있다. 관리자들이 직원들의 성과 및 잠재성을 바탕으로 평가하여 프로그램에 참여할 직원들을 추천하게 된다. 선택 받은 GE 직원들은 매년 경영 개발 프로그램에 참여하게 된다. 해당 프로그램들은 전문적 기술 개발과 위험 분석과 대출 구조화 등과 같은 특화된 수업들로 구성되어 있다. 모든 프로그램에서는 이론과 실제 적용을 강조하고 있다. 수업 시간 동안, GE가 직면하고 있는 사업 쟁점사항들에 대하여 논의하게 된다. 사내 강사진, 대학 교수진, 그리고 CEO Jeff Immelt로 이루어진 강사진들이 프로그램들은 가르치게 된다. GE에서 제공하고 있는 경영 개발 프로그램의 사례들은 〈표 9.3〉에서 확인할 수 있다. 테이블에서 확인할 수 있다시피, GE는 수업과 직무 경험을 조합하여 신입 관리자들과 최고 경영진들을 개발하고 있다. 기업 관리자(business manager) 수업과 경영자 개발(executive development) 수업과 같은 프로그램들은 액션 러닝을 포함하고 있다. 7장 "전통적인 교육훈련 방법"에서 논의하였듯이, 액션 러닝은 GE가 직면하고 있는 실제 문제들을 프로그램 참가자들에게 위임하고, 반드시 해당 문제를 해결하기 위한 권고사항을 CEO Jeff Immelt 앞에서 발표해야 한다. 경영 개발을 위한 프로그램들과 수업들을 외에도, GE는 고객의 기대를 더 잘 이해할 수 있도록 제작된 세미나를 주최하고 있으며, 특히 아프리카계, 여성, 그리고 라틴 아메리카계의 관리자들을 대상으로 리딩(leading)과 학습에 대하여 논의하는 리더십 컨퍼런스를 주최한다.

경영자 교육

하버드(Harvard), 스탠포드(Stanford), 콜롬비아(Columbia), INSEAD, 그리고 오하이오 주립 대학은 경영자 교육을 제공하는 미국 및 해외에 위치한 기관들이다. 경영자 교육에는 리더십, 기업가 정신, 변화, 혁신, 그리고 글로벌 기업 등과 같이 주제별로 특화된 교육과정들뿐만 아니라, 경영자 MBA 프로그램도 포함된다. 경영자 교육 프로그램들은 전형적으로 블렌디드 학습 접근법(블렌디드 학습은 8장 "테크놀로지 기반 교육훈련 방법"에서 논의 되었다)을 사용한다. 이것은 관리자들이 면대면 강의를 위해 캠퍼스를 방문하고, 다음 강의가 있기 전, 온라인으로 팀 프로젝트, 사례, 혹은 읽기 과제 등과 같은 과제들을 수행하게 된다. Xerox Corporation의 차세대 리더 프로그램(Emerging Leaders Program, ELP)을 그 사례로 볼 수 있다. ELP는 2시간 동안 진행되는 프로그램 시작을 웹 기반 컨퍼런스를 통해서 진행하고, 직원들이 자신들의 속도에 맞추어 학습을 완료할 수 있는 e-모듈, 면대면 회의, 온라인 과제, 코칭과 멘토링을 5개월에 걸쳐 제공되는 프로그램이다. 북미와 유럽에서 근무하는 직원들도 ELP에 참여하고 있다. 유럽 ELP의 각 수업들은 다른 분야에서 일하고 다른 언어를 사용하는 14개국에서 온 높은 잠재성을 가진 관리자들을 대상으로 진행된다. ELP의 가장 어려운 부분은 다양한 부서, 다양한 문화, 그리고 지리적으로 흩어져 있는 직원들이 한 팀이 되어 전략 계획을 바탕으로 기업 프로젝트를 찾아내고, 이를 계획하고 프로젝트를 시작하는 것이다. 프로그램이 끝날 때, 각 팀들은 부사장과 임원들에게 그들의 결과를 발표하게 된다.

블렌디드 학습 외에도 경영대학원 혹은 다른 교육 기관들에서 관리자들이 캠퍼스에 가지 않고서도 업무 방해 없이, 실제로 업무에서 쓰일 수 있는 기술들을 배우고 실제 환경에서 발생하는 문제들을 공부할 수 있는 맞춤 기업 사내 교육 프로그램들을 제공하고 있다. 이러한 프로그램들은 컨설턴트 혹은 대학 교수들이 제공하는 여러 종류의 개발 활동들로 제공되는 형식적 수업의 보충적인 역할을 한다. 두 개의 제철 회사들의 병합으로 탄생된 Arcelor-Mittal에게 맞춤 프로그램을 제공하는 Duke Corporate Education을 이에 대한 사례로 볼 수 있다. Arcelor-Mittal가 대면하고 있는 난제 중 하나는 어떻게 하면 제철업이 대면하고 있는 전 세계적인 문제들을 본사 관리자들이 이해하게 할 것인가였다. 그 결과, 중간급 관리자들이 성숙시장과 신흥시장에 있는 제철 공장들을 방문하게 함으로써, 관리자들이 신흥시장에 있는 공장들에 비해서 더 선진화된 제철 공장들의 기술과 관리 절차들에 대해서 이해할 수 있도록 프로그램을 제작하였다. 그 이후, 관리자들은 어떻게 해야 환경 관련 문제점 찾아내고 공장을 건강하고 안전하게 신축할 수 있는지 등과 같이 신흥시장 공장의 개선 방법에 대한 제안서를 작성하였다. 미국 캘리포니아 대학교 버클리 캠퍼스에 있는 Hass 경영대학원은 노르웨이 석유 및 가스 기업인 StatoiHydro과 함께 다른 문화 속에서 함께 일할 수 있는 직원들로 개발시키기 위한 프로젝트를 진행하고 있다. 이 프로그램은 '적절한 직원 혹은 시설을 갖추고 있지 않은 관계로 예정된 시간 안에 업무를 마칠 수 없게 된 계약업체와 일하기' 혹은 '지역 정부 관리자들 상대하기' 등과 같은 도전적인 과제들을 포함하고 있다.

창의적인 리더십 센터(Center for Creative Leadership)에서 제공되는 개발 프로그램에 참석하는 관리자들은 심리 테스트를 보고, 관리자, 동료, 직속 상관으로부터 피드백을 받고, 7장에서 논의한 모험 학습과 같은 그룹빌딩(group-building) 활동에 참여하고, 상담을 받으며, 개선 목표들을 설정한 뒤, 개발 계획서를 작성하게 된다.

학자금 지원

경영자 교육 프로그램 혹은 MBA 프로그램 동록과 같은 혜택은 관리자 혹은 경영 잠재력을 가진 직원들에게만 한정되어 있는 경우가 대부분이다. 그 결과, 많은 기업들은 전 직원들을 대상으로 직원 스스로 자신을 개발할 수 있도록 학자금 지원 혜택을 제공하고 있다. 학자금 지원(tuition reimbursement)은 직원들이 2년제 대학 혹은 대학 수업들, 그리고 학위 프로그램을 듣는데 있어서 사용되는 비용을 반환해주는 것을 의미한다. 기업들은 Capella University와 같은 민간 대학교뿐만 아니라 비영리 2년제 대학 혹은 대학교에서 제공하는 수업들에 대한 학자금 지원에 100억 달러를 지출하고 있다. 이러한 수업들은 면대면 교실 기반의 강의, 온라인 학습, 그리고 블렌디드 학습을 포함한다. 학자금 지원 프로그램에 대한 평가를 실시한 기업들은 본 프로그램을 통해서 직원들이 회사 존속 비율 및 승진을 위한 준비 정도가 증가했고, 직무 성과도 향상되었다고 밝혔다. Verizon Wireless는 전 직원의 18%가 참여하고 있는 학자금 지원 프로그램에 매년 2,600만 달러를 사용하고 있다. 직원들은 대학교 혹은 2년제 대학을 다니는 데 사용되는 비용 혹은 기업의 콜센터 및 기업 사무실에서 제공되는 현장 프로그램에 사용되는 비용을 학자금 지원 프로그램을 통해서 지원 받을 수 있다. 대학 교수들이 가르치는 현장 프로그램은 직원들이 자신이 일하는 곳에서 그리고 자신들의 업무 시간 중 여유가 생겼을 때 참여할 수 있고, 이 과정을 통해서 학위를 받을 수 있다. 직원으로 고용되는 당일부터 학자금 지원이 가능하고, 회사에 지속적으로 고용되어야 된다는 조건을 강요받지 않는다. 정직원들은 매년 8,000달러 한도 내에서 사용이 가능하고, 시간제 직원들은 매년 4,000달러 한도 내에서 사용이 가능하다. 이는 국세청(Internal Revenue Service)에서 확립한 대부분의 기업들이 면세받을 수 있는 최대 비용 기준인, 연 5,250달러 환불 금액을 초과하는 금액이다. 환불을 받기 위해서는, 수업들이 직원들의 현재 직무 혹은 Version Wireless 내의 진로와 관계가 있어야 한다는 것을 입증해야 한다. 평가 결과, 해당 학자금 지원 프로그램은 직원들의 사기를 높여주고, 새로운 직원을 유치하는데 도움을 주며, 현 직원의 사내 존속을 도와준다고 밝혀졌다.

평가

평가(assessment)는 정보를 수집한 뒤, 직원들의 행동, 의사소통 스타일, 혹은 능력들에 대한 피드백을 제공해주는 것을 의미한다. 직원 스스로, 그들의 동료, 관리자, 그리고 고객이 직원에 대한 정보를 제공할 수 있다. 평가는 여러 가지 이유로 사용된다. 첫째, 평가는 직원들의 관리자 잠재성을 확인할 수 있도록 해주며, 현재 관리자들이 가지고 있는 장점과 단점을 측정하기 위해서 가장 빈번하게 사용된다. 평가는 관리자가 더 높은 임원으로 승진할 가능성이 있는지 확인하기 위해서도 사용된다. 뿐만 아니라, 평가는 팀워크를 할 때, 팀원들이 가지고 있는 장점과 약점을 파악하거나, 팀의 생산성을 방해하는 의사 결정 과정 혹은 의사소통 유형을 파악하는데도 사용할 수 있다. 평가는 직원들이 자신의 성향, 요구, 선호하는 업무 환경의 종류, 선호하는 업무 종류들에 대해서 이해할 수 있도록 도와준다. 회사에서 받는 성과 평가와 함께, 이 정보는 직원들이 어떠한 종류의 개발 목적들이 그들에게 가장 적합한지 결정하는데 도움을 준다(예: 리더십 자리, 그들의 현재 직위에서 할당된 업무의 범위를 증가시키기 등). 성격 테스크, 평가 센터, 인사고과, 그리고 다면 평가 시스템이 널리 사용되는 평가 도구이다.

| 성격 검사 |

특정 관리직이나 해외업무를 포함하고 있는 직무를 맡게 될 경우, 해당 직원이 해당 직무를 성공적으로 수행할 성격적 특성을 가지고 있는지 확인하게 위해서 사용하는 검사이다. 이 검사들은 직원들이 어떻게 갈등 상황에서 대처하고, 무엇이 자신을 동기를 부여시키며, 어떻게 문제를 해결하고, 그리고 어떻게 스트레스에 반응하는지와 같은 결과를 통해 자기 인식을 얻을 수 있도록 도와준다. NEO 성격 검사(NEO Peronality Inventory or the NEO-PRI)와 같은 일부 성격 검사는 새로운 경험에 대한 열린 자세, 성실성 혹은 믿음성, 정서적 안정성, 자기 주장, 그리고 다른 사람들과 얼마나 잘 어울릴 수 있는지 등에 대하여 측정하게 된다. 예를 들어, Carmeuse North American은 그들의 리더십 개발 프로그램에서 성격 검사를 사용한다. 차세대 최고 경영자가 될 가능성이 높다고 판단되는 직원들을 대상으로 성격 검사를 한 뒤, 그 결과를 바탕으로 코칭과 형식적 수업들과 같은 적절한 개발 활동들을 직원들에게 제공한다. Starwood Hotel and Resort의 자회사인 Starwood Vacation Ownership은 평가 도구를 사용하여 최고 경영자들의 불확실성에 대한 참을성, 사업 전략을 소통하고 창조할 수 있는 능력, 사업 동반자 구축 능력, 그리고 직원들을 개발시킬 수 있는 능력뿐만 아니라, 그들이 사업의 상업적 성공에 가치를 두고 있는지에 대해서 측정한다. 평가는 현재 맡고 있는 직무에 적합하지 않으나, 해외 임무를 할 준비가 되어 있는 관리자들을 찾아내거나 회사 문화에 대한 이해를 높이기 위해서 코칭이 필요한 관리자들을 찾아낼 수 있다. 오하이오(Ohio) 주 데이튼(Dayton) 도시에 위치한 메디케이드(Medicaid, 미국 저소득층 의료보장제도)에서 관리하는 의료기관인 CareSource는 강력한 지도자와 능력있는 관리자로 발전할 가능성이 있는 직원들을 발견하여 이들을 개발시키기 위해 제정된 절차가 있다. '의료 서비스를 충분히 제공받지 못하는 사람들을 위해서 봉사한다'는 조직의 가치와 문화에 잘 조화될 수 있는지 확인하는 평가를 채용 과정에서 사용하기 시작한다. 본 회사는 다양한 평가 도구를 사용하여 관리자들의 역량을 평가한다(3장에서 논의했던 내용을 상기시키기 바란다). 마이어브릭스 유형지표(Myers-Briggs Type Inventory, MBTI), 관리자들의 잠정을 파악하여 그들의 팀원들과 함께 장점을 사용해서 일할 수 있도록, 그에 대한 계획을 개발하는 갤럽의 장점 발견자(Gallup's Strength Finder), 그리고 관리자의 동료, 상사, 그리고 스스로 평가한 내용을 바탕으로 자신의 리더십 능력에 대한 정보를 제공하고, 이를 사용하여 개인 리더십 개발 계획서를 설계할 수 있도록 해주는 Leadership Practice Inventory들이 CareSource에서 사용되는 평가 도구들이다. 또한, 일 년에 두 번씩, 평가 관리 시스템을 사용하여 그들은 CareSource가 능력있는 관리자들이 가지고 있는 특징(서비스 지향, 조직 의식, 단체 정신, 의사소통, 그리고 조직 리더십)이라고 믿는 역량과 행동에 대해서 평가를 실시한다. 평가 결과를 바탕으로 높은 리더십 가능성을 가지고 있다고 판단되는 관리자들은 다양한 개발 활동에 참여하기를 장려받게 된다.

일반적으로 사용되는 두 개의 평가 도구는 DiSC와 MBTI이다. 두 개의 평가도구 모두 직원들이 더 효과적인 지도자 혹은 팀원이 되기 위해서 어떻게 자신의 행동을 조정하고 변화해야 하는지에 대한 이해를 도와주는데 사용할 수 있다. 직원들이 가장 성공적으로 성과를 낼 수 있는 직무 경험을 찾아 제공해주거나, 그들의 행동이나 성격을 조절할 수 있는 경험을 제공하거나, 다른 상황에 어떻게 적응해야 하는지 배울 수 있도록 멘토 혹은 코치를 배정하기 위해서 이 도구들을 사용한다. DiSC는 '직설적, 화고한, 단호한' 성향을 의미하는 지배(dominance), '사회적, 수다스러운' 성향을 의미하는 영향(influence), '온화한, 협조적인' 성향을 의미하는 착실함(staediness) 그리고 '사적인, 분석적인' 성향을 의미하는 세심함(conscientiousness)을 바탕으로 성격과 행동 유형을 측정한다. DiSC에 대한 더 많은 정보를 찾고자 한다면, www.discprofile.com을 방문하기 바란다. 마이어브릭스 유형지표(Myers-Briggs Type Inventory, MBTI)는 Carl Jung의 성격 타입 이론을 근거로 개발된 평가이다. 성격 타입 이론은 사람들은 본질적인 성격 유형을 가지고 있고, 이 유형들을 우리가 세상을 어떻게 이해하고, 정보를 처리하고, 사회화하는 과정에 영향을 준다는 것을 강조하는 이론이다. 평가는 16개 성격 유형들 중에서 가장 적합한 하나의 성격 유형을 결정해준다. 내향(introversion, I), 외향(extraversion, E), 감각(sensing, S) 직관(intuition, N), 사고(thinking, T), 느낌(feeling, F), 판단(juding J), 인지(perceiving, P)에 대한 선호도를 바탕으로 16개의 독특한 성격 유형들로 구성되어 있다. 이 평가 도구는 기운(내향 대 외향), 정보 수집(감각 대 직관), 의사결정(사고 대 느낌), 생활방식(판단 대 인지)에 대한 개개인의 선호도를 알아낼 수 있다. 각 성격 유형은 업무 습관과 대인관계 능력에 대한 결과를 제공해준다. 예를 들면, 내향적이고 감각적이고, 생각하며 판단적인 개개인들(ISTJ)은 진지하고, 조용하며, 실용적인 것을 선호하며, 질서정연한 경향이 있다. 이러한 사람들은 업무를 잘 정리하고, 결단력이 있으며, 목표 혹은 계획을 잘 따른다. 하지만 ISTJ들은 그 반대되는 성향들(외향, 직관, 느낌, 그리고 지각)을 잘 사용하지 않는 경향이 있기 때문에 몇 가지 약점을 가지고 있다. 예상치 못한 기회에 잘 대응하지 못하고, 지나치게 업무 지향적이며, 동료들에게 인간미가 없고, 너무 빠르게 의사결정을 내리는 등의 약점들을 가지고 있다. 더 많은 정보가 필요한 경우, 사이트 www.cpp.com에 방문하기 바란다.

Hallmark Cards는 100년이 넘도록 사람들이 자신의 감정을 표출할 수 있도록 도와주고, 중요한 행사들을 기념할 수 있도록 도와왔다. Hallmark 임원들은 회사의 문화를 상품을 개발하는 제조업 회사에서 중요 고객들이 자신에 삶에 더 몰입할 수 있도록 도와주는 고객 중심의 회사로 변화하려고 한다. Hallmark는 기존과 다른 시각에서 현상을 바라보고, 함께 일하며 서로를 지지하고, 직원들은 고무시키고, 새로운 생각들을 실행할 수 있는 지도자를 개발하는 것이 중요하다는 것을 깨달았다. Hallmark Cards는 관리자들이 팀 내부에서 구성원들과 상호작용을 하는 성향과 그들의 업무 및 리더십 유형뿐만 아니라, 다른 직원들 및 관리자들이 자신의 행동과 의사소통을 어떻게 인지하는지에 이해할 수 있는 기회를 제공함으로써, 자신의 자기통찰력을 높일 수 있도록 도와주기 위해 MBTI를 사용한다. Hallmark Cards는 MBTI를 사용함으로써, 몇 가지 긍정적인 결과를 얻고 있다는 것을 깨달았다. 관리자들의 의사결정 속도와 직원들에게 전달되는 의사소통의 명료성이 향상된 것이다. 또한, 직원들이 자신들의 생각을 표현하는데 있어서 더 편안해졌으며, 관리자들도 모든 유형의 직원들에게 어필할 수 있는 의사소통을 구사할 수 있게 되었다.

평가 센터

평가 센터(assessment center)에서는 다수의 평가자들이 직원들의 성과를 여러 가지 활동을 통해서 평가한다. 평가센터는 일반적으로 컨퍼런스 센터와 같이 업무 현장에서 벗어난 장소에 위치해 있다. 대개 6명에서 12명의 직원들이 참석하게 된다. 평가 센터에서는 주로 직원들이 관리직에 필요한 성격적 특성, 행정 능력, 그리고 대인관계 능력을 가지고 있는지 확인하는 평가를 진행하게 된다. 또한, 직원이 팀에서 일할 때, 필요한 기술들을 갖추고 있는지 확인하는 평가 업무의 빈도도 지속적으로 증가하고 있다.

평가 센터에서 사용하는 활동 유형은 리더없는 그룹 토론, 인터뷰, 인 바스켓(in-baskets), 그리고 역할극 등이 있다. 리더없는 그룹 토론(leaderless group discussion)에서는 5명에서 7명의 직원이 한 팀이 되어, 특정 문제를 배정받게 되고 정해진 시간 안에 함께 그 문제를 해결해야 한다. 물품의 구입 및 판매하기, 부하직원을 상 후보로 지명하기, 혹은 제품 조립하기 등이 문제로 제시된다. 인터뷰(interview)에서 직원들은 자신의 업무, 개인적인 경험, 기술적 장점과 약점, 그리고 경력 계획 등에 대한 질문을 받게 되고, 질문에 대한 답을 하게 된다. 인 바스켓(in-baskets)은 관리직에서 요구하는 행정 업무관련 시뮬레이션으로, 바구니, 이메일, 혹은 관리자의 책상에 있는 다양한 종류의 서류들을 사용한다. 참가자들은 제공받은 서류 혹은 메모를 읽고, 이에 대해 어떻게 대응할지 결정을 내린다. 대응 방안으로는 업무 위임, 회의 일정 잡기, 회신하기, 혹은 메모 무시하기 등이 될 수 있다. 역할 극에서는 참가자들이 관리자 혹은 다른 직원의 역할을 가상으로 맡게 된다. 예를 들어, 평가 센터 참가자들은 부하 직원을 대상으로 그들의 부정적인 업적고과를 전달해야 하는 관리자의 역할을 맡게 된다고 하자. 해당 참가자들은 부하 직원의 성과에 대한 평가 정보를 듣고 난 뒤, 부하 직원과 성과 문제에 대해서 논의할 수 있도록 45분짜리 회의의 일정을 잡으라는 지시를 받게 된다. 회사 혹은 평가 센터의 제작 팀의 직원들 혹은 관리자들이 그 부하 직원의 역할을 맡게 된다. 또한, 평가 센터에서는 직원의 어휘 능력, 일반적인 정서적 능력, 그리고 논리적 기술들을 평가하기 위한 관심사 및 태도 검사도 진행하게 된다. 성격 검사는 직원들이 다른 사람들과 잘 어울릴 수 있는지, 불확실성에 대한 인내성, 그리고 관리자로서 성공과 관련된 다른 특성들 확인하기 위해서 사용할 수도 있다.

평가 센터의 활동들은 직원들의 행정 및 대인관계 능력을 측정하기 위해서 제작되었다. 리더십, 구두 및 서면 의사소통, 판단력, 조직력, 그리고 스트레스 내성이 통상적으로 측정

표 9.4 평가 센터 활동을 통해서 측정되는 기술들에 대한 예

핵심업무문제	핵심업무문제				
기술	인 바스켓	일정관리	리더 없는 그룹 토론	성격 검사	역할 극
리더십(지배, 초킹, 영향, 지략)	×		×	×	×
문제 해결(판단력)	×	×	×		×
대인관계(세심함, 갈등 해결, 협력, 구두 의사소통)			×	×	×
행정(조직력, 기획, 서면 의사소통)	×	×	×		
개인적(스트레스 참을성, 자신감)			×	×	×

출처: 'X' 는 해당 활동을 통해서 기술을 측정한다는 것을 의미함

되는 기술이다. 〈표 9.4〉에서는 평가 센터에서 측정되는 기술들의 사례들을 제공하고 있다. 보다시피, 각 활동들에서 참가하는 직원들이 여러 가지 다양한 기술들을 발휘할 수 있는 기회를 제공하고 있다. 예를 들어, 생산 요구를 충족시킬 수 있도록 업무 일정을 잡는 활동을 통해서, 직원들의 행정 및 문제 해결 능력을 평가할 수 있다. 리더 없는 그룹 토론은 타인에 대한 세심함, 스트레스 참을성, 구두 의사소통 능력 등과 같은 대인관계 기술에 대해서 평가할 수 있다.

일반적으로 관리자들은 평가자로서 참여하게 된다. 관리자들은 참여하기 전에, 평가하게 될 기술과 평가할 직원들의 능력들을 찾을 수 있도록 훈련을 받게 된다. 일반적으로 한 명의 평가자는 각 활동에서 한 명 혹은 두 명의 직원들을 관찰하고 기록하게 된다. 평가자들은 자신의 기록 메모를 검토한 뒤, 각 직원의 기술 등급을 평가한다(예를 들면, 5 = 높은 리더십 기술, 1 = 낮은 리더십 기술). 모든 직원들이 활동들을 완료하게 되면, 평가자들은 한 자리에 모여, 평가자들이 관찰했던, 직원들에 대하여 논의하게 된다. 논의 과정에서는 각자 관리자들이 매긴 등급을 비교하고, 동일 직원의 기술 등급에 대한 관리자들 간의 의견을 일치시키고자 노력한다.

한 연구에 의하면, 평가 센터의 등급들은 업무 성과, 급여 수준, 그리고 경력 개발과 관련이 있다고 밝혀졌다. 이 평가 과정에 참여하는 직원들은 자신의 태도, 자신이 가진 능력의 장점과 약점들에 대한 피드백을 제공받기 때문에, 평가 센터는 직원 개발에 있어 유용할 것이다. 예를 들면, 미시간(Michigan) 주 그랜드래 피즈(Grand Rapid) 도시에 위치한 사무실 가구 제조사 Steelcases는 일급 관리자들을 대상으로 평가 센터를 사용한다. 인 바스켓, 인터뷰 시뮬레이션, 그리고 직원의 결근으로 인해 생긴 자리들을 채워야 되는 시간 일정잡기 활동들이 평가 센터에서 제공된다. 또한 관리자들은 직원들이 성과관련 문제에 직면할 수 있도록 하여, 직원들이 이를 개선시키는데 전념할 수 있도록 지원해줘야 한다. 평

가센터에서 제공하는 활동들은 관리자들이 실제 현장에서 실행하는 업무들과 직접적으로 연관되기 때문에, 평가 센터에서 제공하는 피드백은 성공적인 관리자가 되기 위해 반드시 필요한 역량과 기술들에 초점을 맞추고 있다.

| 인사고과와 다면평가제 |

인사고과(performance appraisals)는 직원들의 성과를 측정하는 과정을 의미한다. 인사고과 정보는 특정한 조건 아래에서 직원 개발을 위해 사용할 때 유용하다. 평가 시스템은 직원들이 가지고 있는 성과에 대한 문제점과 어떻게 성과를 개선할 수 있는지에 대해서 반드시 구체적인 정보를 제시해주어야 한다. 현재의 성과와 기대되는 성과 사이에서 발생하는 차이에 대해서 명확하게 전달하기, 성과 격차의 원인 파악하기, 성과를 향상시키기 위한 실행 계획 개발하기 등이 이에 해당한다. 관리자들은 반드시 업무 성과에 대한 피드백을 제공하는 법에 대해서 주기적으로 훈련 받아야 한다. 또한, 관리자들은 직원들이 자신의 실행 계획을 실행함으로써 개발에 대한 진전을 보이고 있는지를 추적해야 할 필요가 있다.

Mike and Ike, Hot Tamales, 그리고 Peeps 캔디들을 만든 회사 Just Born이 어떻게 인사고과를 평가와 개발을 위해 사용했는지 살펴보자. 평가는 직원과 관리자 간 기획 회의

표 9.5 경영 성공과 관련된 기술

지략	전략적으로 생각하고, 융통성있게 문제 해결 과정에 개입할 수 있고, 높은 경영진들과 효과적으로 일할 수 있는가?
일을 해내기 위해서 무엇이든지 함	인내심을 가지고 현재 직면한 장애물에 집중할 수 있는가?
터득이 빠른 사람	새로운 사업 지식과 전문 지식을 빠르게 통달하는가?
관계 형성과 관계 개선	동료 및 외부 동업자들과의 업무 관계를 형성하고 이를 유지하는 방법을 알고 있는가?
부하직원 이끌기	부하 직원들에게 효과적으로 업무를 위임하고 그들의 기회를 넓혀주며, 공정하게 행동하는가?
연민과 세심함	다른 이들에게 진정 어린 관심을 보이고 부하 직원들의 요구를 세심하게 헤아리는가?
솔직함과 침착성	지조있고 변함이 없는가?
개발적인 환경 설정	부하 직원들에게 개발을 장려하는 도전적인 환경을 제공하는가?
문제를 일으키는 부하직원과의 대면	문제를 일으키는 부하 직원들을 대응할 때, 단호하고 공정하게 행동하는가?
팀 지향성	다른 사람들은 관리하면서 동시에 업무를 성취하는가?
일과 삶의 균형	두 가지 모두 소홀하지 않도록 업무의 우선 순위와 개인의 삶 사이의 균형을 잘 맞추고 있는가?
단호함	대부분의 경영 상황에서 느리고 정확한 결정을 내리려고 하기보다는 빠르고 거의 정확에 가까운 결정들을 내리는가?
자기 인식	자신이 가지고 있는 장점과 단점에 대해 정확하게 이해하고 있고, 이를 향상시키려고 노력하는가?
재능있는 직원 채용	팀을 위해서 재능있는 사람들을 고용하는가?
사람들을 편안하게 해줌	정감있고 좋은 유머감각을 보여주는가?
유연성 있는 행동	자신이 생각하는 것과 반대로 보이는 행동을 할 수 있는가?

출처: C. D. McCauley, M, M, Lombardo, and C. J. Usher, "Diagnosing management development needs: An instrument based on how managers develop," *Journal of Management* 15(1989): 389-403.의 허가를 받아 조정함.

에서 시작된다. 이 회의에서 직원의 역할과 함께 부서의 전략적 목표에 대해서 논의하게 된다. 직원과 관리자는 직원의 직무 기술서와 관련된 핵심 업무 성과들뿐만 아니라, 부서의 목표를 달성하는 데 도움이 되는 네 가지의 직원의 개인 목표들을 함께 세우게 된다. 그리고 난 후, 직원이 개인 목표들을 성취하기 위해서 필요한 역량들을 찾아낸다. 1년 동안 관리자와 직원은 업무 성과와 개인 목표들 그리고 학습 계획 성취에 도달할 수 있도록, 직원이 진전을 보이는지를 추적한다. 업적과 학습 목표 달성 여부를 바탕으로 연말에 임금 결정이 이루어지게 된다.

상향 피드백과 다면평가제는 특히 관리자의 개발을 위해서 널리 사용되는 도구이다. 상향 피드백(upward feedback)은 부하 조직원들이 관리자들의 행동과 기술들에 대해서 평가한 자료를 수집하여 관리자 평가에 사용하는 것을 의미한다. 다면평가제(360-degree feedback systems)에서는 부하 직원뿐만 아니라, 동료, 고객, 상사, 그리고 자기 평가를 통해서 해당 직원의 행동과 기술에 대해서 평가하게 된다. 평가자들은 여러 가지의 다양한 차원들에서 해당 직원을 바라볼 수 있게 해주는 질문들에 대한 답변을 모두 완료해야 한다. 〈표 9.5〉에서 다면적평가에서 사용된 경영 성공과 관련된 기술 유형들에 대한 질문들의 예들이 제시되어 있다. 일반적으로 평가자들은 특정 항목에서 나타난 관리자의 장점을 평가하도록 요구받게 되거나, 개발이 필요한지에 대한 질문을 받게 된다. 때로는 평가자들이 해당 역량이나 기술들을 관리자가 사용하는 것을 얼마나 자주 관찰했는지 기입하라는 요구를 받기도 한다(예: 항상, 가끔, 드물게, 일절없음).

다면평가제를 통해서 제시된 결과는 어떻게 관리자가 각 항목에서 평가되었는지 보여줄 뿐만 아니라, 어떻게 자기평가가 다른 평가자들이 평가한 내용과 다른지도 보여준다. 〈표 9.6〉

표 9.6 개발을 위해 다면평가를 사용한 활동들

1. 장점과 약점을 이해하라.
   - 장점과 약점에 대한 평가를 검토하라.
   - 타인(관리자, 동료, 고객)이 평가한 기술 혹은 경험들이 스스로 평가한 것과 동일하거나 동일하지 않는 부분들을 찾아내라.
2. 개발 목표를 설정하라
   - 개발하고자 하는 기술 혹은 행동을 선택하라.
   - 구체적인 결과를 확인할 수 있는 명확하고 구체적인 목표를 설정하라.
3. 목표 성취를 인지할 수 있는 과정을 설정하라.
   - 개발 목표를 성취하는데 걸리는 기간을 설정하라.
   - 측정할 수 있고 추적이 가능한 개발 목표 결과를 설정하라.
4. 개발 목표에 도달할 수 있는 전략을 설정하라.
   - 읽을거리, 직무 경험, 수업, 그리고 관계 등과 같은 전략을 수립하라.
   - 피드백을 받을 수 있고 진전도를 확인할 수 있는 전략을 수립하라.
   - 새로운 기술과 경험들을 강화시킬 수 있는 전략을 수립하다.

은 개발을 위해 사용되는 다면평가 관련 활동 유형들을 제공하고 있다. 전형적으로, 관리자들은 자신의 결과를 검토하고, 자신을 평가한 평가자들로부터 설명을 구하고, 발견한 장점과 약점을 기반으로 구체적인 개발목표를 설정하게 된다.

관리자의 업무성과를 다양한 관점에서 바라볼 수 있고, 타인이 제공한 시각을 바탕으로 자기평가와 어떻게 다른지 비교할 수 있도록 해주며, 내부 혹은 외부 고객들이 자신의 행동과 기술에 대해서 어떻게 인지하고 있는지에 대한 공식적인 의사소통을 할 수 있다는 것이 다면평가가 제공하는 혜택들이다. 몇몇 연구에서 다면평가와 상향 피드백에 참여한 직원들이 참여 결과, 업무성과의 향상과 행동의 변화를 경험했다고 보고했다고 밝혔다. 타인들이 제공한 평가 결과들이 자신이 평가한 결과보다 낮은 개개인들이 가장 높은 변화를 경험했다고 밝혔다.

다면평가의 잠재적인 한계점은 평가자들이 평가를 완료하는데 소요되는 시간, 부정적인 정보를 제공한 평가자들을 찾아서 처벌하려는 관리자, 결과 해석을 도와주는 촉진자의 필요성, 그리고 제공받은 피드백을 바탕으로 조치를 취할 수 있는 방법 제공(개발 계획, 평가자들과의 회의, 강의 수강 등)의 실패 등이 있다.

효과적인 다면평가제는 몇 가지 요소들을 포함하고 있어야 한다. 신뢰할 수 있고 일관성 있는 평가를 제공하는 시스템을 구축해야 하고, 평가자들에 대한 정보는 기밀로 유지되어야 하며, 업무를 수행하는데 필요한 행동과 기술들을 평가(타당성)해야 하며, 시스템은 사용하기 쉽게 제작되어야 하며, 관리자들은 피드백을 제공받는 것에만 끝나는 것이 아니라, 이에 대한 조취를 취해야 한다.

다면평가 질문지들은 테크놀로지를 사용해서 평가자들의 개인 컴퓨터로 전달해줄 수 있다. 이러한 방법은 완료된 평가지 회수율을 높여주며, 정보 처리를 용이하게 해주고, 신속하게 관리자에게 피드백을 제공해줄 수 있도록 도와준다.

사용한 평가 방법에 관계없이, 직원의 개발이 가능하도록 정보들은 반드시 공유되어야 한다. 평가 정보와 함께, 직원에게 어떻게 자신의 약점을 바로잡을 수 있는지, 그리고 학습한 기술들을 어떻게 사용해야 하는지에 대한 제안을 제공해주어야 한다. 교육훈련 강의에 참석하거나 새로운 직무 경험을 통해 기술을 개발하는 것 등이 이러한 제안들에 속한다. 평가 정보와 가능한 개발 기회들을 바탕으로, 직원은 반드시 자기 개선에 대한 노력을 할 수 있도록 안내해줄 실행 계획을 개발해야 한다.

AlliedBarton Security Systems에서는 다면평가 보고서를 회사의 핵심 가치와 협상 불가한 리더십(Leadership Non-Negotiables)과 연결시키고 있다. 다면평가 시스템은 다면평가 피드백을 바탕으로 관리자들에게 리더십관련 조언을 제공해주는 온라인 재능 도구와 연결되어 있다. Capital One은 효과적인 다면평가 시스템을 개발하였다. 소비자 금융 회사인 Capital One은 다면평가 시스템에 몇 가지의 특성들을 포함시킴으로써 평가들이 보복을 위해 사용되거나 인기 경영 대회로 변형되는 가능성을 최소화시켜 준다. 평가서를 길게 만들어 평가자들이 많은 역량들에 대해서 평가해야 된다는 부담감을 주기보다, Capital One은 평가자들에게 3개 혹은 4개의 장점들 혹은 개발 기회들에 집중할 수 있는 평가를 제작했다. 얼마나 많은 역량들을 직원이 보여주었는지에 대한 질문을 하여 단순히 숫자에 동그라미를 치는 제한된 평가보다는, 평가자들의 논평을 입력하기를 요구하고 있다. 이러한 논평들은 흔히 어떠한 측면에서 역량이 개발되어야 하는지, 해당 역량을 개선시키기 위해서 어떠한 업무 환경이 제공되어야 하는지에 대한 구체적인 정보를 담아야 한다. 이러한 논평 시스템은 역량 개발에 적합한 개발 활동을 맞춤 제작할 수 있도록 도와준다. 평가가 변화를 이끌어낼 수 있는 가능성을 높이기 위해서, 다면평가에서 제공된 피드백은 개발 계획과 연계되어야 하며, 회사에서는 그들의 역량을 강화하는데 도움을 줄 수 있는 코칭이나 교육훈련의 기회를 직원들에게 제공해주어야 한다. 직원들은 동료들과 피드백을 공유하도록 장려받고 있다. 이는 정직하고 열린 피드백을 바탕으로, 직원들의 개인적 성장을 도와줄 수 있는 업무 환경을 창조할 수 있도록 해준다.

직무 경험

대부분의 직원 개발은 관계, 문제, 요구, 업무, 혹은 그들의 직무를 할 때 직면하는 여러 특성들과 같은 직무 경험(job experiences)을 통해서 발생한다. 직무 경험을 직원 개발에 사용하는 주요 가정은 직원이 현재 가지고 있는 기술과 과거 경험들이 현재 업무에서 요구하는 기술과 맞지 않을 때, 대부분의 개발이 발생하게 된다는 것이다. 자신의 자리에서 성공하기 위해서 직원들은 자신의 기술들을 넓혀나가야 한다. 즉, 그들을 새로운 기술을 배우고, 그들의 기존 기술과 지식을 새로운 방법으로 적용해보고, 새로운 경험을 터득하도록 강요받아야 된다. 직원이 가지고 있는 기존의 기술과 경험, 그리고 연락망을 활용하여 수행할 수 있는 새로운 업무들을 제공해주는 한편, 새로운 기술들을 배울 수 있는 기회를 제공해주어야 한다. General Electric은 새로이 인수한 회사를 통합시킬 때, 경력이 있는 관리자들을 활용했다. The Rainforest Alliance는 제품 생산자들이 환경 친화적으로 토지를 사용하는 것을 도와주는 265명의 임직원으로 이루어진 세계적인 비영리 조직이다. The Rainforest Alliance는 조직의 빠른 성장으로 인해 어려움을 겪게 되었고(2003년 이래 조직의 규모가 두 배로 커짐), 이를 해결하기 위해서 관리자들을 찾아내어, 이들을 개발해야 할 필요성을 느끼게 되었다. The Rainforest Alliance는 준사원들에게 연구와 다른 프로젝트들을 이끌 수 있는 기회를 제공했고, 만약 그들이 성공할 경우, 프로젝트들을 관리하는 관리자급으로 승진시켰다. 예를 들어, 행정 보조자로 회사에서 일하기 시작한 한 직원은, 기후 변화에 대한 연구와 같은 더 많은 책임을 맡게 되었고, 그녀는 지금 현재 새로운 기후관련 계획 조정자로 일하고 있다. 또한 준사원들을 해외 지사의 인턴십 프로그램에 참여시켜, 조직에 대해서 더 배우고 친환경적인 토지 이용 사례들이 실제로 실행하는 현장에서 일을 할 수 있는 기회를 제공했다.

대부분 우리가 알고 있는 직무 경험을 통한 개발은 창의적인 리더십 센터(Center for Creative Leadership)에서 진행했던 몇 개의 연구를 통한 것이다. 임원들은 그들의 경영 방식에 변화를 가지고 왔던 핵심 경력관련 사건들을 찾아내고, 그 사건들을 통해서 자신이 무엇을 배웠는지에 보고하라는 지시를 받게 되었다. 핵심 사건들은 직무와 관련되거나(실

표 9.7 요구되는 직무와 이를 통해 얻은 가르침

변천하기	• **익숙하지 않은 업무 책임**: 관리자들은 반드시 새로운 일에서 오는 업무 책임, 매우 다른 업무에서 오는 책임, 혹은 이전보다 더 넓은 범위의 업무 책임을 다루어야 한다. • **스스로 증명하기**: 관리자들은 주어진 일을 처리할 수 있다는 것을 다른 사람들에게 보여주어야 한다는 압박을 가지고 있다.
변화 창조하기	• **새로운 방향 개발**: 관리자들은 조직에서 새로운 것을 시작하거나, 기업 환경의 빠른 변화에 대응해야 하는 책임을 가지고 있다. • **물려받은 문제**: 관리자들은 이전 재임자가 만들어낸 문제를 해결해야 하거나, 문제 직원들 관리해야 하는 임무를 가지고 있다. • **감축 결정**: 운영 폐지 혹은 직원 삭감에 대한 결정들을 해야 한다. • 직원에 대한 문제: 적절한 능력이 부족한 직원들은 무능력하거나 저항적이다.
높은 수준의 책임을 가짐	• **중대한 이해관계**: 명확한 마감일, 상급관리자로부터의 압박, 높은 가시성, 업무의 성공과 실패가 명확하게 드러나는 핵심적인 의사결정을 내려야 하는 책임감. • **다양한 사업 관리**: 다양한 기능, 그룹들, 제품, 고객, 혹은 마켓에 대한 큰 책임감을 필요로 하는 범위의 일 • **직무 과부하**: 많은 시간과 에너지의 투자를 요구하는 방대한 양의 직무들. • **외부적 압력 처리**: 노조 혹은 정부기관과의 협상, 해외문화에서의 업무, 심각한 지역문제 대응 등과 같이 사업에 영향을 미치는 외부적 요소들에 대한 대응.
권한이 없는 관계들과 연관됨	• **권한 없이 영향 미치기**: 관리자가 직접적인 권한을 가지고 있지 않은 동료, 고위 경영층, 외부 동업자, 혹은 다른 중요한 사람들에게 영향력을 행사해야 하는 업무를 완료해야 한다. • **불리한 사업 조건**: 재정적 문제 혹은 어려운 경제적 조건에 직면한 사업 부서 혹은 제품 라인. • **최고 경영층의 지원의 부족**: 고위 경영층이 현재 업무 혹은 새로운 프로젝트에 필요한 방향, 지원, 혹은 자원들을 제공하기를 꺼려한다. • **개인적 지원의 부족**: 중요 네트워크에서 제외되고 다른 이들로부터 지원 혹은 격려를 거의 받지 못한다. • **어려운 상사**: 결함이 많은 상사 혹은 관리자와 다른 의견, 혹은 다른 경영 방식을 가진 상사.

출처: C. D. McCauley, L. J. Eastman, and J. Ohlott, "Linking management selection and development through stretch assignments," *Human Resource Management* 84(1995): 93-115. Copyright @ 1995 Wiley Periodicals, Inc., a Wiley Company.

패한 사업을 바로 잡기 등), 대인관계와 관련된 것(상사와 좋은 관계 유지하기), 특정한 종류의 전환이 필요로 하는 시기(업무에 필수적인 배경을 가지지 않은 임원진들)들로 이루어져 있었다. 일에서 요구되는 것들과 이것들을 통해서 무엇을 직원들이 배웠는지에 대한 정보를 〈표 9.7〉에서 제시하고 있다.

부담이 큰 직무를 직원 개발에 사용하기 전, 가장 우려되는 부분 중 하나는 해당 경험이 직원들에게 긍정적인 혹은 부정적인 스트레스로 작용할 수 있다는 것이다. 긍정적인 스트레스로 작용하는 직무 경험일 경우, 직원들은 해당 직무를 학습을 촉진시키는 하나의 도전으로 인식하게 된다. 하지만, 이를 부정적인 스트레스로 받아들일 경우, 높은 수준의 유해한 스트레스로 작용하게 된다. 최근 연구를 통해 밝혀진 결과에 의하면, 장애물 이외의, 직무에서 요구되는 모든 것들은 학습과 연관이 있다고 밝혀졌다. 장애물을 직면할 때, 그리고 변화를 창조할 때 요구되는 업무는 다른 어떤 업무들보다 더 높은 수준의 부정적인 스트레스를 유발한다고 보고했다. 이것은 직원들에게 장애물 혹은 변화를 창조하는 개발 업무를 제공하기 전에, 회사에서는 신중하게 직원들에게 발생할 잠재적인 부정적 결과를 잘 따져 보아야 한다는 것을 함축하고 있다.

비록 직무 경험을 통한 개발에 관한 대부분의 연구들이 임원 및 관리자들 대상이었지만,

그림 9.4 직무 경험들이 직원 개발에 사용되는 방법

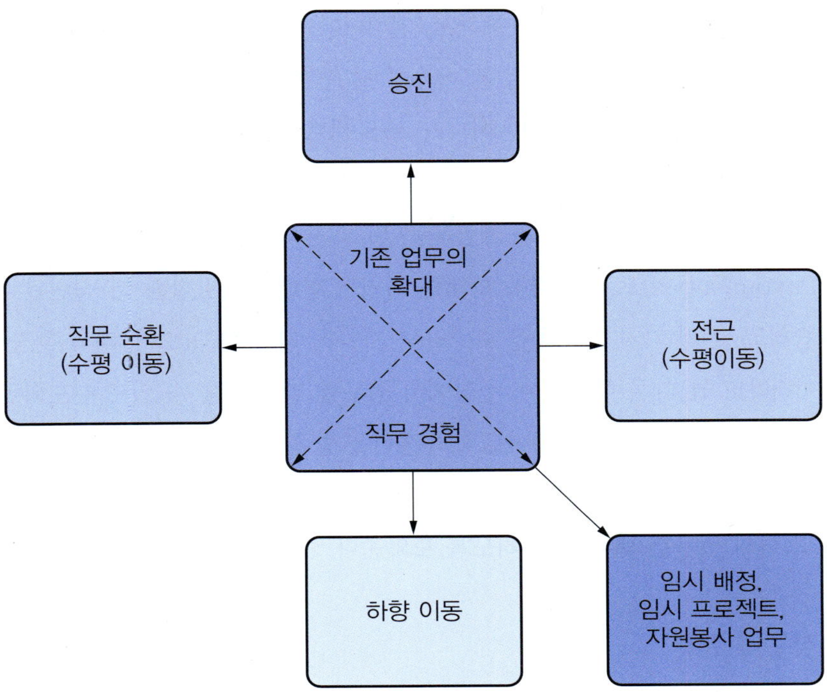

작업라인 직원들도 직무 경험을 통해서 학습을 할 수 있다. 이전에 언급했던 것과 같이, 팀이 성공적으로 업무를 수행하기 위해서는, 팀의 구성원들도 직접적으로 고객을 상대해야 하고, 제품의 질을 결정하기 위해서 자료를 분석해야 하며, 그리고 팀 구성원들 간의 갈등을 해결하는데 참여하게 되면서 과거 관리자들에게만 필요하다고 생각했던 기술들이 이제는 구성원들도 해당 기술들을 보유해야 할 필요성이 증가했기 때문이다. 팀을 형성할 때 발생하는 개발 외에도, 직원들은 팀 내에서 각자의 업무 역할을 바꿈으로써 자신들의 기술을 더욱 개발할 수도 있다.

〈그림 9.4〉는 직원 개발에 사용할 수 있는 다양한 종류의 직무 경험을 보여주고 있다. 현재의 직무를 확대하는 것, 직무 순환, 전근, 승진, 하향 이동, 그리고 임시 배정 등을 포함하고 있다. 다국적기업의 경우, 해외업무와 관련된 직원 개발을 위해서 해외로 자주 출장을 가거나 해외로 배치되는 것도 자주 있는 일이다.

현재 직무의 확대

직무 확대(job enlargement)는 직원의 현재 직무에서 도전적인 업무 혹은 새로운 책임을 추가하는 것을 의미한다. 이것은 특별 프로젝트 관련 업무, 팀 내에서의 역할 변화, 혹은 고객에게 더 나은 서비스를 제공할 수 있는 새로운 방법 연구 등을 포함한다. 예를 들면, 엔지니어가 기술 직원들의 새로운 진로를 개발하기 위한 프로젝트 팀에 합류하게 될 수 있다. 이 프로젝트 업무를 통해서, 엔지니어는 기업의 경력 개발 과정을 검토하는 등의 진로 개발의 특정 부분의 업무를 이끌게 될 수 있다. 그 결과, 엔지니어는 기업의 경력 개발 시스템에 대해서 배울 뿐만 아니라, 프로젝트 팀이 그들의 목표를 성취할 수 있도록 도와주기 위해서 리더십과 조직력을 사용하게 된다. 일부 기업에서는 두 명의 관리자들에게 동일한 책임과 동일한 직책을 제공해준 뒤, 그들의 업무를 이등분하도록 함(한 상자에 두 명, two-in-a-box)으로써 직무 확대를 하기도 한다. 이 방법은 더 숙련된 관리자들로부터 학습하고, 여러 가지 기술들을 요구하는 자리를 채울 수 있으며, 해외 출장을 요구하는 직책이더라도 늘 다른 한 직원이 현장에서 업무를 맡고 있을 수 있도록 도와준다. 예를 들면, Cisco System에서는 엔지니어로 교육훈련을 받은 직원을 사업 개발부서에 일하도록 하게 하고, 다른 엔지니어와 업무를 공유하고 있다. 각 직원들은 다른 기술에 노출될 뿐만 아니라, 그들의 업무를 더 잘 수행하도록 도와준다.

직무 순환

직무 순환(job rotation)은 직원들에게 회사 내의 다양한 분야와 관련된 일련의 업무들을 부여하거나, 같은 분야 내에서 혹은 부서별 직무 이동을 의미한다. 건설회사 Cianbro Corporation은 신입 사원들을 위한 직무 순환 프로그램을 사용하여, 이들이 견적, 엔지니어링, 그리고 현장 경험들에 다양하게 노출될 수 있도록 하고 있다. The Financial Department는 분야별 파견, 사업 부서별 파견, 그리고 기업별 파견을 통해서 직무 순환을 경험하는 프로그램을 제공하고 있다. 상급자 수준이 되면, 핵심 인재들은 기업의 최고 경영자로서 성공하기 위해 필요한 노출과 경험을 직무 순환을 통해서 제공받게 된다. 인도 기반 회사 Tata Consultancy Services의 직무 순환 프로그램은 인도 출신의 직원들을 중국, 헝가리, 그리고 남미에 위치한 사업체에 보낸다. 이 프로그램은 숙련된 직원들이 42개국에 위치한 지사들 중 어디에 가게 되더라도 일을 할 준비가 되어 있도록 도와준다. 또한, 직원들은 자신들이 일하고 있는 국가의 문화에 대해서 이해하게 된다. 뿐만 아니라, 이 프로그램은 업무 시, 고객과 가까이 위치한 직원들에게만 의존하는 것이 아니라, 전 세계에 있는 직원들이 가지고 있는 장점들을 함께 사용하여 업무를 진행함으로써, 고객 서비스를 향상시키는데 도움을 주고 있다. 이 파견은 일반적으로 18개월에서 24개월간 진행되며, 파견된 직원은 업무를 하는 동안 고객과 현지 직원들로부터 배우게 된다. 파견이 완료되면, 직원들은 대개 그들이 늘 하던 해외 업무들과 관련된 프로젝트에 참여하여 일을 하게 되어, 그들의 홈 사업체에서 얻은 지식들을 이전할 수 있도록 도와준다.

직무 순환은 직원들이 회사 전반에 대한 이해할 수 있도록 도와주고, 회사의 서로 다른 기능들에 대한 이해를 높이고, 연락망을 개발시키고, 문제 해결 및 의사 결정 기술들을 향상시킬 수 있도록 도와준다. 예를 들면, Sanofi-Aventis Pharmaceuticals는 높은 성과를 보이는 영업 전문 직원들에게 교육훈련 전문가 역할에 관심이 있는지 결정하도록 Commercial Training Department와 임시 프로젝트를 진행하거나 혹은 Commercial Training Department에 파견하는 것을 장려하고 있다. 프로젝트의 기간은 직원들의 요구와 교육훈련 부서에 따라서 며칠부터 몇 주로 다양하다. 풀 타임 교육훈련 자리를 받아들인 영업 전문직들은 2-3년 동안 마케팅과 같은 다른 역할로 순환하게 되고, 그 이후 다시 다른 영업 부서로 돌아가거나 혹은 지역 영업 관리자 자리로 승진하게 된다. 직무 순환은 기술 습득, 급여 증가, 그리고 승진율과 관련된 것으로 보여진다. 그러나 직무 순환은 이로 인한 직원과 사업 부서에게 몇 가지 잠재적인 문제점을 제공한다. 직무 순환은 순환하는 직원들 혹은 그들의 동료들에게 현재 당면하고 있는 업무관련 문제와 그에 대한 해결책을 단기적 시각에서 바라보게 할 가능성이 있다. 순환하는 직원들은 기능관련 전문 기술을 개발하기 어렵고, 한 직책에서 도전적인 업무를 부여받을 만큼 오랫동안 일을 하지 않기 때문에, 직원들의 만족도와 동기에 부정적인 영향을 미칠 수도 있다.

표 9.8 효과적인 직무 순환 시스템의 특징들

1. 직무 순환은 관리직에 필요하게 될 경험들을 제공하는 것뿐만 아니라 기술 개발에도 사용된다.
2. 직원들은 직무 순환으로 개발하게 될 구체적인 기술들에 대해서 이해하고 있다.
3. 직무 순환은 모든 계층, 그리고 모든 유형의 직원들에게 적용할 수 있다.
4. 직무 순환은 경력 관리 과정과 연결되어 있어서, 직원들이 각 직무가 자신의 개발 요구를 해결해줄 것이라는 것을 잘 알고 있다.
5. 직무 순환의 혜택을 최대화시키고 비용을 최소화 시키기 위해서는, 작업량과 비용을 감소시킬 수 있도록 순환 시기를 설정하고, 직원들이 순환을 통해서 맡을 역할이 자신들의 개발 계획과 관계된 것임을 이해할 수 있도록 도와주어야 한다.
6. 그들의 인구 통계학적 그룹에 관계없이, 모든 직원들은 직무 순환 배정을 받을 동일한 권리를 가지고 있다.

출처: L. Cheraskin and M. Canpion, "Study clarifies job rotation benefits," *Personnel Journal*(November 1996): 31-38; M. Fiester, A. Collis, and N. Cossack, "Job rotation, total rewards, measuring value," *HR Magzine* (August 2008): 33-34.

〈표 9.8〉은 효과적인 직무 순환 시스템에 대한 특징들에 대해서 제시하고 있다. 효과적인 직무 순환 시스템은 기업의 교육훈련, 개발, 그리고 경력 관리 시스템과 연결된다. 또한, 직무 순환은 관리직뿐만 아니라, 모든 유형의 직원들에게 적용할 수 있다.

전근, 승진, 그리고 하향 이동

상향, 수평, 하향 이동은 대부분의 회사에서 개발 목적으로 사용하고 있다. 전근(transfer)은 직원이 회사 내 다른 분야로 직무를 배정 받는 것을 의미한다. 전근은 반드시 직무 책임을 증가시키거나 보상을 제공하지는 않는다. 유사한 수준의 책임을 가진 업무로의 이동과 같은 수평 이동이라고 볼 수 있다. 승진(promotions)은 이전 직무보다 더 도전적인 업무들과 더 많은 책임, 그리고 더 많은 권한을 가진 자리로의 진보를 의미한다. 승진은 보통 임금 상승을 포함한다.

전근은 미국 내 다른 지역 혹은 다른 나라로 이동하는 것을 포함한다. 직원의 역할이 변화되어서 뿐만 아니라 배우자가 일을 하는 맞벌이 가정일 경우, 상대 배우자가 새로운 일자리를 구해야 하기 때문에, 전근은 매우 스트레스가 많이 쌓이는 일이 될 수 있다. 또한, 가족이 새로운 지역 사회에 합류해야 한다. 전근의 직원들의 일 생활, 대인관계, 그리고 업무 습관에 지장을 준다. 그들은 새로운 주거지, 쇼핑센터, 의료기관, 그리고 여가 시설을 찾아야 하며, 정서적인 지지를 해준 가족과 친구들과 멀어지게 된다. 그들은 새로운 종류의 업무 규범들을 배워야 하며, 새로운 관리자와 동료들과 인간관계를 발전시켜야 하며, 비록 제품, 서비스, 과정, 그리고 직원들에 대해서 아는 것이 거의 없음에도 불구하고, 예전 직무에서와 마찬가지로 새 직무에서 유사한 수준으로 능률적이기를 기대받게 된다.

이처럼 전근은 많은 불안감을 제공하기 때문에, 많은 회사들이 전근을 받아들일 직원을 찾는데 어려움을 겪고 있다. 한 연구에 의하면 전근을 받아들일 가능성이 높은 직원들의 특징을 밝혀냈는데, 경력에 대한 야망이 높거나, 회사에서의 자신의 미래가 촉망된다고 믿거나, 전근을 받아들이는 것이 회사 내에서 성공하는 길이라고 믿는 직원들이 전근을 받아들일 가능성이 높다고 한다. 또한, 결혼을 하지 않았거나 현재 지역 사회에서 활발하게 활동하지 않는 직원들도 전근을 받아들일 가능성이 높다고 한다. 결혼한 직원들 중에서는, 배우자의 이동에 대한 의지가 직원들이 전근을 받아들일지 말지를 좌우하는 가장 중요한 요소로 밝혀졌다.

하향 이동(downward move)은 직원들이 기존보다 더 적은 책임감과 더 적은 권한을 제공받을 때 발생하게 된다. 이것은 같은 수준의 다른 직무로 이동(수평 강등), 임시로 복합 기능 팀으로의 이동, 혹은 부저조한 성과로 인한 강등이 하향 이동에 모두 포함된다. 기존 직책보다 낮은 수준의 직책을 받고 다른 부서의 팀으로의 이동하는 것은 직원에게 다른 부서에서 하는 일을 경험할 수 있도록 해주어, 대부분 직원 개발의 목적으로 사용된다. 예를 들면, 경영 부서로 이동하는 엔지니어는 일반적으로 경영 기술을 개발하기 위해서 교대조 관리자와 같은 낮은 자리를 맡게 된다.

승진으로 인한 심리적 그리고 유형의 보상(상승된 자부심, 급여, 그리고 회사에서의 신분) 때문에, 직원들은 수평 혹은 하향 이동보다 승진을 수락할 가능성이 더욱 높다. 회사가 이익이 많이 창출하고 성장하는 시기일 때, 승진은 손쉽게 이루어질 수 있다. 하지만 회사가 구조 조정을 하거나 안정적인 상황, 혹은 이익이 줄어드는 상황일 때—특히나 많은 직원들이 승진에 관심이 많으나 기업이 외부 인력 시장에 제공되는 직원들에게 높은 자리를 제공하고 이들에게 의존하는 경향이 있는 경우—승진의 기회는 매우 제한적이다.

불행하게도 많은 직원들은 전근과 하향 이동으로 인한 개발을 지지하는 것에 어려움을 느낀다. 그들은 회사 내에서 장기적인 성공을 위해 필요한 기술을 개발할 수 있는 기회로 바라보기보다는, 그들에게 주어진 처벌이라고 생각한다. 많은 직원들은 전근을 받아들이기보다는 회사를 떠나는 것을 선택하게 된다. 직원을 대체하는데 있어서 드는 비용뿐만 아니라, 집 판매와 전근으로 인해 구입해야 하는 모든 것들의 비용들이 전근 비용으로 들기 때문에, 기업들은 전근에 대해서 더욱 신중하게 관리해야 할 필요성이 있다. 기업들이 대면하고 있는 난관 중 하나는 전근 혹은 하향 이동이 직원들에게 장기적으로 보았을 때 혜택으로 돌아올 기회라고 설득하고 직원들이 이를 개발의 기회로 볼 수 있도록 만들 수 있는 방법을 배워야 한다는 것이다.

직원들이 전근, 승진, 하향 이동을 개발의 기회를 받아들일 수 있도록 기업들을,

- 새로운 직무와 새로운 장소에서 제공될 잠재적 혜택, 내용, 도전들에 대한 정보를 제공

해주어야 한다.

- 전근 이전, 직원을 새로운 장소로 미리 보내어, 현장을 둘러보고, 지역 사회에 대한 정보를 얻을 수 있도록 지원해줌으로써, 전근 결정 과정에 당사자가 개입할 수 있도록 해주어야 한다.
- 명확한 성과 목표와 그들의 업무 성과에 대한 피드백을 초기에 제공해주어야 한다.
- 새 장소에서 새로운 지역 사회와 새로운 업무를 적응하는데 도움을 제공할 수 있는 사람을 제공해야 한다.
- 그들의 수입, 세금, 대출 지급, 그리고 다른 비용에 새로운 직무 기회가 어떻게 영향을 미칠지에 대한 정보를 제공해주어야 한다.
- 현재 살고 있는 집을 팔고, 새롭게 살 공간을 구입 혹은 임대하는 것에 대한 지원과 변상을 제공해주어야 한다.
- 새로운 장소와 새로운 직무에 대한 오리엔테이션을 제공해주어야 한다.
- 학교를 알아봐주고 보육시설과 노인 부양 서비스 옵션 등과 같은 부양가족에 대한 지원을 제공해주어야 한다.
- 배우자가 직업을 찾을 수 있도록 필요한 도움을 제공해주어야 한다.

익스턴십(externship)은 회사에서 직원이 다른 기업에서 정직원으로 일을 할 수 있게 해주는 것을 의미한다. 컨설팅 회사, Mercer Management는 익스턴십을 사용하여 직원이 경험을 쌓고 싶어하는 특정 분야에서 일을 할 수 있도록 해줌으로써, 직원 개발에 사용한다. Mercer Management는 직원들이 다른 기업에서 맡고 있는 임무가 끝나면 다시 고용하겠다고 약속한다. 예를 들어, Crayola 크레용을 만드는 회사 Binney & Smith의 인터넷 서비스 부문 부사장은 Mercer Management에서 근무하던 한 직원이었다. 그는 Binney & Smith의 인터넷 프로젝트의 컨설턴트로 일을 했었다. 그러나 그는 단순히 고객들에게 권고사항을 제안하고 회사를 떠나서 다른 새로운 프로젝트를 시작하는 것보다, 자신이 실제로 그 권고사항을 실행하고 싶어졌다. 그래서 그는 Binney & Smith에서 일을 하기 시작한 것이다. 그는 여전히 Mercer에 고용되어 있으나 그의 급여는 Binney & Smith로부터 제공되고 있다. Mercer는 익스턴십을 통해서 직원들이 학습하고 전문적으로 성장할 수 있는 기회를 가지게 될 뿐만 아니라, 직원들이 이직을 하려고 준비하는 과정에서 발생하는 개인 및 직장 생활 관련 피해를 겪지 않게 되기 때문에, 익스턴십에 참여한 직원들은 회사에 더 헌신할 것이라고 믿고 있다. 비록 익스턴십을 통해서 직원들에게 다른 고용의 기회를 제공하여 본사를 떠날 수도 있으나, Mercer는 이 프로그램이 단지 좋은 개발 전략일 뿐만 아니라, 직원 채용에도 도움을 준다고 믿고 있다. 즉, 익스턴십은 잠재적인 직원들에게 Mercer는 창조적이고 그들의 직원들에게 유연성을 제공하는 기업이라는 신호를 보내는 것이다.

| 임시 배정, 임시 프로젝트, 자원봉사 임무, 그리고 안식기간 |

임시 배정(temporary assignments)은 직원들을 어떤 자리에 고용하여 그들이 새로운 역할, 직원 교환프로그램, 안식기간, 자원봉사 임무에 관심이 있는지 그들이 결정할 수 있도록 해주는 직무 테스트라고 할 수 있다. 모든 임시 배정들은 종료일이 미리 정해져 있으며, 그 이후에는 직원들은 자신의 영구적인 자리로 돌아가게 된다. 예를 들어, Sanofi-Aventis Pharmaceuticals는 높은 성과를 보이는 영업 전문 직원들에게 교육훈련 전문가 역할에 관심이 있는지 결정하도록 Commercial Training Department와 임시 프로젝트를 진행하거나 혹은 Commercial Training Department에 파견하는 것을 장려하고 있다. 프로젝트의 기간은 직원들의 요구와 교육훈련 부서에 따라서 며칠부터 몇 주로 다양하다. 풀타임 교육훈련 자리를 받아들인 영업 전문직들은 2-3년 동안 마케팅과 같은 다른 역할로 순환하게 되고, 그 이후 다시 다른 영업 부서로 돌아가거나 혹은 지역 영업 관리자 자리로 승진하게 된다.

직원 교환 프로그램은 다른 종류의 임시 배정이다. Procter & Gamble(P&G)와 Google은 직원들을 교환하기 시작했다. 두 회사의 직원들은 서로의 교육훈련 프로그램에 참여하고 사업 계획이 논의되는 회의에 참석하게 된다. 두 기업들은 직원 교환으로 인해 혜택을 받기를 기대하고 있다. P&G는 텔레비전 시청보다 온라인에서 더 많은 시간을 보내는 새로운 세대 고객들에게 어떻게 세탁 세제, 화장지, 그리고 스킨 크림 제품을 홍보할 수 있는지에 대한 이해를 높이고자 하고 있다. Google은 기업들에게 그들의 상품을 텔레비전을 통한 진열에서 유투브와 같은 비디오 공유 사이트로 이동하도록 설득하여 더 높은 광고 수익을 높이고자 한다. 직원 교환에 대한 아이디어가 발생하게 된 것은 P&G가 고농축 제조법을 통해서 Tide 세탁 비누 병을 더 작게 만들었으나, 이러한 제품에 대한 변화를 온라인 캠페인에 포함시키기 않아, 구매자들이 왜 병이 작아졌는지에 대한 대답을 얻지 못하고 있다는 것을 깨달았을 때이다. 양사의 직원 모두 직원 교환을 통해서 이익을 얻었다. Google 직원들은 Tide의 밝은 오렌지 포장이 브랜드에 중요한 부분이라는 것을 배우게 되었고, P&G의 마케팅 언어들을 도입하게 되었다. P&G 직원들은 온라인 광고 캠페인이 브랜드 인지도를 높여줄 수 있다는 것과 온라인으로 구매하지 않는 기저귀와 같은 상품일지라도 이에 대한 혜택을 받을 수 있다는 것을 깨달았다. P&G는 그들의 기저귀가 어떻게 해야 고객의 요구를 충족시킬 수 있는지 보다 잘 이해하기 위해서 엄마 블로거(mommy-bloggers)들을 P&G의 아기 부문 웹사이트에 방문하도록 초대하였다.

임시 배정은 능력을 개발하거나 교체하기 위해서 가지는 휴가와 같은 안식기간(sabbatical)을 포함하기도 한다. 안식기간 중인 직원들은 대개 전액 급여를 받게 되며, 복지혜택도 받을 수 있다. 안식기간은 극도의 피로와 스트레스를 줄여주고 새로운 능력 혹은 시각들을 얻을 수 있도록 도와줌으로써 직원의 웰빙을 높여준다. 안식시간은 또한, 책을 쓰거나 어린 자녀들과 시간을 더 보내는 등 개인적인 관심사에 더 많은 시간을 보낼 수 있도록 해준다. 안식기간은 컨설팅 회사부터 패스트푸드 산업에 걸친 다양한 범위의 산업에서 통상적으로 제공되는 프로그램이다. 광고 회사 Fallon Worldwide는 Dearncatchers라고 불리는 프로그램을 프로젝트에 참여하기를 원하거나 여행을 원하는 직원들에게 제공한다. Dearncatchers는 직원들이 극도의 피로로 인해 그들의 창조성을 잃어버리지 않도록 하기 위해서 제공되는 프로그램이다. 직원들은 휴가를 내어 소설을 쓰거나, 카약을 타거나, 오토바이를 타고 알프스 산맥을 가는 등의 활동을 하면서 시간을 보내게 된다. Fallon Worldwide는 직원의 공헌을 최대 1,000달러로 환산하여, 2년 동안 매년 그들에게 추가 2주 유급 휴가를 제공하고 있다. Fallon Worldwide는 이 프로그램이 핵심 인재들의 존속을 돕고, 새로운 인재를 채용하는데 도움이 된다고 믿고 있다. 또한, 이 프로그램이 직원들의 창조성을 재충전하도록 도와줌으로써 그들이 고객을 위해서 최선을 다 하여 일을 할 수 있도록 해주는 비결이라고 믿고 있다.

자원봉사 임무 또한 개발을 위해 사용할 수 있다. 자원봉사 임무는 직원들에게 변화를 관리하고, 가르치고, 높은 수준의 책임을 가질 수 있는 기회를 제공할 뿐만 아니라, 〈표 9.7〉에서 제시했던 다른 직무에 따르는 요구들에 노출될 수 있게 해준다. General Mills에서는 자원봉사 임무와 지역 사회 개입 프로젝트를 기업의 가치를 실행할 수 있는 하나의 방법으로 사용하고 있다. 직원들은 다양한 종류의 자선사업 업무를 하게 되는데, 노숙자들에게 식사 제공하기, 탁아소 방에 페인트 칠하기, 혹은 기업 이사회 구성원으로서 기여하기 등과 같이 다양한 업무를 하게 된다. General Mills은 자원봉사 업무가 직원들의 팀 관계를 향상시키고 리더십과 전략적인 사고 능력을 개발시켜 준다고 믿고 있다.

직무 경험을 직원의 개발 요구와 목표에 일치시킬 수 있는 방법

회사의 규모에 상관없이 개발을 위해 사용할 수 있는 것이 직무 경험이다. 그러나 그들의 종류와 유용성은 다양하다. 건강관리 사업체인 HCA, Inc.,와 같이 195,000명의 직원을 가

표 9.9 직원 개발 요구와 목표에 맞춘 직무 경험

직무 경험	직원 개발 요구와 목표
직무 확대	새르운 기술 개발에 관심이 있고, 현재 자리에서 계속적으로 일을 하고 싶어하며, 그리고 그들의 직무에서 기술 개발의 기회가 있음.
직무 순환 및 전근	새르운 기술을 요구하는 임무들이 요구되지만 현재 직위와 유사한 수준의 책임을 요구하는 자리를 희망하고, 다른 기능, 부서, 제품에 대해서 배우고 싶음.
승진	다른 직원들과 프로젝트에 대한 더 많은 책임과 의무를 맡을 준비가 되어 있고, 기업 의사결정에 영향을 미치기를 원함.
하향 이동	새르운 기술을 얻기 원하고 새로운 직업 혹은 경력을 시도해보기를 고려하고 있음. 업무 스트레스를 줄이고 싶거나 일과 삶에 대한 균형을 보다 더 잘 맞추고 싶고, 예전에 했던 업무들을 더 선호함.
임시 배정, 임시 프로젝트, 자원봉사 업무, 안식 기간	고객, 제품, 지역 사회의 문제에 대한 새로운 이해 혹은 시각을 가지고 싶고, 현재 기업에서 하고 있는 직무에서 제공하지 못하는 직무 경험을 얻어 기술을 개발하고 싶으며, 현재 가지고 있는 기술들을 다른 맥락에서 사용해보고 싶으며, 스트레스를 줄이고 피로의 누적을 피하고 싶음.

출처: B. Kaye, "Up is not the only way ·· really!" *T+D* (September 2011): 41-45.

지고 있는 대기업들은 높은 잠재성을 가지고 있는 직원들에게 다양한 개발 경험을 제공할 수 있다. 예를 들어, 작은 건강관리 기관에서 일하기 시작한 한 관리자는 곧, 병원 혹은 건강관리 기업 등과 같은 더 큰 규모의 기관으로 이동할 수 있다. 작은 규모의 기업들을 대기업에서 제공할 수 있는 같은 종류 혹은 같은 수의 개발 경험을 제공해줄 수 없지만, 그들은 직원들에게 업무 외적으로 이러한 유사 경험을 가지도록 장려할 수 있다. Pitney Bowes의 CEO인 Murray Martin을 예로 들 수 있다. Murray Martin은 주택보유자 협회 부사장의 역할을 통해서 갈등 관리에 대해서 많은 것을 배웠다. 회사의 규모와 관계없이 개발 활동이 효과적이기 위해서는, 그 활동들이 직원들의 개발 요구 및 목표와 일치해야 된다. 〈표 9.9〉에서는 다른 종류의 직원 개발 요구 및 목표에 맞춘 가장 적절한 직무 경험들을 제공하고 있다.

대인관계

직원들은 경력이 많은 회사 구성원들과 상호작용을 통해서 회사 및 고객들에 대한 지식을 향상시킬 수 있고 기술들을 개발할 수 있다. 직원들을 개발시킬 때 사용하는 두 가지 유형의 대인관계에는 멘토링과 코칭이 있다.

멘토링

멘토(mentor)는 경험이 부족한 직원(프로테제, the protege)의 개발을 도와주는 경험이 풍부하고 능력있는 고참 직원을 의미한다. 잠재적 멘토의 부족과 직원들이 동료와의 관계로부터 이익을 얻을 수 있다는 것을 이해하게 되면서, 일부 기업들은 그룹 및 동료 멘토링을 시작하여 이를 지원하고 있다. 그룹 멘토링 프로그램(group mentoring program)은 성공한 고참 직원을 4-6명의 프로테제들로 이루어진 그룹과 짝을 지어주는 것이다. 동료 멘토링의 잠재적인 장점은 프로테제들이 경험이 풍부한 선배 직원을 통해서 배울뿐만 아니라, 그룹 구성원들 서로가 서로를 통해서 배울 수 있다는 것이다. 또한, 그룹 멘토링은 한 멘토가 직원들이 필요로 하는 지도와 지원을 모두 제공해주기 어렵다는 현실을 인식하고 있다. 직원들이 멘토링 지원을 받기 위해 사용할 수 있고 그들의 학습과 개발에 대한 흥미를 보여줄 사람이 필요로 할 때 기댈 수 있는 작은 그룹으로서, 그룹 멘토링은 직원들의 네트워크 개발 기회를 제공한다. 리더는 프로테제가 조직에 대해서 이해할 수 있도록 도와주고, 그들의 경험에 대해서 분석할 수 있도록 안내해주며, 그들의 진로 방향을 명확하게 할 수 있도록 도와준다. 그룹의 각 구성원들은 특정 과제를 완료하거나, 한 문제 혹은 쟁점 사항을 해결하기 위해서 함께 일하게 될 수도 있다.

멘토링 관계는 멘토와 프로테제가 공유하고 있는 가치와 관심사의 결과를 바탕으로 비공식적으로 발전하게 되는 경우가 대부분이다. 한 조사에 의하면, 정서적 안정, 상황에 맞

표 9.10 멘토링 프로그램의 사례들

SCC Soft Computer — 모든 신입사원들은 멘토를 배정받게 된다. 멘토는 신입사원의 사진이 포함된 개인 맞춤형 학습 여권을 만들고, 신입사원이 개발해야 할 역량 분야들을 파악한다. 멘토가 책임지게 될 역량 파악이 완료되면, 멘토는 정기적으로 직원들과 만나 진전 상황을 파악한다. 신입사원의 개인 학습 여권을 완료하게 되면, 승진할 수 있는 자격을 부여받게 된다.
Microsoft — 멘토링 프로그램은 경력 개발 멘토링과 동료 멘토링을 포함하고 있다. 경력 개발 멘토링은 1년간 지속되고, 구조화된 교차 그룹 멘토링을 통해서 경력 및 전문성 개발에 초점을 맞춘다. 동료 멘토링은 덜 구조화되어 있고 같은 업무 팀의 구성원들간의 직무관련 지식의 전이에 집중하게 된다.
Sacramento Municipal Utility District(SMUD) — Building Leadership Talent Program 안에 일 년간 지속되는 멘토링 프로그램을 함께 포함하고 있다. 이 프로그램에서는 다른 사업 부서에 있는 멘토와 프로테제로 짝을 지어준다. SMUD는 오리엔테이션과 멘토를 위한 반나절 교육을 제공한다. 본 교육에서는 기술 개발, 역할 극, 효과적인 멘토링의 과정 모델, 목표 달성을 위해서 목표와 진척도를 기록하는 견본, 기술 실습, 그리고 웹 기반 교육훈련을 포함하고 있다.
Sodexo — 동료 간 멘토링은 Sodexo의 네트워크 그룹을 통해서 직접적으로 관리되는 프로그램이다. 네트워크는 공통된 다양성 요소들을 중심으로 조직되고, Sodexo에 있는 그들의 집단 정체성에 대한 인식을 높이고 싶은 직원들에 의해서 창조되기도 한다. 국적, 인종, 성적취향, 병역, 그리고 혼합세대 출신인 직원들을 바탕으로 형성된 네트워크 그룹도 포함된다. The Spirit of Mentoring Bridge Program은 신입사원과 부서의 직속 상사가 짝이 되어 비공식적으로 이루어지며, 이를 통해서 함께 서로의 전문성 개발 기회를 확대시키고 Sodexo 경영의 다양성과 그 심도를 높이고자 한다.
Agilent Technology — The Next Generation Leadership Program은 높은 잠재력을 가진 상위급 임원과 짝을 지어줌으로써 핵심인재의 개발을 가속화시킨다.
McDonalds — 직원들이 자신의 기술을 개발하고 관계를 발전시키기 위한 가상 온라인 멘토링을 제공한다.

출처: Sodexo, Inc., 웹사이트 www.sodexousa.com; "Best practices and outstanding initiatives," *training*, January/February 2011, 94-98; "Training Top 125," training, January/February 2011, 54-93; R. Emelo, "Coversations with mentoring leaders," *T+D*, June 2011, 32-37.

추어 행동을 바꿀 수 있는 능력, 권력과 성취에 대한 높은 요구를 보이는 등과 같은 특정 성향들을 가진 직원들이 멘토를 찾을 가능성이 더 높으며, 멘토들에게 더 매력적인 프로테제로 보일 가능성이 높다고 밝혀졌다. 멘토링 관계는 기업에서 성공한 상급 직원과 경험이 부족한 직원들을 소개시켜 주는 형식적인 멘토링 프로그램의 한 방법으로 개발이 가능하다. 〈표 9.10〉에서 어떻게 기업들이 형식적 멘토링 프로그램을 사용하는지에 대한 사례들을 제공하고 있다. 멘토링 프로그램은 신입사원의 사회화, 관리자 개발, 그리고 여성 및 소수 집단에게 경험을 공유하고 경영직으로 승진하기 위해서 필요한 기술에 노출될 수 있는 기회를 제공하기 위한 것 등과 같은 중요한 목적을 위해서 사용된다.

성공적인 멘토링 프로그램 개발하기 형식화시킨 멘토링 프로그램의 주요 장점 중 하나는 직원들의 성별 혹은 인종에 관계없이 모든 직원들이 멘토에게 접근할 수 있다는 것이다. 또 다른 장점은 이 멘토링 관계에 참여하는 사람들은 그들에게 무엇을 기대하는지 정확하게 이해하고 있다는 것이다. 형식적 멘토링 프로그램의 제한점 중 하나는 인위적으로 만들어진 관계 속에서는 멘토가 상담과 코칭을 제공할 수 없다는 점이다. 이 제한점을 극복하기 위해서, 서로가 앞으로 가지게 될 관계에 편안해지고 서로를 신뢰할 수 있도록 서로의 업무 방식, 성격, 그리고 배경에 대해서 논의하는 시간을 가지는 것이 중요하다. Toshiba America Medical System은 형식적 멘토링 프로그램을 가지고 있지 않다. 그러나 Toshiba는 직원들이 채용된 첫 날부터 비형식적인 멘토링을 격려한다. 관리자와 HR 직원

표 9.11 성공적인 혁신적 멘토링 프로그램의 특징

1. 멘토와 프로테제의 참여는 자발적이어야 한다. 관계의 종료에 있어서는 두려움과 처벌이 있어서는 안 된다.
2. 멘토와 프로테제 매칭 과정은 비형식적 관계의 개발 능력에서 제한되어서는 안 된다. 예를 들어, 멘토풀을 설립하여 프로테제들이 다양한 자격을 갖춘 멘토들 중에서 선택할 수 있도록 해야 한다.
3. 멘토를 선정하는 데 있어서, 직원 개발을 행했던 과거 기록, 멘토로 도와줄 의지, 긍정적인 코칭에 대한 증거자료, 의사소통 및 경청 능력 등을 바탕으로 한다.
4. 멘토와 프로테제 매칭은 어떻게 멘토의 기술들이 프로테제의 요구를 충족시켜 줄 수 있는지를 기반으로 해야 한다.
5. 프로그램의 목적을 명확히 이해해야 한다. 멘토와 프로테제가 함께 작업하기로 기대되는 활동 및 프로젝트를 명시해야 한다.
6. 프로그램의 기간을 명시해야 한다. 멘토와 프로테제의 관계는 공식 기간을 지나서도 지속되기를 권장한다.
7. 최소한의 연락 횟수는 명시되어 있어야 한다. 멘토와 프로테제는 언제 그들이 만날 것이며, 얼마나 자주 만날 것이며, 회의 외에서의 의사소통을 어떻게 할 것인지 정해야 한다.
8. 멘토와 프로테제는 언제 만날지, 얼마나 자주, 회의 외에서의 의사소통을 어떻게 할 것인지에 대한 자신들의 관계의 메커니즘을 결정해야 한다.
9. 프로테제들을 서로서로 연락하여 그들이 겪고 있는 문제를 논의하고 성공을 공유하도록 권장 받는다.
10. 멘토 프로그램 평가를 진행해야 한다. 멘토와 프로테제와의 인터뷰는 특정 불만족 요소에 대한 즉각적인 피드백을 제공한다. 설문조사를 통해서는 참여로 인한 혜택들에 대한 구체적인 정보들을 수집할 수 있다.
11. 직원개발에 대한 보상을 제공함으로써, 관리자들에게 멘토링과 다른 개발 활동에 그들의 시간과 노력을 투자하는 것은 가치가 있다는 신호를 보내주어야 한다.

은 신입사원과 함께 시간을 보내면서 신규 채용자가 그들의 동료들을 만날 수 있도록 도와주고, 회사 주변을 안내해준다.

〈표 9.11〉은 성공적인 형식적 멘토링 프로그램에 대한 특징들을 제시하고 있다. 직원들의 대인관계 및 전문적인 기술들을 바탕으로 멘토를 선정해야 한다. 멘토, 프로테제, 그리고 기업이 멘토링을 통해 많은 것을 얻기 위해서는, 도구와 지원이 반드시 필요하다. 예를 들어, University of New Mexico Hospitals(UNMH)는 "Mentorship Program Partnering Guide"를 통해서 멘토와 프로테제의 역할, 월례 회의 구조, 개발 활동에 대한 아이디어, 그리고 어떻게 관계를 쌓아야 하는지에 대한 정보를 제공하고 있다. Yum! Brands는 목표 시트, 토론 안내서, 웹사이트, 책, 그리고 자기학습식의 이러닝 모듈을 제공하고 있다.

성공적인 멘토링 프로그램의 핵심은 멘토와 프로테제가 서로 잘 어울려야 하며, 면대면 혹은 화상회의를 통한 가상만남을 가짐으로써 서로 상호작용을 해야 한다는 것이다. American Fidelity Assurance Company는 리더들을 개발하기 위한 특별 멘토링 프로그램을 만들었다. 현재 리더들은 멘토가 될 수도 있고 프로테제가 될 수도 있다. 이 프로그램에서는 평가결과와 멘티의 목적과 목표를 바탕으로 참가자들의 짝을 지어준다. 프로테제의 88%는 멘토가 자신들의 목표를 성취하는데 있어서 핵심적인 역할을 했다고 보고했으며, 88%가 현재의 멘토와의 관계를 계속 유지하고 싶다고 보고하여 멘토-프로테제의 짝지어주기에 노력을 들인 성과를 얻게 되었다. UNMH에서는 분기별로 제공되는 "Speed Networking" 세션은 멘토링 프로그램에 중요한 부분을 차지하고 있다. 이 세션들은 15명의 멘토들과 15명의 프로테제가 한 자리에 만나서 상호작용할 수 있는 기회를 제공한다. 이 세션을 통해서 프로테제는 다양한 리더들로부터 지도와 조언을 받게 될 뿐만 아니라, 네트워크를 할 수 있는 기회 또한 제공받게 된다. Microsoft는 멘토와 프로테제를 이어주기 위한 도움을 제공하며, 다른 이들과 접촉할 수 있도록 도와주는 소셜 네트워킹 기능을 제공하는 온라인 포탈을 제공하고 있다.

웹 기반 매칭 시스템도 멘토와 프로테제를 이어주는데 도움을 준다. 멘토들은 자신을 전문가 데이터베이스에 등록한다. Google 검색의 결과와 유사하게, 이 프로그램은 프로테제의 개발 요구와 가장 잘 어울리는 기술과 전문지식을 가진 멘토를 찾아낼 수 있도록, 이를 백분율 지표로 표시한 멘토 매칭률 리스트를 제공한다. 프로테제는 그들의 개발에 가장 적합하다고 믿는 멘토를 선택할 수 있다. 이 소프트웨어는 멘토와 프로테제의 업무들을 추적할 수 있고, 개발 계획을 설계할 수 있도록 도와주며, 멘토와 프로테제 간의 회의를 위한 일정도 잡을 수 있도록 도와준다. 예를 들어, 테크놀리지 솔루션에 특화된 기업, SAIC는 웹 기반 도구를 사용하여 온라인 양식, 일정표 작성, 멘토링 관계에 대한 목표 설정, 그리고 프로테제의 요구들이 논의되었는지 보장하기 위한 실행 계획의 개요들을 제공하고 있다.

맨토링 관계의 혜택 멘토와 프로테제 모두 멘토링 관계를 통해서 혜택을 받을 수 있다. 경력지지(career support)는 코칭, 보호, 후원, 그리고 도전적인 과제, 노출, 가시성 제공을 포함하고 있다. 심리적 지지(psychological support)는 친구 및 역할 모델로서 도움을 주는 것, 긍정적인 관심과 수용, 그리고 프로테제의 근심과 두려움에 대해서 이야기할 수 있는 배출구 창조 등을 포함한다. 프로테제에게 제공되는 추가적인 혜택은 높은 승진율, 높은 급여, 그리고 높은 조직 영향력을 들 수 있다.

멘토링 관계는 멘토의 대인관계 기술을 개발시켜 주고 그들의 자부심을 상승시켜 주며, 조직에서의 가치를 높여준다. 엔지니어링 혹은 의료 서비스와 같은 전문 분야에 있는 개개인들이 경우, 프로테제가 멘토들에게 해당 분야에서 중요한 새로운 과학 개발에 관한 지식들을 얻을 수 있도록 도와줄 수 있다(그리하여 그들이 기술적으로 노후되는 것을 막아준다). 또한, 프로테제는 자신의 트위터와 페이스북 같은 소셜미디어 사용 방법을 멘토가 학습하도록 도와줄 수 있고, 젊은 직원들의 요구와 동기에 대해서 배울 수도 있다. 이것은 특히 젊은 직원들과 연장자 직원들을 연결한 역전된 멘토링 프로그램에서 발생한다. Tamara Trummer는 자신이 멘토링 관계에서 얻은 혜택들을 아래와 같이 요약했다. "나는 이전 회사에서 두 명의 멘토를 찾았고, 그들은 나에게 회사, 특정 임원진들에 대한 내부 정보에서부터 어떻게 출장업무를 처리해야 하는지, 그리고 어떻게 경비지출을 해야 되는지까지의 정보를 알려줌으로써 비공식적인 측면에서 '요령을 가르쳐 준' 여성 및 남성 관리자였다." 한 멘토는 그녀가 일하고 있는 제조 공장에서부터 회사 사무실로 그녀의 출장을 주선해주어 그녀가 함께 일할 수 있는 핵심 인물들을 소개시켜 주었다. 동료, 그리고 그녀에게 컴퓨터 소프트웨어 기술을 가르쳐 준 부하직원들도 그녀의 멘토였다. 프로테제로서 긍정적인 경험을 한 결과, Trummer는 현재 다른 직원들을 위해 멘토로 활동하고 있다.

또한, 멘토링은 다른 조직에서 온 멘토와 프로테제로도 발생할 수 있다. 이를 통해서 작은 기업의 소유자들은 멘토링이 아니라면 절대 만날 수 없는, 경력있는 멘토들과 만날 수 있는 기회를 갖게 된다. MicroMentor와 같은 웹사이트는 작은 기업 소유자들이 그들의 온라인 멘토를 찾을 수 있도록 도와준다. 예를 들어, Sturdy McKee는 그의 물리 치료 사무실을 확장하고 싶었지만, 그의 사업 성장에 대한 계획을 세워 외부 펀딩을 구하기 위해 재무표에 대한 지식을 쌓아야 했다. 그래서 그는 재무표를 이해할 수 있도록 도와줄 사람이 필요했다. MicroMentor를 사용하여 그는 자신의 개인 프로필을 작성했고, 그의 목표를 작성한 뒤에, 그를 위한 잠재적 멘토를 찾기 위해 멘토 프로필을 검색하였다. Sturdy는 그의 멘토와 전화상으로 매주 만나, 금융 기본 어휘들과 대차 대조표에 대한 기본지식들에 대해서 논의하였다. 그의 긍정적인 경험의 결과, Sturdy는 물리 치료 사무실을 시작하기 위해 도움을 구하고 있는 사업가들을 대상으로 멘토로 활동하고 있다.

멘토링 프로그램은 리더십 자리에서 찾아보기 힘든 여성과 소수민족들이 경영 기술을 개발하고 경영자 위치로 이동할 수 있도록 도와주기 위해서도 사용할 수 있다. 캐나다에서 가장 큰 손해보험회사 The Economical Insurance Group(TEIG)는 여성 리더십 개발에 초점을 맞추고 있다. TEIG의 여성 리더십 프로그램은 강사 주도의 워크숍으로, 성취의 기본원칙, 리더십, 그리고 여성들이 본사에서 성취한 업적들로 구성되어 있다. 워크숍에 참석했던 여성 리더들은 분기별로 TEIG Women's Leadership Network에 초대 받는다. 네트워크 미팅은 기업의 가상 수업을 형태로 진행되며, 사업 아이디어와 여성들이 대면했던 난관들, 그리고 리더십 경험들을 서로 공유한다.

| 코칭 |

코치(coach)는 직원들과 함께 일하면서 그들의 동기를 부여시켜 주고, 기술을 개발할 수 있도록 도와주고, 강화와 피드백을 제공해주는 동료 혹은 관리자를 의미한다. 코치는 세 가지의 역할을 수행할 수 있다. 코치를 적용하는 가장 주요한 이유는 높은 잠재성을 가진 관리자들을 개발시키고, 관리자들의 공명판이 되어주고, 관리자들을 비효율적으로 만드는 행동들을 변화시키기 위해서이다. 코칭의 역할 중 하나는 피드백을 제공하는 등과 같은 직원과의 일-대-일 관계이다. 다른 역할은 직원들이 스스로 배울 수 있도록 도와주는 것이다. 이것은 그들이 가지고 있는 고민거리들을 해결해줄 수 있는 전문가를 찾도록 도와주는 것, 그리고 그들에게 어떻게 다른 사람들로부터 피드백을 받을 수 있는지 가르쳐 주는 것과 관계있다. 셋째, 코칭은 직원들이 코치의 도움이 없이는 접근할 수 없는 멘토, 수업, 혹은 직무 경험들과 같은 자원들을 제공해주는 것이다. 의료 기술 회사, BD는 동료 코칭을 그들의 리더십 개발 프로그램의 일부분으로 사용하고 있다. 개발 도구로서의 도전적인 업무, 변화 주도자로서의 불확실성, 그리고 어떻게 다른 사람들에게 영향력을 미치는가 등에 대한 주제들로 이루어져 있다. 동료 코칭 평가를 통해서, 코치들은 자신의 능력에 대한 자신감을 얻게 되었고, 참여자들은 논의된 주제에 대해서 학습할 수 있었다고 밝혔다. 임원 리더십 개발 프로그램의 참여자들은 다면평가를 실시한 뒤, 평가 내용을 사내 다른 부서에서 온 내부 코치들에게 전달한다. 관리자와 코치는 함께 평가 결과를 검토하고, 합의된 실행 계획을 설계하게 된다. 코치들은 다면평가에서 제공된 긍정적인 부분과 부정적인 부분들을 어떻게 지도하고 이해해야 하는지에 대하여 훈련을 받게 된다. 한 연구에 의하면, 코칭은 그들이 구체적인 개선 목표를 설정할 수 있도록 도와주고, 성과의 향상의 결과를 제공해준 개선을 위한 아이디어를 구하도록 도와줌으로써, 관리자의 다면평가의 사용을 향상시킨다고 밝혀졌다.

에너지 기업 PG&E는 경솔한 성향으로 관리자의 동료와의 관계와 경력을 손상을 끼친 숙련된 관리자와 함께 일할 코치를 채용하였다. 코치는 새로운 정보 시스템에 관하여 다른 관리자와 실제로 충돌을 경험했던 사건을 재구성하여 역할극을 하도록 요청한 뒤, 그 관리자의 행동을 녹화하였다. 대립 상황이 진행되는 동안, 관리자는 냉담하고, 거칠고, 차갑고 거들먹거렸다. 코치는 그 관리자의 접근 방식의 한계점을 관리자가 스스로 볼 수 있도록 도와주었다. 그 관리자는 동료들에게 사과하였고 그들의 아이디어를 경청하게 되었다. 코칭은 이 관리자가 평정 유지 방법을 학습할 수 있도록 도와주었고 말하는 사람 혹은 그 말을 듣고 관리자가 어떻게 느끼는지가 아닌, 말의 내용에 대해서 집중하도록 도와주었다.

최상의 코치는 이해심이 많고, 지지해주며, 현실적이고, 자신감이 있어야 하지만, 모든 것에 대한 해답을 알고 있는 사람이나, 다른 이들에게 무엇을 해야 하는지 말하기를 원하는 사람으로 보여서는 안 된다. 코치를 받을 직원들은 열린 자세와 흥미를 보여야 하며, 자기방어적이어서는 안 되며, 편협한 마음을 가지고 있으며 안 되며, 그들의 평판에 대해서 고민해서는 안 된다. 코치와 코치를 받을 직원 모두 관계를 위해 위험을 감수해야 한다. 코치는 자신의 전문지식과 경험을 사용하여 직원들을 도와주어야 한다. 직원들은 자신의 약점에 대해서 솔직하게 전달하는 과정에서 상처받기 쉬워질 수 있다.

코칭 기술을 개발하기 위해서는, 교육훈련 프로그램은 관리자의 코칭을 제공하기 꺼리는 마음과 관련한 네 가지 문제점에 집중할 필요가 있다. 첫째, 관리자들은 대립되는 상황에 직면하기 원하지 않기 때문에 유능한 직원들일지라도 그들과 성과에 대해서 논의하기를 꺼려할 수 있다. 특히 관지라가 해당 직원보다 해당 분야에 전문가가 아닐 때 발생할 수 있는 문제이다. 둘째, 관리자들은 직원들이 문제를 해결할 수 있도록 도와주는 것보다는 성과관련 문제점을 찾아내는 것을 더 잘하는 경향이 있을 수 있다. 셋째, 관리자들은 직원들이 코칭을 비난으로 해석할 수 있다고 느낄 수도 있다. 넷째, 기업의 감축으로 인한 소수의 직원과의 업무진행으로 인하여, 관리자들은 코칭을 위해 사용할 시간이 충분하지 않다고 느낄 수도 있다.

직원개발에 관한 특별 주제들: 승계 계획, 문제 관리자 개발, 온보딩

승계 계획

승계 계획(succession planning)은 고위급 관리직으로 올라갈 수 있는 높은 잠재적 가능성을 보이는 직원들을 찾아내고, 평가하고, 개발시키고, 추적하는 과정을 의미한다. 승계 계획은 조직을 다른 몇 가지 방식으로 도와준다. 승계 계획은 기업의 미래 지도자를 찾아 이들을 준비시켜 주며, 핵심 인재들과 관리자들이 떠나더라도 기업의 운영을 순조롭게 진행될 수 있도록 도와주며, 개발과 승진에 대한 기회를 만들어준다. 승계 계획은 관리자들이 최고 경영진 자리의 고려대상이 되기 위해서 관리자들이 반드시 완료해야 할 개발 경험들을 제공한다. 또한, 리더십 위치로 이동할 준비가 되어 있지 않은 관리자를 성급하게 승진시키는 일을 막아준다. 승계 계획은 고위 경영진이 되는 것이 경력 목표인 관리자들에게 개발 기회를 제공해줌으로써, 관리자들을 회사에 유치시키고 존속할 수 있도록 도와준다. 그러나 한 조사에 의하면, 45% 기업들만이 승계 계획 과정을 보유하고 있다고 한다. 핵심 인재(high-potential employees)는 전략적 사업 부서의 총 관리자, 마케팅 부서 책임자와 같이 기능 부서 책임자, 혹은 CEO와 같은 고위 관리직 자리에서 성공적으로 업무를 맡을 수 있을 것이라고 기업에서 믿고 있는 사람들을 의미한다. 핵심 인재들은 일반적으로 교육, 경영진 멘토링, 그리고 코칭과 직무 배정을 통한 직무 순환과 같은 개별 개발 프로그램을 마친 직원들로 구성되어 있다. 직무 배정은 핵심인재가 대체하게 될 관리자의 성공적인 진로를 바탕으로 하여 진행된다. 핵심 인재들은 발표하기, 그리고 위원회 및 특별 프로젝트 팀의 업무를 맡기 등과 같은 특별 임무를 배정받기도 한다.

승계 계획 개발 과정

〈표 9.12〉에서는 승계 계획을 개발하는 과정에 관한 정보를 제공하고 있다. 첫 번째 단계로는 모든 경영직 혹은 오직 특정 레벨의 경영직 등과 같이 어떤 자리들이 승계 계획에 포함할지 결정하는 것이다. 두 번째 단계는 어떤 직원이 승계 계획에 포함할 것인지 정하는 것이다. 예를 들어, 일부 기업에서는 오직 핵심 인재들만을 이 승계 계획에 포함시킨다. 셋째, 기업들은 승계 계획에 포함할 직책들에 대해서 평가할 방법을 찾아내야 한다. 예를 들어, 각 직위에서 필요로 하는 역량들에 집중할 것인가, 아니면 그 위치에 올라가기 이전에 필요한 경험들에 집중할 것인가? 넷째, 기업은 어떻게 직원들의 잠재성을 측정할 것인가에 대해서 결정해야 한다. 즉, 잠재성에 대한 평가뿐만 아니라, 직원들의 현재 직무에서 보여

표 9.12 승계 계획 개발 과정

1. 승계 계획에 어떤 자리들이 포함되어 있는지 찾아내야 한다.
2. 어떤 직원이 승계 계획에 포함될 것인지 찾아내야 한다.
3. 승계 계획에 포함하기로 한 직책들을 평가할 기준을 개발해야 한다(예: 역량, 원하는 경험과 지식, 개발 가치).
4. 어떻게 직원들의 잠재성을 측정할 것인가에 대해서 결정해야 한다(예: 현재 업무 성과와 잠재적 업무 성과).
5. 승계 계획 검토 과정을 개발해야 한다.
6. 승계 계획이 보상, 교육훈련과 개발, 성과 관리, 채용 시스템과 같은 다른 HR 시스템과 연결되어 있어야 한다.
7. 어떠한 피드백을 직원들에게 제공할 것인지 결정해야 한다.
8. 승계 계획의 효과성에 대하여 측정해야 한다.

출처: W. Rothwell, "The Future of Succession Planning," *T+D*, September 2010, 51-54; B. Dowell, "Succession Planning," in *Implementing Organizational Interventions*, ed. J. Hedge and E. Pulaskos(San Francisco: Jossey-Bass, 2002), 78-109; R. Barnett and S. Davis, "Creating greater success in succession planning," *Advances in Developing Human Resources* 10(2008): 721-739.

주는 성과도 포함할 것인가? 다섯째, 승계 계획 검토 과정이 개발되어야 한다. 일반적으로 계승 계획 검토는 우선적으로 해당 직원의 관리자들과 인사 담당 부서를 개입시켜야 한다. 인재 검토는 총체적인 기업의 리더십 인재 평가, 핵심인재 파악, 그리고 핵심 관리자들이 기업을 떠나는 것을 방지하기 위한 계획에 대한 토론들도 포함한다. 여섯째, 승계 계획은 보상, 교육훈련과 개발, 그리고 채용과 같은 다른 HR 시스템에 연결되어 있어야 한다. 격려금과 보너스들은 개발 기회를 성공적으로 마쳤을 때와 연결시킬 수 있다. 교육훈련 코스, 직무 경험, 멘토, 그리고 다면평가와 같은 활동들은 개발 요구를 충족시키기 위해 사용할 수 있다. 기업은 결정을 내려야 한다(공석인 경영직을 경력이 부족하지만 시간이 지날수록 개선될 직원을 내부에서 선정하여 그 자리를 맡길 것인가, 아니면 즉시 결과를 보여줄 외부의 경력있는 관리자를 고용할 것인가?). 일곱 번째, 직원들에게 미래의 움직임, 예상되는 진로, 그리고 개발 목표와 경험들에 대한 피드백을 제공해줘야 한다. 마지막으로, 승계 계획 과정을 반드시 평가해야 한다. 이것은 과정에 대한 관리자와 직원들의 만족도를 측정(반응 결과)하는 것뿐만 아니라, 적절한 결과를 가지고 왔는지에 대해서 찾아내고 이를 측정해야 한다(관리직 공석을 채우는 데 걸리는 시간의 감소, 내부 승진 사용의 증가 등). 또한, 승계 계획 과정에서 필요한 수정사항을 발견하고, 이에 대한 논의가 이루어져야 하며, 논의된 수정사항들은 승계 계획 과정에 실시해야 한다.

9상자 격자판(Nine-Box Grid)을 사용한 개발 계획 평가 및 개발

많은 기업들이 9상자 격자판을 사용하여 승계 계획 검토를 진행한다. 9상자 격자판(nine-box grid)은 부서별, 기능별, 혹은 전체 기업 내의 직원들을 비교하기 위해서 관리자와 임원 그룹들이 사용하는 3×3 매트릭스이다. 9상자 격자판은 재능에 대한 분석과 논의

그림 9.5 9상자 박사 격자판 예

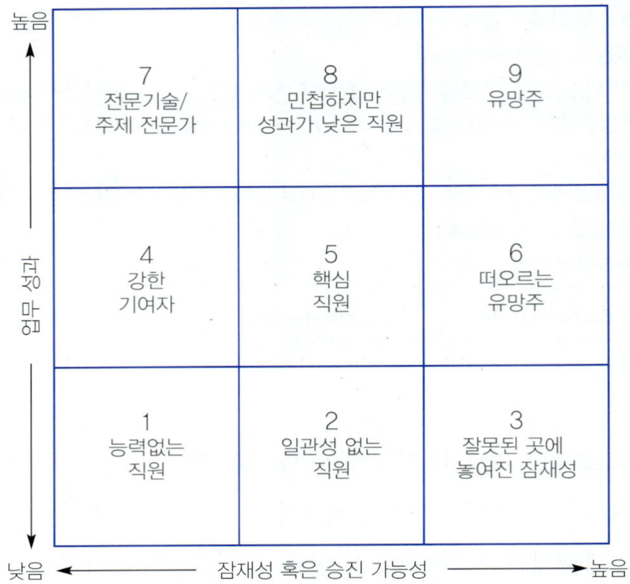

출처: K. Tyler, "On the grid," *HR Magazine*(August 2011): 67-69; D. Day, *Developing Leadership Talent*(Alexandria, VA: SHRM Foundation, 2007).

를 위해서, 효과적인 개발 계획과 활동들을 만들어내는 것을 돕기 위해서, 그리고 최고 경영진 자리를 맡을지도 모르는 핵심 인재들을 찾아내기 위해서 사용된다. 〈그림 9.5〉에서 보여주고 있듯이, 매트릭스의 한 축은 직무 수행 평가를 기준으로 하고 있으며, 다른 축은 대개 "잠재성" 혹은 "승진 가능성"으로 라벨을 붙인다. 성과에 대한 관리자의 평가와 잠재성은 직원의 개발 계획에 영향을 미친다. 예를 들어, 〈그림 9.5〉와 같이 높은 잠재성을 가지고 있으며 높은 업무 성과를 내고 있는 직원들은 매트릭스의 우측 맨 위 구석에 위치하고 있다. 이 직원들은 기업에서 미래의 리더십 직위를 맡기기 위해서 개발시켜야 되는 대상이다. 높은 잠재성과 높은 성과를 내는 직원들의 개발 계획과 반대되는 직원들은 격자판 다른 곳에 위치해 있다. 낮은 잠재성과 낮은 업무성과를 내는 직원들일 경우, 그들의 개발 계획은 도전적인 새로운 직무 경험을 찾기보다는 현재 위치에서 업무 성과를 향상시키는 것에 초점을 두게 된다. 만약 그들이 현재 직무에서 더 이상 개선이 되지 못할 경우, 그들은 해고당할 가능성이 높다. 격자판의 좌측 맨 위 코너에 있는 직원들은 뛰어난 업무 성과를 내고 있으나 낮은 잠재성을 가지고 있다. 이러한 직원들은 그들의 전문 분야에서 전문가가 될 가능성이 높다. 그들의 개발 계획은 그들이 계속적으로 현재와 같은 지식, 기술, 역량을 유지할 수 있고, 지속적으로 동기 부여를 할 수 있는 업무들을 제공해주고, 창조성과 혁신성을 촉진시키는데 초점을 맞추게 된다. 낮은 성과와 높은 잠재성을 가진 직원들(격자판의 우측 맨 아래 코너)은 새로운 자리를 맡게 된다. 이들은 아마도 그들의 높은 업무 성과를 보여줄 시간이 부족했거나 그들의 지식, 기술, 그리고 역량들이 현재 그들이 맡고 있던 직무 요건에 적합하지 않았던 것일 가능성이 높다. 이러한 직원들을 위한 개발 계획은 그들이 가진 능력에 가장 적절한 새로운 위치로 이동시켜 주거나, 혹은 단순히 직무를 바꿔주는 등을 통해서, 그들의 높은 수준의 업무 성과를 낼 수 있도록 반드시 필요한 교육훈련과 개발 기회와 자원들을 제공해주는 데 초점을 맞추게 된다. 격자판 중앙에 있는 직원들은 핵심 직원(core employees)로서 견고하지만 뛰어난 업무성과를 보이지 않는 중간 정도의 잠재성을 보여주고 있다. 이러한 직원들을 위한 개발 계획은 교육훈련과 개발을 혼합하여 현재 그들이 보여주고 있는 견고한 업무 성과가 지속될 수 있도록 하는 것을 포함한다. 또한, 그들의 기술을 키울 수 있고 그들의 관심사를 찾을 수 있는 일부 개발 경험을 제공해주고, 다른 기술과 더 많은 책임감들을 필요로 하는 직위에서 수행할 수 있는 능력을 길러줄 수 있는 경험을 제공하는 개발 계획을 제공받을 가능성도 높다.

기업들이 어떻게 9상자 격자판을 사용할 수 있는가? 명확하게 각 상자들을 정의하고(예: 어떠한 직원이 유망주인가?), 기대되는 행동과 관련된 사례들을 관리자들에게 제공해 준다. 그리고 관리자들은 자신의 직속 부하들을 격자판을 바탕으로 분류한 다음, 다른 관리자들과 만나 자신들의 분류에 대해서 비교하고, 논의하고, 자신의 분류 결과에 대해서 방어하는 과정을 거치게 된다(본 과정을 조정 회의라고 부른다). 관리자들은 9상자 격자판을 사용하여 그들의 직속 부하들의 개발 계획을 결정하고, 누가 핵심 리더십 자리 혹은 핵심 리더십 개발 프로그램에 추천될 것인지 결정하게 된다. 일반적으로 각 관리자들의 격자판은 부서, 지리적 지역, 그리고 전체 기업을 대표하는 종합적인 격자판으로 통합하게 된다. 조직의 상위 계층으로 격자판을 통합시키면 HR과 최고 경영진 및 임원들은 조직 전체의 잠재성과 업무성과의 혼합체를 한눈에 볼 수 있게 된다. 여기서 제공되는 정보는 사업 성장과 같은 전략적 요구에 충족시킬 수 있는 인재들이 존재하는지, 어디에서 인재의 격차가 발생하고 있고 넘치고 있는지, 그리고 직원들의 업무 성과과 잠재성의 지속적인 변화를 확인하는데 사용할 수 있다. 예를 들어, Discover Card Financial Services는 9상자 격자판을 7개의 사업 부서에서 사용한 다음, 회사 전체 격자판으로 통합시킴으로써 리더십 인재와 사업 전략을 기반으로 한 기업 요구가 일치(혹은 불일치)하는지 확인할 수 있도록 해준다.

격자판의 가치는 인재에 대한 다양하고 공유된 관점들을 바탕으로 하기 때문에, 관리자들이 직원들의 업무 성과와 잠재성을 기반으로 하여 그에 가장 적합한 개발 계획과 경험들

(예: 멘토링, 직무 순환, 교육훈련의 기회 등)을 제공해줄 수 있고, 기업의 인재들에 대한 스냅샷을 제공해준다는 점에 있다. 9상자 격자판이 효과적으로 직원 개발과 인재 관리에 사용되기 위해서는, 이를 제작하는 과정에서 관리자들이 반드시 솔직하고 정직하게 직원들에 대해서 논의해야 하고, 본 과정에서 수집된 정보들을 바탕으로 관리자는 직원들과 이에 대하여 논의를 진행해야 하며, 직원들이 자신의 개발 계획서를 작성할 수 있도록 도와주어야 한다. 또한 관리자는 사내에서 직원이 가진 기술을 가장 잘 사용할 수 있는 직무를 해당 직원에게 맡기거나, 그 기술을 사용할 수 있는 경험들을 찾아내어 제공해주어야 한다.

| 승계 계획의 사례 |

예상되는 의료 서비스 관리자 부족을 준비하기 위해서, 위스콘신(Wisconsin) 주 라크로스(La Crosse) 도시에 위치한 Gunderson Lutheran Health System은 4개의 리더십 위치(의사 경영진, 의사 행정 리더십, 행정 경영진, 그리고 원장 수준의 행정 리더) 중 한 위치에 적합할 핵심 후보자를 찾아내고, 이들을 개발하기 위한 계획을 개발하였다. 운영, 금융, 전략적 사고, 동반자 관계와 팀 구성, 직원 개발, 변화 관리, 성과 관리, 그리고 리더십 개발의 9개 부문에서 높은 역량을 증명한 직원들을 기반으로 후보자를 선택하였다. 후보자들도 승진에 대한 의지와 관심을 증명해보여야 하며, 기술의 격차와 개발 요구를 측정하는 리더십 평가 과정에 참여해야 하며, 개발 피드백을 받고 코칭을 통해서 현재 업무 성과에 대한 현실적인 시각과 미래의 위치를 위해서 필요한 기술과 역량을 개발하고, 새로운 기술 학습에 필요한 시간과 노력을 투자하고, 그들의 진척 상황을 부사장 혹은 관리자와 함께 검토해야 하며, 운영 및 인적자원 부서의 부사장이 진행하는 검토 그룹에 참여해야 한다. 행동 인터뷰, 다면평가, MBTI, 가치와 리더십 기술에 대한 평가들은 개인의 장점과 개발 요구 혹은 격차들을 찾아내기 위해서 사용된다. 평가를 바탕으로, 개개인의 개발 계획을 논의하고 검토 그룹들과 함께 합의를 이끌어내야 한다. 개발 계획은 후보자와 조직 쌍방의 요구를 기반으로 한다. 개발 계획은 코칭, 계속 교육, 멘토링, 프로젝트 임무, 위원회 임명, 직무 확대, 직무 순환, 혹은 복합기능 과제들과 같은 활동들로 구성된다. 예를 들어, 프로젝트에 전자 의료 기록과 임무들을 개발하는 것을 포함될 수 있다. 재활 분야 행정 책임자로 근무하다 3년간 HR 운영 역할을 맡고, 그 이후에 전체 병원 운영을 총괄하는 더 큰 역할을 맡게 되는 경험이 새로운 직무 경험에 해당된다. 이러한 활동들은 후보자들이 학습하는 동안, 리더십 팀은 후보자들이 증가한 책임감과 임무를 부여 받았을 때 어떻게 그들이 업무를 수행하는지 평가할 수 있게 해준다.

Gunderson은 업무성과와 직장 동료들로부터 받은 피드백을 바탕으로 개발 활동의 영향과 승계 계획 과정의 성공을 측정한다. 검토 그룹은 매년 진전도에 대해서 조사를 진행한다. 조사에 따르면, 모든 분야별 리더십에 해당하는 60명의 핵심 인재들을 찾아냈으며, 그들의 진로에 대하여 논의되었다고 밝혔다. 4명의 핵심 책임자는 현재 최고 장의 역할을 맡게 되었고 6명의 핵심 관리자들은 현재 책임자의 역할을 맡게 되었다. 9명의 핵심 관리자와 책임자는 지금 그들의 역할을 확장하고 있다.

| 승계 계획의 쟁점사항들 |

승계 계획의 중요한 쟁점사항들 중 하나는 기업이 직원들에게 자신이 고위 관리자직의 잠재적인 후보자의 명단에 올라갔는지, 혹은 누락되었는지에 대한 정보를 알려줄 것인가에 대해 결정해야 된다는 것이다. 이 부분에서 기업들은 이로 인해 가져올 몇 가지 장점과 단점들에 대해서 고민해보아야 한다. 승계 계획에 명단을 공개하거나, 명단에 있는 직원들에게 그 사실을 알려줄 경우, 얻을 수 있는 하나의 장점으로는 해당 직원들은 자신의 미래 경력 기회들에 대해서 알고 있기 때문에 회사에 존속할 가능성이 높아진다는 것이다. 또 다른 장점으로는 핵심 인재이기는 하나 앞으로 주어질 위치에 관심이 없는 직원일 경우, 그들의 의사를 소통할 기회를 제공한다는 것이다. 이로 인해서 기업은 불필요하게 많은 비용이 드는 개발 자원들을 투자하는 것을 모면할 수 있고, 기업이 핵심 관리직 인재들의 생각을 정확하게 이해할 수 있게 해준다. 핵심 인재를 찾아냄으로써 발생할 단점은 명단에 누락된 직원들이 낙심하여 회사를 떠나거나, 사업 전략의 변화 혹은 직원 업무 성과의 변화로 인해 핵심 인재 명단에 있던 직원들이 다시 누락될 수 있다는 점이다. 또한, 직원들이 이미 누가 리더십 위치로 승진할 것인지 정해진 것을 알게 된다면, 그들은 리더십 위치로 승진하기 위한 경쟁이 공정하지 않다고 느끼게 될 것이다. 이를 방지하기 위한 한 가지 방법으로는 명단에 있는 직원들에게만 그들이 핵심 인재 명단에 올라갔다는 사실을 직접 알려주고, 구체적으로 어떠한 자리에 도달하게 될지에 대한 정보는 알려주지 않는 것이다. 또 다른 방법으로는, 지속적으로 후보자 명단을 검토하여, 이들에게 기대하는 점과 앞으로의 계획에 대해서 명확하게 전달하는 것이다. 오하이오(Ohio) 주 베르세이즈(Versailes) 도시에 위치한 의료 기기 제조 회사 Midmark Corporation은 기업의 업무 성과 검토 과정 중 하나로서 6개월마다 계승자들을 찾아내서 잠재적 후보자 명단을 제작했다. 일부 직원들은 "고도의 전문가"로 명시한다. "고도의 전문가"는 높은 수준의 업무 성과를 내고 있고, 현재 업무에 만족하여 부담이 큰 리더십 위치에 관심이 없거나, 혹은 관심이 없을 가능성이 높은 직원들을 의미한다. 리더십 위치에 올라갈 가장 높은 가능성을 가진 직원들은 해외 배치 등과 같은 도전적인 개발 임무를 맡게 된다. 인터뷰를 통해서, 기업은 계승자 명단에 있는 직원들이 리더십 직위에 관심이 있고 해당 자리에 적합한지를 결정한다.

|문제 행동을 일으키는 관리자 개발|

많은 연구들이 능력있는 관리자들을 부패하게 만들거나, 혹은 무능하게 만드는 관리자 행동들에 대해서 연구해왔다. 밝혀진 문제 행동으로는 다른 이들에 대한 무관심, 무능력한 팀 플레이어, 오만함, 부족한 갈등 관리 기술, 사업 목표 충족시킬 능력이 없음, 그리고 변화에 무능력하거나. 과도기 동안 적응할 능력의 부족 등으로 밝혀졌다. 예를 들어, 대인관계에서 거칠고, 공격적이고 독재적인 숙련된 관리자는 부하들을 동기 부여시키기 어렵다는 것을 알게 될 것이고, 내부 혹은 외부 고객들로부터 소외감을 느끼게 될 것이며, 그들의 상사로부터 자신의 아이디어를 인정받기 어렵다는 것을 느끼게 될 것이다. 이러한 관리자들은 그들의 문제 행동들 때문에, 자신의 직업을 잃게 될 위험뿐만 아니라 승진으로의 가능성은 거의 없을 가능성이 높다. 일반적으로 평가, 교육훈련, 그리고 상담의 통합적 접근을 통해서 이러한 관리자들의 문제 행동을 변화시키도록 도와줄 수 있다. 예를 들어, 골프장비 회사이자 미국 기반의 Adidas Group의 자회사인 TaylorMade-adidas Golf(TMaG)의 기술 담당 최고 책임자는 수십 년의 업무 경력을 가지고 있을 뿐만 아니라, 그의 교육적 배경 및 전문적인 기술들을 보았을 때, 100여 명이 넘는 직속 엔지니어와 다른 직원들을 효과적으로 관리하기에 충분한 능력을 갖추고 있었다. 그러나 그의 대인관계 기술은 개선이 필요했다. 회의에서 그는 부정적인 논평을 제공하고, 기술적인 부분의 내용을 검토할 때, 직원들이 질문을 하더라도 그에 대한 대답할 시간조차 없이 빠르게 회의를 진행했다. 그의 부족한 대인관계 기술은 그의 부서 내의 높은 이직률을 초래하게 되었다. 그의 대인관계 기술을 향상시키기 위해서, 관리자는 코치와 함께 그의 장점과 약점을 파악하기 시작했다. 현재, 그는 그의 코치와 매달 두 번씩 만나 그들이 함께 개발한, 구체적으로 정의된 개선 목표들을 바탕으로 그의 대인관계 기술을 개발하고 있다. 코칭의 결과, 그는 좋은 경청자가 되었고 이제는 직원들이 먼저 그에게 다가가 고충을 털어놓기 시작했다.

Individual Coaching for Effectiveness(ICE) 프로그램이 문제 행동을 보이는 관리자를 도와주기 위해서 특별히 제작된 프로그램의 대표적이 예이다. 한 연구에 의하면, 본 프로그램에 참여한 결과, 참여한 관리자들은 기술 향상과 해고될 가능성이 줄었다고 밝혀졌다. ICE 프로그램은 진단, 코칭, 그리고 지원 활동들로 구성되어 있고, 관리자의 요구에 맞추어 제작이 가능하다. 임상, 상담, 혹은 산업/조직 심리학자들이 ICE 프로그램 전 과정에 관여하고 있다. 그들은 관리자를 진단하고, 상담해주며, 코치를 해주고 직무에 필요한 새로운 기술들을 이행할 수 있는 실행 계획을 개발해준다.

ICE 프로그램의 첫 번째 단계는 관리자의 성격, 기술, 그리고 관심사에 대한 정보들을 수집하는 활동을 포함한 진단이다. 심리 검사와 함께 관리자, 그리고 그들의 동료와 상사들과의 인터뷰를 통해서 관리자가 가지고 있는 문제 행동들이 실제로 변화 가능한지에 대해서 판단을 내리게 된다. 예를 들어, 극도로 방어적인 성격적 특성을 가지고 있을 경우, 관리자가 그의 문제 행동들을 고치는 것은 매우 어렵다. 하지만 관리자가 프로그램으로부터 혜택을 받을 수 있다고 판정되면, 일반적으로 관리자와 그의 상사가 함께 관리자의 요구에 맞추어 구체적인 개발 목표를 설정하게 된다.

프로그램의 코칭 단계에서는 먼저, 어떠한 기술과 행동을 목표로 정했는지에 대한 정보를 관리자에게 제공하게 된다. 효과적인 의사소통 혹은 팀워크의 기본 원리, 일터에서의 개개인의 차이점에 대한 참을성, 혹은 효과적인 회의를 진행하는 방법 등이 제공된다. 두 번째 단계에서는 관리자가 7장에서 논의한 모범행동 모델링 교육훈련에 참여하게 된다. 또한, 관리자는 원하는 행동을 학습하는데 방해되는 생각들을 극복하기 위해서 정신과 상담도 받게 된다.

| 온보딩 |

온보딩(onboarding) 혹은 사회화는 신규 채용자들이 그들의 새로운 직무로부터 발생하는 사회적 그리고 성과적 측면에 적응할 수 있도록 도와주는 과정을 의미한다. 그들의 만족도를 높일 수 있도록 관계를 수립하고, 업무 성과를 향상시킬 수 있도록 그들의 목표와 기대에 대해서 명확하게 전달하고, 그리고 이직률을 낮출 수 있도록 피드백, 코칭, 그리고 사후 활동을 제공한다. 이 활동들은 직원들이 그들의 업무에 적응하는 것을 도와주는데 있어서 매우 중요한 역할을 한다. 온보딩 프로그램은 회사마다 그 종류가 다양하다. 하지만 효과적인 온보딩 프로그램이 되기 위해서는 〈그림 9.6〉과 같은 4단계를 거쳐야 한다. 효과적인 온보딩은 세금 신고서 작성과 근무 시간 기록표 및 출장 비용 환급 보고서 작성 방법 등과 같은 일상적인 업무에 대한 이해를 도울 수 있는 것들을 포함하고 있어야 한다. 그러나 이 프로그램은 회사 규정에 대한 준수에 대한 교육을 제공하는 것 이상을 넘어서, 신입사원들의 자신감, 사회적으로 편안함, 그리고 관리자와 동료들로부터의 인정 등과 같은 요소들을 포함하고 있어야 한다. 효과적인 온보딩은 높은 직무 만족도, 조직 몰입, 낮은 이직률, 높은 업무 성과, 줄어든 스트레스와 경력 효율성 감소 같은 많은 중요한 결과들과 관계가 있다.

〈표 9.13〉은 효과적인 오리엔테이션 프로그램의 특징들을 제시하고 있다. 효과적인 온보딩 프로그램은 신규 채용자를 적극적으로 관여시킨다. 몇몇 기업들은 테이블에서 제시한

그림 9.6 온보딩의 4단계

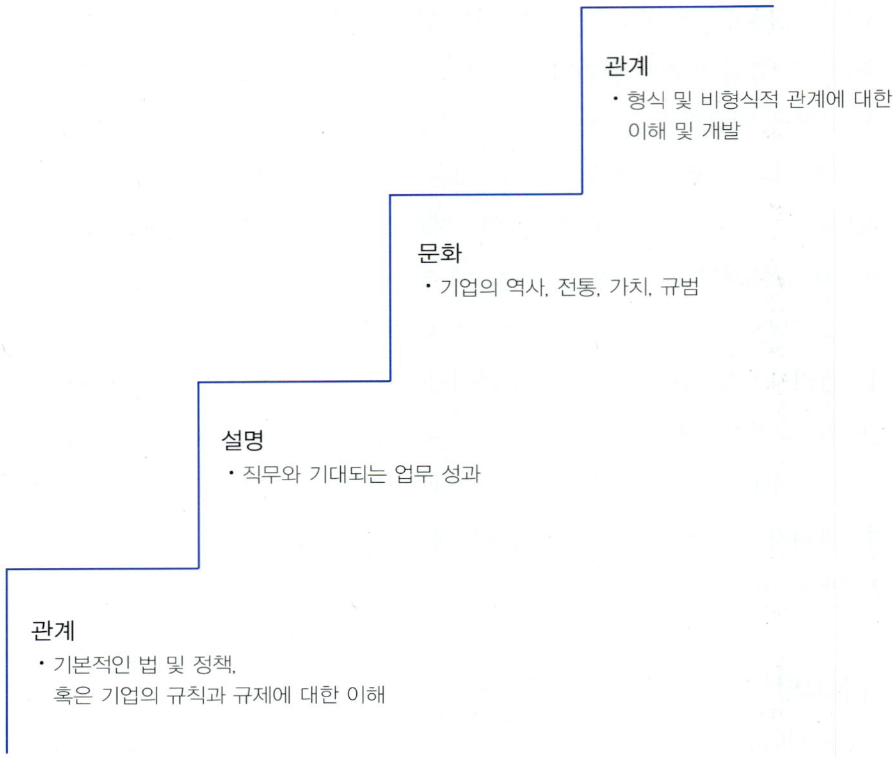

출처: T. Bauer, Onboarding *New Employees; Maximizing Success* (Alexandria, VA: SHRM Foundation, 2010); G. Chao et al., "Organizational socialization: Its contents and consequences," *Journal of Applied Psychology*, 79(1994): 730-743.

몇 가지 특징들을 포함하여 온보딩 프로그램을 제공하고 있다. 방위 및 항공우주 산업 회사인 Sierra Nevada Corporation의 신입사원들은 오리엔테이션이 시작되기 전에, 기업의 인재 인수와 교육훈련 팀으로부터 연락을 받게 된다. 이 프로그램은 기업의 역사, 문화, 비전, 그리고 가치에 대한 검토를 포함한다. 업무 첫날, 신규 채용자들은 관리자들과 함께 하는 신입사원 맞이 점심 식사에 초대 받게 된다. 직원들은 이러닝, 멘토링, 직무 현장 교육, 그리고 성과 검토 등에 참여하면서 90일간 온보딩 프로그램에 지속적으로 참여하게 된다. 전략 및 테크놀로지 컨설팅 회사 Booz Allen은 신규 채용자들이 생산적이기 위해서 걸리는 시간을 줄이고, 회사 입사에 대한 결정을 지지하고 기업의 문화와 핵심 가치에 대한 지식을 개발시킬 수 있도록 그들의 온보딩 프로그램을 수정하였다. 그들의 온보딩 과정의 효과성을 향상시키기 위해서, 온보딩 프로그램에 면대면 및 온라인 활동을 함께 사용하였다. 3단계로 구성된 행사들과 학습 활동으로 구성되어 있는, 12개월 동안 진행되는 새로운 프로그램을 제작하였다. "Engage"로 불리는 첫 단계는 회사에서의 첫 해를 잘 보낼 수 있도

표 9.13 효과적인 온보딩 프로그램의 특징

- 직원들이 질문을 하도록 격려시킨다.
- 프로그램에서는 해당 직무의 기술적 그리고 사회적 측면들 모두 다룬 정보를 제공한다.
- 직원들의 관리자들이 어느 정도 온보딩에 대한 책임을 가지고 있다.
- 신규 채용자들을 사기를 저하시키거나 부끄럽게 만드는 것은 기피해야 한다.
- 직원들은 기업의 문화, 역사, 언어, 제품, 서비스, 그리고 고객들에 대해서 배우게 된다.
- 회사에 입사한 이후 일 년까지는 직원들의 진전도를 파악하기 위한 사후조치가 지속적으로 이루어져야 한다.
- 프로그램에서는 참여, 적극적인 개입, 그리고 신규 채용자들과 기존 직원들 간의 형식적 그리고 비형식적 상호작용을 포함해야 한다.
- 배치 전환 지원이 제공되어야 한다(예: 살 집 구하러 다니기 혹은 직원 및 그들의 동반자를 위한 지역사회 관련 정보제공 세션 마련).

록 신규 채용자들을 준비시키고, 이들의 동기를 부여시키는 단계이다. Engage 단계는 2-3주간 지속된다. 이 단계에서는 신규 채용자들이 다른 부서 및 다른 레벨의 직원들과 하나의 팀이 되어 업무를 하게 되는 학습 활동을 제공한다. 신규 채용자는 그들의 노트북을 사용하여 경력 계획과 개발과 관련된 온라인 자원들을 탐색할 수 있게 된다. 3명의 신규 채용자들로 구성된 팀은 가상으로 제공되는 1년에 걸쳐 진행되는 고객 프로젝트를 바탕으로 서로 경쟁을 시작하게 된다. 팀들은 경력있는 직원들에게 접근하여 그들의 통찰력과 그들이 어떻게 고객들과 일을 해왔는지에 대한 사례들을 제공받을 수 있다. 또한, 기업의 고위 지도자들은 환영인사를 전달하고 어떻게 회사에서 성공할 수 있는지에 대한 토론을 주도하게 된다. 두 번째 단계인, "Equip"은 2주차부터 시작되어 그들의 입사 이후 첫 육 개월 동안 걸쳐서 진행된다. "Equip"은 신규 채용자들에게 회사에서 성공하기 위해서 필요한 기술, 행동, 그리고 도구들에 대한 정보를 제공해 준다. 30일째, 60일째, 90일째 진행되는 관리자들과의 회의들, 전자 신문, 그리고 첫 단계에서 배웠던 것들을 강화시켜 줄 온보딩 도구들을 제공과 같은 활동이 본 단계에서 이루어진다. 세 번째 단계인 "Excel"에서는 전문성 개발, 관계 수립, 그리고 회사의 가치 받아들이기에 초점을 맞추게 된다. "Excel"은 입사 이후, 7개월째부터 시작되며, 신규 채용자들의 첫 일 년이 끝나는 날까지 진행된다. "Excel" 마지막 날, 직원들의 첫 연례 업무 성과 검토를 진행하게 된다. 또한, 세 단계가 진행되는 동안, 직원들은 기업의 소셜 미디어와 "온보딩 커뮤니티"로 알려진 지식관리 도구를 사용하고, 블로그를 통해서 정보를 발견 및 공유하고, 온보딩 프로그램을 지원하는 여러 가지 온라인 활동들에 참여하고 관련 자원들을 사용하기를 권장받게 된다.

이 프로그램의 실행 결과는 매우 긍정적이다. 8,000명 이상의 신규 채용자들이 이 프로그램을 끝마쳤는데, 참여자의 95% 이상이 이 프로그램을 통해서 회사에 입사하고 존속하도록 도와주었으며, 업무에 대한 준비도를 높여주었다고 밝혔다. 6개월이 지나기도 전에 회사를 떠나던, 회사의 신규 채용자 이직률이 4% 경감되었다. 그리고 신규 채용자가 생산성이 생기기 전까지 걸리던 시간이 줄어들면서, 회사는 수백만 달러를 절약하였다.

IBM은 신규 채용자들이 앞으로 맡을 업무에 대해서 준비할 수 있도록 도와주고 그들의 미래 진로에 대한 계획을 설계하도록 도와주기 위해서, 면대면 및 테크놀로지 기반 상호작용을 함께 사용할 수 있는 신규 채용자 온보딩 프로그램을 개정하였다. 이 새로운 온보딩 프로그램은 직원들이 회사 사무실에서 시간을 많이 보내지 않는다는 것을 고려한 것이다. IBM 직원들은 집에서 혹은 도로에서 오가는 중 일을 하기도 하며, 많은 직원들이 전 세계에 퍼져 있다. 그러나 신규 채용자들은 여전히 업무 수행 방법을 신속하게 배워야 하며, 편안한 느낌을 가질 수 있어야 하고, 그들의 네트워크를 개발해야 한다. Succeeding @ IBM으로 알려진 이 프로그램은 신입 채용자들에게 자신의 업무가 어떻게 IBM의 다른 사업 부서들 및 다른 지역들과 연결되어 있는지에 대해서 학습할 수 있도록 도와주고, 컨설턴트, 대학원생, 그리고 관리자와 같이 다른 종류의 직무에서 일하는 직원들의 요구를 충족시키기 위해서 직무가 조절 가능하다는 것을 알려준다. 첫날 교실에서 교육을 받은 뒤, 신규 채용자들은 온라인을 통해서 4단계로 이루어진 온보딩에 참여하게 된다. Disvoery IBM은 IBM의 가치, 역사, 그리고 사업들에 대해서 다루게 된다. Share and Connect 단계에서는 서로를 지원하고, 경력 안내를 도와주고, 그리고 전문적 지식을 학습할 수 있도록 신규 채용자들이 경력 사원들 및 다른 신규 채용자들과 함께 서로 협력하도록 권장된다. Grow My Career에서는 IBM에서 제공하는 여러 학습 및 진로 방향들을 찾을 수 있도록 도와주는 로드맵을 제공한다. Finall Support는 신규 채용자들에게 멘토, 경력 코치, 웹사이트, 그리고 다른 자원들을 제공한다. 또한, 신규 채용자들은 IBM의 메신저를 사용할 수 있고, 직원들의 직무, 이력서, 기술, 구사 가능한 언어, 그리고 사진이 제공되는 온라인 직원 디렉토리에 접근할 수 있게 된다.

요 약

본 장에서 형식적 교육, 평가, 직무 경험, 그리고 대인 관계 등과 같이 기업들이 사용할 수 있는 다양한 개발 도구들에 초점을 맞추어 살펴보았다. 대부분의 기업들은 직원들을 개발하기 위해서, 본 장에서 소개된 여러 접근법들 중 하나, 혹은 이상을 함께 사용한다. 형식적 교육은 회사 혹은 교육 기관에서 제공하는 수업 혹은 세미나를 등록하는 것을 의미한다. 평가는 직원들의 성과, 행동, 기술, 혹은 성격적 특성들을 측정하는데 사용된다. 직무 경험은 직무 확대, 새로운 직무로의 순환, 승진, 혹은 전근 등을 포함한다. 업무 경험이 많은 고참 직원(멘토)은 직원들이 회사에 대해서 보다 더 잘 이해할 수 있도록 도와줄 수 있고, 프로테제가 조직 내의 핵심 인물들에게 노출되어 눈에 띌 수 있도록 도와줄 수 있다. 관리자의 책무 중 일부는 직원들을 코치하는 것이다. 어떤 개발 접근법을 사용하는지와 무관하게, 직원들은 반드시 자신의 개발 계획을 통해서 (1) 필요한 개발의 종류, (2) 개발 목표, (3) 개발을 위한 최고의 접근법, (4) 개발 목표가 달성되었는지에 대해서 반드시 확인해야 한다. 개발 계획이 효과적이기 위해서, 직원과 기업 모두 개발 계획 완료에 대한 책임감을 가져야 한다. 본 장은 승계 계획, 문제가 있는 관리자 대응법, 그리고 온보딩과 같은 직원 개발에 있어 중요한 쟁점들을 논의하면서 끝맺었다.

토의 문제

1. 생산적인 업무 팀을 창조하기 위해서 어떻게 평가를 사용할 수 있는가?
2. 효과적인 다면평가제의 특징들에 대한 목록을 제시하고 이에 대해서 설명하라.
3. 기업에서는 왜 형식적인 멘토링 프로그램을 개발하는가? 멘토와 프로테제가 얻을 잠재적인 혜택은 무엇이 있는가?
4. 당신의 상사는 컨설턴트를 고용하여 현재 패스트푸드에서 일하는 직원들 중에서 잠재적인 관리자들을 찾아내는 것에 관심을 가지고 있다. 관리자의 직무는 1) 고객들이 대기할 수 있도록 도와주고, 2) 바쁜 시기에는 음식 준비를 도와주고, 3) 레스토랑 운영 전반을 감독하고(일정관리, 정비, 직무 현장 교육, 그리고 음식 구매 등), 4) 직원들이 고품질의 서비스를 제공하도록 동기를 부여시켜 주는 것이다. 뿐만 아니라 관리자는 직원들 사이에서 발생할 수 있는 갈등을 해결해주는 역할도 가지고 있다. 이 직책은 스트레스를 받는

상황에서 일을 해야 하며, 한 번에 여러 업무를 수행해야 한다. 그녀는 당신에게 성공적인 관리자가 될 가능성이 보이는 직원들을 찾아내기 위해서 가장 적합한 평가 프로그램의 종류들을 찾고 이에 대한 개요를 작성하라고 지시했다. 당신은 어떻게 이를 처리할 것인가?

5. 직원들은 현재 자신의 지역 사회를 좋아하고 자신의 배우자와 자녀들이 이동하는 것을 선호하지 않기 때문에, 많은 직원들은 전근을 가고 싶어하지 않는다. 하지만 경영자 위치로 올라가도록 준비하기 위해서는 그들은 새로운 기술을 개발해야 하고, 자신의 약점을 강화시켜야 하며, 새로운 사업들에 노출되어야 한다. 그들을 전근시키지 않고 경영 기술을 개발시키기 위해서 어떻게 현재 직원들의 직무를 바꿀 수 있는가?
6. 코칭이란 무엇인가? 한 종류의 코칭만 존재하는가? 이에 대해서 설명하라.
7. 왜 많은 관리자들이 자신의 직원들을 코치하기를 꺼려하는가?
8. 왜 기업에서 직원들이 자신의 개발을 계획하도록 도와주는데 관심을 가져야 하는가? 어떠한 혜택을 기업이 얻을 수 있는가? 어떠한 위험성을 가지고 있는가?
9. 개발 시스템에 있어 관리자의 역할은 무엇인가? 어떤 역할이 전형적인 관리자들에게 가장 어렵다고 생각되는가? 어떤 역할이 가장 쉬운가? 관리자들이 왜 경력 관리에 관여하기를 꺼려하는지에 대한 이유에 관한 리스트를 작성하라.
10. 개발 계획에 무엇이 반드시 포함되어야 하는가? 개발 계획에서 직원이 발전하고 있다는 것을 보장하기 위해서 가장 필요로 하는 부분은 무엇이라 생각하는가?
11. 기업은 반드시 높은 잠재성을 가진 관리자들을 찾아낸 뒤, 이를 공식적으로 인정해야 하는가 아니면 이를 기밀로 해야 하는가? 관리자들은 자신이 높은 잠재성을 가진 관리자로 고려되고 있다는 것을 알고 있어야 하는가? 당신의 입장에 대해서 설명하라.
12. 오하이오(Ohio) 주 콜롬버스(Columbus) 도시에 본사를 두고 전국적으로 5,000명의 직원을 보유한 금융 생명 보험 기업에서 9상자 격자판을 사용하여 그들의 계승자 검토를 하고 있다. 뛰어나진 않지만, 견고한 업무 성과를 보이면서 중간 수준의 리더십 잠재력을 가진 직원에게 어떠한 개발 계획과 활동들을 추천하겠는가? 높은 잠재력과 높은 업무 성과를 보이는 직원(유망주)들이 제공받을 계획과 어떻게 다른가? 이에 대해서 설명해보아라.
13. 온보딩의 4단계를 설명하라. 신규 채용자들은 각 단계에서 무엇을 배워야 하는가? 어떻게 소셜 미디어 혹은 인터넷이 온보딩 과정을 도와주고 있는가?

적용 문제

1. 당신의 관리자는 당신이 한 페이지 형식의 개발 계획을 작성하도록 지시했다. 이를 작성하고 당신이 포함한 각 항목들에 대한 근거를 제시하라.

2. 웹사이트 www.shrm.org/foundation을 방문하여 "SHRM Foundation DVD Series" 밑에 있는 "Foundation Products"를 클릭해보자. Seeing Forward: Succession Planning at 3M 비디오를 시청한 뒤 아래와 질문에 대답하라.

   • 3M은 왜 개발을 중요하게 여기는가?
   • 3M은 어떻게 직원들을 개발시키는가?
   • 개발 활동 외에도 효과적인 직원 개발을 위해서 어떤 것들이 필요한가?

3. GE 웹사이트 www.gecareers.com을 방문하자. 신입 리더십(entry-level)과 경력 리더십 프로그램들을 살펴보자. 전반적으로 어떤 종류의 개발 활동들이 이들 프로그램에 포함되어 있는가? 프로그램 한 개를 선택하고 이에 대해서 설명해보자(개발 활동, 기간, 참가자 등). 신입 리더십 프로그램과 경력 리더십 프로그램에서 사용되는 개발 활동들을 비교해보자. 어떤 부분이 유사하고, 어떤 부분이 상이한가? 왜 두 프로그램들이 상이하게 개발되었다고 생각하는가? "About the KTS-II" 탭 아래에 있는 KTS-II를 클릭해보자.

4. www.checkster.com에 방문해보자. Checkster는 개개인 그리고 기업들이 재능 성장을 위해서 사용할 수 있는 도구들을 제공한다. 페이지 상단에 있는 "Tools for Individuals"을 클릭해보자. "Start Now"를 클릭하고 등록 (무료)을 해보자. 등록이 끝난 뒤에, 자기평가를 완료하고 당신의 친구 혹은 동료에게 당신의 재능에 대해서 평가를 요청해보자. 이것은 다면평가 과정의 예이다. 당신은 당신의 결과를 요약한 보고서를 받을 수 있다. 개발 요구와 관심사를 찾아내고 피드백을 받을 수 있는 유용한 도구라고 생각하는가? 왜 그렇게 생각하는가? 만약 당신의 약점을 개선하고 싶을 때, 당신이 취할 다음 단계는 무엇인가?

5. 직원 및 리더십 개발을 위한 전문 서비스, 평가, 그리고 출판물들을 제공하는 기업 Keirsey.com의 웹사이트 www.keirsey.com에 방문해보자. Keirsey Temperament Sorter 혹은 Keirsey Character Sorter를 사용해보자(사용에 앞서 등록부터 해야 함). 개발을 위해서 사용할 수 있는 몇 가지의 평가 도구들에 대한 예들이 제공될 것이다. 당신에 대해서 무엇을 배웠는가? 당신이 완료한 도구는 경영 개발을 위해서 사용하기 어떻게 활용될 수

있겠는가? 그 도구를 사용하는데 있어서 가지고 올 몇 가지 단점들은 무엇이겠는가?

6. 맞춤 기업 교육 프로그램을 제공자 웹사이트인 www.dukece.com을 방문해보자. "Client" 아래에 나타나는 "Client Stories"를 클릭하고 여러 가지 고객의 성공 이야기들 중 하나를 선택해서 읽어보자. 사업 쟁점, 접근, 학습 경험, 실행, 그리고 결과에 대한 간단한 요약서를 작성해보자. 당신이 생각하기에는 이 프로그램이 성공적으로 보이는가?

사례

Trustmark의 리더십 개발 프로그램

Trustmark는 200만 명이 넘는 사람들에게 융통성 있는 의료, 생명, 그리고 장애 보험과 건강 서비스를 제공하고 있다. 본 회사는 일리노이(Illinois) 주에 레이크 포레스트(Lake Forest) 도시에 본사를 두고 있고, 미국 25개 지역에서 6,200명의 정규직 및 시간제 직원들을 고용하고 있다. Trustmarrk는 1990년대 중반까지 지속적인 성장을 경험했으나, 재정난을 겪으면서 그들의 운영에 대한 재평가를 받게 되었다. Trustmark는 핵심 역량에 집중하고 사업들을 매각하고, 자본 생성에 집중했다. 기업이 재정적으로 건전해지기 시작하자, Trustmark 임원진들은 기회와 혁신에 대한 열린 자세를 가지는 문화를 창조하기로 결정했다. 하지만 그들이 대면한 난관은 어떻게 모든 직원들이 현재 상태에 변화를 가지고 올 수 있다고 믿고 새로운 기회를 추구할 수 있는 문화를 창조하느냐는 것이었다.

Trustmark는 조직적 문화와 성공에 대한 마음가짐에 대한 근본적인 변화 의미하는 "Trustmark Renaissance"를 이루기 위해서 워크숍과 다면평가를 사용하였다. 리더십 프로그램은 참가자들이 어떻게 공유된 비전을 고무시키는지, 어떻게 변화를 추구하는지, 어떻게 다른 이들을 행동하게 만드는지, 어떻게 진심으로 고무시키는지 등과 관련한 리더십 사례에 대해서 학습하는 세션을 구성하였다. 그리고 참가자들이 프로그램에서 학습하는 도중에 고위 지도자, 책임자, 그리고 관지라들이 참석할 수 있도록 하였다. 또한, 참가자들은 자신이 그들이 부딪한 리더십 관련 시련에 대해서 논의하고, 피드백을 받을 수 있는 일대일 코칭에 참가하게 된다. 참가자들은 본 과정 다음 단계인 이틀짜리 워크숍에서 집중하고 싶은 개발 분야가 무엇인지 찾아내도록 지시받는다. 워크숍에서서는 참가자들은 리더십 사례에 대해서 더 많이 배우고 그들이 제공받은 피드백 관련 분야를 어떻게 향상시킬 것인지 학습하게 된다. 참자가자들은 그들의 리더십 효과성을 향상시키기 위해 개발한 개선 계획과 함께 워크숍을 완료하게 된다. 참가자들은 워크숍 이후 지원을 제공하고 실행 계획을 교환하고, 그들이 학습한 내용들을 성공적으로 사용하고 있는지 확인하기 위한 후속조치를 해줄 파트너와 짝을 지어준다.

질문

1. 어떤 개발 활동들이 이 프로그램에서 사용되고 있는가? 왜 이것들이 중요한가?
2. 본 리더십 개발 프로그램의 효과성를 측정하기 위해서 어떠한 자료 혹은 결과물을 수집해야 하는가? 해당 자료 혹은 결과물을 선택한 사업적 근거를 설명하라.

출처: T. Welch, "Setting the Stage for a Renaissance at Trustmark," *T+D*, December 2010, 70-72.

실습/ 사례 3

24시간 지속적으로 개발이 가능한 InterContinental Hotel Group의 Leaders Loung

아틀란타(Atlanta) 주에 기반을 둔 기업 InterContinental Hotel Group(IHG)은 "훌륭한 호텔 투숙객의 사랑"이라는 간단한 전략을 기반으로 운영하고 있다. IHG는 InterContinental, Crown Plaza, Hotel Indigo, Holiday Inn, Holiday Inn Express, Staybridge Suites, 그리고 Candlewood Suites과 같은 브랜드를 운영하고 있다. 이 브랜드들은 전 세계 100개국 이상의 국가에 총 625,000개의 객실, 4,400개의 호텔들을 가지고 있다. IHG는 그들의 직원들이 브랜드에 대해서 어떻게 생각하고 있으며, 그들이 어떻게 투숙객에게 호텔에서의 경험을 전달하는지가 경쟁에서 식별될 수 있는 방법이라고 믿는다. IHG의 핵심 가치, "이기는 방법(Winning Ways)"은 직원들을 그들의 개인 및 직장 생활을 향상시키고, 오너십을 가지도록 해주고, 함께 일하고 책임있는 행동을 하도록 안내 및 동기를 부여시켜 준다. IHG는 아래와 같은 네 가지를 직원들에게 약속한다:

- 멋진 시작을 할 수 있는 공간
- 참여를 위한 공간
- 성장을 위한 공간
- 당신을 위한 공간

"성장을 위한 공간"에 대한 약속은 직원들이 개발 기회를 가질 수 있도록 지원해주고, 보람된 경력을 추구할 수 있도록 직원들을 고무시킨다는 의미이다. "성장을 위한 공간"은 직원들이 자신의 직무에서 성공이란 무엇이며, 그들이 정기적으로 고품질의 피드백을 받을 것이며, 자신의 현재 및 미래의 역할을 위해 발전할 수 있는 기회를 제공받을 것이며, 자신의 경력 기회를 전 세계에 위치한 IHG에서 찾을 수 있도록 보장한다는 것을 의미한다.

"성장을 위한 공간"에 대한 약속에 따라서, IHG는 직장에서 다른 직원들과 고위 경영진과 연결되어 있다고 느껴지지 않는다고 설문조사에 응답한 글로벌 기업 및 호텔 수준의 관리자들의 요구에 응답할 수 있는 방안을 만들고 싶어했다. 관리자들의 리더십 기술을 개발하기 위해서, IHG는 호텔 총지배인뿐만 아니라 기업 책임자 혹은 고위직책을 맡고 있는 직원들을 위해서 Leaders Loung라고 불리는 가상 리더십 개발 공동체는 만들었다. Leaders Loung는 뉴스, 조언, 비디오, 다운로드 가능한 도구들, 그리고 IHG의 모범 사례 등과 리더십에 관한 같이 짧고 간결한 정보들을 제공한다. 본 사이트에 접속할 권한을 가진 직원들은 조언을 게시하고 게시된 내용에 대하여 논평을 달 수 있다. Leaders Loung에는 자신의 리더십에 대한 장점과 단점을 파악할 수 있도록 도와주는 평가 도구들이 제공하는 "Leadership Gym", 리더십 쟁점 사항들에 대하여 조언을 제공할 수 있는 "Problem Solver", 그리고 금융, 고개 서비스, 그리고 코칭 스킬 등과 같은 사업 주제별 이러닝 기회를 제공하는 "The Academy"와 같은 몇 개의 전용 섹션들을 제공하고 있다. "The Academy"에서는 Senior Leadership 온라인 프로그램 모듈에 접속할 수 있도록 해줌으로써, 전 세계에 있는 관리자들이 교육훈련을 받기 위해서 이동을 위해 필요한 경비들을 절감시켜 주는 효과를 제공하고 있다.

Leaders Loung가 효과적이라는 설득력 있는 증거가 있다. Leaders Loung를 운영하는데 있어서 필요한 비용은 일반적인 현장에서 진행되는 3일짜리 리더십 워크숍 비용의 5%이다. Leaders Loung 사용자들의 70% 이상이 한 달에 한 번은 사용한다고 보고했으며, 평균 일 년에 6번은 사용한다고 밝혔다. 3,000여개가 넘는 리더십 도구들이 다운로드되었고, 전 세계에 있는 리더십 팀들과 공유되었다. 전 세계에 위치한 Leaders Loung 멤버들은 Leaders Loung에 게시된 내용들을 바탕으로 하여 지역 학습 워크숍과 학습훈련 세션을 제작했다고 보고하였다. Leaders Loung 구성원의 75%를 차지하는 호텔의 총지배인들을 대상으로 한 설문조사에 따르면, 그들의 몰입도가 3% 증가했다고 보고되었다.

출처: InterContinental Hotel Group의 웹사이트 www.ihgplc.com; P. Harris, "Where people power makes the difference," *T+D* (October 201): 32-34; "Best practices and outstanding initiatives: InterContinental Hotel Group Leaders Lounge," *training* (January/February 2011): 96-97.

질문

1. IHG의 가상 리더십 개발 프로그램이 회사에 제공할 장점과 단점은 무엇인가? 직원들에게 제공될 장점과 단점은?
2. 많은 기업들이 직원 개발을 위해서 블렌디드 접근방법을 사용하고 있다. 다시 말해, 면대면 및 테크놀로지 기반의 교육훈련과 개발 활동들을 리더십 개발을 위해서 제공하고 있는 것이다. IHG의 개발 프로그램을 더 효과적이게 하기 위해서 어떠한 전통적인 개발 활동들을 추천할 수 있겠는가? 추천한 개발 활동들이 어떻게 프로그램의 효과를 높일 수 있는지 설명하라.

3. 당신이 생각하기에는 IHG의 프로그램 평가가 강력한 기업 사례가 될 수 있다고 생각하는가? 왜 그렇다고 혹은 그렇지 않다고 생각하는가? 그들의 가상 리더십 프로그램 평가를 직원 및 기업을 위해서 개선하려면 어떤 매트릭스 혹은 결과물을 IHG가 사용하도록 추천하겠는가? 어떤 매트릭스 혹은 결과물을 IHG가 사용해야 이 프로그램이 그들의 핵심 가치 "Winning Ways"에 공헌하고 있는지 확인할 수 있겠는가?

4부

사회적 책임과 미래

10장에서는 사회적 책임: 법적 이슈, 다양성 관리, 그리고 경력에 관한 내용을 다룬다. 특히 어떻게 훈련이 노조나, 지역 전문대, 기타 다른 교육기관과 협력하여 기업의 사회적 책임에 공헌을 하는지 살펴보도록 한다. 또한 기업은 다양성을 관리하며, 직원들이 다양한 문화 가운데서 효과적인 업무를 수행할 수 있도록 지원하는지, 또한 직원의 삶과 일의 균형, 경력단절, 퇴직에 관한 경력개발 및 관리에 어떻게 도울 수 있는지 알아보도록 한다.

8장에서는 "직원 훈련 및 개발의 미래"에 관하여 살펴보도록 한다. 우선, 직원학습에 관한 새로운 테크놀로지의 개발, 적시학습, 지식자산, 소셜 네트워크 등 미래에 영향을 미칠 수 있는 다양한 요인들을 알아보자.

4부는 어떻게거 기업이 직원들이 휴가를 활용하도록 장려하는지에 관한 사례를 살펴봄으로써 마무리하고자 한다.

10장

사회적 책임: 법적 문제, 다양성 관리 그리고 경력 도전

Social Responsibility: Legal Issues, Managing Diversity, and Career Challenges

학습 목표

1. 지역사회발전과 기술개발을 위한 훈련 파트너십의 역할에 대해서 설명할 수 있어야 한다.
2. 훈련과 관련된 잠재적 법률쟁점에 대해서 설명할 수 있어야 한다.
3. 다양성을 관리하기 위한 효과적인 프로그램을 개발할 수 있어야 한다.
4. 이문화와 관련한 직원 훈련 프로그램을 설계할 수 있어야 한다.
5. 조직원과 조직을 위한 경력개발의 중요성에 대해서 설명할 수 있어야 한다.
6. 일과 삶의 균형을 위한 회사의 정책에 대해서 설명할 수 있어야 한다.
7. 퇴역군인의 경력개발과 고용을 위한 회사의 노력에 대해서 묘사할 수 있어야 한다.
8. 고령근로자의 퇴직 프로그램의 가치에 대해서 설명할 수 있어야 한다.

직무훈련 프로그램을 통한 기술격차 해소와 실업률 제고

저간에 들어 고용주와 종업원 양측 모두 필요한 기술의 공급과 수급에 관한 불균형 문제를 안고 있다. 현재 약 1,400만에 이르는 미국인들이 구직시장에 있고, 고용주는 각 기업에 맞는 인재를 찾는데 혈안이 되어 있다. 예를 들어 앞으로 10년간 미국시장의 제조업 분야에서 있을 구조조정과 대량해고 문제에도 불구하고, 기존 산업숙련공의 대체인력 부족과 이로 인한 기술이전이라는 큰 문제를 안고 있다. 고용주, 구직자, 그리고 정부 모두 노동시장에서의 기술이전과 인력 수급 문제를 해결하고 탄력적인 인력공급을 위한 직무훈련 프로그램을 기대하고 있다.

연방정부에서 투자가 이뤄진 가장 대표적인 예가 미국에서 1998년 제정되어 인력투자법(Workforce Investment Act)에 의해 계획된 약 3조 원($3 billion) 규모의 직무훈련 프로그램이다. 예를 들어 미시간 디트로이트 기반의 비영리기구 Focus: HOPE에 의해 설립된 기계공 훈련기관(Machinist Training Institute)은 지역의 빈곤, 소득격차, 불균형 교육, 인종불화 등의 문제를 해결하기 위해 직업훈련 프로그램을 제공하여 실업문제에 보다 적극적인 해결대안을 제시하고 있다. 이곳에서는 6개월에서 18개월까지 교육 프로그램을 제공하며 그 내용은 정보기술, 컴퓨터 네트워크, 서버 솔루션 등 여러 분야에 걸쳐져 있다. 이 기관은 지난 10년 동안 지금까지 약 11,000여 명의 지역 근로자들을 교육시켜 왔다. 이중 상당수가 1세대 흑인이거나 여성 노동자 등으로 사회적 약자층을 대상으로 하였다.

2011년, Focus: HOPE 기관은 연방정부로부터 약 60억 원의 지원을 받아 교육 프로그램을 확충하고, 세대를 아우르는 다양한 학생들을 상대로 주 5일 수업의 약 20주간 훈련하는 프로그램으로 개선하였다. 이중 상당수는 대량해고 실업자이거나, 범죄 기록으로 인해 구직활동에 실패한 이들이다. 이 프로그램은 수업 기반의 집체교육 학습 프로그램이나 새로운 환경과 기술을 경험할 수 있는 실습 중심의 교육 프로그램이다. 이러한 프로그램은 학습자의 문맹률과 컴퓨터 사용 능력을 개선하는 효과를 가져다주었다. 또한 Focus: HOPE 기관은 학습자의 경력 성공을 위한 다양한 지원을 아끼지 않는다. 예를 들어 학습자의 학비를 위한 장학금은 물론이거니와 유아 돌봄, 교통비 등을 제공하여 학습자가 학습에 집중할 수 있도록 최대한 지원한다.

물론, 정부예산 지원을 통한 직무훈련 프로그램의 효과성에 관한 정치적 논란은 끊이지 않고 있다. 훈련 프로그램이 학습자에게 도움이 되는 것은 사실이지만, 이러한 공공지원이 시장의 실업률을 낮추고 장기적으로 노동시장의 문제점을 개선할 수 있다는 합리적 개연성은 불확실하다. 그러나 Focus: HOPE의 예에서 보듯이 2008년 이후로 92명의 졸업생 중

64명이 직업을 구하고 경제적 이윤을 창출하는 것은 정부지원 직무훈련 프로그램의 좋은 예이다. 비록 해당 직원의 유실률을 논할 수는 있지만, 고용주들은 직무훈련 프로그램 졸업생들의 교육과 기술수준이 인상 깊다고 밝히고 있고 차후 지속적 고용을 시사한 바 있다.

출처: D. Bennett, "Do the unemployed get a second act?" *Bloomberg Business Week*, (Sptember 15-25, 2011), 64-70.

서론

훈련과 개발은 회사의 사업 목표를 이루는 데 주주들에게 긍정적인 환익과 수익을 줄 수 있도록 도움이 되어야 한다. 그러나 회사의 주주란 사업적 성공에만 관심이 있는 이해관계자의 하나일 뿐이다. 조직으로서 다른 중요한 이해관계자를 고려한다면 지역공동체와 교육훈련을 통해 이익을 볼 수 있는 직원들도 포함하고 있다. 회사는 그들이 지역적으로 속해 있는 사회의 일부분으로 환경을 보호하고, 문화적 활동을 지원하며, 가난과 실업률을 줄이는 등 해당 지역 내 사회적 책임감을 가지고 있어야 한다. 다시 말해서 회사는 직업학교, 전문대학, 일반대학 등과 연대하여 인력의 기술 수준을 높이는 프로그램 등을 고안하는 노력을 해야 한다. 이러한 일련의 과정 속에 지역사회로부터 숙련공을 제공 받아 또 다른 이익을 창출하는 사회적 공동체이기 때문이다. 또한 이러한 연대관계는 그 지역 인력공급의 숙련수준을 높이는 데 공헌하는 것이다. 종국적으로 이는 모든 고용주에게 도움이 되며 나아가 세계 어느 곳에서도 이러한 류의 고용주는 환영받을 것이다. 본 장은 이러한 훈련 파트너십의 다른 유형에 대해서 알아보고자 한다.

사회적 책임은 또한 회사가 법규를 준수하고, 더욱 중요한 것은 직원의 성장과 발전을 돕는 환경을 전개하고, 그들의 배경과 경력이슈와 관계없이 회사의 목표에 공헌하는 것이다. 두 번째 부분에서는 어떻게 법규가 교육훈련에 영향을 미치는지 어떻게 이러한 다양한 인력의 숙련 정도는 보장할 수 있는지에 대해서 논하기로 한다. 본 장의 마지막에는 직원들이 마주하고 있는 여러 경력 문제들 그리고 이를 다루기 위한 직원들의 노력에 대해서도 논의할 것이다. 이러한 내용은 일과 삶의 균형, 경력 단절, 실업, 은퇴 등을 포함하고 있다.

훈련 파트너십

정부기관, 유관기관, 회사, 노동조합은 인력공급 역할의 학교와 더불어 근로자의 역량을 개발하고 균형 있는 인력시장이 구축되도록 협조한다. 섹터 파트너십(Sector partnership)은 직무에 필요한 기술을 파악하는 산업 그룹 숙련공을 제공하기 위해서 정부기관 및 교육기관, 그리고 산업단체가 연계해서 해당 지역의 고용을 협의해 나가는 협의체를 말한다. 섹터 파트너십은 단순히 고등학교 졸업장 이상의 직무에서 요구하는 실질적인 기능숙련의 정도에 초점을 둔다. 다시 말해서 엔지니어와 같이 전문직에서 요구하는 일련의 수준 높은 기술군을 제공하면서, 고용주가 원하는 숙련기술의 요구에 따라 파트너십을 통해서 인력수급을 만족시킨다. 미연방정부는 Maine 주와 함께 해당 지역에서 약 150억 원을 투자하여 보트건설에 필요한 숙련기술을 교육하기 위한 파트너십을 설립하였다. 미시간 주의 경우 에너지, 노동, 경제 성장 부서에서 전기 자동차 산업에서 필요한 기술을 개발하기 위해서 Green mobility alliance를 미시간 대학에 설립하였다. 이 연합은 대학의 연구원, 자동차 제조업체, 그리고 부품 제공업체 등이 전기자동차에 필요한 산업기술을 개발하기 위한 일종의 파트너십이다. 이 과정에서는 전기 배터리와 전기 자동차 시스템을 위한 숙련기술 개발에 초점을 둔다. 숙련기술의 개발은 모든 성인을 대상으로 교육의 기회를 제공하고 이에 대한 학비는 주 정부에서 보조 지원한다. 프로그램 참여자들은 자격증뿐 아니라 이 분야와 관계된 학사 및 석사 학위도 미시간 대학을 통해서 받을 수 있다. 뉴욕 주에 위치한 The finger lakes advanced manufacturing partnership은 지역내 고등학생을 대상으로 기계가동과 숙련기술 개발을 지원하는 프로그램이다. 특히 광자분야의 기술개발과 경력기회를 주며, 해당산업 현장에서 필요한 광학기술을 개발하는데 지원한다. Job corps는 미의회의 예산을 지원받아 노동부에 의해서 운영되고 있는 직업교육 훈련기관이다. 이곳에서 16-24세의 젊은 미취업자들에게 정보기술, 광업, 임업, 간호 등에 필요한 기술개발 교육프로그램을 제공한다. 전국 125개의 job corps 캠퍼스에서 교육 및 훈련, 취업지원 서비스를 제공한다.

어떤 프로그램은 특별히 저임금, 노숙자, 교정인력 등 실망노동자들이 직업을 잡을 수 있도록 지원하는데 초점을 맞춘다. 예를 들어 에너지 노동 개발 센터는 빌게이츠 재단으로부터 10억 원의 자금을 지원받아 저임금의 젊은 노동자들이 에너지 산업 분야에서 직장을 찾을 수 있도록 도와준다. 지원된 프로그램의 교육을 통해 천연가스나 전기설비, 건설 제조업에서 직업을 가질 수 있다. 본래 이 재단에서는 베이비부머 세대의 인력이 은퇴를 하여 떠난 설비산업의 인력난을 해결할 방안을 연구 중이었다. 에너지 부분 인력 중 40퍼센트 이상이 향후 5년 안에 퇴직하여 대체인력이 시급히 필요하다는 예측이 있었기 때문이다.

마크 골드스미스는 미국 화장품 전문업체 Revlon의 전직 최고경영자이다. 그는 은퇴 후 Getting Out and Staying Out(GOSO)라는 비영리 단체를 설립하여 뉴욕 주의 수감자 200

여 명에게 교육 프로그램을 제공하고 있다. 수감자들은 교육기관에서 교육을 받고 직업을 찾기 위한 카운셀링을 받고 인터뷰를 준비한다. 이 재단은 수감자들에게 취업 가능한 업체를 모은 직무 데이터 베이스를 제공하고, 기타 교육장학금 및 세미나 등을 통해 출소후 원활한 구직활동을 지원한다. 프로그램의 결과는 대단히 성공적이었다. 400여 명의 수감자 중 오직 10퍼센트만 재범으로 교도소로 돌아왔고, 75%는 직장에 고용이 되었거나 학교에서 교육을 받고 있다. 약 2/3가 교도소에서 나와 범죄로 다시 수감되는 전국 기준의 통계와 비교하면 매우 놀라운 일이다. 이 프로그램을 통해 취직한 수감자들은 직장에 대한 정보를 서로 공유하고 교환하며 도움을 준다.

연방법규는 법규를 통해 교육기관, 고용주, 노동조합 등의 파트너십을 장려한다. School to work opportunity act는 이러한 시스템을 구축하기 위해 발안된 법안이다. 이 법안은 모든 학교—직장 시스템에서 직무기반의 학습, 학교 기반의 학습, 그리고 학교과 고용주 간의 연결 등을 포함하고 있다. 예를 들어 위스콘신 주의 고등학교는 학생들에게 엔지니어링 수업과 더불어 유급으로 엔지니어링 직장경험을 제공하고 있다. 이러한 프로그램은 학교—직장 연계 프로그램의 좋은 예이다. Apprenticeship 프로그램은 관광에서 공학까지 13분야의 직종에 제공되고 있다. 고용주와 교육자로 구성된 위원회는 직무능력 기준을 개발하고 지역 내 학교와 학생들을 지원한다.

1998년 제정된 workforce investment act는 합리적인 인력투자시스템을 구축하였다. 이 개혁안은 고객 중심의 미국인이 정보와 고품질의 서비스를 통해서 그들의 경력을 관리할 수 있도록 하고 미국 회사들이 숙련공을 찾을 수 있도록 도와주는 법안이다. 그 초석이 된 것은 바로 원스탑(one stop) 서비스이다. 다양한 훈련, 교육, 고용 프로그램을 이용자 중심의 각 지역 내 프로그램으로 통합하는 것이다. 이 서비스의 기본적인 가정은 프로그램과 서비스, 그리고 지배구조의 협동을 통해서 보다 융통성 있게 고용지원 시스템을 이용할 수 있도록 돕는 것이다. 다양한 서비스는 훈련과 고용 프로그램을 포함하고 있고, 이는 고용주들과 구직자의 요구에 부합하도록 노력하였다. 이 프로그램의 기대에 부흥하기 위해서 주 정부와 지역 공동체 간 회의체를 통해 효과적으로 협동하고 네트워크를 구축하여 도움이 필요한 가정을 위한 지역 파트너, 교통, 정보 등을 지원하는 것을 포함한다.

미국 직업네트워크 O*net은 특별하고 포괄적인 데이터베이스이다. 여기에는 직업 정보, 역량, 해당 직업의 요구사항 등을 포함하고 있다. 이 내용이 주로 원스탑 서비스의 데이터베이스가 된다. 또한 각 직업에서 요구되는 기술, 능력, 지식 등을 포함하고 있어 제공되는 정보는 경력 탐험을 촉진시키고, 직무 카운셀링, 다양한 인사기능 등을 포괄적으로 지원하고 있다. 구직자들은 이 웹사이트를 통해서 어떠한 직종이 자신의 관심사에 맞는지 어떠한 경력과 기술, 지식, 능력들이 요구되어지는지 알 수 있다.

평생학습

평생학습(Lifelong learning) 계좌제는 회사가 직원이 가입한 성인 교육용 계좌에 상당액수를 비례해 보조해 주는 금융제도이다. 이 계좌의 돈은 학비, 책 등 평생학습을 지불하는 내용으로 사용되고 금액은 매년 이년될 수 있다. 2010년 말 미 정부는 평생학습계좌 법안을 구상하여 이러한 용도의 개인금융계좌를 지원하였고, 이를 통해 시간제 교육, 직무훈련, 도제제 등을 포함한 다양한 교육 기회를 보장하고 있다. 국가는 참여 고용주와 가입직원들에게 세재 인센티브를 제공함으로써 참여를 유도한다. 401k 퇴직계좌와 같이 근로자가 매달 일정액의 금액을 연금을 목적으로 적립하면 회사가 이에 상응하여 적립시켜 주는 확정 기여형 연금 비과세 상품이다. 개인당 총 2,500달러의 금액을 매월 저축할 수 있고, 직원들은 750달러에 해당하는 세액공제를 받을 수 있다. 회사는 법인세에서 기여분의 25%를 세액 공제받을 수 있다.

어떤 회사는 자기 고유의 평생학습 지원제를 가지고 있다. IBM 매칭 어카운트(matching account)는 직원들에게 매년 자기 학습을 위한 1,000달러 상당의 금액에 대하여 50%까지 지원해주고 있다. 직원들은 이 금액을 자신의 직무와 관련된 기술개발이나 새로운 언어를 배우는 것과 같은 학습에 사용할 수 있다.

공동 노사 경영 프로그램

이 프로그램의 목표는 해고된 직원들이 새로운 직장을 찾도록 도움을 주는 데 있다. 현재 이 프로그램은 다양한 서비스를 통해서 직원들이 직무와 관련된 기술을 배우고, 회사의 다른 산업에서 유용할 만한 기술을 개발하는데 도움을 준다. 프로그램을 위해서 고용주와 노동조합이 함께 투자를 하고 운용을 감독한다. 전국 통신교육연합은 통신업체 ATT, Century, Link, Frontier, Verizon 등의 노조연합과 연계하여 온라인 교육 프로그램을 제공하고 있다. 이는 직원들이 준학사학위나 자격증 등을 취득할 수 있도록 교육하는 프로그램이다.

기존의 훈련과는 다르게 오로지 30%만이 집체교육을 실시한다. 전체 70%는 직무의 특별한 요구에 초점을 맞춘 체험활동, 시뮬레이션이나 게임 등을 포함한다. 예를 들어서 모의 설계된 직장에서 직원들은 특별히 고안된 동작감지형 작업복을 입는다. 일하는 동안 시

표 10.1 법적인 문제를 야기할 수 있는 상황

1. 부적절한 훈련을 제공하거나 필수훈련 제공에 실패한 경우
2. 훈련 기간 내 상해 발생
3. 외부 훈련 시 상해 발생
4. 명예훼손이나 보안 실패
5. 허가되지 않은 불법복제물 사용
6. 훈련에서 사회적 약자(여성, 소수인구, 노인 등) 배제
7. 훈련기간 동안 평등성 위배
8. 차별적 정보 제공
9. 장애인을 배려한 지원 및 장비 미비
10. 훈련비용의 비정상적 계상 및 비용변제 위배

스템은 직원들이 정신적 스트레스를 느끼는지 확인하고, 작업간 더욱 안전하고 효율적인 동작을 위하여 피드백을 제공한다. 3D 안경을 착용하는 직원들은 안전하지 않는 상황과 대조하여 업무환경을 보여준다. 직원들은 비디오를 보면서 이러한 안전 환경에 대해서 학습하고 잠재적인 위험에 관하여 파악하게 된다. 이틀 동안의 훈련 후 직원들은 본래의 위치로 돌아가 관리자나 선임들과 함께 배운 것을 적용해본다. 직원들은 여기서 공유될 만한 부분에 대해서 함께 대화하고 프로젝트 업무를 부여받는다. 이는 직원들에게 지식공유의 기회를 제공하고 전문지식을 훈련자에게 제공하며 향후 학습경험을 개선할 수 있는 있는 방법에 관한 아이디어 회의를 한다.

다양한 인력구성을 위한 법적인 이슈

〈표 10.1〉은 회사의 평판에 잠재적인 위협이 될 만한 훈련 상황들을 기술하였다. 보다 자세한 내용은 아래의 기술된 주제들을 토대로 살펴보자.

훈련제공에 실패하거나 부적절한 훈련을 제공하는 경우

다양한 법규를 준수하기 위해서, 회사는 단순히 훈련제공뿐 아니라 학습된 새로운 지식이 실제 직무에 적용 및 개선하도록 해야 한다. 대부분의 회사는 훈련을 제공하고 민법 제7조(Title 7 of Civil Right)에서 보호되어지는 직원들을 위하여 업무환경에 해가 될 만한 잠재적 위협요인을 줄여야 한다. 예를 들어 연방 대법원의 판례는 회사에서 이뤄지는 성추

행 방지훈련은 사내 성추행 및 성폭행을 통한 회사의 징벌적 피해보상을 줄이기 위한 회사의 노력으로 보았다.

연방법은 정해진 훈련시간과 훈련양식을 요구할 수 있다. 예를 들어 승무원을 위한 첫 훈련은 반드시 어떻게 고객을 다루고, 승무원이 어떻게 갤리 장비를 사용하는지, 어떻게 기내 공공주소 시스템을 사용하는지에 대해서 학습해야 한다. 2009년 허드슨 강에 있었던 US Airways 1549편의 비상 안전착륙의 예는 흔치 않은 순간의 하나이다. 결과적으로 모든 고객이 위험한 상황에서 안전하게 모두 구출되었지만 연방 항공 관리국은 위급상황을 위한 새로운 훈련 규정을 마련하였고, 승무원들의 비상 상황에 대한 위기대응 절차에 대한 직접적인 훈련을 마련하였다.

항공관리국은 훈련 기준을 소개하고 기장은 모의비행을 통해 통합된 시스템의 안전속도와 고도 및 범위 등 새로운 다기능 훈련 디스플레이를 가지고 있는 새로운 비행기 내에 파일럿이 운행하며 학습하도록 돕도록 하고 있다. 몇몇 주에서는 법으로 강제하여 새로 임용된 경찰관이 마약청정 일터, 안전기구 사용을 통한 안전일터 등의 기본훈련을 반드시 이수해야 한다.

|훈련 중 직원의 부상을 초래한 경우|

현장직무훈련이나 모의훈련의 경우 종종 실제 직무의 도구나 장비를 사용하는 경우가 있는데 이는 자칫 부상을 초래할 수도 있다. 많은 주에서 직원 보상법을 기초로 직무수행 간 신체적 상해나 부상에 관해 고용주가 보상하고 재정적으로 부담을 지는 것을 보장하고 있다. 관리자들은 (1) 직원이 장비나 도구의 부적절한 사용에 대한 잠재적 위험에 대해서 경고를 받았는지 (2) 그리고 직무수행 간 안전한 장비가 사용되었는지 반드시 확인해야 한다.

관리자는 훈련을 받는 직원의 지식이나 기술, 행동에 대하여 직무시 필요한 숙련 정도를 확인해야 한다. 비록 회사가 훈련에 대해서 비용 일체를 지불했지만, 학습자가 실제 장비를 사용하기 이전에 안전하지 못한 상황, 즉 부정확하게 혹은 미완성 형태로 훈련을 받는 환경으로부터 부상이나 상해를 진 경우 회사에 책임이 있다. 회사는 훈련 제공업체들과 계약을 할때 반드시 이러한 책임의 귀속이 누구에게 있는지 법률상 판단해야 하고, 훈련은 지속적으로 노트와 활동에 관한 일지 및 매뉴얼 등을 토대로 해당 훈련이 전문가에 의해서 제공되는 절차를 올바르게 준수했음을 기록해야 한다.

|비밀보장 준수 및 명예훼손|

관리자는 직원의 성과에 관한 내용 혹은 개인정보에 대해서 확실히 비밀보장을 제공해야 한다. 성과를 훈련과 연결하여 훈련내용이 성과에 반영된다면 임금 보수 의사결정에 반영되는 것을 훈련 전에 반드시 알려야 한다.

|소수그룹 배제|

민법상 크게 두 가지 법안이 여성, 소수, 혹은 고령노동자들이 훈련 프로그램에서 배제되는 것에 관한 불법성을 규정하고 있다. 우선 1991년 개정된 시민법 제7장(Title 7)은 인종, 피부색, 종교, 성별 또는 출신국가에 근거한 고용차별 혹은 훈련의 배제가 불법이라 명시하고 있다. 또한 1967년 제정된 연령차별금지법(The Age Discrimination in Employment Act, ADEA) 역시 40세 이상의 근로자에 대한 차별을 금지하고 있다. 평등고용기회위원회는 이 두 법의 시행을 책임지고 있다. 비록 이 두 법안이 지난 수십 년 동안 존재했지만, 그 강제성과 결과에 관하여 많은 연구들이 노동부의 자료를 근거로 승진을 위한 훈련 경험에 있어서 백인 남성이 여성이나 소수그룹보다 훨씬 유리하였음을 보여준다. 이러한 훈련기회의 박탈을 통한 청년 고용은 엄격히 연령차별의 한 예이다. 고령노동자들은 이를 법적 소송으로 전개시켰다. 연령차별의 근거로, 법원은 젊은이에게 제공된 프로그램이 고령노동자들에게는 제공되지 않았는지를 확인하고 이러한 연령차별을 피하기 위해서 기업들에게 조직문화와 기업정책이 연령중립적일 것을 권고하였다. 훈련기회의 결정은 고령노동자에 대한 선입견을 가져서는 안 되고 성과와 같은 직무관련 요인들과 관련이 있어야 한다. 관리자들은 공정한 훈련 개발 기회를 모든 근로자에게 공정히 제공해야 한다. 마지막으로 모든 직원들은 반드시 ADEA에 기초한 훈련을 받고 연령에 관한 선입관이 고령노동자에 대한 대우에 영향을 미쳤는지 학습해야 한다.

피닉스 대학(University of Phoenix)은 2008년 한 해 동안 약 10억 원에 가까운 금액을 종교적 비차별성을 설명하기 위해 썼다. 비 몰몬 학생들이 종교적 차별로 인해 학교로부터 학비면제 및 보조를 거부당하였고 이로 인해 학생의 교육권리를 침해당하였다고 주장하였는데, 같은 시기 많은 몰몬 학생들에게는 학비면제가 제공되었던 것으로 드러나면서 학교는 소송에 휘말리게 되었다.

|훈련 기간 중 모든 직원들에게 균등한 대우가 보장되지 않은 경우|

균등한 대우는 학습자의 학습 환경과 상황에서 실습과 피드백, 역할행동 등의 기회가 모든 이에게 균등하게 제공되는 것을 말한다. 물론 훈련 기간 중 농담이나 기타 여담을 통해서 부정적 학습 환경이 조성되어서도 안 된다. 예를 들어 항공 관제센터에서 성희롱을 당한 여성의 사건으로 기관은 모든 직원들에게 다양성 훈련을 의무적으로 받도록 했지만 이러한 훈련을 통해서 남자직원들이 역으로 관제 센터의 창가를 돌아걷도록 강제함으로써 조롱당하는 느낌을 받았다. 그중 한 명은 이러한 경험이 정신적, 심리적으로 스트레스였고, 이를 토대로 기관에 법적 조치를 취해 승소하였다.

|훈련과정 중 차별적 정보를 보인 경우|

다양성 훈련 중 차별에 관한 학습자의 증거를 통하여 부적절한 훈련을 입증한 예이다. 다양성 훈련을 실시하는 중 강사는 훈련 참여자들에게 가지고 있는 선입관에 관하여 공유하도록 요청하였고, 그중 일부는 여성 및 흑인을 비하하고 소수그룹에게 경멸적인 태도를 보였다. 참여자 중 일부는 이에 대해 법적 소송을 하였고, 증거로 훈련노트와 기록을 제출하였다. 사건은 협의로 매듭지어졌지만 회사는 막대한 영업 외 비용 손실을 감내해야 했다.

|장애인 배려|

1990년 제정된 장애인 보호법은 직장 내에서 장애인에 대한 차별을 금지하는 법안이다. 이는 고용에서부터 해고, 보상 훈련 등 모든 인사조치에서 장애인에 대한 차별을 금지하는 법안으로 장애의 기준을 신체적인 것뿐만 아니라 정신적인 장애를 포함하고 있다. 이 법안은 회사가 장애인을 위해서 합리적인 시설을 갖출 것을 요구하고 있으며 회사의 재정과 직장의 운영에 있어서 부당한 경제적 부담이 있지 않는 한 이 법안의 강제적 효력을 인정하고 있다.

훈련 상황에서의 합리적 시설이란 훈련에 사용되는 장비나 도구들을 장애인이 직접적 사용이 가능하도록 배려하는 것이다. 합리적 시설은 이에 따라 학습 도구를 수정하고, 보호정책과 이를 위한 기타 도움을 통해서 장애인의 훈련을 보장하는 것이다. 다만 장애인 개인이 요구하지 않는다면 고용주는 굳이 이러한 시설을 갖출 필요는 없다.

모험학습이 이 법안을 적용할 수 있는 좋은 예이다. 모험학습 중 어떤 훈련은 높은 수준의 신체적 능력을 요구한다. 장애 직원들은 이러한 모험학습 훈련에 참여할 수 없는 한계가 있을 것이다. 만약 이러한 훈련내용이 사측의 경제적 부담을 주지 않는다면, 장애직원들은 다른 대체 프로그램을 통해서 모험학습에서 강조된 직무능력을 개발하여야 한다.

|잘못된 훈련비용 보고 / 훈련비용 환급을 수입으로 미보고|

기본적으로 회사가 지출한 훈련비용은 국세청의 법인세 가이드라인 안에서 처리된다. 즉, 이러한 비용은 법인세에서 사업비용으로 차감된다. 고용주보호 프로그램을 통해서 연간 한 직원당 5,250달러의 교육비용을 보장받는다. 또한 교육환급 프로그램을 통해서 고용주는 근로자에게 어떤 교육훈련에 비용이 지불되었으며, 어떠한 지원을 받았는지 요구할 수 있다. 그러므로 이러한 비용의 환급은 일종의 직원의 수입으로 간주되어야 한다. 다만 개인은 세금보고 시 직무관련 교육비용을 세금공제로 처리할 수 있다.

| 노동인구의 다양성과 포용 |

다양성이란 나이, 종교, 성, 인종, 국적과 같은 사람들의 개인적 특성의 차이를 나타낸다. 예를 들어, Verizon 사에서는 다양성이란 의미를 차이에 관한 포용으로 정의한다. 나이, 인종, 교육, 성적취향, 성별 등 개인의 차이를 포용하며 직원들의 소속감, 상호존중, 헌신 등을 통해서 주어진 일에 최선을 다하도록 유도한다.

다양성 훈련은 다양성에 관한 직원의 태도를 변화시키기 위해 고안된 훈련이다. 이를 통해서 다양한 배경을 가진 동료들과 협업하는 기술을 배운다. 훈련의 목표는 (1) 개인의 개발을 저해하는 관리자의 태도, 가치, 선입관을 제거하고, (2) 차이를 불문하고 조직의 공동의 목표를 추구하는 것에 있다. 미국의 평등고용기회법에서는 여성이나 소수자에게 고용차별의 불법성을 강조하고 있다. 즉, 회사는 직무에 관해서 누구에게나 같은 접근을 추구해야 한다. 그러나 다양성 훈련의 초점은 다양성을 고려한 근무환경을 조성하고 기업 현장에서 생산성 향상의 중요한 요소로 인식하는데 있다.

다양성과 포용성 관리는 모든 직원이 조직의 목표와 개인의 성장에 공헌하도록 하는 환경을 만드는 것이다. 이러한 환경은 직무연결성뿐만 아니라 공정하고 긍정적인 대우를 포함하고 있다. 회사는 반드시 다양한 배경의 인원들이 함께 어울려 일할 수 있는 공간을 제공해야 한다. 다양성 관리는 회사의 기준과 규범, 어떻게 직원들이 대우받고, 경쟁하고, 혁신하고, 또 위험을 감수하는지에 대한 조직 문화를 바꾸는 일이기도 하다. 이는 결국 회사의 가치는 문화와 다양성에 기반하고 있음을 말해준다.

다양성 관리와 포용은 다양한 방법으로 회사의 경쟁력을 높여준다. 이는 회사의 평판을 높이고 긍정적인 이미지를 심어준다. 조직이 여성과 소수인권자들의 중요성에 가치를 부여하고 이에 기반하여 성과를 창출하면 이는 결국 회사에게 마케팅 효과가 있는 것이다.

조직이 다양성을 통한 배움을 촉진시키는 환경을 가질 때 조직의 성과를 높이기도 한다. 이러한 다양성과 조직의 성과에 관한 직접적인 관계를 연구한 사례는 없지만, 회사는 다양성 노력을 통해서 성공을 이루고 직원의 장기적인 헌신을 통해서 보다 나은 결과를 맺을 수 있다. 성공적인 다양성은 모든 직원들에게 (1) 서로를 배움으로써 그들의 업무를 완수하는데 도움이 되고, (2) 지지하고 협력적인 조직의 문화를 양성하며, (3) 효과적인 팀 역할을 촉진시키기 위한 리더십을 배우도록 한다.

표 10.2 성공적인 다양성 프로그램의 특징

- 최고관리자의 지속적이고 충분한 지원
- 체계화된 프로그램
- 사업목적의 일환으로 다양성 추구
- 이윤추구의 필수불가결한 요소로서의 다양성 추구
- 매출, 승진율 등의 측정항목에 다양성 평가
- 관리자의 몰입
- 일시적이 아닌 조직문화의 변화로 인식
- 다양한 상대방과의 교류를 강조한 행동과 기술
- 조직내 다양성 추구를 위한 보상
- 직원의 지속적 피드백과 커뮤니케이션
- 조직내 전직원이 인식하는 다양성으로부터 오는 혜택을 인지하고 안적하고 개방적인 조직문화를 발전시키는데 노력

출처: Bezrvkova, Jehn, & Spell "Reviwing diversity training: Where we have been and where we should go" Academy of Management Learning and Education(2012) Vol. 11, 207-227.

〈표 10.2〉는 다양성 프로그램의 장기적 성공에 관한 내용 요약이다. 다양성 프로그램은 궁극적으로 기업의 가치와 사업목적과 연결되어야 한다. 문화적 다양성을 이해하는 것은 소비자의 이점을 이해하는 일의 일부이다. 예를 들어 화장품을 제조하는 스킨케어 제품에 각 문화와 인종별 차이를 고려하여 제품에 반영하는 것은 제품의 품질 이상의 것을 만드는 일이다. 최고 경영진은 다양성을 반영한 조직구조를 만들 수 있으며 이를 위해 이러한 조직구조가 잘 유지되고 효과적일 수 있도록 지원 노력해야 한다.

북미지역에서 식품관련 업체인 Sodexo사의 다양성에 대한 노력을 보도록 하자. Sodexo는 천만명의 고객을 가지고 있는 글로벌 회사이며 80여개 국의 다양한 직원들에게 회사의 포용 정책은 선택이 아닌 사업적 필수이다. Sodexo는 성, 세대차, 장애, 인종 대표부를 별도로 두고 있다. 결과적으로 다양성과 포용은 기업의 전략 중 핵심 가치이다. Sodexo는 다양성이 가장 기본적인 사업 목적이라고 믿고 있다. 예를 들어 회사의 사업 목적은 다양한 고객을 대상으로 한 사업과 이해라는 것을 포함하고 있다. 이는 어떻게 다양성이 사업과제에 연관이 있으며, 다양한 근무 환경이 리더십 개발과 이직률 재고, 그리고 다양한 고객을 점유하는데 도움이 되며, 사업을 성공적으로 이어가는데 소수그룹이 긴밀히 협력하는지를 파악하여 다양성 훈련에 반영하여 직원들의 훈련과 매년 경영진의 성과 분석에 반영된다.

Sodexo에서는 다양성의 가치를 강조하기 위해 각 경영진의 평가에 채용, 인재유치, 성과, 승진 등 고과에 관한 스코어 카드를 가지고 있다. 이 카드에는 단편적인 수치적 목표 달성 내역뿐만 아니라 경영진의 행동 및 태도, 다양성을 기초로 어떻게 멘토링하는지에 대한 평

가도 포함하고 있다. 당연히 경영진의 성과 보너스는 이러한 분야의 성공을 반영한다.

Sodexo는 이러한 다양성 훈련에 관한 노력이 사업결과에 직접적으로 긍정적인 영향을 미치는 것을 발견하였다. 다양성 멘토링 프로그램은 생산성을 증가시키고, 직원의 업무 몰입도를 높이며, 여성 및 유색인종의 인재 유지를 늘려왔다. 훈련대비성과(ROI)는 19달러나 된다. Sodexo는 다양성과 포용에 관한 노력이 사내 유능한 직원들의 이직률에 신호효과(Signaling)가 있다고 여긴다. Sodexo는 대외적으로도 2011년 다양성 우수 회사평가에서 상위 50개사 중 2위에 올랐다. 이것은 6년 연속 회사가 다양성 우수 회사로 인정받기 시작한 이후. 상위 열 개 회사 중 유색인종과 여성의 경영진 비율이 가장 높은 회사로 나타났다.

성공적인 다양성 프로그램은 단순히 훈련 프로그램 이상의 의미를 가진다. 그들은 지속적인 조직문화 변혁과정이 필요하고 이를 위해 경영진의 지원과 제도적인 기반, 그리고 직원들의 노력에 관한 결실이다. 이들은 또한 사내뿐 아니라 이해관계자, 계약업체, 지역 공동체 등과 사업을 하면서도 다양성의 가치에 대해서 강조하고 있다. 한 가지 방법은 최고 다양성 관리자(Chief Diversity Officer)를 만들어 사업에 중요한 위치에서 의사결정에 영향을 미치도록 하는 것이다. 예를 들어 Ingersoll Rand 사의 최고경영자는 회사가 해외시장에서 사업을 할 때 여성, 유색인종 등 다양한 문화의 포용을 통해서 긍정적인 아이디어를 내놓도록 장려하였다. 또한 소수자들 사이의 협력 네트워크를 제공하면서 이를 북미지역과 연계해 12명의 여성리더들을 선별하였고, 이들을 위한 리더십 프로그램을 진행하고 있다.

| 유리천장 |

오늘날 회사가 마주한 가장 큰 고민은 어떻게 여성과 소수자들이 보이지 않는 한계를 극복하고 최고 경영진에 올라서는 것, 즉 유리천장에 관한 것이다. 유리천장이란 여성, 장애인, 노인, 성적 소수자 등 비주류 노동자들의 진급을 막는 보이지 않는 투명한 장벽, 보이지 않는 장애를 묘사한 표현이다. 이러한 장벽은 나아가 훈련 프로그램 접근의 부재, 제한적인 리더십 개발 등에까지 광범위하게 연관되어 있다. 기업의 지배구조에 관한 통계에 의하면 포춘 500대 기업에서 여성의 CEO 비율은 3% 이하이고, 경영진에서는 14% 이하라고 보고하고 있다. 이중 2/3의 회사에는 이들을 위한 특별한 프로그램이 없었고, 오직 23%만이 여성을 대상으로 한 소정의 프로그램만을 보고하고 있었다. 여기서 최고경영진의 딜레마는 여성에게 경영진으로부터의 지원이나 멘토가 없음을 인지하고, 일과 삶의 균형이 더 필요로 함에도 불구하고, 리더십 개발 측면에서 남성과 여성을 대하는 것을 꺼려한다. 이러한 장벽은 회사가 여성과 소수인종의 개발에 부정적인 입장을 가지고 있다는 일반적인 선입관도 한 몫을 한다. 이들은 이러한 남성 중심의 네트워크에서 멘토를 찾는데 어려움이

표 10.3 효과적인 다양성 프로그램 관리를 위한 핵심 요소

최고 관리자 지원	
• 조직 내 다양성에 관한 케이스 창출 • 적극적인 프로그램 참여와 관리자의 독려	• 조직 전략과 사업 목표의 일환으로 다양성 포함 • 최고 경영진의 조직 내 다양성 확보를 위한 노력
채용 (리쿠르팅)	
• 보다 넓은 풀을 확보하기 위한 노력 • 소외지역 및 계층의 채용	• 채용과정에서의 관리자의 인터뷰 스킬 개선
인재 확보 및 개발	
• 목표로 하는 마이너리티 학생의 인턴십 프로그램 개발 • 인재양성을 위한 글로벌 승계계획 시스템 제고 • 소수계층을 포함한 전 직원의 관리자 승진기회 부여	• 멘토링 프로세스 확충 • 팀 성과를 최대화하기 위한 관리자의 선택과 개발
직원 지원	
• 다양한 관심분야의 다른 직원 간 네트워크 확충 • 일과 삶의 균형 지원	• 문화적 전통과 특성 배려 및 존중
공평한 처우	
• 포괄적인 다양성 훈련 • 조직 내 모든 인사위원회에 여성 및 소수계층 포함	• 불만해결 프로세스의 개발
관리자의 책임감	
• 관리자의 임금보상에 다양성 프로그램의 효과적인 실행 여부를 포함 • 형평성, 처우개선, 일과 삶의 균형, 조직문화 등을 포함한 직원 태도 / 몰입 설문 실시 • 다면평가 실시	
외부 이해관계자와의 관계 개선	
• 다양한 커뮤니티와의 마케팅 증진 • 소수계층이 운용하는 다양한 거래처 확보	• 다양한 언어를 지원하는 고객 서비스 • 다양한 공동체를 지원하는 장학금 및 교육 지원 프로그램

출처: R. Anand and M. Winters, "A retrospective view of corporate diversity training from 1964 to the present," *Academy of Management Learning and Education* 7(2008), 356-372; C. Chavez and J. Weisinger, "Beyond diversity training: A social infusion for cultural inclusion," *Human Resource Management* 47(2008), 331-350; V. Smith, "Texaco outlines comprehensive initiatives," *Human Resource Executive*, February 1997, 13; www.verizon.com에서 Verizon's의 다양성 프로그램을 이용할 수 있다.

있고, 경영진과 같은 성향끼리 더욱 소통하고 교감한다는 것은 이들이 이러한 회사의 제도권 네트워크에 들어가기 더욱 힘들다는 현실을 반영한다. 남성 관리자들은 중요한 업무에 여성보다 더 높은 책임감을 요구받는 한편 여성 관리자들은 조직 내 성장과정에서 개인적인 지원의 부재로 인해 더욱 어려움을 느끼고 있다. 여성관리자에게 발전적인 업무를 부여함으로 성차별이나 이러한 선입관이 업무의 차이에 어떠한 영향을 미치는지에 대한 상관관계를 심각하게 재고해보아야 한다.

미 최대 전자가전 도매업체인 Besy Buy는 여성 리더십 포럼을 통해서 여성 중간 관리자가 상위 경영진에 접근할 수 있도록 돕는 Talent readiness program을 개발하였다. 이 프로그램을 통해서 여성 관리자는 새로운 리더십 역할을 부여받고 기업의 다양성 확충을 위해 노력한다. 이 프로그램은 사업경험과 리더십 개발, 사회적 감정적 지능 등을 강조하는

표 10.4 유리천장 타파를 위한 원칙

- 상부 관리자의 지원과 참여를 약속
- 변화를 위한 비즈니스 케이스 확보
- 변화를 공론화
- 유리천장 타파를 위한 문제 데이터 수집
- 이성간 태도 차이가 업무환경에 어떻게 영향을 미치는지 인식
- 진급률과 결정 권한의 제고를 통한 책임감 유도
- 모든 직원 포함한 포괄적 개발 독려

출처: D. McCracken, "Winning the talent war for women," *Harvard Business Review*, November–December 2000, 159-167.

프로그램이다. 여기서 여성은 웅변기술, 그리고 효과적인 미팅기술, 경력 개발, 프리젠테이션 기술 등을 배운다. 첫 1년 동안 참여자들은 훈련과 리더십 세션에 지속적인 자기 업무를 포함하여 반영한다. 그리고 다음 해에는 전략을 구축하는 회의체에 들어가 다양한 역할교차를 통해 사업성과를 내고 사업 솔루션을 기획한다. 또한 테크놀로지를 이용하여 참여자 간 네트워크를 구성하여 서로의 경험과 지식을 공유한다. 지금까지 146명의 참여자들은 첫 번째 훈련 프로그램을 완성하였고, 이 중 12명은 더 많은 책임을 갖는 새로운 역할로 승진 이동하였다. 설문을 통하여 60% 가까이 되는 참여자들은 그들이 새로운 역할을 감당하기에 준비가 되었고, 이러한 믿음을 바탕으로 경영진과 지속적으로 협업하고 있다고 밝히고 있다. 반면 이 중 18%는 성의 차이를 인정하고 주어진 다른 역할을 기꺼이 감당하겠다고 밝혔다. The economical insurance group(TEIG)은 캐나다에서 가장 큰 자산 관리사이다. 이 회사의 리더십 개발프로그램은 여성에게 워크샵, 성과와 리더십 등 여성에 특화된 다양한 프로그램을 제공한다. 워크샵 이후에, 여성 리더들은 TEIG 리더십 네트워크에 초대받는다. 이 네트워크 미팅은 회사의 가상 공간을 사용해 비즈니스 현안을 논의하고 리더십 경험을 공유토록 하는 훌륭한 회의체이다. 〈표 10.4〉는 유리천장을 위한 효과적인 다양성 프로그램 내용을 보여준다.

이문화 준비

1장에서 언급하였듯이, 오늘날 많은 회사가 전 세계를 무대로 활동하고 있다. 이를 위해 한 지역의 회사에서 다른 지역, 해외로 파견해 사업을 진행하고 있다. 주재업무란 해외에서의 사업을 위해 본국 외 타국에 파견되어 일하는 것을 말한다. 가장 많이 파견되는 국가로 미국, 중국, 영국, 싱가폴, 독일, 일본 등에서의 주재업무가 늘고 있다. 많은 미국 기업들이

국제 순회 업무를 통해 이를 위한 훈련을 한다. 미시간 주의 Guardian Industries는 18개국에 주재원을 파견하는데도 이들의 낮은 인재유실률을 자랑하고 있다. 이 회사는 해외업무의 가치를 강조하며 주재원이 필요할 때 가장 먼저 주재 업무를 경험한 사람을 위주로 필요 인원을 채운다. 주재업무는 현지 사업 요구에 기반하여 업무년수가 달라질 수 있다. 예를 들어 한 주재원이 13년 동안 사우디와 태국 등 해외에서 법인장 및 공장장으로 근무하였다. 그 가족은 본국으로 돌아가길 희망했는데 마침 국내에는 공장장 공석이 없었고, 본래 자기 직급보다 낮은 위치로 복귀하였다. 마침내 공장장 위치가 공석이 되었을 때 우선적으로 이동되었다.

이문화 준비는 직원들과 그 가족들이 해외로 주재원 근무를 하게 될 때 교육받는 내용이다. 해외시장의 성공적인 사업을 위해서 직원들은 반드시 해당 국가의 문화와 관습을 이해해야만 한다.

이문화 준비 단계

기존 대부분의 미국 회사들은 직원들을 주재업무를 위한 사전 준비없이 보내곤 했다. 결과적으로 많은 수가 본국으로 사업완수 전에 돌아오게 되었는데, 그 비율이 유럽이나 일본계 회사들보다 높다는 것을 발견하였다. 한 경제지에서는 이로 인한 추정 피해가 한해 약 2조 3천억 원($2biillion) 정도 된다고 밝혔다.

성공적인 해외근무를 위해서는 주재원은,

1. 전문분야에 능숙해야 하고
2. 본국과 구두로 혹은 그 외의 방법으로 의사소통을 할 수 있어야 하고
3. 유연하고 모호함에 대해 관대하고 문화적 차이에 대한 민감하고
4. 다른 국가에서 일할 때의 도전을 즐길 줄 알며 문화와 언어 관습을 배워야 하며
5. 가족들로부터 지원을 받아야 한다.

미국기업의 높은 실패율은 이문화에 대한 이해를 높이기 이전에 기술적인 면만 강조하였기 때문이다. 한 연구는 주재업무에 있어서 가족의 안락이 가장 중요한 성공요소라고 진단하였다. 또한 개인의 성향 및 성격 등이 이러한 주재업무와 밀접한 상관이 있다고 하였다. 외향적이고, 쾌활하고, 성실한 사람이 더욱 주어진 주재업무에서 성공할 가능성이 높다. 이는 다른 문화권에서 성공하기 위해서 개인의 주어진 성향이 큰 영향을 미친다는 것을

알 수 있다.

|출발 전 단계|

출발 전에 직원들은 우선 새로운 나라의 문화와 관습을 이해하기 위한 언어 학습이 필수적이다. 영어는 많은 국가에서 공통적으로 쓰이지만, 영어만 고집하는 것은 자칫 비공식 대화의 이해를 떨어뜨리고, 잘못된 해석을 가져다줄 수 있다. 해당 국가의 언어를 말하고 이해하는 것이 이러한 오해를 불식시키고 상대국에게 존경을 표하는 방식이 될 수 있다. 예를 들어 Intel은 직원들에게 중국어, 일본어, 스페인어 등의 언어 학습을 무료로 제공한다. 또한 가족들이 주재원 오리엔테이션에 참가하는 것은 중요하다. 이를 통해 집, 학교, 유흥, 보건 등 필요한 정보를 얻을 수 있다. 더욱 중요한 것은 해외로 파견되기 전에 관리자와 해외 업무를 바탕으로 어떤 경력 개발을 할지 그리고 향후 어떠한 유형의 직위에 유리할지 논의해야 한다.

이문화 훈련방법은 발표식 강의를 통해 해당 국가의 관습과 문화를 배우고, 실제 경험을 바탕으로 다양한 문화공동체 안에서 활용할 내용에 관하여 이러닝을 통하여 학습한다. 경험적 실습은 해당 국가의 가족들과 시간을 보내는 것 등을 통해서 간단한 문화적 체험을 할 수도 있다. 홍콩 기반의 VF Asia는 노티카, 랭글러, 잰스포츠, 노스페이스 등의 브랜드를 보유한 세계에서 가장 큰 의류 회사이다. 아시아 지역의 Self-enhancement learning fundamentals(SELF) 프로그램을 통해서 온라인 훈련을 하는데 주 내용은 아시아 전역의 다양한 문화와 고객들을 이해하고 의사소통을 목적으로 한다. 프로그램 내 과목은 비즈니스 예절, 성공적인 회의, 사업 협상 등을 포함하고 있다. 또한 이 프로그램은 본사 개발팀과도 긴밀한 파트너십을 가지고 있다.

연구에 의하면, 미국과 상대국의 차이의 정도에 따라서 또 대상국의 교감 정도, 친숙 정도에 따라서 이문화 훈련방법의 적용이 달라질 수 있다. 특히 상대국과의 소통을 위한 문화적 이해를 넓히고 이를 위해 체험학습, 그룹빌딩 등을 활용할 수 있다.

|현지 단계|

현지 훈련은 정규적으로 진행하는 오리엔테이션 프로그램과 멘토링을 통해서 지속적인 문화 관습 이해를 도와야 한다. 주재원과 그 가족들은 새롭고 친숙치 않는 환경에 적응할 수 있도록 현지 직원과 그룹을 이뤄 돕는 것도 필요하다. 본사에서는 웹이나 소셜미디어를 통해서 해당 국가에 대한 질문을 답해줄 수도 있다. IBM의 경우는 소셜 네트워크를 통해서 전 세계의 직원들을 연결하여 이문화에 대한 이해를 높이는 데 노력한다. W3 On-demand workplace는 IBM이 개발한 웹 기반의 강력한 성과협력 네트워크이다. 약 75개국 40만 명의 IBM 직원들이 접속하여 각국의 원하는 자원과 지식을 찾아 서로 협력한다. 이 네트워크를 통해 개인적인 성과를 창출하기도 하고 관심있는 정보나 사례를 발굴하여 공유하고, 블로그나 위키 등을 통해 비디오, 오디오 등 파일들을 전송한다.

직원들이 주재업무를 거절하는 가장 큰 이유는 배우자의 수입과 경력에 대한 보상과 기회비용 때문이다. 동행하는 배우자나 가족이 이를 개인 학습의 시간이라 여기고 장기 경력개발을 위한 초석으로 삼으면 좋지만 익숙치 않은 곳에서 이러한 기회를 활용하기란 쉽지 않다. 글락소 스미스 클라인(GSK) 국제 서비스 센터는 버디 시스템을 통해서 가족이 살 지역의 여러 인맥을 동원해 배우자의 경력 개발을 위해 여러 프로그램을 제공하고 취업을 지원한다. GM은 경력연속 서비스를 제공하여 배우자에게 연 3백만 원($2,500)을 지원해 본인이 원하는 분야에 자격증이나 경력을 이어나갈 수 있도록 도와준다. 세계은행(World Bank)은 자체 인트라넷을 통해 주재원 배우자의 경력을 위해 이력서를 제출하고 직업을 찾도록 도와준다.

| 귀환 단계 |

귀환은 주재원 업무 후 본국으로 돌아오는 것을 말한다. 주재원과 그 가족들은 주재원 생활 후 발생한 변화들로 인해 외국 생활에서 많은 스트레스와 정신적인 압박을 받았기 때문에 반드시 귀환 절차를 통한 자기 관리가 필요하다. 즉 본국의 업무로 돌아가기 전에 반드시 현 업무에 필요한 지식과 기술이 개발되어져야 하고, 이를 통해서 복귀가 조기에 가능할지 파악해야 한다. 늘 변하는 조직환경에서 이전 동료와 상급자들은 장기간의 주재 업무 동안 회사를 떠났을지 모르기 때문에 회사의 핵심 연락책과 긴밀한 연락을 유지해야 한다. 그렇지 않으면 귀환 시 본국에서의 업무 재진입 충격이 커질 것이므로 새로운 동료와 환경 그리고 조직 문화가 변화된 것을 다루기 위한 귀환 단계는 대단히 중요한 과정이다. 주기적인 본국의 뉴스레터나 신문 등을 통해서 개인적인 혹은 업무관련 정보를 주고받으며 업데이트 해야 한다. 한편 주재 업무 중 저성장 국가에서 누리던 도우미 서비스나 리무진, 사설 학교 등의 생활혜택이 본국 귀환 후에는 재조정되어야 한다.

재진입 충격에서 벗어나기 위해서 많은 주재원들이 나라를 떠나 돌아왔을 때 덜 책임있고 덜 도전적인 업무로 복귀하는 것이 좋다. 경력계획 논의는 본국을 떠나기 전에 반드시 이뤄져야 하고 귀환 시 맡을 업무와 직책에 대해서도 반드시 논의되어져야 한다.

Royal dutch shell은 세계에서 가장 큰 정유회사 중에 하나이다. 그만큼 주재 업무가 많은데 이들의 과소평가된 주재업무나 높은 이직을 방지하기 위해 회사는 주재원의 경력에 더 많은 관심을 갖는다. 자원 개발 업무 담당자는 해외 인력을 파악하고 그들의 다음 업무를 파악하는데 도와준다. 대부분의 주재원들은 귀환 후 다음 업무지가 어디인지 떠나기 3-6개월 전에 알고 있다. 특히 경영진 잠재력을 가지고 있는 주재원들은 현 회사 경영진과 긴밀한 관계유지를 위해 매 세 번째 주재년마다 본국으로 돌아와 근무한다. 주재원들은 또한 본인의 지식과 기술을 평가하고 개발하기 위해서 기술적 멘토와 연결된다.

경기가 나쁠 때는 많은 회사들이 가족 문제를 이유로 가상 주재원을 사용하였다. 가상 주재원이란 직원이 해외 업무 관리를 해당 국가에 영구적으로 위치하는 것이 아니라 대부분의 업무를 인터넷으로 처리하고 정기적으로 해당국에 방문하여 중요한 의사결정을 한 후 추가적인 업무는 화상 회의를 통해 진행하는 형태이다. 이 방법은 주재원의 가족이 해외 생활의 문화적 충격으로부터 벗어나게 해주면서 직원들에게는 국제업무 경력 기회를 줄 수 있다. 다만 가장 큰 단점은 해당 국가에 산발적으로 방문하기 때문에 해당 국가의 경영팀을 꾸리기 위해 상당한 시간이 걸리고, 그만큼 문제 해결을 하는 데도 오래 걸린다. 또 직원은 해당 국가에서 인적 네트워크를 구성하기 어려워 외국인으로 제도권 안에 들어서기 힘들다. 또한 직원들이 잦은 여행으로 인해서 감정적·신체적 소모가 크다는 것이다. P&G는 직원들이 단기 업무를 위해 여행 펀드를 제공하는데 여행을 연장하는데 더 많은 시간을 쓸 수 있도록 하였다. 예를 들어서 미국 기반의 직원이 서유럽에서 6개월 동안 단기적으로 일할 때 본국을 방문할 수 있는 여행펀드를 제공하는데 해당 기간 동안 5번의 왕복 여행을 할 수 있도록 하였다.

다세대 인력이 마주한 경력 문제

직원들의 경력은 탐색, 확립, 유지, 그리고 쇠퇴기 네 단계를 포함한다(Super의 직업발달 이론 참고). 탐색기에서는 직원들은 일의 유형을 파악하고 그것에 흥미를 느끼기 시작한다. 욕구, 흥미, 능력, 가치와 직업적인 기회 등을 고려하며 개인이 직업세계에서 교육훈련에서 필요한 과정을 받으며 자아개념을 실천하려고 현실적인 요인을 중요시한다. 확립기에는 고용기회를 찾고, 경제적인 성과보다 일과 삶에 대한 책임감을 고취하는 것을 중점으로 한다. 자신에게 적합한 분야를 발견하고 생활의 터전을 안정시키기에 노력한다. 유지기에서 직업세계에서 확고한 위치를 확립하며 이를 유지하기 위해 노력한다. 축적된 경험과 직무지식, 그리고 깊은 사업에 대한 이해를 기반으로 안정된 삶을 살아가는 것이다. 쇠퇴기는 육체적으로 쇠퇴함에 따라 일의 활동이 변화되고 직업전선에서 은퇴하며 다른 활동을 찾는 것이다. 비록 개인이 이러한 일련의 과정을 거쳐 선형적인 단계를 거칠 것 같지만 대부분은 그렇지 않다. 왜냐하면 오늘날 경력은 성역이 없으며 자주 변하기 때문이다. 또한 삶에서 다른 시간에 개인이 그들의 흥미나 가치, 등을 고려할 때 한 번 그 이상의 경력 변화를 가져올 수도 있다.

여기서 세대간 차이를 고려해보지 않을 수 없다. 소위 말하는 X세대는 삶과 일의 균형을 다른 세대보다 중요시 여기며, 성장의 기회 등을 중요시 여긴다. X세대 이후 경력의 변화는 이전 세대보다 더욱 잦고 직업 안정도는 더욱 낮아졌다. 결과적으로 그들 자신의 지식과 기술 개발을 위해 직장을 떠나기도 한다. 베이비부머 세대는 한 직장에 대한 충성도가 높아 한곳에서 직업을 계속 유지하는 경우가 많았다. 이러한 차이에도 불구하도 유사점도 있다. 모든 세대는 비슷한 가정, 존경, 그리고 신뢰에 관한 가치를 가지고 있다. 현실은 대부분의 회사의 인력은 4-5세대를 어우르고 있다. 결과적으로 더 많은 인재들을 모으고 유지하려면 경력개발과 이들을 돕는 다양한 방법이 있어야 한다. 이러한 경력개발 문제는 일과 삶의 균형, 경력사다리 제공, 경력 재활용, 잡호핑 등 다양한 경력관련 이슈들을 이해할 필요가 있다.

일과 삶의 균형

건강한 일과 삶의 균형을 유지하는 것은 모든 직원들의 공통적인 문제이다. 하지만 긴 업무시간, 야간 업무, 출장, 그 외 테크놀로지의 발달로 인해 균형을 유지하는 것은 쉽지 않다. 이러한 업무 요구가 많아, 75%의 직원들이 자녀를 위해 충분한 시간을 갖지 못하고 있다고 보고하였고, 61% 배우자를 위해 충분한 시간이 없다고 하였다. 그러나 미국의 직장인 중 절반만이 그들의 가정을 위해 유연한 시간 계획이 있다고 말하고 있다. 일과 삶의 균형은 개인의 일(Work)과 생활(Life)이 조화롭게 균형을 유지하고 있는 상태를 의미한다. 일과 일 외의 영역(가족, 여가, 개인의 성장, 자기 계발 등)에 시간과 심리적·신체적 에너지를 적절히 분배하여 삶을 이끌어나가 스트레스, 지침, 정신적 피로 등을 관리하는 것이다.

사회적 법과 제도는 직원의 일과 삶의 균형을 돕고 있다. Family and Medical Leave Act(FLMA)는 가족 구성원을 돌보기 위하여, 근로자가 출산과 입양 또는 심각한 질병을 앓고 있는 가족을 돌보기 위해 무보수로 병가나 휴가를 요청할 수 있도록 한 연방 법안이다. 이 법안에 의해 해당 사유가 있는 직원들은 26주의 휴가를 일 년 동안 갖는 것을 법적으로 보장받는다. 이러한 병가 동안에 회사는 직원에 대한 의료보험 지원을 해야 된다.

연구에서는 이러한 제도를 제공하는 회사에서 일하는 근로자들이 더욱 긍정적인 직무

표 10.5 일과 삶의 균형 예

• 유연한 일과 스케쥴	• 재택근무
• 잡 쉐어링	• 미팅 횟수 축소
• 유아돌보미	• 일과시간 축소
• 노인돌보미	• 입양 지원
• 개인 휴가	• 유급휴가

태도와 높은 성과를 이끌어낸다고 주장한다. 또한 근로자들은 이를 통해 일과 가족의 분열에 상충되지 않는다. 이러한 혜택은 인재를 유인하고 유지시키며, 스트레스를 줄이고, 더욱 건강한 직원관계와 그 숙련기술을 극대화하는데 도움이 된다. 결과적으로 일반적인 회사들은 직원들의 가족을 위하여 많은 프로그램을 제공하고 돕는다. 〈표 10.5〉는 일과 삶의 균형에 관한 여러 예를 보여준다.

미국 미시간 소재의 Amerisure Mutual Insurance는 직원의 보유와 몰입을 높이기 위해 유연한 업무시간 관리 프로그램을 제공하였다. 새로운 컴퓨터 시스템은 직원들이 집에서 손쉽게 일할 수 있도록 기술적인 지원을 한다. 이 프로그램은 재택근무 직장의 주컴퓨터와 가정에 설치된 컴퓨터를 정보통신망으로 연결하여, 직장으로 출퇴근을 하지 않고 가정에서 업무를 처리할 수 있는 새로운 작업환경을 말한다. 회사는 또한 직원들에게 봉사나 사회 서비스를 위해 일차를 낼 수 있도록 하고 가족들을 위해 5일의 연차를 낼 수 있도록 하였다. 이 회사의 이직률은 이전 18%에서 10%로 떨어졌고 직원들의 몰입도 설문조사에서 높은 점수를 얻었다. Kaiser Permanence 사는 시간제 근로자들에게 주중 근무 중에 유급반차를 허용한다. 또한 직원들에게 더욱 유연한 시간 관리를 할 수 있도록 돕는다. Marriott International 에서는 87%의 직원들이 시간제 근로자들이다. 이들을 위해, 회사는 여러 유연 시간관리 옵션을 주는데, 시프트를 변경하거나, 재택근무 포지션 등을 제공한다. 집중근무제는 하루에 더 많은 시간을 일하는 대신에 일주일 동안 일하는 날짜는 더 적은 근무방식을 의미한다. 이를 통해서 생산성 향상과 구성원들의 삶을 보다 융통성 있고 윤택하게 영위할 수 있다. 근로자 서베이 결과는 75% 이상의 직원들이 이러한 유연 프로그램이 직장 만족의 가장 큰 이유라 했다.

샌프란시스코 기반의 Fenwick & West, LLP는 245명의 변호사와 직원을 거느리고 있는 대형법률회사이다. 이 회사는 특정직인 Workflow coordinator와 balanced house advisors 프로그램으로 유명하다. 이들은 정기적으로 변호사들의 업무시간이 핵심 업무를 점검하고 잔업관리나 기타 업무의 과중화를 최소화하는데 노력한다. KPMG는 Wellness Scorecards라는 프로그램을 통해서 컨설턴트들이 너무 많은 시간 일하는지 않는지 휴가가 없는 것은 아닌지 점검한다. 근무시간 자유선택제는 출퇴근 시간을 정하지 않고 어느 정도의 자유를 부여해 융통성 있게 운영하는 노동시간 관리제도를 말한다. 물론 핵심적인 업무시간 오전 9시부터 오후 3시까지는 근무해야 한다. US bank는 은행 출납원들이 일자리 나누기를 선택할 수 있다. 경기가 불황일 때 근로자를 해고하는 대신 근로자의 1인당 근무시간을 단축하여 여러 사람이 그 일을 나누어 처리하도록 하여 고용을 유지하거나 창출하는 노동형태를 보장한다.

일과 삶의 균형 정책의 사용을 위해서 몇몇 도전과제들이 있다. 우선, 이러한 정책이 고객서비스와 생산성에 영향이 없는 한도 내에서 이뤄져야 한다. 둘째, 관리자들은 이러한 정책의 사용으로 인해서 사내에서 불이익이 없어야 한다. 셋째, 모든 직원들에게 가능해야 하고, 직원들의 요구에 맞아야 한다. Windstream & Wequessett resort & golf club은 이러한 문제를 이렇게 해결하고 있다. 관리자들은 유연한 업무 프로그램을 통해서 모든 직원들에게 혜택을 준다. 그 가이드라인은 관리자가 유연한 업무 프로그램을 강조하며 모든 직원들이 가능하고 사업의 목적을 해하지 않는 선에서 전체적인 서비스를 유지할 것을 강조한다. 예를 들어 부장이 직원들에게 이러한 프로그램을 허용할 때 사업 목표와 맞는지 확인하고 이러한 정책이 철학과 맞는지 그리고 고객을 만족시키기 위한 한 단계 높은(Goving above and beyond) 서비스를 강조한다. 이렇게 직원들을 우선 만족케 하는 조직의 헌신이 있은 후 회사는 일과 삶의 균형을 정착시킬 수 있었다. 그 뒤에 비로소 최선을 다해 업무에 봉사할 것을 믿는다. 이를 오용하지 않도록 정책은 분명히 직원과 회사의 양측이 예측할 수 있도록 명시되어져야 하고, 측정 가능한 목표와 시간표, 등 생산성 목표를 위해서 보증되어야 한다. 만약 문제가 발생하면, 회사는 개인의 성과관리와 동료 평가를 통해서 피드백을 제공한다.

경력경로와 이중 경력경로

경력경로란 개인이 경력을 쌓아가면서 일어나는 전반적인 경력관리를 말한다. 경력경로를 통해서 회사는 직원들에게 각자의 삶에 처한 상황에서 가장 최선의 선택을 할 수 있도록 선택권을 주는 것이다. 또한 이를 통해서 일련의 직무와 역할에 대한 기술을 개발하도록 돕는다. 〈그림 10.1〉은 홀푸즈(Whole Foods)의 예를 보여준다.

경력경로를 개발하는 것은 직무를 분석하고, 정보 흐름을 관찰하고, 중요한 개발 경력, 등 직업을 변경하는 것, 직장을 이동하는 것, 승진을 위한 다양한 경력을 쌓는 것 같은 직

그림 10.1 전통적인 일반연구직과 관리직의 경력경로

경력경로

홀푸즈는 기업의 사명을 신뢰하는 종업원을 찾는다. 이는 우리 식품에 관한 열정과 운명공동체로서의 문화를 지향하는 개인을 일컫는다.

우리는 공동체로서의 팀원을 교육과 경험을 통해서 멘토하고,
모든 사업분야와 직급을 아울러 적극적인 참여와 몰입을 강조한다.
팀전문가는 창의성, 책임감, 자기주도형 팀워크를 개발하고 성과에 관한 적절한 보상을 기반으로 한다.

당신의 성장 기회

우리는 모든 팀원들이 각 지점과 지역의 가능한 모든 기회에 지원하고,
제품과 식품에 관한 지식과 기술 그리고 가치를 증진시키는데 노력한다.
승진에 관한 모든 기회는 사내 네트워크를 기반으로 하고, 가능한 모든 기회를 제공한다.

지점내 기회

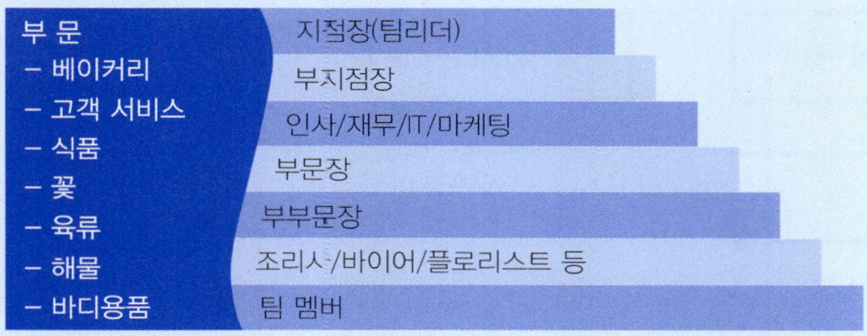

Department Descriptions * HR, Accounting, IT/Store Systems, Marketing

출처: http://www.wholefoodsmarket.com/career/paths.php(February 14, 2012).

업과 관련하여 일어나는 활동을 분석하는 것을 포함한다.

이중 경력경로

엔지니어나 과학자 같은 전문 직종은 그들이 사내에서 가치있는 존재라는 것을 인식케 하는 것이 중요하다. 많은 회사들의 경력경로는 이러한 직군이 스톡옵션과 같은 재정적 보상이나 관리자 직급의 승진을 위해서 구조화되어 있다. 〈그림 10.2〉는 전통적인 경력경로를 보여준다. 이러한 직군의 승진기회는 한정되어 있기 때문에, 개인은 성공하기 위한 역량이나 경험에서 부족할 수밖에 없다. 〈그림 10.2〉에서 보여주는 경력경로 시스템은 부정적인 결과를 가져올 수 있다. 과학자들은 자신의 경력상 관리자들이 누리는 승진기회나 연봉, 위치들 때문에 이직하기도 한다.

많은 회사들이 이들에게 더 많은 기회를 주기 위해서 다중의 혹은 이중의 경력경로 시스

그림 10.2 전통적인 일반연구직과 관리직의 경력경로

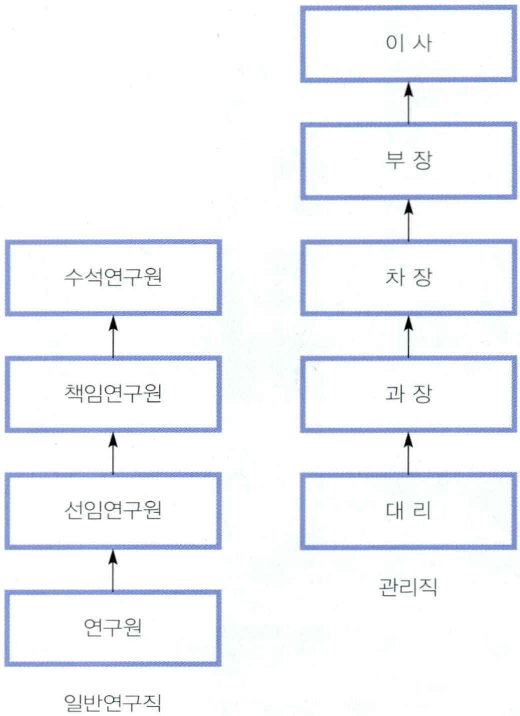

템을 취하고 있다. 이중 경력경로 시스템은 직원들이 기술직 혹은 영업직이 관리자 경력경로로 흡수할 수 있도록 하는 것이다. 〈그림 10.3〉은 그러한 예를 보여준다. 연구과학자들이 연구직, 경영직 등의 다른 경력경로를 취할 수 있도록 한다. 그들이 어떤 경로를 선택하든지 동등한 대우와 연봉이 보장된다. 예를 들어 도시바 의료 시스템은 베이비부머 세대의 은퇴시기에 X세대가 리더십에 올라오며 다시 한 번 직원보유 전략을 고려해보았다. 그들의 이전 세대는 경력 성공의 초점을 승진에 두었다면, 다음 세대는 타이틀과 보상에 덜 관심을 갖고 있다. 그리하여 연구직과 경영직 두 경력경로 관리자를 두었다. 연구직에게는 그들이 즐기는 일을 더욱 직접적으로 수행토록 하면서 상위 포지션에 올라갈 수 있도록 했다.

효과적인 이중경력관리를 위해서는 다음과 같은 몇 가지 특징을 고려해야 한다.

1. 연봉, 위치, 인센티브 등이 맞아야 한다.
2. 개인의 기본 연봉이 관리직보다 낮을 수 있지만 보너스를 통해서 보상이 이뤄질 수 있다.
3. 개인의 경력관리는 낮은 성과자에게는 만족할 수 없고 고성과자에게 적합하다.

그림 10.3 이중 경력경로의 예

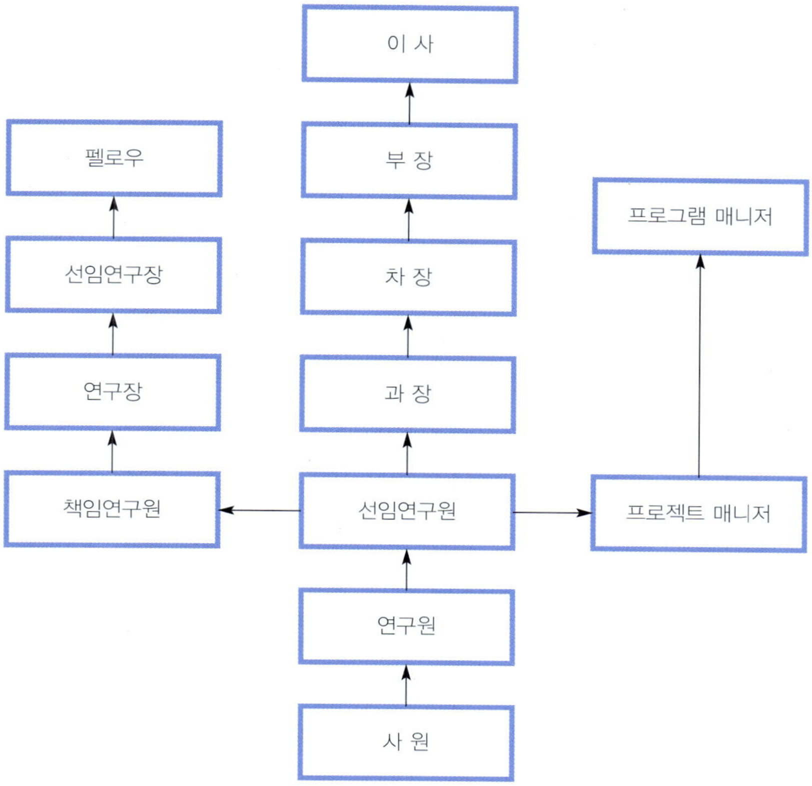

출처: Z. B. Leibowitz, B. L. Kaye, and C. Farren, "Multiple career paths," *Training and Development Journal*(October 1992): 31-35.

4. 개인의 경력은 그들의 경력경로를 선택할 수 있고 회사는 평가자원을 동원해 그들의 관심과 가치, 그리고 기술적 강점이 기술직에 맞는지 보여준다.

커리어 리사이클링

리사이클링은 자신이 쌓은 경험과 전문기술을 이용해서 다른 분야로 나가는 것을 일컫는다. 이는 가치, 기술, 흥미, 관심, 잠재적 고용기회 등의 재탐색으로 인해 일어난다. 예를 들어 Circue de soleil이라는 캐나다 엔터테인먼트 회사는 미술 스태프가 다른 분야로 진출하는데 지원하기 위한 흥미로운 경력 전환 프로그램을 가지고 있다. 이 프로그램은 현재 공연하고 있는 분야에서 나아가 다음 공연에서 어떤 전문 기술이 필요로 하는지 정의하고 이를 개발하기 위한 전문기술 프로그램을 파악한다. 훈련 프로그램을 통해 각 직원들은 경력개발의 일환으로 피트니스 코치, 자연요법사, 메이크업 아티스트 등의 다양한 훈련을 받을 수 있다. GE의 한 과장은 그가 50대 때 새로운 경력을 위해 조기은퇴를 선택했다. 결국 평생직업으로서의 패션디자이너라는 꿈을 이뤘다. 한 여성은 학교교사에서 Zyr 보드카를 수입하는 수입상으로 경력을 바꿨다. 방학 동안 이 여성은 새로운 러시아 보드카를 런칭하는 친구를 라스베가스에서 일시적으로 도왔다. 이 일은 그녀가 해왔던 일과 매우 다른 일이었지만, 그녀는 일에 흥미를 느끼고 열정을 갖게 되었다. 그녀의 친구는 그녀에게 회사의 부회장직을 부탁했고, 그 일은 교사의 일과 같은 직무 안정성을 가지고 있진 않았지만 그녀는 새로운 삶을 선택했다. 몇몇 역경에도 불구하고, 그녀는 레스토랑 오너들, 도매상 등 만나 마케팅 업무에 주력했다. 당연히 사업성공에 대한 책임을 느꼈고 새로운 경력에 관한 결정에 책임을 지고 열심히 즐기고 있다.

리사이클링은 단지 고령노동자나 은퇴를 앞둔 사람에게만 국한되는 문제가 아니다. 많은 회사들이 전문직이나 경력직에 대한 심각한 구인난을 겪고 있고, 이를 다른 분야에서 채우는 경우도 있다. 회사는 이러한 리사이클링 훈련 프로그램을 통해서 새로운 직장과 경력에 활용할 수도 있다. 예를 들어서 IT 분야의 회사들은 늘 전문인력에 대한 인력난에 시달린다. 컴퓨터 전문기술을 갖고 있는 많은 사람들이 대인관계에 서투르기 때문에 개발한 소프트웨어 사용자와 고객들을 대할 때 상담해줄 인력이 필요하다. 컴퓨터 컨설팅 산업은 주식 중개인을 통해 학습하기도 하고, 항공사 승무원, 은행원 등은 이러한 회사의 고객만족실에 고용되기도 한다.

리사이클링을 고려하는 직원들에게 관리자나 자신이 흥미를 느끼고 있는 분야의 다른 기능직 근로자와 정보제공 인터뷰를 진행하는 것이 일반적인 것은 아니다. 예를 들어서 30살의 Intel 관리자는 고객 마케팅 관리자로서의 직업에는 만족할 수 없었다. 새로운 직무 기회를 찾기 위해 그녀는 정보제공 인터뷰를 진행했고, 동료들과 지속적으로 회의를 하였다. 다른 부서의 기능과 역할을 연구하며, 인트라넷을 통해서 직무 정보를 찾았다. 교육 분야에 관심있던 그녀는 대학이나 교육 소프트웨어, 장난감 회사 등과 같은 기회를 인텔 내에서 찾으려고 노력했고, 결국 월드와이드 교육 그룹의 프로그램 마케팅 매니저로 자리를 잡았다.

경력공백

여러 이유로 경력공백을 짧게는 몇 개월에서 길게는 몇 년간 겪은 사람이 직장으로 돌아가는 것은 어려운 일이다. 특히 이라크나 아프가니스탄에서 전쟁을 겪은 퇴역군인들이 직장을 잡을 때 종종 발생한다. 퇴역군인의 실업률은 약 22-24%로 전체 노동인구의 실업률보다 높다. 퇴역군인들이 직장을 잡는데 어려운 이유에는 여러 가지가 있다. 직장 경험의 부족, 부족한 기술 군과 교육 여건, 그리고 뚜렷한 가이드 라인 없이 덜 조직화된 상황에서 일하는 것에 다한 어려움, 정신적 신체적 문제 등이 그것이다. 그러나 이들은 디테일에 주목하는 능력, 자기절제력, 문제해결능력, 의사결정 능력 등 어려운 상황 속에서 발휘할 수 있는 여러 가치있는 기술들이 있다. 이러한 문제를 해결하기 위해 연방정부나 많은 사업체에서도 이들의 취업을 돕고 있다. Uniforrmed service employment and reemployment act 법안은 특별한 상황을 제외하고 재향군인이 돌아왔을 때 직장을 보장해주는 권리를 적시하고 있다. 그러나 퇴역군인들이 돌아왔을 때 일하기 위해서는 참전으로 인해 신체적, 정신적으로 문제가 있을 수 있으니 스스로 일을 할 수 있다는 능력을 증명해야 한다. Booz Allen Hamilton은 고용인의 28%가 군 경력이 있는 사람들로 구성되어 있다. 회사는 퇴역군인을 고용하고, 거들의 신체적 필요성에 기초해서 협상을 한다. 이는 그들이 군에서 민간인으로의, 삶의 전환을 돕는 조직임을 강조하고, 멘토링과 같은 프로그램도 제공한다. AON 보험회사는, 동료간 멘토링 프로그램을 통해서 퇴역군인들을 매치시켜 주고, 직무 스킬이나 지식을 얻도록 도와준다. 그들은 잡 인터뷰를 위한 훈련도 시켜주고, 이력서 개발과 네트워킹도 돕는다. 미국 내 기타 많은 회사들이 이들을 고용하는 좋은 예를 보여주고 있다.

일반적으로 여성이 가정을 이유로 직장을 떠나는 경우가 많다. 여성은 직장에 돌아오고 싶더라도 그때에는 그들의 기술이나 지식이 이미 구식이고, 전문적 네트워크를 상당 부분 잃게 된다. 이러한 직무숙련의 문제를 해결하기 위해, 회계, 재무, 컨설팅 등 많은 회사에서 여성들이 가족 휴가를 갖는 동안 별도의 간단한 업무를 제공한다. 예를 들어 Booz Allen Hamilton은 휴직하는 여성들을 위해 훈련조언, 멘토링과 같은 프로젝트 일이나 아이디어 개발이나 고객접촉 등의 작은 계약 업무를 제공하며 집에서 일할 수 있도록 배려한다.

실업

실업은 과도한 구조조정, 합병, 등 스태핑을 다루기 위해 인력을 감축하는 빈도가 늘어남에 따라 큰 경력 문제로 대두되었다. 단정적으로 말하자면 대량해고는 실적개선에 도움이 되지 않는다. 즉, 생산성에는 긍정적인 영향이 있지만, 동시에 사기저하, 직업의 충성도에 부정적인 영향을 미친다. 인력감축의 잠재적인 피해로 회사들은 다양한 방법으로 더 낮은 인력비용을 구축하기 위해 노력한다. 이러한 대체적인 방법은 일 시간을 단축시키고, 조기

은퇴, 임금 인상의 동결, 신규고용을 안 하는 것 등을 포함한다. 그러나 실업은 합병이나 구조조정에 대해서 필수 불가결한 방법이다. 노스캐롤라이나 주의 섬유회사인 Pillowtex 최근에 5,500여 명의 근로자를 대량해고하였다. 그중 하나인 루스 존스 씨는 83세의 고령 근로자이며 이 회사에서 지난 50년 이상 근무하였다. 그녀는 실업수당을 받으며 연금의 혜택을 받았지만 안타깝게도 그녀는 은퇴 후 삶에 대한 재무설계가 부족하였다. 더군다나 회사가 부도가 나면서 그녀는 퇴직금조차 받을 수 없게 되었다. 오랜 소송 끝에 그녀는 회사에서 분리되어 설립된 두 작은 회사로부터 분할 연금을 받게 되었다. 그러나 지금까지 그녀는 또 다른 직업을 찾고 있다.

경력관리 입장에서 보면, 회사와 관리자들은 두 가지 큰 책임이 있다. 첫째, 그들은 근로자들이 직장을 잃을 때 적극적으로 도와야 한다. 둘째, 대량해고에서 살아남은 자들이 조직에 더욱 몰입하여 생산적이도록 도와야 한다.

대량해고와 그들의 잠재적인 부정적 효과를 줄이기 위해 회사들은 아웃플레이스먼트(재취업알선)를 준비한다. 아웃플레이스먼트란 기업의 구조조정이나 정년 등 자발적·비자발적인 상황으로 퇴직해야 하는 근로자가 실직의 충격을 최소화하고 전직·창업 등 새로운 일자리를 찾을 수 있도록 지원해주는 제도나 행위이다. 이를 위해서 회사는 아래와 같은 조치를 취해야 한다.

1. 대량해고를 설명하고, 선조치
2. 심리적 재정적 경력 카운셀링
3. 기술과 흥미 평가
4. 이력서 작성 및 면접 훈련 같은 구직 서비스
5. 잡 오프닝에 대해 전사적 지원, 자기주도형 경력관리 가이드

어떤 회사들은 이러한 근로자들을 돕기 위해 특별한 교육훈련을 제공한다. 포드는 북미에서 자동차 제조공장을 닫으며 34,000명 이상의 대량해고를 경험하였다. 해고자들을 위해 포드는 교육기회 프로그램을 통하여 학위, 자격증, 등을 지원하기 위해 연간 15,000달러의 학비 지원을 전국 자동차 노동조합원들에게 제공하였다. 물론 이 기간 동안 근로자들의 월급의 절반과 의료보험 혜택을 받을 수 있었다. 많은 대량해고자들이 새로운 직장을 찾는 긴 과정에서 사업성공율이 낮은 자기 사업을 시작하였다. 예를 들어서 미쉘 프리는 해고당한 후 직업을 찾기가 녹록치 않자, 온라인 문맹퇴치 전문가로 일하기 시작했다. 또한 그녀의 회사는 무명 작가들이 출판사를 찾는 걸 도와주기도 했다. 이러한 노력의 일환으

로 그녀는 더욱 행복감을 느낀다 하였다.

일반적으로 회사는 현직에 있는 근로자보다 해고된 근로자에게 새로운 일자리를 알선해 줄 때(outplacement) 더 많은 노력을 기울인다. 특히 고위경영진에게는 더 많은 재취업알선 서비스를 제공한다. 직장에서의 해고가 슬픔과 아픔을 동반하는 것임에도 불구하고, 이들을 위한 새로운 일자리 알선 캠페인을 열어 도울 수 있다. 다만, 대량해고된 직원들은 그들이 새로운 직장을 찾아야 한다는 분명한 현실을 직시하고 있지만 현 직장에 남아 있는 사람들은 주변의 대량해고를 보며 미래 상황에 대한 불안감에 사로잡힌다. 지금 현재 직장에 대한 불안감을 갖게 되고, 미래의 방향조차 상실하는 경우가 있다. 또한 대개의 경우 대량해고에서 살아남은 자들은 본인의 업무뿐만 아니라 해고 근로자들의 일 또한 떠안아야 한다. 결과적으로 남은 자들은 근심과 염려, 정신적 스트레스, 그리고 심리적 압박을 느끼며 구조조정에 대해서 회의적인 입장이 되기 쉽다. 즉, 대량해고의 피해자는 해고된 자뿐만 아니라 남은 자들도 포함해야 한다.

예를 들어, 대량해고를 피하기 위해 비용 절감대책에 대해서 의논한다거나, 대량해고를 위한 결정 기준을 물어본다거나, 대량해고에 관한 정보가 사전에 공지되었는지, 대량해고의 정당성에 대해서 충분히 설명되었는지 등을 통해서 대량해고의 실익을 살펴볼 것이다. 또한 대량해고로부터 살아남은 자들을 위하여 늘어난 업무에 대한 추가 훈련과 일에 대한 책임감을 갖도록 해야 한다. 또한 상세하고 현실적인 회사의 상황과 회사의 미래를 위한 비전에 대해서 정보를 공유해야 한다.

고령근로자

미국 150대 기업을 대상으로 한 설문의 결과 해당 기업의 경영진 중 1/3이 향후 다음 5년 안에 교체될 것이라 예측하고 있다. 그리고 회사는 이들을 대체할 인재를 찾아 더욱 많은 수고를 기울어야 하고 성공적인 교체작업에 대한 확신이 없다. 이러한 인재확보의 어려움은 이미 1장에서도 언급한 바 있다. 숙련공 및 기능공에 대한 수요가 여러 산업에서 이미 부족하기 때문에 할 수 없이 각 기업들은 시장에서 고령의 인재들을 다시 찾고 있다. AARP Roper 리포트에 의하면 80%의 베이비부머들이 그들의 은퇴 이후 적어도 파트타임 일을 계획하고 있다는 것을 알았다. 이는 개인의 성향적인 이유도 있겠지만 주로 경제적인 이유로 분석하고 있다. 집 가치의 하락과 증권시장의 몰락으로, 최근 많은 은퇴자들이 저임금 급여 직군에 진입하기 시작했다. 예를 들어 71살의 한 은퇴자는 방위산업에서 오랫동안 근무하고 최근 애리조나 투산에서 은퇴하였지만 개인연금 계좌의 실패로 개인파산을 신고한 뒤 동네 하드웨어 업체에서 일하고 있다. 고령노동자의 노동욕구를 충족시키고, 산업 내 기술 부족을 메우기 위해 회사는 대체 업무 스케줄 등의 프로그램을 통해서 은퇴자를 정규직 혹은 비정규직 형태로 재고용하고 있는 추세이다.

근로자의 고령판단 기준은 언제일까? 근로자연령차별금지법(ADEA)에서는 40세 이상의 근로자를 보호범위에 포함하고 있다. 이 의미는 법률적인 보호를 위해서는 40세 이상이 되어야만 법적보호 대상이 된다는 것이다. 의무적인 은퇴는 나이는 직군에 따라 다양하다. 교통관제사는 56세, 파일럿은 65세, 연방공무원은 57세 등이지만, 프로 축구선수의 경우 30세만 되어도 고령으로 분류된다. 고령의 근로자는 상대적으로 결근률이 낮고, 은퇴가 가까워질수록 덜 열심히 일할 것이다. 이들은 새로운 기술을 배우는 것과 관련해 더 많은 시간과 도움을 요구할 것이고, 훈련하는 동안 직접적인 실습을 선호한다. 고령근로자들은 젊은 근로자들이 보여주는 생산성이나 고객대응력만큼의 성과뿐만 아니라 가치있는 경험들을 가지고 있다.

회사는 이들을 위해서 몇 가지 조치를 취했다. 우선, 근무시간 자율제를 통해서 배우자의 노환, 여행 등을 고려해 자율적인 시간계획을 갖도록 하고 이들이 회사로 돌아갈 수 있도록 했다. 미국의 최대 약국체인점 CVS caremark는 많은 고객들이 경험이 많은 고령의 약사들과 상담하는 걸 선호한다는 점을 알게 됐다. 결과적으로 고령의 약사들을 더욱 많이 고용하였고, 이들을 위해 여름에는 미 북쪽지역에서 그리고 겨울에는 따뜻한 남쪽지역에서 일할 수 있도록 배치했다. 둘째, 기업의 훈련과 연력에 관한 연구에서 40세를 기준으로 회사 지원의 훈련 가능성이 절정에 이른다고 보았고 그 이후에는 나이를 먹을수록 훈련의 효과가 떨어진다는 것을 알았다. 기업 입장에서는 더 많은 고령노동자들을 훈련할수록 새로운 테크놀로지의 학습을 준비해야 한다. 고령의 노동자를 고용할수록 장기간 의료혜택을 받을 수 있는 제도와 지원에 대한 설명과 도움이 필요하다. 또한 고령노동자들이 새로운 직종에 재취업되기 위해서 교육훈련의 평가와 카운셀링이 필수다. 물론, 이들이 신체적으로 정신적으로 쇠퇴기에 접었다는 것을 인식해야 한다. 마지막으로 회사는 새로운 테크놀로지를 두려워하거나 새로운 기술을 배우는 것을 꺼린다는 식의 고령노동자에 대한 부적절한 선입관을 가지지 않도록 조직문화 차원에서 노력해야 한다.

퇴직준비 사회화

퇴직준비 사회화(Preretirement Socialization)는 은퇴를 앞둔 근로자를 돕는 과정이다.

이들이 퇴직 이후 삶에 대해서 배우고, 적절한 재무적 설계를 가지고 있으며, 주거 및 의료보험 계획을 가짐으로써 퇴직에 대한 정확한 기대를 할 수 있도록 해야 한다. 근로자의 퇴직 후 삶의 만족도는 그들의 정신적 신체적 건강에 영향을 미치기 때문에 더욱 중요하다. 그러므로 근로자들은 이러한 퇴직준비 프로그램에 참여하여 더 나은 삶의 만족을 영위할 수 있도록 해야 한다. 이러한 프로그램은 전형적으로 다음과 같은 내용을 다룬다.

1. 개인의 흥미와 활동 개발 등 은퇴 후 심리적 대면
2. 주거, 생활비 의료비
3. 재무계획 보험, 투자사회연금
4. 부동산 계획

이러한 퇴직준비 프로그램은 근로자들이 경제적 이유로 어쩔 수 없이 일터로 돌아오는 것을 예방할 수 있다. 예를 들어서 58세의 한 은퇴자는 통신회사 GTE에서 조기퇴직을 하였다. 이러한 결정은 GTE 사와 Bell atalantic의 인수 합병절차의 하나였다. 주식 시장에서 그의 결정은 매달 연금에서 2,000달러의 손해가 가는 결정이었다. 그는 지금 차 딜러십에서 부품을 나르는 일로 시간당 10.5달러에 일을 한다. 그의 희망은 가지고 있는 군인 연금을 탈 수 있는 60세에 은퇴를 하는 것이지만, 주식시장의 붕괴와 의료보험 비용의 증가로 그러한 그의 결정은 62세 메디케어(저소득층 의료보험)와 사회연금보장을 받을 때까지 연기될 것이라 믿고 있다.

많은 회사들이 또한 점진적 퇴직과 유연근무제 등을 고려하고 있다. 점진적 퇴직이란 고령자들이 최대한 더 일할 수 있도록 단축 조업시 임금을 보전해주며 계약직이나 파트타임 근로자로 계속 근무하면서 연금과 임금(상당히 줄어들긴 하겠지만)을 동시에 받을 수 있는 제도를 말한다. 미국에서 기업연금이 대폭 축소된 후 부족한 노후 자금을 위해 고령인구의 재취업 수요가 늘어났고 적은 보수로 숙련된 인력을 충족할 수 있는 기업의 요구가 서로 맞아 생겨난 제도이다. 여기에는 근로자들은 은퇴 후 독립적인 계약직, 고문, 파트타임 등의 몇 가지 유형이 있다. 다만 여기에는 퇴직수당에 대한 세금에 관한 규정, 의료보험 중복혜택 등 복잡한 사안이 서로 얽혀 있다. 제도의 취지가 고령근로자의 기술을 활용하기 위한 제도라는 것을 고려해본다면 긍정적인 부분이 분명히 있다. Stanley consulting 사의 퇴직자들은 대개 은퇴 후 프로젝트 일로 다시 계약을 한다. 그들의 경험과 회사의 수요가 맞을 때 양측 모두에게 긍정적인 방법이다. 또 다른 제도는 근로자들에게 근무 시간을 단축시키면서 은퇴로 접어들게 하는 것이다. 이를 위해 Centegra health system은 유

연시간 근무제 및 파트타임 업무, 잡 쉐어링 등 다양한 방법을 제공한다.

전형적인 퇴직준비 프로그램은 대개 근로자들이 은퇴를 고려할 때 은퇴까지 장기적인 재무적 계획과 부동산 계획, 보험 구입 등이 필요하기 때문에 은퇴 후 안락한 삶을 영위할 수 있는 재무적 자원을 가질 것이라고 확신하는 연령대 이전에 이미 이뤄져야 한다.

퇴직

퇴직은 현직에서 물러나는 것, 삶의 전환이 되는 포괄적인 내용을 포함한다. 2018년까지 거의 1/4의 미국 근로자가 55살 이상이 된다. 이들을 보호하는 사회적 제도장치인 사회보장보험 시스템의 최근 가장 큰 변화는 대부분에 직종에서 의무적 은퇴시한이 없고 경제적 이유로 근로자들이 더욱 오래 일하길 원한다는 것이다. 베이비부머 세대의 가장 고령세대가 곧 62세에 도달하기 때문에 대거 은퇴를 할 것이다. 이들은 미국정부가 보장하는 사회보장 혜택의 가장 이른 수혜자들이다. 그러나 이들 중 상당수가 은퇴를 연기하고 있다. 이유는 경제적 생계비용과 개인연금수익의 악화, 보험 혜택의 손실 때문이다. 예를 들어 63세의 한 프로젝트 매니저는 의학기구를 만들어 파는 회사로부터 해고를 통보받고 비영리기관에서 파트타임을 구하였다. 다행히 최근 그의 업무는 정규직으로 바뀌었다. 그러나 401k 개인연금계정의 16퍼센트가 가치 삭감되었고 은퇴 임금의 4년 손실로 전환되었다. SAP에서 은퇴한 한 부부는 은퇴를 위한 그들의 재무적 설계가 훌륭하다고 믿고 있었다. 그러나 남편은 지금 정규직 직장을 지원하고 있다. 주식 시장의 폭락으로 은퇴 후 가능 자산의 결정적 손해가 발생했기 때문이다. 퇴직 후 삶의 연기가 실망스럽지만, 잠재적으로 많은 회사에게는 좋은 소식일 수 있다. 특히 지식 기반의 산업의 이러한 전문가와 능숙한 이들의 복귀는 세대간 기술격차를 줄일 수 있는 좋은 기회이기도 하다.

경제적 이유로 더 많은 사람들이 일을 더욱 오래함에도 불구하고, 역사적으로 대게의 근로자가 63세에 은퇴를 하고 그리고 70세에 이르러서는 80%가 은퇴를 한다. 이는 근로자가 기업이 제공하는 조기 퇴직 패키지를 받아들이고, 보다 나은 경제적 보상을 누리기 위함이다. 이들은 덜 만족스러운 일을 구할 수 있으며 만족의 근원으로 노동없는 삶을 추구하려는 경향이 있다.

조기퇴직과 고령의 인구구조는 회사의 인력구조에 세 가지 영향을 미쳤다. 첫째, 회사는 이들 고령노동자의 요구를 맞춰야 하고 둘째, 회사는 반드시 이들의 은퇴를 철저히 준비해야 한다. 셋째, 회사는 반드시 조기 퇴직 프로그램에 있어서 근로자 간 불공정한 차별이 있어서는 안 된다.

조기퇴직 프로그램

조기퇴직 프로그램은 회사를 떠나는 직원들에게 추가로 재정적 보상을 해주는 것이다. 이러한 프로그램은 대개 회사의 전략, 노동비용 감축을 위해 대량해고 없이 진행하며, 재정적인 보상은 대개 일시금과 몇 년치 연봉의 상당 부분을 포함하고 있다. 이러한 혜택은 특별히 회사에서 오래 일한 근로자에게 더욱 매력적이다. 조기퇴직자의 조건이 되려면 나이와 근속년수를 따져봐야 한다. Ford는 근로자에게 여러 종류의 조기퇴직 프로그램을 제공하는데 30년 이상 근속한 사람의 특별퇴직 인센티브로 최대 약 4천만 원($35,000)의 퇴직 혜택을 받을 수 있다. 55세 이상의 근로자들은 적어도 그 직무에서 10년 이상 일한 사람들이고 평생 퇴직 혜택을 받을 수 있다. 28년 동안 근무한 한 직원은 2년 후 은퇴하는 30주년이 될 때까지 85%의 월급을 보장받는다.

조기퇴직 프로그램은 두 가지 큰 문제점을 가지고 있다. 첫째, 대체할 근로자를 찾기 힘든 근로자가 회사를 조기에 떠날 수 있다. 둘째, 고령근로자들은 조기퇴직이 일종의 직장 내 차별이라 여길 수 있다. 이들은 암묵적으로 은퇴를 강요받는다고 생각하기 때문에 법적 분쟁을 피하기 위해서 회사는 조기퇴직 프로그램에 아래와 같은 조건을 충족시켜야 한다.

1. 프로그램은 직원 복지 플랜의 하나이다.
2. 회사는 조기퇴직의 자격을 위해 나이에 관계된 구별을 정당화할 수 있어야 한다.
3. 근로자들은 조기퇴직을 자발적으로 선택해야 한다.

능력이나 기술개발에 관하여 근로자의 연령과 관계되어 고령노동자에 대한 선입관이 전제되어서는 안된다. 연구결과에 따르면 나이 관련 역량의 쇠퇴는 직무 성과에 통계적으로 유의미한 영향을 미치지 않거나 아주 적은 영향만을 미치는 것으로 나타났다. 근로자의 은퇴 결정은 자발적이어야 하고 기회가 주어졌을 때 반대로 거부할 수 있는지 확인해야 하고, 조기퇴직에 관한 계획을 회사로부터 충분히 공지 받았는지, 결정을 위하여 개인에게 충분한 시간이 주어졌는지 고려해야 한다.

조기퇴직 프로그램에 관하여 훈련은 중요한 역할을 할 수 있다. 회사는 근로자에게 조기퇴직의 장단점을 이해하도록 충분한 정보를 제공해야 한다. 예를 들어, 이를 위한 훈련 프로그램은 대상자가 언제 어떠한 형태의 건강보험 혜택을 받을 수 있는지, 퇴직계좌에서 받을 수 있는 연금형태가 어떠한지, 퇴직금은 일괄지급인지 분할지급인지 등에 대한 정확한 정보를 주도록 해야 한다.

요 약

영리기관은 사업에서 재무적 수익을 내야 한다. 그러나 그들은 또한 지역사회를 발전시킬 사회적 책임 또한 가지고 있다. 지역 내 경제적 빈곤을 줄이고, 실업률을 낮추며, 법규를 준수하며, 모든 직원들이 개발하여 성장할 수 있도록 경력 개발에 도움을 주며 궁극적으로 회사의 목표를 이루도록 도와야 한다. 이는 직접적으로 지역사회와 노동인구에 혜택을 주고, 간접적으로 회사의 평판을 높여 인재를 끌어안는데 효과적인 마케팅 전략이다. 정부기관이나 노동조합, 그리고 기타 관련기관들과 긴밀히 협력하여 회사의 교육훈련 기능이 인력의 숙련도를 높이고 이들의 고용 가능성을 높이며, 지역사회의 일자리를 창출할 수 있어야 한다. 또한 사회적 책임은 교육훈련을 통해서 모든 근로자가 적절하고 공평하게 대우받고 학습기회에 접근할 수 있어야 한다. 오늘날 인력은 인종, 성별, 국적 등의 다양성뿐 아니라 다세대의 특징도 가지고 있다. 다양성의 경쟁력을 활용하기 위해서 또 사회적 책임을 이루기 위해서 회사는 적극적으로 다양성을 관리하고 포용해야 한다. 이 의미는 다양성 훈련을 넘어서 최고경영진이 이를 지지하고 목표를 이루기 위한 책임을 지며, 직원들이 차별로 부터 보호받도록 노력해야 한다. 또한 기업은 채용 및 개발 등 인재를 양성하기 위한 전반의 노력에 집중해야 한다. 마지막으로, 장기적으로 근로자의 경력개발을 도와야 한다. 이는 직원의 조직 몰입, 생산성 향상, 일 스트레스 등에 영향을 미친다. 본 장에서는 경력개발을 포함한 일과 삶의 균형, 경력 단절 등 여러 경력관련 사안 또한 살펴보았다.

토의 문제

1. 섹터 파트너십이란 무엇인가? 왜 중요한가? 예를 들어 설명하시오.
2. 모험학습 프로그램을 계획할 때 고려해야 할 법률적 사안은 무엇인 있는가?
3. "다양성과 포용"과 "다양성 훈련"의 관계에 대해서 설명하시오.
4. 최근 인수한 금융서비스회사의 폴란드 해외영업을 위한 교육훈련으로 적합한 내용이 무엇이 있겠는가?
5. 여성 인재의 최고관리자 개발을 위한 준비로 무엇이 필요하겠는가?
6. 종업원을 위한 경력경로가 어떻게 유용할 수 있는가?

7. 잡 호핑이란 무엇인가?

8. Phased 퇴직 프로그램을 사용하는 기업의 장단점에 대해 서술하시오.

9. 일과 삶의 균형 프로그램이 무엇인가? 이 내용이 일과 가족 프로그램에 어떻게 관계될 수 있는가?

10. 다운사이즈된 회사의 관리자들이 생산적이고 동기를 유발하도록 할 수 있는 프로그램은 무엇이 있는가?

적용 문제

1. www.wholefoods.com에 접속하여 Career 안의 Career FAQ를 보고 경력경로와 훈련개발 프로그램에 대해서 서술하시오

2. www.sodecousa.com에 접속하여 Career 안의 Annual Diversity Report를 보고 이 내용을 서술하시오. 또한 왜 다양성이 이 기업에서 강조되고 있는지, 장단점이 무엇이 있는지 설명하시오.

3. www.workingmother.com에 접속하여 working mother magazine을 보고, "2011 working mother best companies"를 읽은 후 이중 5개를 선정하여 일과 삶의 균형프로그램의 실습 예를 설명하시오. 또한 이러한 예가 효과적이라고 증명하고 있는 메트릭스나 결과에 대해서 묘사하시오.

4. http://fairuse.stanford.edu에 접속하여 스탠포드 대학의 도서관 시스템을 살펴보고 "copyright and fair use"가 어떻게 적용되고 있는지 설명하시오.

5. www.hp.com에 접속하여, About Us의 Corporate Objectives를 읽고, 회사의 다양성과 포용에 관한 내용을 설명하시오. 또한 이 기업이 다양성에 어떤 가치를 두고 있는지 묘사하시오.

6. www.wolfatbestbuy.com에 접속하여 베스트바이 내 여성 리더십 포럼을 살펴보고, 이 프로그램이 어떻게 회사에 기여하고 있는지 서술하시오.

7. www.aep.com에 접속하여 Career 내의 A Military friendly employer 내용을 확인하고 Troops to Energy jobs의 브로셔 내용을 읽어본 후 해당 프로그램에 대해서 묘사하시오. 그리고 해당 프로그램이 경력개발 측면에서 어떻게 중요하게 적용될 수 있는지 서

술하시오.

8. www.youtube.com에 접속하여 World Manufacturing Academy를 검색하여, Chrysler World Class Manufacturing Academy Feacture를 시청한 후 해당 프로그램의 목적과 어떠한 훈련 형태가 쓰이고 있는지 묘사하고, 해당 훈련이 어떠한 장점이 있는지 서술하시오.

사례

성공적인 경영진은 국제적 경험을 요한다.

기업들이 점차 글로벌화 되면서, 경제흐름과 비즈니스는 세계의 한 측면만 고려하는 것이 아니라 다른 측면의 영향에 대해서도 고려하게 되었다. P&G 사는 성공적인 글로벌 리더를 양성하기 위해서 국제적 감각과 경험을 요구하고 있다. 즉, 회사 내 140,000여 명에 이르는 대부분의 인력은 미국을 제외한 다른 국가에서 일하고 있다. 그리고 각 지역에서 사업을 진행하면서 배우는 내용과 경험을 타국에서 어떻게 적용할 수 있는지 고민하고 있다. 이러한 인사이동의 배경에는 국제 경험을 한 직원들이 지역 우수 인재로 개발되고 각 사업을 완수하는데 있다.

예를 들어, 러시아에서 재무통으로 우수한 성적은 낸 관리자는 영국으로 건너가 다양하고 복잡한 환경을 경험하게 한다. 그리고 유럽 기반의 카르푸 수퍼마켓 등 전혀 새로운 형태의 유통경제를 경험하여 리더로 성장한다. 폴란드, 헝가리, 체코 등의 경제가 발전할수록 그 경제구조는 영국이나 독일과 같게 될 것이다. 서유럽의 경험을 토대로 동유럽 사업을 성공적으로 완수하는데 큰 자산을 얻게 되는 것이다.

이러한 국제적 경험을 개발하기 위해 P&G가 직원들에게 제공해야 할 숙제는 무엇인가? 직원의 가족에게도 교육프로그램을 주어야 할까? 왜?

출처: M. Schoeff, "P&G places a premium on international experience," *Workforce Management* (April 10, 2006): 28.

11장

훈련과 개발의 미래

The Future of Training and Development

학습 목표

1. 훈련부서와 훈련교사에게 영향을 끼칠 수 있는 미래의 경향 식별한다.
2. 이러한 미래의 경향이 훈련기관의 전략적 역할은 물론 훈련 실시 및 관리에 어떻게 영향을 미치게 될 것인지에 대해 토론한다.
3. 교수설계(instructional design)가 전통적 훈련설계(training design)와 얼마나 빨리 달라지는지에 대해 토론한다.
4. 내재적 학습(embedded learning)의 장점에 대해 토론한다.
5. 훈련이 어떻게 회사의 지속가능성장을 주도하게 되는지에 대해 토론한다.
6. 클라우드 컴퓨팅이 학습, 훈련 및 자기 개발에 미치는 함의에 대해 논의한다.

미래 사무실에 오신 것을 환영합니다!

미래의 사무실은 어떤 모습일까? 물리적으로는 오늘날의 사무실과 크게 달라질 것은 없을 것 같다. 직원들은 책상 앞에 앉아 일을 하고 있고, 회의실에 모여 회의를 하며 식당에서 음식을 먹고 있을 것이다. 그러나 아마 지금보다 훨씬 더 작은 태블릿 PC와 같은 새로운 기술을 활용하고, 원격회의에서는 말하는 것과 거의 동시에 외국어가 통역되는 시스템이 제공되어 외국어를 하지 못하는 직원들이 외국인과 의사소통을 할 수 있게 될 것이다. 테이블은 특수한 안경을 착용하지 않고도 현실세계에 존재하는 사물들을 3차원의 홀로그램으로 볼 수 있도록 만들어지고, 사무실의 특수한 창문들은 태양 전지판 기능을 하다가 필요한 경우에 멀티미디어 스크린이나 개인의 사생활을 보호하는 반투명막으로 전환할 수 있게 될 것이다. 직원들은 게임기 콘솔에서 사용되고 있는 기술들을 활용하여 단순하게 손목을 움직이는 동작만으로 컴퓨터를 조작할 수 있을 것이고, 컴퓨터 프로그램을 통하여 다음 프로젝트를 누구와 함께해야 할지 알 수 있게 될 것이다. 사람들은 여전히 인간의 장점들을 극대화할 수 있도록 해주는 컴퓨터와 협업을 지속하게 될 것인데, 컴퓨터는 정형화된 절차에 따라 업무를 수행하거나 반복적인 계산 등에 있어 조금의 실수도 없이 일관성 있게 처리하는데 있어서 장점이 있는 반면에 인간은 복잡한 의사소통이나 패턴 매칭, 직관 또는 창의성을 필요로 하는 작업에서는 상대적으로 장점이 있다. 예를 들면, 인간과 컴퓨터가 어떻게 서로의 장점을 활용하여 일터를 보다 효율적이고 효과적으로 만들었는지에 대한 두 가지 사례를 보자.

2011년에 Watson이라는 특별 프로그램으로 무장된 컴퓨터가 퀴즈쇼 "제퍼디"에 출연하여 엄청난 양의 정보 DB에서 신속히 정답을 추출함으로써 역사상 최고의 성적을 올렸던 퀴즈 영웅 켄 제닝스 등을 제치고 우승을 하였다. Watson은 검색 프로그램 발전과정의 첫 번째 단계였는데, 이 검색 프로그램은 직원들이 요구하는 상세 명세에 부합하는 정보를 찾기 위하여 웹을 검색하는데 사용될 것이다. 검색 프로그램은 당신이 어떤 내용은 좋고 어떤 내용은 적합하지 않다는 것을 적절하게 피드백해줌으로써 성능이 개선될 것이다. 의류체인 업체인 Zara의 점포 메니저는 그 지역 및 상점에서의 미래 패션 동향을 파악해보라는 요구가 있었을 때, 미래 패션 경향과 구매 수요를 예측할 수 있는 성능이 좋은 컴퓨터 모델을 추가함으로써 해결하였다. Staples 사에서는 컴퓨터 소프트웨어를 활용하여 자신들이 생산하는 복사지 포장과 관련한 다양한 아이디어들에 대해 고객의 반응을 조사하고, 최적의 조합을 찾아내고 있지만, 최종적으로 포장에 필요한 색상, 로고 및 슬로건 등의 요소를 결정하는 것은 인간의 영역으로 남겨놓고 있다.

컴퓨터가 패턴 인식이나 복잡한 커뮤니케이션을 수행하는 능력이 아무리 나아진다고 하여도 응용수학이나 응용통계, 협상과 집단역학, 작문, 개방형 문제해결, 설득, 양성 그리고 상호작용에 적용되는 인간의 능력은 컴퓨터가 대신할 수 없고 앞으로도 지속적으로 수요가 있을 것이다.

나노기술의 발전은 우리들의 학습과 계산능력을 향상시키는데 도움을 주는 방향으로 작용할 수 있을 것이다. 뇌에 투입된 원자 3개 크기의 나노 로봇이 기억과 인지 과정에 도움을 줄 것이다. 또한, 우리는 수면장애라는 부작용이 없이 주의를 지속하는 시간, 학습 보조 및 기억력 증진 등에 도움이 되는 알카인 알약을 투여할 수 있을 것이다. 스마트폰, 태블릿 P/C 및 노트북 컴퓨터와 같은 휴대용 기기를 사용함으로써 주당 7일, 매일 24시간 학습이 이루어질 수 있게 될 것이고, 학습은 간단하게 아무데서나 할 수 있게 될 것이다. 위성항법장치(GPS)의 감도를 활용하게 되면 근처에서 필요한 주제의 전문가의 도움을 받을 수 있는지 여부와 그들과의 물리적 거리를 알려줄 수 있도록 우리의 사회적 관계망을 설정할 수 있다. 작업장 공유, 사회적 관계망, 다른 사람으로부터 배우는 위키방식과 같은 사회적 학습법은 강사나 다른 업무 전문가로부터 배우는 것은 물론 직원들 상호간에 서로 배우는 것을 장려함으로써 전통적인 훈련을 보충하게 될 것이다.

출처: "용감한 새로운 일: 내일의 사무실" *Fortune*(January 16, 2012): 49-54; J. Meister and K. Willyerd, "사회적 학습법 미리 보기: 10가지 예측 변수" *T+D*(July 2010): 34-41; P. Galagan, "트랜스휴먼을 어떻게 훈련시킬 것인가?" *T+D*(January 2012): 27-29; P. Ketter, "작업장 학습을 영원히 변화시킬 2010년의 6가지 경향", *T+D*(December 2010): 34-40; E. Brynjolfsson and A. McAfee, "이전보다 훨씬 더 똑똑한 기계와의 승부에서 이기기" *MIT Sloan Management Review*(Winter 2012): 53-60.

서론

이전에 우리가 공부한 10개 장에서는, 훈련설계 및 실시, 개발 및 경력관리에 대해 다루었고, 또한 다양성과 포용성을 관리하고 여러 세대의 노동력들이 적절히 준비하여 경력상 직면하게 되는 도전에 성공적으로 대응할 수 있도록 도와줌으로써 사회적 책임에 기여하는 훈련의 역할에 대해 논의하였다. 이번 장에서는 TD의 미래가 어떤 모습일지에 대해 살펴보겠다. 이번 장의 도입부분에서는 기술적인 진보가 우리가 일하고 학습하는 장소와 시간을 어떻게 변화시키는지에 대해 살펴보았다. 기술적인 진보는 TD는 물론 훈련교사인 당신의 미래에도 영향을 미칠 것 같은 한 가지 경향을 대표한다. 〈표 11-1〉은 훈련에 영향을 미치면서 이번 장에서 논의될 미래 경향들을 보여준다.

표 11.1 훈련에 영향을 줄 미래 경향

- 지속가능 성장에 기여할 필요성
- 훈련실시를 위한 새로운 기술의 활용
- 가상 근무제도를 위한 훈련수요의 증대
- 내용에 집중하면서 과정설계의 신속성 강조
- 지적 자산의 축적과 공유에 대한 강조의 증대
- 진정한 성과 지원 및 사회적 학습에 대한 활용의 증대
- 기업 성과 제고를 위한 성과 분석 및 학습에 대한 강조의 증대
- 훈련 파트너십 및 훈련사업 아웃소싱 활용의 증대

지속가능성장을 위한 훈련

지속가능성장(sustainability)이란 회사의 종업원, 지역 또는 환경의 자원을 희생하지 않고 이윤을 창출하는 회사의 능력을 말한다. 최근에는 지속가능성장을 사업전략의 중요한 부분으로 포함시키는 회사들이 점차 늘어가고 있다. TD는 자원이 부족한 개발도상국에 있는 회사의 근로자들에게 학습의 기회를 제공하고, 저개발국 및 신흥국 근로자들에겐 발전 경험을 제공하며, 사용자들에겐 환경 보전에 대한 교육을 시키는 방식으로 기업의 지속가능성장을 주도하려는 노력에 기여할 수 있었다. 노바티스, DHL Express Europe 그리고 Gilbane Building Company에서 시행하는 직업훈련이 해당 회사들의 지속가능성장이라는 회사의 목표 달성에 어떻게 기여하게 되는지 살펴보자.

예를 들면, 제약회사인 노바티스는 아프리카에 기반을 두면서 에이즈에 감염된 아동들을 대상으로 정서적·심리적 지원을 하는 박애주의 기관인 REPSSI(Regional Psychosocial Support Initiative)를 지원한다. 회사의 직업훈련교사가 REPSSI의 종업원들에게 리더십 개발과정 교육을 시킨다. 아이들과 청년들이 희망을 가지고 품위있는 생활을 하도록 지원한다는 조직의 목표 달성을 위하여 REPSSI의 관리자들은 그들과 어떻게 의사소통을 해야하는지, 필요한 조언을 포함한 적절한 피드백을 제공하는 법, 다양한 문화 속에서 서로간에 원만하게 소통하는 기술 등은 물론 프로젝트 관리 등 업무 관련 기술에 대한 교육도 받게 된다. 노바티스는 회사의 교육 프로그램을 REPSSI에서도 바로 활용할 수 있는 형태로 변형시켰다. 훈련 내용들은 강사가 직접 지도하거나 이러닝을 통하여 전달되었다. 노바티스나 비즈니스 스쿨을 포함한 훈련 담당 파트너 기관들은 자신들이 비용을 부담하면서 강사들을 아프리카로 파견했고, 이 과정을 수료한 후 필요한 후속 프로그램을 위한 강사들도 준비되어 있다.

DHL Europe은 물건을 배달하는 과정에서 이산화탄소를 배출하지 않는 GoGreen 운동

을 전개하였다. GoGreen 운동으로 배송되는 물품이 배달되고 나면, 회사의 환경 평가 시스템에서는 소프트웨어를 활용하여 트럭 수송, 분류 작업, 항공을 이용한 장거리 운송 및 배달 등 전체 운송과정에서 배출된 각종 탄소 배출량을 계산하였다. 고객들에게는 탄소배출량에 상응하는 요금이 부과되었다. 이렇게 부과된 요금은 대체 연료 자동차나 태양열 전지 개발 및 나무심기와 같은 프로젝트를 위한 기금으로 쓰여졌다. DHL Europe은 영업사원들에게 지구 온난화에 대한 사실을 알리고 왜 이것이 회사에 문제가 되는 것인지 그리고 지구 온난화 영향을 감소시킬 수 있는 회사의 프로그램들은 어떤 것이 있는지 등을 교육시키기 위하여 이러닝을 사용하고 있다. 또한, 회사는 모든 종업원을 대상으로 GoGreen 아카데미를 포함하여 글로벌 비즈니스 기업들이 지켜야 할 수많은 과제들을 포함하는 환경교육 프로그램을 가지고 있다.

길베인 회사(Gilbane Building Company)는 로드 섬에 본사를 둔 가족 소유의 건설회사이다. 친환경적 건물 건립에 대한 회사의 관심은 오랫동안 회사 문화의 중요한 부분으로 자리매김하고 있었는데, 최근에는 녹색 건물에 대한 고객들의 관심이 점차 높아지고 있다. 녹색 건물이란 모든 자원들을 덜 사용하고 전기를 절약하도록 설계된 건물을 말한다. 길베인의 고객들은 녹색 건물을 건립하기로 함에 따라 향후 에너지 비용을 절감하게 되고 세금우대 조치의 혜택을 본다. 친환경적 건물을 유지하는 관행을 채택함으로써 길베인은 사회적 책임을 완수하면서 적절한 수익까지 올리고 있다.

길베인 회사에서는 고객이 기대하는 것보다 더 좋은 녹색 건물을 건립하는데 중요한 역할을 하는 것이 교육훈련이라고 생각하고 있다. 길베인 대학교에서는 교수가 직접 지도하는 집체과정과 온라인 과정은 물론 원격 훈련과 가상훈련까지 제공하고 있다. 길베인 회사에서는 종업원들을 대상으로 에너지 및 환경디자인 선도자(LEED, Leadership in Energy and Environmental Design)라는 등급 시스템을 개발하여, 수준별 훈련을 하고 자격증을 부여한다. LEED는 자원 낭비를 최소화하면서 환경보호에 책임을 부과하는 방식으로 건물을 건립하는데 필요한 기준들을 묶어놓은 하나의 표준이다. 이 표준은 건설 분야의 정부 관계자, 건물 관리자, 건물 소유주, 건물 사용자 대표로 구성된 미국 녹색건물위원회에서 개발되었다. LEED 표준에 따라 건축되어진 건물은 LEED라는 자격이 부여되었다. 길베인 대학에서는 종업원들이 LEED 자격증 시험을 준비하는데 필요한 과정을 개설하여 운영하고 있다. 이 과정은 LEED 자격을 받기 위해 필요한 총득점을 계산할 수 있는 득점표를 포함하고 있고, 디자인 결정 과정 검토 및 건축주가 LEED 자격을 받을 수 있는 건물이 되기 위해 반드시 갖추어야 할 서류들에 대해 설명하고 있다. 과정 참가자들은 스터디 가이드나 실기 시험 문제 등과 같은 학습자료가 포함되어 있는 길베인 회사의 인트라넷 그린 포탈을 사용할 수 있다. 길베인 대학에서 제공하는 또 다른 과정은 『새로운 건설 성공』인데, 이 과정에서는 건물 건립 과정에서 LEED 자격을 받기 위해 건설 관리자들이 구매부서를 포함한 다른 부서의 관계자들과 어떻게 협업해야 하는가를 가르친다. 예를 들면, 건축주가 건축과정에 재활용 물품을 많이 활용하고 싶어한다면 철강을 선택하는 것이 대안이 되겠지만, 건설관리자는 철강이 배달되는데 시간이 많이 소요되기 때문에 건축 시공 계획 자체가 원래 계획보다 더 늦어질 수 있다는 것을 정확하게 인지하는 것이 중요하다. 길베인 회사에서는 적절한 교육·훈련을 제공하는 것 이외에도 공사가 진행되는 9개 지역별로 녹색팀을 배치하여 그 지역에서 활용 가능한 사업 관행들을 개발하여 그 지역에서 가장 최신의 녹색 건축 공법과 재료들을 활용할 수 있도록 하고 있다.

Dow Corning은 인도, 중국, 브라질 및 나이지리아 등의 개발도상국에 소재하는 비영리기관의 역량강화를 위해 회사 직원들을 파견하여 무료 컨설팅 사업을 제공하는 대기업들 중 하나이다. 이러한 사업의 결과는 회사는 물론 참가하는 직원들과 해당 지역 사회에도 도움이 된다. 이 프로그램은 내부 및 외부 홍보에도 좋고, 재능있는 인재를 채용하거나 잡아두는데도 도움이 되며, 미래의 리더들에게 새로운 아이디어를 제공하고, 신흥 시장에 그들의 제품이나 서비스를 판매하기 위해 필요한 회사 인지도 확보에도 도움이 되도록 하면서 훈련 기회를 제공한다. 다우 코닝의 근로자들은 통상 2주에서 4주가 소요되는 과업 수행 기간 동안 정상적인 급여를 받는다. 이 사업은 종업원들이 새로운 기술을 익히거나 필요한 사람에게 시간과 전문성을 기부할 수 있다는 점에서 회사의 계획보다는 훨씬 더 많은 종업원들이 참여하기를 희망하고 있다. 예를 들면, 다우 코닝의 무역 및 관세 전문가가 인도의 시골 지역에서 여성의 바느질과 지역 시장에서의 의류 판매 과정을 정리해주면서 4주간을 보냈다. 그녀는 하루에 9시간씩 일하고 전기와 더운 물도 제대로 공급되지 않는 오두막에서 기거를 하였지만 충분히 가치있는 경험이었다는 것을 발견하게 되었다. 다우 코닝은 현재 활용이 가능한 주택 및 에너지 관련 15개의 새로운 비즈니스 관련 아이디어를 검토하고 있는데, 이 아아디어들은 2010년 이후 인도에 파견되었던 20명의 직원들이 제안한 것이다.

훈련실시를 위한 새로운 기술사용의 증가

미래에는 여러 가지 이유로 소셜미디어, 이동학습(휴대용 컴퓨터) 그리고 다른 기술들의 활용이 증가될 것으로 생각된다. 첫째, 이 기술들을 사용하는데 소요되는 비용이 감소할 것이다. 둘째, 회사에서는 종업원들이 고객에게 더 나은 봉사를 하게 하거나 새로운 사업을 시작하게 하기 위하여 이 기술들을 사용할 것이다. 셋째, 이러한 새로운 기술들을 활용함으로써 훈련을 실시하기 위해 지역적으로 분산되어 있는 근로자들을 한곳으로 모으는 비용(예, 이동경비 및 숙식)을 상당히 많이 절감할 것이다. 넷째, 이러한 기술들이 훈련교사로 하여금 바람직한 다양한 형태로 학습 환경(예, 실습, 피드백 및 강화 등)을 조성할 수 있도록 할 것이다. 다섯째, 이 기술들을 활용하게 되면 회사에서 더 많은 비정규직 근로자(시간제 및 컨설턴트)를 채용하거나 다양한 형태의 대체 근무제를 채택(유연근무, 재택근무)하더라도 언제 어디서나 훈련을 받을 수 있도록 할 것이다.

새로운 기술들은 역시 또 다른 스마트한 산출물들이 만들어지게 할 것이다. 예를 들면, UPS에서 발송된 물건들은 전자적으로 기록을 남기게 되는데, 이 기록들은 선적이나 배달 과정을 개선하는데 활용되어진다. 조만간 훈련 결과들 역시 전자적인 기록을 남기게 되는데, 이 기록들은 훈련강사나 관리자들이 훈련 결과가 어떻게 활용되어지고 있는지를 더 잘 이해할 수 있도록 할 것이다. 컴퓨터 과학, 교수 설계, 그리고 그래픽 인터페이스와 결합된 새로운 기술들이 우리들의 학습 능력을 키울 잠재력을 가지고 있다.

조만간 근로자들은 잠을 자면서도 공부를 할 수 있게 될지도 모른다. 어떤 도구를 활용하게 되면 사람이 꿈을 꾸는 순간을 감지할 수 있게 되는데, 꿈을 꾸는 바로 그 순간이 새로운 기능을 익히기 좋은 때가 될 수도 있다는 것이다.

가상현실 구현의 한 형태인 Teleimmersion 기술이란 근로자들이 다른 곳에 있는 공동연구자들과 같은 사무실에 있는 것처럼 서로 보고 들을 수 있도록 현실과 유사한 상태에서 실물 크기의 홀로그램으로 투영할 수 있는 기술이다. 이 기술을 사용하면 우리가 근무하는 사무실에서 다른 장소에서 투영된 가상 훈련생과 함께 배울 수 있는 가상의 홀로그램 훈련장을 만드는 데 활용될 수 있다. 가상 망막 영상시스템(Virtual Retinal Display)는 사람의 망막에 바로 영상을 투사하는 것이다. 가상 망막 영상시스템은 실시간, 현장에서 지원할 수 있도록 한다. 이 기술은 컴퓨터 화면에 보여지는 장면을 특수한 안경을 통하여 축소함으로써 직접 인간의 망막에 고화질로 보여질 수 있도록 한다.

인간의 망막에 직접 보여지는 이미지는 60센티미터 정도 떨어진 공기 중에 떠다니는 것처럼 보여진다. 디지털 아바타는 가상 현실에서 살아 움직이는 가상 훈련교사이다. 이러한 기술을 활용하여 회사의 훈련교사들은 온라인 강의용으로 자신들의 아바타를 만들어 사용할 수 있다. 미래의 훈련은 2차원 내지 3차원의 시뮬레이션 기법을 활용하는 방법을 더 많이 사용하게 될 것이며, 가상 현실에서의 근로자 상호간 그리고 근로자와 고객 간 긴밀한 상호 작용을 특성으로 하는 『세컨드 라이프』와 같은 가상 현실을 더 많이 활용하게 될 것이다. 시뮬레이션 훈련의 내용은 지구촌 수강자들의 특성과 요구에 적합하도록 신속하게 바뀔 수 있을 것이며, 인스턴트 메시지, PDA, 네트워킹 웹사이트, 블로그, Meetup이나 MySpace와 같은 사회적 소프트웨어들은 다양한 집단이나 지역의 근로자들과의 공동작업을 매우 쉽게 할 수 있도록 지원하게 될 것이다. 이러한 공동작업을 통하여 교환된 지식들은 다른 훈련을 통하여 습득하기 어려운 암묵적(tacit) 지식일 것이다.

가상근무체제에 대비한 훈련수요의 증대

가상근무체제(Virtual work arrangement)는 가상의 팀은 물론 사무실과 떨어진 원격지에서 동료들과 물리적 접촉은 거의 없이 전자적인 의사소통을 하면서 작업이 이루어지는 원격근무를 포함한다. 가상근무체제의 결정적인 특징은 위치, 조직 구조 및 고용관계가 제한적인 요인이 아니라는 것이다. 예를 들면, 조직의 전략 또는 운용상의 필요에 따라 설계된 프로젝트를 수행하기 위해서 두 개 또는 세 개의 조직에서 온 근로자들이 함께 일을 할 수가 있다. 비슷한 맥락으로 단일 조직 내의 종업원들이 다른 부서 또는 다른 기능을 하는 동료들과 함께 프로젝트팀을 구성하여 일을 할 수도 있다. 가상 지식팀은 시간대가 서로 다른 지역, 국가 또는 회사에 분포되어 있는 팀원도 있기 때문에 팀원들이 서로 전문성도 다르고 문화, 언어 및 조직에 대한 충성도 등 다양한 분야에서 다른 지식팀과는 다른 특징을 보인다. 이런 팀들의 팀원들은 상시적으로 근무하는 것이 아니고, 프로젝트 진행상황에 따라 들어오기도 하고 떠나기도 한다. 어떤 멤버들은 모든 과업에 참여하지만, 어떤 팀원들은 일부 과제에만 참여한다. 가상 지식팀이 성공하기 위해서는 구조(예, 보고 체계, 멤버 체계), 리더십(권한 이양, 리더십의 공유, 다른 팀과의 통합 등), 공유 가치(팀으로서 무엇이 중요한 것인지? 우리가 회의를 어떻게 운영하고, 의사결정을 하고, 문제를 해결하는지?), 그리고 목표 달성에 대한 보상(우리의 핵심 목표가 무엇인가, 고객들이 우리에게 바라는 것이 무엇인지, 그리고 목표 달성에 대해 어떻게 보상할 것인지?)과 같은 것이 필요하다. 만약 팀원들이 문화가 다른 사회의 성원들로 구성된 경우라면 그들간의 물리적 거리가 언어와 문화의 차이로 인한 문제해결을 더욱 더 어렵게 할 것이다. 예를 들면, Royal Dutch/Shell 그룹의 자회사인 Shell Technology Ventures의 사업 타당성 심사업무를 담당하는 팀에서는 구조화된 조직을 선호하는 팀원이 구조화되지 않은 틀 속에서 최상의 성과를 내는 팀원들의 업무에 지장을 주는 관료주의를 초래하지 않으면서도 일이 잘 진행되도록 팀의 업무 프로세스를 구조화하는 것이 어렵다는 것을 알았다. 네덜란드 출신 팀원들은 미국 출신 동료들보다 업무 프로세스가 어떻게 작동하는지, 누가 의사결정을 할 것인지, 그리고 다음 단계에는 무엇을 해야 할지 등에 대한 더 상세한 정보를 선호한다.

가상근무체제를 위한 두 가지 훈련 과제가 있다. 첫째, 회사는 디지털 협력을 촉진할 수 있는 훈련 전달 방법에 대한 투자를 강화해야 한다. 디지털 협력이란 둘 이상의 사람들이 컴퓨터의 조력을 받으면서 상호작용을 하는 것을 말한다. 소셜미디어나 웹을 통하여 근로자들은 자신의 데스크 탑 컴퓨터에서 훈련 과정에 접속할 수 있고, 필요에 따라 다른 사람과 합동 작업을 할 수 있다. 가상근무체제는 디지털 협력에 의존한다. 가상의 팀원들은 업무 수행을 위해 필요한 역량이나 전문적 기술은 물론 팀워크를 위한 의사소통 방법, 문화적 차이를 이해하는 방법 등에 대한 훈련이 필요하다. 둘째, 가상 근무체제를 갖춘 회사들에 있어서 필요한 지식을 습득하는 일, 어떤 근로자가 그 지식을 보유하고 있는지를 아는 일, 그리고 그 지식을 개인, 팀 그리고 기능 단위의 내외부 관계자들과 공유하는 것이 효율성 제고를 위하여 결정적인 것이다. 팀이나 근로자들은 보다 나은 서비스를 제공하고 더 나은 상품의 개발이나 제조, 또는 생산 공정을 발전시키기 위해 필요한 지식을 찾을 수 있는 수단들이 제공되어져야 한다.

훈련설계의 신속성 및 내용에 초점을 맞추면서 전달방법의 다양성 강조

새로운 기술 때문에 훈련교사들은 교수설계를 활용하는 새로운 방법을 찾아내야 하는 도전에 직면해 있다. 이러한 변화는 학습이 이루어지는 장소(작업장에서부터 이동훈련까지)는 물론 훈련을 주도하는 주체(훈련교사로부터 근로자까지)에까지 걸쳐 이루어지고 있다. 예를 들면, 훈련교사들은 팟캐스팅을 사용하여 효과적인 훈련과정을 설계하는 가장 좋은 방법을 결정할 필요가 있다. 학습과 관련된 새로운 기술의 활용에도 불구하고, 근본적인 질문은 여전히 남아 있다. 왜 훈련이 필요한가? 누가 훈련을 받을 것인가? 근로자들이 알아야 하는 것을 배우기 위해 어떤 자원이 필요한가?

1장 "서론: 직원 훈련 및 개발"에서 논의하였던 바와 같이, 전통적인 훈련설계 모델은 여러 가지 이유로 비판을 받아왔다. 첫째, 이것은 내용 전문가(SMEs)에 의해 주도된 선형적 접근이라는 것이다. 둘째, 교수체제설계(ISD) 모델은 수업 내용이 일정하다는 전제하에 합리적이고 단계적인 접근법을 사용한다. 셋째, 훈련이 적기에 제공되어야 한다는 요구가 가속화되고 있는 상황을 전제할 때, 전통적 훈련은 시간이 너무 많이 걸린다. 신속한 교수설계(RID, Rapid Instructional Design)란 훈련이 보다 신속하게 개발될 수 있도록 하는 기

표 11.2 RID 전략의 예시

- 완성과 성과에 집중하라
- 교수체계 대신 학습체계를 발전시켜라
- 지름길을 사용하라(예를 들면, 수요 분석 관련 기존 자료를 이용하거나 포커스 그룹을 활용하기)
- 교수설계 과정의 다른 단계들을 통합하라
- 훈련을 실시하면서 지속적으로 개선하라
- 교수설계과정에서의 단계를 건너뛰어라
- 예문, 문제 및 과제 등에 최적화된 기존 과정의 교보재를 활용하라
- 직무 보조물과 관련된 교육을 발전시켜라
- 내용전문가(SME)와 정보를 교환하고 자료를 수집하기 위해 녹음 장비, 인터넷 및 이메일을 활용하라

출처: S. Thiagarajan, "Rapid Instructional Development," *ASTD Handbook of Training Design and Delevery, ed. G. Piskurich*, P. Beckschi, and B. Hall(New York: McGraw-Hill, 2000): 54-75.

법들의 집합이다. RID는 수요 분석, 설계, 개발, 이행, 평가로 구성(1장의 훈련설계 논의를 상기하라)되는 훈련설계 모형들을 변현시키게 된다. RID에는 두 가지 중요한 원칙이 있다. 그 하나는 교육 내용 및 과정이 각각 독립적으로 개발될 수 있다는 것이다. 두 번째는 교수 설계 및 전달에 투입된 자원들이 적당하게 재분배될 수 있다는 것이다. 여기서 설계란 훈련이 시작되기 전에 일어나는 일련의 과정을 말하고, 전달이란 훈련이 실시되는 과정에서 발생하는 것을 말한다, 예를 들면, 만약 어떤 회사에 많은 훈련생이 있고 일정이 너무 촉박한 경우에 볼 수 있는 것처럼 훈련실시와 관련된 자원이 제한적이라면 설계과정에서 추가적인 시간이 할당될 것이다. 〈표 11.2〉에서는 RID 전략을 명기하였다. 예를 들면, 학습 스타일의 차이로 인하여 주어진 훈련계획을 모든 근로자를 대상으로 확대하는 경우, 효과를 극대화하기 어렵게 될 것이다. 결과적으로, 가능하다면 훈련 내용은 교재, 매뉴얼, 오디오 테이프, 비디오 테이프, 그리고 온라인 학습의 형태로 제공될 수 있다. 분석과 평가와 같은 설계과정의 일부는 역시 병합될 수 있을 것이다. 예를 들면, 지식 테스트와 다른 평가 결과들은 과업 분석 및 다른 수요 분석 결과에 기반을 두게 할 수도 있으며, 훈련수요 분석 및 학습 결과를 별개로 분석할 필요는 없을 것이다. 만약 고객을 위해 필요한 훈련수요가 있고 훈련교사가 이 훈련 수요를 신속하게 파악하여 확인할 수 있다면 전체적인 수요 분석을 할 필요가 없다. 작업과정 완수에 필요한 활동과 결정을 알아내기 위한 직무분석의 결과에 바탕을 두면서 필요한 경우에는 근로자들에게 체크 리스트. 작업계획표, 성과 지원 도구와 같은 직무 보조물(Job Aids)이 제공될 수 있다. 직무 보조물은 근로자가 업무 과정을 완수하는 것을 지원하기 위해 필요하고, 훈련은 근로자에게 직무 보조물을 어떻게 사용하는지 가르치기 위해 제공되어 질 수 있다. 기억해야 할 것은 1장에서 논의한 바와 같이, 훈련설계과정(또는 교수 설계과정)은 포기되어서는 안 된다는 것이다. 더 정

확히 말하면, 앞으로는 훈련교사들이 기업 경영상의 필요에 부응하기 위해 훈련설계에 필요한 시간과 비용을 절감하고 효율성을 더 증대시키기 위해 RID 기법들을 더욱 더 발전시킬 것이다.

관리자들은 더 짧으면서, 꼭 필요한 내용에 집중된 훈련과정을 요구하고 있다. 훈련부서는 직접적으로 경영상 필요한 이수를 다루지 않거나 성과 분배와 관련이 없는 훈련 프로그램과 횟수를 감축하라는 요구를 받게 될 것이다. 훈련교사로 활용되고 있는 내용전문가(SME)들은 그들의 발표 내용이 훈련생과 직접적으로 관련이 있는 내용에 집중하라는 요구를 받게 될 것이다. 며칠 또는 반나절 동안 지속되던 세미나와 강의들도 더욱 더 접근이 용이하면서 개인의 특성을 반영하는 형태로 개편이 되어야 할 것이다. 하포드 생명보험회사의 훈련관리자들은 훈련기간을 더 짧게 해달라는 요구를 더 많이 받고 있다. 학습과 훈련이 더 짧은 기간에 제대로 실시되도록 하기 위해 훈련교사들은 관리자들에게 훈련의 효과제고를 위해 코치의 역할을 해줄 것을 요청하고 있고, 더 많은 현장 학습기회를 만들기 위해 노력하고 있다. 또 다른 회사들은 훈련생들에게 더 많은 사전학습 과제를 이수할 것을 요구하고 있고, 훈련 이후에 활용되는 직무 보조물(job aids)을 더 많이 활용하고 있다. HTML과 같은 프로그램 언어를 활용하지 않고도 훈련 내용을 발전시킬 수 있는 블로그나 팟캐스트로 인하여 선택된 내용이 더 쉽게 보완·발전하게 될 것이다. 내용·개발 저작 툴은 더욱 더 고객 친화적으로 될 것이다.

노트북 컴퓨터나 태블릿 PC가 더욱 더 인기를 얻어가고 있는 상황을 감안할 때, 학습을 위한 새로운 형태의 어플리케이션이 개발될 것이다. 이러한 경향에는 주변에서 활용가능한 전문가를 찾아내는 일, 훈련 스케쥴 관리, 은퇴 계획 수립 및 적절한 개발 프로그램 선택 지원과 같은 어플리케이션이 포함될 것이다. 예를 들면, 국제평가개발그룹에서는 코칭을 통해 성공과 행동변화를 촉진하고, 종업원의 채용 및 활용을 지원하고, 그리고 판매와 고객관계를 증진시키는 어플리케이션을 개발했다. 스마트폰을 사용하기는 하지만, 이 코치 어플은 사용자가 그들의 상호작용하는 스타일을 직설적이거나, 분석적이거나, 적극저으로 표명하거나 수용하는 형태로 나누어 식별할 수 있게 하였다. 팀원들의 상호작용하는 유형이 그래프로 작성되었으며, 각각의 스타일에 적합한 코칭 전략이 제시되었다. 그 어플은 또한 어떻게 행동을 교정하고, 다른 팀원들에게 보다 순응적으로 변화하게 되는지 그리고 코칭 과정에서 야기될 수 있는 특정한 이슈들에 대한 질의응답 기법을 활용하여 해결하는 법도 제안하고 있다.

지적 자산의 획득 및 공유 강조

학습 조직이 되는 것에 대한 전략적 가치를 인정하고, 베이비부머 세대 근로자들의 퇴직(1장과 5장의 토론 참조)으로 인한 귀중한 지식이 손실되는 것을 우려하는 회사에서는 근로자들의 지식(인적 자산)을 공유할 수 있는 회사의 자산으로 변화시키기 위한 방법을 찾기 위해 노력할 것이다. 2장 "전략적 훈련"에서 강조한 바와 같이, 훈련기능은 종업원 훈련과 개발 그리고 학습조직의 관리와 조정을 강조하면서 학습에 집중될 것이다. 공동의 사회관계망 기술과 웹 2.0 도구가 지식공유 시행을 더욱 쉽게 하기 때문에 지식을 공유하고 회사의 지적 자산에 기여하는 것이 점차 일반화될 것이다. 지능형 학습 시스템과 온디멘드 주문 방식의 학습 기술이 점차 늘어남에 따라 정보들을 보다 빠르고 상황에 더욱 더 적절하고 정확하게 그리고 근로자의 욕구와 업무에 맞게 더욱 쉽게 각색될 수 있도록 할 것이다. 더 많은 근로자들의 팀과 그룹들이 다른 사람들과의 관계나 내용들을 공유하고, 토론에 참여하고 공동으로 작업을 하면서 학습 컨텐츠를 만들어내기 위하여 소셜미디어나 웹 2.0을 활용하게 될 것이다.

예를 들면, 물 관련 프로젝트에 전문화된 엔지니어링 회사인 MWH에서는 생산성을 높이기 위해 근로자들에게 필요할 때 도움을 요청하거나 대화를 하는 근로자를 적게 하였고, 이 정보를 활용하여 회사 내 관계망 지도를 만들었다. 이 지도를 통하여 의사소통의 격차, 어디서 정보가 막히는지, 다른 동료들과 어울리지 못하는 직원이 누구인지 등에 대한 정보를 알 수 있었다. 사회적 관계망 분석이라고 알려진 종업원들 간의 비공식적 관계망을 지도로 표기하려는 MWH의 의도는 7곳의 기술 센터 간의 커뮤니케이션을 활성화하고 비용을 절감하자는 것이었다. MWH에서는 각각의 센터 내에서는 정보가 원활하게 흐르고 있었지만, 센터 간에는 그렇지 못하다는 것을 알아내었기 때문이다. 예를 들면, 덴버에서 근무하는 직원들이 캘리포니아에서 근무하는 직원들과 교류가 거의 없었으며, 뉴질랜드에 근무하는 직원과는 가장 접촉이 적은 것으로 나타났다. 의사소통의 장벽을 무너뜨리기 위하여 미국 근로자들을 영국의 빈 자리에 발령을 냈다. 최고 관리자는 권위적인 체계에서 벗어나 협력적인 관계로 변화하여 정보의 흐름을 촉진하도록 훈련을 받았다. 5년이 지난 후, MWH에 근무하는 근로자들은 서로 간에 훨씬 더 긴밀한 연결체계를 갖게 되었는데, 그들이 필요한 정보를 얻기 위해서 당초에는 3.2단계가 필요하였으나 이것이 평균 2.4단계로 낮아졌다.

훈련을 실시하면서 지식을 전달하고 축적하기 위해서 새로운 기술을 점차 많이 사용해야 한다는 것은 훈련교사들이 그 기술을 받아들일 수 있는 능력이 있어야 한다는 것을 의미한다. 말하자면, 그들이 새로운 기술의 장점과 약점을 이해하고, 사용자들이 변화에 저항하는 것과 같은 시행에 따른 문제(이것은 뒷부분에서 논의될 것이다)들을 잘 이해해야 한다. 또한, 많은 회사들이 신뢰할 만한 지식을 찾아내고 이 지식들이 근로자들에게 사용될 수 있도록 대책을 강구하는 지식관리자 또는 CIO(Chief Information Officer) 같은 직위를 신설하였다.

진정한 성과 지원 및 사회적 학습의 활용 증가

회사들은 성과 향상 방법으로서 코스 웨어나 강의를 택하던 방식에서 탈피하는 대신 업무 진행과정에서 활용가능한 진정한 성과지원 방안을 채택하는 방향으로 전환하고 있다. 내재적 학습(embedded learning)이란 일을 하면서 필요에 따라 발생하는 학습을 말하는데, 이것은 공동연구 및 마이크로 블로그와 같은 비학습 기법을 포함하고 지식관리와 통합되어 있다. 내재적 학습(embedded learning)은 사회적 학습을 포함할 것인데, 사회적 학습이란 다른 사람과 함께 또는 다른 사람으로부터 배우는 학습이다. 우리는 온라인으로 트위트나 블로그와 같은 소셜 미디어와 페이스북과 같은 소셜 네트워크를 사용하면서는 물론 강의실, 회의장 및 집단 면담 등을 통한 면대면 관계에서도 다른 사람으로부터 배울 수 있다. 어쩌면 우리는 혼자 깨우치기보다는 다른 사람들과 아이디어, 정보, 경험을 공유하면서 더 많이 배우게 된다.

아마 앞으로는 내재적 학습(embedded learning)이 점차 일반적이 될 것으로 보여지는데, 그 이유는 더 이상 현재하고 있는 일과 직접적으로 관련이 없는 교실 강의를 듣거나 온라인 학습에 시간을 소비하는 근로자를 찾을 수 없기 때문이다. 정형적인 훈련 프로그램과 과정이 없어지지는 않을 것이지만, 장기적인 관점에서 근로자나 기업에게 도움이 되는 역량 개발이 보다 더 집중하게 될 것이다. 반면, 내재적 학습(embedded learning)은 근로자들이 핵심과제 완성을 위해 필요한 학습을 제공하는데 집중할 것이다. 내재적 학습(embedded learning)은 가상 작업장에서의 실시간 협업은 물론 특정 과정에 특화된 실시간 컨텐츠와 근무하는 동안 접근이 가능한 모의실험을 포함하는 형태로 나타나게 될 것이다. 최근에 빠르게 진행되고 있는 무선기술의 발달은 비즈니스 프로세스에 근로자들을 직접 연결시키게 될 것이다. 예를 들면, 전파식별(RFID) 칩이 의류, 타이어와 기계 부품들에 삽입하고 있는데, 이 칩에 포함되어 있는 정보들이 무선전파를 통하여 근로자들이 손에 들고 있는 무선장비에 전달된다. 무선장비, 과업 내용 및 성과환경은 교실 중심 수업이나 코스웨어 중심의 학습과는 어울리지 않고, 성과 지원 시스템과 연동되어 있는 것이다. 학습은 다른 여러 비즈니스 프로세스와 연계되어 있는 비즈니스 프로세스이고, 작업과정에서 근로자와 기계의 협업의 결과로 보여지게 된다. 근로자들은 다른 전문가와의 의사소통 및 자동화된 코칭 시스템을 통하여 실시간 성과지원을 받을 수 있다.

미래에 나타나게 될 특징적인 비전 중에 하나는 근로자들이 그들의 일에 내재되어 있는 짧은 학습 에피소드를 제공받게 될 것이고, 학습 에피소드가 필요한 경우 시스템에서 알려줄 것이며, 필요한 전문가들과 직접적으로 연결이 가능할 것이고, 상시적으로 무선 인터넷에 연결되어 필요한 문제 해결을 위한 해법을 제공받게 될 것이다. 모든 근로자들은 개개인의 상황에 최적화되어 있는 특별한 화면(개별화된 대쉬보드)을 갖게 될 것이고, 이 화면을 통하여 근로자의 독특한 의견들이 회사로 전달된다. 이 화면은 개별 근로자의 임무와 배경에 맞추어 독립적으로 제작될 것이며, 각 근로자들에게 전체 업무 흐름의 범위 내에서 자신이 맡은 직무의 현재 상황을 보여줄 것이다. 이 대쉬보드는 근로자들이 다른 근로자와 협업을 할 수 있도록 하고, 정보를 공유하며, 문제 해결을 위한 시뮬레이션에 참여할 수 있도록 한다. 또 다른 비전은 퍼스널 컴퓨터가 근로자들이 정보를 공유하게 할 뿐만 아니라 필요에 따라서 자동으로 훈련 콘텐츠나 내용전문가에게 접근할 수 있도록 하는 허브 기능을 수행하게 될 것이라는 것이다. 이러한 과정은 이메일, 인스턴트 메시지, 3차원 환경을 통해 지원되는 가상 사무실, 화상 회의, 소셜미디어 그리고 공유된 회의 어플 등을 통하여 실행될 것이다.

더 많은 학습들이 노트북이나 태블릿과 같은 모바일 기기를 활용하면서 필요한 때에 즉시 공급되는 형태가 될 것이다. 결과적으로 학습기능은, 특정한 훈련과정을 완결하기보다는, 인증을 획득하는데 필요한 기준 설정에 촛점을 맞추고, 근로자들의 역량이 인증기준에 부합할 수 있도록 지원하는 시스템을 만들어내고, 기준의 완성과정을 재점검해나가는 것에 집중하게 될 것이다. 인증을 받기 위해서는 특정한 직무경험의 보유, 전문가 수준의 근로자의 관찰, 다른 동료나 경험이 적은 근로자를 돕기 위한 컨텐츠에 기여 그리고 시험에 합격하는 것과 같은 활동이 필요할 수 있다.

소셜 네트워크를 그들이 생각하고, 학습하고 문제를 해결하는 방식에 통합시킨 소셜 사이보그라는 새로운 형태로 나타나는 학습자가 있다. 페이스북과 다른 소셜 네트워킹 사이트와 인터넷 접속과 통신이 가능한 스마트폰이 점차 많이 보급되고 발전을 함에 따라 근로자들은 컴퓨터 온라인을 통한 게임을 하고 일을 하고 이메일과 문자를 주고 받으면서 친구들과 연결하는 것에 더 많은 시간을 소비하게 될 것이다. "사회적 인조인간(Cyborgs)"은 이미 작업장에서 태블릿 및 휴대용기기, RSS(역자 주 : 특정 웹사이트의 RSS 주소를 등록

해놓으면 그 사이트에 일일이 방문하지 않아도 업데이트된 새로운 컨텐츠가 내 블로그 등을 통해 나에게 배달되도록 하는 시스템) 그리고 소셜 네트워킹 사이트를 포함하여 새로운 기술이나 도구를 사용하여 그들의 요구를 회사가 수용해주기를 기대하는 밀레니엄 세대들에게는 상당히 보편적으로 확산되어 있다. 이로 인하여 그간 우리가 어디서 어떻게 배우는가에 대해 연구해왔던 훈련, 개발 및 학습 기능들에 대한 전제를 조정해야 할지도 모른다. 기술의 도움없이 혼자서 학습하던 개별 학습자에 기반을 둔 교수 설계 및 개발전략은 점차 더 진부해질 것이다. 근로자들은 훈련과정에 시뮬레이션, 게임, 그리고 지금보다 훨씬 더 현실처럼 구현될 가상현실이 포함되기를 기대할 것이다. 예를 들면, 연구자들이 환경과 교류하기 위해 손을 자유롭게 사용할 수 있도록 몸에 착용하는 도구와 컴퓨터 화면의 역할을 하는 콘택트 렌즈를 개발하고 있다. 학습자들 또한, 학습이 정해진 시간에 이루어지기보다는 필요할 때 바로 이루어지기를 바라는 것은 물론 훈련과정에서도 소셜미디어가 활용되기를 기대한다.

온라인 멘토링과 협력적 학습 플랫폼을 포함하는 학습 환경에 적응하기 위해서 새로운 학습전략들이 필요하게 될 것이다. 이것은 회사가 근로자들에게 적당한 시기에, 적당한 방법으로 학습을 시키기 위하여 모바일 도구는 물론 페이스 북이나 트위터 같은 소셜미디어를 어떻게 활용할 것인지를 진지하게 검토해야 한다는 것을 의미한다. 소셜 네트워크 플랫폼은 학습관리시스템(LMS)의 일부분이 될 것인데, 이 플랫폼을 통하여 관리자가 어떤 학습 컨텐츠가 가장 필요한 것인가를 결정하게 되고, 소셜 네트워크 참여하고 있는 사람들이 개발한 콘텐츠를 선택하여 그것을 정규 훈련과정에 활용하는 것을 허용하게 할 것이다. 소셜미디어를 활용하지 않거나 또는 금지하는 것은 더 이상 회사에서 선택할 수 있는 대안이 아니기 때문에 회사에서는 적극적으로 소셜미디어를 활용하는 방안에 대해 계획을 수립할 필요가 있을 것이다.

사업성과 제고를 위한 성과분석 및 학습에 대한 강조

회사가 경쟁적 우위를 확보하려는 노력을 강화하고 있기 때문에 훈련부서는 자신들이 마케팅, 재무, 생산 등의 사업부서의 역할에 도움을 주고 있다는 확신을 심어주어야 한다.

이 말은 당신이 회사의 비즈니스 수행 과정에서의 문제를 정확히 인식하여 적절한 학습 솔루션(3장 “요구 평가”에서 논의한 요구 분석을 상기하라)을 개발할 수 있을 만큼 비즈니스를 잘 이해한다는 것을 의미한다. 또한, 이러한 문제 인식에는 비즈니스에 있어서 성공이라는 것을 어떻게 측정할 수 있는 것인지, 또 왜 회사는 아직 바람직한 결과에 도달하지 못하고 있는지 등에 대해서도 포함할 수 있을 것이다. 학습 전문가들의 역할은 비즈니스가 도전해야 할 수준을 이해하고 종업원들이 그 성과 달성을 위해 요구되는 역량과의 격차를 이해하고 그 격차를 지속적으로 줄여나가는 것이다. 회사의 사업성과를 제고한다는 것은 학습 전문가들이 사업부서의 전문가들과 공동전선을 형성하면서 학습 솔루션을 통해 사업성과에 대해 책임을 진다는 것이다. 또한, 학습 기능을 활용하여 사업 성과 계획에 포함되어 있는 목표를 달성할 수 있다는 합의가 있고, 간부회의에도 적극적으로 참여하면서 내부 고객과 긴밀한 연계를 가지는 등 회사의 성과를 향상시키기 위한 공동의 목표를 추구하는 사업 파트너라는 것을 확실하게 인식시킬 필요가 있다는 것을 의미한다.

세 가지 다른 산업 분야의 회사에 있어서의 훈련이 그들의 핵심 기준에 어떻게 영향을 미칠 것으로 기대하는지를 살펴보자. 데이터 통합 및 변환 처리 서비스를 제공하는 TRX에서 제공하는 훈련은 고객만족 및 에이전트의 생산성 제고에 직접적으로 영향을 미치기를 기대하고 있다. 훈련 실시 시간과 같은 양적인 지표는 훈련이 어떻게 고객 서비스, 생산성 및 수익성 제고에 기여하는지를 나타내는 질적인 지표보다 중요하지 않다. 코카콜라에 서의 훈련은 회사의 3개년 사업계획과 연계되지 않으면 지원이 되지 않기 때문에 어떤 형태로든 중장기 계획과 연계되어 있어야 한다. 위스콘신 위텐버거에 있는 Ho-Chunk 카지노의 훈련담당 책임자는 관리자들에게 훈련부서가 어떻게 사업의 부가가치를 높이는지에 대한 교육에 많은 시간을 투자한다. 이 책임자의 가장 큰 과제 중에 하나는 훈련의 질적인 성과를 좌우하게 되는 최일선 현장 관리자들을 제대로 설득하는 것이다. 훈련관리자는 현장관리자에게 Kirkpatrick의 평가모델(반응, 학습, 행동, 결과)을 설명함으로써 훈련이 한 차례의 이벤트가 아니라 비즈니스의 과정 속에서 이루어지는 중요한 사업과정이라는 것과 또한 그들이 훈련의 성공과 실패를 결정하는데 중요한 역할을 한다는 것을 이해시키는데 도움이 된다는 것을 발견했다(Kirkpatrick의 모델은 6장 "훈련 평가"에서 더 상세히 논의되었다). 훈련부서에서는 훈련이 비즈니스의 문제를 해결한다는 관점에서 성과분석 접근법으로 전환하여야 한다. 성과분석 접근법이란 성과달성에 있어서 발생하게 되는 갭 또는 결점을 찾아내고, 훈련이 사업부서의 성과달성을 위한 실천 가능한 해법의 하나로 검토해야 한다는 것을 포함한다. 훈련부서에서는 관리자들에게 훈련이 성과 달성을 위한 유일한 해결책이라고 결정하기 전에 좋지 않은 성과의 원인으로 제기될 수 있는 모든 잠재적 원인들을 검토할 필요가 있다는 것을 주지시킬 필요가 있다. 종업원들의 좋지 않은 성과는 기능이나 지식의 부족에서 야기되기보다는 관리의 부실, 기술 부족, 또는 시대에 뒤떨어진 기술에 의해 기인한 것일 수도 있다(3장에서의 사람 분석의 논의를 상기하라). 훈련부서가 간여해야 할 세 가지 방법은 다음과 같다. (1) 성과향상과 관련된 프로그램 참여에 집중할 것 (2) 고성과 작업 시스템 구축을 위한 기반을 제공할 것 그리고 (3) 종업원들의 학습에 대한 접근성을 높이고 비용을 절감할 수 있도록 훈련의 관리, 개발 및 전달 시스템을 발전시킬 것 등이다.

앞으로 훈련부서에서는 종업원들이 필요한 경우에 정보를 잘 활용하고 더 나은 성과를 낼 수 있도록 전문가 활용 시스템을 구축하고 전자 성과 지원 시스템 등이 더 잘 활용될 수 있도록 하는 등의 더 많이 노력을 하여야 할 것으로 보여진다. 이러한 필요는 노동의 유연성이 점차 증가하여 비정규직 근로자를 더 많이 활용하고, 고객의 요구에 부응하기 위해 생산품과 서비스를 조정해야 하는 등의 유연성이 점차 증가하는 것에 기인한다. 예를 들면, 회사는 단 몇 주 동안만 근무할 근로자의 훈련을 위해 돈을 쓰려고 하지 않을 것이다. 대신, 직업소개기관을 통하여 필요한 기능을 보유하고 있는 근로자를 뽑을 것이다. 훈련부서에서는 임시직 근로자들이 취업하는 경우, 회사에 대한 기본적인 지식도 없는 상태에서 아직 친숙하지 않은 상황, 문제, 규칙 그리고 정책 등에 직면하게 되었을 때, 그들이 효율적으로 대처할 수 있도록 지원하는 제도적 틀을 제공할 필요가 있다.

1장에서 논의한 바와 같이, 이러한 타입의 설계를 통하여 생산성 증가로 이어질 수 있기 때문에 많은 회사들이 고성과 작업장을 실현하기 위해 노력하고 있다. 고성과 작업은 종업원들이 업무수행을 위해 팀원들간 원할한 대인관계는 물론 고숙련의 기술력도 가질 것을 요구한다. 종업원들은 공정관리를 통계적으로 분석하고 TQM(Total Quality Management)의 철학을 이해할 필요가 있으며, 전반적인 생산 및 서비스 시스템에 대하여 확실하게 이해함으로써 내·외부 고객에게 보다 나은 서비스를 제공할 수 있어야 한다. 더 많은 회사들이 고성과 작업 시스템으로 전환하고 있음에 따라 훈련부서는 종업원들이 고객 서비스 또는 생산 시스템의 전반을 이해하도록 도우는 것뿐만 아니라 대인관계, 품질 및 기술력에 있어서의 효과적인 훈련을 제공할 수 있도록 대비하여야 한다.

기업 경쟁력은 신속하게 변화를 수용하고 상품이 더 빠르게 전달될 수 있도록 하는 한편 비용과 시간적 제약을 줄여나감으로써 실현될 수 있다. 캘리포니아 산호세에 본부가 있는 네트웨크에 들어가는 집적회로 공급업체인 싸이프레스 반도체는 종업원의 역할, 활동, 책임, 경력 개발 활동 및 훈련 선택권 등이 구체적으로 열거되어 있는 매뉴얼을 개발하였다. 매뉴얼은 종업원 성과 평가를 위해서도 활용되어졌고, 채용과정에서도 활용되어졌다. 예를 들면, 어떤 종업원들이 채용되자마자 최대한 빠른 시간에 성공적인 성과를 낼 수 있도록 하기 위하여 신규 채용자를 위한 훈련계획이 만들어질 수 있다.

필요한 시기에 즉시 제공되는 적기(JIT) 학습은 신속한 학습과 학습이 비즈니스에 신속히 적용되기를 희망하는 많은 회사들의 요구에 대한 대답이다. 메모리얼 슬론 케터링 암센타에서는 병원 전체에서 활용 가능한 다양한 의료지원 시스템(주문 관리, 전자 의료 기록, 화상 기록 및 소통, 질병관리)의 시행과 통합되어 있는 시뮬레이션 도구를 개발했다. IBM 글로벌 서비스는 교실에서 행하던 3일짜리 훈련을 웹상에서 시행되는 JIT로 전환하였다. 전자상거래 컨설턴트들은 그들이 필요로 하는 훈련이나 정보 또는 훈련과정이 구축되었던 사례들을 웹사이트에서 접근할 수 있다. 또한, 그들은 다른 컨설턴트들과 지식을 공유하기 위하여 협업도 할 수 있다.

훈련의 방향이 학습 그 자체를 가장 중요한 산출물로 생각하던 방향에서 벗어나서 기업의 성과 제고를 위한 수단으로 방향을 잡아감에 따라 기업들은 훈련행정을 관리하고 관리수단을 개발하고 온라인 훈련을 제공하는 학습관리시스템(LMS)을 구입하기 시작했다(LMS는 8장 "테크놀러지 기반 교육 훈련 방법"에서 논의되었다). LMS 소프트웨어는 학습활동과 비용을 추적할 수 있고 학습결과를 생산품 수익 또는 판매 목표와 연계시킬 수 있는 학습 분석 또는 분석 도구를 포함하고 있다.

오늘날, 대부분의 회사에서는 자신들이 직접 소프트웨어와 하드웨어를 소유하고 있으면서 현장에서 관리하고 있다. 그러나, 클라우드 컴퓨팅은 회사로 하여금 소프트웨어나 하드웨어를 임차할 수 있도록 하고, 종업원들은 그들이 사용하고 있는 컴퓨터, 데이터 베이스 또는 어플리케이션들이 어디에 위치해 있는지를 알지 못한다(이것이 구름 속에 있다고 알려진 이유이다). 클라우드 컴퓨팅은 요구에 따라서 작동하고, 변화가 가능하고 스스로 조작해야 하는 네트워크를 통하여 정보기술 인프라를 제공하는 컴퓨터 시스템을 말한다. 클라우드는 필요에 따라 인터넷으로 전달(공적 클라우드)되거나 또는 특정 회사에만 사용이 제한(사적 클라우드)되기도 한다. 클라우드 컴퓨팅은 회사와 그 종업원들이 개인 컴퓨터뿐만 아니라 스마트폰이나 태블릿 PC를 활용하여 필요한 어플이나 정보에 접근할 수 있다. 또한, 그룹들이 새로운 방식으로 함께 일할 수 있도록 하고 종업원들로 하여금 더 쉽게 문서와 정보를 공유하게 함으로써 생산성을 향상시킬 수 있고, 대용량의 회사 데이터 베이스에 접근할 수 있도록 한다. 학습 관점에서 볼 때, 이것은 학습, 훈련과 개발 프로그램과 관련된 매트릭스를 활용하여 노동력 분석을 할 수 있는 도구와 트위트, 블로그, 구글 문서 그리고 유튜브 동영상과 같은 소셜 미디어와 공동작업 도구들이 더 쉽게 접근되고 활용되어질 수 있다는 것을 의미한다. 또한, 클라우드 컴퓨팅은 종업원들이 다양한 훈련기관 및 교육기관들을 통하여 제공되는 공식적 훈련 프로그램에도 보다 쉽게 접근할 수 있도록 해준다.

훈련 동반자 및 훈련 외주용역의 활용 증가

2장에서 회사들이 훈련을 외주용역으로 돌리는 여러 가지 이유에 대해 논의하였다. 두 가지 주된 이유는 종업원들이 특화된 새로운 지식을 배울 필요가 있다는 것과 회사는 비용을 절감하면서 가장 좋은 사례를 창출하기를 원하기 때문이다. 외부 공급자들은 컨설턴트, 학교교수, 대학원생 또는 연예 사업 또는 메스커뮤니케이션 산업의 회사들일 수도 있다. 외부 공급자들은 동업 형태일 수도 있고, 훈련 서비스를 단독 제공하는 공급자일 수도 있다. 외주 용역을 할 것인지 말 것인지보다는 어느 정도의 훈련을 외주화할 것인지가 회사의 주요한 결정 사항이 될 것이다.

벨사우스는 자신들의 종업원을 위하여 무선통신의 기초에 관한 훈련 프로그램을 개발하였다. 훈련팀의 멤버들은 벨사우스의 직원들이 무선통신이 어떻게 작동하는지에 대해서 알게 되어 이득을 얻게 된다면, 이로 인하여 주요 공급자 및 최종 소비자인 고객과 무선 상품을 판매하는 회사도 이득을 볼 것이라는 믿었다. 이러한 형태의 훈련으로 벨사우스가 경쟁사에 비해 우위를 점할 수도 있다. 결과적으로 벨사우스의 무선 통신에 대한 소개 훈련은 회사 내부는 물론 베스트 바이와 같은 벨사우스의 제품을 파는 회사들에게도 제공되었다. 베스트 바이는 그들의 고객들도 훈련을 받을 수 있도록 하였다. 또한 벨사우스는 공급자와 고객이 네트워크에 대하여 더 많이 알게 하기 위하여 컴퓨터 네트워크 관리를 위한 기초 퍼스널 컴퓨터 기능과 같은 분야에서도 훈련을 제공한다. 벨사우스는 훈련 공급자로부터 받은 훈련과정을 회사의 웹사이트에 올려서 훈련을 받을 수 있도록 제공한다.

왜 공급자, 고객 및 판매자를 훈련시키는가? 훈련을 시키는 의도는 무선 기술이 무슨 기능을 하는지, 어디서, 어떻게, 왜 작동하는지, 장점과 단점 그리고 잠재적 활용 가능성 등에 대한 광범위한 이해를 형성하기 위한 것이다. 훈련을 제공함으로써 벨사우스 서비스의 가치를 높이게 된다. 고객, 판매자 그리고 공급자들이 벨사우스의 제품과 서비스에 대해 더 많이 배우게 되면서 더 많은 판매 실적으로 나타나게 된다. 예를 들면, 영업사원들이 자신들이 판매하는 제품과 기술에 대해 더 많이 알수록 그들은 고객들의 욕구와 제품의 성능에 대해 더 잘 적응하게 될 것이다. 이러한 지식은 고객만족도를 제고하여 고객의 입소문을 통한 광고 효과를 높이고, 반품 및 불만 제기 건수를 낮추어서 비용을 절감하게 될 것이다.

1장에서 논의한 바와 같이 인구, 세계화 및 기술상의 변화가 미국을 비롯한 전 세계 기업들이 직면하고 있는 도전인 기술상의 격차를 만들어내고 있다. 또한, 현재 진행하고 있는 취업을 위한 교육(Education-to-Employment) 시스템도 21세기 경제에 능동적으로 대비할 수 있도록 준비된 것이 아니다. 업무내용과 교육내용의 괴리로 인하여 많은 근로자들이 현재 직업에 필요하거나 또는 다른 직업을 갖기 위해 필요한 최신의 지식과 기능들을 습득하는데 애로를 겪고 있다. 10장 "사회적 책임: 법적인 문제, 다양성 관리 그리고 경력 도전"에서의 사업과 교육 동반자 토론에 대해 상기해보자. 기능상의 격차를 극복하기 위해 우리는 취업을 위한 교육 시스템을 재정립하려는 시도를 하는 경영계와 교육계 및 지역사회의 동반자적 관계를 구축하려는 사례들을 더 많이 볼 수 있을 것이다. 이러한 동반자적 관계의 목표는 개인들이 고숙련, 고임금 일자리로 가도록 준비하는 것을 도와주고, 종업원의 재훈련과 초등학교부터 고등학교까지의 진로교육 프로그램, 경력관리 아카데미, 고등교육 프로그램을 평생학습 체제로 통합시킴으로서 새로운 회사들을 그 지역으로 유인하는 것이다. 평생학습 시스템은 많은 사람들이 평생동안 갖게 될 여러가지 직업과 경력에 필요한 역량들을 개발하고 발전시키는데 보다 더 좋은 기회를 제공하게 된다.

또한, 실업, 불완전고용 및 기능상의 격차 해소의 방안을 찾아야 하는 긴급성이 증가되고 있기 때문에, 연방정부, 주정부 및 지방정부가 종업원들의 재교육을 위해 세액 공제, 훈련 투자 기업에 대한 세금 우대조치, 종업원들이 실업학교나 대학에서 추가적인 교육을 받을 때 사용할 수 있는 평생 학습 계좌의 확산과 같은 더 많은 경제적 인센티브를 제공할 것이다.

예를 들면, 반도체 산업 협회인 세마텍(Sematech)은 아리조나 주의 피닉스에 소재하는 커뮤니티 칼리지와 함께 제조업 기술자로서 입사 단계의 훈련을 위한 커리큘럼을 개발하는 분야의 일을 하였다. 미시간 주에서 해고된 자동차 산업 근로자들이 간호직에 채용되었다. 오클랜드 대학에서는 1년짜리 간호사 과정에 자동차 산업 근로자를 뽑았다. 이 과정을 완수한 후에 디트로이트에서 가장 규모가 큰 건강 네트워크인 세인트 존 헬쓰(St. John health)에 취직을 할 수 있었다. 샌프란시스코에서는 항공산업에서 일자리를 잃은 자재 취급자들은 바이오 회사인 제넨텍(Genentech)에 취업하기 위해 재훈련을 받았다. 워싱턴 주에 의해 제공되는 통합기초기능훈련(IBEST) 프로그램은 참가자들에게 간호, 접객, 교정 및 용접 분야 취업을 위한 훈련을 제공받을 수 있도록 하였다. 이 프로그램은 불완전 취업자 및 실업자를 대상으로 하였다. 1년 간의 과정을 완수하면 참석자들은 추가적인 훈련을 받을 수 있는 기회와 함께 그들이 선택한 분야의 취업에 필요한 기능을 충분히 익힐 수 있다.

훈련교사와 다른 학습 전문가들은 훈련 솔루션 특히, 필요한 내부전문가를 회사 안에서 양성하기 어려운 기술 기반 학습 솔루션을 효과적으로 제공할 수 있는 외주 용역 제공자를 찾을 필요가 있다. 유전 서비스 제공자인 베이커 휴즈(주)는 나이지리아 및 러시아를 포함하여 16개국에서 점차 늘어나고 있는 노동자들에게 훈련을 실시해야 하는 과제에 직면했다. 베이커 휴즈(주)(Baker Hughes Incorporated)는 그들의 학습 과정의 설계 및 지원을 훈련과 학습 외주 제공사인 엑스퍼터스(Expertus)에게 의뢰하였다. 엑스퍼트스는 LMS를 통해 훈련 관련 행정, 보고 관리, 기초직무교육 및 법정교육을 위한 과정과 실시간 지원 시스템을 개발하였다.

훈련 외주의 한 가지 형식은 특정한 어플을 위한 소프트웨어를 임대해주는 회사인 어플 서비스 제공자(ASP)를 활용하는 것을 포함한다. 몇몇의 ASP는 온라인 학습을 제공하는 코스웨어 개발자와 관계가 있는데, 이러한 관계가 ASP로 하여금 사용자가 지정하는 과정은 물론 체계화된 코스를 제공할 수 있도록 한다. 이렇게 하는 경우, 회사에서 얻게 되는 이점은 내부 넷워크나 인트라넷을 구매 또는 유지하기 위해 회사의 자원을 사용되지 않아도 된다는 것이며 또한, 회사는 훈련시설을 짓거나 빌리거나 유지하는 데 소요되는 비용도 절감할 수 있다. 대체로 회사는 프로그램 사용권과 함께 유지보수 계약의 형태로 비용을 지불하게 되는데, 훈련 전달 및 관리 프로그램은 ASP의 컴퓨터에서 작동된다. ASP는 얼마나 많은 종업원이 계약된 소프트웨어를 활용했는지, 어떤 분야에 가장 많이 접속했는지, 종업원들이 훈련 수료 후에 어떻게 성과를 내는지를 추적할 수 있다. 또한, ASP는 소프트웨어 업그레이드를 포한한 기술적 지원을 하며, 회사는 ASP에게 수수료를 준다. 예를 들면, KPMG 컨설팅 회사는 전자상거래 분야에 있어 세계에 퍼져 있는 8,500명의 종업원을 교육시킬 프로그램을 개발하도록 이러닝 부서에 과제를 주었다. 이러닝 책임자는 프로그램이 KPMG의 컴퓨터 시스템에 지나친 부담을 주지 않아야 한다는 것을 확실하게 인식하고 있었기 때문에 KPMG의 컴퓨터 자원을 전혀 사용하지 않으면서도 세계 곳곳에 있는 근로자들이 회사의 컴퓨터에 접속하여 ASP에서 제공하는 훈련프로그램을 활용할 수 있도록 하였다. KPMG는 ASP를 활용함으로써 필요한 프로그램을 신속하게 개발하여 회사의 근로자들을 훈련시킬 수 있었다.

미래 동향에 능동적으로 대처하기 위한 훈련교사의 기능과 역량 대한 함의

최근의 연구결과에 밝혀진 바에 의하면, ASTD 역량 모델(1장 〈그림 1.4〉 참조)에 포함되어 있는 역량과 전문성은 미래에도 역시 필요할 것으로 보여진다. 그러나 기술을 보다 더 효율적으로 활용할 수 있는 훈련교사의 능력에 대한 중요성은 더욱 더 강화될 것이다. 또한, 회사가 점점 더 세계화됨에 따라, 훈련 방법과 내용을 해당 지역의 문화에 맞추어 각색

표 11.3 미래 훈련교사에게 필요한 기능

- 근로자가 소재한 지역 문화에 훈련 내용과 방법을 조화시키기
- 기술 주도 학습 환경에서 필요한 내용은 물론 학습공간 설계하기
- 오디오, 비디오, 웹캐스트 및 실제 행동 멀티미디어 도구의 활용
- 초보자와 전문가를 위해 다른 포맷으로 훈련을 전달하고 제시하기
- 수강생의 학습 스타일을 결정할 평가의 활용
- 근로자들이 필요한 때에 필요한 정보와 훈련을 찾을 수 있도록 탐색 및 식별 기술을 개발하기
- 종업원, 관리자 및 경영진과 접촉을 하면서 그들이 원하는 것이 무엇인지를 식별해내고 학습을 촉진하고, 종업원들이 보다 효과적으로 일을 하도록 돕는 수단, 과정 또는 절차와 관련하여 제안하기
- 일과 통합되어 있는 학습의 개발 및 전달
- 어떻게 소셜미디어가 학습에 활용될 수 있는지, 소셜미디어의 한계 및 그것을 활용하여 비즈니스 사례를 만드는 능력에 대한 이해
- 직업과 사업 관련 문제에서 근원적인 문제를 찾아내기

출처 : M. Laff, "Trainers Skills 2020", *T+D*(December 2008): 42; P. Galagan, "New Skills for a New Work Reality," *T+D*(November (November, 2011): 26-29.

할 필요가 있을 것이다. 〈표 11.3〉은 훈련교사들이 향후에 개발할 필요가 있는 기능을 보여준다.

요 약

본 장에서는 TD에 영향을 미칠 것으로 보여지는 미래 경향에 대해 논의하였다. 이러한 경향은 훈련 전달 및 훈련 기능의 구조와 연결되어 있다. 훈련은 회사의 지속가능 성장이라는 목표에 기여할 것이다. 훈련교사들은 중요한 내용을 중심으로 보다 신속하게 훈련과정을 설계하고 다양한 방법을 사용하여 훈련을 실시할 것을 요구받게 될 것이다. 새로운 기술은 미래 훈련 실시 과정에 더 큰 영향력을 행사하게 될 것이며, 또한 훈련부서로 하여금 회사 전체의 인적 자산을 축적하고 공유하도록 할 것이다. 훈련을 다른 인적 자원 관리 기능들과 통합하여야 한다는 것과 기업경영에 훈련이 얼마나 도움이 되는지를 보여주어야 한다는 것이 점차 더 강조될 것이며 훈련부서는 판매자 및 관련 회사들과 동반자 관계를 구축해나갈 것이다.

토의 문제

1. 새로운 기술이 미래의 훈련에 어떻게 영향을 미칠지 논의해보자.
2. 훈련교사들이 미래에 성공하기 위해서는 어떤 새로운 기능이 필요할까?
3. 신속교수설계란 무엇인가? 그리고 이것은 1장에서 논의하였던 전통적인 훈련 설계과정과 어떻게 다른가?(〈그림 1.1〉 참조)
4. 학습관리시스템(LMS)의 활용이 어떻게 훈련과 경영전략 및 목표와 더 잘 연계되게 할 수 있는가?
5. 클라우드 컴퓨팅이란 무엇인가? 그것이 어떻게 적기(JIT) 훈련 실시를 가능하게 하는가?
6. 사회적 학습과 소셜 네트워크가 어떻게 종업원들의 학습, 훈련 및 개발에 대한 기대치에 영향을 미치게 되는가?
7. 훈련에 대한 가상근무체계의 시사점은 무엇인가?
8. 훈련이 어떻게 지속가능성장 추진에 기여하게 되는가?

적용 문제

1. 관리자를 면담해보자. 이 사람에게 자기 회사의 훈련부서를 훈련실시, 서비스, 전문성 및 비즈니스에 기여하는 정도라는 관점에서 평가해줄 것을 부탁하자. 그리고 그렇게 평가한 이유에 대해 설명해줄 것을 부탁하자. 이 정보를 요약해보자. 당신이 수집한 정보를 바탕으로 어떻게 하면 훈련부서가 더 개선될 수 있을지에 대한 권고안을 작성해보자.

2. 본 장은 향후 훈련에 영향을 미칠 여러 가지 경향에 대해 논의하였다. 향후의 사회, 경제, 정치 또는 기술적 요인에 바탕을 두고 당신 생각에 향후 훈련에 영향을 미칠 한 두가지 추가적인 경향을 찾아보자. 당신의 생각을 2 내지 3쪽의 보고서에 요약해보자. 당신이 제시한 경향에 대한 합당한 이유를 제시해야 한다. 많은 조직들이 훈련 관점에서 성과 관점으로 이전하고 있다. 말하자면, 이것은 그들이 훈련 그 자체에 관심이 있는 것이 아니라 성과 향상에 관심이 있다는 것을 말한다.

3. SumTotal은 어플리케이션 서비스 제공회사(ASP)이다. www.sumtotalsystems.com을 방문해보고, 이 회사가 제공하는 서비스와 상품이 무엇인지 알아보자.

4. 국제 평가 및 개발 그룹의 웹사이트인 http://2oms.com/apps/를 방문해보자. “Mobile Apps”를 클릭하여 읽어보고, 당신의 스마트폰에 성과코치(performance coach)를 설치하자. 이 어플리케이션의 장점과 단점은 무엇인가?

5. 유튜브 웹사이트 www.youtube.com에 방문해보자. 첫째, “IBM의 왓슨 슈퍼컴퓨터가 모든 인류를 위험에 빠뜨린다”라는 동영상을 보자. 그런 다음에 IBM “왓슨: 위험 이후의 왓슨”이라는 동영상을 보자. 왓슨과 활용된 기술이 어떻게 우리를 더 영리하게 하였으며 성과를 향상시켰는가?

사례

텔러스(TELUS)에서의 종업원 권한 강화 및 지속가능한 환경에 대한 지식 기술의 역할

종업원 38,000명을 고용하고 있는 IT 회사 TELUS는 연례 조사를 통하여 종업원들이 경영 전략을 이해하고 있지만, 그들에게 경영 문제를 다룰만큼 권한이 이양되지 않았다고 느끼고 있다는 것을 알아냈다. 그리하여 TELUS는 TELUS 리더십 철학(TLP, TELUS Leadership Philosophy)을 고안하였다. TLP는 종업원들이 회사의 성과를 개선할 아이디어을 창출하고 그 의견을 공유하여야 한다는 것을 강조하였다. TLP는 고객 중심 문화를 창출하기 위해 고안된 운동인 고객 제일(Customers First)과 2014년까지 30%의 근로자들은 사무실에서 일을 하고, 40%는 이동하면서 일을 하고, 나머지 30%는 재택근로인 업무 스타일을 포함한 핵심 경영 목표 운동을 지원하였다. 업무 스타일 운동은 종업원의 생산성을 제고하고, 일과 생활의 균형을 높이는 관행을 조장함으로써 종업원들이 건강하게 생활하는데 도움을 주고, 사무실 출입을 줄여 사무실 및 출퇴근과정에 방출되는 이산화탄소 배출량을 감소시킴으로써 지속가능 환경 구축에 기여하겠다는 TELUS의 약속을 지키도록 지원하기 위해 시작되었다. 현재 많은 TELUS 근로자들이 멀리 떨어진 곳에서 관리되는 가상팀에서 근무하고 있다.

소셜미디어와 어플리케이션이 어떻게 종업원들의 권한을 이양하여 고객을 기쁘게 하는데 도움이 되는지 그리고 학습기능이 지속가능한 환경 구축에 기여하는데 도움이 되는지? 가상팀 또는 재택 근무 또는 이동 근무를 하는 종업원들에게 학습을 시키는데 있어서의 도전과제는 무엇인가?

출처 : J. Salopek, "투명성 창조를 위해 사회적으로 활동하기", *T+D*(October 2011): 68-70.

실습/ 사례 4
휴가 좀 사용하세요!

몇몇 기업에서는 당신이 원할 때, 원하는 만큼의 휴가를 줄 것이다.

원할 때 언제든지 휴가를 갈 수 있는 제도는 특히 하이테크 산업, 전문직 서비스업이나 다른 화이트 칼라 직종의 고용주들에게 인기를 끌었다. 고용주들은 근로자들이 근무를 쉴 수 있도록 이러한 제도를 운영하고 있다. 어떤 통계에 의하면 전체 근로자들의 40% 미만만이 휴가제도를 사용하고 있다고 한다. 노동강도가 높은 장시간 근로는 근로자들을 녹초가 되게 하고 더 많은 실수를 야기하게 하며 상품과 서비스의 질을 떨어뜨리게 한다. 많은 근로자들이 휴가일수나 휴가의 상한선이 보장되어 있지도 않으며 휴가를 갈 때는 반드시 승인을 받도록 되어 있다.

IBM에서는 휴가를 갈 때, 관리자에게 통보를 해야 하지만 원하는 시기에 휴가를 간다. Best Buy에서는 근로자의 근로시간을 체크하지 않는다. 대신, 성과나 결과로 측정되는 "결과 중심 업무 환경"을 강조한다. Netflix에서도 기존에 근로자들이 며칠 또는 몇 시간 일을 했는지를 챙기는 대신에 어떤 것을 완수했느냐에 중점을 두면서 근로자들의 휴가 일수를 체크하는 정책을 포기하였다. Netflix는 강한 성과 중심 문화를 갖고 있다. 근로자들은 종종 주말에도 집에서 노트북 컴퓨터나 스마트폰을 이용하여 일을 하는 등 주 7일, 하루 24시간 일을 하고 있다. 근로자들은 과거 "휴가 금지 정책"을 사용할 때보다 일 년에 약 3주에서 5주 정도 많은 휴가를 사용하고 있다. 근로자들이 휴가를 며칠 사용하는지에 대해서는 전적으로 개인의 선택에 관한 문제로 아무도 묻지 않는다.

그러나 동료들과의 업무부담 균형을 위하여 휴가를 언제부터 얼마나 갈 것인지에 대해서는 논의하도록 되어 있다. Netflix 근로자들은 휴가 기간 중이라 할지라도 업무가 지장을 받지 않도록 이메일이나 휴대폰을 사용하여 연락을 하여야 한다. Hulu 사에서는 Netflix의 휴가 정책에 대해 연구하였지만, 근로자들이 실질적으로 쉬는 시간이 없어질 수도 있다는 우려는 표명함으로써 도입하지 않기로 하였다. 또한, 이러한 휴가제도는 관리자들의 일하는 습관을 바꾸게 하는 압력이 될 수도 있다는 걱정을 하였는데, 예를 들면 일 중독자인 관리자가 있다면 휴가를 요청하는 것이 쉽지 않을 수도 있다는 것이다. 세금 관련 서비스를 제공하는 회사인 Ryan LLC는 근로자의 이직률을 낮추기 위하여 업무 유연화 정책의 일환으로 원하는 시기에 원하는 만큼의 휴가를 갈 수 있는 제도를 채택하였다. 금융회사인 Motley Fool은 대부분의 근로자들이 연간 4주 정도의 휴가를 가는 것을 알았다. Motley Fool은 아주 짧은 통보기간을 주어도 휴가를 갈 수 있는 준비가 되어 있도록 하는 의식을 치르고 있다. 근로자들이 회의시간 중에 휴가를 갈 사람을 추첨을 하여 선정하면 그 근로자는 다음달 중에 2주 연속 휴가를 가야 한다. 그리고 휴가에서 돌아오면 동료들에게 휴가기간에 무엇을 하였는지 이야기하여야 한다.

질문

1. 근로자들이 원하는 시기에 원하는 만큼의 휴가를 갈 수 있는 정책의 장점을 극대화하면서 다른 동료들의 업무부담을 가중시키거나 사업에 지장을 초래하지 않도록 하기 위해서는 무엇을 해야 하는가?
2. 근로자들이 왜 휴가를 가지 않는다고 생각하는가?
3. 어떤 종류의 업무가 원하는 시기에 원하는 만큼의 휴가를 갈 수 있는 정책을 채택하기에 가장 적합한가? 어떤 종류의 업무가 이런 정책이 작동하지 않을 것인가?
4. 원하는 시기에 원하는 만큼의 휴가를 갈 수 있도록 하는 정책은 회사에 어떻게 도움이 되는가?

출처: S. Shellenbarger, "Unlimited vacation, but can you take it?, *The Wall Street Journal* (July 20, 2011): D3; S. DuBois, "Flexible vacation policies are here to stay," *CNN Money* (February 1, 2011) accessed at http:// money.cnn.com, February 17, 2012.

용어 해설

360-degree feedback	다면평가	개인을 평가할 때 직속 상사뿐만 아니라, 동료 및 부하직원 등 다수의 평가자가 설문을 통해 여러 방면에서 시행하는 평가
ability	능력	직무를 수행하기 위한 물리적 정신적 힘
action learning	액션러닝	팀이나 집단을 구성하여 동료와 촉진자의 도움을 받아 실제 업무의 문제를 해결하기 위해 계획을 구성하고 실행하며 학습을 하는 훈련 방법
action plan	액션플랜	학습자나 관리자가 훈련을 통해 습득한 내용을 현장에 전달하는 과정을 상세히 기록한 문서
advance organizer	선행 조직자	학습자가 새로운 정보를 의미 있게 조직하고 해석할 수 있도록 새로운 정보를 학습하기 전에 제시되는 관련 개요, 문서, 도표 등 일련의 정보
adventure learning	모험학습	직원들의 팀웍과 리더십을 함양하기 위해 일상적인 업무환경을 벗어나 야외에서 진행하는 체계적인 훈련 프로그램
affective outcomes	정서적 결과	태도나 동기를 포함한 결과
Age Discrimination in Employment Act (ADEA)	연령차별금지법	40세 이상의 개인의 고용에 있어서 연령으로 인한 차별을 금지하는 연방법
alternative work arrangement	대체근무직	임시직 근로자, 호출근로자, 계약근로자 등 비정규직 근로자
Americans with Disabilities Act (ADA)	미국 장애인 차별 금지법	1990년에 제정된 고용에 있어서 장애인 차별을 금지하는 법
andragogy	성인교육학	성인 교육에 관한 이론
application assignments	적용과제	업무 상황이나 문제를 파악하기 위한 과제 및 훈련 내용을 문제해결 과정에 적용하는 것
application planning	적용계획	직무에서 핵심 행동을 사용하기 위한 준비
application service provider (ASP)	ASP	특정 목적의 소프트웨어를 임대 형태로 제공하는 회사
apprenticeship	도제	현장 및 교실 훈련을 통한 일·학습 병행 훈련 방법론
apps	앱	휴대폰이나 스마트폰 등에 다운받아 사용할 수 있는 응용프로그램. 애플리케이션(application)을 줄임말. 특히 요즘은 종업원 훈련의 기록, 관리, 및 개발 등을 위해 사용
assessment	평가	종업원의 행동, 기술, 커뮤니케이션 스타일 등에 관하여 정보를 수집하여 피드백을 제공하는 일련의 과정
assessment center	평가센터	업무에 주로 활용되는 특정 지식, 기술, 능력을 발휘하도록 구성된 다양한 활동을 다수의 평가자가 평가
asynchronous communication	비동기 통신	실시간 동기화 없이 정보를 일정 속도로 보낼 것을 요구하지 않는 자료 전송 방법
attitude	태도	특정한 사물이나 인물에 대한 개인의 반응에 영향을 미치는 개인의 신념이나 감정의 내재적 상태
audiovisual instruction	시청각 교육	시각 및 청각 미디어를 기반으로 한 훈련 형태

automatization	자동화	과업의 성과, 관련 기술 및 지식을 자동작용화
avatars	아바타	가상사회에서 자신의 분신을 의미하는 시각적 이미지
balanced scorecard	균형성과기록표	재무적인 측면과 더불어 고객, 내부 프로세스, 학습과 성장 등 기업의 성과를 종합적으로 평가하는 균형잡힌 성과측정기록표
bandwidth	대역폭	주파수의 범위를 지정하는 단위로 정보의 단위로 사용
basic skills	기초기술	작업장에서 기본적으로 알아야 할 기술 습득을 목적으로 실시하는 내용
behavior modeling	행동모형	구성원의 업무수행과 성과에 직접적으로 영향을 미치는 핵심요인들을 체계화한 모형
benchmarking	벤치마킹	기업에서 경쟁력을 제고하기 위한 방법의 일환으로 타사로부터 훈련의 유형, 정도, 빈도 등을 배워오는 혁신 기법
benefit	혜택	사내 훈련으로부터 얻어지는 혜택
blended learning	혼합형 학습	학습효과를 극대화하기 위해 온라인, 오프라인 등 다양한 학습 방법을 혼합하는 학습형태
blog	블로그	게제자가 관심사에 따라 글을 올리고 방문자들이 글을 남기는 형식의 웹
brand	브랜드	고객의 기대를 만들기 위하여 사용되는 룩앤필 훈련기능
business-embedded model	비즈니스 내제 모델	훈련을 기업의 전략에 기반을 두어 다섯 가지 역량 (전략 방향, 제품 디자인, 구조적 다기능성, 제품 유통, 책임)에 초점을 맞춘 모델
business game	비즈니스 게임	학습자가 정보를 모으고 분석하여 의사결정을 하는 훈련 형태
business strategy	비즈니스 전략	기업의 목표와 정책 등을 통합하는 계획
career path	경력 경로	사내에서 사원이 거쳐가야하는 업무와 기술 군을 직군형태로 한 일련의 모음
career support	경력 지원	사원에게 제공하는 코칭, 지원 및 도전과제 등을 말함
case study	사례 연구	사원 개인이나 조직이 어떻게 상황을 대처하는지에 관한 묘사
centralized training	중점 훈련	훈련개발, 자원, 전문가 등이 훈련에 관한 투자 프로그램, 운영방법에 대한 결정을 사내에서 훈련부서의 조직
change	변화	회사에 의한 제시된 새로운 아이디어나 행동의 수용
chief learning office	최고학습책임자	사내의 지식경영을 책임지는 수장
climate for transfer	전이 풍토	사내 환경의 특성에 관한 광범위한 생각
closed skills	폐쇄 기술	직무에서 학습자에 위해 동일하게 일어나는 숙련된 스킬을 학습하는 것과 연결된 학습 목적
cloud computing	클라우드 컴퓨팅	네트워크를 통해서 제공되는 정보통신 기술의 인프라 시스템
coach	코치	동료나 부하직원을 격려하고 기술개발을 독려하며 피드백을 제공하는 이
cognitive ability	인지 능력	지식, 사고력, 문제해결력, 논리력
cognitive outcomes	인지 결과	훈련을 통해서 학습한 지식의 측정을 통한 결과
cognitive strategies	인지 전략	학습과정을 통제하기 위한 전략
community of practice	학습공동체	학습자들이 각자 자신의 학습에 대하여 책임을 가지고 다른 구성원들의 학습을 서로 돕고 지원해주는 분위기가 형성된 특정 그룹
comparison group	대조군	훈련에 참가하지 않은 훈련 비교그룹
competency	역량	개인의 업무수행능력
competency model	역량 모델	직무에 필요한 필수 지식, 기술, 행동 등 역량을 나열한 모델
competitive advantage	경쟁 우위	산업내 혹은 시장내 경쟁자와 비교하여 우월한 위치
competitveness	경쟁력	시장내에 점유율을 유지하거나 올리기 위한 회사의 능력
compressed work week	집중근무제	생산성 향상과 구성원들이 삶을 보다 융통성 있고 윤택하게 영위할 수 있도록 하루에 더 많은 시간을 일하는 대신에 일주일 동안 일하는 날짜는 더 적은 근무방식

computer based training	컴퓨터 기반 훈련	컴퓨터가 제공하는 학습 자극에 대하여 학습자가 반응하고 컴퓨터가 이를 분석하고 피드백을 제공하는 상호학습형 훈련
concentration strategy	집중 전략	점유율을 높이고, 비용절감, 제품의 니치마켓을 찾기 위한 기업전략
consequences	결과	수행만족에 따른 인센티브
continuous learning	계속 학습	직무과 업무에 관련한 전반적인 업무 시스템을 이해하기 위해서 필요한 학습 시스템
control	조절	가치있는 자원을 얻고 공유하기 위한 상급자의 능력
coordination training	협력 훈련	팀 성과를 극대화하기 위한 정보공유 및 의사결정을 위한 팀 훈련
copyright	저작권	인간의 사상 또는 감정을 표현한 저작물에 관한 법적 보호
corporate university model	기업대학모델	기업의 직원뿐만아니라 관련 이해당사자 모두를 포함하는 훈련 모델
cost benefit analysis	손익 분석	훈련프로그램의 경제적 이익에 관한 결정을 하는 과정 분석
course or program	과정 / 프로그램	시, 일, 주에 걸쳐 다양한 주제를 다루는 훈련의 단위
criteria	평가기준	훈련 프로그램을 평가하기 위해 사용하는 측정 기준
criteria relevance	평가 적절성	훈련에서 강조된 학습 역량과 관련한 성과 정도
criterion contamination	평가 오염	훈련의 결과에 대한 부적절한 평가 혹은 외부 요인에 의해 영향을 받은 정도
criterion deficiency	평가 부족	훈련 목적에서 강조하고 있는 결과를 측정하는데 실패
cross cultural preparation	이문화 준비	해외 파견을 위한 직원 및 가족의 이문화에 관한 교육
cross training	교차 훈련	직원이 다양한 직무에 관한 지식 및 기술을 습득하는 교육훈련
crowdsourcing	크라우드소싱	소셜미디어를 이용하여 다수의 직원에게 요구분석을 하는 기법
curriculum	교육과정	교육목표를 달성하기 위하여 선택된 훈련내용과 학습활동을 체계적으로 편성·조직한 계획
curriculum road map	교육과정 로드맵	학습자에게 교육과정 일련의 가정을 보여주는 도표
customer capital	고객 자산	사업목적을 달성하기 위한 사외 개인이나 조직과 관련된 가치
dashboards	대쉬보드	웹의 한 화면에서 다양한 정보를 중앙 집중적으로 관리하고 찾을 수 있도록 하는 사용자 인터페이스
detailed lesson plan	상세 학습 계획	훈련을 실시하기 위하여 훈련자에게 제공하는 내용과 과정에 관한 가이드
development	개발	정규 교육, 직무경험, 관계, 인성평가등 미래를 준비하기 위하여 직원들의 능력을 개발하는 행위
development planning or career management system	경력관리시스템	개인 직원의 경력과 개발요구를 파악하여 제공하는 시스템
digital collaboration	디지털 협력	두 명 이상의 개인이 컴퓨터를 통하여 협업하는 상호 협력
direct costs	직접 비용	훈련과 직접적으로 관련된 비용
discrimination	차별	학습자의 훈련 결과와 직무성과와의 차이
disinvestment strategy	투자회수 전략	사업의 중단 및 청산을 위한 전략
distance learning	원격학습	교수자와 학습자 간에 시간적, 공간적 원격성을 전제로 인쇄물이나 방송, 통신 및 컴퓨터 등과 같은 다양한 교육공학 매체들을 매개로 하여 수행하게 되는 학습형태
diversity training	다양성 훈련	문화, 국적, 언어가 다른 다양한 직원들과 협업을 원활하게 하기 위해 직원의 태도를 개선하기 위해 개발된 훈련
downward move	권한 하향	직원의 책임과 권한을 감소
dual career path system	이중경력 관리 시스템	엔지니어에게 엔지니어 직군 경력관리뿐 아니라 관리자 경력 관리를 제공하는 체제
early retirement program	조기퇴직 프로그램	조기 퇴직자에게 일정부분 재정적 보상을 제공하며 퇴직하는 프로그램
elaboration	훈련 정교성	학습자에게 훈련과 관련한 지식, 기술, 행동에 관한 내용을 요구하는 학습 전략

e-learning	이러닝	정보통신기술을 이용하여 시간과 장소에 구애됨이 없이 수준별 교수·학습이 가능한 교육활동
electronic performance support system	전사적 성과 지원 시스템	직무에 요구되는 기술 훈련, 정보 권한, 전문가 조언 등을 제공하는 컴퓨터 시스템
embedded learning	내재적 학습	현업 또는 업무의 흐름과 함께 개인적에게 학습의 동기가 부여된 형태의 교육
employee engagement	직원 몰입	직원의 조직과 직무에 관한 몰입 정도
error management training	오류 관리 훈련	실수를 통해 학습하는 훈련 과정을 관리하는 방법
evaluation design	평가 디자인	훈련의 효과성을 높이기 위해 어떠한 정보를 누구에게 언제 어떻게 수집하는지 결정하는 체계
expatriate	주재원	국외에서 거주하며 일하는 직원
expectancy	기대	수행하기 위한 노력과 실제 수행을 잘 하는 것과 관련된 믿음
experiential learning	경험 학습	실제적 경험을 강조하는 훈련으로 습득한 지식과 기술에 기초한 의사결정이 요구되는 현실과 유사한 상황이나 사건, 연습에 학습자를 배치하는 교육
expert systems	전문가 시스템	특정 문제를 해결하기 위해 개인의 전문지식을 적용하는 기술
explicit knowledge	형식지	언어, 문장으로 표현이 가능한 객관적이고 이성적인 지식
external analysis	외부 분석	기업의 외부 환경에 관한 기회 및 위협을 분석하는 내용
external conditions	외부 상황	학습을 촉진시키기 위한 학습환경의 과정
external growth strategy	외부 성장 전략	기업의 내부자원에 의존하지 않고 외부자원을 이용한 성장전략
external validity	외적 타당도	어떤 연구에서 나타난 결과가 일반화 될 수 있는가를 나타낸 정도
extership	외부연수	사외에서 제한된 역할을 일시적으로 경험할 수 있도록 허용하는 훈련 형태
family and medical leave act	휴가와 병가에 대한 법령	1993년 가족 구성원을 돌보기 위한 휴가와 병가에 대한 법령을 제정하여 최대 12주 동안 임신/육아를 위한 휴가를 허용
far transfer	원전이	원리 또는 개념의 전이, 즉 학습자가 학습한 내용을 실제 업무환경에 적용하는 능력
feedback	피드백	직원이 목적을 얼마나 잘 달성하는가에 관한 수행능력을 제공하는 정보
fidelity	정확도	훈련 환경이 실제 업무환경과의 유사한 정도
flextime	근무시간 자유선택제	직원에게 근무시간을 선택할 수 있도록 제공하는 제도
focus group	표적집단	특정 훈련 요구를 위하여 관련전문가와 갖는 면대면 미팅
formal education program	정규교육프로그램	온 /오프라인에서 직원에게 제공되는 다양한 형태의 정규교육 프로그램
formal training and development	공식 훈련 및 개발	직업능력개발훈련을 실시하기 위해 사내에 설치한 훈련전용시설이나 그 밖에 훈련을 실시하기에 적합한 시설에서 이루어지는 직업훈련
formative evaluation	형성평가	교수학습이 진행되는 과정에서 학습자에게 피드백을 주고 교과과정과 수업방법을 개선시키기 위해서 실시하는 평가
generalization	일반화	학습자가 OJT 훈련을 통해서 비슷하지만 다른 문제나 상황을 해결해나가는 능력
generalizing	일반형	비슷하지만 동일하지 않은 상황을 적응해나가는 학습
glass ceiling	유리천장	고위직 진출을 가로막는 직장 내의 보이지 않는 장벽
goal	목표	장기적으로 기업이 지향하는 바
goal orientation	목표 지향	학습 상황에서 학습자의 목표
goal setting	목표 설정	개인의 경력 개발을 목적으로 장단기적으로 개발하는 과정
goal setting theory	목표 설정 이론	개인의 의도와 목표에 따라 행동이 유인된다는 가정을 가진 이론
gratifying	만족한 결과	학습 내용에 관한 학습자의 피드백
group building methods	집단 형성 방법	팀이나 그룹의 효과성을 증진시키기 위해 고안된 훈련 방법
group mentoring program	집단 멘토링 프로그램	성공적인 경력을 가진 상급자와 짝을 이루어 넷 혹은 여섯 이하의 집단을 통해서 경험과 조언을 구하는 프로그램

guided team self-correction	유도된 집단 자기수정	지속적인 학습과 지식공유를 위한 학습형태
hands on method	직접 방법	학습 과정에서 학습자가 실제 참여하게 되는 방법
Hawthorne effect	호손 효과	실험에 참가한 개인이 자신이 관찰되고 있다는 사실을 알 때 자신의 행동을 바꾸거나 작업의 능률이 올라가는 현상
high-potential employee	핵심 인재	장래에 사내에 고위직 진출이 유력한 인재
human capital	인적자본	교육이나 직업훈련 등으로 그 경제가치나 생산력을 높일 수 있는 자본. 예를 들어 지식, 창의력, 경험, 에너지, 열정
human capital management	인적자본관리	훈련이 회사에 기여하는 바를 측정하여 관리하는 인사제도
human resource development	인적자원개발	인적자원개발의 최종 목표는 구성원의 역량개발과 업무수행개선을 통해 성과향상
human resource management	인적자원관리	조직의 목표달성을 위해 미래 인적자원 수요 예측을 바탕으로 인적자원을 확보·개발, 배치, 평가하는 일련의 업무
human resource management practices	인적자원관리 실무	인적자원관리에 관련된 일련의 업무
human resource planning	인적자원 계획	회사의 인적자원 분야에 관한 분석, 예측에 관한 계획
hyperlinks	하이퍼링크	하이퍼텍스트 문서 내의 단어나 구, 기호, 화상과 같은 요소를 통하여 손쉽게 특정 웹 페이지로 이동하는 것
in-basket	인바스켓	실제 업무상황을 바탕으로 설계된 다양한 과제를 수행하여 평가
inclusion	관입	직원이 소속감, 상호존중, 직무 몰입 등 업무에 최선을 다하도록 환경을 조성하는 것
indirect costs	간접비	훈련 프로그램을 개발하는 특별히 직접적으로 관련되지 않는 비용
informal learning	비형식 학습	일반적인 형식적 학습 상황에서 벗어나 학습자에 의해 주도적으로 학습하게 되는 학습형태
informational interview	정보제공 인터뷰	다른 직원의 기술, 직무 요구, 혜택 등 직무에 관한 정보를 수집하기 위한 인터뷰
input	투입	직무에 있어서 무엇을 어떻게 언제 수행할지 관한 지침
instruction	교수	학습이 발생하는 환경의 특성
instructional system design	교수 설계 모형	특정의 학습 내용이 주어졌을 때 학습자에게 기대하는 변화를 일으킬 수 있는 최적의 교수방법
instrumentality	도구성	기대유인이론에서 행동이 특정한 보상을 가져올 것이라는 주관적인 확률
intelletual capital	지적 재산	사내에서 보유하고 있는 문서화된 지식
intellectual skills	지적 기술	지식 및 개념의 능숙 정도
intelligent tuturing system	인공지능 개인 교습 시스템	인공지능을 이용한 개인 교습 프로그램
interactive distance learning	쌍방향 원격교육시스템	키패드를 활용하여 훈련 프로그램 동안 질의 응답을 통하여 학습자가 장소에 구애받지 않고 정보통신기술을 이용하는 것
internal analysis	내부 분석	외부 분석에 대립하는 것으로서 기업내부의 경영자가 자기 기업의 수익성, 안전성, 부가가치 생산성을 분석하는 것
internal conditions	내부 상황	학습을 위하여 학습자 내부의 과정
internal growth strategy	내부 성장 전략	기업의 내부자원으로 제품과 시장을 다변화함으로써 기업을 성장시키려는 전략
internal validity	내적 타당성	논리적 인과관계의 타당도. 즉 실험결과로 나타난 종속변수의 변화가 독립변수에 의한 것인지 아니면 다른 원인으로 인한 것인지 판별하는 것
interview	인터뷰	개인의 경험, 직무, 기술 정도, 경력 등에 관하여 주어진 질문에 대답하는 것
ISO 10015		교육훈련 과정의 효과성과 질을 확보하고 바로잡기 위한 국제표준
ISO 9000:2000		품질경영에 관한 표준
job	직무	특정 직위에서 요구하는 업무

job analysis	직무 분석	어떤 일을 어떤 목적으로 어떤 방법에 의해 어떤 장소에서 수행하는지를 알아내고, 직무를 수행하는 데 요구되는 지식, 능력, 기술, 경험, 책임 등이 무엇인지를 분석
job enlargement	직무 확대	종업원의 일에 대한 의욕을 촉진하기 위해 직무내용의 영역을 넓히는 활동
job experience	직무 경험	직무상 직원이 마주치는 관계, 문제, 요구, 일 등을 말함
job hopping	잡 호핑	매 2, 3년 단기로 직업을 바꾸는 행위
job incumbent	직무 현업전문가	현재 해당 직무에 종사하는 현업 전문가
job rotation	직무 순환	업무의 내용을 변화시키는 것보다 현재 속한 직군에서 다른 직군으로, 동종의 직군 내의 현재 직무에서 다른 직무로, 혹은 같은 직무에서도 다른 부서나 장소로 이동하여 근무하도록 순환하는 활동
job sharing	직무 분담	하나의 업무를 시간대별로 나눠 2명 이상의 파트타임 근로자가 나누어 하는 것
join union management training program		업무에 직접적으로 유용한 기술을 습득하도록 직원을 돕는 프로그램. 노조와 회사의 지원으로 설립
kaizen	개선	최고 경영자부터 생산 노동자에 이르기까지 모두를 참여시켜 조직의 기능적 측면과 개인과 조직의 목적 달성에서 점진적인 향상을 위해 노력하는 행위
key behaviors	핵심 행위	직무를 수행하기 위해 반드시 필요한 행동의 집합
knowledge	지식	어떤 대상에 대하여 배우거나 실천을 통하여 알게 된 명확한 인식이나 과정에 관한 이해
knowledge management	지식 경영	기업의 성과를 높이기 위해서 지식을 만들고 공유하며 사용하는 일련의 과정
knowledge officer	지식 관리자	기업의 지식경영을 총괄하는 담당자
knoweldge workers	지식 노동자	제품이나 서비스를 생산하는 방법을 보유하고 있는 노동자
lapse	과오	수는 의도된 것과 다른 부정확한 행동을 나타내지만, 과오는 어떤 행동을 수행하는 데 실패한 것
leaderless group discussion	리더없는 집단토의	5에서 7명의 협업하며 할당된 문제를 주어진 시간 내에 해결하는 훈련 방법
lean thinking	린 사고	더 적은 것으로 더 많이 행하는 것, 더 적은 노력과 더 적은 설비로, 더 짧은 시간 안에, 더 작은 공간에서 고객이 원하는 것을 더 가까이에서 정확하게 제공하는 것을 추구하는 것
learner control	학습자 통제	학습자가 학습하는 과정에서 학습의 효과성 및 효율성을 높이기 위하여 학습자에게 학습과 관련된 다양한 선택권이나 결정권을 허용
learner-content interaction	학습자-학습내용 접촉	학습자가 텍스트나 책 등의 학습 자료 등과 상호 노력하는 행위
learner-instructor interaction	학습자-교수자 접촉	학습자와 전문가(훈련자)와의 토의
learner-learner interaction	학습자간 접촉	학습자간 토의
learning	학습	연습, 훈련, 또는 경험에 의하여 일어나는 행동 등의 영속적인 변화를 의미
learning management systems	학습 관리 시스템	온라인 훈련 프로그램을 관리하는 시스템
learning organization	학습 조직	조직의 지속적인 경쟁우위를 확보하기 위한 근본적이고 총체적이며 지속적인 경영혁신전략으로 필요한 역량을 지속적으로 개발시켜주는 조직으로, 새롭고 창의적 사고가 길러지고, 집단적 포부가 자유롭게 논의되고, 구성원들이 함께 학습하는 것을 배우는 조직
learning orientation	학습 지향	직무에서 역량을 향상시키기 위해 노력하는 태도
lecture	강의	교육자가 훈련대상자를 한곳에 모아놓고 일방적으로 정보전달을 하는 방법으로 지식전달하는 데 경제적이기 때문에 이 방법이 일반적으로 사용
lesson plan overview	학습 계획 개요	훈련 프로그램 활동에 관한 계획
lifelong learning account	평생 학습 계좌	국민 개개인의 평생학습 결과를 국가가 체계적으로 관리하고 인센티브를 제공함으로써 평생학습을 활성화하기 위해 도입된 제도

Logical verification	논리적검증	이전에 이미 숙달한 업무와 새로이 습득한 업무 간의 관계를 깨닫는 과정
maintenance	유지	시간에 따라 새로이 습득한 역량을 계속적으로 사용하는 과정
Malcolm Baldrige National Quality Award	말콤 발드리지 국가품질상	1987년에 품질경영전략을 미국 전역에 확산시키기 위해 제정된 명망있는 상이며, 미국 내 기업들의 중 최고의 품질을 보유한 기업에 수여됨
managing diversity and inclusion	다양성과포용적관리	인구학적 배경과 관계없이 전직원들이 조직의 목표에 공헌할 수 있고, 개인의 성장도 함께 경험할 수 있는 환경을 조성하는 것
massed practice	집중실습	훈련 동안 학습자가 쉬지 않고 계속적으로 과업을 연습하도록 하는 훈련 접근법
mental requirement	정신적 요건	과업을 수행하기 위해서 개인이 사용 혹은 발휘해야 하는 정신기술 혹은 인지기술의 수준
mentor	멘토	경험이 부족한 직원(프로테제)이 발전할 수 있도록 이끌어주는 경험이 풍부하고 현명한 상사 혹은 선배
metacognition	초인지	학습자가 스스로 자신의 학습과정에 관심을 집중하도록 유도하는 학습 전략
metrics	지표 (척도)	훈련 및 학습 계획의 종합적인 가치를 측정하기 위해 사용되는 사업적 성과
micro blogs and micro sharing	마이크로블로그와 마이크로쉐어링	트위터와 같이 짧은 문구, 링크, 그리고 멀티미디아를 통하여 의사소통을 할 수 있는 소프트웨어 도구를 의미. 일반적으로 독립적으로 실행가능한 응용 프로그램을 통해서, 혹은 쇼셜네트워크나 온라인 커뮤니케이션을 통해서 운영됨
mission	미션	기업의 장기적 존재 사유
mobile learning	모바일 학습	스마트폰, 넷북, 노트북 혹은 아이패드와 같은 모바일 장치들을 사용하여 전달되는 비공식적 혹은 공식적 학습
modeling	모델링	특정 업무의 바람직한 학습 성과를 마스터 한 직원들이 훈련 학습자들 앞에서 직접 시범을 보이는 것
modeling display	모델링 전시	학습자들에게 주요 행동들을 직접 보여준 뒤, 제시한 주요 행동들을 연습시키는 훈련 방법. 종종 비디오테이프 녹화 혹은 컴퓨터를 통해서 주요 행동들을 제공하기도 함
motivation to learn	학습 동기	훈련 프로그램에서 제공되는 내용들을 배우고자 하는 학습자의 욕구
motor skills	운동 기능	통합된 신체적 움직임
Myers-Briggs Type Inventory (MBTI)	마이어브릭스 유형지표	직원개발을 위해서 사용되는 성격유형검사 심리테스트로, 다양한 상황에서 어떻게 행동할 것인지에 대한 100여 개의 자기 보고 문항들로 구성
near transfer	근전이	학습한 것을 업무상황에서 정확히 배운대로 적용하는 학습자의 능력
need	요구	어떤 시점에서 사람이 경험하게 되는 결핍
need assessment	요구 평가	훈련이 필요한지 결정하기 위해 사용하는 절차. 교수체제설계(instructional system design)모델의 첫 단계
nine-box grid	9상자 격자판	관리자 및 임원 집단이 부서 내 조직원, 혹은 회사 전체의 조직원들의 재능에 대한 분석 및 논의를 위하여 조직원들을 비교할 때 사용되는 3x3 매트릭스. 이는 효과적인 인재개발계획 및 행사 개발에 도움을 줄 뿐만 아니라, 차후 최고 경영진 자리의 후보로 준비시킬 재능 있는 인재를 발굴하는 데 도움이 된다.
norm	규범	업무 구성원들 사이에서 채용된 행위의 평가 기준
objective	목표	훈련의 목적 및 기대되는 결과
offshoring	해외업무위탁(오프소싱)	업무를 국내(미국)가 아닌 외국에 있는 하청업체에 넘겨 작업을 진행하게 하는 과정
onboarding	온 보딩	새로이 선출된 매니저급 리더들의 조직 적응을 지원하는 과정
online learning	온라인 학습	교수 전달 및 학습활동이 인터넷을 통해 구축된 온라인 공간에서 이루어지는 원격 수업

on-the-job-training (OJT)	현장직무훈련(OJT)	경험이 부족하거나 신입 직원의 직무교육을 위해 사용되는 훈련방법으로, 동료 및 상사가 작업현장에서 직접 업무를 수행하는 것을 관찰한 뒤, 이를 모방하게 함으로써 학습을 유도시킴
open skills	개방 기술	보편적인 학습원리를 연결시킨 훈련 목표
opportunity to perform	활용 기회	학습한 능력을 활용할 수 있는 가능성
organizational analysis	조직 분석	훈련이 시행되었을 때의 맥락을 고려하여 훈련 시행이 적절한지를 판단하는 분석방법
organizing	조직화	학습자들에게 제공된 교육자료들 간의 유사성 및 주제를 찾도록 요구하는 학습전략
other	다른것	직무분석에서 직무를 수행할 때의 환경들을 의미하는 용어임. 예: 물질적 업무환경 혹은 스트레스 및 부담과 같은 심리적 업무환경
output	산출	업무수행기준
outsourcing	아웃소싱	훈련 및 개발관련 활동을 회사 외부에서 위탁하거나 습득하는 행위
overall task complexity	전반적인 업무의 복잡성	직무에서 요구되는 별개의 행동의 정도와 직무를 수행하는 데 있어서 선택 가능한 수의 정도, 그리고 직무를 수행하는 데 있어서 불확실성의 정도를 의미함
overlearning	과잉 학습	과거 여러번에 걸쳐 업무의 목표를 달성했음에도 불구하고, 그 업무를 직원이 계속적으로 연습하는 행위
part practice	부분 실습	훈련 프로그램을 도입하는 즉시, 해당 학습 목표 혹은 직무를 개별적으로 연습시키는 훈련 접근법
past accomplishment	과거 업적	조직원들의 성공적인 업적을 기록으로 남길 수 있도록 해주는 시스템
perception	지각	외부로부터의 메세지를 구조화하여 이를 조작할 수 있고 이를 바탕으로 행동할 수 있는 능력
performance analysis approach	성과 분석 접근법	업무성과의 격차를 파악한 뒤, 훈련접근 방법이 파악된 격차를 줄이기 위한 방안으로 적합한지 조사하여 업무문제를 해결하는 접근방식
performacne appraisal	업무 평가	조직원의 업무성과를 측정하는 과정
performance orientation	성과 지향	학습자의 직무성과 중심적 태도와 직무성과를 중심으로 타인과 비교하는 성향
person analysis	개인 분석	훈련 분석 방법 중 하나로 다음과 같은 3가지 단계를 거쳐 분석함. 1) 업무성과의 결핍이 부족한 지식, 기술 혹은 능력 때문인지, 다른 동기부여 측면의 문제인지, 혹은 업무 디자인 관련 문제인지를 파악함. 2) 교육훈련이 필요한 대상을 파악함. 3) 파악된 조직원의 훈련 준비성을 파악함.
person characteristics	개인 특징	조직원의 지식, 기술, 능력, 행동, 혹은 태도를 의미함
phased retirement	단계적 퇴직	고령의 조직원들의 퇴직으로의 이행과정을 도와주기 위하여, 점차적으로 이들의 업무 시간을 감소시키는 시기
physical requirement	신체적 요건	특정 직무를 수행하고 이를 완료하기 위해서 개인이 반드시 갖추고 있어야 하는 신체적 기술이나 능력의 정도
pilot testing	파일럿 테스트	잠재적 학습 훈련자들과 관리자들 혹은 다른 잠재적 고객들을 대상으로 훈련 프로그램을 간단하게 소개하는 과정
plug-in	플러그인	기존 컴퓨터에 특수한 기능이 덧붙여지도록 설치하는 추가소프트웨어를 의미함. 예를 들면, 노래를 듣거나 비디오를 보기 위하여 추가적으로 설치하는 소프트웨어들
posttest only	사후검사	오직 훈련 이후의 결과만을 수집하는 프로그램 평가법
posttraining measure	사후훈련 척도	훈련이 이루어진 이후의 결과를 측정하는 척도
power	힘	다른 사람들에게 영향을 미치는 능력
practicality	실현가능성	측정한 결과를 수집할 수 있는 용이함의 정도

practice	실습	학습한 능력에 대한 조직원의 증명; 직무 혹은 기술을 수행하거나 지식을 증명하는 등 해당 직무, 지식, 혹은 기술에 대한 신체적 혹은 정신적 리허설을 수행하여 이를 숙달시키고자 하는 행위
preretirement socialization	퇴직준비 사회화	조직원들의 직장으로부터의 퇴장을 준비할 수 있도록 도와주는 과정
presence	존재	훈련 중, 특정 환경에 실제로 존재하고 있음에 대한 지각
presentation methods	프레젠테이션 방법	교육을 받는 연수생들이 수동적으로 정보를 받아들이는 훈련 방법들
pretest-posttest	사전검사-사후검사	교육훈련이 전과 교육훈련 이후의 결과를 모두 측정하고 이를 수거하는 평가 설계
pretest/posttest with comparison group	대조군 사전-사후검사	훈련 연수생과 비교그룹을 포함한 평가설계. 두 그룹 모두 훈련 이전과 이후의 결과를 측정하고 이를 수거함
pretraining measure	선행훈련 측정	결과의 기준 측정치
program design	프로그램 설계	훈련 프로그램의 구성과 조직화
promotion	승진	이전 위치보다 더 많은 도전과 더 많은 책임감 그리고 더 많은 권한이 있는 자리로의 출세를 의미함. 일반적으로 임금인상도 포함됨
protean career	프로틴 경력	개인의 관심사, 경력, 가치, 그리고 업무환경의 변화로 발생하는 변화들로 인해 빈번히 변하는 경력
psychological success	심리적 성공	인생 목표를 달성함에서 나오는 자부심과 성취감
psychological support	심리적 지지	조직원에게 역할 모델 혹은 친구로의 역할을 하는 것. 긍정적인 관심과 동의를 보여주는 것뿐만 아니라, 프로 테제가 그들의 걱정과 근심을 이야기할 수 있도록 하는 배출구로의 역할도 함께 포함됨
random assignment	무작위 임무 배치	조직원들이 교육훈련그룹 혹은 대조군 그룹에 배치될지에 대한 결정을 운에 맡기는 것
rapid instructional design (RID)	신속 교수 설계	훈련 프로그램을 더욱 빠르게 개발하기 위해 사용되는 기술력. 교수 자료와 과정은 각각 개별적으로 개발되며, 교수 설계와 전달을 위한 자료들을 적절하게 재분배가 가능하는 것을 RID의 두 가지 원칙으로 삼고 있음
rapid need assessment	신속 요구 분석	결과 및 과정의 질적 희생 없이 더욱 빠르고 명확하게 실행되는 요구분석
rapid prototyping	신속 프로토타이핑	e-learning을 설계하기 위해서, 초기 딘계에서 제안된 아이디어와 이를 바탕으로 제작된 대략적인 형식의 온라인 프로토타입을 검토하고 개선하는 것을 지속적으로 반복하는 과정을 의미함
reaction outcomes	반응 결과	학습시설에 대한 인식, 훈련 교육자에 대한 인식,교육내용에 대한 인식 등, 훈련 프로그램에 대한 학습 훈련자들의 인지를 의미함
readability	가독성	서면자료들을 얼마나 쉽게 읽을 수 있는지를 나타내는 정도
readiness for training	훈련 준비성	훈련을 위한 기본 조건들: 1) 조직원들이 개개인이 프로그램 내용을 학습하고 이를 직무에 적응하기 위해 필요한 특징을 구비하고 있어야 하며, 2) 학습을 방해하지 않고 학습을 촉진하는 업무환경을 가지고 있어야 함
realistic job preview	실질적 직무 경험	예비직원들에게 업무환경, 회사, 회사위치, 그리고 직업에 대한 장점과 단점에 대한 정확한 정보를 제공해줌으로써 이들이 적절한 기대감을 가질 수 있도록 하는 단계를 의미함
reality check	현실 확인	어떻게 회사가 조직원들의 기술과 지식을 평가하는지 그리고 어떤 부분이 회사의 계획(잠재적 승진기회 및 타회사로의 자리 이동 등)에 적합한지에 대해 조직원들에게 제공해주는 정보
reasonable accommodation	적정 편의시설	미국 장애인 법(AmericanwithDisabilitiesAct) 및 훈련에 관하여, 장애가 있는 개개인들이 손쉽게 사용할 수 있고 접근할 수 있도록 만든 훈련시설들. 교수 매체의 수정, 훈련 법안 개정, 그리고 연수자에게 판독기 혹은 통역관을 제공해주는 것도 이에 포함됨
recycling	재순환	특정 분야에서 인정받은 뒤 주요 활동 업무분야를 변경하는 것
rehearsal	사전연습	반복(암기)을 통한 학습에 초점을 두는 학습전략

reinforcement theory	강화 이론	특정 행동들이 산출해낸 과거의 결과에 따라 사람들은그 동일한 특정 행동들을 계속적으로 수행하려고 하거나 혹은 그 특정 행동을 감소 혹은 피하고자 하는 성향에 대하여 설명한 이론
reliability	신뢰도	측정된 결과물이 시간이 지나도 일관적일지를 나타내는 정도
repatriation	귀환	해외에서의 주재원 임무를 맡은 직원의 본국 혹은 본사로 복귀시키기 위한 준비
repurposing	리퍼포징	전통적인 훈련 방법을 사용하던 훈련 프로그램을 곧바로 웹상으로 옮기는 작업
request for proposal (RFP) 서류	제안 요청서	회사의 프로젝트 계약을 수주 및 이행을 위해 잠재적인 거래처와 컨설턴트들이 제시해야 되는 필요한 요건들을 서술해둔 서류
resistance to change	변화 저항	관리자들 그리고 조직원들의 변화에 대한 비자발적 태도
results	결과	훈련의 성과를 결정하는데 사용되어지는 결과물
retirement	퇴직준비 사회화	일과 직장인으로의 역할을 떠나, 직장이 없는 삶으로의 변화
retrieval	회수	장기기억 메모리에서 저장된 학습한 정보의 확인하여 이를 업무성과에 영향을 미칠 수 있도록 사용하는 행위
return on expectation (ROE)	투자 기대율	최고 경영진들과 같은 핵심사업 이해관계자들에게 평가 방법을실증함으로써 훈련에 대한 그들의 기대를 만족시켜주는 과정
return on investment (ROI)	투자 수익률	훈련을 통해 산출된 금전적 이익과 비용을 비교하는 것
reversal	전환	훈련 참가자가들이 더이상 훈련관련 개입을 받지 않는 기간
role play	역할연기	훈련과정에서 참가자들에게 임의로 관리자 혹은 조직원으로서의 역할을 맡긴 뒤, 특정 상황에 대한 정보를 제공하고 이를 바탕으로 자신에게 주어진 역할에 맞는 행동하도록 하는 역할극 훈련 실습방법
sabbatical	안식 기간	기술의 갱신하거나 개발하기 위하여 일정기간 동안 회사로부터 내는 휴직
scenario-based training	시나리오 기반 훈련	학습을 하는 동안 팀 구성원들을 현실적인 상황 속에서 배치하여 훈련을 제공하는 것
School-to-Work Opportunity Act	미국 학교-일 이행지원정책	미국 주들이 학생들이 높은 기술, 높은 수준의 임금을 제공하는 직업, 혹은 미래교육을 준비할 수 있도록 지원하기 위한 학교-일 이행지원정책 시스템을 설립할 수 있도록 이를 지원하기 위해 설립된 미국 연방법
sector partnerships	부문 협력관계	지역 고용주들이 갖춰야 하는 기술들을 파악하는 것을 도와줄 뿐만 아니라, 적합한 조직원들을 제공하기 위해서 지역 커뮤니티 칼리지(전문대학), 대학, 그리고 타 교육기관들과 함께 일하는 정부기관들과 산업무역단체들
self-assessment	자기평가	조직원의 경력 관심사, 가치, 적성, 그리고 행동경향을 파악하기 위한 정보사용
self-directed learning	자기 주도학습	언제 실시할지, 누구와 함께할지와 같은 학습에 대한 모든 측면에 대한 책임을 학습자 스스로가 가지도록 하는 교육훈련 방법
self-efficacy	자기효능감	자신들에게 주어진 업무를 성공적으로 수행할 수 있다는 혹은 훈련 프로그램의 내용들을 성공적으로 학습할 수 있다는조직원들 스스로에 대한 믿음
self-management	자기관리	특정 의사결정 및 행동에 대하여 스스로 통제하려는 사람의 시도
self-regulation	자기규제	훈련 자료에 대한 학습자 스스로의 몰입과 학습에 대한 진전도를 스스로 평가하는 것
semantic encoding	의미적 부호화	들어오는 기억에 대한 실제 코딩 과정
shared media	공유 매체	YouTube와 같이 다른 사람들이 접근 가능하도록 공유한 오디오 혹은 비디오
simulation	모의실험	교육 연수자들이 내린 의사결정의 결과가 그들의 업무에 어떠한 영향을 미칠지 보여줄 수 있도록 실제상황을 재연한 훈련 방법
situational constraints	상황 제한	적절한 장비, 자료, 필수품, 예산, 지지, 그리고 시간의 부족 등과 같은 업무환경의 특징
Six Sigma process	식스 시그마 프로세스	측정, 분석, 개선, 그리고 통제의 과정들을 거쳐 최종적으로 식스 시그마 품질기준에 도달하게 되는 과정
skill	기술	과업을 수행하는 역량

skill-based outcomes	기술중심 결과	기술적 혹은 운동 기술들의 수준을 평가하기 위해 사용되는 결과물. 기술 습득 혹은 학습 그리고 현장 직무훈련에 사용되는 기술들을 포함함
social capital	사회적 자본	사내에서 조직원들 간에 맺어진 관계의 가치
social learning	사회적 학습	타인을 통해서 그리고 타인과 함께 배운 학습
social learning theory	사회적 학습 이론	신뢰할 수 있고 박식하다고 여겨지는 타인을 (모델화) 관찰함으로써 배움을 얻는 사람들의 학습성향을 강조한 이론
social media	소셜 미디어	사용자생성콘텐츠를 제작하고 교환할 수 있도록 해주는 쌍방향 소통을 창출해내기 위해 사용된 온라인과 모바일 통신기술
social network analysis	사회적 네트워크 분석	조직원의 비공식적 대화, 정보, 지식공유 패턴들을 파악할 수 있도록 도와주는 조직원의 관계들에 관한 지도
social support	사회적 지지	동료 혹은 관지라로부터의 피드백과 강화
Solomon four-group	솔로몬 4집단 설계	사전 및 사후테스트 대조군 그룹과 오직 통제군의 사후테스트 결과를 합친 평가설계
spaced practice	분산 학습	실습기간 동안 훈련자들에게 휴식기간들을 제공하는 훈련 접근법
staffing strategy	직원채용 전략	직원채용에 있어서 어디서 조직원을 찾을지, 어떻게 선택할지, 그리고 기술과 지위의 배합을 어떻게 할것인지에 대한 회사의 결정
stakeholders	이해관계자들	기업의 성공에 대하여 관심이 있는 당사자들(주주, 조직원, 고객, 등)
strategic choice	전략적 선택	기업의 목적들을 달성하기 위해서 최고의 대안이라고 여겨지는 전략
strategic training and development initiatives	전략적 훈련과 개발 계획	기업이 사업적 전략 달성을 위해 선택한 학습관련 조치들
strategic value	전략적 가치	기업의 효과성과 효율성을 높이기 위한 조직원들의 잠재력
subjective-matterexpert(SME)	내용전문가	1) 훈련 주요 쟁점, 2) 직무수행을 위해 필요한 지식, 기술, 그리고 능력 3) 필요한 장비, 그리고 4) 직무가 수행되기 위해서 필요한 상황적 조건들에 대해 풍부한 지식과 경험을 가지고 있는 사람
success cases	성공 사례	기업이 훈련에 대한 가치를 이해하고 관리자들이 신뢰할 수 있는 학습이 제공한 결과들을 보여주는 훈련의 효과에 관한 구체적인 예시들
succession planning	승계 계획	잠재성이 높은 인재들을 발견하고 이들을 회사 상급관리자 트랙으로 갈 수 있도록 훈련 및 준비시키는 과정
summative evaluation	총괄 평가	훈련 프로그램 참가의 결과로 연수자의 변화된 정도를 평가
support network	지원망	학습한 능력들을 직무현장에서 사용하기 위해서 자신들의 진전 상황을 논의하기 위해 만나기로 동의한 두 명 혹은 그 이상의 연수자들로 구성된 그룹
survivor	생존자	기업의 다운사이징 이후 여전히 기업에 남아있는 조직원
sustainability	지속가능성	조직원, 지역사회, 혹은 환경의 희생없이 이익을 창출할 수 있는 기업의 능력
SWOT analysis	SWOT 분석	회사의 작업환경의 파악과 회사의 장점과 약점에 대한 내부분석. SWOT은 강점 (Strenths), 약점 (Weaknesss), 기회 (Opportunities), 그리고 위협 (Threats)의 두문자어이다.
synchronous communication	동기화 통신	전통적인 대면 집체교육과 똑같은 방법으로 교육자, 전문가, 그리고 학습자들이 실시간으로 서로 상호작용함을 의미함
tacit knowledge	암묵지	개인의 경험을 통해서 습득된 개개인만이 가지고 있는 지식의 한 형태로 타인에게 표현되거나 전달이 어려운 지식
talent management	인재 관리	고도로 숙련된 조직원들의 동기를 유발하고 개발시키며, 기업에 존속시키고, 끌어들이는 과정
task	과업	특정 직업에 종사하는 조직원의 업무 활동에 대한 진술서
task analysis	과업 분석	조직원들이 맡은 직무들을 완료하기 위해서 훈련에서 반드시 강조되어야 하는 직무, 지식, 기술, 그리고 행동들을 파악해내는 훈련 분석법
task redefinition	직무 재정의	관리자 및 조직원의 역할과 업무수행 방법들에 대한 변경
team leader training	팀 리더 교육	팀의 관리자 혹은 촉진자들이 받는 훈련

team training	팀 교육	공통 목적을 달성하기 위해서 함께 일하는 개개인들의 업무 수행들을 조정하는 것을 포함한 훈련 방법
telecommuting	재택근무	직장과 멀리 떨어진 곳에서 업무를 하는 것. 동료들과의 연락이 제한되나 전자상으로 의사소통이 가능함
teleconferencing	화상회의	서로 다른 공간에 있는 두 명 혹은 그 이상의 사람들 혹은 그룹들이 동시 다발적으로 오디오, 비디오, 그리고 문자를 교환하는 것
temporary assignments	임시 배치	조직원들이 새로운 역할을 가지고 일을 하는 것에 관심이 있는지를 직접 확인하기 위하여 임시적으로 그들에게 새로운 일자리를 조직원 교환 그리고 자발적 배정과 같은 방법을 통해 진행하는 직업 테스트
threats to validity	타당성 위협	1) 연구의 결과가 믿을만한지, 2) 현재의 평가 결과들이 다른 상황에서도 일반화할 수 있는 정도에 대하여 의문을 가지게 만드는 요소들
time series	시계열	훈련 이전과 훈련 이후 주기적인 간격으로 훈련 결과를 수집하는 평가설계
Total Quality Management (TQM)	전사적 품질경영	고품질의 상품과 서비스를 제공하고 이를 지속적으로 개선하기 위하여 조직 구성원 및 관리자 모두의 능력과 재능에 의존하는 사업운영 방법 중 하나
traditional training methods	전통적인 훈련 방법들	교수자 혹은 촉진자들와 이들과 교육연수자들 간의 대면적 상호작용을 요구하는 훈련 방법들
training	훈련	조직원들의 업무와 관련된 능력 학습을 촉진시키기 위하여 기업에서 계획된 노력
training administration	훈련 행정	훈련 프로그램의 이전, 실행, 이후의 모든 활동의 조직화
training context	훈련 상황	훈련이 발생하는 신체적, 지능적, 정서적 학습환경
training design process	훈련 설계 과정	훈련 프로그램을 개발하기 위한 시스템적인 접근. 요구분석 실행, 조직원들의 훈련의 준비 상태 확인, 학습환경 창출, 훈련 전이 확인, 방법 선택, 그리고 교육 프로그램 평가의 6단계를 거친다.
training effectiveness	훈련 효과성	기업과 연수자들이 훈련을 통해서 받는 이득
training evaluation	훈련 평가	제공된 교육이 효과적이었는지 증명하기 위해서 필요로 하는 결과들을 수집하는 과정
training outcomes (criteria)	훈련 결과 (기준)	기업과 연수자들이 훈련 프로그램을 평가하기 위해서 사용되는 평가방법
training site	훈련장	훈련이 진행된 장소
transfer	전이	조직원에게 기업 내 다른 구역에 있는 다른 직무를 제공하는 것
transferoftraining	훈련 전이	연수자가 훈련을 통해서 학습한 능력들을 자신의 업무에 적용시키는 것
tuition reimbursement	등록금 상환 (환급)	조직원이 프로그램 학위나 대학 수업을 부담하기 위해 사용된 비용을 상환해주는 것
Uniformed Services Employment and Reemployment Rights Act	USERRA	특별한 경우를 제외하고는 되돌아 왔을 때, 일자리의 보증과 같이 군대에 배치되었던 조직원의 권리를 보호하기 위한 미법령
uniqueness	독특함	노동시장에서 조직원이 소지한 드물고 전문적이며 노동시장에서 구하기 어려운 희소가치의 정도
upward feedback	상향 피드백	관리자의 부하들을 대상으로 관리자의 행위와 기술들 평가 자료를 수집하여 평가 과정에 포함시키는 것
utility analysis	효용분석	훈련을 받은 조직원과 받지 않은 조직원과의 업무성과 차이, 훈련받은 조직원의 수, 훈련 프로그램의이 업무성과에 영향을 미치는 데 걸리는 기간, 그리고 훈련을 받지 않은 직원들의 업무성과 가변성의 추정을 바탕으로 훈련의 금전가치를 평가하는 비용-효과 분석 방법
valence	유의성	사람이 결과에 대해 두는 가치
values	가치	기업의 신념을 상징화시킨 원칙과 덕목
verbal information	언어 정보	이름 혹은 라벨, 사실, 그리고 지식 체계
verbal persuasion	구두 설득	다른 사람들이 배울 수 있다고 대화를 사용하여 격려하는 것

vicarious reinforcement	대리 강화	연수자가 어떤 이가 특정 행위를 사용하도록 강화되는 것을 예시로 보는 상황
virtual classroom	가상 교실	컴퓨터와 인터넷을 사용하여 지리적으로 널리 퍼져있는 조직원들을 대상으로 강의식의 훈련을 제공하는 것
virtual expatriate	가상 주재원	영구적으로 위치를 옮기지 않고 다른 나라에서 진행되는 업무를 맡고 있는 조직원
virtual reality	가상 현실	연수자가 그들의 행동과 반응에 대해 반응하는 가상의 환경에서 삼차원의 학습경험을 제공하는 컴퓨터 기반의 테크놀로지
virtual team	가상 팀	시간, 지리적, 공간적, 문화적, 그리고 조직적 경계들이 분리되어 전적으로 테크놀로지에 의존하여 소통을 하며 프로젝트를 완료하는 팀의 형태
virtual work arrangement	가상 업무 방식	(가상 팀이나 재택근무와 같이) 시간과, 공간, 조직 구조, 그리고 고용형태에 제한받지 않는 업무방식
vision	비전	기업이 성취하기를 바라며 그리는 기업의 미래
Web 2.0	웹 2.0	트위터, 위키, 블로그 등과 같이 인터넷에 존재하는 사용자가 제작한 소셜 네트워킹 공간
web-based training	웹 기반 훈련	공공 혹은 민간의 컴퓨터 연결망을 통해서 전달되고 웹 브라우저를 통하여 전시되는 훈련
webcasting	웹캐스팅 (인터넷 방송)	온라인을 통해서 생방송으로 제공되는 교실 강의
whole practice	전습법	전체 직무 혹은 목표들을 한꺼번에 전체적으로 학습하는 훈련접근법
wiki	위키	수많은 사용자들이 웹사이트 내용들 창조하고, 수정하고, 업데이트하여 지식을 공유할 수 있도록 제작된 웹사이트
workforce analysis	인력 분석	양적 연구방법과 과학적 방법을 사용하여 인적자원 데이타베이스, 기업의 재정제표, 직원 설문, 그리고 다른 자료 출처의 자료들을 분석하여 증거에 기초한 의사결정을 내리고 인적자원관련 실천들이(훈련, 개발, 학습 등) 기업 경영지표에 미치는 영향력을 보여주는 방법
Workforce Investment Act	인력 투자법 (WIA)	미국기업들이 숙력된 인력을 찾을 수 있도록, 미국인들에게 경력관리 정보와 고품질의 서비스를 제공하는 고객중심의 새로운 통합적인 인력 투자 시스템을 개발하기 위해 1998년 설립된 미연방법
working storage	작업 기억영역	정보를 기억으로 코드화 시키기 위한 정보의 리허설과 반복
work life balance	일과 삶의 조화	조직원들이 일과 그외 삶에서 발생하는 요구들을 조화시키는 과정에서 발생하는 스트레스, 갈등, 긴장 등을 처리할 수 있도록 제공되는 도움
work team	작업 팀	서비스를 제공하기 위해 혹은 제품을 조립하기 위하여 교류하는 다양한 기술을 가진 조직원들의 집단

색인

ㅌ

ㅍ

ㅎ

역자 소개

윤동열

현) 울산대학교 경영학부 부교수(인사조직 전공)
현대자동차 기획실/인재개발원, OSU CETE/PAES 연구원, 한국산업인력공단 경영자문위원
인사혁신처 정책자문위원, 국가공무원인재개발원 자문위원, 고용노동부 정책자문위원
성균관대학교 문학사/박사(경영학), 헬싱키경제대 경영학석사, (미)오하이오주립대 석사/박사(인적자원개발)

최우재

현) 청주대학교 경영학과 조교수(인사관리 전공)
현대경제연구원 선임연구원, OSU CETE 연구원, Credu HR 팀장
국민대학교 학사/석사(경영학), (미)오하이오주립대 박사(인적자원개발)

이성기

전) 한국기술교육대 문리HRD학부 교수
행정고시, 주 제네바 대표부 노무관, 서울고용청장, 한국산업인력공단 능력개발이사
건국대학교 학사(행정학), 런던정치경제대(LSE) 석사(인적자원관리), 숭실대학교 박사(IT정책경영학)

한승현

현) 조지아대학교 인적자원/조직개발학과 조교수
현대해상, 삼성경제연구소, (중)연변과기대 경영학과 초빙교수, (미)센트럴주립대 경영학과 교수
명지대학교 학사(경영학/법학), (미)미네소타대 경영학석사, (미)일리노이대 박사(인적자원/조직개발)

조세형

현) 시엔피컨설팅 주식회사 대표
한국기술교육대 연구교수, (미)오하이오주립대 연구교수, (재)노사발전재단 수석컨설턴트
한국기술교육대 학사(공학사)/석사(인력개발학)/박사(인력경영학)

나동만

현) 한국직업능력개발원 부연구위원
현대제철, 연세대학교 경영연구소, 한국직업능력개발원 노조위원장
연세대학교 학사/석사/박사(경영학)

서가은

현) 코넬대학교 경력개발센터 연구원
현대종합상사 기획실, ST Micro Electronics, 일리노이대 경력개발센터
이화여자대학교 학사/석사(국제사무학), 일리노이대 박사(인적자원/조직개발)

인적자원개발

저 자 Raymond A. Noe
역 자 윤동열·최우재·이성기·한승현·조세형·나동만·서가은
발행자 한헌주
발행처 도서출판 **경문사**
서울특별시 서대문구 독립문로 21-9
전화 738-7035 FAX. 722-4678
E-mail : kmsp@korea.com
홈페이지 : http://www.kmsp.co.kr
등 록 1995년 11월 9일 제300-1995-138호

2018년 3월 8일 인쇄
2018년 3월 15일 발행

정가 32,000원
ISBN 978 89-420-0845-2 93320